Software Engineering Paralleler Systeme

Michael Uelschen

Software Engineering Paralleler Systeme

Grundlagen, Algorithmen, Programmierung

Michael Uelschen
Hochschule Osnabrück
Osnabrück, Deutschland

Ergänzendes Material zu diesem Buch finden Sie auf http://extras.springer.com.

ISBN 978-3-658-25342-4   ISBN 978-3-658-25343-1   (eBook)
https://doi.org/10.1007/978-3-658-25343-1

Die Deutsche Nationalbibliothek verzeichnet diese Publikation in der Deutschen Nationalbibliografie; detaillierte bibliografische Daten sind im Internet über http://dnb.d-nb.de abrufbar.

Springer Vieweg

Springer Vieweg ist ein Imprint der eingetragenen Gesellschaft Springer Fachmedien Wiesbaden GmbH und ist ein Teil von Springer Nature
Die Anschrift der Gesellschaft ist: Abraham-Lincoln-Str. 46, 65189 Wiesbaden, Germany

Vorwort

Parallele Systeme sind keine grundlegend neue Technologie, sondern diese sind in der Informatik seit langem bekannt. Im Gegensatz zu den Anfängen, in denen Parallelrechner eine spezielle Nische an Universitäten und Forschungseinrichtungen bedienten, sind solche Systeme inzwischen allgegenwärtig: Die meisten Leser und Leserinnen besitzen, bewusst oder unbewusst, mindestens einen Parallelrechner.

Diese Entwicklungen habe ich seit den 1990er Jahren begleitet. Im Studium an der Universität Hildesheim wurde mein Interesse durch eine Vorlesung über Vektorrechner geweckt. Während meiner Tätigkeit an der Universität Kassel habe ich ab 1997 ein verteiltes System auf der Basis einer *Parallel Virtual Machine (PVM)* eingesetzt, um die Auslegung von Turbomaschinenbeschaufelungen zu optimieren. Der Einsatz eines der ersten Multiprozessorsysteme auf Basis einer Sun UltraSPARC Workstation verkürzte die Berechnungszeiten.

Während meiner industriellen Tätigkeiten bei der Fa. Bosch habe ich ab 2005 an der Entwicklung eines der ersten eingebetteten Multicore-Systeme für automobile Anwendungen mitarbeiten können. Die Aufgabenstellungen waren jedoch in diesen Anwendungsfällen paralleler Systeme sehr unterschiedlich. Stand im ersten Fall die Parallelisierung eines sequenziellen Algorithmus im Vordergrund, so war im zweiten Fall die Portierung einer Anwendung mit Echtzeitanforderungen von einem Einkern- auf ein Mehrkernsystem die wesentliche Herausforderung. Moderne Smart Phones oder Geräte im Internet der Dinge setzen parallele Systeme zur besseren Energieeffizienz ein. Das Software Engineering muss diese vielfältigen Szenarien mit unterschiedlichen Anforderungen berücksichtigen.

Aufgrund der vielen möglichen Betrachtungsweisen paralleler Systeme bleibt die inhaltliche Auswahl in diesem Buch subjektiv. Viele Techniken und Verfahren werden nur kurz oder gar nicht aufgegriffen. Zudem ist das Umfeld sehr dynamisch; beispielsweise erweitert die aktuelle Sprache C++17 die Standardbibliothek um parallele Datenstrukturen und Algorithmen.

Das Buch gliedert sich in drei Abschnitte. Zuerst werden die Grundlagen und grundsätzliche Überlegungen der Parallelisierung vorgestellt. Daran schließt sich eine Auswahl paralleler Algorithmen an. Hierbei wird auf eine programmiersprachenunabhängige

Darstellung zurückgegriffen. Im dritten Abschnitt wird auf die parallele Programmierung von CPU und GPU eingegangen.

Das Buch ist aus einem Skript für den Informatik-Masterstudiengang an der Hochschule Osnabrück hervorgegangen. Der Umfang entspricht den von mir angebotenen Vorlesungen „Parallele und Verteile Algorithmen" sowie „Multi- und Manycore Programmierung" im Umfang von jeweils fünf ECTS-Punkten. Die im Anhang aufgeführten Projektideen sind in den vergangenen Semestern von Studierenden praktisch erprobt worden.

Meine Kollegen Prof. Dr. Stephan Kleuker, Prof. Dr. Reiner Kreßmann, Prof. Dr. Markus Weinhardt und Prof. Dr. Jürgen Wübbelmann haben einzelne Kapitel des Manuskriptes gegengelesen und mit vielen Vorschlägen zur Verbesserung des Buches beigetragen. Ein besonderer Dank gilt meinem Kollegen Prof. Dr. Frank Thiesing, der sich kritisch durch das komplette Manuskript gearbeitet und wertvolle Hinweise zum Inhalt und zur Schreibweise gegeben hat. Danke Frank!

Dem Verlag Springer Vieweg danke ich für die Möglichkeit zur Veröffentlichung. Hierbei möchte ich insbesondere die gute Zusammenarbeit mit Frau Sybille Thelen und Frau Heike Jung hervorheben.

Last, but not least bedanke ich mich bei Anette Wegener für die fortwährende Nachsicht meiner Beschäftigung mit diesem Buchprojekt sowie für die zeichnerische Gestaltung der Kapiteleinleitungen, die das Buch einmalig werden lassen.

22. Januar 2019   Michael Uelschen

Inhaltsverzeichnis

1

Ist *Multicore* nur ein neues Buzzword? Ist es eine Modeerscheinung in der Informatik, wie so manch andere Schlagwörter zuvor, die nach einiger Zeit verschwinden? Warum muss sich jemand für das Thema interessieren? Warum sollte ein Studierender der Informatik ein Modul über parallele Programmierung hören?

1.1   Herausforderungen

Durch die technologischen Fortschritte sind parallele Rechnerarchitekturen nicht nur in einigen Forschungs- und Entwicklungsabteilungen anzutreffen, sondern sie sind inzwischen allgegenwärtig. Die Konsequenzen dieser Entwicklung betreffen zu einem großen Teil die Software-Entwicklung.

© Springer Fachmedien Wiesbaden GmbH, ein Teil von Springer Nature 2019
M. Uelschen, *Software Engineering Paralleler Systeme,*
https://doi.org/10.1007/978-3-658-25343-1_1

1.1.1 Technologische Entwicklungen

Die folgenden Fragen und Antworten skizzieren die Notwendigkeit, sich mit der Einführung von Mehrkernarchitekturen und der parallelen Programmierung von Multi- und Manycore-Systemen auseinander zusetzen.

Frage: Warum muss ich mich mit Multicore gerade jetzt befassen?

Antwort: Seit über 50 Jahren gilt das *mooresche Gesetz:* „alle 18 bis 24 Monate verdoppelt sich die Anzahl der Transistoren auf einem Chip". Parallel zu dieser Entwicklung hat sich die *CPU-Frequenz* in der Vergangenheit massiv erhöht. Zusammmen mit anderen technologischen Verbesserungen hat beides dazugeführt, dass die Rechenleistung seit Verwendung integrierter Schaltkreise exponentiell wächst.

Allerdings ist bei der Taktrate seit 2005 eine Stagnation zu beobachten: die Geschwindigkeit der schnellsten Recheneinheiten nimmt nicht weiter zu. Abb. 1.1 (aus Fuller und Millett 2011) zeigt bei 4 GHz eine scheinbare Barriere.

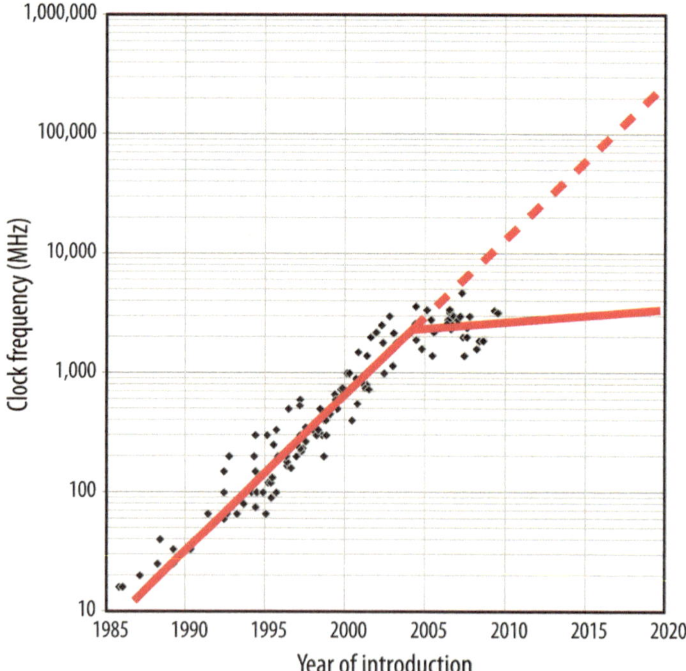

Abb. 1.1 Während die Anzahl der Transistoren einer CPU kontinuierlich ansteigt, verbleibt seit 2005 die maximale Taktrate nahezu unverändert. (© 2011 IEEE. Reprinted, with permission, from IEEE Computer Magazine)

Was sind die Gründe hierfür? Zum einen nähern sich die Grenzen der Physik. Fliegen die Elektronen im Chip mit Lichtgeschwindigkeit, dann bewegen sich diese nur noch wenige Zentimeter weiter bei einem CPU-Takt im GHz-Bereich. Zur bildhaften Verdeutlichung: Bei einer Taktrate von 10 GHz bewegt sich ein Elektron unter idealisierten Bedingungen höchstens 3 cm pro Takt weit. Nichtsdestotrotz hat Intel noch 2001 einen Rechner mit einer Taktfrequenz von 20 GHz für das Jahr 2007 angekündigt (siehe Intel 2001).

Zum anderen steigt die Leistungsaufnahme und damit die Wärmeentwicklung stark an. Die Leistung P integrierter Halbleiterschaltungen mit CMOS-Technologie (siehe auch Wüst 2011) kann vereinfacht als $P = P_{\text{stat}} + P_{\text{dyn}}$ angenommen werden, wobei P_{stat} die statische und P_{dyn} die dynamische Leistung ist. Der statische Anteil P_{stat} ist kleiner als P_{dyn} und wird hauptsächlich durch Leckströme verursacht.

Der dynamische Anteil für n Transistoren ergibt sich mit der Kapazität C eines Transistors, der Versorgungsspannung U und der Frequenz f zu

$$P_{\text{dyn}} = nCU^2 f. \tag{1.1}$$

Die Leistung steigt proportional zur Anzahl der Transistoren respektive zur Frequenz sowie quadratisch zur Versorgungsspannung an.

Allerdings ist die Frequenz f ebenfalls abhängig von der Versorgungsspannung, sodass vereinfacht für eine technologiespezifische Konstante k und der Schaltschwellenspannung U_{s} die folgende Beziehung gilt (vgl. Gonzalez et al. 1997)

$$f = k \frac{(U - U_{\text{s}})^\alpha}{U}. \tag{1.2}$$

Der Exponent α liegt im Bereich $[1, 2]$ und ist ebenfalls technologieabhängig (aktuelle Prozessoren haben einen Wert von 1,3–1,5). Die Differenz zwischen der Versorgungs- und Schaltschwellenspannung ist durch die Entwicklung in den letzten Jahren ebenfalls verringert worden. Vereinfacht verhält sich die Spannung U proportional zur Frequenz f. Im ungünstigsten Fall gilt $P_{\text{dyn}} \propto f^3$. Der Einfluss der Frequenz auf die P_{dyn} ist daher größer als es zunächst den Anschein hat. Wird die Frequenz f auf $\frac{1}{4}$ reduziert, so verringert sich die dynamische Leistung idealerweise auf $\frac{1}{64}$.

In der Vergangenheit ist es gelungen, die Spannung U von 5 V auf weniger als 1 V zu verringern, um die Zunahme der Leistung abzuschwächen. Um die steigende Gesamtkapazität nC zu begrenzen, werden die Transistoren miniaturisiert. Die *Strukturbreite* gibt die kleinste Größe eines Bauelementes (d. h. Transistors) an. Nach dem *Tick-Tack-Modell* von Intel wird bei der Entwicklung neuer Prozessoren abwechselnd der Fertigungsprozess und damit die Strukturbreite (Tick) verringert und die Mikroarchitektur (Tack) optimiert.

Nach Crouse et al. (2017) liegt die zurzeit technisch mögliche Strukturbreite bei 7 nm. Das entspricht ungefähr einer Länge von 31 eng gepackten Siliziumatomen ohne Berücksichtigung der Anordnung in einer Gitterstruktur. Es wird deutlich, dass diese Miniaturisierung zunehmend an die physikalisch möglichen Grenzen stößt.

DA EIN MIKROPROZESSOR DIE LEISTUNG im Wesentlichen in Wärme umsetzt, ist ein weiteres Maß interessant: die Leistungsdichte $I = P/A$, d. h. die Leistung P bezogen auf die Fläche A. Je höher die Leistungsdichte ist, umso effektiver muss die Kühlung des Prozessors sein, um Schäden zu vermeiden.

Beispielsweise hat eine handelsübliche elektrische Herdplatte mit einem Durchmesser von 20 cm eine maximale Leistung von 2 kW. Hieraus ergibt sich $I = 6{,}4$ W/cm^2. Ein aktueller Intel-Prozessor, Xeon E7-4890 (Ivy-Bridge) mit Taktfrequenz von 2,8 GHz und 15 Rechenkernen, mit einer maximalen Leistung von 155 W bei einer Fläche von 160 mm^2 hat hingegen eine Leistungsdichte $I = 96{,}9$ W/cm^2. Punktuell kann die Wärmeentwicklung auf einem Chip noch wesentlicher größer sein. Die Kühlung solcher Systeme ist nicht nur technisch aufwendig (beispielsweise durch Flüssigkeiten) und damit kosten- und wartungsintensiv, sondern aus unterschiedlichen Gründen (Platzbedarf, Akkuleistung, Geräuschentwicklung) nicht möglich. So können viele mobile Geräte nur passiv gekühlt werden.

Das beschriebene Phänomen wird auch als *Power Wall* beschrieben: der Energieverbrauch setzt einer kontinuierlichen Weiterentwicklung bestehender Rechnerarchitekturen eine Barriere. Diese ist jedoch nicht das einzige Hindernis. Es gibt noch zwei weitere Barrieren entsprechend Abb. 1.2. Die Entwicklung hat sich in eine Sackgasse begeben, die neue Ansätze erfordert.

Der Begriff *Memory Wall* bezeichnet eine weitere Einschränkung beim Entwurf und der Optimierung zukünftiger Rechnerarchitekturen. Diese Entwicklung kommt nicht überraschend und ist bereits in Wulf und McKee (1995) prognostiziert. Abb. 1.3 zeigt, dass seit 1980 die Leistungsentwicklung des externen Speichers (DRAM) nicht mit der jeweiligen neuesten Prozessorgeneration (CPU) Schritt hält. Zwar ist die Speichergröße kontinuierlich gewachsen, jedoch bleiben die Verbesserungen der Zugriffszeiten (Latenzzeiten) hinter der Entwicklung der Rechengeschwindigkeiten zurück: der Zugriff auf den Speicher entwickelt sich als *Flaschenhals*. Beide Kurven wachsen exponentiell, der Unterschied zwischen beiden ebenfalls.

Dieser Nachteil konnte teilweise durch die Entkopplung von CPU und Speicher durch *Direct Memory Access (DMA)*-Bausteine, durch eine aufwendige Cache-Hierarchie und eine verbesserte Anbindung des externen Speichers an die CPU mit einer größeren Bandbreite

Abb. 1.2 Die Barrieren der Entwicklung zukünftiger Hardware-Architekturen sind vielfältig

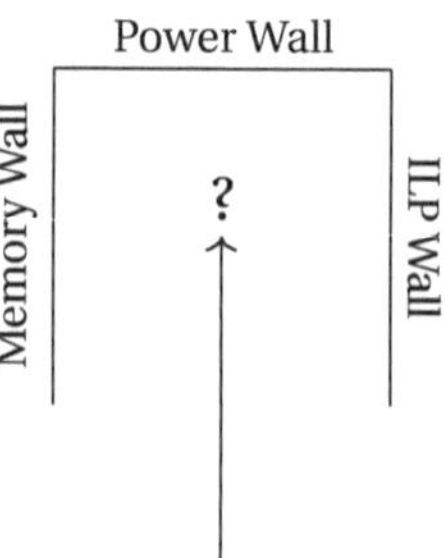

Abb. 1.3 Die auseinandergelaufene Entwicklung von CPU und Speicher ist ein limitierender Faktor zukünftiger Prozessoren (nach Hennessy und Patterson 2011)

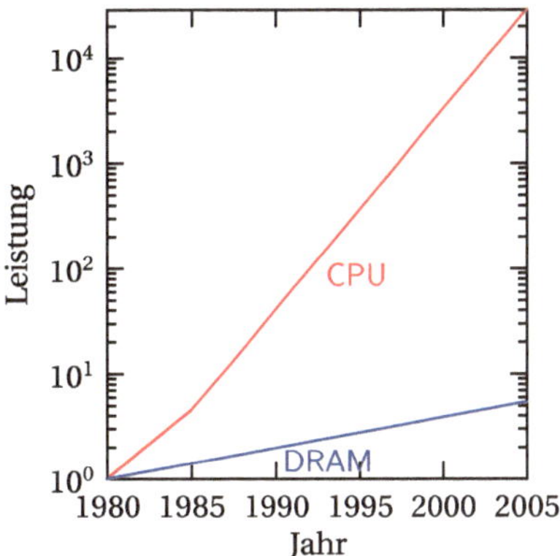

aufgefangen werden. Zusätzliche Verbesserungen sind vermutlich nur durch grundsätzlich neue Speicherarchitekturen zu erwarten.

Diese ersten beiden Barrieren sind im Wesentlichen durch physikalische Randbedingungen bedingt. Jedoch stößt auch die Komplexität der internen Rechnerarchitektur zunehmend an ihre Grenzen. Der Begriff *ILP Wall (Instruction-Level Parallelism)* beschreibt die dritte Barriere: eine signifikante Leistungssteigerung auf Befehlsebene durch weitere Optimierungen der Hardware-Architektur ist nicht zu erwarten.

Pipelining ist das übertragende Fließbandprinzip der Automobilindustrie (siehe Abb. 1.4) auf die Ausführung von Befehlen auf der untersten Ebene im Prozessor. Die Ausführung mehrerer Befehle wird zeitlich verschränkt, indem jeder Befehl in einzelne, sequenzielle Teilschritte zerlegt wird. Teilschritte unterschiedlicher Befehle werden parallel ausgeführt.

Der Durchsatz einer Befehlspipeline ist genau dann hoch, wenn alle Teilschritte die gleiche Zeit dauern und keine Abhängigkeiten in der Schrittabfolge existieren. Im Gegensatz zum Automobilbau ist dieses jedoch nicht gegeben, wenn beispielsweise zwei Zahlen zuerst addiert und im folgenden Schritt mit einer weiteren Zahl multipliziert wird. Die Multiplikation kann erst dann ausgeführt werden, wenn das Ergebnis der Addition zuvor in einem internen Register zurückgeschrieben ist.

Ein Fließband und eine Befehlspipeline liefern erst dann einen konstanten Durchsatz, wenn das Fließband respektive die Pipeline gefüllt ist. Die parallele Abarbeitung wird erst dann erreicht.

Bedingte Sprunganweisungen führen dazu, dass in der Pipeline befindliche Befehle nicht weiter bearbeitet, sondern die Ausführung an einer anderen Stelle im Programmtext fortgeführt wird. Die Pipeline muss neu gefüllt werden, was den Durchsatz reduziert. Dieses führt auch zu einer Vergeudung von Energie, da bereits Berechnungen durchgeführt worden sind, die Teilergebnisse aber verworfen werden.

Beide Phänomene können durch geeignete Maßnahmen abgeschwächt werden. Jedoch stößt die Architektur langer Pipeline-Architekturen an eine Komplexitätsgrenze. Die

Abb. 1.4 Die Einführung der Fließbandes zu Beginn des 20. Jahrhunderts führte zur Parallelisierung der einzelnen Arbeitsschritte in der Fahrzeugproduktion. Die Herstellung von Automobilen hat sich dadurch drastisch beschleunigt. Das Foto zeigt beispielhaft die Produktion des VW Käfers im Jahr 1952 (Bildnachweis: Volkswagen Aktiengesellschaft). Durch eine intelligente Produktionsplanung können Fahrzeuge in unterschiedlichen Konfigurationen (Farbe, Ausstattung, …) effizient hergestellt werden

31-stufige Befehlspipeline der *Prescott*-Prozessoren von Intel stellt das bisherige Maximum dar; die aktuelle Generation mit der *Kaby Lake*-Mikroarchitektur arbeitet mit weniger als 20 Stufen.

UM DEN FORTWÄHREND STEIGENDEN Anforderungen nach vermehrter Rechenleistung zu begegnen, wird dieser Bedarf statt durch eine Erhöhung der CPU-Frequenz mittels einer Vervielfachung der parallel arbeitenden Rechenkerne gesättigt. Es ist anzumerken, dass die *Memory Wall* durch Multicore-Systeme nicht überwunden wird. Tatsächlich gibt es neue Phänomene bei diesen, die die Speicherhierarchie komplexer und aufwendiger werden lassen.

Frage: Betrifft Multicore jede(n)?

Antwort: Ein Blick zurück in die historische Entwicklung in Abb. 1.5 zeigt, dass Parallelrechner inzwischen in allen Bereichen anzutreffen sind. Der erste Supercomputer, der

Super Computer	Mainframe	Server	Workstation	Personal Computer	Embedded System	Steuergerät
Cray X-MP Multiprozessor 1982	IBM s370/158 Multiprozessor 1972	IBM POWER4 Multicore 2001	AMD Opteron Multicore 2005	Intel Core Duo Multicore 2006	Renesas Multicore 2007	Freescale Multicore 2007

Abb. 1.5 In allen Rechnerkategorien haben sich Multicore-Architekturen durchgesetzt

einen Dualprozessor einführte, war 1982 die Cray X-MP. Bereits 1972 stellte IBM einen Mainframe-Rechner s370/158 mit zwei verbundenen Prozessoren vor (siehe Abb. 1.6). Der erste kommerzielle Multicore-Rechner basierte auf der PowerPC-Architektur Power4 und wurde von IBM 2001 in den Server-Bereich eingeführt. Wenige Zeit später sind auch im Workstation- (beispielsweise 2005 mit dem AMD Opteron) und im Desktop-Bereich (beispielsweise 2006 mit dem Intel Core Duo) Mehrkernrechner zum Einsatz gekommen. Aber auch im Segment der eingebetteten Systeme sind Multicore-Architekturen in den letzten Jahren anzutreffen. 2007 gab es den ersten Multicore von Renesas für Navigationsgeräte im Fahrzeug. Aber auch bei Mobiltelefonen und klassischen Steuergeräten im Fahrzeug sind Multicore-Architekturen bereits verfügbar oder in der Entwicklung. Freescale hat 2007 den ersten Mikrocontroller mit drei Kernen im Bereich der Automobilelektronik vorgestellt, der in einem ausfallsicheren, elektronischen Bremssystem von Continental zum Einsatz

Abb. 1.6 Der abgebildete Mainframe-Rechner konnte mit einem zweiten Prozessor gekoppelt werden und ist einer der ersten kommerziellen Multiprozessorsysteme. (Courtesy of International Business Machines Corporation, © International Business Machines Corporation)

kommt. Eines der ersten Mobiltelefone mit 4 Rechenkernen ist das HTC Edge, welches 2012 auf dem Markt eingeführt wurde. Anfang 2014 stellte die Firma Nvidia den Prozessor Tegra K1 für mobile Geräte vor, der neben einem Quadcore-Prozessor weitere 192 parallele Recheneinheiten zur Grafikberechnung integriert.

Frage: Sind die Aufgabenstellungen nicht schon vor 30 Jahren in der Informatik gelöst worden?

Antwort: Parallele Algorithmen sind in der Tat schon seit Jahrzehnten bekannt und werden insbesondere bei datenparallelen Anwendungen eingesetzt. Hierzu gehören beispielsweise numerische Lösungsverfahren von Gleichungssystemen. Diese Kategorie von Anwendungen werden unter dem Begriff *Wissenschaftliches Rechnen* oder *High Performance Computing (HPC)* zusammengefasst. Allerdings umfassen diese Problemstellungen nur einen kleinen Bruchteil der Aufgabenstellungen in der Informatik.

Da, wie dargestellt, Multicore-Systeme in allen Rechnerkategorien Einzug erhalten haben, sind die folgenden *Anwendungsfälle* zu unterscheiden:

Entwicklung neuer Funktionalitäten Nicht nur die Anzahl der Transistoren auf einem Prozessor wächst exponentiell, sondern auch die benötigte Rechenleistung der Anwendungen. Neue Innovationen lassen sich häufig nur durch zusätzliche Rechenleistung realisieren. Aufgrund der eingangs beschriebenen technologischen Barrieren stellen parallele Recheneinheiten die einzige Möglichkeit der Implementierung dar.

Parallele Algorithmen Die Ausführung von parallelen Algorithmen auf nicht-parallelen Rechensystemen ist im Allgemeinen möglich. Allerdings kann die dann erforderliche Serialisierung zu einer Reduzierung der Effizienz führen und die Anwendung überproportional verlangsamen. Parallele Algorithmen nutzen parallele Rechnerarchitekturen besser aus.

Fehlertolerante Systeme Parallel arbeitende Rechenkerne können redundante Systeme kostengünstig realisieren. Eine Berechnung wird mehrfach parallel ausgeführt. Unterschiedliche Ergebnisse signalisieren eine Fehlersituation, auf die entsprechend reagiert werden kann. Die Redundanz wird hierbei entweder auf der algorithmischen oder auf der Befehlsebene implementiert.

Integration von Funktionalitäten Multicore-Systeme sind eine Möglichkeit, die Anzahl physischer Geräte zu reduzieren, indem mehrere Anwendungen integriert werden. Insbesondere in der Automobilindustrie wird häufig für eine Funktionalität ein separates Steuergerät mit einem Mikrocontroller vorgesehen. Aufgrund der hohen Anzahl von bis zu 100 Steuergeräten in einem einzelnen Fahrzeug ist diese Entwicklung nicht zukunftsfähig: der Stromverbrauch steigt an, zusätzlicher Bauraum steht nicht zur Verfügung. Ein mögliches Szenario ist somit die Integration unterschiedlicher Funktionalitäten auf einem System mit mehreren parallel arbeitenden Recheneinheiten.

Konvergenz von Domänen In ähnlicher Weise ist eine Konvergenz unterschiedlicher Anwendungsdomänen insbesondere bei eingebetteten Systemen zu beobachten. Beispielsweise werden klassische Steuerungsaufgaben eines Fahrzeugs zusammen mit Multimedia-Anwendungen in einem Gerät implementiert. Hierbei sind häufig unterschiedliche Anforderungen zu betrachten: auf der einen Seite Anwendungen mit harten und auf der anderen Seite mit weichen Echtzeitanforderungen. Ein weiteres Beispiel sind *mixed-criticality*-Systeme, die Anwendungen mit unterschiedlich funktionalen Sicherheitsanforderungen oder Kritikalitäten (unterschiedliche Stufen im *SIL*-Modell der Norm EN 61508) werden auf einem Multicore-System integriert.

Harmonisierung der Hardware-Architektur Durch die Duplizierung von Recheneinheiten in einem Mikrocontroller kann die Hardware-Architektur vereinfacht werden. Anstatt digitale Signalprozessoren (DSP) für die Audio- und Videoverarbeitung zu verwenden, wird diese Funktion durch einen zusätzlichen Rechenkern in Software realisiert. Der Vorteil ist, dass dieses System auch für andere Aufgaben beispielsweise zur Netzwerkkommunikation eingesetzt werden kann, da nur die Software ausgetauscht werden muss. Die Hardware kann flexibler eingesetzt werden, und spezielle Werkzeuge zur Programmierung von DSP fallen weg.

Entwurf energieeffizienter Systeme Wie eingangs dargestellt, kann durch den Einsatz eines Multicore-Systems mit geringerer Taktrate der Energieverbrauch gesenkt und die Rechenleistung beibehalten werden. Dadurch lassen sich sehr energieeffiziente Systeme realisieren. Insbesondere für neue Anwendungsfelder mit strengen Anforderungen an den Stromverbrauch wie im *Internet der Dinge* oder im Bereich der Elektromobilität sind Multicore-Systeme eine Alternative.

Diese Anwendungsfälle sind nicht trennscharf zu differenzieren und häufig ist eine Kombination von mehreren anzutreffen. Zudem sind in dieser Darstellung idealisierte Annahmen unterstellt. So lässt sich beispielsweise durch den Einsatz von Quadcore-Rechnern nicht die Anzahl der Steuergeräte im Fahrzeug um 75 % reduzieren. Zum einen sind die Einbauorte unterschiedlich, zum anderen werden Steuergeräte von unterschiedlichen Zulieferern entwickelt, die sich nicht so einfach auf einer gemeinsamen Plattform integrieren lassen.

Frage: Ich habe einen Quad-Core PC. Läuft bei mir!?

Antwort: Die aktuelle Generation von Desktop- und Notebook-Rechnern ist bereits mit Multicore-Architekturen ausgestattet. Die bekannten und häufig benutzten Programme laufen im Allgemeinen ohne dass sichtbare Änderungen an der Software durchgeführt worden sind. Das Betriebssystem führt die Anwendungen parallel aus. Vereinfacht ausgedrückt findet, eine Parallelisierung auf Anwendungsebene statt: Excel, Powerpoint, Outlook und Word.

Ein wichtiger, zu beachtender Punkt ist die Skalierung, d. h. wie verhält sich das System in Abhängigkeit der parallelen Rechenkerne. Aktuell sind Rechner mit vierfach oder achtfach Kernen im Einsatz. Aber wie skaliert das System, wenn auf einmal 32 Rechenkerne zur Verfügung stehen? Auch ist zu beobachten, dass die Peak-Performance für sequenzielle Programme konstant bleibt. Im Gegensatz zur Vergangenheit bringen neue Rechnergenerationen keinen Geschwindigkeitszuwachs für sequenzielle Programme. Ein sequenzielles Programm läuft auf einem Parallelrechner nicht schneller.

Frage: Mein Programm ist multithreaded! Reicht das nicht?

Antwort: Die Aufteilung eines Programms in mehrere nebenläufige Kontrollflüsse (*Thread* oder *Task*) ist ein erster Schritt in die Richtung zu einem parallelen Programm. Allerdings ist dieses nicht hinreichend. Es reicht nicht aus, dass ein Programm aus mehreren Threads besteht, sondern es ist wesentlich entscheidender, wie die Rechenlast auf mehrere Kerne verteilt wird.

Eine Motivation von multithreaded Programmen ist die Aufteilung eines einzelnen, sequenziellen Kontrollflusses in mehrere nebenläufige, logische Ablauffäden. Beispielsweise wird in Anwendungen mit einer grafischen Bedienschnittstelle oftmals die eigentliche Berechnung in einen zweiten Thread verlagert, um schnelle Antwortzeiten auf Benutzereingaben zu ermöglichen. Ist beispielsweise die Rechenlast 1 % für die Bedienschnittstelle und 99 % für die Berechnung im Hintergrund, so bietet der Einsatz von Multicore-Architekturen keinen wesentlichen Vorteil. Eine Aufteilung auf einem 2-Kernrechner lässt einen Kern im Wesentlichen unbenutzt während der zweite voll ausgelastet ist.

SOLL EINE MULTITHREADED ANWENDUNG von einem Einkern- auf ein Mehrkernsystem migriert und dort ausgeführt werden, so ist nicht per se gewährleistet, dass diese fehlerfrei abläuft. Eine Ursache ist, dass eine wichtige Annahme, die bei der ursprünglichen Software-Entwicklung getroffen wurde, nicht mehr gilt: zu einem Zeitpunkt ist maximal eine Task aktiv (siehe auch Polle und Uelschen 2008).

Beispielsweise schützen Synchronisierungsmittel des Betriebssystems, Semaphor oder Mutex, den Zugriff auf gemeinsame Daten mehrerer Threads. In einigen Fällen, beispielsweise bei eingebetteten Systemen, gibt es alternative Möglichkeiten, falls die Verwendung eines Betriebssystemmittels zu zeitintensiv ist.

Dieses ist bei einer Implementierungsvariante des *Single Producer Single Consumer*-Problems vorzufinden. Es gibt eine externe Quelle (z. B. Temperatursensor am I^2C-Bus), die periodisch oder sporadisch einen Interrupt auslöst. In der Interruptserviceroutine (ISR) werden die Daten von der Quelle entnommen und in eine Warteschlange (FIFO) eingereiht. Eine Task entnimmt die Daten aus der Warteschlange und verarbeitet diese anschließend weiter. Da die Task parallel mit der ISR auf die Warteschlange zugreift, sperrt diese für einen kurzen Zeitraum alle Interrupts, sodass diese nicht unterbrochen und ein exklusiver Zugriff gewährleistet wird.

Wird jetzt dieser Ansatz auf einem Mehrkernrechner ausgeführt, so kann es passieren, dass die Task und die ISR auf unterschiedlichen Kernen ausgeführt werden. Ein Sperren der Interrupts auf einem Kern durch die Task bleibt ohne Wirkung für die ISR, da diese auf einem anderen Kern ausgeführt wird. Ein exklusiver Zugriff auf die Warteschlange kann nicht mehr gewährt werden, was zu schwerwiegenden Fehlern führen kann.

Auch andere Methoden zum Schutz gemeinsam genutzter Daten, wie das kurzzeitige Verhindern von Taskwechseln oder das Verändern der Taskpriorität bei einem prioritätenbasierten Scheduling, können auf Mehrkernsystemen zu fatalen Fehlern führen. Wenn mehrere Rechenkerne zur Verfügung stehen, rechnen mehrere Tasks parallel. Die für Einzelkernrechner unterstellte Annahme ist nicht mehr gültig mit der Konsequenz, dass die Anwendungen nicht mehr korrekt laufen.

1.1.2 Konsequenzen für das Software Engineering

Es wird deutlich, dass die Herausforderungen von Multicore-Systemen zu einem überwiegenden Anteil die Software-Entwickler betriffen. Sutter (2005) fasst dieses in dem Ausspruch „The free lunch is over" zusammen. Hiermit ist gemeint, dass das bisherige Vorgehen zukünftig nicht mehr erfolgreich ist. Dadurch, dass in der Vergangenheit die Leistungssteigerung der Rechner vielfach durch eine Erhöhung der CPU-Frequenz erreicht wurde, war eine Änderung der Software in den allermeisten Fällen nicht notwendig: die Software lief einfach schneller. Da allerdings die Frequenz nicht mehr signifikant steigt, sondern statt dessen die Anzahl der Rechenkerne, ist dieser Ansatz in der Zukunft nicht mehr möglich. Parallele Hardware erfordert parallele Software.

Die folgenden Aspekte fassen die wesentlichen Herausforderungen zusammen:

- **Mehr Verständnis für die Hardware:** Software-Entwickler müssen sich [wieder] mit dem grundlegenden Aufbau der parallelen Hardware auseinandersetzen. Um einen hohen Parallelitätsgewinn zu erzielen, ist es notwendig, sich ein vertieftes Verständnis der Funktionsweise paralleler Systeme und möglicher Effekte zu erarbeiten.
- **Partitionierung von Software:** Die Aufteilung von Software in einzelne, parallele Module ist eine der Aufgaben für Software-Architekten. Der Schwerpunkt liegt dabei auf der Lastverteilung, d. h. alle Rechenkerne müssen gleichermaßen ausgelastet sein. Ein weiterer Schwerpunkt ist es, die Software so zu partitionieren, dass diese idealerweise mit steigender Anzahl von Rechenkernen automatisch skaliert.
- **Parallele Programmiersprachen:** Die Umsetzung von parallelen Algorithmen bedarf einer geeigneten Programmiersprache, die auch parallele Anweisungen berücksichtigt. Hier besteht ein großer Nachholbedarf, da die klassischen, sequenziellen Programmiersprachen durch Bibliotheken oder Compiler-Anweisungen erweitert werden. Neue Programmiersprachen hingegen stoßen auf Widerstand oder werden für kommerzielle Anwendungen nicht berücksichtigt.

In vielen Fällen lassen sich sequenzielle Algorithmen nicht offensichtlich parallelisieren. Ein Beispiel dafür ist die Berechnungsvorschrift der *Fibonacci-Zahlen:*

$$F_n = F_{n-1} + F_{n-2} \text{ für } n \geq 2 \text{ } mit \text{ } F_0 = 0, \text{ und } F_1 = 1. \tag{1.3}$$

Die rekursive Berechnung erfolgt offensichtlich sequenziell: jede neue Fibonacci-Zahl basiert auf den zwei vorherigen Zahlen. Trotzdem lässt sich die Berechnung parallelisieren. Hierzu muss man jedoch einen Schritt zurücktreten und die mathematischen Eigenschaften ausnutzen. Die Entwicklung paralleler Software erfordert in vielen Fällen ein *Neudenken.*

IN DEM STRATEGIEPAPIER DER GESELLSCHAFT FÜR Informatik (siehe Ungerer 2008) wird daher die Handhabung von Software für Multicore- und Manycore-Systeme als eine der *Grand Challenges* in der Technischen Informatik identifiziert.

1.2   Begriffsdefinition

Die Begriffe *nebenläufig* (engl. concurrent), *parallel* und *verteilt* (engl. distributed) lassen sich nicht trennscharf unterscheiden und werden in der Literatur teilweise synonym verwendet. In diesem Buch werden die Begriffe wie folgt verstanden (siehe auch Abb. 1.7):

- **nebenläufig:** Der Kontrollfluss eines Programms wird konzeptionell in verschiedene, sequenzielle Bereiche (Fäden, Prozesse, Threads, Tasks, Jobs) unterteilt. Es gibt Möglichkeiten zur Synchronisierung und zur Kommunikation zwischen unterschiedlichen, nebenläufigen Kontrollflüssen. Die tatsächliche Ausführung nebenläufiger Programme kann auf Mehrkern- oder Einkernrechner erfolgen. Durch die Verschränkungen mehrerer Kontrollflüsse auf einem sequenziellen Rechensystem entsteht der Eindruck einer parallelen Ausführung (wird teilweise auch als *Quasiparallelität* bezeichnet).
- **parallel:** Ein paralleles Programm besteht aus mehreren, nebenläufigen Kontrollflüssen, die vollständig oder zumindest teilweise zeitgleich ausgeführt werden. Hierbei wird zwingend ein paralleles System bestehend aus mehreren Rechenkernen vorausgesetzt.

Abb. 1.7 Die Unterschiede nebenläufiger, paralleler und verteilter Programmierung lassen sich nicht trennscharf darstellen. In parallelen Systemen findet die Ausführung mehrerer Anweisungen zeitgleich statt

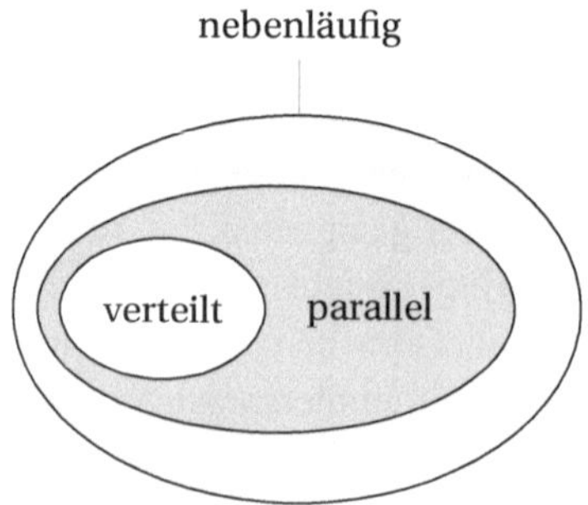

- **verteilt:** Ein verteiltes Programm führt mehrere Kontrollflüssen auf örtlich getrennten Rechenkernen aus. Die Kommunikation zwischen diesen Kontrollflüssen erfolgt üblicherweise durch den Austausch von Nachrichten. Bei der Entwicklung und Bewertung verteilter Anwendungen ist die *Topologie* der Verteilung zu betrachten.

Die Einteilung in verteilte und nicht-verteilte Systeme ist nicht trennscharf möglich. Moderne Mehrkernrechner bestehen aus mehreren physischen Prozessoren, die örtlich getrennt sind, aber über einen gemeinsamen Speicherbereich kommunizieren. Für eine Vorstellung insbesondere verteilter Technologien wird auf Bengel et al. (2015) verwiesen.

Als weiteres Kriterium kann der Aufbau der parallelen Recheneinheiten herangezogen werden. Parallele, nicht-verteilte Systeme haben üblicherweise einen *homogenen,* d. h. symmetrischen, Aufbau. Bei verteilten Systemen ist es möglich, dass auch *heterogene* Systeme zeitgleich eine Aufgabe bearbeiten. Nach Coulouris et al. (2001) zeichnen sich verteilte Systeme durch das Fehlen einer *gemeinsamen Uhr* zur Synchronisierung aus. Des Weiteren können die einzelnen Rechenkerne unabhängig voneinander ausfallen.

1.3 Aufbau und Gliederung

1.3.1 Ziele des Buches

Dieses Buch kann nicht den Anspruch erfüllen, sämtliche Aspekte der parallelen Programmierung vorzustellen und zu diskutieren. Das Gebiet ist zudem einem ständigen Wandel und Weiterentwicklung unterworfen, sodass einzelne Konzepte in der Zukunft durch andere abgelöst werden. Das Ziel des Buch ist es daher, Anregungen für eigene Studien zu geben.

1.3.2 Voraussetzungen

Die folgenden Voraussetzungen zum Verständnis der hier vorgestellten Methoden sind notwendig:

- **Programmierung in der Sprache C:** Die Basis für die aktuell populären Programmiersprachen (C++ Java, Objective-C, …) ist weiterhin der Klassiker und wird hier vorausgesetzt (vgl. Dausmann et al. 2011; Kernighan und Ritchie 2000). Hierzu gehört besonders die Speicherverwaltung (Stack- und Heapvariablen).
- **Objektorientierte Konzepte und Programmierung in C++ oder Java:** Die Ideen der objektorientierten Programmierung finden sich in den hier vorgestellten Bibliotheken. Hierbei ist insbesondere die *Template-Programmierung* gefordert (vgl. Breymann 2017; Stroustrup 2013). Im Gegensatz zu Java unterstützt C++ das Überladen von Operatoren. Viele Bibliotheken machen hiervon Gebrauch.

- **Einführung in Algorithmen und Datenstrukturen:** Abstrakte Datentypen wie Liste, Baum oder Stapel und die entsprechenden Algorithmen zum Einfügen und Entfernen sind zum Verständnis der hier vorgestellten Methoden erforderlich (vgl. Cormen et al. 2010).
- **Grundlagen von Betriebssystemen:** Neben dem grundsätzlichen Wissen über den Aufbau eines Betriebssystems ist insbesondere die Problematik zur Synchronisierung von nebenläufigen Prozessen erforderlich (vgl. Tanenbaum 2009).
- **Rechneraufbau:** Für den Aufbau eines Parallelrechners ist das grundsätzliche Verständnis eines sequenziellen *Von-Neumann-Rechners* notwendig. Es wird erwartet, den Aufbau und die Funktionsweise einer Zentraleinheit (CPU) mit Rechen- und Steuerwerk verstanden zu haben (vgl. Hennessy und Patterson 2011).

1.3.3 Gliederung

Das Buch kann vollständig oder in Auszügen zur Begleitung eines ein- oder zweisemestrigen Masterkurses in Informatikstudiengängen eingesetzt werden. Hierbei lassen sich unterschiedliche Schwerpunkte setzen (beispielsweise Algorithmen oder Programmierung). Nach dieser Einleitung folgen sechs weitere Kapitel sowie ein Anhang mit Projektvorschlägen.

Das folgende Kapitel *Grundlagen* wiederholt zuerst die Begriffe der asymptotischen Analyse, einem Werkzeug zur Bewertung des Verhaltens von (parallelen) Algorithmen. Es werden theoretische Modelle paralleler Systeme vorgestellt, bevor auf die wesentlichen Charakteristika verteilter Rechensysteme eingegangen wird. Das Gesetz von Amdahl beschränkt die Parallelisierung von Software-Anwendungen aufgrund der sequenziellen Programmanteile. Abschließend werden die Abhängigkeiten einzelner Anweisungen untersucht und die Bedingungen abgeleitet, die eine (automatische) Parallelisierung ermöglichen.

Das Kapitel *Parallele Systeme* betrachtet die unterschiedlichen Ebenen der Parallelität realer Rechensysteme. Ein Schwerpunkt in der Darstellung ist der parallele Speicherzugriff, der zu neuartigen Phänomenen führt. Diese Eigenschaften können ausgenutzt werden, um Datenstrukturen zu entwickeln, die zum einen den parallelen Zugriff mehrerer Rechenkerne zulassen und zum anderen den Flaschenhals bei der Verwendung von Sperren (beispielsweise Semaphore) vermeiden. Das Kapitel schließt mit einem kurzen Überblick auf eingebettete Multicore-Systeme.

Das Kapitel *Algorithmen* beginnt mit einer systematischen Einordnung paralleler Entwurfsmuster. Das Polytop-Modell beschreibt die Möglichkeiten zur Parallelisierung geschachtelter for-Schleifen. Ein Schwerpunkt des Kapitels sind Reduktionsalgorithmen, die zusammen mit weiteren Operationen die Bausteine einer Vielzahl paralleler Verfahren sind. Weitere Schwerpunkte sind die Darstellung von parallelen Algorithmen zum Auffinden von Zeichenfolgen sowie das Sortieren von Werten. Abschließend skizziert das Kapitel eines der wichtigsten Algorithmen im Internet: das Map-Reduce-Verfahren von Google.

In die Möglichkeiten der parallelen Programmierung mit C++ führt das Kapitel *CPU-Programmierung* ein. Hierbei werden u. a. die parallelen Datenstrukturen von C++ 17 beispielhaft vorgestellt. Die Bibliothek Threading Building Blocks von Intel ermöglicht unterschiedliche Ansätze zur Implementierung von Task-Parallelität. Diese kann genutzt werden, um die im vorangegangenem Kapitel rekursiven Suchverfahren effizient zu realisieren. Außerdem werden POSIX-Threads und die Compiler-Direktiven des OpenMP-Standards erörtert. Alle Bibliotheken und Erweiterungen werden anhand von Programmierbeispielen verdeutlicht.

Im Vergleich zur CPU folgt die *GPU-Programmierung* anderen Konzepten, die im Aufbau modernen Grafikkarten begründet sind. Dieses Kapitel führt am Beispiel CUDA von Nvidia in die Software-Entwicklung von Anwendungen mit hunderten bis tausenden von parallelen Recheneinheiten ein. Basierend auf der Darstellung der GPU-Hardware wird das Programmiermodell vorgestellt und anhand zweier Programmierbeispiele vertieft.

Das letzte Buchkapitel *Moderne Programmiersprachen* beschreibt das funktionale Programmierparadigma am Beispiel der Sprache Scala. Obwohl die funktionale Programmierung aus den Anfängen der Software-Entwicklung stammt, so verzeichnet diese erst in den letzten Jahren eine zunehmende Bedeutung. Auch etablierte Sprachen wie C++ und Java nehmen ebensolche Konzepte in ihren Sprachstandard auf. Das Aktorenmodell ist das Entwurfsmuster paralleler Anwendungen funktionaler Programmiersprachen. Das Akka-Framework ist eine mögliche Realisierung und harmoniert mit Scala.

Im Anhang werden einige *Projekte* vorgestellt, die es ermöglichen, die vorgestellten Algorithmen auf der CPU oder der GPU zu implementieren und deren Anwendung zu vertiefen. Hierbei werden bewusst solche Aufgabenstellungen ausgewählt, die ohne Vorwissen verständlich sind. Hierdurch wird sichergestellt, dass nicht die Einarbeitung in Domänenwissen sondern die Entwicklung paralleler Software im Vordergrund steht.

Literatur

Bengel G, Baun C, Kunze M, Stucky KU (2015) Masterkurs Parallele und Verteilte Systeme, 2. Aufl. Springer, Wiesbaden

Breymann U (2017) Der C++-Programmierer: C++ lernen – Professionell anwenden – Lösungen nutzen, 5. Aufl. Hanser, München

Cormen TH, Leiserson CE, Rivest R, Stein C (2010) Algorithmen – Eine Einführung, 3. Aufl. Oldenbourg Wissenschaftsverlag, München

Coulouris G, Dollimore J, Kindberg T (2001) Distributed systems – concepts and design, 3. Aufl. Addison Wesley, Reading

Crouse M, Liebmann L, Plachecki V, Salama M, Chen Y, Saulnier N, Dunn D, Matthew I, Hsu S, Gronlund K, Goodwin F (2017) Design intent optimization at the beyond 7 nm node: The intersection of DTCO and EUVL stochastic mitigation techniques. https://doi.org/10.1117/12.2260865

Dausmann M, Bräckl U, Goll J, Schoop D (2011) C als erste Programmiersprache: Vom Einsteiger zum Fortgeschrittenen, 7. Aufl. Vieweg+Teubner, Wiesbaden

Fuller SH, Millett LI (2011) Computing performance: Game over or next level? Computer 44(1):31–38. https://doi.org/10.1109/MC.2011.15. ISSN 0018-9162

Gonzalez R, Gordon B, Horowitz M (1997) Supply and threshold voltage scaling for low power CMOS. IEEE J Solid-State Circ 32(8):1210–1216. https://doi.org/10.1109/4.604077. ISSN 0018-9200

Hennessy JL, Patterson DA (2011) Computer architecture: A quantitative approach, 5. Aufl. Morgan Kaufmann, Burlington

Intel (2001) Intel researchers build world's fastest silicon transistors. Pressemitteilung. https://www.intel.com/pressroom/archive/releases/2001/20010611tech.htm

Kernighan BW, Ritchie D (2000) The C programming language, 2. Aufl. Prentice Hall, New Jersey

Polle T, Uelschen M (2008) Tailoring and optimising software for automotive multicore systems. In Margaria T, Steffen B (Hrsg) Leveraging applications of formal methods, verification and validation, S 71–81. Springer, Heidelberg. ISBN 978-3-540-88479-8

Stroustrup B (2013) The C++ programming language, 4. Aufl. Addison Wesley, Reading

Sutter H (2005) A fundamental turn toward concurrency in software. Dr. Dobb's J 3. http://www.ddj.com

Tanenbaum AS (2009) Moderne Betriebssysteme, 3. Aufl. Addison Wesley, Reading

Ungerer T (2008) Grand Challenges der Technischen Informatik. Technical report, Gesellschaft für Informatik e.V., 3. http://www.gi.de/fileadmin/redaktion/Download/Grand-Challenges-2008.pdf

Wulf WA, McKee SA (1995) Hitting the memory wall: Implications of the obvious. SIGARCH Comput Archit News 23(1):20–24. http://doi.acm.org/10.1145/216585.216588. ISSN 0163-5964

Wüst K (2011) Mikroprozessortechnik, 4. Aufl. Springer Vieweg, Wiesbaden

Bevor in den nachfolgenden Kapiteln einzelne Algorithmen beschrieben und auf die Programmierung eingegangen wird, wiederholt dieses Kapitel einige Grundlagen bei der Analyse von Algorithmen und stellt Kriterien zur Beurteilung der Leistungsfähigkeit vor.

© Springer Fachmedien Wiesbaden GmbH, ein Teil von Springer Nature 2019
M. Uelschen, *Software Engineering Paralleler Systeme,*
https://doi.org/10.1007/978-3-658-25343-1_2

DER VERGLEICH VON (PARALLELEN) ALGORITHMEN erfolgt oftmals auf der Basis einer asymptotischen *Komplexitätsanalyse*. Hierbei wird eine Problemgröße (Anzahl der zu sortierenden Zahlen, Dimension einer Matrix o. ä.) angenommen und untersucht, inwieweit sich ausgewählte Kriterien verändern, wenn die Problemgröße bis ins Unendliche anwächst.

Bei sequenziellen Algorithmen wird in vielen Fällen die Laufzeit und der Speicherbedarf betrachtet. Bei parallelen Algorithmen muss zusätzlich der Grad der Parallelität berücksichtigt werden. Da bei verteilten Algorithmen häufig die Kommunikation über ein Netzwerk erfolgt, sind hierbei zusätzlich die Kommunikationskosten bei der Bewertung eines Verfahrens zu bedenken.

Bei dieser Vorgehensweise sind teilweise Vereinfachungen oder Annahmen notwendig, die unter Umständen bei einer Implementierung so nicht vorzufinden sind. Da reale Problemstellungen immer eine endliche Problemgröße haben, ist zu untersuchen, ob ein Algorithmus, der zwar asymptotisch schlechter als ein anderer sich herausstellt, für ein konkretes Problem adäquater ist. Ein möglicher Grund kann dabei sein, dass die Implementierung in einer Programmiersprache sich wesentlich einfacher gestaltet.

2.1 Asymptotische Analyse

Zur Beurteilung und zum Vergleich von Algorithmen wird in vielen Fällen das Verhalten asymptotisch in Abhängigkeit einer Problemgröße n betrachtet (z. B. Anzahl der Zahlen, die zu sortieren sind). Die *Landau-Notation* (auch *O-Notation* genannt) ordnet dieses Verhalten unterschiedlichen Komplexitätsklassen zu.

Definition 1 (*O-Notation*). Sind f und g Funktionen mit $f, g : \mathbb{N} \to \mathbb{R}$ sowie $c > 0$ und $n_0 > 0$ Konstanten, dann hat f die Komplexität $O(g)$, wenn gilt

$$|f(n)| \leq c|g(n)| \text{ für } \forall n : n \geq n_0. \tag{2.1}$$

Die Funktion g beschränkt das Wachstum von f ab der Stelle n_0.

Aus historischen Gründen wird oftmals $f = O(g)$ geschrieben, obwohl es sich im mathematischen Sinne um keine Gleichheit handelt. Teilweise ist daher auch $f \in O(g)$ in der Literatur zu finden.

$O(1)$ beschreibt eine konstante, $O(n)$ eine lineare, $O(\log n)$ eine logarithmische und $O(n^d)$ für eine Konstante d eine polynomische Komplexität. Häufig wird keine Basis angegeben, da sich mit $\log_b x = \log_a x / \log_a b$ ein Logarithmus zur Basis a mit einem konstanten Faktor in einen Logarithmus zur Basis b umrechnen lässt. Die Komplexitätsklasse $O(2^n)$ beschreibt Funktionen mit einem exponentiellen Wachstum. Abb. 2.1 zeigt eine Auswahl des Wachstums von Funktionen. Für die Funktion $f(n) = 2n^2 + 3n + 4$ ist $f = O(n^2)$ eine obere Grenze, da für $g = n^2$, $c = 3$ und $n_0 = 4$ die Bedingung 2.1 erfüllt ist. Abb. 2.2 zeigt diesen Zusammenhang.

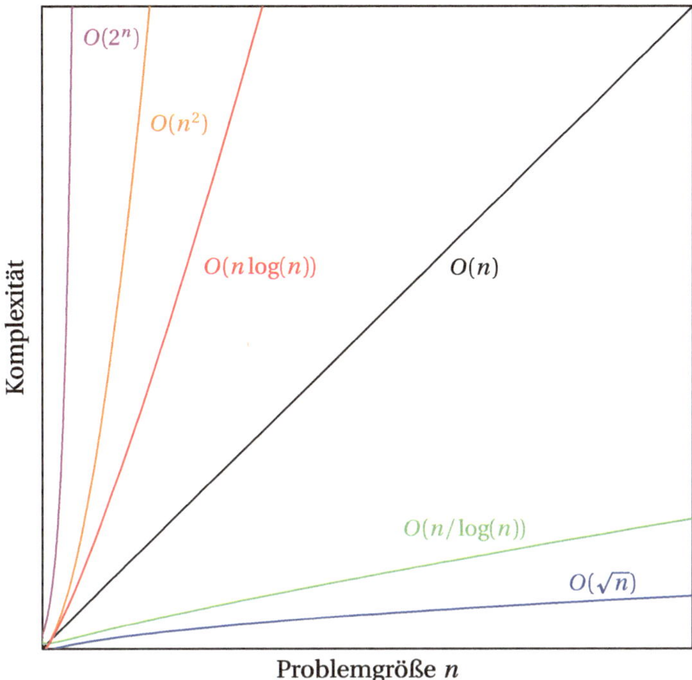

Abb. 2.1 Wachstum von ausgewählten Funktionen

Abb. 2.2 Ab einem Wert n_0 ist $O(n^2)$ eine obere Grenze der Funktion $f(n)$. Zur besseren Darstellung sind die Linien durchgezogen, obwohl die Natürlichen Zahlen den Definitionsbereich bilden

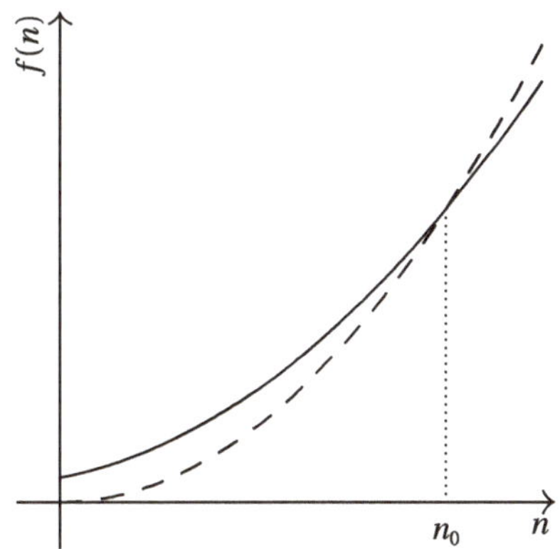

Definition 2 (Ω-Notation). Sind f und g Funktionen mit $f, g : \mathbb{N} \to \mathbb{R}$ sowie $c > 0$ und $n_0 > 0$ Konstanten, dann beschreibt $\Omega(g)$ die untere Grenze der Komplexität, wenn gilt

$$|f(n)| \geq c|g(n)| \text{ für } \forall n : n \geq n_0. \tag{2.2}$$

Es gilt $f = \Omega(g)$ genau dann, wenn $g = O(f)$ ist.

Zur Bewertung von Algorithmen sind insbesondere die *Zeit-* und die *Platzkomplexität* von Interesse. Ersteres schreibt die Laufzeit, zweiteres den dazu benötigten Speicherplatz, den ein Algorithmus benötigt. Bei parallelen Algorithmen muss zusätzlich noch die Anzahl der parallelen Recheneinheiten (Kerne, Prozessoren) betrachtet werden.

Definition 3 (Θ-Notation). Die Kombination aus den beiden Definitionen beschreibt das exakte Wachstumsverhalten.

$$f = \Theta(g) \Longleftrightarrow f = O(g) \text{ und } f = \Omega(g). \tag{2.3}$$

2.2 Theoretisches Modell

Für den Entwurf, die Bewertung und insbesondere für den Vergleich von Algorithmen ist es hilfreich, ein theoretisches *Rechenmodell* zu verwenden, welches zum einen die Details (beispielsweise die Speicherhierarchie, den Prozessoraufbau oder das Verbindungsnetzwerk) eines parallelen Systems abstrahiert. Zum anderen sollte das Modell aber der Art konstruiert sein, dass die entwickelten Algorithmen praktikabel auf einem realen System mit endlichen Ressourcen übertragbar und lauffähig sind.

2.2.1 Sequenzielle Registermaschine

Für sequenzielle Verfahren bietet die *Registermaschine* (im Englischen als *Random Access Machine* (RAM) bezeichnet) die erforderlichen Eigenschaften. Entsprechend der Abb. 2.3 besteht diese aus einem Programmzähler, der den aktuellen Befehl im sequenziellen Pro-

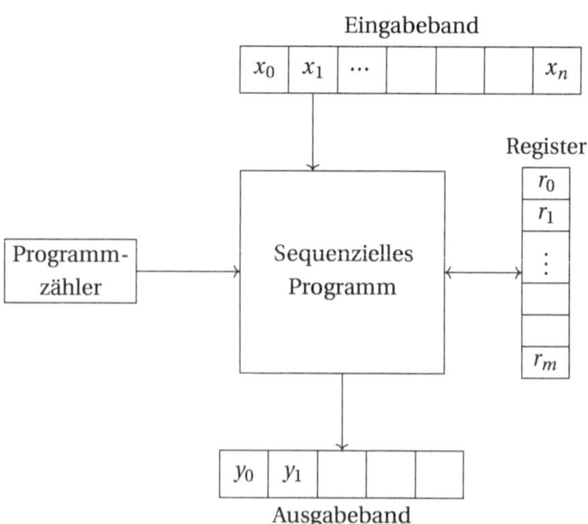

Abb. 2.3 Eine sequenzielle Registermaschine besteht aus Bändern zur Ein- und Ausgabe sowie einem aus Registern aufgebauten lokalen Speicher

gramm anzeigt, einem Ein- und Ausgabeband, auf das nur lesend respektive nur schreibend zugegriffen werden kann. Zudem schreibt die Registermaschine Werte in einen lokalen Speicher (die Register) oder liest einzelne Werte aus diesem. Das Programm einer Registermaschine besteht aus einer Abfolge von Speicher- und Bandzugriffen sowie elementaren Anweisungen (arithmetische Berechnungen, bedingte Sprungbefehle etc.).

Es werden *uniforme Kosten* unterstellt: jede Anweisung und jeder Zugriff dauert eine Zeiteinheit, jeder Wert belegt eine Speicherzelle. Weitere Eigenschaften, auch zur Simulation einer Registermaschine durch eine *Turing-Maschine,* sind dem Standardwerk Aho et al. (1974) zu entnehmen.

2.2.2 Pseudocode

Zur Beschreibung von Algorithmen und Verfahren auf einer Registermaschine wird im Folgenden ein *Pseudocode* eingesetzt, der sich in eine imperative Programmiersprache überführen lässt. Dieser bietet neben den bekannten mathematischen Ausdrücken die folgenden Anweisungen:

- **Kommentar:** Texte in {. . .} sind Kommentare und sollen die Lesbarkeit der Algorithmen verbessern.
- **Zuweisung:** Die Zuweisung wird durch $\leftarrow$ beschrieben. Dadurch stehen die Relationsoperatoren, d. h. $=$, $\neq$, $\leq$, in der gewohnten mathematischen Schreibweise zur Verfügung. Eine bedingte Auswertung ermöglicht **if** A **then** B **else** C: Ist die Bedingung A gültig, so wird B anderenfalls C ausgewertet und der Wert zurückgegeben. Dieses entspricht in der Programmiersprache C dem ?:-Operator.
- **Verzweigung:** Durch **if** A **then** B **else** C **end** verzweigt der Kontrollfluss in Abhängigkeit der Bedingung A. Ist A wahr, dann werden die Anweisungen im Block B ansonsten die Anweisungen im Block C ausgeführt. Der Block C kann fehlen.
- **Iteration:**
  - Die Anweisung **for** A **to** B **by** C **do** D **end** führt die Initialisierung (Zuweisung) A aus und wiederholt den Anweisungsblock D, solange bis die Laufvariable den Wert B angenommen hat. Die Laufvariable wird um den Wert C in jedem Durchlauf erhöht. Alternativ besteht die Möglichkeit die Wiederholung mit **until** zu beschränken. Wird beispielsweise die Laufvariable i mit 0 initialisiert, iteriert diese über das geschlossene Intervall $[0, \ldots, B]$ durch Angabe von **to** bzw. über das rechts offene Intervall $[0, \ldots, B)$ durch Angabe von **until**. Fehlt die Angabe **by** C, wird die Schleifenvariable um den Wert 1 in jedem Durchlauf inkrementiert.
  - Die Anweisung **while** A **do** B **end** führt den Schleifenrumpf B aus, solange die Bedingung A gültig ist. Ist A bereits vor der ersten Ausführung falsch, so wird der Schleifenrumpf nicht ausgeführt.

– Die Anweisung **foreach** *A* **do** *B* **end** wählt sukzessive ein Element aus und führt den Schleifenrumpf *B* aus.

- **Modularisierung:** Durch **def** *A* *B* **end** wird eine Funktion (oder Prozedur) mit der Signatur *A* und dem Funktionsrumpf *B* definiert. Die Anweisung **return** *C* gibt den Wert *C* zurück und beendet unmittelbar die Ausführung der Funktion.

Auf das Schlüsselwort **end** wird bei kurzen Verzweigungen oder Schleifen in einer Zeile verzichtet.

2.2.3 Beispielalgorithmus: Das Sieb des Eratosthenes

Die eingeführte Syntax wird in Abb. 2.4 beispielhaft verdeutlicht. Der sequenzielle Algorithmus *Sieb des Eratosthenes* berechnet die Primzahlen im Intervall 2 bis *n* und gibt diese auf dem Bildschirm aus. Das Verfahren benutzt ein Feld boolescher Werte, um diejenigen Zahlen im Intervall mit *true* zu markieren, die eine Primzahl sind. Hierzu werden die Zahlen von 2 bis $\sqrt{n}$ durchlaufen und alle Vielfachen einer Primzahl mit *false* markiert.

Die Umsetzung in einer imperativen Programmiersprache erfolgt in der Abb. 2.5 am Beispiel von C++. Hierbei handelt es sich um nicht eine speicherplatz- oder rechenzeitoptimierte Variante. Da C++ Felder mit null beginnend indiziert, wird intern das Feld um zwei Positionen verschoben.

Abb. 2.6 zeigt die Implementierung in die funktionale Programmiersprache am Beispiel von *Scala* (in Kap. 7 wird die Programmierung mit Scala vorgestellt). Hierbei werden in

```
 1  def Sieb des Eratosthenes(n)                    {Bestimmung von Primzahlen.}
 2      input : Parameter n zur Berechnung im Intervall [2,…,n].
 3      result : Ausgabe der Primzahlen auf dem Bildschirm.
 4      for i ← 2 to n do a_i ← true                 {Initialisierung des Feldes.}
 5      i ← 2
 6      while i² ≤ n do
 7          if a_i = true then                       {Aussieben der Vielfachen der Primzahl.}
 8              for j ← 2i to n by i do a_j ← false
 9          end
10          i ← i + 1
11      end
12      for i ← 2 to n do                            {Ausgabe der Primzahlen auf dem Bildschirm.}
13          if a_i = true then print a_i
14      end
15  end
```

Abb. 2.4 Der sequenzielle Algorithmus *Sieb des Eratosthenes* bestimmt die Primzahlen im Intervall $[2, \ldots, n]$ und gibt diese auf dem Bildschirm aus

```cpp
void SiebDesEratosthenes(uint32_t n) {

  // --Feld initialisieren.
  std::valarray<bool> a(true,n-1);

  // --Durchlaufe alle Zahlen bis sqrt(n).
  uint32_t i=2;
  while(i*i<=n) {
    if(a[i-2]==true)
      // --Vielfache der Primzahlen sieben.
      for(auto j=2*i;j<=n;j+=i)
        a[j-2]=false;
    i++;
  }

  // --Ausgabe der Primzahlen.
  for(uint32_t i=0;i<a.size();i++)
    if(a[i]==true)
      std::cout << std::setw(4) << i+2;

  std::cout << std::endl;
}

int main() {
  SiebDesEratosthenes(100);
  return 0;
}
```

Abb. 2.5 Der Algorithmus *Sieb des Eratosthenes* ist in der Programmiersprache C++ umgesetzt und berechnet die Primzahlen bis 100

```scala
object Eratosthenes extends App {

  def SiebDesEratosthenes(n: Int): List[Int] = {
    @annotation.tailrec
    def iterate(a: List[Int], i: Int): List[Int] =
    if (i * i > n)
      a
    else {
      val b = if (a contains i) a diff {2 * i to n by i}
          else a
      iterate(b,i+1)
    }
    /* --Aufruf. */
    iterate({2 to n}.toList, 2)
  }

  SiebDesEratosthenes(100).foreach(x => printf("%4d",x))
}
```

Abb. 2.6 Der Algorithmus *Sieb des Eratosthenes* ist in der Programmiersprache Scala umgesetzt. Die Endrekursion ermöglicht eine effiziente Ausführung

einer Liste jene Zahlen ausgesiebt, die das Vielfache einer zuvor betrachteten Primzahl sind. Durch die kompakte Schreibweise in Scala sowie die rekursive Struktur der Implementierung ergibt sich eine vom Pseudocode stark abweichende Darstellung.

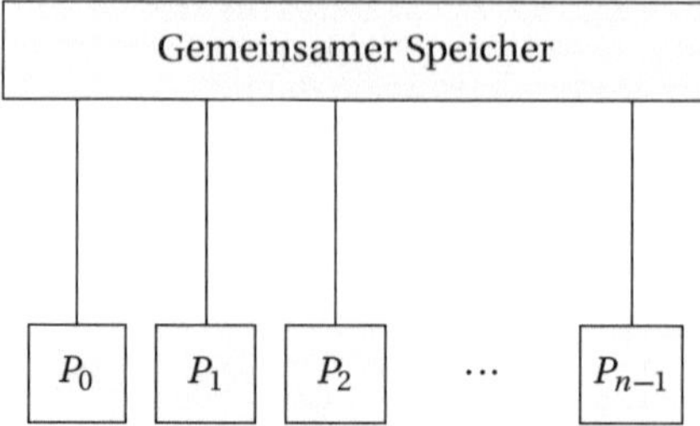

Abb. 2.7 Das theoretische PRAM-Modell ist die parallele Erweiterung einer sequenziellen Register-maschine. Auf die Speicherzellen im gemeinsamen Speicher können alle Recheneinheiten zugreifen. Hierbei sind unterschiedliche Strategien des parallelen Zugriffs möglich

2.2.4 Parallele Registermaschine

Die *parallele Registermaschine (Parallel Random Access Machine* oder abgekürzt *PRAM)* ist eine Erweiterung, die aus einzelnen, sequenziellen Registermaschinen besteht, die zudem auf einen *gemeinsamen Speicher* (shared memory) zugreifen können. Dieser ist in einzelne Speicherzellen untergliedert, die adressiert werden (siehe auch Wyllie 1979).

Abb. 2.7 zeigt das im Folgenden verwendete Modell eines parallelen Prozessors mit n einzelnen Recheneinheiten. In einem Zeitschritt führen diese eine Operation auf dem jeweiligen lokalen Speicher aus oder greifen lesend resp. schreibend auf den gemeinsamen Speicherbereich zu.

DER ZUVOR DEFINIERTE SEQUENZIELLE PSEUDOCODE wird um zwei parallele Anweisungen ergänzt:

- **Parallelisierung:** Durch **in parallel do** statt **do** wird der folgende Block parallel für alle Werte der Laufvariablen ausgeführt. Eine bestimmte Reihenfolge der parallelen Ausführungen wird nicht angenommen.
- **Task-Modell:** Der Aufruf **fork** A führt die Funktion A parallel aus. Durch die Anweisung **join** wird die weitere Ausführung blockiert, bis alle zuvor parallel gestarteten Funktionen ihre Ausführung beendet haben.

Das Task-Modell wird in den folgenden Kapiteln weiter vorgestellt.

2.2.5 Paralleler Speicherzugriff

Der zeitgleiche Zugriff mehrerer Recheneinheiten auf unterschiedliche Speicherzellen erfolgt parallel in konstanter Zeit. Für den parallelen Zugriff auf eine einzelne Speicher-zelle sind die nachfolgenden Ansätze zu unterschieden:

- *CREW (Concurrent Read Exclusive Write):* Alle Recheneinheiten können gleichzeitig eine Speicherzelle lesen, aber höchstens eine Recheneinheit kann zu einem Zeitpunkt eine Speicherzelle schreiben.

- *CRCW (Concurrent Read Concurrent Write):* In diesem Modell kann eine beliebige Anzahl von Recheneinheiten auf eine Speicherzelle lesend und auch schreibend zugreifen.

- *EREW (Exclusive Read Exclusive Write):* In diesem Modell ist der Zugriff auf eine Speicherzelle nur restriktiv möglich. Zu einem Zeitpunkt kann nur eine Recheneinheit auf eine Speicherzelle lesend oder schreibend zugreifen.

Zeitgleiche Lesezugriffe auf eine einzelne Speicherzelle sind i.allg. unkritisch, bei schreibenden Zugriffen kommt es zu Konflikten, die durch ein Verfahren aufgelöst werden müssen. Hierbei sind die folgenden Strategien gebräuchlich:

- *Gemeinsamer Wert:* Schreiben alle Recheneinheiten einen identischen Wert, so wird dieser in die Speicherzelle übernommen, ansonsten ist der Speicherinhalt undefiniert.

- *Prioritätsbasiert:* Es wird der Wert in die Speicherzelle der Recheneinheit mit der höchsten Priorität geschrieben. Diese sind zuvor eineindeutig festzulegen (beispielsweise anhand des Indexes der Recheneinheit).

- *Nichtdeterministisch:* Hierbei wird der Wert einer zufällig ausgewählten Recheneinheit übernommen. Beim Entwurf des parallelen Algorithmus ist dieses zu berücksichtigen, da bei jedem Durchlauf des Programmes ein anderer Wert geschrieben werden kann.

Das PRAM-Modell mit CRCW-Speicherzugriffen ist das mächtigste, da dieses in konstanter Zeit $O(1)$ Lese- und Schreibzugriffe ausführt. Das folgende Beispiel zeigt, wie diese Eigenschaft für schnelle parallele Verfahren ausgenutzt werden kann. Hierbei ist die Strategie zur Konfliktauflösung unerheblich, da der schreibende Wert für unterschiedliche Recheneinheiten identisch ist.

Die Aufgabe ist es, mittels eines parallelen Programmes zu bestimmten, ob ein Wert in einer Folge mindestens einmal vorkommt. Abb. 2.8 zeigt eine Folge von Werten $\{12, 4, 23, 3, 24, 8, 14, 3\}$, die überprüft werden soll, ob der Vergleichswert 3 mindestens einmal vorkommt. Das Ergebnis (der Wert 1 für enthalten oder der Wert 0 für nicht enthalten) soll dann in die Speicherzelle *re* geschrieben werden. Diese Zelle wird zu Beginn mit 0 initialisiert. Sind zeitgleiche Lesezugriffe auf die Speicherzelle erlaubt, die den Vergleichswert (gemeinsamen Speicher) enthält, dann bestimmt jede Recheneinheit in einer konstanten Zeit $O(1)$, ob der entsprechende Folgenwert mit dem Vergleichswert übereinstimmt. Das jeweilige Ergebnis speichert jede Recheneinheit lokal zwischen. Anschließend schreibt jeder Rechenkern eine 1 in die Speicherzelle *re,* wenn der lokale Speicher auch eine 1 enthält. Anderenfalls schreibt die Recheneinheit keinen Wert zurück.

Bei einer CREW-Registermaschine muss das Schreiben des Ergebnisses serialisiert werden: im ungünstigsten Fall dauert dieses $O(n)$ Zeitschritte. Das übernächste Kapitel

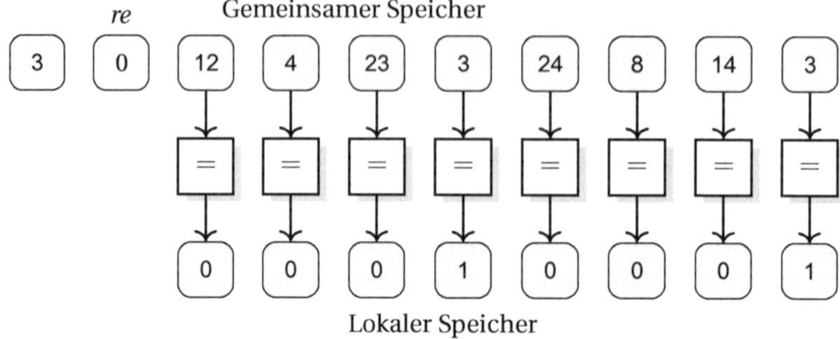

Abb. 2.8 Es wird parallel überprüft, ob die Folge den Wert 3 beinhaltet

zeigt, wie diese Laufzeit noch auf $O(\log(n))$ verbessert werden kann. Bei einer CRCW-Registermaschine kann hingegen das Ergebnis *re* einer booleschen Oder-Verknüpfung

$$re = \bigvee_{i=0}^{n-1} b_i \quad \text{von Wahrheitswerten } b_i \tag{2.4}$$

in konstanter Zeit $O(1)$ bestimmt werden. Da alle Rechenkerne den identischen Wert 1 in die Speicherzelle *re* schreiben, kann der Konflikt einfach aufgelöst werden.

Reale Rechensysteme erlauben keinen parallelen Schreibzugriff; hier findet i.allg. immer eine Serialisierung statt. Aufgrund der Speicherhierarchie können jedoch unangenehme Phänomene auftreten, auf die das nächste Kapitel eingeht.

Für die weiterführende theoretische Betrachtung einer parallelen Registermaschine wird auf Reif (1993) und Casanova et al. (2009) verwiesen.

DAS PRAM-MASCHINENMODELL ist in der Komplexitätsanalyse die Grundlage für die Klasse *NC*, die jene Probleme beschreibt, die sich effizient parallel lösen lassen. Die Schreibweise NC („Nick's Class") geht hierbei auf Nicholas Pippenger zurück (siehe Kozen 2006).

2.2.6 Kommunikation paralleler Maschinenmodelle

Das PRAM-Maschinenmodell erfordert bestimmte Eigenschaften der Architektur, die andere parallele Ansätze ausschließen und somit eine Analyse erschweren. Im PRAM-Modell arbeiten alle Recheneinheiten synchron und der Datenaustausch erfolgt über den gemeinsamen Speicher. Durch diese Synchronisierung wird in der Analyse die Kommunikation zwischen den einzelnen Registermaschinen nicht weiter betrachtet.

Bestimmte Phänomene werden durch dieses Modell nicht korrekt abgebildet: der Zugriff auf den gemeinsamen Speicher kann verzögert sein, die Synchronisierung und der konkurrierende Zugriff auf gemeinsame Ressourcen führt zu weiteren zeitlichen Aufwendungen.

Es sind jedoch auch andere parallele Maschinenmodelle denk- und realisierbar, bei denen die Recheneinheiten nicht synchron arbeiten. Bei diesen asynchronen parallelen

Maschinenmodellen rückt die Kommunikation stärker in den Vordergrund, insbesondere, wenn es keinen gemeinsamen Speicher gibt. Dieses führt schließlich auf *nachrichtenbasierte,* parallele Maschinenmodelle.

Asynchrones PRAM-Modell Gibbons (1989) erweitert das synchrone PRAM-Modell in zwei Aspekten. Zum einen führt jede Registermaschine ein lokales, von anderen unabhängiges Programm aus. Es gibt keine globale Uhr, sondern jede Recheneinheit hat eine eigene. Die Kommunikation zwischen zwei oder mehreren Recheneinheiten erfolgt weiterhin über den gemeinsamen Speicher. Aufgrund der Asynchronität existiert jedoch ein Mechanismus zur expliziten Synchronisierung. Des Weiteren wird der Zugriff auf den gemeinsamen Speicher separat betrachtet und es werden keine Einheitskosten unterstellt. Hierzu wird ein zusätzlicher Faktor d eingeführt.

Eine Recheneinheit führt entsprechend des lokalen Programms eine Operation auf den Registern oder einen Schreib- respektive einen Lesezugriff auf den gemeinsamen Speicher aus. Zusätzlich gibt es eine Anweisung zur expliziten Synchronisierung: eine *Barriere* ist ein gemeinsamer Haltepunkt mehrerer Recheneinheiten. Eine Recheneinheit unterbricht die weitere Programmausführung bis alle anderen Recheneinheiten einer Menge S ebenfalls diese Barriere im Kontrollfluss erreichen. Anschließend setzen diese ihr jeweiliges, lokales Programm fort. Es sind hierbei mehrere Varianten möglich. Gilt $S \subset P$, dann synchronisieren sich nicht alle parallelen Recheneinheiten P des betrachteten Systems. Im anderen Fall müssen immer alle Recheneinheiten sich synchronisieren, d. h. es gilt $S = P$. Als Kostenfunktion wird angenommen, dass diese proportional zur Anzahl der zu synchronisierenden Rechenkerne ist. Für die Menge S ergeben sich daher die Kosten zu $B(|S|)$.

Änderungen im gemeinsamen Speicher werden für andere Rechenkerne erst nach der Synchronisierung durch die Barriere sichtbar. Zugriffskonflikte aufgrund von *Wettlaufbedingungen* werden dadurch vermieden.

BSP-Modell Im Gegensatz zum PRAM-Modell verzichtet das *Bulk-Synchronous Parallel-*Maschinenmodell (BSP) von Valiant (1990) auf einen gemeinsamen Speicher. Statt dessen erfolgt die Kommunikation über Nachrichten.

Die Systemarchitektur besteht aus sequenziellen Recheneinheiten, die auf lokalen Speicher zugreifen und lokale Anweisungen ausführen. Der Nachrichtenaustausch erfolgt über ein (nicht weiter definiertes) Netzwerk, in dem Router die Punkt-zu-Punkt-Kommunikation realisieren. Obwohl die einzelnen unabhängig voneinander arbeiten, gibt es gemeinsame Synchronisierungspunkte. Der parallele Programmablauf gliedert sich in periodische *Superschritte* mit einer Periodendauer L. Innerhalb eines solchen großen Schrittes durchläuft jeder Knoten die folgenden drei kleinen Schritte:

1. Ausführung lokaler Speicherzugriffe und/oder Anweisungen,
2. Senden und/oder Empfangen von Nachrichten über das Netzwerk,
3. Synchronisierung durch eine gemeinsame Barriere.

Die Barriere stellt sicher, dass alle Nachrichten tatsächlich ihren Empfänger erreichen. Erst im folgenden Superschritt kann auf die Inhalte der Nachrichten zugegriffen werden.

Die Kommunikation nimmt in dem BSP-Modell einen zentralen Aspekt in der Kostenbetrachtung ein, auch wenn keine Annahme über eine konkrete Netzwerktopologie unterstellt wird.

Die Kommunikationsbeziehungen zwischen den p Recheneinheiten lassen sich in Form einer $p \times p$ Matrix **K** darstellen. Das Matrixelement k_{ij} beschreibt die Anzahl der Nachrichten, die die Recheneinheit i an die Recheneinheit j innerhalb einer Periode versendet (siehe Abb. 2.9). Eine Zeile in der Matrix ist somit die Summe der Nachrichten, die periodisch durch die Recheneinheit i versendet werden. Entsprechend beinhaltet eine Spalte die Summe der empfangenen Nachrichten der Recheneinheit j. Das Maximum der Zeilen- oder Spaltensumme wird mit h bezeichnet. Die Nachrichtenmatrix **K** wird auch als *h-Relation* bezeichnet.

Wenn w die maximale sequenzielle Ausführungszeit, l die Dauer für die Synchronisierung und g die benötige Zeit zum Senden oder Empfangen einer Nachricht sind, dann ergibt sich die Laufzeit eines Superschrittes zu: $T_{\text{Super}} = w + gh + l$. Hieraus lässt sich dann die Periode L ableiten.

Die Analyse von Algorithmen kann somit in Abhängigkeit der Parameter L, g, p und der Eingabegröße n durchgeführt werden.

LogP-Modell In ähnlicher Weise wird das nachfolgende asynchrone Maschinenmodell von Culler et al. (1993) anhand weniger Parameter beschrieben. Diese vier Parameter L, o, g und P geben dem Modell den Namen *LogP*. Analog zum vorherigen Maschinenmodell gibt es keinen gemeinsamen Speicher und die parallelen Recheneinheiten kommunizieren über ein Netzwerk. Im Gegensatz zum BSP-Modell gibt es jedoch keine übergeordnete Möglichkeit zur Synchronisierung. Die Anzahl der parallelen Recheneinheiten wird durch P resp. p beschrieben. Abb. 2.10 skizziert die Bedeutung der verschiedenen Parameter anhand der Kommunikation zweier Recheneinheiten.

Eine Recheneinheit hat zwei Verarbeitungszustände. Im normalen Zustand *(operational)* führt diese lokale Rechenoperationen aus und greift dabei lesend und/oder schreibend auf

Abb. 2.9 Die Kommunikation über ein Netzwerk kann als h-Relation beschrieben werden

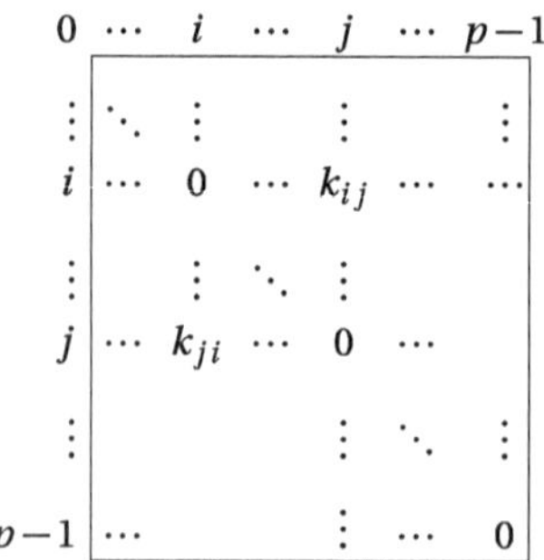

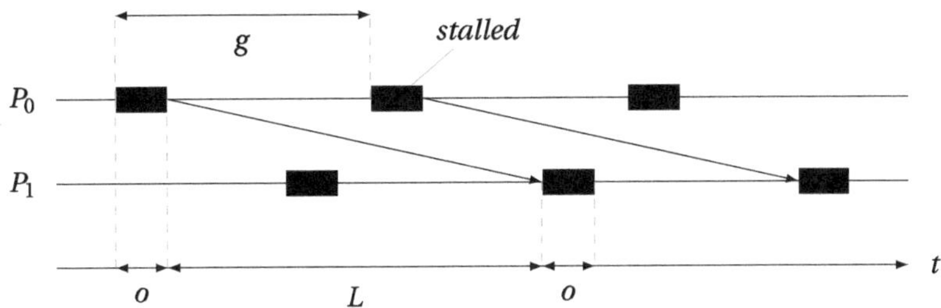

Abb. 2.10 Die Kommunikation zwischen zwei Recheneinheiten wird durch die Parameter L, o und g beschrieben

den lokalen Speicher zu. Im zweiten Zustand *(stall)* sendet oder empfängt diese eine Nachricht. Während dieser Zeit kann die Recheneinheit keine anderen Anweisungen ausführen (blockiert). Der Parameter o (overhead) gibt die Dauer dieser Phase an. Die maximale Verzögerung im Netzwerk wird durch die Zustellung einer Nachricht mit dem Parameter L (latency) angegeben. Der Parameter g (gap) beschreibt den minimalen zeitlichen Abstand zweier zu sendender oder zu empfangender Nachrichten. Der reziproke Wert $1/g$ entspricht somit der Datenübertragungsrate einer einzelnen Recheneinheit. Die Länge einer Nachricht wird nicht weiter detailliert: Diese wird als kurz (Wortbreite) angenommen. Die zeitlichen Kosten für das Versenden einer Nachricht und das Verarbeiten einer Antwort ergibt sich zu $4o + 2L$.

Die Kapazität des Netzwerkes wird begrenzt auf $\lceil L/g \rceil$ Nachrichten. Ist diese überschritten, werden weitere Sender blockiert bis die Nachrichten beim Empfänger gelesen und verarbeitet werden.

DIE EINGEFÜHRTEN KOMMUNIKATIONSPARAMETER sind abhängig von der Art des eingesetzten Netzwerkes. Im nächsten Abschnitt werden einige Netzwerktopologien und deren Kennwerte eingeführt.

2.3 Rechnernetze

Die Struktur eines Netzwerkes paralleler Recheneinheiten kann unterschiedliche Ausprägungen haben. Grundsätzlich unterscheiden sich *Mehrpunktverfahren* von den *Punkt-zu-Punkt-Topologien*. Im ersten Fall haben die Kommunikationsteilnehmer einen gemeinsamen Kommunikationskanal oder Bus, über den die Nachrichten ausgetauscht werden. Alle Teilnehmer lesen die Nachrichten (broadcast) und entscheiden anhand einer Empfängeradresse o. ä., ob die Nachricht weiterverarbeitet oder verworfen wird. Bus-basierte Kommunikationskanäle sind innerhalb eines Prozessors (beispielsweise beim Zugriff auf die Speicherhierarchie) und beim Anschluss von Peripheriegeräten (beispielsweise I2C-Bus) anzutreffen. Exemplarisch im Fahrzeug kommunizieren die Steuergeräte über den CAN-Bus und bilden ein verteiltes System mit teilweise über 100 Kommunikationsteilnehmern.

Im Gegensatz dazu werden in Punkt-zu-Punkt-Netzwerken immer zwei Rechenknoten direkt miteinander gekoppelt. Kommunizieren zwei Rechenknoten, die nicht direkt verbunden sind, so erfolgt das Versenden und Weiterleiten der Nachrichten über weitere Knoten. Hierzu sind in geeigneter Weise *Routing-Verfahren* einzusetzen.

Wie Abb. 2.11 zeigt (siehe Grama et al. 2003), wurden eine Vielzahl von Strukturen in der Vergangenheit eingesetzt und/oder sind weiterhin in aktuellen parallelen System anzutreffen. Hierbei handelt es sich zum statische Verbindungsnetzwerke, d. h. die Struktur verändert sich nicht im Betrieb. Bei verteilten Systemen ist häufig eine Kombination aus verschiedenen Topologien anzutreffen.

In einer lineare Anordnung hat jeder Rechenknoten bis auf die beiden Endknoten zwei direkte Kommunikationspartner. Dieser Ansatz lässt sich auf mehrere Dimensionen erweitern, beispielsweise auf eine Gitterstruktur mit zwei oder drei Dimensionen. Auch besteht die Möglichkeit, die Endpunkte miteinander zu verbinden, um Kommunikationswege zu verkürzen.

In einer vermaschten Struktur hat jeder Rechenknoten eine Anzahl von Verbindungen zu anderen Knoten. Hat jeder Knoten zu jedem anderen eine Verbindung, so ist das

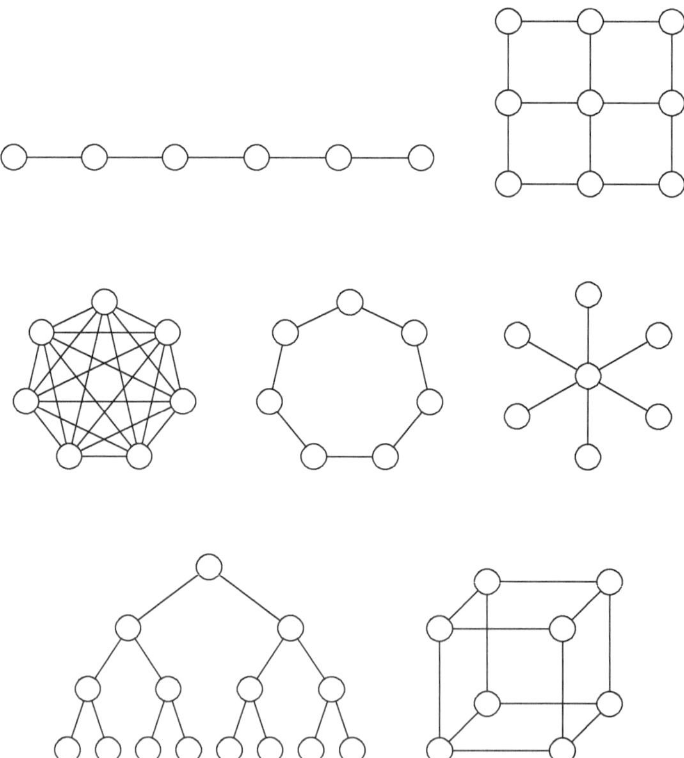

Abb. 2.11 Die Topologien unterscheiden sich anhand charakteristischer Eigenschaften

Netzwerk vollständig vermascht. Jeder Knoten kann mit jedem anderen direkt Nachrichten austauschen. Durch das Einfügen einer Verbindung zwischen den Rändern in einer linearen Anordnung entsteht ein Ring. Im Gegensatz dazu entwickelt sich eine Sterntopologie, wenn die Kommunikation zwischen zwei Rechenknoten immer über einen zentralen dritten Knoten erfolgt.

Die sternförmige Topologie lässt sich rekursiv auf eine baumartige Verbindungsstruktur erweitern. Die Kommunikation zwischen zwei oder mehreren Teilbäumen erfolgt über einen zentralen Knoten, der die beiden Teilbäume miteinander verbindet. Haben die Verbindungen der Teilbäume, die dichter an der Wurzel des Baumes liegen, eine höhere Bandbreite, so wird diese Konfiguration als *fetter Baum* (fat tree) bezeichnet.

Eine weitere, häufig untersuchte und eingesetzte, Topologie ist der *Hyperwürfel* (hyper cube). Im Gegensatz zum Gitter hat in dieser Struktur jeder Rechenknoten eine identische Anzahl von benachbarten Knoten. Es gibt keine Randknoten. Ein Hyperwürfel der Dimension n setzt sich zusammen aus zwei Würfeln der Dimension $n-1$, bei der sich entsprechende Knoten verbunden werden. Die Anzahl der Recheneinheiten p in einem Hyperwürfel ergibt sich zu $p = 2^n$.

Der Einsatz der verschiedenen Topologien erfolgt entsprechend den Anforderungen der parallelen Anwendung. Um die unterschiedlichen Strukturen vergleichen zu können, werden die folgenden Kennzahlen eingesetzt:

- Der *Durchmesser* ist die maximale Distanz zwischen zwei Rechenknoten (bei mehreren Wegen ist der kürzeste zu wählen). Der Durchmesser bestimmt die Zeit, die eine Nachricht höchstens benötigt. In einer Linienstruktur mit p Prozessoren ist beispielsweise der Durchmesser $p - 1$. Je geringer der Durchmesser, umso schneller können Nachrichten ausgetauscht werden.
- Die *Konnektivität* gibt an, wie viele Verbindungen im Netzwerk entfernt werden müssen, sodass das Netzwerk in zwei getrennte Zusammenhangskomponenten zerfällt. Die Konnektivität ist ein Maß für die Vielfachheit von Wegen zwischen zwei Rechenknoten. Eine hohe Konnektivität ist wünschenswert, weil das zu geringeren Ressourcenkonflikten führen kann und ausfallsicherer ist. In einer Sterntopologie ist beispielsweise die Konnektivität gleich 1.
- Die *Kosten* eines Netzwerkes sind abhängig von der Anzahl der Verbindungen. Je mehr Verbindungen im Netzwerk existieren, umso teurer (mehr Kabelstränge etc.) In einem vollständig vermaschten Netzwerk mit p Prozessoren sind die Kosten proportional zu $p(p - 1)/2$.
- Die *Bisektionsweite* gibt an, wie viele Verbindungen minimal entfernt werden müssen, sodass das Netzwerk in etwa zwei gleichgroße Teilnetze zerfällt. Die *Bisektionsbandbreite* gibt das minimale Kommunikationsvolumen zwischen je zwei Netzwerkhälften an. Die Bisektionsweite ist ein Maß für die Kommunikation innerhalb des Netzwerkes. In einer Baumtopologie ist die Bisektionsweite gleich 1.

Topologie	Durchmesser	Konnektivität	Bisektionsweite	Kosten
Linie	$p-1$	1	1	$p-1$
Gitter	$2(\sqrt{p}-1)$	2	$\sqrt{p}$	$2(p-\sqrt{p})$
Vollständig vermascht	1	$p-1$	$p^2/4$	$(p-1)p/2$
Ring	$p/2$	2	2	p
Stern	2	1	1	$p-1$
Binärer Baum	$2\operatorname{ld}((p+1)/2)$	1	1	$p-1$
Hyperwürfel	$\operatorname{ld}p$	$\operatorname{ld}p$	$p/2$	$(p/2)\operatorname{ld}p$

Abb. 2.12 Die Eigenschaften sind abhängig von der verwendeten Netzwerktopologie

Abb. 2.12 beschreibt einige der Eigenschaften für die statischen Punkt-zu-Punkt-Topologien.

2.4 Taxonomie nach Flynn

Um Algorithmen parallel, d. h. zeitgleich, ablaufen zu lassen, wird eine spezielle Hardware benötigt, die dieses ermöglicht. Die Art und Weise des Aufbaus dieser Parallelrechner bestimmt die effiziente Realisierung von Algorithmen.

Neben dem theoretischen Maschinenmodell gibt es eine einfache Klassifikation von Michael J. Flynn, die die Rechnerwelt in vier Klassen einteilt, wobei die Bearbeitung von Daten und Befehlen als differenzierendes Merkmal hervortritt (siehe Flynn 1972). Hierbei wird unterschieden, ob zu einem Zeitpunkt ein oder mehrere Befehle (single instruction - multiple instruction) auf einem Datum oder mehreren Daten (single data - multiple data) ausgeführt werden. Obwohl moderne Prozessoren sich nicht mehr trennscharf einordnen lassen, bietet die Taxonomie einen guten Ansatz, um die unterschiedlichen parallelen Hardware-Konzepte zu beschreiben.

In Abb. 2.13 ist dieser Zusammenhang dargestellt. Der klassische serielle Von-Neumann-Rechner führt zu einem Zeitpunkt t einen Befehl auf einem Datenstrom aus (SISD). Werden hingegen zu einem Zeitpunkt mehrere Befehle unabhängig voneinander auf mehreren Daten ausgeführt, dann wird dieses als MIMD bezeichnet. Wird der identische Befehl auf unterschiedlichen Daten zeitgleich ausgeführt, dann handelt es sich um einen SIMD-Rechner.

MIMD-Rechner erlauben es, mehrere unabhängige Kontrollflüsse zu realisieren (asynchrone Parallelität). Moderne Mehrprozessor- und Multicore-Rechner (beispielsweise Intel Core i7) sind eng gekoppelt, d. h. die Kommunikation erfolgt über einen gemeinsamen

Abb. 2.13 Die von Michael J. Flynn definierte Taxonomie klassifiziert die Rechnerwelt entsprechend der Bearbeitung von Daten und Befehlen

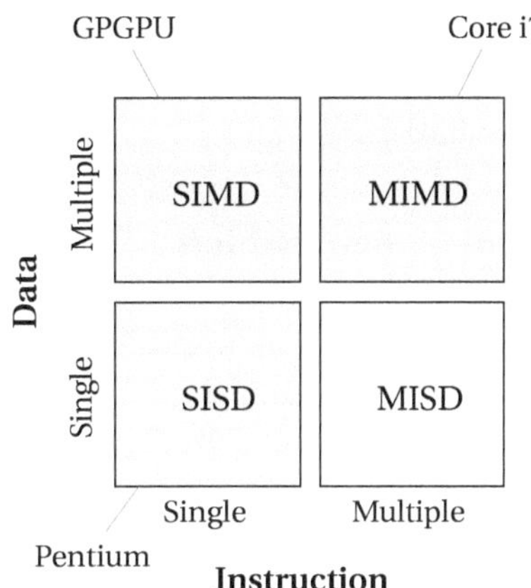

Speicher. Es handelt sich um ein verteiltes System (lose Koppelung), wenn die Kommunikation über ein Netzwerk mit Nachrichten erfolgt.

Im Gegensatz dazu steht die SIMD-Architektur, die einen einfacheren Aufbau hat und nur eine synchrone Parallelität ermöglicht. Vektorrechner haben keine Koppelung zwischen den Prozessorelementen im Gegensatz zu Feldrechnern. Eine Erweiterung zum SIMD-Ansatz stellen moderne Grafikkarten dar, die ausführlich in Kap. 6 besprochen werden.

Die zeitgleiche Ausführung von mehreren Befehlen auf einem Datum ist wenig offensichtlich. In der Literatur werden teilweise redundante Systeme dieser Klasse zugeordnet. Hier werden Befehle zeitgleich ausgeführt und die Ergebnisse verglichen. Eine Abweichung der Ergebnisse deutet auf einen Fehler hin. Bei genauer Betrachtung wird mit mehreren identischen Datenströmen gearbeitet. Im Folgenden werden daher MISD-Systeme nicht weiter betrachtet.

2.5 Leistungsmerkmale

Zur Bewertung und Vergleichbarkeit von parallelen Algorithmen und Anwendungen werden verschiedene Kennzahlen und Zusammenhänge eingeführt. Hierbei stehen die folgenden Fragen im Vordergrund:

- Wie groß ist der zeitliche Gewinn der parallelen im Vergleich zur sequenziellen Lösung?
- Wie verhält sich der zeitliche Gewinn in Abhängigkeit von der Anzahl der parallel rechnenden Kerne?
- Wie gut werden die Rechenkerne vom parallelen Programm ausgenutzt?
- Wie verändert sich der Aufwand der parallelen im Vergleich zur sequenziellen Lösung?

- Was ist die optimale Anzahl von Kernen für einen parallelen Algorithmus?
- Wie verändert sich die Laufzeit eines Algorithmus, wenn die Anzahl der Rechenkerne sich erhöht?

2.5.1 Kennzahlen

Ein einfaches Maß zur Qualität eines parallelen Algorithmus ist der Vergleich mit der sequenziellen Ausführung. Beim Vergleich zwischen sequenziellem und parallelem Programm ist immer der algorithmisch beste sequenzielle Ansatz zu wählen. Dieses ist dadurch motiviert, dass es viele sequenzielle Algorithmen gibt, die sich schwer parallelisieren lassen. Daher werden andere Algorithmen zur Problemlösung parallelisiert, die nicht den bestmöglichen sequenziellen darstellen. Die Erwartungshaltung ist es, dass bei einer Verdopplung der parallel arbeitenden Rechenkerne sich die benötigte Rechenzeit halbiert. Dieses ist einfach zu erklären, weil auch zwei Glühbirnen doppelt so hell leuchten wie eine. Die nächsten Abschnitte zeigen, dass ein solch linearer Zusammenhang in der Realität nur sehr schwer zu erreichen ist. Zuvor werden die wesentlichen Kennzahlen vorgestellt.

Definition 4 (Ausführungszeit). Die *Ausführungszeit* oder Gesamtlaufzeit T (execution time) eines Programmes ist die Zeit, die das Programm benötigt, um ein Ergebnis zu berechnen und auszugeben. Im Folgenden bezeichnet T_s die *Sequentialzeit* und T_p die *Parallelzeit* eines Algorithmus.

Die parallele Ausführungszeit ist die tatsächlich vergangene Zeit (engl. wall clock time) von Beginn des Algorithmus bis zur Beendigung des letzten der Rechenkerne. Es ist nicht die Summe der Einzelzeiten eines jeden Rechenkerns.

Der zeitliche *Mehraufwand* T_O (overhead) ergibt sich aus der Differenz der summierten parallelen Ausführungszeiten und der sequenziellen Ausführungszeit $T_O = pT_p - T_s$.

Definition 5 (Aufwand). Die Summe der Anweisungen (Instruktionen o. ä.) während der Ausführung eines Algorithmus wird als *Aufwand W* bezeichnet. Wird vereinfachend die Ausführungszeit für eine Anweisung als konstant angenommen, dann gilt für einen sequenziellen Algorithmus: $W_s = T_s$.

Ein paralleler Algorithmus ist *optimal* bezüglich des Aufwands, wenn die Anzahl der notwendigen Anweisungen W_p vergleichbar dem besten sequenziellen Algorithmus sind:

$$W_p = O(T_s) \quad . \tag{2.5}$$

Der Aufwand W wird auch als *Problemgröße* bezeichnet. Von der Problemgröße ist die Eingabegröße n zu unterscheiden. Beispielsweise kann n die Anzahl der zu addierenden Zahlen sein; die Problemgröße ist die Anzahl der Additionen und ergibt sich zu $W = n - 1$.

Definition 6 (Kosten). Die *Kosten* C_p (cost) eines parallelen Algorithmus sind das Produkt aus der Ausführungszeit T_p und der Anzahl der Rechenkerne p

$$C_p = T_p p \quad . \tag{2.6}$$

Die Kosten werden auch als *Prozessor-Zeit-Produkt* oder als *Arbeit* bezeichnet. Ein paralleler Algorithmus ist *kostenoptimal,* wenn die Kosten für den parallelen gleich denen des besten sequenziellen Algorithmus sind.

Für einen sequenziellen Algorithmus gilt: $C_s = T_s$.

Definition 7 (Parallelitätsgewinn). Der *Parallelitätsgewinn S* (speedup) berechnet sich aus dem Verhältnis der Ausführungszeit T_s des schnellsten sequenziellen und der Ausführungszeit T_p des betrachteten parallelen Algorithmus zu

$$S = \frac{T_s}{T_p} \quad . \tag{2.7}$$

Gilt $S = p$, wobei p die Anzahl der Rechenkerne angibt, dann ist der Parallelitätsgewinn *linear.* Ist $S > p$, dann ist der Parallelitätsgewinn *superlinear* ansonsten *sublinear* für $S < p$.

Abb. 2.14 verdeutlicht das Verhalten von S in Abhängigkeit von p. Reale Anwendungen zeigen nicht nur ein deutlich sublineares Verhalten, sondern ab einer bestimmten Anzahl der Rechenkerne nimmt der Parallelitätsgewinn sogar ab.

Die möglichen Gründe für einen superlinearen Parallelitätsgewinn sind:

- Cache-Effekte
- Algorithmus

Definition 8 (Effizienz). Die *Effizienz E* (efficiency) eines parallelen Algorithmus ergibt sich aus dem Verhältnis des Parallelitätsgewinns S zur Anzahl der Rechenkerne p zu

$$E = \frac{S}{p} \quad . \tag{2.8}$$

Die Effizienz liegt zwischen 0 und 1, wenn ein superlinearer Parallelitätsgewinn ausgeschlossen wird.

Die Effizient gibt an, wie wirkungsvoll ein paralleles Programm die zur Verfügung stehenden p Rechenkerne ausnutzt (durchschnittliche Auslastung). Eine Effizienz nahe 1 zeigt eine gute Ausnutzung der Rechenkerne durch den betrachteten Algorithmus. Eine Effizienz nahe

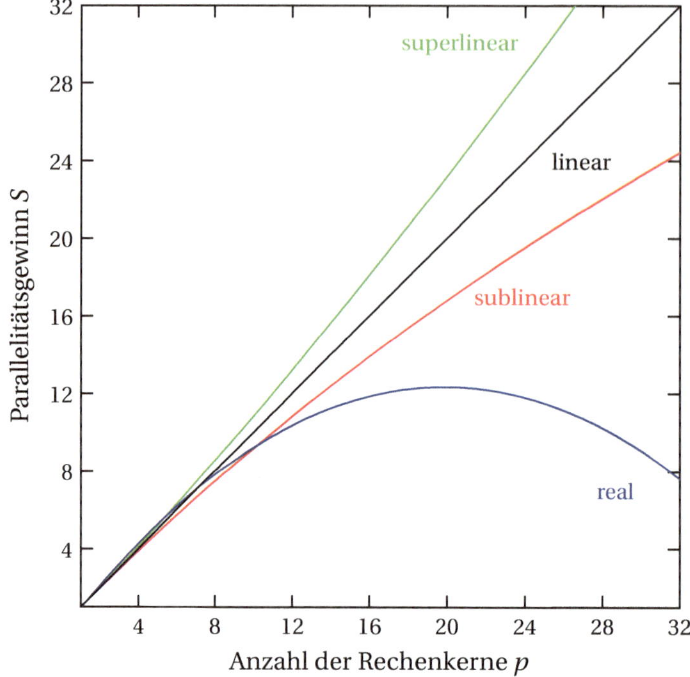

Abb. 2.14 Der ideale Parallelitätsgewinn ist in der Realität schwer zu erreichen. Häufig nimmt der Speedup S bei steigender Anzahl der Kerne p sogar ab

0 bedeutet, dass die Rechenkerne nicht über die gesamte Laufzeit hinreichend ausgelastet sind.

Mit 2.6 und 2.7 ergibt sich die Effizienz zu

$$E = \frac{T_s}{T_p\, p} = \frac{T_s}{C_p} \quad . \tag{2.9}$$

Hieraus folgt, dass die Effizienz 1 ist, wenn der parallele Algorithmus kostenoptimal ist.

2.5.2 Isoeffizienz

In der Praxis ist es häufig schwer, eine hohe Effizienz bei der Parallelisierung einer Anwendung zu erreichen. Der einhergehende Mehraufwand ist nicht konstant, sondern in vielen praktischen Anwendungsfällen abhängig von der Eingabegröße W und der Anzahl der Recheneinheiten p, d. h. es gilt der funktionale Zusammenhang $T_O = T_O(W, p)$.

Abb. 2.15 skizziert Beispiele, wie sich die Effizienz in Abhängigkeit von p oder W verhält. In der linken Grafik bleibt die Problemgröße W konstant und die Anzahl der Rechenkerne p wird erhöht. Die Effizienz nimmt ab. Der zu leistende Aufwand wird zwar auf mehr

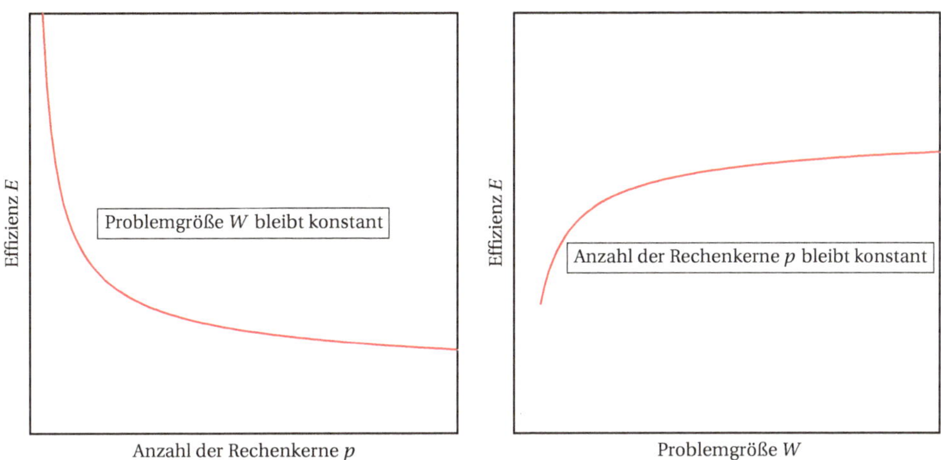

Abb. 2.15 In vielen realen Anwendungen zeigt die Effizienz ein unerwünschtes Verhalten

parallele Rechenkerne verteilt, der Mehraufwand bleibt aber gleich oder erhöht sich; beispielsweise durch vermehrte Kommunikation und Synchronisierung. Auf der rechten Seite der Abbildung wird W erhöht bei konstantem p. Die Effizienz nimmt bei einer Erhöhung der Problemgröße zwar zu, nähert sich aber asymptotisch einer Grenze. Wird die Problemgröße W vergrößert, dann fällt der konstante Mehraufwand weniger stark ins Gewicht und die Effizienz steigt. Dieses Phänomen kann durch einen dynamisch anwachsenden Mehraufwand in die Sättigung gehen.

Isohypsen zeigen auf Wanderkarten die Linien gleicher Höhe an. Bei einer Wanderung entlang dieser Niveaulinien werden mühevolle Auf- und Abstiege vermieden. In der Meteorologie zeigen in gleicher Art *Isobaren* die Luftmassen mit gleichem Luftdruck an. Je enger diese beieinanderliegen, umso windiger ist es entlang dieser Front.

Dieses Prinzip wird jetzt auf die Effizienz übertragen. Um die Effizienz eines parallelen Verfahrens unter geänderten Randbedingungen (Erhöhung der Rechenkerne) beizubehalten, kann die Eingabegröße ebenfalls erhöht werden. Dieser Ansatz führt sodann auf den Begriff der *Isoeffizienz* (siehe Grama et al. 1993).

Aus den genannten Beobachtungen ergibt sich, dass der Mehraufwand in vielen Fällen nicht konstant ist, sondern durch Änderungen der Problemgröße W oder die Anzahl der Rechenkerne p beeinflusst wird. Dieses wird in Hinblick auf die *Skalierbarkeit* eines parallelen Algorithmus im Folgenden berücksichtigt: Wie verhalten sich der Parallelitätsgewinn und die Effizienz bei steigender Anzahl der Rechenkerne?

Definition 9 (Isoeffizienz). Die *Isoeffizienz I* (isoefficiency) gibt an, inwieweit die Problemgröße W geändert werden muss, um bei einer Erhöhung der Rechenkerne die Effizienz konstant zu erhalten.

$$E = \frac{1}{1 + \dfrac{T_O(W, p)}{W}} \tag{2.10}$$

$$I \equiv W = K T_O(W, p) \quad \text{mit} \quad K = \frac{E}{1 - E} \quad . \tag{2.11}$$

Der Term $T_O(W, p)$ beschreibt den funktionalen Zusammenhang zwischen dem parallelen Mehraufwand in Abhängigkeit der Problemgröße W und der Anzahl der Rechenkerne p. Im Gegensatz zu den bisherigen Betrachtungen wird der Mehraufwand T_O als nicht konstant angenommen.

Abb. 2.16 verdeutlicht die Isoeffizienz als Kennzahl paralleler Algorithmen. Die Kurven zeigen den Zusammenhang zwischen p und W, um eine gleichbleibende Effizienz zu erhalten. Bei einem linearen Zusammenhang muss W bei einer Änderungen $p \rightarrow p'$ vergleichsweise wenig erhöht werden. Bei einem quadratischen oder einem kubischen Zusammenhang muss W sehr stark erhöht werden, um die Effizienz konstant zu halten. Anderenfalls führt die Parallelisierung zu einer steigenden Ineffizienz.

Aus der Isoeffizienz leitet sich die Skalierbarkeit eines parallelen Systems ab:

- Eine Anwendung lässt sich *gut skalieren*, wenn für die Isoeffizienz $I = O(p)$ gilt (für $I = O(p \log p)$ liegt u. U. auch eine gute Skalierung vor).
- Eine Anwendung lässt sich *schlecht skalieren*, wenn für die Isoeffizienz $I = O(p^k)$ mit $k > 1$ gilt.
- Eine Anwendung lässt sich *nicht skalieren*, wenn die Isoeffizienz nicht angegeben werden kann.

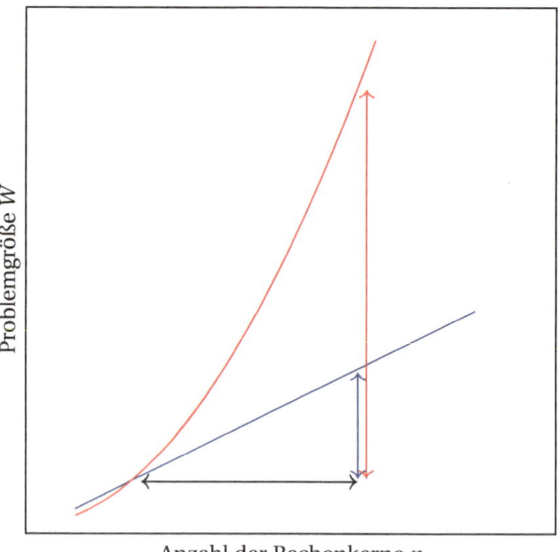

Abb. 2.16 Die Isoeffizienz beschreibt die notwendige Veränderung $W \rightarrow W'$ bei einer Änderung von $p \rightarrow p'$

Bei der Beschaffung eines neuen parallelen Rechensystems für eine bestehende Anwendung sollte untersucht werden, ob die Effizienz beibehalten wird, wenn die Eingabegröße angepasst wird. Für eine schlecht skalierende Anwendung ist die Beschaffung unter Umständen nicht sinnvoll.

2.5.3 Beispiel: Analyse der parallelen Maximumsuche

Die einzelnen Kennzahlen werden nachfolgend exemplarisch für einen einfachen Algorithmus hergeleitet und verdeutlicht. Die Aufgabenstellung ist es, das Maximum in einer unsortierten Folge von $n = 2^m$ Werten zu bestimmen. Ohne eine Annahme der Verteilung der Werte muss daher in einem sequenziellen Algorithmus die Folge linear nach dem Maximum durchsucht werden. Für die sequenzielle Ausführungszeit gilt: $T_s = O(n)$.

An dieser Stelle wird ein naheliegender Ansatz zur Parallelisierung gewählt: die unsortierte Folge wird auf p Rechenkerne aufgeteilt, sodass jeder Rechenkern das Maximum einer Teilfolge ermittelt. Dieser erste Schritt kann parallel durchgeführt werden. Anschließend wird im zweiten Schritt mit dem sequenziellen Verfahren das Maximum aus den p Maxima der Teilfolgen bestimmt. Für die parallele Gesamtlaufzeit ergibt sich somit $T_p = O(\lceil \frac{n}{p} \rceil + p)$.

Abb. 2.17 zeigt am Beispiel von $n = 24$ Zahlen den Verlauf von T_p. Es zeigt sich, dass ab einem bestimmten Punkt es nicht hilfreich ist, die Anzahl der parallelen Recheneinheiten weiter zu erhöhen, da der zweite Schritt sequenziell durchgeführt wird.

Gleichermaßen lässt sich der Parallelitätsgewinn S und die Effizienz E ermittelt, dessen Verlauf in der Abb. 2.18 visualisiert ist. Es wird sofort ersichtlich, dass der vorgeschlagene parallele Algorithmus nicht kostenoptimal ist. Im Abschn. 4.5 wird ein verbesserter paralleler Algorithmus entwickelt und analysiert.

Im letzten Schritt wird überprüft, wie gut der parallele Algorithmus skaliert. Hierbei wird der Ansatz der Isoeffizienz gewählt. Beispielhaft ergibt sich die Effizienz für $n = 24$ Zahlen und $p = 6$ Recheneinheiten zu $E = 0{,}4$.

Wenn die Anzahl der Recheneinheiten verdoppelt wird, wie muss sich die Eingangsgröße ändern, sodass die Effizienz konstant bleibt?

Mit der Gl. 2.6 ergibt sich $E = O(\frac{n}{n+p^2})$ und $K = O(\frac{n}{p^2})$. Wenn sich p verdoppelt, dann muss sich die Anzahl der Zahlen vervierfachen. Werden 18 statt 6 Recheneinheiten eingesetzt, dann muss die Eingabegröße um den Faktor 9 anwachsen. Abb. 2.19 zeigt die Isolinien für unterschiedliche Effizienzniveaus. Bei einer Vervierfachung der Rechenkerne muss die 16 -fache Anzahl von Zahlen durchsucht werden. Dieser parallele Algorithmus skaliert daher schlecht.

Die parallele Maximumsuche wird im Abschn. 4.5.2 noch einmal aufgegriffen und ein kostenoptimaler Algorithmus hergeleitet.

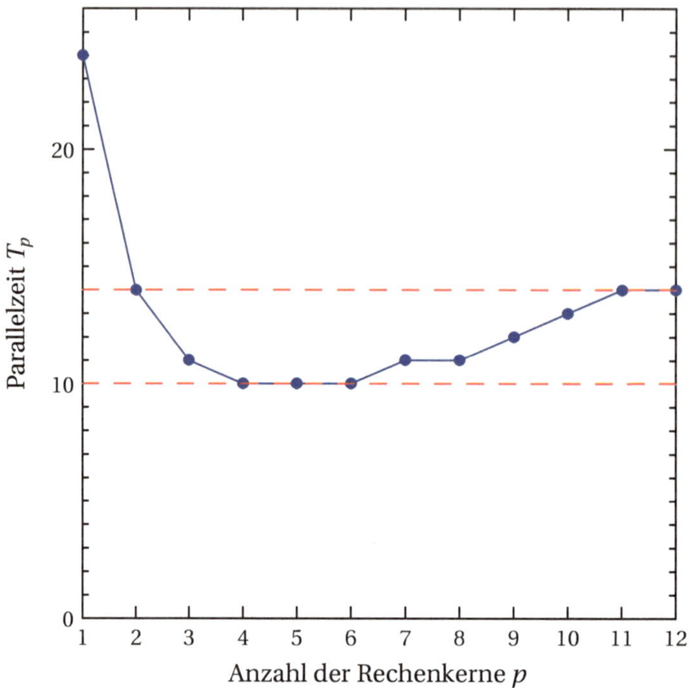

Abb. 2.17 Der Verlauf der Parallelzeit in Abhängigkeit der Anzahl der eingesetzten Rechenkerne ist parabelförmig

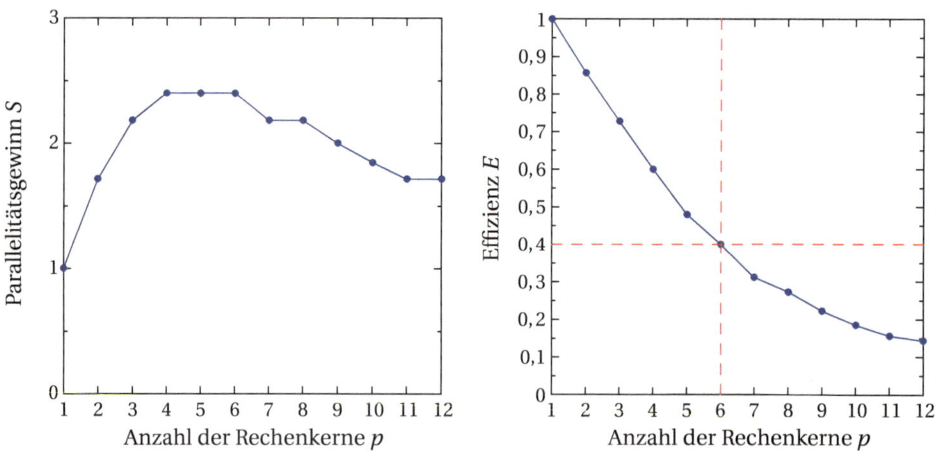

Abb. 2.18 Der Parallelitätsgewinn ist gering, da der zweite Schritt sequenziell durchgeführt wird

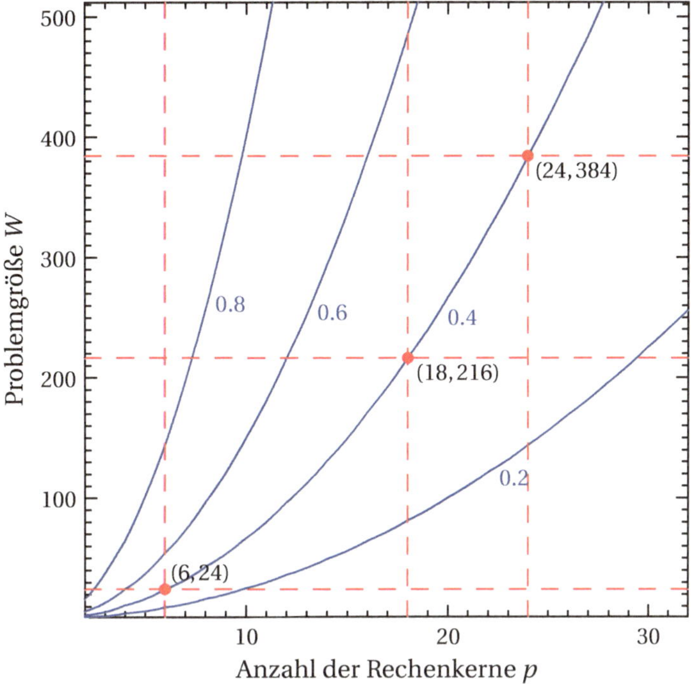

Abb. 2.19 Die Betrachtung der Isoeffizienz ergibt einen quadratischen Zusammenhang zwischen p und der Eingabegröße W

2.6 Gesetze von Amdahl und Gustafson

Die Ausführungszeit eines Algorithmus unterteilt sich in einen sequenziellen und in einen parallelen zeitlichen Anteil. Während der sequenzielle Anteil unabhängig von der Anzahl der Rechenkerne p ist, wird der parallele Anteil bei einer größer werdenden Anzahl kleiner. Dieses wird in dem *Gesetz von Amdahl* zusammengefasst (Abb. 2.20).

Korollar 1 (Gesetz von Amdahl, 1967). *Ist f der relative Anteil eines Algorithmus, der nur sequenziell durchgeführt werden kann, ergibt sich der Parallelitätsgewinn S für p Rechenkerne zu*

$$S = \frac{1}{f + \dfrac{1-f}{p}} \quad mit \ \ 0 \leq f \leq 1. \tag{2.12}$$

Hierbei wird angenommen, dass gilt $T_p = f T_s + (1-f) T_s / p$.

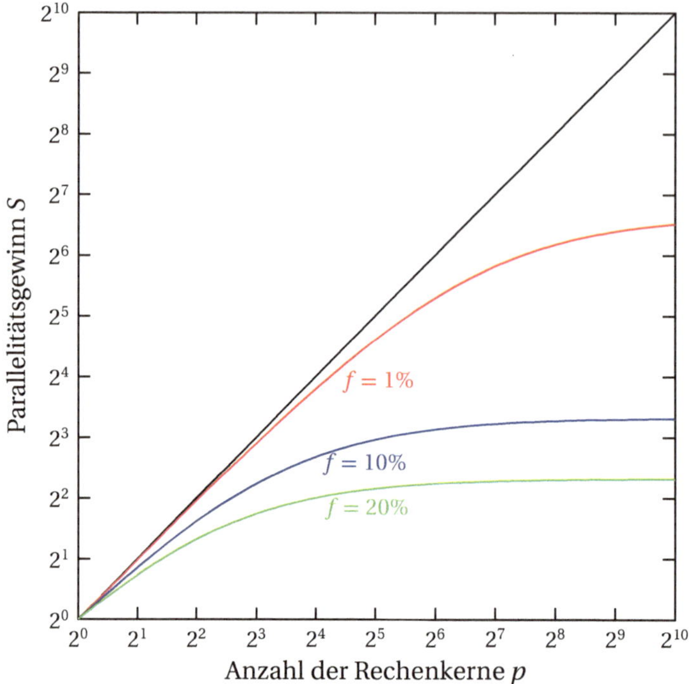

Abb. 2.20 Das Gesetz von Amdahl

Dieses bedeutet, dass für eine konstante Problemgröße und eine steigende Anzahl der Rechenkerne nur der parallele zeitliche Anteil $(1 - f)T_s/p$ kleiner wird. Das Gesetz von Amdahl beschränkt damit den Parallelitätsgewinn von oben durch den sequenziellen Anteil $f T_s$, d. h. mit $p \to \infty$ ergibt sich $S = 1/f$. Abb. 2.21 berechnet beispielhaft den Parallelitätsgewinn S nach dem Gesetz von Amdahl für verschiedene Werte f und p.

Untersuchungen realer Projekte von Gustafson (1988) haben ein anderes Skalierungsverhalten gezeigt. Hierbei wurde festgestellt, dass die Algorithmen bei einer steigenden Problemgröße sehr gut skalieren. Der absolute, sequenzielle Zeitanteil bleibt konstant, d. h. der relative sequenzielle Anteil sinkt bei steigender Problemgröße. Diese Beobachtungen werden in dem folgenden Gesetz zusammengefasst.

Abb. 2.21 Der Parallelitätsgewinn wird durch den Parameter f beschränkt

f	$p{=}8$	$p{=}256$	$p{=}1024$
0,1	4,7	9,7	9,9
0,01	7,5	72,1	91,2
0,001	7,9	204,0	506,2

Korollar 2 (Gesetz von Gustafson, 1988). *Ist f_p der relative Anteil eines Algorithmus auf einem Rechner mit p Rechenkernen, der sequenziell ausgeführt wird, dann ergibt sich der skalierte Parallelitätsgewinn SC zu*

$$SC = p(1 - f_p) + f_p \quad mit \quad 0 \le f_p \le 1. \tag{2.13}$$

Hierbei wird angenommen, dass gilt $T_s = T_p f_p + (1 - f_p)pT_p$.

Ausgehend von einer parallelen Ausführungszeit T_p mit p Rechenkernen wird T_s berechnet. Hierbei wird unterstellt, dass der parallele zeitliche Anteil auf $(1 - f_p)pT_p$ anwächst. Der sequenzielle zeitliche Anteil $T_p f_p$ bleibt unverändert.

Diese beiden Gesetze beschreiben das Skalierungsverhalten von einem Algorithmus mit steigender Anzahl parallel arbeitender Rechnerkerne. Hierbei ist jedoch anzumerken, dass die Annahmen unterschiedlich sind. Das Gesetz von Amdahl betrachtet eine konstante Problemgröße und erhöht die Anzahl der parallelen Rechenkerne.

Gustafson begründet seine Überlegungen damit, dass eine Erhöhung der parallelen Rechenkerne mit einer Erhöhung der Problemgröße in der Praxis einhergeht. Jedoch hat Shi (1996) gezeigt, dass beide Gesetze identisch und nur unterschiedliche Darstellungen sind. Der funktionale Zusammenhang zwischen den beiden sequenziellen Anteilen f und f_p ergibt sich zu:

$$f = \frac{1}{1 + \dfrac{p(1 - f_p)}{f_p}} \ . \tag{2.14}$$

Beispiel 1 Beträgt die parallele Ausführungszeit $T_p = 60\,\text{s}$ auf einem Rechner mit $p = 4$ Kernen und ist der sequenzielle Anteil $f_p = \frac{1}{4}$, dann ist der sequenzielle zeitliche Anteil $15\,\text{s}$. Nach dem Gesetz von Gustafson benötigt der Algorithmus eine sequenzielle Ausführungszeit $T_s = 15 + 4 \cdot 45 = 195$ s. Der skalierte Parallelitätsgewinn ist $SC = 3{,}25$. Der relative sequenzielle Anteil nach dem Gesetz von Amdahl ergibt sich dann zu $f = \frac{1}{13}$.

2.7 Lemma von Brent

Die bisherigen Überlegungen haben eine *black box*-Sicht auf einen Algorithmus ohne Kenntnis der inneren Struktur. Hierbei wird pauschal nur unterschieden in einen parallelisierbaren und in einen nicht-parallelisierbaren Anteil. Wird der innere Aufbau jedoch betrachtet, so ergeben sich bessere Abschätzungen zur parallelen Laufzeit und damit zum Parallelitätsgewinn sowie zur Effizienz. Der Gesamtaufwand W in einem Algorithmus untergliedert sich in einzelne Anweisungen (Maschinenbefehle, Blöcke o. ä.). Aus dem Kontrollfluss ergeben sich Abhängigkeiten, d. h. bestimmte Anweisungen müssen vor anderen ausgeführt werden, um ein korrektes Ergebnis zu erhalten. Ein gerichteter, zyklenfreier Graph visualisiert diesen

Abb. 2.22 Der Algorithmus
mit 20 Anweisungen läuft
parallel in $t = 7$ Zeitschritten
auf 4 Rechenkernen ab. Eine
Erhöhung der Rechenkerne
führt in diesem Beispiel zu
keiner weiteren Reduzierung
der Laufzeit

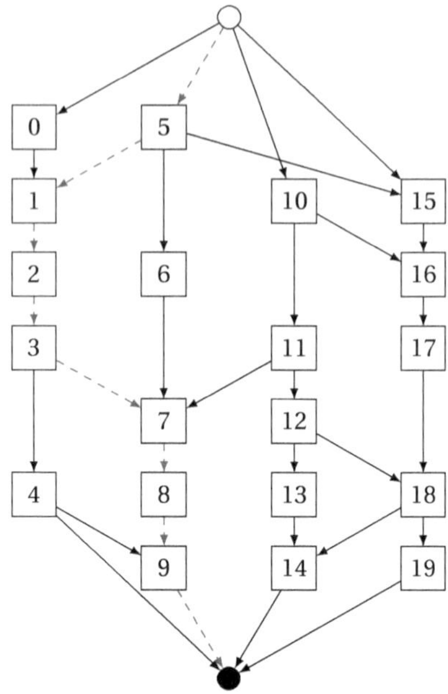

Zusammenhang, wie Abb. 2.22 an einem Beispiel zeigt. Die Knoten entsprechen den Anweisungen, und die Kanten geben die Ausführungsreihenfolge an. So kann die Anweisung 1 erst
dann ausgeführt werden, wenn zuvor die beiden Anweisungen 0 und 5 abgeschlossen sind.
Im Beispiel ist der Aufwand $W = 20$. Die horizontalen Ebenen geben den Zeitschritt und
die vertikalen Ebenen die Recheneinheit wieder. Insgesamt arbeiten $p = 4$ Recheneinheiten
den Algorithmus parallel ab. Nachfolgend wird das Einheitskostenmodell vorausgesetzt. Der
Ansatz kann aber auch auf nicht-uniforme Kosten für die Anweisungen übertragen werden.
Die sequenzielle Laufzeit ergibt sich demnach zu $T_s = O(W)$.

Der Ausführungszeitpunkt einiger Anweisungen kann unter Berücksichtigung der Abhängigkeiten zeitlich nach vorne oder nach hinten verlegt werden, ohne dass sich die Gesamtlaufzeit ändert. Hierzu werden zeitliche Puffer genutzt. Im Beispiel könnte die Anweisung
10 auch bereits zum Zeitpunkt $t = 0$ ausgeführt werden. Die Anweisung 17 kann ohne
Auswirkung auf die Gesamtlaufzeit auch einen Zeitschritt später beginnen.

Ein Pfad in einem Graphen ist eine Sequenz (oder Weg) von Anweisungen, die den Abhängigkeiten vom Anfang bis zum Ende des Algorithmus folgt. Ein *kritischer Pfad* besitzt die
Eigenschaft, dass die zeitliche Verschiebung einer jeden Anweisung immer die Laufzeit T_p
des gesamten Algorithmus verlängert. Diese Anweisungen haben keinen zeitlichen Puffer.
In einem Graphen können mehrere kritische Pfade existieren. T_∞ bezeichnet die Ausführungszeit des kritischen Pfads, wobei eine beliebig große Anzahl paralleler Recheneinheiten
unterstellt wird.

Der kritische Pfad bestimmt die Gesamtlaufzeit: Der Algorithmus kann ohne Veränderungen nicht schneller ablaufen. Auf der einen Seite ergibt sich die untere Grenze zu

$T_p \geq T_\infty$. Unter der Voraussetzung, dass es keine Abhängigkeiten zwischen den einzelnen Anweisungen gibt, lassen sich diese so auf die p Rechenkerne kompakt verteilen, dass auf der anderen Seite für die untere Schranke der parallelen Laufzeit gilt: $T_p \geq \lceil T_s/p \rceil$. Da beiden Ungleichungen gelten müssen, ergibt sich:

$$T_p \geq \max \{T_\infty, \lceil T_s/p \rceil\} \tag{2.15}$$

Es stellt sich jetzt die Frage, ob auch eine obere Grenze für T_p existiert. Aus dieser oberen Grenze könnte dann sogleich der zu erwartende Parallelitätsgewinn und die Effizienz abgeleitet werden. Diese Überlegungen führen zum *Lemma von Brent*. Bei den bisherigen Überlegungen wird von einer genügend großen Anzahl paralleler Recheneinheiten ausgegangen. Für eine spätere Umsetzung in eine Programmiersprache einer realen Plattform ist diese Annahme in den meisten Fällen nicht gegeben. Es ist jetzt zu untersuchen, wie sich die Parallelzeit eines Algorithmus verändert, wenn die Anzahl der Recheneinheiten sich reduziert.

Der Ansatz von Brent ist es, einen Algorithmus mit v Recheneinheiten auf einem System mit $v \geq p$ Einheiten zu simulieren. Hierbei sind die Abhängigkeiten beizubehalten, die sich durch den Kontrollfluss ergeben. Abb. 2.23 zeigt eine mögliche Umsetzung des vorherigen Algorithmus auf einem Zweikernrechner. Jeder der beiden Prozessoren übernimmt die Ausführung von weiteren Anweisungen und simuliert dadurch nicht-vorhandene Rechenkerne. Es wird hierbei unterstellt, dass die Rechenkerne identisch sind und alle Anweisungen auf einem beliebigen Kern ausgeführt werden können.

Im Beispiel werden die zwei Anweisungen 1 und 10 hintereinander in zwei Zeitschritten ausgeführt. Dieses wird sukzessive für alle Zeitschritte durchgeführt. Durch diesen Ansatz bleiben die Abhängigkeiten der Anweisungen erhalten. Allerdings werden durch die Simulation mehr Ausführungsschritte benötigt. Der folgende Satz beschreibt diesen Zusammenhang und ergibt somit eine obere Grenze für die Parallelzeit.

Theorem 1 (Lemma von Brent, 1974). *Benötigt ein beliebiger Parallelalgorithmus für die Bearbeitung von insgesamt m Operationen eine Laufzeit T_∞, dann kann dieser auf p Prozessoren in T_p Schritten ausgeführt werden:*

$$T_p \leq T_\infty + \frac{T_s - T_\infty}{p} \; . \tag{2.16}$$

Hierbei gilt $T_s = O(m)$. Der erste Term T_∞ gibt den zeitlichen Anteil an, der nicht weiter parallelisiert werden kann. Hingegen skaliert der zweite Term $(T_s - T_\infty)/p$ mit der Anzahl der Rechenkerne.

Beweis. In jedem zeitlichen Schritt gibt es m_i parallele Anweisungen, sodass $\sum_i m_i = m$ für $i = 0, \dots, t - 1 = T_\infty$ gilt. Bei p Prozessoren muss jeder Rechenkern $\lceil m_i/p \rceil$ Anweisungen hintereinander ausführen (Simulation).

Abb. 2.23 Der Algorithmus
kann auf zwei Rechenkernen
simuliert werden

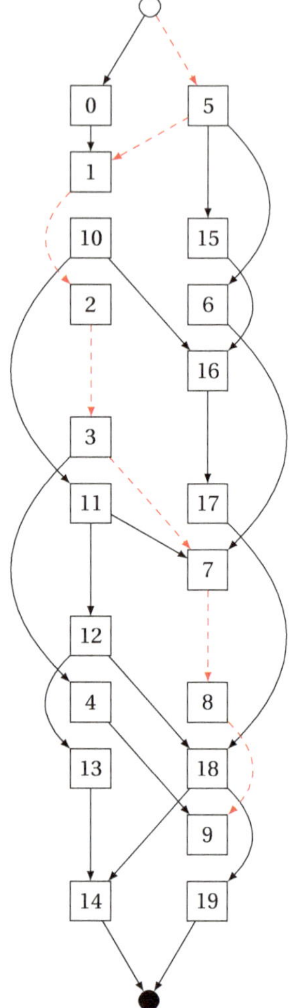

Die Anzahl der Anweisungen lässt sich darstellen als $m_i = g_i\,p + r_i$, wobei g_i der ganzzahlige Teiler ist. Da der Rest r_i maximal $p - 1$ sein kann, ergibt sich als Abschätzung

$$\left\lceil \frac{m_i}{p} \right\rceil \le g_i + 1 - \frac{1}{p} = \frac{m_i}{p} + 1 - \frac{1}{p} \ . \tag{2.17}$$

Hieraus kann damit die Laufzeit abgeschätzt werden zu

$$T_p = \sum_{i=0}^{t-1} \left\lceil \frac{m_i}{p} \right\rceil \le \frac{1}{p} \underbrace{\sum_{i=0}^{t-1} m_i}_{T_s} + \left(1 - \frac{1}{p}\right) t = T_\infty + \frac{T_s - T_\infty}{p} \ . \tag{2.18}$$

Aus den beiden Beziehungen 2.15 und 2.16 kann jetzt die Zeitkomplexität T_p einen parallelen Verfahrens abgeschätzt werden, wenn die Ausführungsreihenfolge der Anweisungen bekannt ist. Hiermit lässt sich jetzt auch der Parallelitätsgewinn S abschätzen. Für die obere Grenze gilt:

$$S \leq \frac{p}{1 + \frac{(p-1)T_\infty}{T_s}} \tag{2.19}$$

Für $T_s \gg T_\infty$ ist nahezu ein linearer Parallelitätsgewinn möglich.

DIE BISHERIGEN ÜBERLEGUNGEN zeigen die grundsätzlichen Möglichkeiten und Randbedingungen bei der Parallelisierung von Algorithmen auf. Durch eine Graphendarstellung kann eine untere sowie eine obere Grenze für die Parallelzeit abgeleitet werden. Im letzten Abschnitt dieses Kapitels werden jetzt die Abhängigkeiten zwischen Anweisungen untersucht. Da der kritische Pfad eine untere Grenze darstellt, kann eine weitere Reduzierung der Laufzeit nur erfolgen, wenn diese Abhängigkeiten verringert und aufgelöst werden.

2.8 Parallelisierung

Dieser Abschnitt stellt einige Überlegungen zur Parallelisierung sequenzieller Abläufe vor. Es wird zuerst untersucht, unter welchen Bedingungen eine parallele Ausführung von sequenziellen Blöcken möglich wird. Dieses wird anschließend auf die Parallelisierung von Schleifen übertragen.

2.8.1 Abhängigkeiten

Im Weiteren enthält ein Block eine Folge von Anweisungen, die in einer Hoch- oder Maschinensprache formuliert sind. Es wird vorausgesetzt, dass der Block einen definierten Ein- und Ausstiegspunkt hat und dass Sprünge oder Verzweigungen des Kontrollflusses nur innerhalb des Blocks erfolgen.

Sollen zwei sequenzielle Blöcke korrekt parallel ausgeführt werden, muss sichergestellt sein, dass die Ergebnisse der sequenziellen und einer parallelen Ausführung für alle Eingaben identisch sind. Anderenfalls sind die Blöcke nicht parallelisierbar. Die möglichen Seiteneffekte paralleler Ausführungen, wie erhöhter Speicherbedarf, werden zuerst nicht betrachtet.

Abb. 2.24 zeigt schematisch die sequenzielle Ausführung von vier Blöcken $S_0, \ldots, S_3$. Im Folgenden wird untersucht, ob zwei Blöcke, beispielsweise S_1 und S_2 parallel ausgeführt werden können. Die Bedingungen, die eine Parallelisierung von Anweisungsblöcken ermöglichen, gehen auf Bernstein (1966) zurück und werden als Bernstein-Bedingungen zusammengefasst. Es lassen sich hierbei vier Fälle beim Zugriff auf gemeinsame Daten unterscheiden.

Abb. 2.24 Parallelisierung der
Blöcke S_1 und S_2

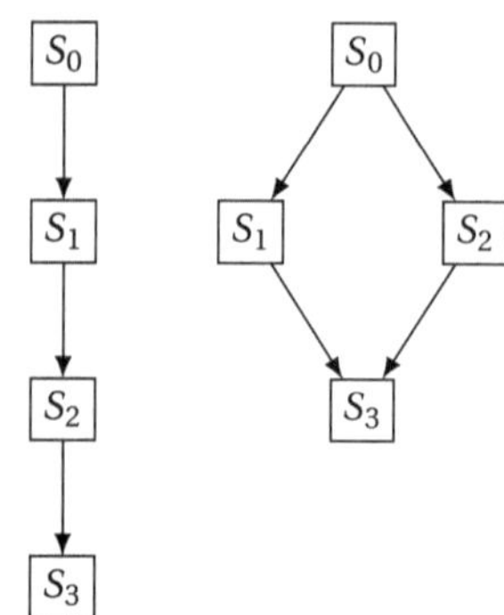

Zur Beschreibung von Datenabhängigkeiten werden die folgenden Mengenbezeichnungen eingeführt: $I(S)$ beinhaltet die Menge der Variablen, auf die im Block S lesend zugegriffen wird. $O(S)$ bezeichnet die Menge der Variablen, die durch den Block S geändert werden.

Die Anweisung S_i in Abb. 2.25a verändert die Variable a, welche von der Anweisung S_j anschließend benötigt wird. Diese Abhängigkeit wird als *echte Datenabhängigkeit* (flow dependency, read-after-write) bezeichnet. Die beiden Anweisungen müssen entsprechend der Programmreihenfolge sequenziell ausgeführt werden, da ansonsten S_j mit einem veraltetem Wert von a arbeitet. Für eine Parallelisierung von S_i und S_j muss daher gelten:

$$\text{Bedingung 1}: \quad O(S_i) \cap I(S_j) = \emptyset \,. \tag{2.20}$$

Im zweiten Fall (siehe Abb. 2.25b) ist die Abhängigkeit entgegengesetzt: die Anweisung S_i liest die Variable a, die in der Anweisung S_j verändert wird. Diese *Gegenabhängigkeit* (anti dependency, write-after-read) führt bei einer parallelen Ausführung unter Umständen zu einer nicht korrekten Berechnung der Variablen b, da die Variable a verändert wurde. Es muss daher für die beiden Anweisungsblöcke gelten:

$$\text{Bedingung 2}: \quad I(S_i) \cap O(S_j) = \emptyset \,. \tag{2.21}$$

Beim Zugriff auf die Variable a besteht eine echte Datenabhängigkeit.	Die Variable a wird zuerst gelesen und anschließend verändert.	Die Variable a wird in beiden Anweisungen verändert.	Diese Abhängigkeit ist unkritisch für eine Parallelisierung, da auf die Variable a nur lesend zugegriffen wird.
$S_i : a \leftarrow b + c$ $S_j : d \leftarrow 2 \cdot a$	$S_i : b \leftarrow a + c$ $S_j : a \leftarrow d \cdot d$	$S_i : a \leftarrow b + c$ $S_j : a \leftarrow d + 2$	$S_i : b \leftarrow a + c$ $S_j : d \leftarrow a \cdot a$
a Echte Datenabhängigkeit	**b** Gegenabhängigkeit	**c** Ausgabeabhängigkeit	**d** Eingabeabhängigkeit

Abb. 2.25 Vier Möglichkeiten der Abhängigkeiten sind bei der Parallelisierung zu unterscheiden

Abb. 2.25c zeigt den dritten Fall, in dem beide Anweisungen S_i und S_j die Variable a verändern. Bei einer parallelen Ausführung kann das Ergebnis unter Umständen nicht dem einer sequenziellen Ausführung entsprechen. Dieses wird als *Ausgabeabhängigkeit* (output dependency, write-after-write) bezeichnet und für eine korrekte Parallelisierung muss gelten:

$$\text{Bedingung 3:} \qquad O(S_i) \cap O(S_j) = \emptyset \ . \tag{2.22}$$

Die *Eingabeabhängigkeit* zweier Blöcke S_i und S_j in Abb. 2.25d ist für die Parallelisierung unerheblich, da nur lesend auf gemeinsam benutzte Variablen zugegriffen wird.

Eine Gegen- oder Ausgabeabhängigkeit kann durch Verwendung einer Kopie und Umbenennung von Variablen vermieden werden. So kann beispielsweise die obige Gegenabhängigkeit dadurch aufgelöst werden, dass in einer zusätzlichen Anweisung S_h die Variable ax als Kopie von a erzeugt und diese im Block S_i gelesen wird:

$$
\begin{aligned}
&\text{Eine Gegenabhängigkeit} && S_h : ax \leftarrow a \\
&\text{kann durch eine Kopie} && S_i \ : b \leftarrow ax + c \\
&\text{von } a \text{ aufgelöst werden.} && S_j : a \leftarrow d \cdot d
\end{aligned}
$$

Bei einer parallelen Ausführung von S_j kann das Original a geändert werden, ohne hierbei fehlerhafte Ergebnisse zu produzieren.

DIE ÜBERLEGUNGEN ZUR DATENABHÄNGIGKEIT zweier Sequenzen von Anweisungen wird im Folgenden auf die Parallelisierung von Schleifen übertragen.

Im einfachsten Fall ist die Ausführung des Schleifenrumpfes für die i-te Iteration unabhängig von anderen Iterationen und kann somit parallel zu diesen ausgeführt werden. Häufig erfüllen Schleifen jedoch nicht dieses Muster. Oftmals durchläuft eine Schleife ein Feld von Variablen, zum Beispiel einen Vektor oder eine Matrix.

Im Folgenden werden for-Schleifen entsprechend dem Muster in Abb. 2.26 betrachtet. Es wird hierbei untersucht, ob eine echte Datenabhängigkeit (loop carried dependency) vorliegt oder ob die Schleife parallelisiert werden kann. Der Zugriff auf die Feldelemente wird abstrakt durch zwei Funktionen f und g beschrieben. Statt zweier Anweisungsblöcke werden alle n Wiederholungen des Schleifenrumpfes auf eine Datenunabhängigkeit überprüft. Die Bedingungen (2.20), (2.21) und (2.22) müssen jeweils für zwei beliebige Iterationen erfüllt sein. Anderenfalls ist die Schleife nicht parallelisierbar.

```
1 for i ← 0 until n do
2 |   x_f(i) ← ...   {Das Feld x wird an der Position f(i) geschrieben. }
3 |   ... ← x_g(i)   {Das Feld x wird an der Position g(i) gelesen. }
4 end
```

Abb. 2.26 Ohne Datenabhängigkeiten kann diese Schleife parallelisiert werden

2.8.2 Testverfahren

Testverfahren zur Prüfung von Datenabhängigkeiten sind eine Methode, um zu überprüfen, ob zwei oder mehr Blöcke parallelisiert werden können. Es wird ein einfacher Ansatz vorgestellt: das *ggT-Verfahren*.

ggT-Verfahren Bevor auf die Parallelisierung von Schleifen eingegangen wird, werden notwendige mathematische Zusammenhänge kurz vorgestellt.

DER GRÖSSTE GEMEINSAME TEILER ggT (a, b) zweier ganzer Zahlen a und b ist die größte Zahl, die sowohl a als auch b ohne Rest teilt. Ist ggT $(a, b) = 1$, so sind die beiden Zahlen teilerfremd. Der Algorithmus von Euklid berechnet den ggT zweier Zahlen. Hierbei wird die größere sukzessive durch die kleinere geteilt und durch den Rest ersetzt, bis dieser null ist. Das Beispiel

$$\begin{aligned}
\text{ggT}\,(240,102) &= \text{ggT}\,(102,36) & 240 &= 2 \cdot 102 + 36 & (2.23)\\
&= \text{ggT}\,(36,30) & 102 &= 2 \cdot 36 + 30 & (2.24)\\
&= \text{ggT}\,(30,6) & 36 &= 1 \cdot 30 + 6 & (2.25)\\
&= 6 & 30 &= 5 \cdot 6 + 0 & (2.26)
\end{aligned}$$

zeigt beispielhaft das Verfahren zur Berechnung ggT $(240,102)$.

Das Lemma von Bézout beschreibt die im Weiteren genutzte Eigenschaft, dass sich der ggT als Linearkombination darstellen lässt:

$$\text{ggT}\,(240,102) = 6 = 3 \cdot 240 + -7 \cdot 102 \quad . \tag{2.27}$$

Lemma 1 (Bézout). *Der größte gemeinsame Teiler zweier Zahlen a und b kann dargestellt werden als*

$$\text{ggT}(a, b) = sa + tb \quad \textit{mit } s, t \in \mathbb{Z} \tag{2.28}$$

Der erweiterte Euklidische Algorithmus von Knuth (1997) bestimmt zusätzlich zum ggT (a, b) die beiden Bézout-Koeffizienten s und t. Der Algorithmus berechnet in einem Iterationsverfahren die Folgenglieder r_i, s_i und t_i mit den Anfangswerten $r_0 = a, r_1 = b$, $s_0 = 1, s_1 = 0$ sowie $t_0 = 0, t_1 = 1$. Es gelten für $q_i = r_i / r_{i-1}$

$$r_{i+1} = r_{i-1} - q_i r_i \tag{2.29}$$

$$s_{i+1} = s_{i-1} - q_i s_i \tag{2.30}$$

$$t_{i+1} = t_{i-1} - q_i t_i \tag{2.31}$$

Das Verfahren endet in Schritt k, wenn gilt $r_{k+1} = 0$. Es ergeben sich ggT $(a, b) = r_k$ sowie die beiden Koeffizienten $s = s_k$ und $t = t_k$. Tab. 2.1 zeigt die einzelnen Werte des Iterationsverfahrens. Abb. 2.27 zeigt den erweiterten Euklidischen Algorithmus in Pseudocode.

Tab. 2.1 Schrittweise Berechnung der Bézout-Koeffizienten mit dem erweiterten Algorithmus von Euklid

i	q_i	r_i	s_i	t_i
0		240	1	0
1	2	102	0	1
2	2	36	1	−2
3	1	30	−2	5
4	5	**6**	**3**	**−7**

Das Testverfahren zur Schleifenparallelisierung verwendet die Eigenschaft von Bézout zur Lösung von linearen Diophantischen Gleichungen. Eine Diophantische Gleichung ist eine ganzzahlige Polynomfunktion mit einer oder mehreren Unbekannten. Für lineare Diophantische Gleichungen ist der Grad $n = 1$. Im einfachsten Fall mit zwei Unbekannten s und t ergibt sich die folgende Darstellung

Theorem 2 *Die lineare Diophantische Gleichung mit*

$$as + bt = c \tag{2.32}$$

hat eine Lösung, wenn c ein Vielfaches des ggT (a, b) *ist. Ist* (s, t) *eine Lösung, dann haben andere Lösungen die Form* $(s+kv, t-ku)$*, wobei k eine ganze Zahl und u sowie v Quotienten von a und b und des* ggT (a, b) *sind.*

Die als Fermats letzter Satz bekannte Gleichung $x^n + y^n = z^n$ für ganzzahlige Werte ist ein prominentes Beispiel einer Diophantischen Gleichung. Erst 1994 konnte bewiesen werden, dass für $n > 2$ keine ganzzahlige Lösung existiert.

```
 1  def Euklid(a,b)                         {Erweiterter Algorithmus von Euklid}
 2      input : Parameter a, b zur Berechnung des ggT(a, b).
 3      result : r = ggT(a, b) sowie die Bézout–Koeffizienten s und t.
 4      (r_0, r_1, s_0, s_1, t_0, t_1) ← (a, b, 1, 0, 0, 1)
 5      while r_1 ≠ 0 do
 6          q ← ⌊r_0 / r_1⌋
 7          (r_0, s_0, t_0) ← (r_0, s_0, t_0) − q(r_1, s_1, t_1)
 8          swap(r_0, r_1)
 9          swap(s_0, s_1)
10          swap(t_0, t_1)
11      end
12      return (r_0, s_0, t_0)
13  end
```

Abb. 2.27 Berechnung des ggT und der Bézout-Koeffizienten

Abb. 2.28 enthält weitere Lösungen für die Diophantische Gleichung mit $a = 240$, $b = 102$ und $c = 6$.

DIE ÜBERLEGUNGEN WERDEN AUF DIE PARALLELISIERUNG von Schleifen übertragen. Die skizzierte Schleife in Abb. 2.26 wird im Folgenden vereinfacht, sodass die beiden Funktionen f und g, die den Zugriff auf das Feld beschreiben, die folgende Form haben:

$$f(i) = ai + c \quad \text{und} \quad g(i) = bi + d \quad \text{mit} \quad a, b, c, d \in \mathbb{Z}. \tag{2.33}$$

Es besteht eine Datenabhängigkeit zwischen zwei Iterationen i und j, wenn gilt

$$f(i) = g(j) \Rightarrow ai + c = bj + d \Leftrightarrow ai - bj = d - c. \tag{2.34}$$

Dieses entspricht der Diophantischen Gl. (2.32). Existiert eine Lösung, d. h. $d - c$ ist ein Vielfaches des ggT(a, b), so gibt es zwei konkurrierende Zugriffe auf ein Feldelement in unterschiedlichen Iterationen und damit eine Datenabhängigkeit. Um zu überprüfen, ob die *for*-Schleife in Abb. 2.29 parallelisiert werden kann, ist die Diophantische Gleichung $2i - j = 2$ auf Lösbarkeit zu überprüfen. Da der ggT $(2, -1) = 1$ ist, gibt es eine beliebige Anzahl von Lösungen für (i, j), beispielsweise $(1,0)$, $(2,2)$ oder $(3,4)$. Die Schleife kann daher nicht ohne Weiteres parallelisiert werden.

Im Gegensatz dazu hat die *for*-Schleife in Abb. 2.30 keine Datenabhängigkeit, da 3 kein Vielfaches des ggT $(2, -2) = 2$ ist. Die Schleife kann parallelisiert werden.

Erweiterungen Dieser Zusammenhang kann auf den größten gemeinsamen Teiler von mehr als zwei Zahlen erweitert werden, um beispielsweise die Parallelisierung geschachtelter Schleifen wie in Abb. 2.31 zu untersuchen.

Abb. 2.28 Mit $(u, v) = (40, 17)$ ergeben sich weitere Lösungen

```
k=-1 : -14*240+33*102=6
k=1  : 20*240-47*102=6
k=2  : 37*240-87*102=6
```

Abb. 2.29 Die Schleife hat eine Datenabhängigkeit beim Zugriff auf das Feld x

```
1 for i ← 0 until n do {Schleife mit echter Datenabhängigkeit}
2     x_{2·i} ← 1
3     y_i ← x_{i+2}
4 end
```

Abb. 2.30 Diese for-Schleife hat keine Datenabhängigkeiten und kann parallelisiert werden

```
1 for i ← 0 until n do {Schleife ohne Datenabhängigkeit}
2     x_{2·i} ← i²
3     y_i ← x_{2·i+3}
4 end
```

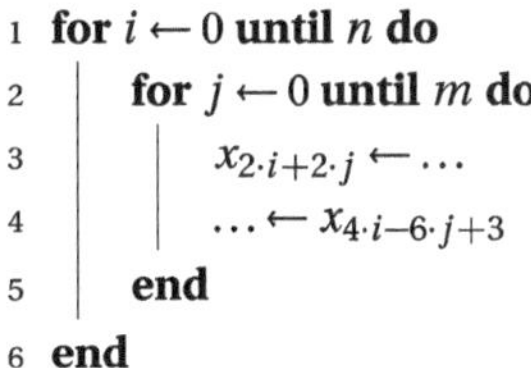

Abb. 2.31 Diese for-Schleife hat keine Datenabhängigkeiten und kann parallelisiert werden

Der ggT-Test berücksichtigt nicht die Intervallgrenzen der Schleifenvariablen. Wenn eine Lösung der Diophantischen Gleichung außerhalb des gültigen Wertebereichs der Schleifenvariablen liegt, dann ist es keine gültige Lösung für die konkrete Schleife und kann daher u. U. trotzdem parallelisiert werden. Die Erweiterung des vorgestellten Verfahrens ist der *Banerjee-Test,* der auch die Intervallgrenzen berücksichtigt.

Literatur

Aho AV, Hopcroft JE, Ullmann JD (1974) The design and analysis of computer algorithms. Addison-Wesley, Reading

Bernstein A (1966) Analysis of programs for parallel processing. IEEE Trans Electron Comput EC-15(5):757–763

Casanova H, Legrand A, Robert Y (2009) Parallel algorithms. Chapman & Hall/CRC, Boca Raton

Culler D, Karp R, Patterson D, Sahay A, Schauser KE, Santos E, Subramonian R, von Eicken T (1993) Logp: Towards a realistic model of parallel computation. SIGPLAN Not 28(7):1–12. http://doi.acm.org/10.1145/173284.155333. ISSN 0362-1340

Flynn MJ (1972) Some computer organizations and their effectiveness. IEEE Trans Comput C-21(9):948–960. https://doi.org/10.1109/TC.1972.5009071. ISSN 0018-9340

Gibbons PB (1989) The asynchronous pram: A semisynchronous model for shared-memory mimd machines. PhD thesis, AAI9028835

Grama AY, Gupta A, Kumar V (1993) Isoefficiency: Measuring the scalability of parallel algorithms and architectures. IEEE Parallel Distrib Technol: Syst Appl 1(3): 12–21. https://doi.org/10.1109/88.242438. ISSN 1063-6552

Grama A, Gupta A, Karypis G, Kumar V (2003) Introduction to parallel computing, 2. Aufl. Pearson/Addison Wesley, Harlow

Gustafson JL (1988) Reevaluating Amdahl's law. Commun ACM 31:532–533. http://doi.acm.org/10.1145/42411.42415. ISSN 0001-0782

Kozen DC (2006) Theory of computation. Springer, London. ISBN 1-84628-297-7/hbk

Knuth DE (1997) The art of computer programming: Seminumerical algorithms (Bd. 2, 3. Aufl.). Addison-Wesley Longman, Upper Saddle River

Reif JH (Hrsg) (1993) Synthesis of parallel algorithms. Morgan Kaufmann, San Mateo

Shi Y (1996) Reevaluating Amdahl's law and Gustafson's law. Technical report, Temple University

Valiant LG (1990) A bridging model for parallel computation. Commun ACM 33(8):103–111. http://doi.acm.org/10.1145/79173.79181. ISSN 0001-0782

Wyllie JC (1979) The complexity of parallel computations. Cornell University, Ithaca

Parallele Systeme

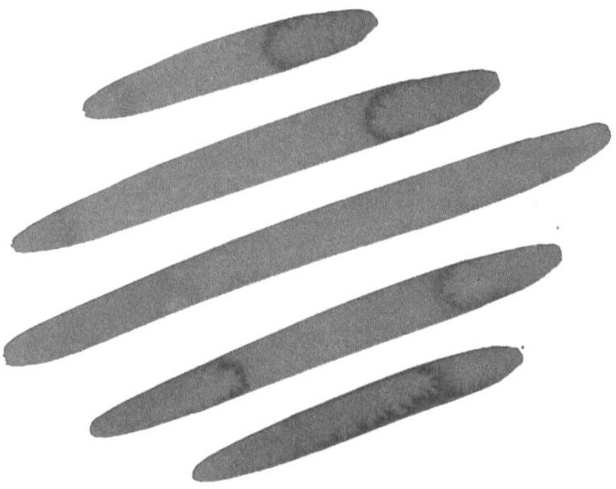

Die Realisierung von parallelen Rechensystemen erfolgt in verschiedenen Abstraktionsebenen. Nachfolgend werden diese vier Ebenen und die Möglichkeiten der Parallelisierung kurz vorgestellt. Es zeigt sich, dass durch die Vervielfachung von Recheneinheiten die Nutzung von gemeinsamem Speicher bei der Entwicklung paralleler Programme besonders betrachtet werden muss.

Dieses Kapitel beginnt mit einer Fokussierung unterschiedlicher Hardware-Aspekte, bevor dann die Software-Entwicklung paralleler Systeme in den Vordergrund rückt.

3.1 Einleitung

Die Nutzung von Parallelität erfolgt unterschiedlich granular. So lassen sich beispielsweise verschiedene Programme zur Bürokommunikation (Textverarbeitung, Tabellenkalkulation, email) parallel nutzen. Das zugrunde liegende Betriebssystem teilt den Prozessoren die entsprechenden Anwendungen oder *Prozesse* zu. Diese Art der Parallelität ist sehr grobgranular, da nur wenige, aber sehr umfangreiche und komplexe Prozesse betrachtet werden.

© Springer Fachmedien Wiesbaden GmbH, ein Teil von Springer Nature 2019   55
M. Uelschen, *Software Engineering Paralleler Systeme,*
https://doi.org/10.1007/978-3-658-25343-1_3

Ablauffäden oder sogenannte *Threads* unterteilen einen Prozess in mehrere parallel und unabhängig voneinander ablaufende Prozeduren ein (engl. *Thread Level Parallelism, TLP*). Auf der Befehlsebene wird ein identischer *Befehl* auf unterschiedlichen Daten ausgeführt. Ein klassisches Beispiel für Parallelität auf Befehlsebene (engl. *Instruction Level Parallelism, ILP*) sind Vektorrechner.

Die unterste Abstraktionsebene ist die gleichzeitige Verarbeitung von mehreren *Bits* in einem Befehl. Die *Wortbreite* aktueller Prozessoren ist 64 Bit, bei eingebetteten Systemen sind 8-, 16- oder 32-Bit-Prozessoren verbreitet. Da alle Rechner Arithmetikoperationen auf der untersten Ebene parallel ausführen, wird dieses im folgenden Abschnitt nur kurz betrachtet.

Die Tabelle fasst diese verschiedenen Ebenen zusammen. Die Granularität nimmt von oben (grobgranular) nach unten (feingranular)ab.

Ebene	Verarbeitungseinheit	Beispiel
Programm	Job, Anwendung, Prozess	Betriebssystem
Prozedur	Thread	MIMD-Rechner
Ausdruck	Befehl	SIMD-Rechner
Bit	Innerhalb eines Befehls	Von Neumann-Rechner

3.1.1 Parallelisierung auf Bitebene

Die Idee ist offensichtlich, mehrere Bits zeitgleich statt eines einzelnen zu verarbeiten. Allerdings zeigt sich schon an einem sehr einfachen Beispiel, dass die erwartete zeitliche Beschleunigung ausbleibt.

$$
\begin{array}{cccccccccc}
  & 1 & 1 & 1 & 1 & 0 & 0 & 1 & 1 \\
+ & 0 & 0 & 1 & 1 & 0 & 1 & 1 & 0 \\
\hline
1 & 0 & 0 & 1 & 0 & 1 & 0 & 0 & 1
\end{array}
$$

Das Zahlenbeispiel zeigt die Addition zweier Zahlen (243 und 54) in Binärdarstellung. Bei einer händischen (sequenziellen) Berechnung wird von rechts begonnen und dann sukzessive nach links das Ergebnis bestimmt. Hierbei ist bei der Addition zweier Bits ein möglicher Übertrag zu bestimmen und im nächsten Schritt zu berücksichtigen. Obwohl die beiden Zahlen in 8 Bits dargestellt werden, kann das Ergebnis in diesem Fall nur mit 9 Bits dargestellt werden.

Das *Addierwerk* ist ein elementarer Baustein einer jeden Recheneinheit. Anstatt zwei Binärzahlen mit jeweils n Bits sequenziell zu addieren, bietet es sich an, dieses parallel durchzuführen. Die Erwartung ist, dass diese Berechnung in $\frac{1}{n}$ der sequenziellen Zeit möglich ist.

$$c_{\text{out}} = (a \wedge b) \vee (a \wedge c_{\text{in}}) \vee (b \wedge c_{\text{in}})$$

$$= (a \wedge b) \vee ((a \vee b) \wedge c_{\text{in}}) \tag{3.1}$$

$$s = a \oplus b \oplus c_{\text{in}} \tag{3.2}$$

Ein *Halbaddierer* ist ein elektronisches Schaltelement, welches zwei einzelne Bits a und b addiert. Zum eigentlichen Ergebnis s wird zusätzlich ein möglicher Übertrag c_{out} ausgegeben. Ein *Volladdierer* (VA) berücksichtigt in der Eingabe neben den beiden Eingabebits ein Übertragungsbit c_{in} aus einem vorherigen Additionsvorgang. Insgesamt stehen somit drei Eingängen zwei Ausgänge gegenüber (siehe Abb. 3.1). Das Ergebnis s ergibt sich aus der exklusiven Oder-Verknüpfung ($\oplus$) von a, b und c_{in}. Der Übertrag c_{out} wird gesetzt, wenn mindestens zwei der drei Eingänge eine 1 enthalten.

Durch die Parallelschaltung mehrerer Volladdierer können zwei Binärzahlen einer festen Breite n verarbeitet werden. Abb. 3.2 zeigt ein *Paralleladdierwerk* für vier Bits. Hier zeigt sich das Dilemma der Parallelisierung: aufgrund der Abhängigkeiten im Berechnungsverfahren ist der schalttechnische Mehraufwand nicht zu rechtfertigen. Die Reihenfolge erzwingt eine sequenzielle Abarbeitung. Ein Parallelitätsgewinn ist nicht zu erwarten. Die skizzierte Art der Fortschaltung des Übertrags wird als *Carry Ripple* bezeichnet mit der Laufzeit $O(n)$.

Die Frage stellt sich, wie eine Parallelisierung im Großen funktionieren soll, wenn schon ein triviales Beispiel im Kleinen solche grundsätzlichen Schwierigkeiten aufwirft. Eine genaue Analyse zeigt jedoch einen Weg, der die Parallelisierung einer Addition möglich macht. Dieser Ansatz führt auf ein Addierwerk mit einer *Carry Look Ahead*-Funktion. Der grundsätzliche Ansatz ist ein mächtiges Werkzeug bei der Entwicklung paralleler Software und wird im folgenden Kapitel ausführlich diskutiert. Zuvor wird an dieser Stelle der Ansatz aufgezeigt.

Abb. 3.1 Ein Volladdierer hat drei Eingänge und zwei Ausgänge

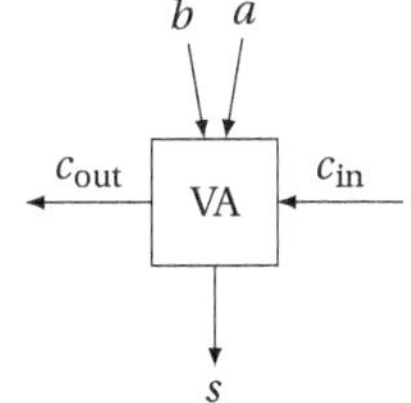

Abb. 3.2 Ein 4-Bit Paralleladdierwerk hat 8 Eingänge für die beiden Binärzahlen. Durch das Übertragungsbit sind die Volladdierer sequenziell gekoppelt

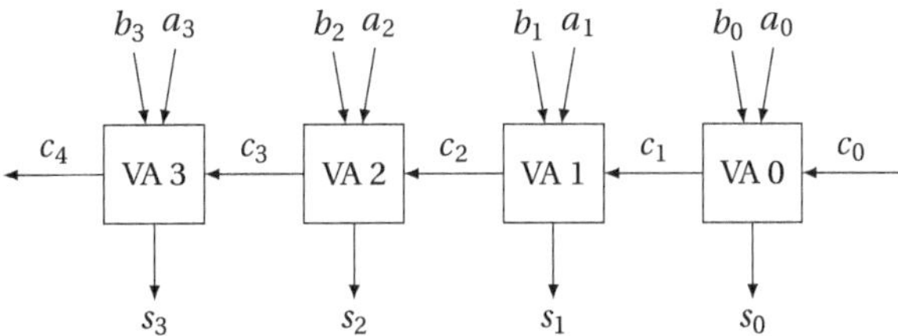

Aus der Gl. 3.2 ergibt sich, dass die Berechnung des Ergebnisses in konstanter Zeit erfolgen kann, wenn der Übertrag bekannt ist. Die Tabelle enthält in der obersten Zeile den Übertrag aus dem Zahlenbeispiel.

$$\begin{array}{r|l} 1\ 1\ 1\ 1\ 0\ 1\ 1\ 0\ 0 & c_{\text{in}} \\ \oplus\quad 1\ 1\ 1\ 1\ 0\ 0\ 1\ 1 & a \\ \oplus\quad 0\ 0\ 1\ 1\ 0\ 1\ 1\ 0 & b \\ \hline 1\ 0\ 0\ 1\ 0\ 1\ 0\ 0\ 1 & \end{array} \tag{3.3}$$

Durch die exklusive Oder-Verknüpfung kann in einem Parallelschritt die Summe bestimmt werden.

Das nachfolgende Verfahren trennt die Berechnung der Übertragungsbits c_i von den Ergebnisbits s_i. Die offene Frage ist, wie die Folge c_i effizient parallel, besser als in $O(n)$ Schritten, bestimmt werden kann.

Die ersten fünf Spalten der Tabelle zeigen die acht Möglichkeiten der drei Eingänge sowie die zugehörigen Ausgänge des Volladdierers.

a_i	b_i	c_i	s_i	c_{i+1}		p_i	g_i
0	0	0	0	0	0	0	0
0	0	1	1	0	0	0	0
0	1	0	1	0	$\leftarrow$	1	0
0	1	1	0	1	$\leftarrow$	1	0
1	0	0	1	0	$\leftarrow$	1	0
1	0	1	0	1	$\leftarrow$	1	0
1	1	0	0	1	1	0	1
1	1	1	1	1	1	0	1

Hierbei wird deutlich, dass in vier Fällen der Übertrag nur von a_i und b_i abhängig ist. Sind a_i und b_i beide 0, dann gilt für den Übertrag $c_{i+1} = 0$ unabhängig von c_i. Entsprechendes gilt für den Fall, dass $a_i = 1$ und $b_i = 1$ sind, dann gilt für den Übertrag $c_{i+1} = 1$. In den verbleibenden vier Fällen ergibt sich der Übertrag c_{i+1} aus dem vorherigen c_i. Dieses ist in der sechsten Spalte mit einem $\leftarrow$ -Zeichen gekennzeichnet.

Um diesen Zusammenhang zu beschreiben, werden zwei zusätzliche Variablen eingeführt:

$$p_i = a_i \oplus b_i \quad \text{und} \quad g_i = a_i \wedge b_i \tag{3.4}$$

Hieraus ergibt sich

$$s_i = p_i \oplus c_i \tag{3.5}$$

$$c_{i+1} = g_i \vee ((a_i \oplus b_i) \wedge c_i) = g_i \vee (p_i \wedge c_i) \tag{3.6}$$

Die Folge s_i kann parallel in $O(1)$ berechnet werden. Gibt es ein Verfahren für die Bestimmung von c_i? Es wird ein binärer Operator $\circ$ definiert, der auf Tupeln arbeitet:

$$(c, d) \circ (g, p) = (g \vee (p \wedge c), p \wedge d) \tag{3.7}$$

Mit diesem Kniff lässt sich die Folge der Überträge c_i rekursiv definieren:

$$\begin{aligned}
(c_{i+1}, d_{i+1}) &= (c_i, d_i) \circ (g_i, p_i) \tag{3.8} \\
&= (c_{i-1}, d_{i-1}) \circ (g_{i-1}, p_{i-1}) \circ (g_i, p_i) \\
&= (c_0, d_0) \circ (g_0, p_0) \circ (g_1, p_1) \circ \cdots \circ (g_i, p_i) \tag{3.9}
\end{aligned}$$

Die Variable d_i ist eine Hilfsvariable mit $d_0 = 1$. Der initiale Übertrag ist c_0 (beispielsweise $c_0 = 0$).

Der Ausdruck 3.8 beschreibt eine Rekursionsgleichung, die sich effizient parallel mit dem Ansatz der Präfixsummen (das folgende Kapitel diskutiert dieses Verfahren ausführlich) auswerten lässt. Hierzu wird die Assoziativität des $\circ$-Operators ausgenutzt. Es gilt:

$$\begin{aligned}
\big((c, d) \circ (g, p)\big) \circ (x, y) &= (g \vee (p \wedge c), p \wedge d) \circ (x, y) \\
&= (x \vee (y \wedge (g \vee (p \wedge c))), p \wedge d \wedge y) \\
&= (x \vee (y \wedge g) \vee (y \wedge p \wedge c), p \wedge d \wedge y) \\
&= (c, d) \circ (x \vee (y \wedge g), p \wedge y) \\
&= (c, d) \circ \big((g, p) \circ (x, y)\big) \tag{3.10}
\end{aligned}$$

Durch die Ausnutzung dieser Beziehung 3.10 ist die Auswertereihenfolge der Berechnungsvorschrift 3.9 unerheblich. Dieses wird bei der Parallelisierung ausgenutzt. Hierdurch wird eine parallele Laufzeit $O(\log n)$ erreicht. Die parallele effiziente Berechnung der Übertragungsbits wird hierdurch möglich (siehe Abschn. 4.5.5).

EINE WEITERE PARALLELISIERUNG AUF BITEBENE ist in modernen Rechnern nicht mehr zu erwarten. Die Prozessorbefehle haben eine Wortbreite von 32 oder 64 Bit. Bei eingebetteten Systemen sind weiterhin 8- oder 16-Bit-Prozessoren anzutreffen. Der Parallelisierungsgrad muss daher in den höheren Ebenen erfolgen.

3.1.2 Von Neumann-Rechnerarchitektur

Moderne Prozessoren folgen weiterhin in Grundzügen der *Von Neumann-Architektur,* die aus mehreren Komponenten besteht (vgl. Oberschelp und Vossen 2006; Brinkschulte und Ungerer 2010). Abb. 3.3 skizziert eine Zentraleinheit (engl. *Central Processing Unit, CPU*), die sich in ein Steuerwerk, verantwortlich zum Laden/Speichern der Befehle und Daten, sowie in das Rechenwerk gliedert.

Dieses führt die eigentlichen Berechnungen aus. In das Rechenwerk sind verschiedene *Funktionseinheiten* (FE) integriert. Neben der arithmetischen-logischen Einheit (engl. arithmetic logic unit, ALU), die auf Ganzzahlen arbeitet, haben moderne Rechensysteme

Abb. 3.3 Ein Universalrechner mit der Von Neumann-Architektur teilt die Zentraleinheit in das Steuerwerk und das Rechenwerk ein

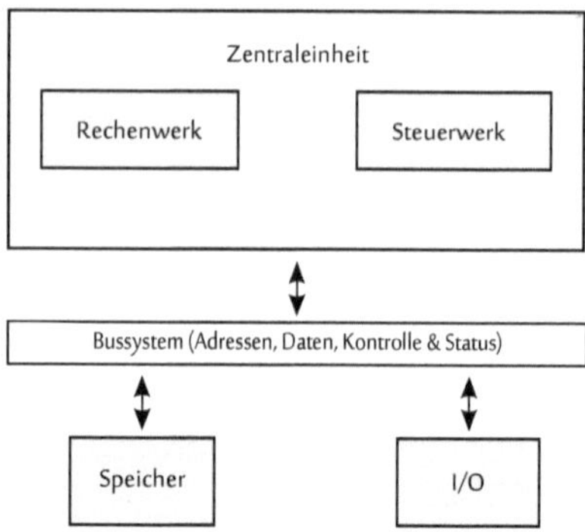

zusätzliche Funktionseinheiten in einfacher oder mehrfacher Ausführung, wie beispielsweise zur Verarbeitung von Fließkommazahlen (engl. floating point unit, FPU) oder Vektordaten.

Es gibt einen homogenen, gemeinsamen Speicher für Daten und Befehle. Jede Speicherstelle hat eine eindeutige Adresse und die gleiche Breite. Der Inhalt einer Speicherstelle kann Daten sowie Befehle aufnehmen und eine Interpretation ist daher kontextabhängig. Weiterhin ist das Ein- und Ausgabewerk für die Interaktion mit externen Komponenten, wie Tastatur, Bildschirm und Netzwerk, integriert. Die Kommunikation zwischen den einzelnen Komponenten erfolgt über ein Bussystem.

In der *Harvard-Architektur* wird der Speicher für Befehle und Daten getrennt. Hierdurch ergeben sich die folgenden Vorteile:

- Es ist ein paralleler Speicherzugriff auf Daten und Befehle möglich.
- Der Befehlsspeicher lässt sich gegen Manipulation schützen.
- Die Busbreite für Zugriffe auf Daten und Befehle kann unterschiedlich sein.

Als Nachteil ergibt sich die komplexere Hardware-Architektur und der Verlust der Flexibilität, Datenspeicher als Befehlsspeicher und umgekehrt zu verwenden. Moderne Prozessoren haben eine Speicherhierarchie mit mehrstufigen Cache-Speichern, wobei häufig auf der ersten Stufe (engl. *Level 1, L1*) entsprechend dem Harvard-Ansatz zwischen Daten und Befehlen unterschieden wird. Hingegen findet im gemeinsamen Hauptspeicher keine Trennung von Daten und Befehlen statt.

Abb. 3.4 zeigt den inneren Aufbau einer Von Neumann-Architektur mit einer einfachen Zentraleinheit, mit einer ALU als Funktionseinheit und den folgenden Registern:

- Befehlsregister (Instruction Register): aktueller Befehl
- Speicheradressregister (Memory Address Register): Adresse des nächst anzusprechenden Speicherplatzes

- Befehlszähler (Program Counter): Adresse des nächsten Befehls
- Pufferregister (Memory Buffer Register): Puffer für Kommunikation mit Speicher

Die Befehlsausführung erfolgt in zwei Schritten:

1. **Fetch:** Der nächste Befehl wird in das Befehlsregister geladen. In Abhängigkeit davon werden weitere Operanden in das Rechenwerk geladen. Wenn es sich bei dem Befehl um keinen Sprungbefehl handelt, dann wird der Befehlszähler erhöht. Anderenfalls wird die Sprungadresse in den Befehlszähler geschrieben.
2. **Execute:** Der Befehl wird mit den Operanden im Rechenwerk ausgeführt und die Ergebnisse in die Register oder in den Hauptspeicher zurückgeschrieben.

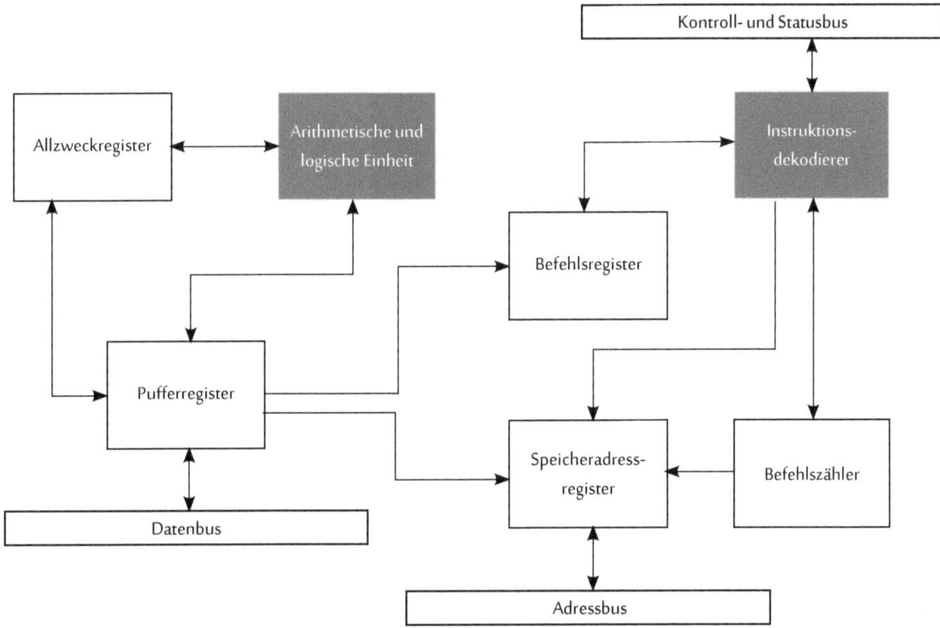

Abb. 3.4 In der Von Neumann-Architektur lädt der Instruktionsdekodierer im Steuerwerk den nächsten Befehl. Im Rechenwerk ist die arithmetisch-logische Einheit für die Ausführung einer Anweisung verantwortlich

3.2   Parallelisierung auf Befehlsebene

Auf der nächsthöheren Ebene existieren zahlreiche Ansätze, die Leistung von Prozessoren zu steigern und letztendlich die Ausführung von Anwendungen zu beschleunigen. An dieser Stelle wird ein grober Überblick über

- die optimierte Befehlspipeline,
- superskalare und multithreaded Architekturen sowie
- Vektorisierung

gegeben. Im darauf anschließenden Abschnitt wird die Speicherhierarchie diskutiert, bevor die Überlegungen auf der Hardware-Ebene abgeschlossen und die Parallelisierung von Algorithmen betrachtet werden.

3.2.1   Befehlspipeline

Die ersten Rechner haben die Befehle entsprechend dem skizzierten *Fetch-Execute*-Zyklus sequenziell ausgeführt. Es zeigte sich aber sehr deutlich, dass dieses ineffizient ist und parallelisiert werden kann. Beispielsweise kann, während das Rechenwerk einen Befehl ausführt, schon das Steuerwerk beginnen, den nächsten Befehl zu laden und zu dekodieren. Die Verzahnung oder Überlappung der einzelnen Phasen der Ausführung führt zu einer *Befehlspipeline*. In einem Zeitraum können mehr Befehle bearbeitet werden: der *Durchsatz* steigt.

Anschaulich lässt sich dieses mit der Fließbandproduktion in der Automobilindustrie vergleichen. Ein zu produzierendes Fahrzeug durchläuft mehrere Positionen oder Stufen, an denen bestimmte, klar definierte Arbeiten durchgeführt werden (beispielsweise Lackierarbeiten oder Einsetzen der Frontscheibe). Ford revolutionierte mit der Einführung des Fließbands die Autoproduktion zu Beginn des 20. Jahrhunderts. Die Montage der 3000 einzelnen Teile eines Fahrzeugs wurde in 84 einzelne, sequenzielle Schritte zusammengefasst. Jeder Schritt erfolgt parallel zu den anderen Schritten. Die Produktion eines Fahrzeugs dauerte hierdurch im Vergleich zur Manufaktur nur noch 90 min statt 12 h. Henry Ford war 1913 u. a. auch deshalb so erfolgreich bei der Produktion des Model T, weil durch die Fließbandfertigung mehr Fahrzeuge pro Zeitintervall hergestellt werden konnten. Die Fertigungskosten sanken und die Qualität der Fahrzeuge stieg.

Dieses Pipeline-Prinzip wird seit 1985 auch in Prozessoren eingesetzt. Die Phasen der Befehlsausführung überlappen sich. Da dieses vollständig durch eine Änderung der Hardware erreicht wurde, sind Änderungen an der Software nicht erforderlich und somit transparent für die Entwicklung von Anwendungen.

Das Potenzial der Befehlspipeline zeigt die folgende Überlegung. Es wird angenommen, dass ein Rechner ohne Pipeline für die Ausführung eines Befehls k Takte benötigt; n Befehle sind dementsprechend nach nk Takten ausgeführt. Wird stattdessen eine Zentraleinheit mit einer k-stufigen Pipeline betrachtet, dann werden initial $k - 1$ Schritte benötigt, bis die

Pipeline gefüllt ist. Anschließend wird dann idealerweise in jedem weiteren Takt ein Befehl ausgeführt. Der Durchsatz steigt dann auf 1.

Für die Beschleunigung S ergibt sich der folgenden Zusammenhang:

$$S = \frac{nk}{k-1+n} = \frac{k}{1+\frac{k-1}{n}}. \tag{3.11}$$

Für eine große Anzahl n von Befehlen, ergibt sich eine maximal mögliche Beschleunigung von k entsprechend der Anzahl von Stufen der Pipeline.

Abb. 3.5 zeigt eine 5 stufige Befehls-Pipeline für eine beispielhafte RISC-Architektur (siehe Hennessy und Patterson 2011). Die Befehlsausführung erfolgt von links nach rechts. Zwischen den einzelnen Stufen synchronisieren Pipeline-Puffer den Zugriff auf die einzelnen Register. In der ersten Stufe wird der nächste Befehl in den Befehlsspeicher geladen und der Programmzähler aktualisiert. Anschließend werden die Operanden in die Register geladen und in der nachfolgenden Stufe zur Ausführung gebracht. Handelt es sich bei dem Befehl um einen Speicherzugriff, so wird die Adresse der Speicherstelle in der dritten Stufe berechnet. In der nächsten Stufe erfolgt dann der tatsächliche Speicherzugriff. In der letzten Stufe werden die Ergebnisse zurück in den Registerspeicher geschrieben.

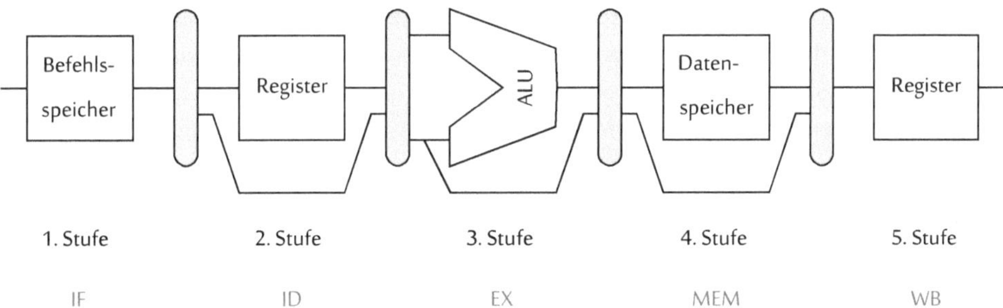

- IF (Instruction Fetch)
  - Nächster Befehl aus Befehlszähler laden.
- ID (Instruction Decode)
  - Interpretation des Maschinencodes.
  - Bereitstellung der Operanden.
- EX (Execution)
  - Funktionseinheit (ALU) führt Operation aus.
  - Adresse für Speicheroperation berechnen.
- MEM (Memory Access)
  - Speicherzugriff (Store/Load) wird durchgeführt.
- WB (Register Writeback)
  - Ergebnis der Berechnung od. Load wird in Register geschrieben.

Abb. 3.5 Pipeline mit 5 Stufen

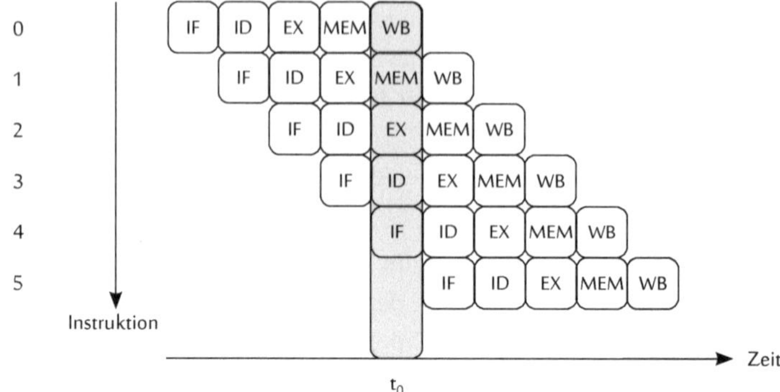

Abb. 3.6 Überlappte Befehlsausführung

Die Anzahl der Pipeline-Stufen realer Prozessoren variiert. Die Intel Prescott-Architektur von 2004 hatte bis zu 31 Stufen in der Befehls-Pipeline. Aktuelle Prozessoren haben mit 15–20 Stufen eine geringere Anzahl.

Die taktsynchrone Bearbeitung in der Befehlspipeline benötigt einige Voraussetzungen, um hohe Durchsatzraten zu erzielen. Zum einen muss die Bearbeitungszeit in jeder Stufe der Pipeline annähernd gleich lang sein. Zum anderen können Hemmnisse auftreten, die zu Konflikten und damit zu einer Aussetzung der synchronen Bearbeitung führen. So führt der Zugriff zweier Stufen auf gemeinsame Daten oder auch das Fehlen von Berechnungszwischenergebnissen zu möglichen Hemmnissen. Sprungbefehle leeren die Befehlspipeline, welche dann anschließend erst wieder gefüllt werden muss.

Abb. 3.6 zeigt die verlappende Befehlsausführung in einer 5-stufigen Pipeline. Die y-Achse zeigt den Ablauf der Instruktionen. Zu Beginn ist die Pipeline leer. Im ersten Schritt befindet sich die Instruktion 0 in der IF-Phase. Im folgenden zweiten Schritt wird dann die Instruktion 0 dekodiert und gleichzeitig die Instruktion 1 in den Befehlsspeicher geladen. Ab einem Zeitpunkt t_0 ist die Pipeline gefüllt und danach wird in jedem weiteren Schritt eine Instruktion ausgeführt. Eine Architektur, die es ermöglicht, in jedem Taktzyklus einen Befehl auszuführen, wird als *skalare Architektur* bezeichnet.

Unterschiedliche Ansätze werden verfolgt, um die Befehlsausführung zu beschleunigen. Eine ausführliche Diskussion ist in Hennessy und Patterson (2011) zu finden. An dieser Stelle wird ein Ansatz kurz vorgestellt, bei dem Anweisungen tatsächlich auf Hardware-Ebene parallel ausgeführt werden.

3.2.2 Superskalarität

Das Prinzip der Pipeline basiert darauf, dass eine Anweisung in kleine Einzelschritte zerlegt werden kann, deren Abarbeitung sequenziell erfolgt. Da die einzelnen Stufen der Pipeline unabhängig voneinander arbeiten, können die Schritte unterschiedlicher Anweisungen parallel abgearbeitet werden. Diese Art der Abarbeitung wird als *temporale* also zeitliche *Parallelität* (temporal parallelism) bezeichnet.

Im Gegensatz fasst der Begriff *räumliche Parallelität* (spatial parallelism) den Ansatz zusammen, mehrere Anweisungen zeitgleich abzuarbeiten. Das Bild der Zone mit mehreren Kassen im Supermarkt, in der mehrere Kunden ihre Einkäufe bezahlen, verdeutlicht diesen Ansatz im Gegensatz zum Fließband. Übertragen auf moderne CPU bedeutet dieses, dass die Befehlspipeline, entweder komplett oder nur einzelne Stufen, dupliziert wird. Dieser Ansatz führt auf *superskalare Architekturen,* die mehr als einen Befehl pro Taktzyklus abarbeiten.

In der *Instruction Fetch*-Phase wird zuerst eine Folge von Befehlen geholt. Damit mehrere Befehle jetzt zeitgleich ausgeführt werden können, müssen die einzelnen Funktionseinheiten im Rechenwerk unabhängig sein, sodass beispielsweise eine Ganzzahloperation parallel zu einer Fließkommaanweisung ausgeführt werden kann. Eine Duplizierung der Funktionseinheiten ermöglicht die parallele Ausführung gleichartiger Operationen. Des Weiteren besteht die Möglichkeit, dass Befehle nicht entsprechend ihrer zeitlichen Ordnung, d. h. *out-of-order,* ausgeführt werden. Zusammen mit potenziellen Datenabhängigkeiten erfordern superskalare Architekturen einen hohen technischen Aufwand in der CPU.

Eine ausführliche Diskussion, insbesondere die Spekulation von Befehlen, ist in Brinkschulte und Ungerer (2010) zu finden.

3.2.3 Multithreading

Durch Speicherzugriffe, insbesondere wenn Daten oder Befehle nicht im Cache-Speicher vorliegen, kann es passieren, dass die Funktionseinheiten im Leerlauf warten, bis die erforderlichen Anweisungen oder Operanden geladen sind. Dieses reduziert die Leistung einer superskalaren Befehlspipeline.

Ein weiterer Optimierungsschritt ist die Einführung von Kontrollfäden (Threads) auf der Hardware-Ebene. Hierzu wird die Anzahl der Register vervielfacht. Zu bestimmten Zeiten findet ein Kontextwechsel statt, der dazu führt, dass die Ausführung eines Kontrollfadens angehalten wird und ein anderer, zuvor suspendierter Kontrollfaden weiterläuft. Die Register dienen als schneller Speicher der Zwischenstände.

Durch einen Kontextwechsel kann es jedoch passieren, dass ein Kontrollfaden nicht soweit parallelisiert ist, dass alle Funktionseinheiten Befehle ausführen. In einer nächsten Optimierungsstufe der Hardware-Architektur unterstützt das Rechenwerk die simultane Ausführung unterschiedlicher Kontrollfäden in der Befehlspipeline. Diese Ausbaustufe wird als *simultaneous multithreading* (SMT) bezeichnet. Bei Intel-Prozessoren wird dieser Ansatz unter dem Begriff *Hyperthreading* zusammengefasst.

Abb. 3.7 verdeutlicht die unterschiedlichen Optimierungsstufen. Eine Spalte entspricht einer Befehlspipeline. Die leeren Felder symbolisieren, dass die Bearbeitung einer Anweisung nicht voranschreitet beispielsweise aufgrund von Wartezeiten auf Speicherzugriffe.

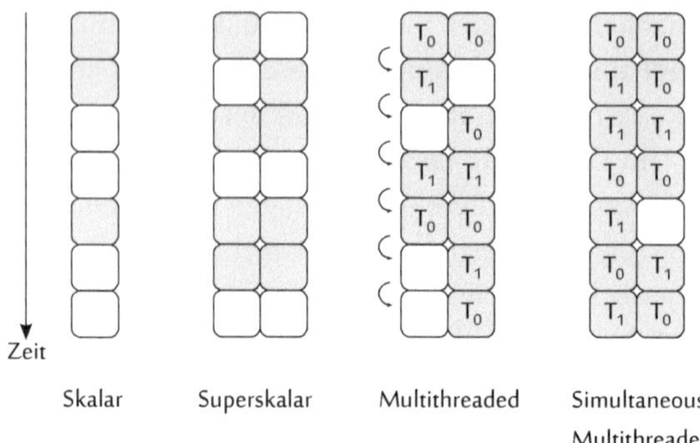

Abb. 3.7 Vergleich der einzelnen Typen einer Befehlspipeline

Superskalare Architekturen mit einer Duplizierung der Befehlspipeline haben die Möglichkeit, mehrere Befehle auch durch Umgehung der zeitlichen Reihenfolge zeitgleich auszuführen. Eine Duplizierung der Registersätze ist die Voraussetzung von multi-threaded-Architekturen. Im Beispiel wird in jedem Zyklus zwischen den beiden Kontrollfäden T_0 und T_1 umgeschaltet. Durch die Möglichkeit unterschiedliche Kontrollfäden in der Befehlspipeline auszuführen, lassen sich Wartezeiten noch weiter minimieren.

Bereits Abschn. 1.1.1 skizziert die Grenzen der Optimierung und Parallelisierung auf Befehlsebene. Zukünftige Verbesserungen sind in dieser Ebene nur mit hohem Aufwand zu erzielen.

3.2.4 Vektorisierung

Vektorrechenwerke haben zusätzlich zu den skalaren Registern, die einen einzelnen Wert aufnehmen, noch Vektorregister, die mehrere, gleichartige Werte beinhalten. Die Funktionseinheiten arbeiten hierbei nach dem SIMD-Prinzip: ein identischer Befehl wird auf unterschiedlichen Daten ausgeführt. In diesem Abschnitt werden zwei Ansätze diskutiert: zum einen der *Cray-1*-Rechner, dessen Vorläufer zuerst die Vektorisierung einführte. Zum anderen wird die SIMD-Erweiterung *AVX* aktueller Intel-Prozessoren skizziert.

Beispiel: Cray-1 Eng verbunden mit dem Begriff *Supercomputer* ist Seymour Cray, der zuerst bei der Firma *Control Data Cooperation* (CDC) und später bei der von ihm gegründeten Firma *Cray Research* Höchstleistungsrechner entwickelt hat, die als Meilensteine in die Rechnergeschichte eingegangen sind.

Der als *Cray-1* bezeichnete Rechnertyp von 1976 (siehe Abb. 3.8) hat eine auf Skalar- und Vektorregistern basierte Prozessorarchitektur mit einer Frequenz von 80 MHz (Taktzyklus 12,5 nsec). Neben der hohen Rechenleistung hat der Rechner ein außergewöhnliches äußeres Design: ein 90 Grad geöffneter, ca. 2 m hoher Zylinder und ein umlaufendes Kühlungssystem, welches an eine Sitzbank erinnert. Die zylindrische Form verkürzt Kabelverbindungen,

Abb. 3.8 Der Cray-1 Supercomputer führte nicht nur die Vektorisierung auf der Befehlsebene ein, sondern hatte auch ein außergewöhnliches Design

welche mit einer kürzeren Signallaufzeit einhergeht. Die Leistungsaufnahme im Vollausbau beträgt 155 kW bei einem Gewicht von ca 5 t. Der Rechner hat keine eigene Bedienschnittstelle, sondern wird über einen zusätzlichen Terminalrechner gesteuert.

Abb. 3.9 zeigt einen vereinfachten Ausschnitt der Speicherhierarchie mit Funktionseinheiten des Cray-1 Rechners (siehe insbesondere hierzu Russell 1978; Sites 1978).

Der Hauptspeicher hat eine Kapazität von bis zu 8 MByte, wobei der Speicher mit einer Wortbreite von 64 Bit adressiert wird. Die Register untergliedern sich in:

- Die acht *A-Register* werden für die arithmetische Berechnung von Speicheradressen verwendet.
- Die acht *S-Register* nehmen skalare Werte auf, beispielsweise eine Ganzzahl oder eine Fließkommazahl, die arithmetisch oder logisch verknüpft werden.
- Die acht *V-Register* beinhalten jeweils einen Vektor von 64 Einzelwerten, die verknüpft werden können. Sollen Vektoren mit mehr als 64 Werten verarbeitet werden, ist eine programmtechnische Segmentierung erforderlich.

Die *B-* und *T-Register* dienen als schneller Speicher für die Aufnahme von Zwischenergebnissen der A- respektive der S-Register. Da die Cray-1 keinen Cache-Speicher integriert, besteht für den Software-Entwickler (oder für den Compiler) die Möglichkeit, häufig benutzte Werte (beispielsweise Indices) anstatt im langsamen Hauptspeicher in diese speziellen Register auszulagern.

Zudem existieren weitere Spezialregister. Das *VL*-Register (Vektorlänge) nimmt die Anzahl (im Bereich $[0, \ldots, 64]$) der gültigen Werte eines Vektorregisters auf. Zusätzlich hat

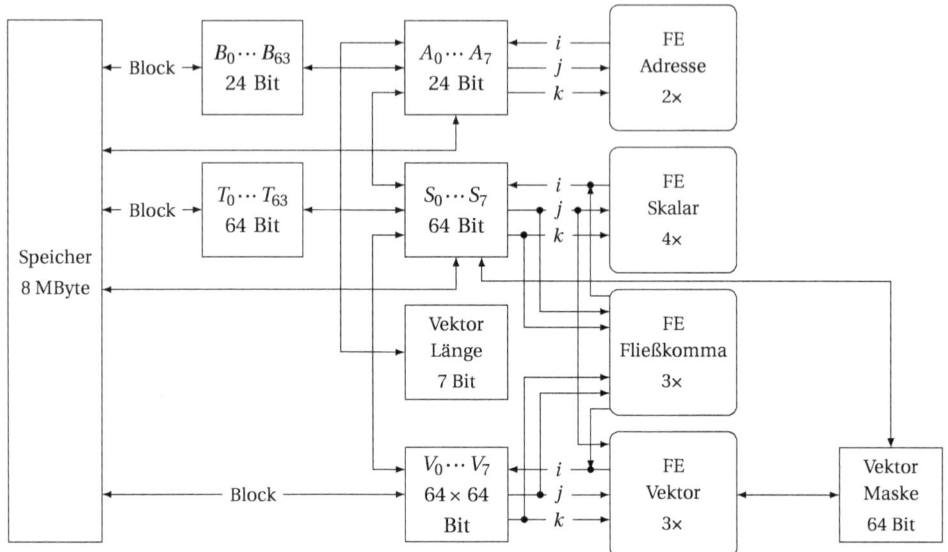

Abb. 3.9 Ausschnitt aus dem Blockdiagramm und der Speicherhierarchie sowie die Anbindung der Funktionseinheiten der Cray-1

das VM-Register (Vektormaske) für jeden Vektorwert ein Statusbit. Das Register (lesender Zugriff) steuert zum einen die Ausführung von Befehlen auf dem korrespondieren Wert im Vektor. Zum anderen kann dieses Register anzeigen (schreibender Zugriff), ob ein Wert eine bestimmte Eigenschaft erfüllt oder nicht. Um schnelle Kopiervorgänge in und vom Hauptspeicher zu gewährleisten, erfolgt der lesende und schreibende Zugriff für die B-, T- sowie V-Register blockweise.

Die zwölf Funktionseinheiten arbeiten auf den A-, S- sowie V-Registern und gruppieren sich in:

- Die beiden *Adress-Funktionseinheiten* ermöglichen die Addition sowie die Multiplikation von Adressen und Indices. Das Ergebnis wird in ein Register A_i zurückgeschrieben.
- Die vier *Skalar-Funktionseinheiten* führen logische und Schiebeoperationen sowie Addition von Ganzzahlen aus und schreiben das Ergebnis in ein Register S_i zurück.
- Die drei *Fließkomma-Funktionseinheiten* führen die Addition sowie die Multiplikation von Fließkommazahlen aus. Zusätzlich kann der Kehrwert einer Zahl bestimmt werden. Da die Funktionseinheiten eine Division nicht unterstützen, wird diese mit dem Kehrwert und einer Multiplikation nachgebildet. Das Ergebnis wird entweder in ein Register S_i oder in einen Vektor V_i geschrieben.
- Die drei *Vektor-Funktionseinheiten* führen die Addition, Schiebe- und logische Operationen aus. Hierbei kann als Operand ein Skalarregister S_j verwendet werden. Das Ergebnis wird in ein Vektorregister V_i geschrieben.

Da die Funktionseineinheiten voneinander unabhängig arbeiten, ist durch eine Parallelisierung von (unterschiedlichen) Berechnungen eine Beschleunigung zu erzielen: zu einem Zeitpunkt wird mehr als eine Operation ausgeführt. Allerdings verwenden viele Operationen drei Register, sodass beispielsweise für Skalaroperationen nur zwei unterschiedliche zeitgleich (sechs von acht Registern sind dann belegt) ausgeführt werden können. Die Funktionseinheiten greifen nicht direkt auf die B- und T-Register lesend oder schreibend zu.

Arithmetische und logische Operationen sind häufig zweistellig: aus zwei Eingabeparametern wird ein Ergebnis bestimmt. Die Befehle der Cray-1 spiegeln dieses in vielen Fällen direkt wider. Die Eingabeparameter werden durch den Index j und k eines entsprechenden Registers angezeigt. Das Ergebnis wird in ein Register mit dem Index i geschrieben.

Abb. 3.10 skizziert den Aufbau der 16 Bit breiten Befehle, die beispielsweise arithmetische oder logische Operationen ausführen. Der gh-Anteil beschreibt den eigentlichen Befehlscode und die weiteren drei Parameter i, j und k geben den Index (im Wertebereich $[0, \ldots, 7]$) des Ergebnis- respektive der beiden Operandenregister an. Zusätzlich gibt es noch 32 Bit breite Befehle, die das beschriebene Schema um eine m-Komponente (16 Bit) erweitern. Diese Anweisungen adressieren beispielsweise Speicherstellen (Sprungbefehle).

Die Funktionsweise skalarer und vektorieller Maschinenbefehle wird beispielhaft gezeigt. Zur besseren Lesbarkeit wird zusätzlich der Quelltext in der Programmiersprache Cray-Assembler skizziert.

```
S1 S2 & S3 ;   Bitweise Und-Verknüpfung (044123)
```

Der Maschinenbefehl `044123` (in oktaler Schreibweise) führt eine bitweise Und-Verknüpfung der Register S_2 und S_3 durch und speichert das Ergebnis in S_1. Hierbei entspricht `044` dem gh-Anteil (Befehlscode) und `123` gibt den ijk-Anteil der 16 Bit-Anweisung wieder. Sind $S_2 = 12$ und $S_3 = 23$, dann gilt anschließend $S1 = 4$ (in dezimaler Schreibweise).

Im nächsten Beispiel führt die Vektor-Funktionseinheit sequenziell eine Addition zwischen dem Register S_1 und jedem Element des Vektorregisters V_2 durch. Das Ergebnis befindet sich anschließend in V_3. Dieser Befehl entspricht einer hardware-basierten *for*-*Schleife*. Die untere Grenze des Schleifenindex ist 0 und die obere Grenze wird durch den Inhalt des VL-Registers bestimmt.

```
V3 S1 + V2 ;  Addition mit Skalarwert (154312)
```

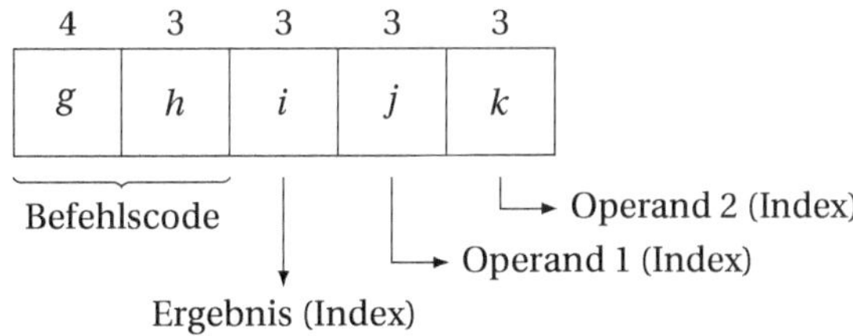

Abb. 3.10 Der Aufbau eines 16 Bit breiten Befehls unterteilt sich in den Befehlscode sowie in die Angaben der Operanden- und des Ergebnisregisters

Der Maschinencode zu dieser Anweisung ist `154312`. Sind $VL = 4$ und $V_2 = \{80, 78, 70, 10\}$, dann gilt $V_3 = \{84, 82, 74, 14\}$ mit dem obigen Wert für S_1. Das letzte Beispiel

```
V4 S2 ! V3 & VM ; Zusammenführen mit Bitmaske (146423)
```

erstellt einen neuen Vektor in Abhängigkeit der *VM*-Bitmaske. Ist das Bit an der entsprechenden Position *nicht* gesetzt, so wird der entsprechende Wert aus dem V_3-Register nach V_4 kopiert. Im anderen Fall wird der Wert aus S_2 übernommen. Für $VM = 9$ (in binärer Darstellung 1001) und die bereits berechneten Werten für S_2 und V_3, gilt abschließend $V_4 = \{12, 82, 74, 12\}$.

Die Cray-Architektur realisiert mit *Chaining* eine weitere Möglichkeit, die Ausführung eines Programmes zu beschleunigen. Da die Funktionseinheiten unabhängig voneinander arbeiten, ist es möglich, die Ausführung von Vektoranweisungen zu verketten. Sobald ein Element eines Vektors berechnet ist, wird dieses an eine zweite Funktionseinheit weitergereicht und in dieser verarbeitet. Hierdurch lassen sich mehrere Anweisungen in einem Takt ausführen. Die Cray-1 erreicht dadurch bis zu 250 MFLOPS. Weitere Informationen und Details zum Befehlssatz sind Cray Research, Inc. (1977) zu entnehmen.

Der Cray-1-Rechner ist, wie auch bei anderen Höchstleistungsrechnern zu beobachten, zuerst im militärischen Bereich zur Simulation und Analyse eingesetzt worden. Allerdings fanden der Cray-1-Rechner und nachfolgende Versionen auch im kommerziellen Bereich (beispielsweise in der Automobilindustrie bei der Volkswagen AG) Anwendung. Als Hochsprache wird Fortran eingesetzt.

DIE ENTWICKLUNG REINER VEKTORRECHNER WIRD seit langem nicht mehr verfolgt, da zum einen nur eine bestimmte Art von Anwendungen Vektorbefehle sinnvoll einsetzen kann. Zum anderen ist eine Leistungssteigerung im Gegensatz zu massiv parallelen, einfach zu skalierenden Systemen zu gering. Allerdings haben aktuelle Prozessorgenerationen spezielle Befehlssatzerweiterungen, mit denen Vektorbefehle ausgeführt werden können. Der nachfolgende Abschnitt stellt eine Erweiterung für Intel-Prozessoren vor. Das Kap. 6 diskutiert moderne Grafikkarten, die das Prinzip der SIMD-Verarbeitung aufgegriffen und angepasst haben.

Advanced Vector Extensions (AVX) Prozessoren der Firma Intel und in eingeschränktem Maße auch der Firma AMD haben spezielle Vektorregister, die eine Vielzahl von Operationen unterstützen. Die Anzahl der Register sowie die Bitbreite hat sich in den letzten Jahren ständig erweitert. Des Weiteren sind neue Anwendungsfälle (u. a. für Multimedia, Bildverarbeitung, Verschlüsselung, Künstliche neuronale Netze) hinzugekommen. Die Vektorbefehle umfassen auch Operationen mit mehr als ein oder zwei Operanden. Beispielsweise reduziert die kombinierte Auswertung von Multiplikation und Addition des Ausdrucks $a + b \times c$ *(Fused Multiply Add, FMA)* Rundungsfehler, da nur der Gesamtausdruck und nicht die beiden Teilausdrücke gerundet werden.

Die folgenden Erweiterungen sind anzutreffen:

- *SSE* Die CPU enthält zusätzliche acht Vektorregister *xmm0* bis *xmm7* mit einer Breite von 128 Bits. Diese können Fließkomma- oder Ganzzahlen beinhalten. Die Befehle gliedern sich u. a. in arithmetische, logische und relationale Operatoren. Diese SIMD-Funktionen sind über die Zeit erweitert worden. Diese werden mit SSE2, SSE3 oder SSSE3 sowie SSE4 bezeichnet.
- *AVX* Die Anzahl der Vektorregister ist auf 16 erhöht und die Bitbreite auf 256 erweitert worden. Die Register werden mit *ymm0* bis *ymm15* bezeichnet. Die Erweiterung wird als AVX2 bezeichnet und unterstützt auch Speichertransaktionen.
- *AVX-512* Die Anzahl und die Bitbreite ist abermals verdoppelt worden. Die 32 Register *zmm0* bis *zmm31* haben eine jeweilige Breite von 512 Bits.

Die Verwendung der erweiterten Befehle erfolgt auf zwei Wegen: entweder implizit durch eine vom Compiler automatisch durchgeführte Vektorisierung oder explizit mit entsprechenden Befehlen durch den Entwickler. Hierbei unterstützt Intel die Programmiersprachen C/C++ sowie Fortran mit standardisierten (OpenMP) und proprietären Erweiterungen. Für eine automatische Vektorisierung ist es erforderlich, dass bestimmte Programmiermuster eingehalten werden.

Die aktuelle Microarchitektur (Skylake-X) unterstützt die als *AVX-512* bezeichnete Befehlssatzerweiterung. Diese gliedert sich in unterschiedliche Module, die abhängig vom Einsatzgebiet der Prozessoren (Desktop, Workstation, Server) unterschiedlich ausgeprägt sind.

3.3 Speicherhierarchie

Zum Ausgleich der unterschiedlichen Leistungsentwicklungen (siehe Abschn. 1.1.1) von Zentraleinheit und Speicher besitzen moderne Rechensysteme einen gestuften Speicheraufbau. Abb. 3.11 zeigt die Speicherhierarchie moderner Prozessoren. Durch den gestuften Zugriff ist es möglich, eine Balance zwischen Zugriffszeit und Kosten des physikalischen Speichers zu finden. Es gilt die Faustregel: Je näher der Speicher an der eigentlichen CPU ist, umso schneller und umso teurer ist dieser. Durch die Kaskadierung von bis zu drei schnellen Cache-Speichern kann der Zugriff auf den langsameren Hauptspeicher reduziert werden.

3.3.1 Cache-Speicher

Da bei Parallelrechnersystemen neue Phänomene zu beobachten sind, gibt der nachfolgende Abschnitt eine kurze Darstellung (siehe für Details insbesondere Hennessy und Patterson 2011) des Aufbaus und der Funktionsweise des Cache-Speichers.

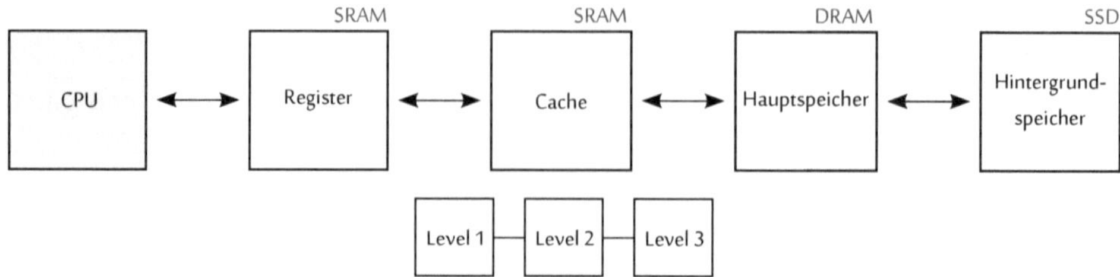

Abb. 3.11 Der Zugriff auf den Speicher erfolgt durch eine Hierarchie verschiedener Speichersysteme

Der Zugriff auf die im Speicher abgelegten Befehle und Daten erfolgt über eine Speicherhierarchie. Das bedeutet, dass sich der Speicher in unterschiedliche, hintereinander liegende Bauarten gliedert.

Untersuchungen haben ergeben, dass Programme in der Ausführung üblicherweise einen hohen Grad an Wiederholungen (beispielsweise durch *for*-Schleifen) aufweisen. Der Zugriff auf Speicher ist nicht gleichverteilt, sondern es gibt eine räumliche und zeitliche Nähe der Zugriffe. Diese Beobachtungen drückt das *Lokalitätsprinzip* (principle of locality) aus. Hierbei ist zu unterscheiden:

- *Räumliche Lokalität* (spatial locality, locality in space). Funktional zusammengehöriger Code liegt hintereinander im Speicher. Es gibt keine gleichmäßige Verteilung der Codezeilen über den Code-Speicherbereich.
- *Zeitliche Lokalität* (temporal locality, locality in time). Eine Codezeile, die vor kurzem ausgeführt worden ist, besitzt eine hohe Wahrscheinlichkeit, dass diese in naher Zukunft wieder ausgeführt wird.

Für den Programmcode gilt die 90/10-Regel: In 90 % der Ausführungszeit eines Programms werden nur 10 % der Befehle ausgeführt. In einer abgeschwächten Form gilt diese Regel auch für Programmdaten.

Die räumliche und zeitliche Lokalität ist die Voraussetzung für die Einführung von schnellen und kleinen *Cache-Speichern,* wie beispielhaft in Abb. 3.12 skizziert (siehe Handy 1998). Dieser Cache befindet sich zwischen den Registern der CPU und dem eigentlichen Hauptspeicher. Moderne Prozessoren besitzen eine eigene Hierarchie von Cache-Speichern. Diese werden üblicherweise mit *L1, L2* und *L3* bezeichnet (der Buchstabe L steht hier für Level). Der Cache-Datenspeicher ist in Blöcke oder *Cachezeilen* einer festen Größe aufgebaut. Jede Cachezeile enthält aufeinanderfolgende Daten der nächsthöheren Speicherstufe. Zusätzliche Bits informieren über den Status einer Cachezeile. Das *Valid*-Bit gibt beispielsweise an, ob die Cachezeile gültige Daten eingelagert hat.

Greift die CPU auf eine Speicheradresse lesend oder schreibend zu, so wird zuvor überprüft, ob eine Kopie im schnellen Cache-Speicher vorliegt. Sind die Daten im Cache vorhanden (*Cache Hit,* Cache-Treffer), dann können diese direkt gelesen oder modifiziert werden.

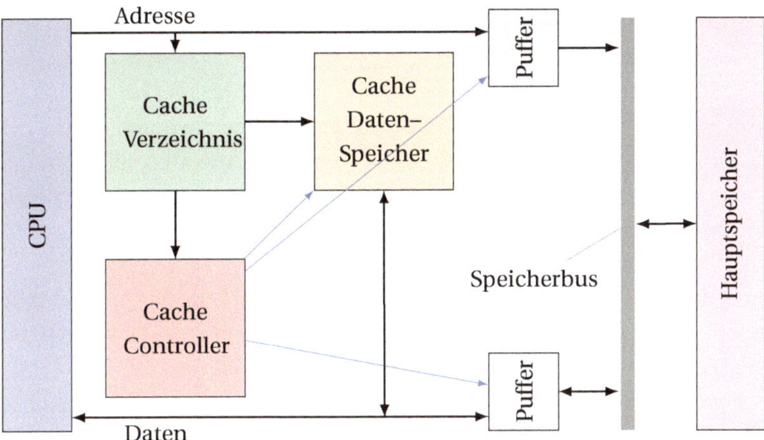

Abb. 3.12 Das Cache-Verzeichnis beinhaltet Informationen, welche Speicherblöcke im Cache-Datenspeicher eingelagert sind. Ein zusätzlicher Cache-Controller enthält die Steuerungslogik

Als *Cache Miss* (Cache-Fehler) wird die Situation bezeichnet, wenn die angefragten Daten nicht im Cache vorliegen, sondern von der nächsten Hierarchieebene angefordert werden müssen.

Leistungskennzahl Je öfter auf den schnellen Cache- als auf den langsameren Hauptspeicher zugegriffen wird, umso schneller läuft die Anwendung ab. Die Cache-Fehlerrate *(Miss Rate)* drückt das Verhältnis der Cache-Fehler zur Gesamtzahl der Speicherzugriffe aus (siehe Hennessy und Patterson 2011):

$$\text{Cache-Fehlerrate} = \frac{\text{Anzahl Cache-Fehler}}{\text{Anzahl Speicherzugriffe}}. \tag{3.12}$$

Die Gesamtzahl der Speicherzugriffe in einer Anwendung ergibt sich zu:

$$\text{Anzahl Speicherzugriffe} = \text{Anzahl Instruktionen} \times \frac{\text{Speicherzugriff}}{\text{Instruktion}}. \tag{3.13}$$

Die Ausführungszeit einer Anwendung kann durch

$$\text{Ausführungszeit} = (\text{Anzahl Taktzyklen} + \text{Anzahl Wartezyklen}) \times \text{Taktzyklus} \tag{3.14}$$

beschrieben werden. Die Anzahl der Taktzyklen entspricht hierbei der Anzahl der Taktzyklen der Instruktionen. Die Wartezyklen resultieren aus der Verzögerung, da Daten nicht im Cache vorliegen. Die Cache-Fehlerkosten *(Miss Penalty)* geben den Mehraufwand für einen Speicherzugriff an. Die Wartezyklen lassen sich somit durch

$$\text{Anzahl Wartezyklen} = \text{Anzahl Cache-Fehler} \times \text{Cache-Fehlerkosten} \tag{3.15}$$

berechnen. Um den Ablauf einer Anwendung zu beschleunigen, muss also die Anzahl der Cache-Fehler minimiert werden.

Funktionsweise Im weiteren werden der Aufbau und die Funktionsweise eines Cache-Speichers zusammengefasst. Zuerst wird die Frage beantwortet, an welcher Stelle der Cache einen Block einlagert. Es sind verschiedene Zuordnungen zwischen Hauptspeicher respektive der nächsthöheren Stufe in der Speicherhierarchie und den einzelnen Cachezeilen möglich.

Bei einer *direkten Zuordnung* (direct mapped) bestimmt die Speicheradresse eindeutig die Cachezeile, in die der Block eingelagert wird. Die Berechnung der Zeilennummer ergibt sich beispielsweise durch die Anwendung der Modulo-Funktion.

Das Beispiel in Abb. 3.13 mit 4096 Blöcken und gleich langen zwölf Cachezeilen lagert den Block mit der Nummer 1204 in die Cachezeile $(1204 \bmod 12) = 4$ ein und dem entsprechend wird der Block 2303 in die Zeile 11 eingelagert. Wird der Block 2596 in den Cache kopiert, dann verdrängt dieser den aktuellen Inhalt in der Zeile 4 auch wenn andere Cachezeilen nicht gefüllt sind. Ist der Cache hingegen *vollassoziativ* (fully associative), dann gibt es keine feste Zuordnung zwischen einem Block und einer Cachezeile.

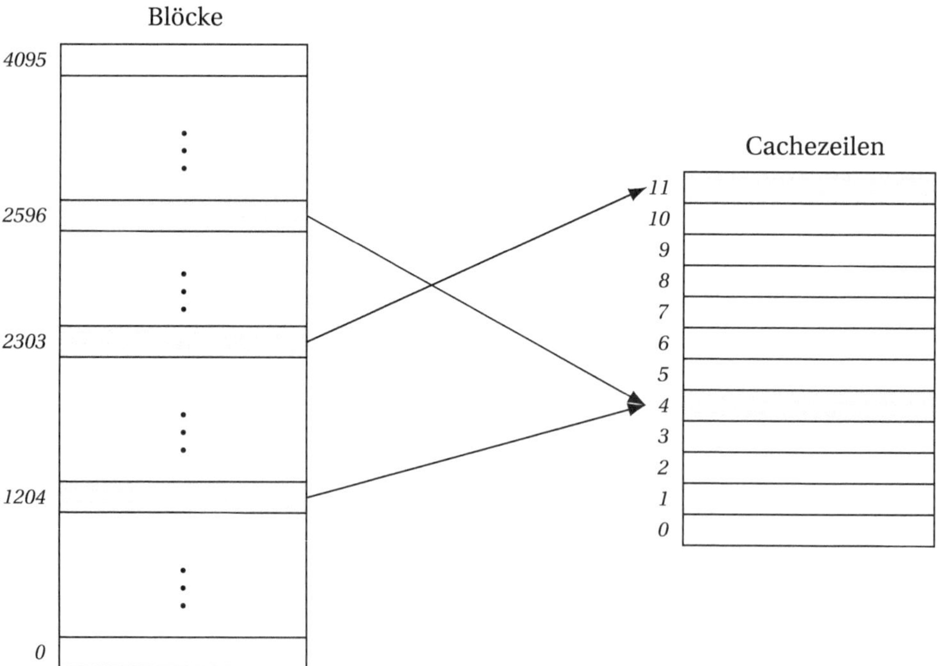

Abb. 3.13 Bei einer direkten Zuordnung ergibt sich die Cachezeile aus der Blocknummer einer Speicheradresse

In Abb. 3.14 werden die Blöcke 1204, 2303 und 2596 so eingelagert, dass diese sich nicht gegenseitig verdrängen. Diese Art der Zuordnung ergibt eine größtmögliche Flexibilität, erfordert jedoch eine aufwendige Verwaltung der Cachezeilen. Ist der Cache-Speicher *satz-assoziativ* (set-associative), dann werden mehrere Cachezeilen zu einem Satz (oder Menge) zusammengefasst. Ein Block wird an einer beliebigen Zeile der Menge eingelagert. Das Beispiel in Abb. 3.15 teilt den Cache in vier Sätze mit jeweils drei Zeilen (3-Wege-assoziativ) ein.

TRITT EIN CACHE-FEHLER AUF, so ist zwischen einem Lese- und Schreibzugriff auf eine Speicherstelle zu unterscheiden. Bei einem *Read Miss* muss der entsprechende Block von der nächsten Speicherstufe angefordert und in den Cache eingelagert werden. Wenn der Cache bereits belegt ist, dann muss zuvor der Inhalt der Zeile zurückgeschrieben werden. Bei assoziativer Arbeitsweise sind verschiedene Strategien denkbar: zufällig, am längsten nicht benutzt (*least recently used:* Aufwendig zu implementieren!) oder entsprechend des Zeitpunktes der Einlagerung.

Was passiert bei einem *Write Miss?* Es sind die zwei Möglichkeiten zu unterscheiden: der Speicher wird vorher eingelagert und erst anschließend im Cache geändert *(write allocate)*.

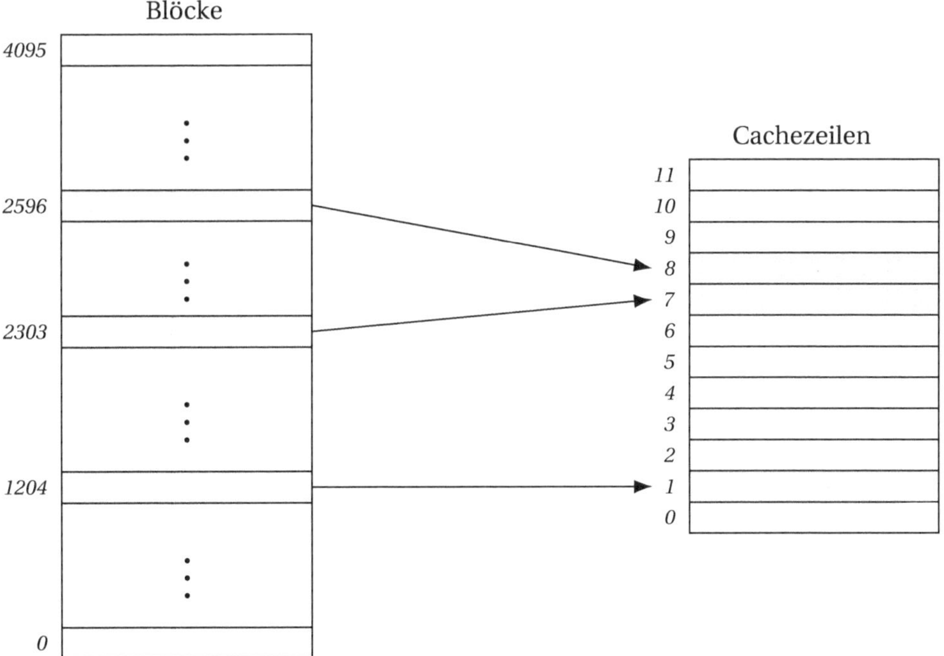

Abb. 3.14 Die drei Blöcke lassen sich bei einer vollassoziativen Arbeitsweise des Cache an beliebigen Stellen einlagern

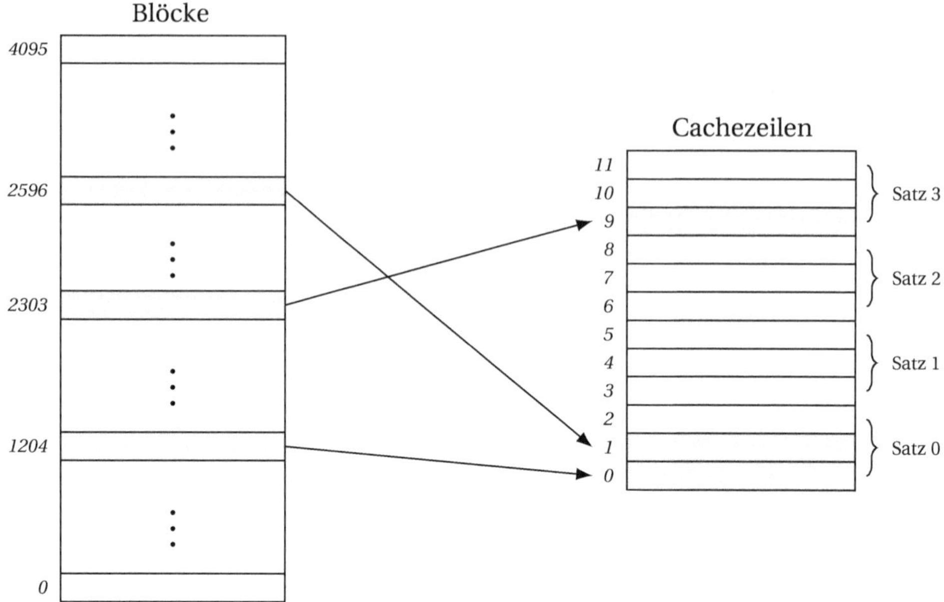

Abb. 3.15 Die zwölf Cachezeilen lassen sich in vier Sätze mit jeweils drei Zeilen unterteilen. Der zugeordnete Satz ergibt sich aus der Blockadresse

Alternativ wird direkt der Speicher in der nächsten Speicherstufe geändert und damit der Cache umgangen *(no-write allocate)*.

Wenn der Speicher im Cache geändert worden ist, wann wird dieser zurück in die nächste Speicherstufe geschrieben? Auch hier sind zwei Möglichkeiten zu unterscheiden. Zum einen wird jede Änderung im Cache unmittelbar auch in der nächsten Speicherstufe geändert *(write through)*. Zum anderen ist es möglich, dass eine geänderte Cache-Zeile nur dann zurückgeschrieben wird, wenn die Cachezeile ersetzt wird *(write back)*. Hierzu wird für jede Cachezeile ein zusätzliches Statusbit eingeführt. Das *Dirty*-Bit gibt an, ob die Zeile verändert, aber noch nicht zurückgeschrieben ist.

In symmetrischen Multiprozessor- und in Multicore-Systemen besitzt jeder Prozessor/Kern häufig einen eigenen, lokalen Cache (siehe Abb. 3.16) mit Harvard-Architektur (zumeist L1 für Daten und Instruktionen getrennt). Der Zugriff auf die nächste Speicherebene, L2 oder Hauptspeicher, erfolgt über einen gemeinsamen Speicherbus. Durch die Verlagerung von Threads oder Prozessen beim Scheduling auf andere Kerne wird die Cache-Performance drastisch reduziert, wenn der Cache nicht migriert.

Der nächste Abschnitt beschreibt, wie sichergestellt wird, dass in den verteilten lokalen Cache-Speichern immer der aktuelle Wert enthalten ist.

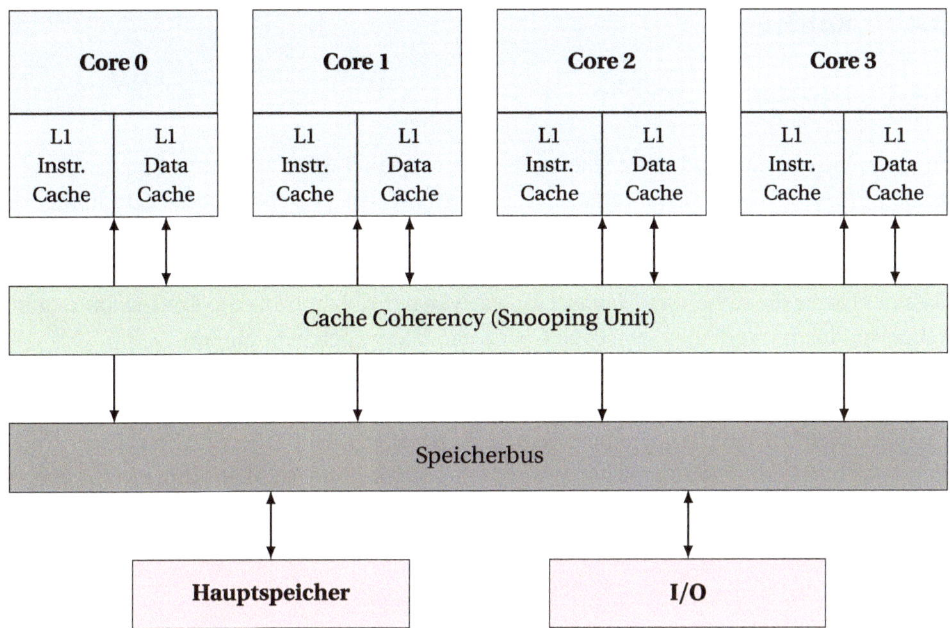

Abb. 3.16 Moderne Mehrkernrechner haben einen symmetrischen Aufbau. Jeder Rechenkern hat einen lokalen, schnellen Cache-Speicher. Der Zugriff auf den gemeinsamen Hauptspeicher erfolgt gleichberechtigt. Die Snooping-Unit überwacht die Zugriffe auf den Datencache der einzelnen Rechenkerne

3.3.2 Rechensysteme mit gemeinsamem Hauptspeicher

Durch die Vervielfachung der Registersätze in parallelen Rechensystemen mit gemeinsamem Hauptspeicher existieren mehrere lokale Kopien von Speicherstellen. Hieraus ergeben sich unmittelbar die folgenden Fragen:

- Wann werden Änderungen einer Speicherzelle für andere Rechenkerne sichtbar? Was passiert, wenn zwei oder mehr Rechenkerne gleichzeitig den Inhalt einer Speicherzelle ändern?
- Was ist der aktuelle Wert einer Speicherstelle und wo befindet sich dieser (bereits im Hauptspeicher, in einem lokalen Cache oder auf dem Weg zwischen Hauptspeicher und Cache)?

Im Folgenden werden zwei Aspekte im Einzelnen betrachtet: der Zugriff auf gleiche Speicherstellen durch unterschiedliche Rechenkerne (Kohärenz) und der Zugriff auf unterschiedliche Speicherstellen (Konsistenz).

3.4   Kohärenz

3.4.1   Kohärenzprotokolle

In Mehrkernsystemen mit einer Shared-Memory-Architektur ist es notwendig, dass die einzelnen Prozessorkerne einen kohärenten Zugriff auf den Speicher haben, d. h. immer den aktuellen Wert bei Speicherzugriffen erhalten. Ansonsten wird mit veralteten Daten fehlerhaft gearbeitet. Da jeder Kern über den Cache auf den Speicher zugreift, ist es notwendig, dass der Cache die Kohärenz-Eigenschaft hat. Von der Kohärenz ist die Konsistenz zu unterscheiden, die das Verhalten zwischen Cache und Hauptspeicher definiert.

Abb. 3.17 zeigt beispielhaft einen nichtkohärenten Cache. Zwei Rechenkerne greifen parallel auf die Variable x zu. Hierzu wird der Wert der Speicherstelle lokal in den jeweiligen Cache des Rechenkerns kopiert und in einem Register, $r0$ oder $r1$, vorgehalten. Kern 0 ändert den Wert lokal und schreibt diesen in den Hauptspeicher zurück. Die Kopie im Cache von Kern 1 ist veraltet.

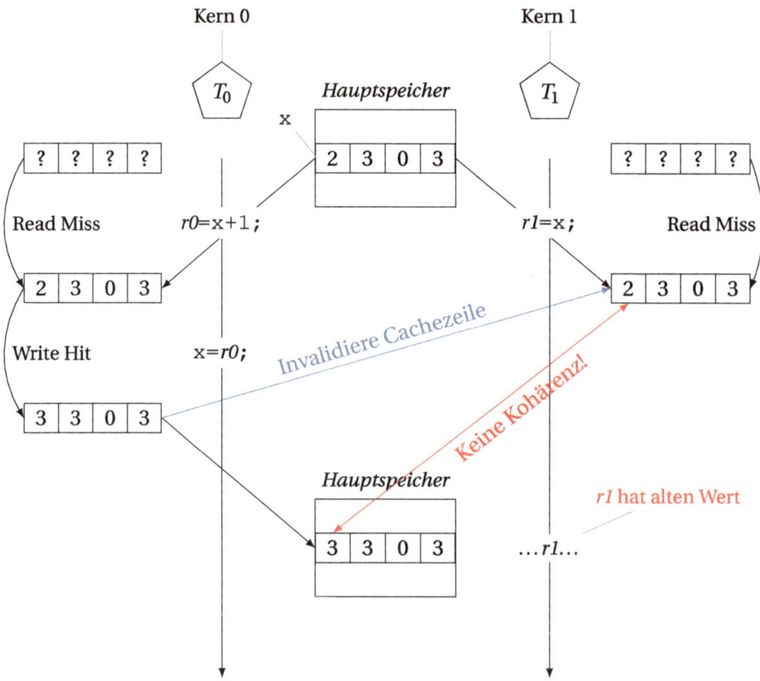

Abb. 3.17 Die Kohärenz zwischen den beiden lokalen Cache-Speichern kann sichergestellt werden, wenn Kern 0 beim Zurückschreiben in den Hauptspeicher auch gleichzeitig den lokalen Cache von Kern 1 als ungültig markiert (invalidiert). Ein erneuter Zugriff auf x führt dann zum Read Miss und damit zum erneuten Lesen vom Hauptspeicher

Was bedeutet Kohärenz? Wie in Einkernsystemen ist in den Mehrkernvarianten gefordert, dass der Cache die Reihenfolge von Lese- und Schreibzugriffen beibehält. D. h. ändert ein Kern eine Speicherstelle und liest anschließend den Wert wieder aus, dann wird der zuletzt geschriebene Wert zurückgegeben. Zusätzlich müssen Mehrkernsysteme die beiden folgenden Eigenschaften erfüllen:

1. Wird ein Wert an einer bestimmten Adresse X durch einen Rechenkern geändert und anschließend durch einen anderen Kern der Wert an der Adresse X gelesen, ohne dass zwischenzeitlich der Wert durch einen anderen Kern geschrieben worden ist, so ist der gelesene Wert gleich dem zuletzt geschriebenen. Zwischen Schreiben und Lesen kann eine bestimmte minimale Zeitdifferenz liegen.
2. Aufeinanderfolgende Schreibzugriffe an einer bestimmten Adresse X durch zwei- oder mehr Prozessorkerne sind in der gleichen Reihenfolge für alle Kerne sichtbar. Diese Eigenschaft fordert, dass Schreibzugriffe serialisiert werden.

Um die Cache-Kohärenz zu erhalten, gibt es eine Reihe von Kohärenzprotokollen, sie sich grob in zwei Gruppen klassifizieren lassen. Verzeichnisbasierte Protokolle verwalten die Zustandsinformationen über gemeinsame Cachezeilen in einem zentralen Verzeichnis. Im Gegensatz dazu arbeiten Snooping-Protokolle dezentral; Statusinformationen über gemeinsam genutzte Cachezeilen werden in jedem Cache lokal verwaltet. Die „Schnüffelprotokolle" setzen auf bekannten Einkernarchitekturen auf und verwenden den vorhandenen Speicherbus zwischen Cache und Hauptspeicher, um in einer *Snooping Unit* Speicherzugriffe in anderen Rechenkernen zu überwachen, wie in Abb. 3.16 skizziert.

Dieser Ansatz erleichtert die Entwicklung von Mehrkernsystemen und ist daher ein weit verbreiteter Ansatz. Neuere Rechnerarchitekturen besitzen zudem die Möglichkeit einer direkten Kommunikation zwischen den Rechenkernen, ohne Informationen über den Hauptspeicher auszutauschen.

Um Inkohärenz zu vermeiden, stellen die meisten Kohärenzprotokolle sicher, dass Schreibzugriffe durch einen Kern immer exklusiv durchgeführt werden. Hierzu werden Kopien im Cache anderer Kerne vor dem Schreibzugriff als ungültig markiert (write invalidate). Zu beachten ist, dass häufig Caches im write back-Modus arbeiten, d. h. geänderte Speicheradressen werden lokal im Cache gehalten bis die Zeile aus dem Cache verdrängt wird. Da der aktuelle Wert somit in einem lokalen Cache und nicht im globalen Hauptspeicher steht, stellt das Protokoll sicher, dass bei Zugriffen anderer Kerne dann dieser lokal gehaltene Wert verwendet wird.

MESI Ein häufig verwendetes Verfahren für write-back Caches, welches sowohl im Embedded- wie auch im Consumer-Bereich (beispielsweise x86-Architekturen von Intel) eingesetzt wird, ist das an der Universität von Illinois entwickelte MESI-Protokoll, benannt nach den Anfangsbuchstaben der möglichen Zustände einer Cachezeile: *Modified, Exclusive, Shared, Invalid.* Durch die Einführung weiterer Zustände wird versucht, die

Kommunikationen sowohl zwischen den einzelnen Caches als auch über den Systembus zum Hauptspeicher zu reduzieren.

Der Modified-Zustand entspricht dem Dirty-Zustand in Einkernsystemen: die Cachezeile ist gültig und wurde lokal verändert. Die Cachezeile ist noch nicht zurück geschrieben (d. h. write back ist ausstehend). Der Modified-Zustand ist für identische Cachezeilen unterschiedlicher Kerne einmalig, d. h. in keinem anderen Cache gibt es eine gültige Kopie. Befindet sich eine Cachezeile im Exclusive-Zustand, so existiert keine Kopie im Cache eines anderen Kerns. Der Wert der Cachezeile ist identisch mit dem Hauptspeicher; also unverändert. Ist die Kopie einer Cachezeile in mehreren lokalen Caches verfügbar, so befindet sich die Zeile im Zustand Shared. Die Cachezeile ist jedoch nicht modifiziert und somit identisch mit dem Hauptspeicher. Der letzte Zustand ist Invalid: die Cachezeile ist ungültig. Ist eine Cachezeile im Modified- oder Exclusive-Zustand, dann existiert keine Kopie in irgendeinem anderen Cache. Dieses bedeutet, dass lokale Veränderungen keine Kommunikation benötigen und daher schnell abgearbeitet werden.

Abb. 3.18 fasst dieses zusammen. In der Spalte Einmalig ist aufgeführt, ob dieser Zustand einmalig oder mehrfach für eine Cachezeile vorkommt. Die Spalte Cache gibt an, ob der Inhalt der Cachezeile mit dem Hauptspeicher übereinstimmt oder ob dieser geändert ist. Die Spalte Kopie beschreibt, ob die Cachezeile in einem anderen Cache ebenfalls eingelagert worden ist. Schreiben bedeutet, dass in dem Zustand zurück in den Hauptspeicher geschrieben wird. In der Spalte Antworten ist aufgeführt, ob in dem Zustand auf externe Anfragen anderer Rechenkerne geantwortet wird. In Abb. 3.19 sind die einzelnen Zustandsübergänge skizziert. Ein Zustandswechsel kann durch zwei Quellen initiiert werden: zum einen durch Zugriffe des lokalen Prozessorkerns (Read/Write Hit/Miss), zum anderen über den Speicherbus durch einen der anderen Prozessorkerne (Empfange Read/Write Hit). Hierzu lauschen (schnüffeln) alle Kerne auf dem Speicherbus, um festzustellen, ob ein anderer Kern auf eine identische Cachezeile zugreifen will. Die Transitionen sind in *Ereignis[Bedingung]/Aktion*-Notation dargestellt. Schwarze Kanten sind lokal initiiert; rot eingefärbte Zustandsübergänge werden durch einen anderen Kern veranlasst. Zur besseren Lesbarkeit sind Transitionen, die einen Zustand nicht verändern, nicht dargestellt. Beispielsweise verbleibt eine Cachezeile beim Read Hit im Shared-Zustand.

Zustand	Einmalig	Cache	Kopie	Schreiben	Antworten
Modified	ja	geändert	nein	ja	ja
Exclusive	ja	identisch	nein	nein	ja
Shared	nein	identisch	ja	nein	ja
Invalid	–	–	–	–	–

Abb. 3.18 Die Tabelle fasst das Verhalten der unterschiedlichen Zustände im MESI-Protokoll zusammen

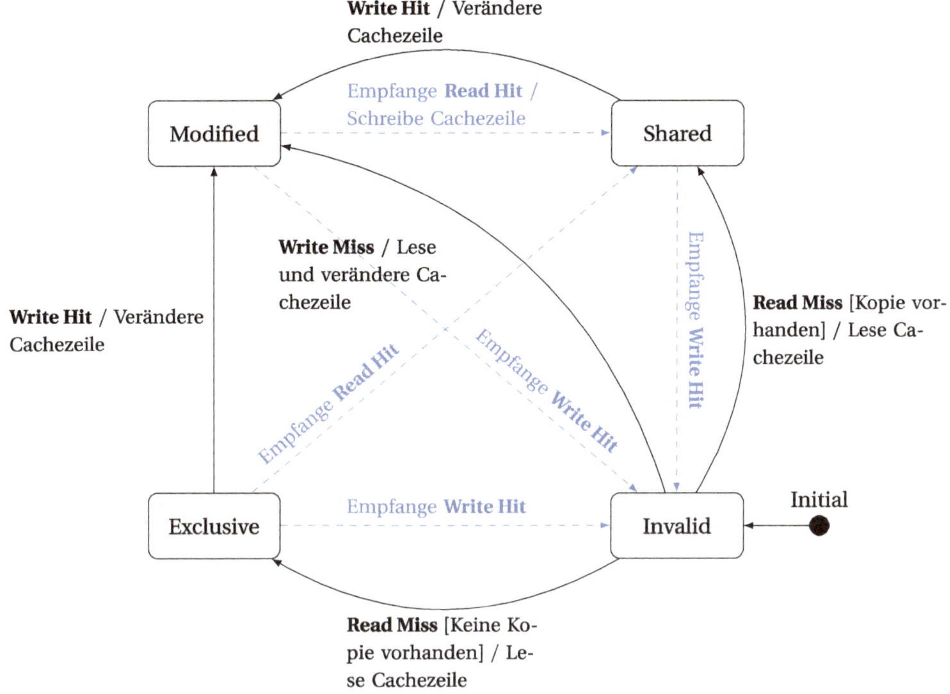

Abb. 3.19 Das Zustandsdiagramm zeigt die Transitionen für das MESI-Kohärenzprotokoll

MOESI   Eine Optimierung ist das MOESI-Protokoll, welches einen fünften Zustand *Owned* einführt (siehe Abb. 3.20). Ist im MESI-Protokoll eine Cachezeile geändert worden, das bedeutet, diese befindet sich im Modified-Zustand, dann wird diese Zeile in den Speicher zurückgeschrieben, so bald die Cachezeile von einem anderen Rechenkern angefordert wird (Read Hit). Beide Cachezeilen befinden sich danach im Shared-Zustand. Wird die Cachezeile von dem anfordernden Rechenkern nicht geändert, dann hätte u. U. das Zurückschreiben der Cachezeile in den Speicher eingespart werden können. Die Einführung des Owned-Zustand reduziert das Zurückschreiben in den Hauptspeicher. Ist eine Zeile im Modfied-Zustand und wird dann die Cachezeile von einem anderen Rechenkern angefordert, dann

Zustand	Einmalig	Cache	Kopie	Schreiben	Antworten
Modified	ja	geändert	nein	ja	ja
Owned	ja	geändert	ja	ja	ja
Exclusive	ja	identisch	nein	nein	ja
Shared	nein	beides	ja	nein	ja
Invalid	–	–	–	–	–

Abb. 3.20 Die Tabelle fasst das Verhalten der unterschiedlichen Zustände im MOESI-Protokoll zusammen

findet ein Wechsel von Modified nach Owned statt. Hierbei werden keine Daten zurück in den Hauptspeicher geschrieben. Der anfordernde Rechenkern erhält auf dem direkten Weg (Cache-to-Cache) eine Kopie der Cachezeile, die dann in den Zustand Shared wechselt. Die Cachezeile wird erst dann in den Hauptspeicher zurückgeschrieben, wenn die Cachezeile durch eine andere ersetzt und damit ausgelagert wird.

Das MOESI-Prokotoll in Abb. 3.21 und der tabellarischen Zusammenfassung in Abb. 3.20 wird u. a. in den Opteron-Architekturen von AMD eingesetzt (siehe AMD 2010).

MESIF Intel hat für die Nehalem-Architektur das MESI-Protokoll um einen fünften Zustand *Forward* erweitert und patentiert (Hum und Goodman 2005). Das MESIF-Protokoll in den Abb. 3.22 und 3.23 reduziert die Kommunikation zwischen den einzelnen Rechenkernen.

Fordert ein Rechenkern eine Cachezeile an, die schon in mehreren anderen Rechenkernen vorliegt und sich damit im Shared-Zustand befindet, dann antworten immer alle Rechenkerne. Die Einführung des zusätzlichen Zustands ändert nun dieses Verhalten: nur der Forward-Zustand antwortet. Dieser Zustand verhält sich wie der Shared-Zustand nur mit dem Unterschied, dass Anfragen von anderen Rechenkernen durch ihn beantwortet werden.

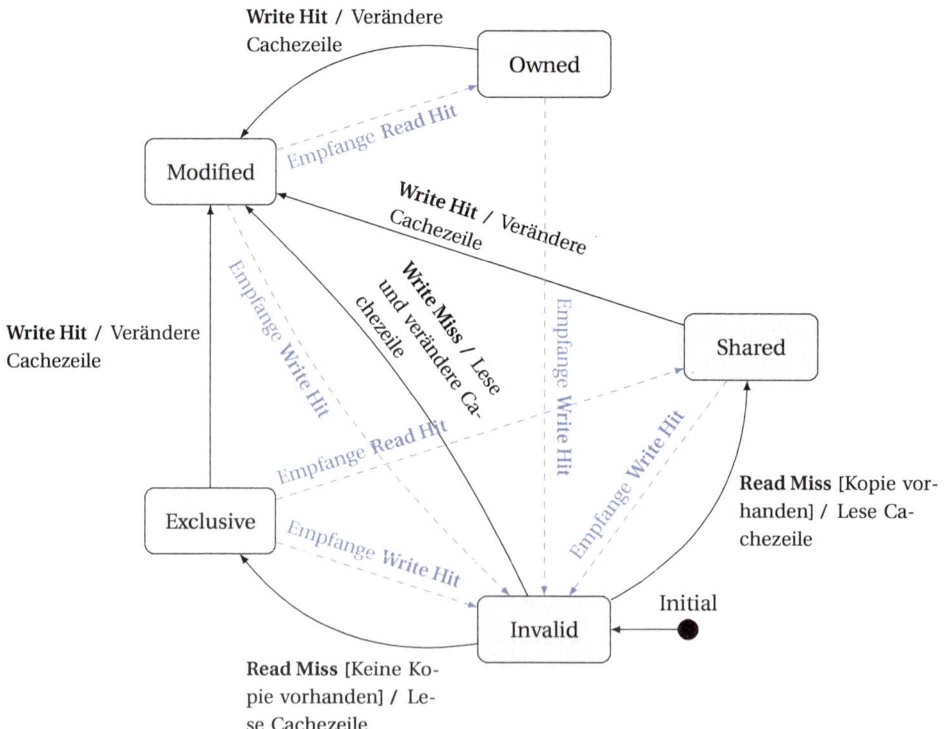

Abb. 3.21 Das MOESI-Kohärenzprotokoll führt einen weiteren Zustand ein, um die Kommunikation zwischen Cache und Hauptspeicher zu minimieren

Zustand	Einmalig	Cache	Kopie	Schreiben	Antworten
Modified	ja	geändert	nein	ja	ja
Exclusive	ja	identisch	nein	nein	ja
Shared	nein	identisch	ja	nein	nein
Invalid	–	–	–	–	–
Forward	ja	identisch	ja	nein	ja

Abb. 3.22 Die Tabelle fasst das Verhalten der unterschiedlichen Zustände im MESIF-Protokoll zusammen

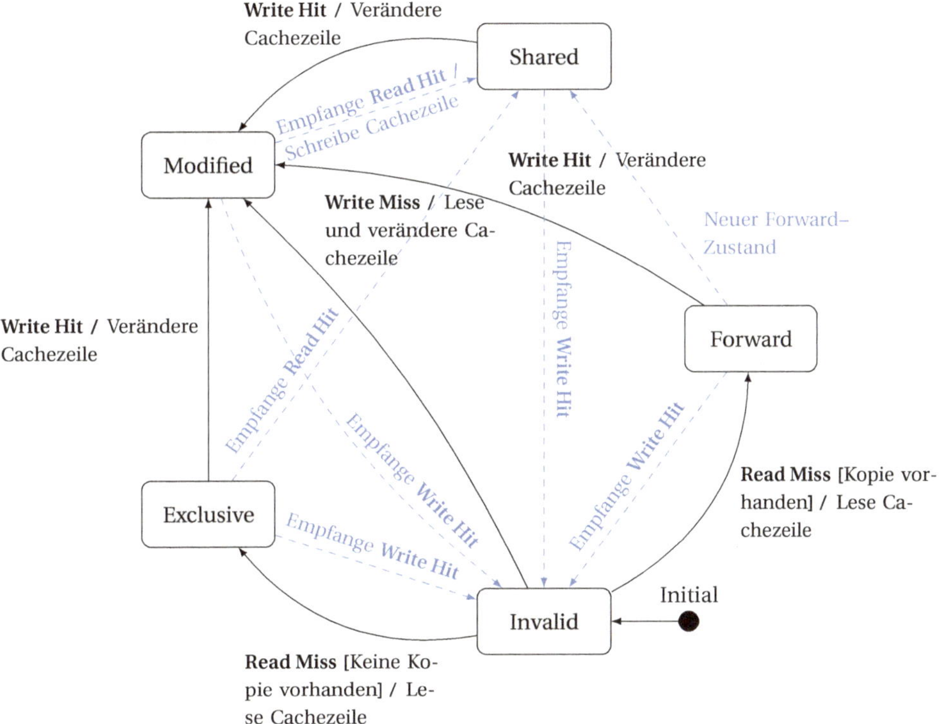

Abb. 3.23 Ähnlich dem MOESI-Kohärenzprotokoll führt MESIF einen fünften Zustand ein. Allerdings ist hierbei die Motivation, die direkte Kommunikationen zwischen den einzelnen Rechnerkernen und Prozessoren zu reduzieren

Lagert ein Rechenkerne eine neue Cachezeile ein, dann antwortet der Rechenkern, der im Forward-Zustand ist und liefert eine Kopie zurück. Die neue Kopie wechselt dann in den Forward-Zustand, während der bisherige Forward-Zustand nach Shared wechselt. Dieses führt dazu, dass immer die letzte, d. h. die jüngste Kopie einer Cachezeile im Forward-Zustand ist. Weitere Informationen sind auch unter Kanter (2007) zu finden.

3.4.2 False Sharing

Die unterschiedlichen Kohärenzprotokolle sorgen dafür, dass gemeinsame Daten in unterschiedlichen Cache-Speichern abgeglichen werden *(True Sharing)*. Die Cache-Performance im Mehrkernsystem ist wie im Einkernsystem vom Verhältnis der Treffer (Hit) zu den Nichttreffern (Miss) abhängig. Zusätzlich kommt jedoch ein weiterer Verwaltungsaufwand zur Sicherstellung der Kohärenz dazu. Hier können insbesondere die write invalidate-Nachrichten auf dem Bus die Performance reduzieren. Ein Phänomen tritt nur bei Mehrkernsystemen auf: *false sharing*. Zwei Kerne greifen auf unterschiedliche Daten zu, die jedoch in der gleichen Cachezeile liegen. Dieses führt dazu, dass sich beide Kerne gegenseitig write invalidate zusenden und damit die Cachezeile für ungültig erklären, obwohl gar nicht auf denselben Daten gearbeitet wird.

In dem Beispiel in Abb. 3.24 führen zwei Rechenkerne die beiden Threads T_0 und T_1 aus, die auf ein gemeinsames Feld *sum* zugreifen. T_0 greift auf *sum[0]* und T_1 in gleicher Weise auf *sum[1]* zu, sodass es zu keinem Zugriffskonflikt kommt. Das Feld ist zu Beginn mit *sum={1,2}* initialisiert.

Der folgende Programmcode wird von beiden ausgeführt:

```
for(int i=0;i<n;i++) {
    sum[j]=sum[j]+1;
}
```

Zur besseren Lesbarkeit zeigt die Abbildung zwei Durchläufe des Schleifenrumpfes.

Jeder Kern hat einen eigenen lokalen Cache, der einen Block mit einer Blocklänge 4 aufnimmt. In der Abbildung sind links und rechts die Veränderungen des Inhalts und des Status im zeitlichen Ablauf skizziert. Die Mitte der Abbildung zeigt den Hauptspeicher mit dem Block, der das *sum*-feld enthält.

Bei der Abarbeitung der Anweisungen durchlaufen die Cachezeilen verschiedene Status. Zu Beginn haben beide Cachezeilen den Status *Invalid*. Die Pfeile geben das Ereignis an, welches zum Statuswechsel entsprechend dem MESI-Protokoll führt. Der Schleifenrumpf wird in zwei Teilanweisungen zerlegt, da der Thread zuerst lesend und anschließend schreibend auf *sum[j]* zugreift. Die Abbildung zeigt einen möglichen parallelen Ablauf; es sind auch andere denkbar.

Greift T_0 auf *sum[0]* zu, muss zuerst der entsprechende Block aus dem Hauptspeicher eingelagert werden (Read Miss). Der Zustand wechselt zu *Exclusive,* da der anderen Kern diesen Block noch nicht in seinem Cache eingelagert hat. Im zweiten Schritt verändert T_0 den Inhalt *sum[0]*. Hierbei wird jedoch nicht das Original im Hauptspeicher, sondern die Kopie im lokalen Cache verändert. Der neue Zustand ist *Modified.*

In der Zwischenzeit greift T_1 auf *sum[1]* lesend zu. Da der entsprechende Block noch nicht eingelagert ist, wird dieser in den Hauptspeicher kopiert. Zuvor muss jedoch T_0 seine lokalen Änderungen zurückschreiben. Es existieren jetzt zwei Kopien; der Status ist *Shared* für beide Cachezeilen.

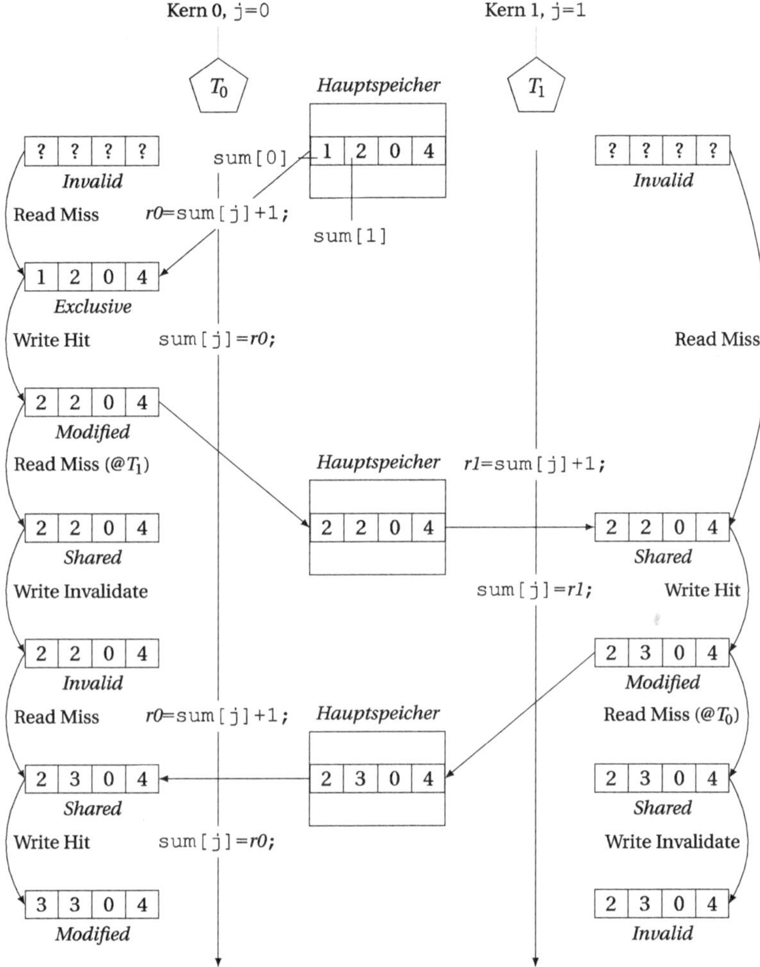

Abb. 3.24 Als False-Sharing wird das Phänomen bezeichnet, wenn zwei Kerne auf unterschiedliche Daten einer Cachezeile zugreifen

Nachfolgend tritt das *false sharing*-Phänomen auf. Beide Kerne haben den identischen Block aus dem Hauptspeicher im lokalen Cache eingelagert. Sobald einer der beiden Kerne den Inhalt der Cachezeile ändert, wird durch das MESI-Protokoll die Cachezeile des anderen Kerns invalidiert. Dieser muss dann bei folgenden Zugriffen zuerst den Block mit den Änderungen aus dem Hauptspeicher einlagern. Der Cache erfüllt nicht die Aufgabe eines schnellen Speichers. Durch das gegenseitige Invalidieren wird die Programmausführung signifikant verlangsamt.

Es ist hervorzuheben, dass beide Threads auf unterschiedliche Speicherstellen zugreifen, die sich jedoch im identischen Speicherblock des Hauptspeichers befinden. Um dieses Phänomen zu verhindern, muss durch den Compiler resp. den Entwickler sichergestellt werden, dass unterschiedliche Threads auf unterschiedlichen Blöcken arbeiten.

FALSE SHARING TRITT NICHT NUR BEI FELDERN auf (leicht zu identifizieren) sondern auch bei verschiedenen Variablen, die im Hauptspeicher hintereinander angeordnet sind. Um False Sharing zu vermeiden oder zu minimieren, muss dafür gesorgt werden (durch Compiler, Bibliothek, manuell), dass kritische Variablen im Speicher ausgerichtet (engl. aligned) abgelegt werden.

3.5 NUMA-Architektur

Die bisherigen Überlegungen unterstellen eine uniforme Anbindung der Speicherhierarchie an die CPU: alle Rechenkerne haben einen gleich schnellen Zugriff auf den Speicher. Dieses muss nicht so sein und insbesondere bei Multiprozessorsystemen, bei denen die Prozessoren in getrennten Sockeln verbaut sind, ist dieses nicht gegeben. Diese Art der Speicheranbindung wird als *NUMA-Architektur* (non-uniform memory access) bezeichnet.

Abb. 3.25 skizziert den grundsätzlichen Aufbau eines Rechensystems mit nicht-uniformem Speicherzugriff. Ein *NUMA-Knoten* bezeichnet eine Prozessoreinheit mit einem oder mit mehreren Rechenkernen sowie einer direkt angeschlossenen Speicherhierarchie. Mehrere *NUMA-Knoten* kommunizieren über einen dezidierten Bus oder ein Netzwerk.

Ein Speicherzugriff ist *lokal,* wenn ein Rechenkern auf den Speicher des eigenen Knotens lesend oder schreibend zugreift. Erfolgt der Zugriff auf den Speicher eines anderen Knotens, dann ist dieses ein *entfernter* Zugriff (remote).

Der Zugriff auf entfernten Speicher hat eine um 30–50 % erhöhte Zeitdauer (Latenzzeit) und ist idealerweise zu vermeiden. Neben der längeren Latenz gibt es zusätzlich ein Stau-Phänomen: durch die Bearbeitung entfernter Speicheranforderungen benötigen auch die lokalen Speicherzugriffe eine längere Zeitdauer.

Jeder Knoten kann entweder lokal oder entfernt auf den gesamten Speicher zugreifen. Benötigt eine Anwendung Speicher (beispielsweise durch eine Allokation mit *malloc* oder *new*), dann stellt sich die Frage, auf welchem Knoten dieser zu reservieren ist. Die Strategie zur Zuordnung von Speicher zu Knoten *(placement strategy)* ist ein wichtiger Aspekt und beeinflusst die Leistung solcher parallelen Systeme (nach Lameter 2013):

- Die einfachste Strategie ist es, die nicht-uniforme Architektur zu *ignorieren.* Es gibt kein definiertes Vorgehen, um Speicherzugriffszeiten zu minimieren. Anwendungen bleiben korrekt; allerdings können die entfernten Speicherzugriffe zu hohen Latenzen führen.
- Einige Rechnerarchitekturen unterstützen die *Segmentierung* (memory striping) des gesamten, linear angeordnetem Speichers auf unterschiedliche NUMA-Knoten. Durch

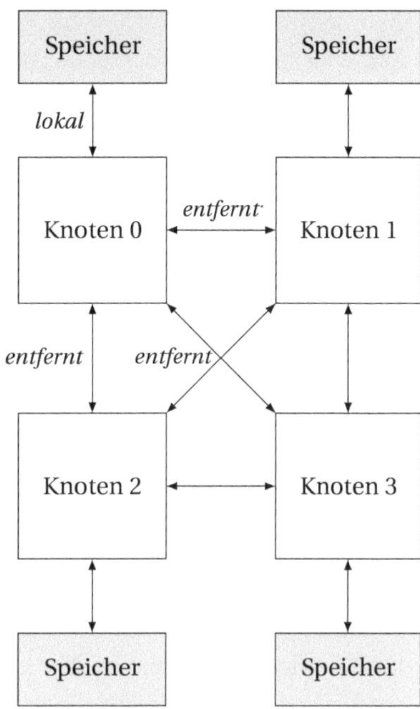

Abb. 3.25 In einer *Non-Uniform Memory Access*-Architektur ist zwischen lokalen und entfernten Speicherzugriffen zu unterscheiden

diese Segmentierung wird idealerweise gleichverteilt auf die unterschiedlichen Knoten entfernt zugegriffen. Das Risiko, dass ein einzelner Knoten durch andere ausgebremst wird, kann hierdurch reduziert werden. Ein Nachteil dieser Strategie ist, dass es sehr viel weniger lokale Zugriffe gibt. Der Vorteil des Ansatzes ist es, dass dieser in Hardware und transparent für den Software-Entwickler realisiert wird.

- Ein auf *Heuristiken* basierter Ansatz ist ebenfalls für den Anwender transparent. Beispielsweise kann ein einfacher Ansatz sein, dass Speicher in jenem Knoten allokiert wird, in dem der Thread die zugehörige Speicheranforderung ausführt. Die Annahme ist hierbei, dass der Thread (Rechenkern), der Speicher benötigt, auch in der Folgezeit auf diesen zugreift. Diese Heuristik versagt, wenn der angeforderte Speicher zu groß für den Knoten ist oder der Thread auf einen anderen Knoten migriert.
- Auf der Betriebssystemebene kann der Benutzer das Zugriffsverhalten einer Anwendung *konfigurieren*. Für unterschiedliche Rechnerarchitekturen müssen ggfs. unterschiedliche *Konfigurationen* vorgenommen werden.
- Einen Schritt weiter geht die *programmierte Konfiguration*. Bietet das zugrunde liegende Betriebssystem eine entsprechende Programmierschnittstelle, so kann der Anwendungsentwickler in Kenntnis der Speicheranforderungen die Anwendungen dahin gehend konfigurieren.

Es sind aber auch wesentlich komplexere Strategien denkbar (siehe Gaud et al. 2015). So kann beispielsweise die Anzahl lokaler Speicherzugriffe optimiert werden, wenn zur

Laufzeit Zugriffsstatistiken erhoben werden. Durch eine Duplizierung von (nur lesendem) Speicher und die Verschiebung von Speicher zwischen NUMA-Knoten können entfernte Speicherzugriffe reduziert werden.

Experiment: Dual Hexacore-System In einem Rechnerexperiment wird abschließend das Speicherzugriffsverhalten auf einem NUMA-System, bestehend aus einem Dual Intel Xeon X5670-Prozessor (2,93 GHz), untersucht. Aufgrund des unterstützen SMT (siehe Abschn. 3.2.3) sind insgesamt 24 Rechenkerne verfügbar. Als Betriebssystem wird Linux eingesetzt.

Das Programm hat zwei Software-Threads T_0 und T_1, die gemeinsam auf ein Byte-Feld jedoch mit unterschiedlichem Index wiederholend zugreifen. Hierbei sind im Experiment zwei Fälle zu unterscheiden: i) der Zugriff erfolgt auf unterschiedliche Cachezeilen und ii) der Zugriff erfolgt in eine identische *Cachezeile (False Sharing)*. Während T_0 immer auf dem Rechenkern mit dem Index 0 verweilt, migriert T_1 nacheinander vom Rechenkern 0 bis zum Rechenkern 23. Die Zugriffszeiten werden für jede der 24 Kombinationen einmal gemessen.

Abb. 3.26 zeigt die relativen Laufzeiten für die beiden Fälle. Die Abszisse gibt die Affinität (Zuordnung zu einem Rechenkern) des Thread T_1 an. Die Kurven zeigen einen interessanten Verlauf, wobei beim Auftreten des False Sharing-Phänomens die Laufzeit wie erwartet größer ist.

Die Kurve hat im ersten Fall für den Rechenkern 0 und 12 eine Laufzeit von 100 % und für alle anderen 50 %. Die Kurve für den zweiten Fall zeigt grundsätzlich einen ähnlichen Verlauf; allerdings wechselt hier zusätzlich für bestimmte Rechenkerne die Laufzeit von ca. 60 % auf ca. 120 %, d. h. diese verdoppelt sich. Dieses Phänomen ist im ersten Fall nicht zu beobachten. Eine Interpretation des Verhaltens ist ohne Kenntnis des Nummerierungsschemas im Linux Betriebssystem nicht möglich.

Das betrachtete Rechensystem hat zwei Sockel mit jeweils sechs physischen Rechenkernen. Jeder physische Rechenkern hat zwei Hardware-Threads (SMT). Hieraus ergeben sich dann insgesamt 24 (logische) Rechenkerne. Der Linux-Aufruf `lscpu --all --extended` erzeugt die Ausgabe entsprechend Abb. 3.27.

Linux unterstellt die folgende Hierarchie der unterschiedlichen Komponenten (in absteigender Granularität): ein NUMA-Knoten (node) enthält einen oder mehrere Prozessorsockel (socket). Ein Sockel enthält einen oder mehrere physische Rechenkerne (core), die wiederum mehrere logische Rechenkerne (cpu) integriert.

In dieser Konfiguration sind die Anzahl (2) und der Index (0 und 1) für Knoten und Sockel identisch. Interessant ist die Abbildung der logischen Rechenkerne auf die beiden NUMA-Knoten. Die CPU-Indices 0 bis 5 sowie 12 bis 17 referenzieren Rechenkerne auf dem ersten Knoten, die Indices 6 bis 11 und 18 bis 23 sind Rechenkerne auf dem zweiten Knoten. Die Zuordnung zwischen logischen und physischen Kernen ist dadurch nicht konsekutiv: die CPU 0 und die CPU 12 befinden sich auf dem Core 0 (Knoten 0), die CPU 11 und 23 befinden sich auf dem Core 11 (Knoten 1).

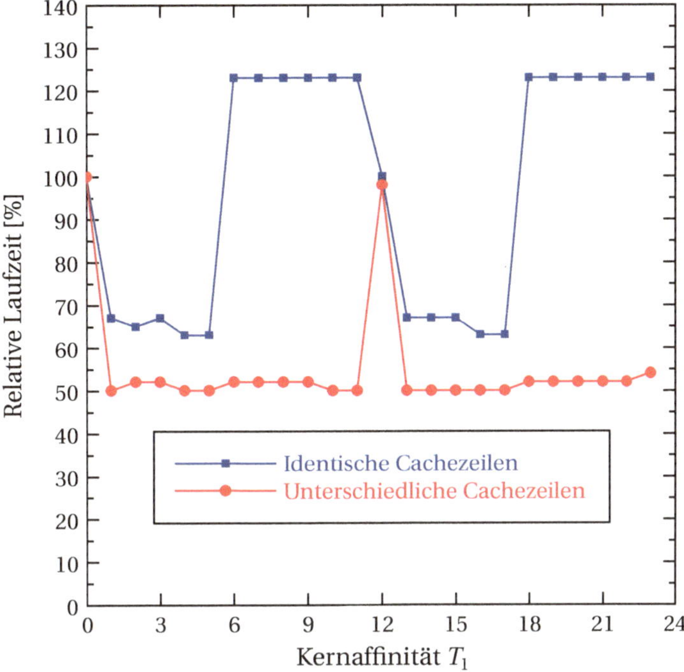

Abb. 3.26 Das Ergebnis des Experiments zeigt einen unerwarteten Verlauf, der mit dem Nummerierungsschema unter Linux zu interpretieren ist

```
CPU NODE SOCKET CORE L1d:L1i:L2:L3 ONLINE MAXMHZ    MINMHZ
0   0    0      0    0:0:0:0       ja     2934,0000 1600,0000
1   0    0      1    1:1:1:0       ja     2934,0000 1600,0000
2   0    0      2    2:2:2:0       ja     2934,0000 1600,0000
3   0    0      3    3:3:3:0       ja     2934,0000 1600,0000
4   0    0      4    4:4:4:0       ja     2934,0000 1600,0000
5   0    0      5    5:5:5:0       ja     2934,0000 1600,0000
6   1    1      6    6:6:6:1       ja     2934,0000 1600,0000
7   1    1      7    7:7:7:1       ja     2934,0000 1600,0000
8   1    1      8    8:8:8:1       ja     2934,0000 1600,0000
9   1    1      9    9:9:9:1       ja     2934,0000 1600,0000
10  1    1      10   10:10:10:1    ja     2934,0000 1600,0000
11  1    1      11   11:11:11:1    ja     2934,0000 1600,0000
12  0    0      0    0:0:0:0       ja     2934,0000 1600,0000
13  0    0      1    1:1:1:0       ja     2934,0000 1600,0000
14  0    0      2    2:2:2:0       ja     2934,0000 1600,0000
15  0    0      3    3:3:3:0       ja     2934,0000 1600,0000
16  0    0      4    4:4:4:0       ja     2934,0000 1600,0000
17  0    0      5    5:5:5:0       ja     2934,0000 1600,0000
18  1    1      6    6:6:6:1       ja     2934,0000 1600,0000
19  1    1      7    7:7:7:1       ja     2934,0000 1600,0000
20  1    1      8    8:8:8:1       ja     2934,0000 1600,0000
21  1    1      9    9:9:9:1       ja     2934,0000 1600,0000
22  1    1      10   10:10:10:1    ja     2934,0000 1600,0000
23  1    1      11   11:11:11:1    ja     2934,0000 1600,0000
```

Abb. 3.27 Der Aufruf `lscpu` offenbart das Nummerierungsschema im Betriebssystem

Die weiteren Spalten der Tabelle geben die Zuordnung der L1- bis L3-Cachespeicher sowie den Status und den Frequenzbereich an.

Für den ersten Fall („unterschiedliche Cachezeilen") gilt, dass, wenn T_0 und T_1 auf dem identischen physischen Kern (also Rechenkern 0 und 12) laufen, die Laufzeit doppelt so hoch ist (also 100 % statt 50 %) als wenn diese auf unterschiedlichen physischen Kernen arbeiten. Die NUMA-Architektur hat keinen Einfluss, da diese in unterschiedlichen Cachezeilen arbeitet.

Für den zweiten Fall hat die NUMA-Architektur einen messbaren Einfluss auf die Laufzeiten. Residieren T_0 und T_1 auf unterschiedlichen NUMA-Knoten, so verdoppelt sich die Laufzeit von 60 % auf 120 %. Um die Cache-Kohärenz zu gewährleisten, ist eine zeitaufwendige Kommunikation zwischen den beiden NUMA-Knoten erforderlich.

3.6　Speichermodell

Die technologischen Fortschritte im Bereich des Speicheraufbaus eines Rechners sowie im Compilerbau bleiben im Allgemeinen für den Software-Entwickler unbeachtet. Aufgrund der Parallelität der Hardware können allerdings Phänomene auftreten, die im günstigsten Fall nur die Leistung des Rechners reduzieren (wie *False Sharing* im vorherigen Abschnitt). Wesentlich kritischer sind jedoch Situationen, die zu seltenen aber schwerwiegenden Fehlern führen.

Daher ist es notwendig, die Arbeitsweise paralleler Hardware in wesentlichen Aspekten zu verstehen, um Auswirkungen bei der Software-Entwicklung berücksichtigen zu können. Insbesondere bei der Portierung von Anwendungen können Anpassungen notwendig sein. Beispielsweise haben Systeme auf Basis der x86/x64-Architektur ein sehr strenges Speichermodell gegenüber der ARM-Architektur, welche sich in modernen eingebetteten Systemen befindet. Bei einer unkritischen Übernahme des Quelltextes sind Fehler daher „vorprogrammiert".

Der Begriff *Speichermodell* (memory model) beschreibt im Folgenden die Zugriffsregeln auf den gemeinsamen Speicher paralleler Threads. Hierbei steht die Sicht der Programmiersprache respektive des Compilers im Fokus. Es wird hier jedoch nicht betrachtet, wie Speicher adressiert wird (beispielsweise durch Verwendung von virtuellen Adressen).

3.6.1　Motivation

Der Zugriff auf einen gemeinsamen Speicher lässt sich vereinfacht auf den Straßenverkehr entsprechend der Abb. 3.28 übertragen (adaptiert nach Herb Sutter, CppCon 2014). Ein Feldweg zeigt einen sequenziellen Ablauf: Fahrzeuge können diese hintereinander befahren. Ein synchronisiertes Vorgehen ist nicht notwendig. Dieses entspricht einem sequenziellen Programm.

Abb. 3.28 Parallelität in der analogen Welt: Feldweg, Ampelkreuzung und Autobahnkreuz

Im Gegensatz dazu müssen kreuzende Straßen durch eine Ampelanlage synchronisiert werden, um Kollisionen zu vermeiden. Die Ampelsteuerung sichert zu, dass abwechselnd nur Fahrzeuge in einer Fahrtrichtung die Kreuzung befahren. Die andere Richtung ist blockiert. Ein hohes Verkehrsaufkommen kann infolgedessen zu Staus führen. Die Ampelkreuzung entspricht einem parallelen Programm mit mehreren nebenläufigen Kontrollflüssen. Der Zugriff auf den gemeinsamen Speicher (Kreuzung) kann durch Sperren (Ampeln) synchronisiert werden.

Auf der Autobahn hingegen sind zur Steuerung von Verkehrsströmen keine technischen Vorrichtungen notwendig. Das Einfahren auf die Autobahn wird statt dessen durch Regeln der StVO festgelegt, die Konfliktsituationen vermeidet bzw. diese auflöst. Das Speichermodell einer Programmiersprache beschreibt die Konfliktsituationen und Regeln beim Zugriff auf gemeinsamen Speicher. Die folgende Darstellung orientiert sich am Speichermodell für C11/C++11 (siehe Williams 2012). Das Speichermodell für Java und C# ist ähnlich.

DIE ENTWICKLUNG VON SOFTWARE MIT SPERREN birgt mehrere Schwierigkeiten. Zum einen ist die Verwendung und Kombination mehrerer Sperren zur Synchronisierung sehr fehleranfällig, was beispielsweise zu einer Verklemmung (deadlock) führen kann. Der Nachweis verklemmungsfreier Software ist nur schwer zu erbringen.

Zum anderen erzwingen Sperren eine Serialisierung von Abläufen. Dieses reduziert die Effizienz paralleler Programme. Das Gesetz von Amdahl in Abschn. 2.6 beschreibt diesen Zusammenhang sehr deutlich. In den folgenden Abschnitten werden die Möglichkeiten und Konsequenzen im Detail vorgestellt, auf Sperren zu verzichten und damit vergleichbar den Autobahnen eine hohe Geschwindigkeit zu erreichen.

Entscheidend ist jedoch, dass Sperren nicht zwangsläufig alle Konfliktsituationen auflösen, wie das prominente Entwurfsmuster „Double-Checked Locking Pattern" eindrucksvoll zeigt. Bevor näher auf dieses im Abschn. 3.6.6 eingegangen wird, führen die folgenden Abschnitte zuerst in die grundlegende Problematik ein.

DAS BEISPIEL IN ABB. 3.29 ZEIGT zwei Threads auf einem Mehrkernsystem, die parallel voneinander Code ausführen. Nur auf den ersten Blick ist die Frage einfach zu beantworten, welcher Wert auf dem Bildschirm ausgegeben wird. Der Thread A wartet in der while-Schleife, bis die Variable *done* wahr wird *(busy wait)* und gibt anschließend den Inhalt der Variable *value* aus. Beide Variablen sind zum Programmstart *false* resp. 0. Der zweite Thread setzt beide Variablen auf 1 resp. auf *true*. Es ist offensichtlich, dass der erste Thread seine Bearbeitung erst fortsetzt, wenn der andere Thread die gemeinsame Variable *done* geändert hat. Die Erwartung ist daher, dass auf dem Bildschirm 1 ausgegeben wird.

Abb. 3.29 Dieses Programm kann zu unerwarteten Ergebnissen führen

```
bool done=false;
int value=0;
```

Thread A (Kern 0)	Thread B (Kern 1)
`while(!done);` `std::cout<<value;`	`value=1;` `done=true;`

Allerdings muss das nicht der Fall sein!

Unter Umständen kann auch 0 ausgegeben werden. Was ist der Grund hierfür? Moderne Compiler und Prozessoren führen den Programmtext nicht in der Reihenfolge aus, wie der Entwickler diesen in seinem (sequenziellen) Code beschrieben hat. Moderne Rechnerarchitekturen und Compiler nutzen diese Möglichkeiten aus, um eine höhere Leistung zu erzielen (siehe Abschn. 3.2). Hierbei werden insbesondere die Zugriffe auf den Speicher rearrangiert, um Wartezeiten zu minimieren und Bandbreiten zu erhöhen. Für die *std::cout*-Ausgabe wird der Inhalt der Variablen *value* benötigt. Aus der sequenziellen Sicht von Thread A kann der Wert bereits vor dem Beginn der while-Schleife in ein Register eingelesen werden. Wird jetzt die while-Schleife beendet, so wird ein veralteter Wert ausgegeben, da zuvor der andere Thread, unbeachtet vom Thread A, den Inhalt von *value* geändert hat. Andererseits kann Thread B die Anweisungen in umgekehrter Reihenfolge ausführen, da aus der sequenziellen Sicht keine Abhängigkeiten bestehen. Auch wenn der Thread A seine Anweisungen entsprechend der Programmordnung ausführt, kann unter Umständen der Wert 0 ausgegeben werden.

Der Zugriff auf die gemeinsame Variable *value* führt zu einer *Konfliktsituation*. Diese liegt immer genau dann vor, wenn zwei parallele Threads auf gemeinsamen Speicher zugreifen, wobei mindestens einer der Zugriffe schreibend ist.

Der Compiler geht davon aus, dass keine Konfliktsituationen im Programm existieren, die zur einer Wettlaufsituation führen. Nur unter dieser Voraussetzung kann dieser zahlreiche Optimierungen durchführen.

3.6.2 Wettlaufbedingung

Softwarefehler aufgrund von Wettlaufbedingungen sind häufig sehr schwer zu reproduzieren, zu identifizieren und damit zu beseitigen. Die Folgen solcher Fehler können unter Umständen sehr dramatisch sein.

Der bisher schwerste Stromausfall (blackout) in Nordamerika ereignete sich am 14. August 2003. Infolgedessen hatten 50 Mio. Menschen im Nordwesten der USA bis zu zwei Tagen keinen Strom, mindestens elf Menschen sind zu Tode gekommen. Der Gesamtschaden beläuft sich auf 6 Mrd. US$. Als Ursache konnte eine Wettlaufbedingung in der

UNIX-basierten   Software   des   Energiemanagementsystems   mit   einer   Million C/C++-Codezeilen identifiziert werden.

Definition 10 (Wettlaufbedingung). Der Zugriff auf eine gemeinsame Speicherstelle von zwei oder mehreren Threads führt zu einer *Konfliktsituation,* wenn mindestens einer der Zugriffe schreibend ist. Können die Zugriffe zeitgleich erfolgen, entsteht eine *Wettlaufbedingung* (data race condition).

Eine Speicherstelle ist ein Speicherbereich, der einzeln adressierbar ist. Entscheidend für das Auftreten einer Wettlaufsituation ist der mögliche zeitgleiche Zugriff in einem parallelen Rechensystem. Eine mögliche Vermeidung von Wettlaufbedingungen ist die Verwendung von Sperren, wie Semaphor oder Mutex. Es ist hierbei zu beachten, dass die Vermeidung von Wettlaufbedingungen nicht dazu führt, dass die Ergebnisse, unabhängig von der zeitlichen Verschränkung der Anweisungen, immer identisch sind. Das Verhalten von Programmen mit Wettlaufbedingungen ist undefiniert und damit i. allg. fehlerhaft.

Im FOLGENDEN WERDEN SPEICHERMODELLE mit unterschiedlichen Eigenschaften bezüglich der Einhaltung der Reihenfolge von Speicherzugriffen vorgestellt. Hierbei wird zuerst die „natürliche" Erwartung definiert.

3.6.3 Sequenzielle Konsistenz

Ein Rechner mit einem Prozessor (oder einem Kern) und angeschlossenem Speicher arbeitet *sequenziell,* wenn das Ergebnis der Ausführung der Anweisungen identisch ist mit dem Ergebnis der Ausführung entsprechend der sequenziellen Ordnung des Programms.

Das bedeutet, dass die Anweisungen in einem Programm nicht in der durch den Programmierer vorgegebenen Reihenfolge bearbeitet werden müssen. Es ist somit möglich, die Reihenfolge zu ändern, solange das Rechenergebnis dadurch nicht verändert wird.

Für Mehrkernrechner hat Lamport (1979) die folgende Eigenschaft definiert, die das Konzept einer sequenziellen auf parallele Ausführungen überträgt.

Definition 11 (sequenzielle Konsistenz). Ein Mehrkernrechner zeigt die Eigenschaft *sequenzieller Konsistenz,* wenn i) für alle möglichen Ausführungen des Programms das Ergebnis identisch ist mit dem Ergebnis einer entsprechenden sequenziellen Ausführung, und ii) die Anweisungen für jeden einzelnen Kern entsprechend seiner sequenziellen Ordnung ausgeführt werden.

Die Anweisungen eines einzelnen Kerns können hierbei beliebig mit denen anderer Kerne verschränkt werden. Unterschiedliche Programmausführungen können hierbei auch unterschiedliche Ergebnisse liefern.

Damit die sequenzielle Konsistenz für Mehrkernrechner gilt, müssen zwei Bedingungen erfüllt sein:

1. Jeder Rechenkern führt die lesenden und schreibenden Zugriffe auf den Speicher entsprechend seiner Programmordnung durch.
2. Die Zugriffsanforderungen auf den Speicher der einzelnen Kerne werden in einer zentralen Warteschlange (FIFO) eingestellt und bearbeitet.

Alle Kerne haben somit die gleiche Sicht auf die Speicherzugriffe. Es gibt keine lokale Pufferung und keine Umsortierung der Zugriffe (siehe Abb. 3.30).

Abb. 3.31 zeigt ein weiteres Beispiel eines parallelen Programmes mit Wettlaufbedingungen. Je nachdem, wie die zeitliche Reihenfolge und die Verschränkung der einzelnen Anweisungen für die beiden Threads sind (vgl. Abb. 3.32), können nach der Beendigung für die Variablen $r0$ und $r1$ unterschiedliche Bedingungen gelten:

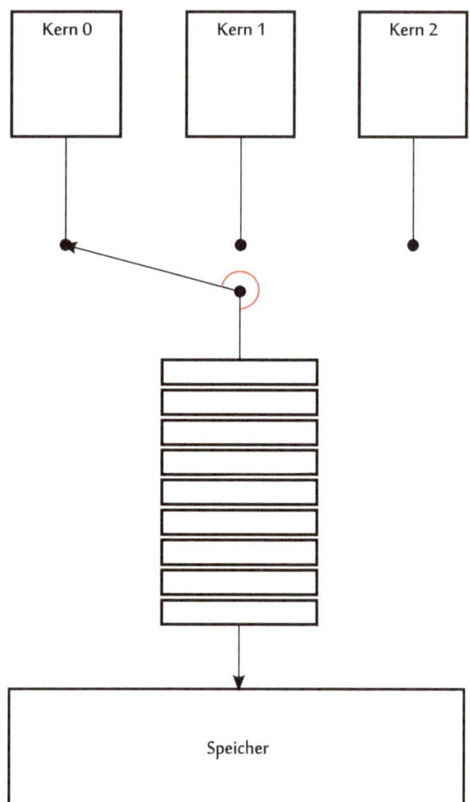

Abb. 3.30 Die Abarbeitung der Speicherzugriffe muss bei sequenzieller Konsistenz durch eine Warteschlange erfolgen

Abb. 3.31 Dieses parallele Programm enthält Wettlaufbedingungen

```
int X=0, Y=0;
```

Thread A (Kern 0)	Thread B (Kern 1)
a0: X=1;	b0: Y=1;
a1: r0=Y;	b1: r1=X;

Abb. 3.32 Mögliche Verschränkungen führen zu unterschiedlichen Ergebnissen

	a0	a0	a0	b0	b0	b0
	a1	b0	b0	b1	a0	a0
	b0	a1	b1	a0	b1	a1
	b1	b1	a1	a1	a1	b1
r0	0	1	1	1	1	1
r1	1	1	1	0	1	1

- $r0 = 0 \wedge r1 = 1$
- $r0 = 1 \wedge r1 = 0$
- $r0 = 1 \wedge r1 = 1$

Das Ergebnis $r0 = 0 \wedge r1 = 0$ wird bei sequenzieller Konsistenz nicht erwartet. Aufgrund der Änderung der Reihenfolge von Speicherzugriffen ist dieses jedoch möglich! Auf Einkernrechnern mit nebenläufigen *Threads* tritt eine solche Situation nicht auf, da es nicht mehrere Kopien einer Variablen (oder allgemein einer Speicherstelle gibt).

Der 80386-Prozessor von 1985 führt die Anweisungen entsprechend der Programmreihenfolge aus. Moderne Rechnerarchitekturen zeigen **nicht** die Eigenschaft der sequenziellen Konsistenz. Statt dessen werden zur Leistungssteigerung abgeschwächte Konsistenzmodelle eingesetzt.

Experiment von Preshing Das Experiment in Abb. 3.33 (nach Preshing 2012) zeigt, wie sich das auftretende Phänomen in einem synthetischen Test mit wenig Aufwand erzwingen lässt.

Analog zum vorherigen Beispiel verändern zwei Threads die beiden Variablen *X[0]* und *X[1]*, die zuvor mit dem Wert 0 initialisiert wurden. Thread 1 setzt *X[0]=1* und liest anschließend *r[0]=X[1]*, während der andere Thread die beiden Anweisungen *X[1]=1* und *r[1]=X[0]* ausführt.

Ein dritter Thread steuert das Experiment, indem dieser den anderen beiden den Start signalisiert und anschließend auf die Ergebnisse wartet. Um verschiedene zeitliche Ausführungen der beiden Threads zu provozieren, wartet jeder Thread eine zufällige Zeitdauer, bis dieser die Speicherzugriffe ausführt. Dieses wird *NLOOPS*-fach wiederholt.

```cpp
void race(uint32_t me) {
  uint32_t other = 1 - me;
  std::cout << "Starting_thread_" << me << std::endl;

  for(uint64_t i=0;i<NLOOPS;i++) {
    { /* --Warte auf Start. */
      std::unique_lock<std::mutex> lock(wait[me]);
      condition[me].wait(lock, [me] {return start[me];});
      start[me] = false;
    }

    /* --Zufälliges Warten. */
    random_active_wait();

    /* --Race Condition. */
    X[me]=1;
    r[me]=X[other];

    { /* --Synchronisierung.*/
      std::unique_lock<std::mutex> lock(wait[me]);
      done[me] = true;
      condition[me].notify_one();
    }
  }
}
```

Abb. 3.33 Das Beispiel zeigt eine Wettlaufbedingung, die zu nicht erwarteten Ergebnissen führt

Das Codebeispiel in Abb. 3.34 zeigt das Hauptprogramm. Nach dem Start werden bei jedem Durchlauf die beiden Variablen *r[0]* und *r[1]* überprüft, die bei sequenzieller Konsistenz nicht beide gleichzeitig null sein dürfen. Anderenfalls wird ein Zähler *counter* erhöht und eine kurze Ausgabe auf den Bildschirm gegeben. Abb. 3.35 zeigt, dass das Phänomen nicht sequenzieller Konsistenz sehr häufig in der Praxis auftritt.

3.6.4 Konsistenzmodelle

Zur Steigerung der Leistungsfähigkeit moderner Rechensysteme finden Optimierungen auf unterschiedlichen Ebenen statt: beispielsweise in Compiler-Entwicklung oder auf der Hardware-Ebene (siehe auch Abschn. 3.2). Durch eine spekulative Ausführung von Befehlen und durch die Einführung von Schreibpuffern (siehe Abb. 3.36) in der Speicherhierarchie ist eine sequenzielle Konsistenz nicht gewährleistet.

Die Speichermodelle mit nicht-sequenzieller Konsistenz erlauben es dem Programmierer, durch bestimmte Maschinenbefehle ein bestimmtes, sequenzielles Verhalten zu erzwingen. Diese Anweisungen markieren Grenzen im Kontrollfluss, die eine Umorganisation der Speicherzugriffe über diese Grenzen (in eine oder beiden Richtungen) einschränken.

Schwache Konsistenz (Weak Consistency) Um die Zusammenhänge nicht-sequenzieller Konsistenz zu visualisieren, wird eine einfache Notation (siehe Abb. 3.37) eingeführt. Ein

```cpp
void runtest() {
  /* -- 2 Threads starten. */
  std::thread t0(race, 0);
  std::thread t1(race, 1);

  /* --Fehlerzähler. */
  uint64_t counter = 0;

  for (uint64_t i = 0; i < NLOOPS; i++) {
    /* --Starte neuen Durchlauf. */
    X[0] = X[1] = 0;

    /* --Signalisiere die beiden Threads. */
    for (auto id : { 0, 1 })  {
      std::unique_lock<std::mutex> lock(wait[id]);
      start[id] = true;
      condition[id].notify_one();
    }

    /* --Warte auf die beiden Threads. */
    for (auto id : { 0, 1 }) {
      std::unique_lock<std::mutex> lock(wait[id]);
      condition[id].wait(lock, [id] { return done[id];});
      done[id] = false;
    }

    /* --Prüfe die Ergebnisse. */
    if (r[0] == 0 && r[1] == 0) {
      ++counter;
      std::cout << std::setw(10) << counter
          << " Reorders, i=" << std::setw(10) << i
          << " (" << r[0] << "," << r[1] << ")"
          << std::endl;
    }
    r[0] = r[1] = -1;
  }
  t0.join();
  t1.join();
}
```

Abb. 3.34 Das Hauptprogramm startet zwei Threads und vergleicht die Ergebnisse. Bei sequenzieller Konsistenz müssen *r[0]* sowie *r[1]* ungleich null sein

Kreis beschreibt einen Zugriff auf eine Speicherstelle im Kontrollfluss eines Threads. Ein doppelter Kreis bedeutet einen Lesezugriff *(load)*, und ein ausgefüllter Kreis ist ein schreibender Zugriff *(store)*.

Die vertikale Linie entspricht von oben nach unten dem zeitlichen Ablauf der Zugriffe. Diese definierte Reihenfolge entspricht der Programmordnung der Speicherzugriffe. Der tatsächliche, zeitliche Zugriff kann jedoch davon abweichen, da der Prozessor oder der Compiler die Reihenfolge umsortieren, um eine Optimierung der Zugriffe zu erreichen.

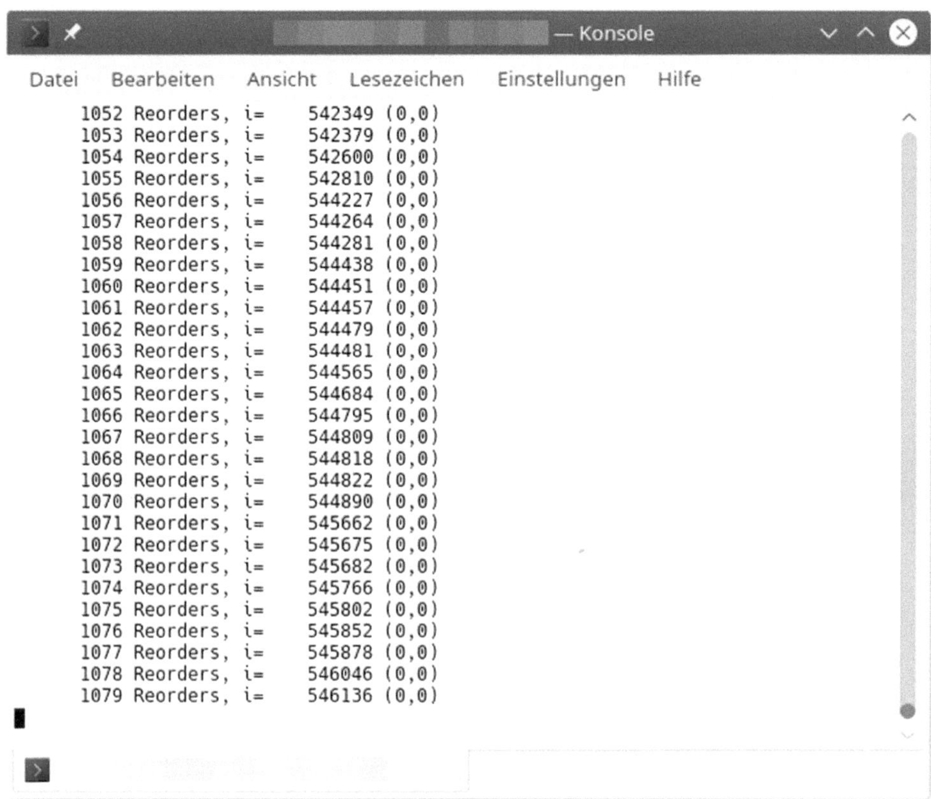

Abb. 3.35 Die Durchführung des Experiments zeigt, dass Anweisungen umsortiert werden

Abb. 3.36 Bei einem Rechensystem mit einem Schreibpuffer können Leseoperationen (Load) frühere Schreiboperationen (Store) überholen

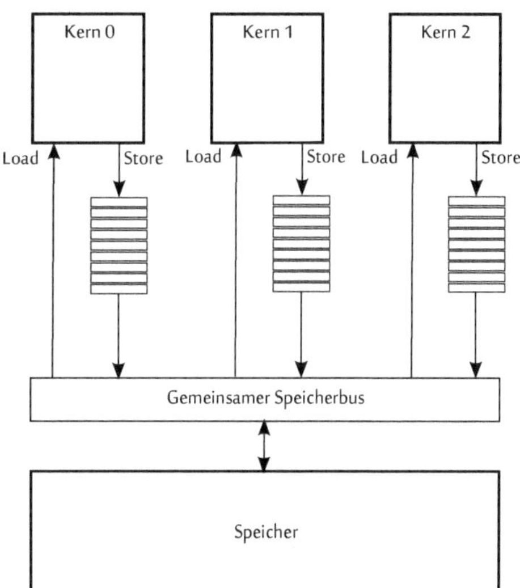

Abb. 3.37 Notation zur
Beschreibung von
Speicherzugriffen in einem
Thread

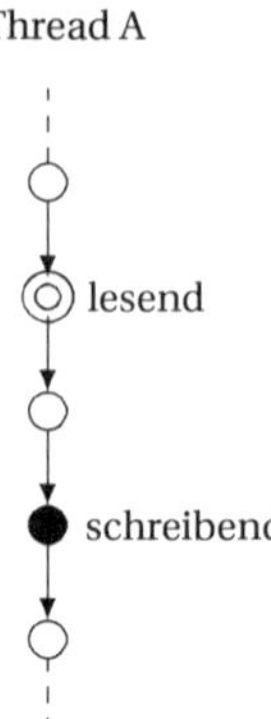

In Abhängigkeit einer möglichen Umsortierung lesender oder schreibender Speicherzugriffe sind die folgenden vier Fälle zu unterscheiden:

1. Ein lesender Zugriff wird mit einem späteren Lesezugriff umsortiert *(load bypass load)*.
2. Ein lesender Zugriff wird mit einem nachfolgenden Schreibzugriff umsortiert *(load
   bypass store)*.
3. Ein schreibender Zugriff wird mit einem späteren Schreibzugriff umsortiert *(store bypass
   store)*.
4. Ein schreibender Zugriff wird mit einem nachfolgenden Lesezugriff umsortiert *(store
   bypass load)*.

Prozessoren implementieren eine oder mehrere der genannten Möglichkeiten zur Umsortierung.

Greifen mindestens zwei Threads unterschiedlicher Rechenkerne auf eine gemeinsame
Speicherstelle zu, entsteht ein *Konflikt*, sobald mindestens einer der beiden Zugriffe schreibend ist. Abb. 3.38 zeigt beispielhaft solch eine Situation: Thread A liest den Inhalt der
Variablen x, während im Thread B die Variable auf den Wert 1 gesetzt wird. Eine *Wettlaufbedingung* entsteht, wenn es einen Konflikt gibt und der Speicherzugriff *gleichzeitig*
erfolgen kann.

Ein Zugriff kann gleichzeitig erfolgen, wenn keine *happens-before* Beziehung existiert,
d. h. es ist nicht definiert, ob die Speicherzugriffe von Thread B sichtbar werden, bevor
Thread A auf den Speicher zugreift.

Das weitere Verhalten bei Wettlaufbedingungen ist nicht definiert, d. h. solch eine Situation bedeutet einen schwerwiegenden Fehler vergleichbar einem Feldzugriff außerhalb der
Feldgrenzen. Im Englischen wird dieses auch als *catch-fire*-Semantik beschrieben. Da es
kein definiertes Verhalten bei Wettlaufbedingungen gibt, ist alles möglich: so könnte der
Rechner auch Feuer fangen.

Abb. 3.38 Der Konflikt beim Zugriff auf die Variable x führt zu einer Wettlaufbedingung

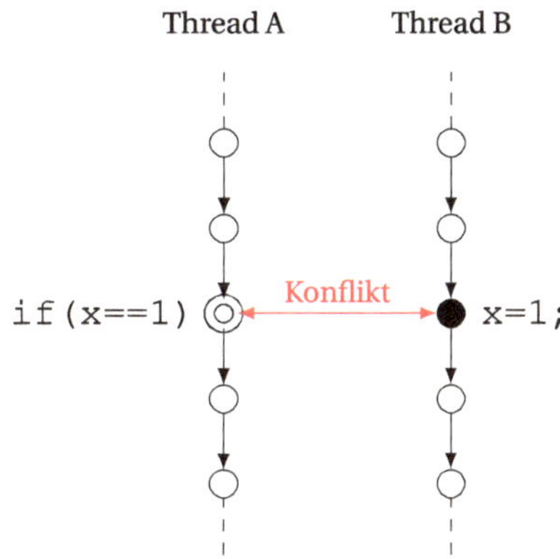

Es gilt, Wettlaufbedingungen zu vermeiden. Im Folgenden werden die Möglichkeiten beschrieben. Der Schwerpunkt der Darstellung liegt dabei auf einer *sperren-freien* Programmierung.

Das Beispiel in Abb. 3.29 zeigt zwei Wettlaufbedingungen: beide Threads greifen auf die Variablen *done* und *value* zu. Es zeigt ein häufiges Muster zur Kommunikation zwischen zwei Threads: eine Variable *(done)* dient zur *Synchronisierung* und die andere *(value),* oder auch mehrere sowie komplexere Datenstrukturen, enthalten die auszutauschenden Daten oder Nachricht.

Um die skizzierte Wettlaufbedingung in dem Beispiel zu vermeiden, ist es notwendig, dass alle Speicherzugriffe (Thread B), die in der Programmordnung vor dem schreibenden Zugriff auf *done* stehen, abgeschlossen und für den anderen Thread sichtbar sind. Das reicht allerdings nicht aus. Es muss zusätzlich noch sichergestellt werden, dass alle Speicherzugriffe (Thread A), die nach dem lesenden Zugriff auf *done* stehen, auch tatsächlich danach ausgeführt werden.

Freigabe-Konsistenz (Release Consistency) Um eine Wettlaufsituation zu vermeiden, ist es notwendig, die Reihenfolge *happens-before* zu definieren. Hierzu können Marken, Grenzen oder sogenannte *Zäune* eingesetzt werden. Diese werden durch bestimmte Maschinenbefehle im Prozessor realisiert.

Ein *Release*-Zaun definiert eine Marke in Kombination mit einem Schreibzugriff. Alle Speicherzugriffe, schreibend wie lesend, werden vor dieser Marke ausgeführt und sind für alle anderen Threads sichtbar.

Abb. 3.39 zeigt, dass alle Speicherzugriffe, die oberhalb (zeitlich vorher) des Schreibzugriffs eingezäunt sind, vor dem anschließenden Schreibzugriff ausgeführt werden. Der Zaun kann jedoch in eine Richtung übersprungen werden. Speicherzugriffe können aus Optimierungsgründen vorgezogen werden, in dem diese hinter dem Zaun umsortiert werden. Eine Umsortierung in die andere Richtung ist nicht möglich.

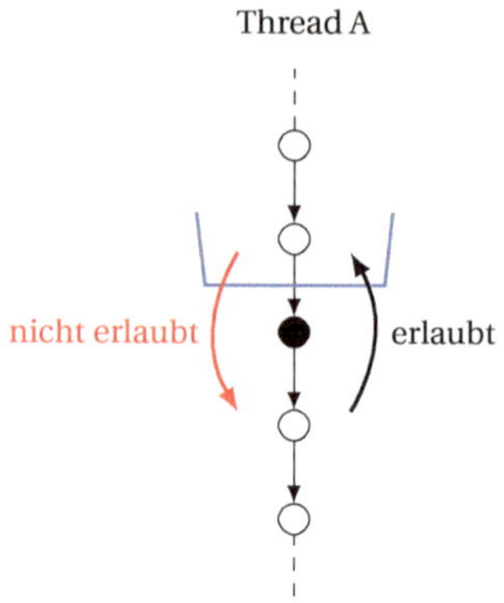

Abb. 3.39 Ein *Release*-Zaun
kann nur in einer Richtung
übersprungen werden

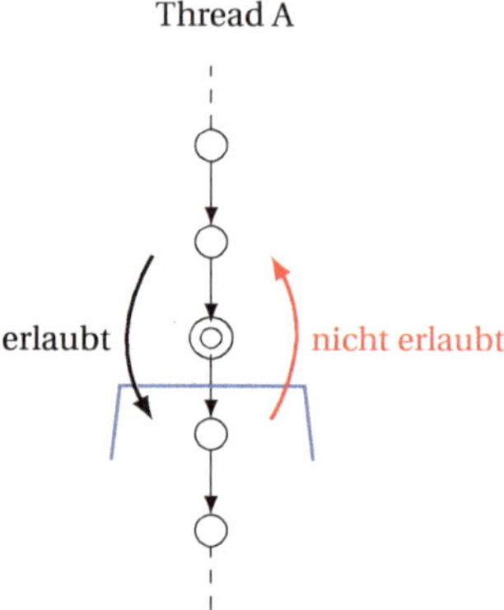

Abb. 3.40 Ein *Acquire*-Zaun
führt dazu, dass alle
Speicherzugriffe nach einem
ausgezeichneten Lesezugriff
erfolgen

Abb. 3.40 zeigt in der gleichen Weise einen *Acquire*-Zaun, der bewirkt, dass Speicherzugriffe, die hinter dem Zaun stehen, nach einem definierten Lesezugriff erfolgen. Auch solch ein Zaun kann in einer Richtung übersprungen werden.

Weitere Möglichkeiten Neben der vorgestellten Freigabe-Konsistenz gibt es weitere Ansätze, die schwache Konsistenz moderner Prozessoren zu beeinflussen und eine bestimmte Ausführungsordnung zu erzwingen. Neben der Kombination mit Lese- oder Speicherzugriffen können Barrieren oder Zäune vollständig verhindern, dass Speicherzugriffe in beide Richtungen diese überspringen.

Speicherzugriffe, die zeitlich hinter dem Zaun oder der Barriere angeordnet sind, werden erst dann ausgeführt, wenn alle Speicherzugriffe vor dem Zaun auch tatsächlich ausgeführt worden sind. Jedoch kann die Reihenfolge der Speicherzugriffe vor respektive nach der Barriere umgeordnet werden.

Abb. 3.41 Die Barriere verhindert das Lesezugriffe über diese Grenze hinweg umsortiert werden. Eine Umsortierung von Schreibzugriffen ist weiterhin möglich

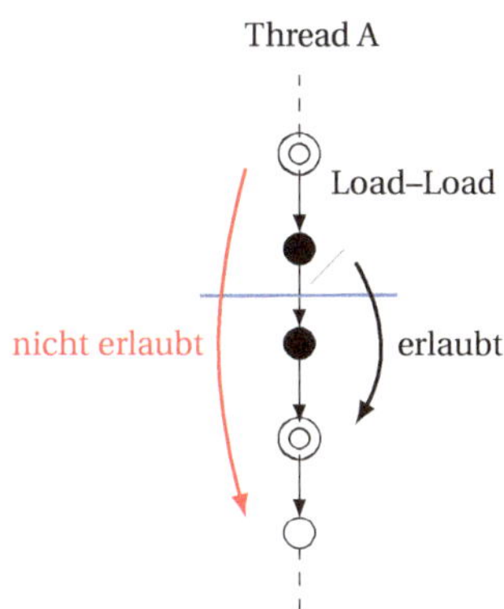

In der dargestellten Funktionsweise sind keinerlei Umsortierungen über Grenzen hinweg möglich. Hierdurch wird jedoch die Leistungsfähigkeit der Speichereinheit eines Rechners vermindert. In einigen Situationen stellt sich das Vorgehen als zu restriktiv heraus und es sind Varianten entwickelt worden.

Eine *Load-Load*-Barriere in Abb. 3.41 verhindert, dass lesende Zugriffe vor der Barriere und nachfolgende lesende Zugriffen umsortiert werden. Alle anderen Arten der Umsortierung sind zugelassen. In der gleichen Art und Weise existieren Barrieren für die anderen drei Kombinationen von Zugriffsfolgen. Demnach sind die bereits vorgestellten *Acquire*- und *Release*-Zäune eine Kombination von Speicherzugriffen und Barrieren. Nach einem *Acquire* steht ein Lesebefehl; vor dem *Release* steht ein Schreibbefehl.

Ein *Acquire* erzwingt, dass *Load*- oder *Store*-Anweisungen, die entsprechend der Programmordnung dem *Acquire* folgen, nicht vor diesem ausgeführt werden, also eine Kombination aus einer *Load-Load*- und einer *Load-Store*-Barriere. Ein *Release* erzwingt, dass alle ausstehenden Speicherzugriffe zuvor ausgeführt werden; also eine Kombination aus einer *Load-Store*- und einer *Store-Store*-Barriere.

Intel x86-Speichermodell Das Speichermodell der Firma Intel für moderne x86-Prozessoren hat eine starke, wenn auch nicht strikte, sequenzielle Konsistenz. Von den vier Möglichkeiten der Reihenfolgeveränderung erlaubt das x86-Speichermodell nur die *Store-bypass-Load*-Umordnung: *Load*-Anweisungen können mit älteren *Store*-Anweisungen unterschiedlicher Speicheradressen umsortiert werden. Hierin ist auch das in dem Experiment von Preshing in Abschn. 3.6.3 beobachtete Verhalten begründet.

Adve und Gharachorloo (1995) geben einen umfangreichen Überblick verschiedener Konsistenzmodelle für parallele Rechensysteme mit gemeinsamem Speicher.

3.6.5　Atomare Variablen

Wettlaufsituationen lassen sich anhand von Synchronisierungsvariablen und den beschriebenen Zäunen auflösen, da diese die Möglichkeit bieten, eine *happens-before*-Relation zu definieren und somit eine undefinierte Gleichzeitigkeit zu verhindern.

Moderne Programmiersprachen enthalten *atomare Variablen,* die zur Synchronisierung zwischen Threads zur Verhinderung von Wettlaufbedingungen herangezogen werden können. Atomare Variablen haben zwei Funktionen:

1. die ununterbrechbare Ausführung von einfachen Operationen wie Lesen oder Schreiben von Speicherinhalten und von komplexen Operationen nach dem Muster Lesen-Ändern-Schreiben sowie
2. die Definition von Zäunen zur Festlegung einer Ordnung von Speicherzugriffen.

Der erste Aspekt wird in den Abschn. 3.6.7 und 5.1 am Beispiel der Programmiersprache C++ vorgestellt. Für die Vermeidung von Wettlaufsituationen wird die zweite, wichtige Eigenschaft benötigt. Im einfachsten Fall bieten atomare Variablen zwei Operationen an.

Die Anweisung *store(x, Wert)* schreibt *Wert* in die atomare Variable x und definiert zudem einen *Release*-Zaun (siehe Abb. 3.42). Alle entsprechend der Programmordnung vorherigen Speicherzugriffe (grau unterlegt) müssen zuvor abgeschlossen und für alle anderen Threads sichtbar sein.

Ist x eine atomare Variable, so greift *load(x)* ununterbrechbar auf die entsprechende Speicherstelle zu und liefert den Wert zurück. Entsprechend der Abb. 3.43 wird zudem ein *Acquire*-Zaun definiert. Alle nachfolgenden Speicherzugriffe (grau unterlegt) dürfen erst ausgeführt werden, wenn die *Load*-Anweisung abgeschlossen ist.

Die Wettlaufbedingung in Abb. 3.29 kann durch die Verwendung von atomaren Variablen und den entsprechenden Zäunen vermieden werden. In Abb. 3.44 wird auf die Synchronisierungsvariable x mit atomaren *store-* und *load*-Anweisungen zugegriffen.

Abb. 3.42 Ein *Store* definiert einen *Release*-Zaun

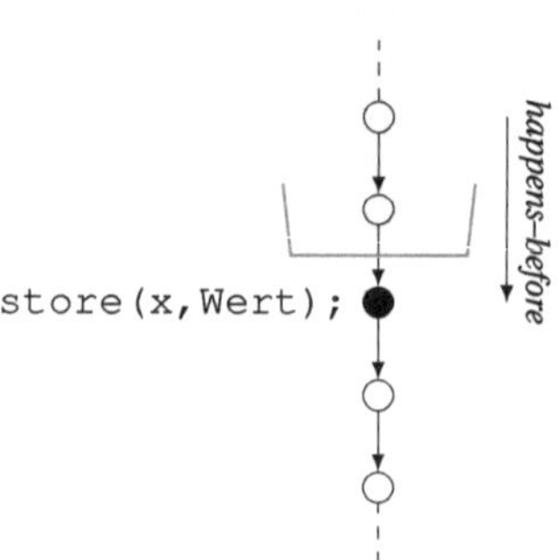

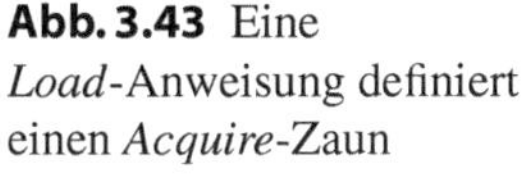

Abb. 3.43 Eine *Load*-Anweisung definiert einen *Acquire*-Zaun

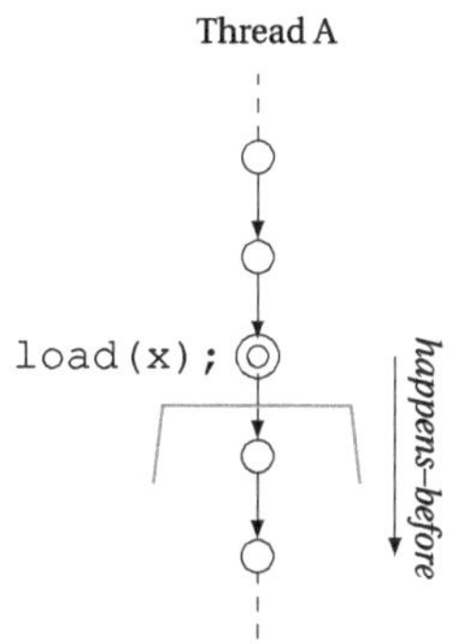

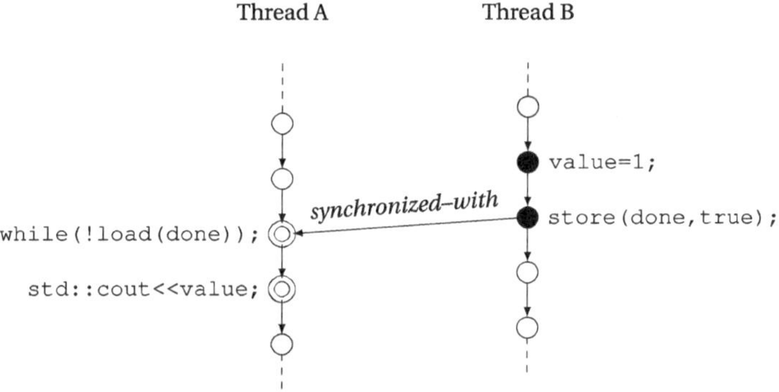

Abb. 3.44 Die Verwendung einer atomaren Variablen vermeidet die Wettlaufsituation

Der *store*-Befehl erzwingt, dass, wenn *done* den Wert *true* besitzt, die nicht-atomare Variable *value* den Wert *1* hat. Zudem erzwingt die *load*-Anweisung, dass der Inhalt der Variablen *value* erst gelesen wird, wenn zuvor *done* den Wert *true* besitzt. Eine Umsortierung und damit die Wettlaufbedingung wird durch die Zäune unterbunden.

Es ist hervorzuheben, dass die Synchronisierung mit atomaren Variablen nicht dazu führt, dass Anweisungen über Thread-Grenzen hinweg synchronisiert ausgeführt werden. Es wird lediglich sichergestellt, dass eine Umsortierung von Speicherzugriffen in einem Thread durch Zäune verhindert respektive eingeschränkt wird.

MODERNE PROGRAMMIERSPRACHEN verfolgen das Paradigma *Sequential Consistency for Data-Race-Free Programs:* Die sequenzielle Konsistenz wird bei der Ausführung zugesichert, wenn das Programm keine Wettlaufbedingungen enthält.

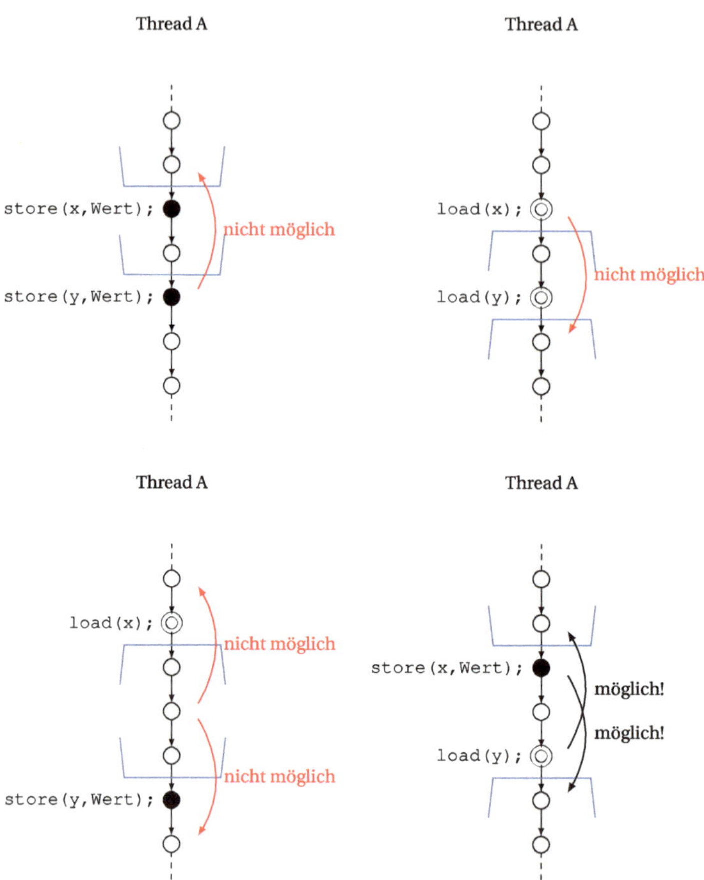

Abb. 3.45 Die Aufeinanderfolge von atomaren Operationen hat unterschiedliche Auswirkungen

Im zweiten Beispiel der Abb. 3.31 lassen sich die Wettlaufbedingungen durch die Verwendung von atomaren Variablen ebenfalls vermeiden. Das parallele Programm verhält sich danach sequenziell konsistent. Allerdings wird zuvor noch auf die Hintereinanderreihung mehrerer Zäune eingegangen.

Abb. 3.45 zeigt die vier Möglichkeiten, zwei atomare Operationen *store* und *load* mit den jeweiligen Zäunen zu kombinieren. Hierbei steht die Frage im Raum, ob sich die beiden atomaren Speicherzugriffe überholen können. In diesem Fall liegt keine sequenzielle Konsistenz vor.

Zwei atomare *store*-Anweisungen können nicht umsortiert werden. Das gleiche gilt für die Kombination von zwei atomaren *load*-Anweisungen. Folgt eine *store*- einer *load*-

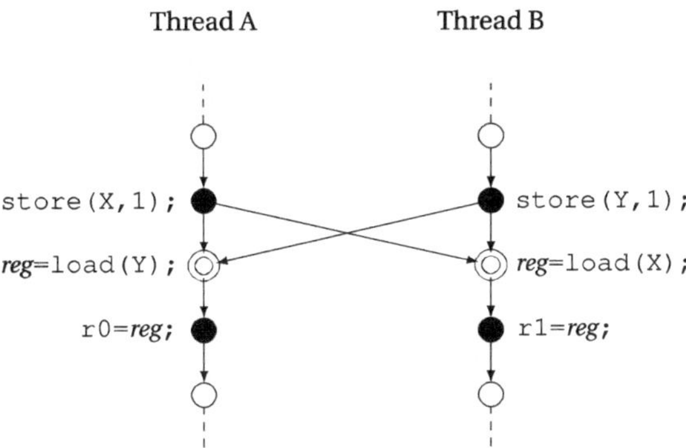

Abb. 3.46 Die Verwendung von zwei atomaren Variablen verhindert die Wettlaufbedingungen

Anweisung, bilden diese einen abgeschlossenen Bereich, den kein Speicherzugriff verlassen kann. Problematischer ist der umgekehrte Fall: eine *load*-Anweisung folgt auf ein *store*. Hierbei ist es möglich, dass diese beiden Anweisungen umsortiert werden können. Da dieses die Eigenschaft sequenzieller Konsistenz verletzt, muss **zusätzlich** zu den o. g. Eigenschaften von *Acquire-* und *Release*-Zäunen gelten, dass eine *store-* und eine folgende *load*-Anweisung nicht umsortiert werden dürfen.

Abb. 3.46 ist die Lösung mit zwei atomaren Variablen X und Y. Zur Verdeutlichung sind die Zuweisung und der *load*-Befehl auseinander gezogen. Die Variable Y respektive X wird in ein lokales Register *reg* gelesen und anschließend folgt die Zuweisung zu den nichtatomaren Variablen *r0* und *r1*. Diese Lösung ist sequenziell konsistent, wenn die obige zusätzliche Eigenschaft gilt.

3.6.6 Weitere Beispiele

Zwei weitere Beispiele zeigen die Konsequenzen nicht sequenziell konsistenter Speichermodelle. Der *Algorithmus von Peterson* als Vereinfachung des Verfahrens von Dekker zum wechselseitigen Ausschluss und das *EntwurfsmusterDouble-Checked Locking Pattern* sind „Klassiker" mit Wettlaufbedingungen. Beide Verfahren finden sich in (älteren) Lehrbüchern. Diese funktionieren allerdings nicht auf heutigen Prozessoren.

Der Algorithmus von Peterson Der Algorithmus in Abb. 3.47 garantiert den wechselseitigen Ausschluss ohne die Verwendung von Sperren (in der Programmiersprache C nach Tanenbaum 2009). Das Verfahren arbeitet nicht fehlerfrei auf modernen Mehrkernsystemen, da mehrere Wettlaufbedingungen existieren.

```
#define FALSE  0
#define TRUE   1
#define N      2

int turn=-1;
int interested[N]={FALSE, FALSE};

void enter_region(int process) {
  int other=1-process;

  interested[process]=TRUE;
  turn=process;

  while (turn==process && interested[other]==TRUE);
}

void leave_region(int process) {
  interested[process]=FALSE;
}
```

Abb. 3.47 Der Algorithmus von Peterson für zwei parallele Prozesse hat mehrere Wettlaufbedingungen

Der Algorithmus ist für zwei Prozesse zum Schutz kritischer Abschnitte entwickelt worden. Ein Prozess führt beim Eintritt die Funktion *enter_region* und beim Austritt *leave_region* mit einer Prozesskennung (hier 0 oder 1) aus.

Insgesamt werden mehrere gemeinsame Variablen zur Synchronisierung benutzt: Das Feld *interested* gibt an, ob ein Prozess in einen kritischen Abschnitt eintreten will. Die Variable *turn* definiert die Reihenfolge, wenn zwei Prozesse annähernd zeitgleich in einen kritischen Abschnitt eintreten möchten.

Rufen zwei Prozesse die *enter_region*-Funktion auf, so überschreibt der zweite Prozess die *turn*-Variable. Hierdurch wird die Reihenfolge des Eintritts festgelegt. Solange der Wert von *turn* der eigenen Prozesskennung entspricht und der andere Prozess den Abschnitt nicht verlassen hat, wird aktiv in der *while*-Schleife gewartet. Verlässt der erste Prozess den kritischen Abschnitt und setzt den entsprechenden Wert von *interested* zurück, so kann der zweite Prozess eintreten.

Das skizzierte Verfahren ist eine komplexe Variante des Beispiels in Abb. 3.31. Durch eine Vertauschung des lesenden und schreibenden Zugriffs auf das Feld *interested* können beide Prozesse zeitgleich in den kritischen Bereich fehlerhaft eintreten. Ein gegenseitiger Ausschluss ist nicht sichergestellt.

Double-Checked Locking Pattern Der zweite Algorithmus in Abb. 3.48 (siehe Schmidt et al. 2002) ist ebenfalls ein prominentes Beispiel, welches auf modernen Prozessoren zu einer Wettlaufbedingung und damit zu einem nicht definierten Verhalten führt. Die Idee des Entwurfsmusters ist es, eine einzelne Instanz einer Klasse (Singletonmuster) in einem parallelen Programm sicher und effizient zu erzeugen. Der erstmalige Aufruf der Methode *instance* erzeugt das entsprechende Objekt der Klasse *Singleton*.

Der grundsätzliche Ansatz des Entwurfsmusters ist es, den Test, ob ein Objekt zu einem früheren Zeitpunkt erzeugt wurde, durch einen einfachen, sperrenfreien Vergleich zu realisieren. Ist das Objekt nicht vorhanden, so wird dieses erzeugt, durch eine Sperre geschützt.

Die häufige Verwendung von Sperren ist aufwendig und kann bei parallelen Programmen zu einer Serialisierung führen. Das Muster versucht dieses zu vermeiden, da die Sperre nur beim einmaligen Erzeugen durchlaufen wird. Der Name des Musters ergibt sich daraus, dass zweimal überprüft wird, ob eine Instanz bereits existiert:

1. Ist der Zeiger *_instance* im ersten Vergleich ungleich null, so wird das zuvor erzeugte Objekt zurückgegeben. Anderenfalls muss ein neues Objekt der Klasse *Singleton* zuvor erzeugt werden.
2. Der zweite Test wird durch eine Sperre (hier im Beispiel mit einem Mutex) geschützt. Diese verhindert, dass ein zweiter Thread annähernd zeitgleich die beiden Tests durchläuft und dadurch fehlerhaft eine weitere Instanz erzeugt wird.

WO LIEGT NUN ABER DAS PROBLEM? Trotz der Sperre existiert eine Wettlaufbedingung zwischen dem ersten Nullzeiger-Test (lesender Zugriff) und der Zuweisung der neu erzeugten Instanz innerhalb des kritischen Abschnitts (schreibender Zugriff). Die Erzeugung eines neuen Objektes mit dem *new*-Operator und dem Konstruktoraufruf wird in drei Schritten (vereinfachte Darstellung) durchgeführt:

Abb. 3.48 Das Entwurfsmuster mit C++11-Sprachelementen hat eine Wettlaufbedingung. Der *std::lock_guard* gibt die Sperre am Ende des Blocks automatisch frei

```cpp
class Singleton {
public:

    Singleton() { /* --Initalisierung. */ }

    static Singleton* instance() {
      /* --Prüfe ohne Sperre. */
      if (_instance==nullptr) {
        std::lock_guard<std::mutex> lock(_lock);
        /* --Prüfe mit Sperre. */
        if (_instance==nullptr)
            _instance= new Singleton;
      }
      return _instance;
    }

    /* --Weitere Methoden. */
    void method() const { /* --tue etwas. */ }

private:

    static Singleton* _instance;
    static std::mutex _lock;
};
```

1. Speicherallokation: `void* tmp=malloc(sizeof(Singleton));`
2. Objektinitialisierung im Konstruktor: `new (tmp) Singleton;`
3. Zuweisung: `_instance=tmp;`

Da aus einer sequenziellen Sicht zwischen dem zweiten und dem dritten Schritt keine Abhängigkeit besteht, kann der Prozessor oder der Compiler die Ausführungsreihenfolge vertauschen.

Führt ein zweiter, paralleler Thread die *instance*-Methode nun aus und stellt anhand des sperrenfreien Tests fest, dass bereits ein Objekt existiert, so entsteht eine Wettlaufbedingung. Es besteht die Möglichkeit, dass dieses noch nicht korrekt oder unvollständig durch den Konstruktor initialisiert ist. Das weitere Programmverhalten ist damit nicht mehr definiert.

3.6.7 Atomare Operationen

Wie bereits vorgestellt, realisieren atomare Variablen verschiedene Funktionalitäten. Zusätzlich zur Synchronisierung von Lese- oder Schreibzugriffen führen diese nicht-unterbrechbare Funktionen aus.

Atomare Operationen haben im allgemeinen einen Lese- und Schreibzugriff, der ggfs. zusätzlich bedingt ist. Moderne Prozessoren unterstützen die nachfolgenden Beispiele durch gesonderte Anweisungen im Befehlssatz. Die *test_and_set*-Funktion in Abb. 3.49 erhält eine Boolesche Variable als Parameter, merkt sich den Wert, setzt die Variable auf *true* und liefert den zuvor gemerkten Wert zurück.

In ähnlicher Weise nur mit ganzzahligen Werten arbeitet *fetch_and_add* in Abb. 3.50. Das Argument der Funktion wird inkrementiert und der vorherige Wert zurückgegeben.

Die Funktion *exchange* in Abb. 3.51 vertauscht den Inhalt zweier Variablen.

Etwas mächtiger ist *compare_and_set* in Abb. 3.52. Diese atomare Operation erhält drei Parameter und liefert einen Wahrheitswert zurück. Zuerst prüft die Funktion, ob die Inhalte der beiden Variablen *value* und *expected* identisch sind. Ist dieses der Fall, so wird die

```
1  def test_and_set(value)
2  |    input : Boolescher Wert value.
3  |    result : Ursprünglicher Wert value, value hat Wert true.
4  |    atomic
5  |    |    current ← value
6  |    |    value ← true
7  |    |    return current
8  |    end
9  end
```

Abb. 3.49 Die drei Anweisungen der Funktion sind nicht-unterbrechbar

```
1  def fetch_and_add(value)
2  │   input : Ganzzahliger Wert value.
3  │   result : Ursprünglicher Wert value, value ist inkrementiert.
4  │   atomic
5  │   │   current ← value
6  │   │   value ← value + 1
7  │   │   return current
8  │   end
9  end
```

Abb. 3.50 Die Funktion arbeitet mit ganzzahligen Werten

Variable *value* aktualisiert und die Funktion terminiert mit *true*. Im anderen Fall wird *false* zurückgegeben.

Mit atomaren Variablen und Operationen lassen sich Datenstrukturen implementieren, die ohne Sperren (Semaphor, Mutex) arbeiten und den Zugriff auf gemeinsame Variablen ohne Wettlaufbedingung sicherstellen.

```
1  def exchange((pvalue, qvalue)
2  │   input : Zwei Werte pvalue und qvalue.
3  │   result : Vertauschte Inhalte.
4  │   atomic
5  │   │   temp ← pvalue
6  │   │   pvalue ← qvalue
7  │   │   qvalue ← tmp
8  │   end
9  end
```

Abb. 3.51 Die Inhalte von *pvalue* und *qvalue* werden getauscht

```
1  def compare_and_set(value, expected, update)
2  │   input : Werte value, Vergleichswert expected und neuer Wert update.
3  │   result : true wenn value verändert wurde ansonsten false.
4  │   atomic
5  │   │   if (value = expected) then
6  │   │   │   value ← update
7  │   │   │   return true
8  │   │   else
9  │   │   │   return false
10 │   │   end
11 │   end
12 end
```

Abb. 3.52 Die Funktion *compare_and_set* realisiert eine bedingte Zuweisung

3.7   Sperrenfreie Datenstrukturen

Das Ziel bei der Entwicklung und Anwendung sperrenfreier Datenstrukturen beim Zugriff auf gemeinsame Daten ist die Vermeidung von Betriebssystemmitteln, die analog zur Abb. 3.53 zu „Flaschenhälsen" im Programmablauf führen.

Die Idee sperrenfreier Datenstrukturen wird nachfolgend anhand eines Beispiels verdeutlicht. Die Entwicklung und insbesondere der Nachweis der Korrektheit der Algorithmen ist sehr aufwendig. Es treten dabei neuartige Phänomene wie das *ABA-Problem* auf.

3.7.1   Warteschlange

Die in Abb. 3.54 skizzierte Datenstruktur *queue* realisiert eine Warteschlange, auf die mehrere, voneinander unabhängige Rechenkerne (Threads) zugreifen können. Der gegenseitige Ausschluss erfolgt sperrenfrei mit atomaren Operationen, d. h. es werden keine Betriebssystemmittel wie ein Semaphor oder ein Mutex benötigt. Ein Kontextwechsel in das Betriebssystem entfällt.

Abb. 3.53 Die Tunneleinfahrt ist durch die Verengung der Flaschenhals und führt aufgrund der Serialisierung zu Staus bei der Einfahrt

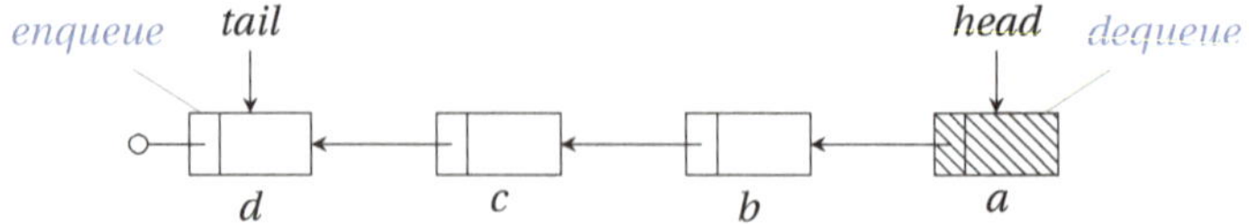

Abb. 3.54 Die einfach verkettete Liste realisiert eine Warteschlange. Das erste Element ist ein Sentinel

Eine einfach verkettete Liste realisiert die Warteschlange: Jedes Element enthält den eigentlichen Wert und einen Verweis (Zeiger, Referenz) auf das nachfolgende Element in der Liste. Die Verweise *head* und *tail* verweisen auf das erste respektive letzte Element der Warteschlange. Das erste Element ist ein *Sentinel* (Marker), dessen Wert nicht berücksichtigt wird. Eine leere Warteschlange besteht nur aus einem Sentinel, auf den *head* und *tail* verweisen.

Die beiden Operationen *enqueue* und *dequeue* fügen am Ende der Warteschlange einen neuen Wert ein respektive entnehmen am Kopf einen Wert. Abb. 3.55 zeigt den Algorithmus zum Einfügen.

Das Einfügen eines neuen Wertes in die Liste erfolgt in zwei Schritten:

1. der Verweis auf das nachfolgende Element des bisherigen letzten Elements wird gesetzt und
2. das Ende der Warteschlange wird aktualisiert.

```
 1  def enqueue(queue, value)
 2      input : Warteschlange queue und neuer Wert value.
 3      result : Warteschlange queue mit value als neues Ende.
 4      node ← erzeuge neuen Knoten
 5      node.next ← nil
 6      node.value ← value
 7      while (true) do
 8          last ← queue.tail
 9          next ← last.next
10          if (last = queue.tail) then
11              if (next = nil) then
12                  {Schritt 1: Füge den Knoten hinten ein.}
13                  if (compare_and_set(last.next, next, node)) then
14                      {Schritt 2: Setze das Ende der Warteschlange.}
15                      compare_and_set(queue.tail, last, node)
16                      return
17                  end
18              else
19                  {Helfe das Ende der Warteschlange zu setzen.}
20                  compare_and_set(queue.tail, last, next)
21              end
22          end
23      end
24  end
```

Abb. 3.55 Einfügen eines Wertes *value* in eine Warteschlange *queue*

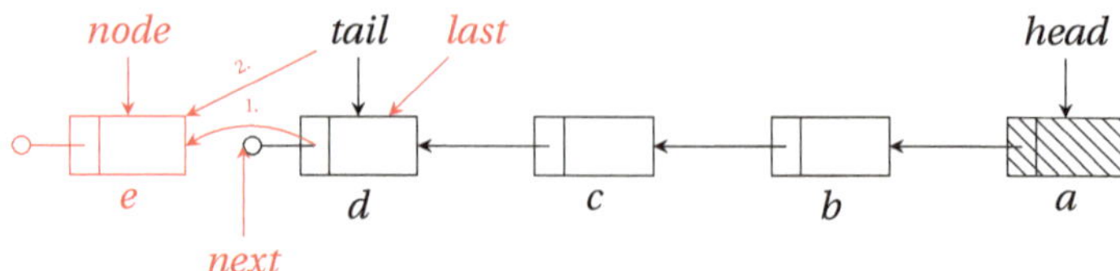

Abb. 3.56 Das neue Element wird an das Ende eingereiht und zwei Verweise werden aktualisiert

Beide Schritte werden atomar durchgeführt; ein paralleler Zugriff eines anderen Rechenkerns (Thread) führt zum Abbruch der Operation und wird wiederholt.

Abb. 3.56 zeigt diese beiden Schritte: Zuerst wird der Nachfolger von d angehangen (1.) und anschließend der Zeiger *tail* auf das neue letzte Element der Warteschlange gesetzt. Das Einfügen eines Elementes erfolgt mit einem *optimistischen Ansatz*. Es wird eine Operation unter der Annahme durchgeführt, dass es zu keiner Wettlaufsituation kommt. Anhand des Ergebnisses (Rückgabewert) der Operation wird geprüft, ob diese Annahme tatsächlich gegolten hat. Falls dieses nicht der Fall war, so wird die Operation wiederholt. Dieser optimistische Ansatz ist charakteristisch für viele andere sperrenfreie Algorithmen.

Was aber passiert, wenn zwischen den beiden atomare Operationen ein zweiter Rechenkern einen neuen Wert an die Warteschlange anhängt? Abb. 3.57 zeigt diesen kollidierenden Zugriff. Das neue Element e ist durch den ersten Rechenkern bereits an das bisherige letzte Element d angehangen. Der *tail*-Verweis aber noch nicht aktualisiert. Sollte in diesem Moment ein paralleler Rechenkern seinerseits ein neues Element e' einfügen, so kommt es zu einer Kollision. Der zweite Thread stellt fest, dass der *next'*-Verweis ungleich *nil* ist und setzt von sich aus den *tail*-Verweis auf das zuletzt eingefügte Element um. Erst dann kann der zweite Thread sein Element e' anfügen.

Das Entfernen eines Elementes aus der Warteschlange (siehe Abb. 3.58) ist etwas einfacher als das Einfügen, da nur ein Verweis verändert wird. Abb. 3.59 zeigt, dass der *head*-Verweis auf das zweite Element der Liste mit einer atomaren Operation aktualisiert wird.

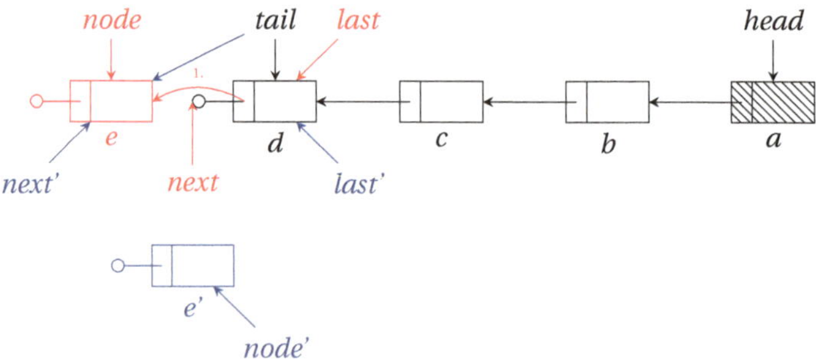

Abb. 3.57 Greifen zwei Rechenkerne beim Einfügen eines Wertes zeitgleich auf die Warteschlange zu, so kommt es zur Kollision

```
 1  def dequeue(queue, value)
 2      input : Warteschlange queue.
 3      result : true wenn value aus queue entfernt wurde ansonsten false.
 4      while (true) do
 5          first ← queue.head
 6          last ← queue.tail
 7          next ← first.next
 8          if (first = queue.head) then
 9              if (first = last) then
10                  if (next = nil) then return false
11                  {Helfe das parallele Einfügen abzuschließen.}
12                  compare_and_set(queue.tail, last, next)
13              else
14                  value ← next.value
15                  {Setze den Beginn der Liste auf das zweite Element.}
16                  if (compare_and_set(queue.head, first, next)) then
17                      return true
18                  end
19              end
20          end
21      end
22  end
```

Abb. 3.58 Der Algorithmus *dequeue* liefert *false* zurück, wenn kein Element in der Warteschlange enthalten ist

Abb. 3.59 Ein Rechenkern entfernt das erste Element aus der Warteschlange

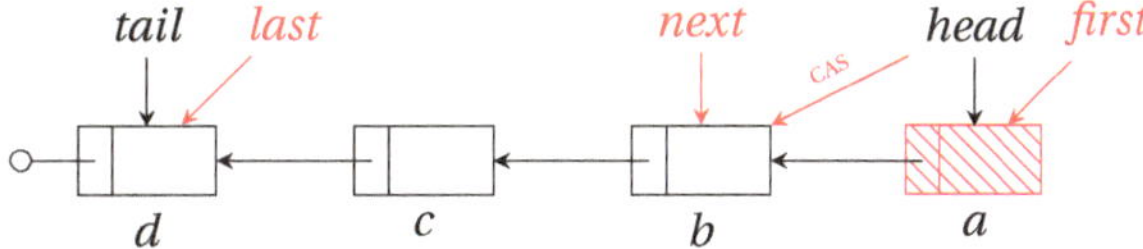

Abb. 3.60 Paralleles Einfügen und Löschen eines Elementes

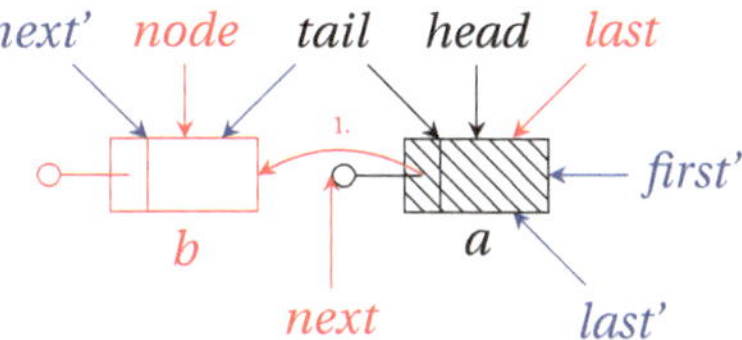

Das Element *b* wird somit der neue Sentinel. Eine besondere Situation kann eintreten, wenn ein Rechenkern einen neuen Wert in die Warteschlange einreiht und parallel ein anderer diesen entfernt, bevor das Einfügen abgeschlossen ist. In Abb. 3.60 wird an den Sentinel *a* ein neues Element *b* angefügt. Der zweite Kern beobachtet dieses und verändert den *tail*-Verweis auf *b*. Nun kann dieser den Knoten *b* wieder entnehmen.

3.7.2 Das ABA-Problem

An der skizzierten Warteschlange kann ein Phänomen verdeutlicht werden, welches als *ABA-Problem* bezeichnet wird. Die Gründe hierfür sind zum einen, dass ein Thread nicht erkennen kann, dass die Warteschlange parallel verändert wurde. Zum anderen werden Speicherbereiche der Elemente nach dem Löschen aus der Warteschlange neu verwendet. Abb. 3.61 zeigt dieses Phänomen anhand der bereits diskutierten Funktionen zum Einfügen und Löschen von Elementen aus einer Warteschlange. Ein erster Thread entnimmt das erste Element *a* aus der Warteschlange, kann die *dequeue*-Funktion aber nicht abschließen, weil der Thread beispielsweise durch das Betriebssystem suspendiert wird. Der Thread behält die beiden Verweise *first* und *next* auf die beiden Elemente *a* und *b*. Zwischenzeitlich schließt ein anderer Thread das Entfernen von *a* ab und entnimmt auch das zweite Element *b*. Im Laufe der Zeit werden jetzt weitere Werte aus der Warteschlange entnommen und neue ans Ende eingefügt. Hierbei kann es dazukommen, dass der Speicher für das zuvor entfernte Element *a* wiederverwendet wird und das Element durch Einfüge- und Entnahmevorgänge wieder an den Kopf der Warteschlange voranschreitet.

Wenn jetzt der zuvor suspendierte Thread die aus seiner Sicht nicht abgeschlossene *dequeue*-Funktion abschließt, kommt es zu einer Fehlersituation. Da der Verweis *head* identisch zu *first* ist, wird jetzt *head* auf das Element *b* gesetzt, obwohl dieses Element nicht mehr in der Warteschlange enthalten ist und der Speicher ungültig oder anderweitig verwendet wird. Die Warteschlange hat dann einen fehlerhaften Aufbau.

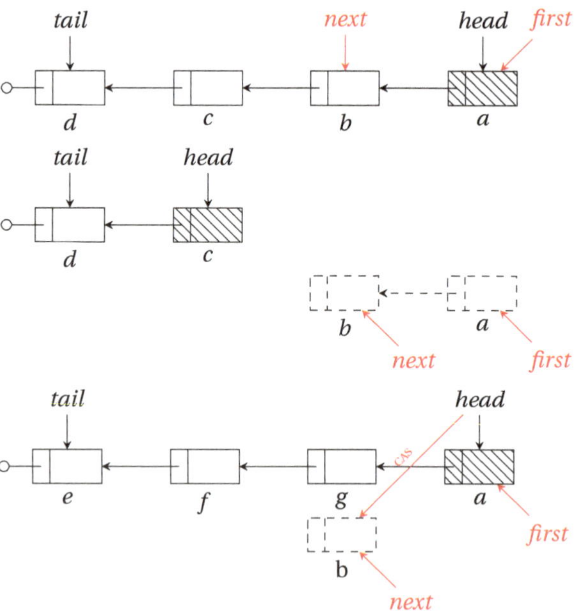

Abb. 3.61 Der Thread, der das Element *a* aus der Warteschlange entnehmen will, erkennt nicht, dass die Verweise ungültig geworden sind

3.7.3   Dynamische Speicherverwaltung mit Hazard-Verweisen

Das ABA-Problem zeigt eine grundsätzliche Problematik bei der Entwicklung sperrenfreier Datenstrukturen auf. Da ein Thread zu fast jedem Zeitpunkt unterbrochen werden kann, ist der Speicherzugriff mittels Verweisen (Zeigern oder Referenzen) nicht zu jedem Zeitpunkt sicher. Dieses Phänomen tritt insbesondere bei jenen Systemen und Anwendungen auf, die kein *Garbage Collection* unterstützen, also beispielsweise bei der Programmierung in C oder C++.

Zur Laufzeit dynamisch erzeugte Objekte müssen explizit gelöscht werden. Bevor der zugehörige Speicher wieder freigegeben wird, muss sichergestellt sein, dass kein anderer Thread auf dieses Objekt zukünftig noch zugreifen wird. Bei gemeinsam genutzten Datenstrukturen, die kritische Abschnitte durch Sperren, beispielsweise durch ein Semaphor, schützen, entsteht diese Fragestellung nicht. Der Ansatz mit *Hazard-Verweisen* ist erstmalig in Michael (2004) beschrieben und inzwischen als Vorschlag in die C++-Standardisierung aufgenommen (siehe Michael et al. 2017).

Prinzip   Der Zugriff auf einen Verweis in einer sperrenfreien Datenstruktur ist potenziell *unsicher,* wenn zwischenzeitlich ein anderer Thread das entsprechende Element gelöscht und den zugehörigen Speicher freigegeben hat. Zusätzlich zu dem Verweis muss daher noch eine Information mitgeführt werden, ob der Zugriff auf den Verweis *sicher* ist. Wird ein sicherer Zugriff nicht garantiert, so führt dieses zu schwerwiegenden Folgen im Programmablauf (häufig kommt es zu Abstürzen oder zu einem nichtdeterministischen Verhalten).

Die Grundidee ist es, einem Element einen eindeutigen *Zustand* zuzuordnen. In Abhängigkeit des Zustandes ist der Zugriff auf jenes Element sicher oder unsicher. Zusätzlich hat jedes Element maximal einen *Besitzer.* Dieser gibt beispielsweise an, wer das Element erstellt oder löscht. Der Zugriff auf einen Verweis durch einen Thread ist nur dann sicher, wenn dieser der Besitzer ist oder kein anderer Thread der Besitzer ist.

Die Abb. 3.62 bis 3.66 skizzieren den Ansatz einer dynamischen Speicherverwaltung am Beispiel einer einfach verketteten Liste. Hierbei wird vorausgesetzt, aber nicht weiter detailliert, dass der parallele Zugriff mehrerer Threads auf die Liste durch sperrenfreie Mechanismen gewährleistet wird. Das Prinzip lässt sich auf andere Datenstrukturen, wie Stapel oder Baum, übertragen.

Abb. 3.62 zeigt eine dynamische, sperrenfreie Datenstruktur als einfach verkettete Liste sowie zwei Threads *T0* und *T1*, die gemeinsam auf diese Daten zugreifen. Der Thread *T0* beginnt einen neuen Knoten *A* in die Datenstruktur einzufügen. Hierzu wird zuerst ein Speicherbereich mit einer bestimmten Größe ab einer Speicheradresse reserviert resp. allokiert. Es gibt nur einen Verweis auf das neue Element; der Zugriff ist sicher.

Anschließend fügt Thread *T0* das Element in die vorhandene Liste ein. Abb. 3.63 zeigt die Situation, nachdem das Element *A* erfolgreich in die verkettete Liste eingefügt ist. Das Element befindet sich im Zustand *erreichbar* und der Zugriff auf dieses (beispielsweise über den Vorgänger in der Liste) ist für alle Threads sicher. Abb. 3.64 skizziert die Situation beim

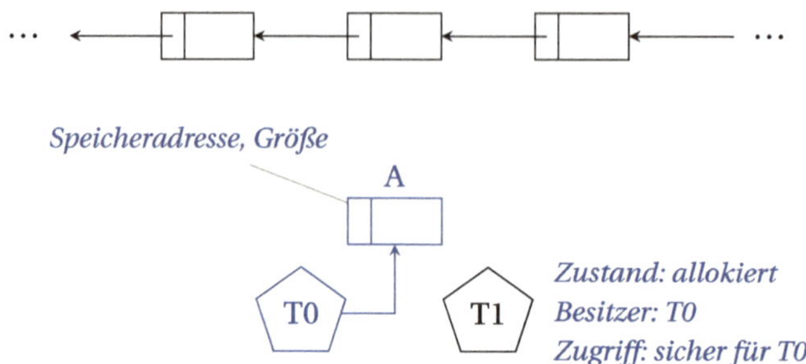

Abb. 3.62 Der Speicherbereich für ein neues Element *A* ist allokiert und der Thread *T0* hat einen Verweis

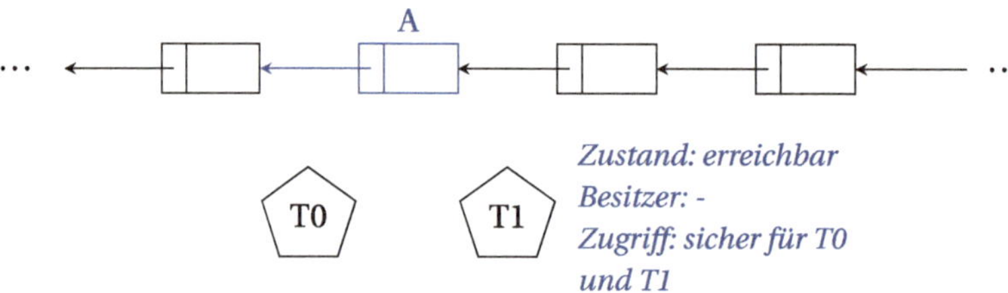

Abb. 3.63 Das neu eingefügte Element *A* ist in der Datenstruktur erreichbar

Entfernen von Elementen aus dynamischen Datenstrukturen. Der Thread *T0* hat einen Verweis auf das Element *A*. Bevor der Zugriff abgeschlossen wird, entfernt der Thread *T1* das Element aus der Liste, d. h. das Element *A* ist nicht mehr in der verketteten Liste erreichbar. Wenn jetzt *T1* den Speicherplatz für *A* freigibt, entsteht für den Thread *T0* ein unsicherer Zugriff auf *A*. Der Thread *T0* muss *T1* mitteilen, dass dieser noch einen Verweis auf *A* hält. Solange mindestens ein anderer Thread noch einen Verweis auf das zu löschende Element hat, kann dieses nicht freigegeben werden (siehe Abb. 3.65). Da das Element nicht mehr in der Datenstruktur erreichbar ist, entstehen keine neuen Verweise. Für die Speicherfreigabe im Zustand *gelöscht* sind unterschiedliche Ansätze denkbar. Im einfachsten wird das Element direkt nach dem Löschen freigegeben (siehe Abb. 3.66). Aber auch andere Strategien sind möglich, um beispielsweise den Aufwand der Freigabe einzelner Speicherbereich zu minimieren.

Zusammenfassend durchläuft der Lebenszyklus eines belegten Speicherbereichs für ein Objekt die folgenden Zustände:

- *allokiert:* Der Speicherbereich ist allokiert und kann in folgenden Schritten verwendet werden.
- *erreichbar:* Das Element ist in der sperrenfreien Datenstruktur eingefügt und kann durch unterschiedliche Threads zugegriffen werden.

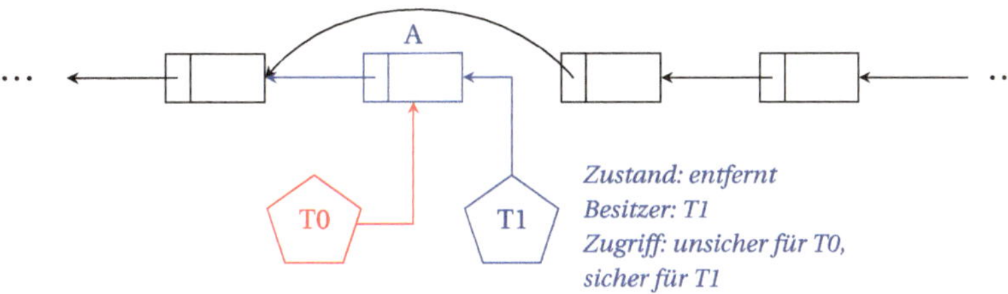

Abb. 3.64 Thread *T1* hat das Element *A* aus der Liste entfernt, sodass dieses nicht mehr erreichbar ist

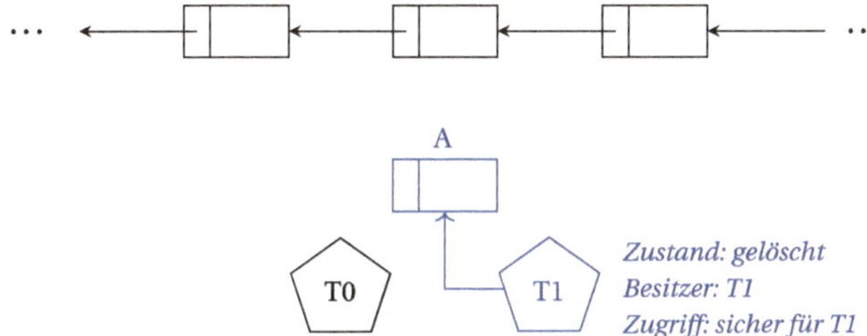

Abb. 3.65 Der Thread *T1* kann das Element *A* erst dann löschen, wenn kein anderer Thread mehr einen Verweis auf dieses hat

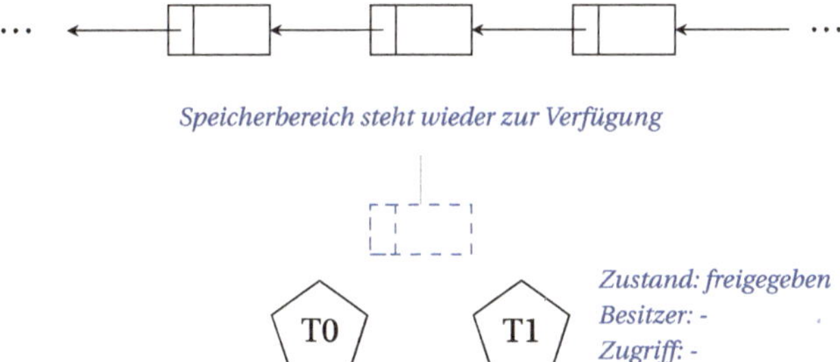

Abb. 3.66 Der Thread *T1* kann den Speicher zur Wiederverwendung freigeben, wenn das Element zuvor gelöscht worden ist

- *entfernt:* Das Element ist zum Löschen markiert und nicht mehr über die Datenstruktur erreichbar. Unterschiedliche Threads können jedoch noch Verweise auf dieses Element halten.
- *gelöscht:* Bis auf einen existieren keine weiteren Verweise in parallelen Threads. Der Speicherbereich kann jetzt oder zu einem späteren Zeitpunkt freigegeben werden.
- *freigegeben:* Der Speicher ist freigegeben und auf diesen darf kein Thread mehr zugreifen.

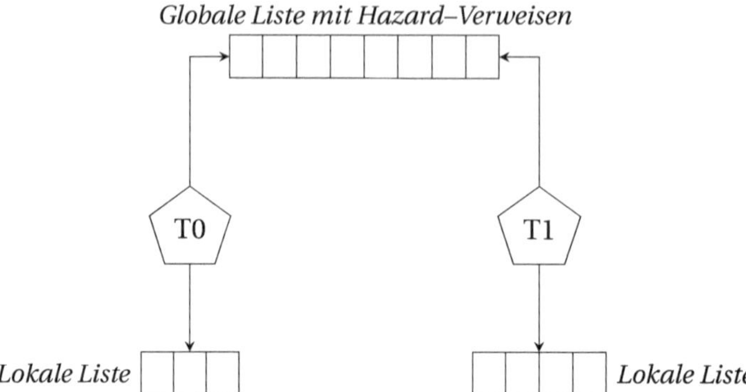

Abb. 3.67 Zur Verwaltung von Hazard-Verweisen existiert eine globale Liste, in der jeder Thread jene Verweise einträgt, die er zu dem Zeitpunkt hält

Realisierung Die Idee der kritische Abschnitte in der Programmierung mit Semaphore o. ä. Sperren wird auf die Handhabung von Verweisen übertragen. Verwendet ein Thread einen Verweis auf ein gemeinsam genutztes Objekt, so wird dieser Verweis (und damit das Objekt) als *Hazard* markiert. Für andere, parallele Threads wird somit sichtbar, dass der referenzierte Speicherbereich erst einmal nicht freigegeben werden darf. Hat der Thread seinen Zugriff abgeschlossen, so nimmt dieser die Hazard-Markierung wieder zurück.

Für die Implementierung einer dynamischen Speicherverwaltung für eine sperrenfreien Datenstruktur sind mehrere Listen notwendig, wie Abb. 3.67 verdeutlicht.

Zum einen ist eine globale Liste erforderlich, in der jeder Thread jene Verweise einträgt, auf die dieser zugreift. Hierdurch wird anderen Threads gezeigt, dass die entsprechenden Elemente nicht gelöscht werden dürfen. Zudem hat jeder Thread eine lokale Liste mit Verweisen auf Speicherbereiche, die im Zustand *entfernt* sind. Jeder Thread prüft nun sporadisch, ob die Elemente in der jeweiligen lokalen Liste nicht mehr in der globalen Liste enthalten sind. Ist dieses der Fall, dann wechselt das Objekt von *entfernt* in den Zustand *gelöscht*. Anschließend kann sodann der Speicher für jenes Element freigegeben werden.

Damit der Vorteil sperrenfreier Datenstrukturen durch die Speicherverwaltung nicht konterkariert wird, muss die globale Liste ebenfalls als sperrenfreie Liste realisiert sein. Für die lokalen Listen ist kein Zugriffsschutz notwendig, da diese nur Thread-lokal verwendet werden.

3.8   Eingebettete Systeme

Im Gegensatz zum meist symmetrischen Aufbau von Arbeitsplatzrechnern und Servern mit Intel x86/x64-Befehlssatz sowie zu den Grafikkarten von Nvidia gibt es im Bereich eingebetteter Systeme eine wesentlich größere Bandbreite homogener und heterogener Multi- und Manycore-Architekturen.

Für eingebettete System gelten häufig zusätzliche Anforderungen, die den Einsatz von stromsparenden Prozessoren erfordern. Um die Wärme abzuführen, kann keine aktive Kühlung eingesetzt werden, da kein entsprechender Bauraum zur Verfügung steht oder diese für den Benutzer störende Geräusche (z. B. in einen Fahrzeuginnenraum) emittieren würde.

Für eingebettete Systeme sind stromsparende Architekturen jedoch noch aus einem besonderen Grund relevant. Während Arbeitsplatzrechner und Server die entstehende Wärme durch eine angepasste Kühlung abführen können, steht für sehr viele eingebettete Systeme der Energieverbrauch in Hinblick auf die zur Verfügung stehende Batterie- oder Akkuleistung im Vordergrund. Beispielsweise haben Rauchmelder eine garantierte Funktionsdauer von 10 Jahren mit nur einer Batterieladung.

Die nachfolgenden Abschnitte stellen eine kleine Auswahl an Mikrocontrollern und System-on-a-Chip-Architekturen (SoC) für eingebettete Systeme unterschiedlicher Bauart vor, die parallel arbeitende Rechenkerne integrieren.

3.8.1 Parallax P8X32A

Der *Propeller P8X32A* der Firma Parallax in Abb. 3.68 besteht aus acht Rechenkernen, die unabhängig voneinander arbeiten (MIMD). Jeder 32-Bit-Kern hat einen lokalen Speicherbereich und kann über einen Verbindungsbus auf den globalen Speicher (RAM und ROM) zugreifen. Der gemeinsame Zugriff auf diesen Speicher wird durch einen *Hub* synchro-

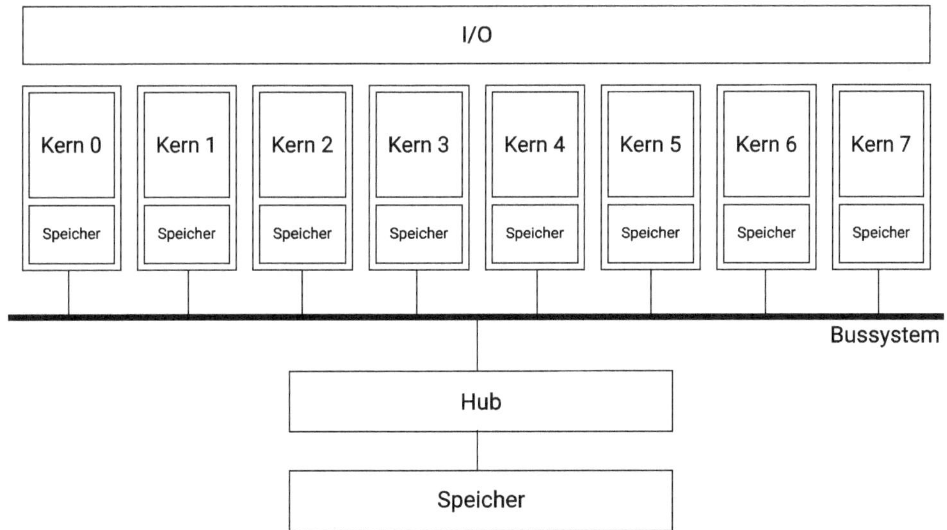

Abb. 3.68 Blockdiagramm der P8X32A-Architektur mit acht Rechenkernen

nisiert. Hierzu arbeiten *Lock-Bits* wie einfache Semaphore, die einen exklusiven Zugriff sperren und freigeben.

Im Gegensatz dazu ist der Zugriff auf die I/O-Peripherie nicht exklusiv, d. h. eine Synchronisierung und ein exklusiver Zugriff müssen durch die Anwendung sichergestellt werden. Der P8X32A unterstützt keine Unterbrechungen (Interrupts) und wird in einer eigenen Sprache *Spin* ohne Betriebssystem programmiert. Hierzu ist ein Interpreter im Mikrocontroller integriert.

Der P8X32A hat ein experimentelles Design und dient vorrangig zu Ausbildungszwecken. Weitere Informationen sind in Avery et al. (2010) zu finden.

3.8.2 Adapteva Epiphany

Der *Epiphany*-Koprozessor der Firma Adapteva hat 16, 64 oder 1024 Rechenkerne und wird zusammen mit einem weiteren Prozessor *(Host)* zur Ansteuerung in ein Gesamtsystem integriert. In der Entwicklungsplattform *Parallela* ist ein *Epiphany III*-Prozessor mit 16 Kernen an zwei ARM A9-Rechenkerne über eine programmierbare Logik (FPGA) angeschlossen und besitzt somit eine heterogene Hardware-Architektur. Der Zugriff auf die I/O-Peripherie sowie den externen Hauptspeicher erfolgt ebenfalls über den *Host.*

Die einzelnen, unabhängigen Rechenknoten des Koprozessors (MIMD) sind in einem zweidimensionalen Gitter angeordnet (siehe Abb. 3.69). Jeder Knoten enthält eine 32-bit RISC CPU mit Gleitkommaeinheit und einem lokalen Speicher (32 kByte). Die Kommunikation zwischen den einzelnen Knoten erfolgt über einzelne Router, die eine Punkt-zu-Punkt-Kommunikation sicherstellen. Die Verbindung erfolgt über drei Netzwerke, wobei jedes Netzwerk bestimmte Lese- oder Schreibzugrife sicherstellt. An den vier Seiten des Rechengitters lassen sich andere Ephiphany-Knoten, programmierbare Logiken oder Mikrokontroller anschließen.

Der Ephiphany-Koprozessor hat zwar einen verteilten Speicher, der jedoch über einen gemeinsamen Adressraum verfügt, sodass jeder Knoten auf den Speicher eines anderen Knotens im Netzwerk lesend und schreibend zugreifen kann.

Die Programmierung erfolgt in C/C++. Mögliche Anwendungen sind Echtzeit-Klassifikation von Bildern, maschinelles Lernen sowie autonome Navigation. Weitere Informationen sind in Olofsson et al. (2014) zu finden.

3.8.3 Espressif Systems ESP32

Abb. 3.70 zeigt den prinzipiellen Aufbau für den *ESP32*-Prozessor der Firma Espressif (siehe Xtensa 2014; ESP32 2017). Dieser besteht aus zwei 32-Bit-Rechenkernen mit einer *Tensilica Xtensa LX6*-Architektur und einem weiteren, dritten Rechenkern für den energiesparenden Betrieb *(Ultra-Low Power)*. Der Mikrocontroller fokussiert auf das *Internet der*

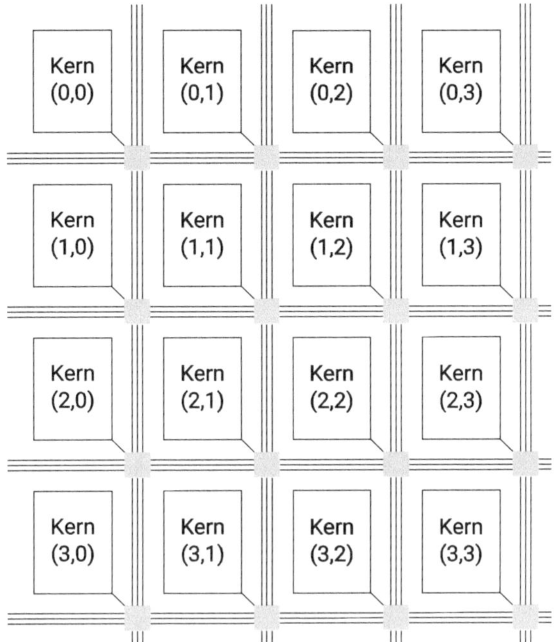

Abb. 3.69 Blockdiagramm der Epiphany-Architektur mit 16 Rechenkernen

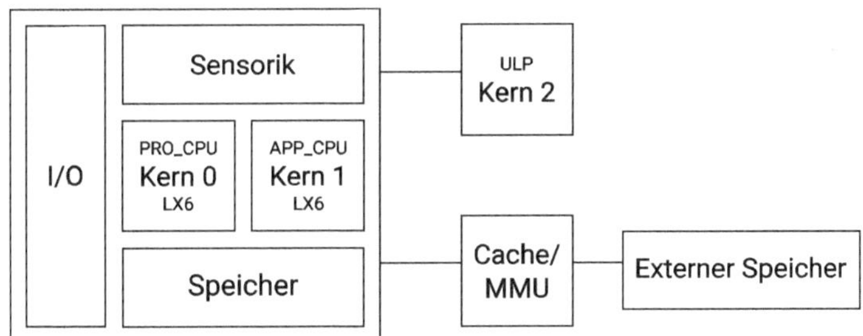

Abb. 3.70 Blockdiagramm des ESP32-SoC mit drei Rechenkernen

Dinge und integriert eine umfangreiche Peripherie zur Kommunikation (WLAN, Ethernet, Bluetooth, CAN). Die beiden LX6-Kerne greifen auf einen gemeinsamem Cache und externen Speicher zu. Des Weiteren sind mehrere Sensoren (u. a. Hall-Sonde, Temperatursensor) direkt im SoC integriert.

Die beiden LX6-Rechenkerne haben einen nahezu identischen Aufbau; konzeptionell ist jedoch der eine Kern *(PRO_CPU)* für die Ausführung der verschiedenen Kommunikationsprotokolle und der andere Rechenkern *(APP_CPU)* für die eigentliche Anwendung vorgesehen. Im Gegensatz dazu hat der ULP-Rechenkern einen eingeschränkten Befehlssatz. Der

Programmcode auf diesem Kern kann periodisch ausgeführt werden, um beispielsweise auf externe Ereignisse zu reagieren, während die beiden Kerne 0 und 1 im Stromsparmodus pausieren.

3.8.4 XMOS xCore

Die *xCore*-Rechnerarchitektur der Firma XMOS (siehe XMOS 2015) besteht aus Kacheln mit jeweils acht unabhängigen Rechenkernen. Abb. 3.71 zeigt einen Systemaufbau mit zwei Kacheln. Das Entwurfsziel ist ein deterministisches System mit geringen Latenzen. Ähnlich dem P8X32A-Prozessor verzichtet die Architektur auf Unterbrechungen und einen Cache-Speicher. Die Programmierung erfolgt in C/C++ und einer Spracherweiterung *xC,* die Möglichkeiten zur parallelen Programmierung beinhaltet. Das System realisiert ein Task-Modell in Hardware. Insgesamt erfolgt die parallele Programmierung auf einem höheren Abstraktionsniveau als bei klassischen eingebetteten Systemen.

Ein Schwerpunkt möglicher Anwendungen liegt im Bereich der Audio- und Videoverarbeitung.

3.8.5 Nvidia Tegra 2

Der *Tegra-2* Mikrocontroller der Firma Nvidia in Abb. 3.72 kombiniert zwei symmetrische Rechenkerne ARM Cortex A9 mit einem energiesparenden Grafikprozessor (GPU) mit acht parallelen Recheneinheiten (siehe NVIDIA 2011). Diese Architekturen werden beispielsweise in modernen mobilen Endgeräten (Smartphone, Tablet) eingesetzt. Aufgrund der

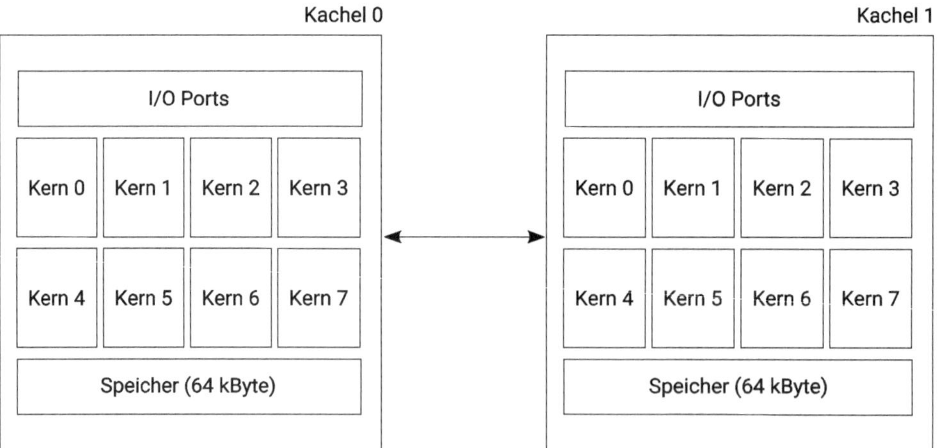

Abb. 3.71 Blockdiagramm der xCore-Architektur mit zwei Kacheln

Abb. 3.72 Blockdiagramm der
Tegra2-Architektur mit zwei
Rechenkernen

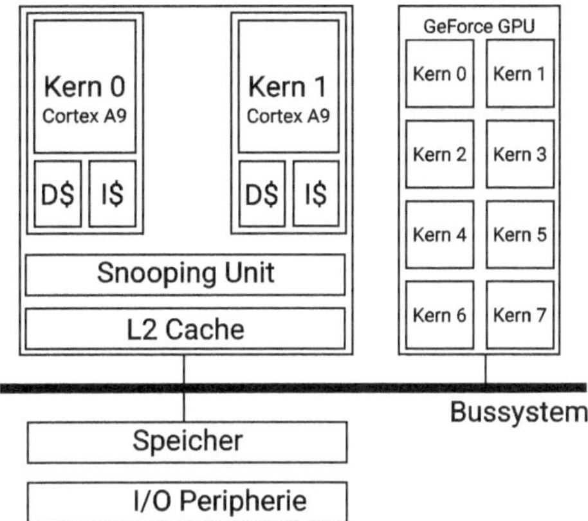

hohen grafischen Rechenleistung können diese Systeme die klassische analoge Instrumentenanzeige in Fahrzeugen ersetzen (beispielsweise *Virtual Cockpit* von Audi). Des Weiteren kommen diese als Navigations- und Infotainment in Fahrzeugen unterschiedlicher Hersteller zum Einsatz.

Eine Weiterentwicklung der Tegra-2 Platform ist der *Tegra X1* SoC, der neben einem leistungsstärkeren Grafikprozessor mit 256 programmierbaren Recheneinheiten eine heterogene Multicore-Architektur mit acht Kernen integriert (siehe NVIDIA 2015).

Die als *big.LITTLE* bezeichnete heterogene Hardware-Architektur von ARM (siehe ARM 2013) besteht aus zwei Clustern mit einer identischen Anzahl von Rechenkernen, aber einem unterschiedlichen Prozessortyp. Ein Cluster ist entweder für maximale Rechenleistung oder für maximale Energieeffizienz ausgelegt. Die Prozessoren unterstützen den identischen Befehlssatz und haben denselben Zugriff auf die Peripherie und den Speicher. Es besteht die Möglichkeit, Tasks der Anwendungen zwischen den Rechenkernen unterschiedlicher Cluster dynamisch zu migrieren. Hierdurch kann je nach Situation entweder die Rechenleistung erhöht oder die Stromaufnahme reduziert werden.

Abb. 3.73 zeigt die *big.LITTLE*-Architektur anhand des *Tegra X1*. Es besteht aus zwei Clustern: vier leistungsstarke 64-Bit-Rechenkerne mit Cortex A57 und vier energieeffiziente Cortex A53 64-Bit-Kerne. Jedes Cluster hat einen separaten L2-Cache. Die Komponente *Cache Coherency Interconnect* stellt einen kohärenten Cachezugriff zwischen den beiden Clustern sicher. Beide Cluster haben einen symmetrischen Zugriff auf den Hauptspeicher sowie auf die Peripherie.

ARM hat ein als *Global Task Scheduler* bezeichnetes Verfahren entwickelt, um Tasks zwischen den einzelnen Rechenkernen dynamisch zu verschieben. Hierbei werden statistische Laufzeitdaten ausgewertet. Wird ein Rechenkern nicht benötigt, so wird dieser abgeschaltet. Wird ein komplettes Cluster nicht benötigt, so wird dieses abgeschaltet.

Diese heterogene Hardware-Architektur setzt die Firma Qualcomm im *Snapdragon 810*-Prozessor ein und ist beispielsweise auch im *Nexus 6P*-Smartphone von Google integriert.

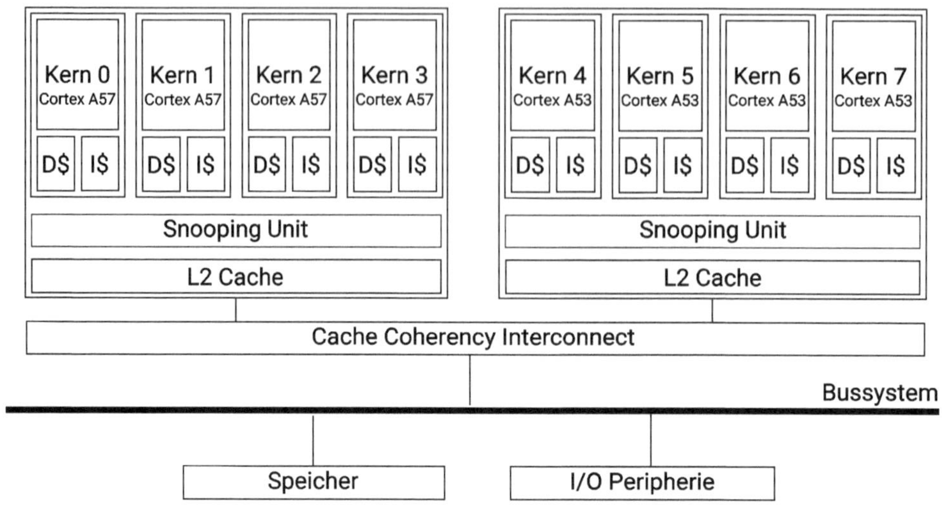

Abb. 3.73 Blockdiagramm der Tegra X1-Architektur mit acht Rechenkernen

Die Weiterentwicklung des vorgestellten Konzeptes heißt *ARMDynamIQ* und ermöglicht eine größere Variabilität unterschiedlicher Typen der eingesetzten Prozessoren (siehe ARM 2017).

Die Anwendungsgebiete für die *Tegra X1*-Plattform sind zum einen leistungsstarke mobile Geräte sowie Anzeigesysteme im Fahrzeug und zum anderen Fahrerassistenzsysteme insbesondere in Hinblick auf *Autonomes Fahren*. Die Firma Nvidia stellt hierfür die *DRIVE PX*-Entwicklungsplattform zur Verfügung. Der Schwerpunkt ist es, Fahrerassistenzfunktionen auf Basis maschinellen Lernens *(Deep Learning)* zu realisieren.

3.8.6 NXP i.MX7

Der Mikrocontroller *i.MX7* der Firma NXP (siehe NXP 2017) besitzt eine heterogene Architektur bestehend aus drei Rechenkernen: zwei identischen ARM Cortex A7-Prozessoren (max. 1,2 GHz Taktfrequenz) und einem ARM Cortex M4-Prozessor (200 MHz Taktfrequenz). Im Gegensatz zum Tegra-2-Prozessor ist ein Grafikprozessor nicht integriert. Der vorgesehene Anwendungsfall für dieses Gesamtsystem ist die Integration unterschiedlicher Domänen, beispielsweise die Kombination einer rechenintensiven Anwendung auf der einen und Echtzeitfunktionen auf der anderen Seite. Ein Einsatzgebiet mit unterschiedlichen Domänen ist die automotive Domäne (Echtzeit: Einhaltung von schnellen Antwortzeiten auf dem CAN-Bus mit 100 ms).

Es ist vorgesehen, dass auf den beiden ersten Kernen ein Linux-System und auf dem dritten Kern ein Echtzeitbetriebssystem läuft.

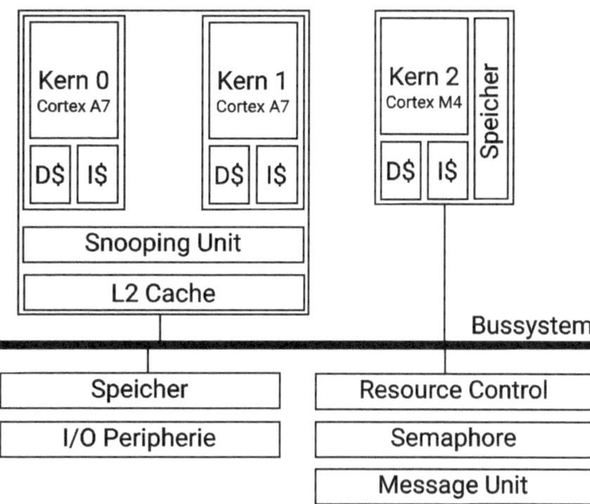

Abb. 3.74 Blockdiagramm der i.MX7-Architektur mit drei Rechenkernen

Abb. 3.74 zeigt den Aufbau der wesentlichen Komponenten. Die beiden symmetrischen Kerne haben jeweils einen 32 kByte großen Daten- und Instruktionscache (in der Abbildung mit D\$ und I\$ abgekürzt). Die *Snooping Unit* stellt die *Kohärenz* zwischen den beiden Datencaches her. Zudem gibt es einen gemeinsamen L2-Cache. Im Gegensatz dazu hat der M4-Rechenkern nur einen jeweils 16 kByte großen Daten- und Instruktionscache. Die drei Rechenkerne sind über ein Bussystem an den Hauptspeicher und die Peripherie angeschlossen.

Die Kommunikation und die Synchronisierung der unterschiedlichen Prozessoren wird durch spezialisierte Hardware-Komponenten unterstützt. Die *Resource Control*-Einheit ermöglicht es, den Zugriff auf die Peripherie und den Speicher exklusiv zu schützen. Die Kommunikation zwischen unterschiedlichen Rechenkernen ist über eine Nachrichtenschnittstelle *Message Unit* möglich. Für die Synchronisierung stehen fernerhin Hardware-Semaphore bereit.

Literatur

Adve SV, Gharachorloo K (1995) Shared memory consistency models: A tutorial. IEEE Comput 29:66–76

AMD (2010) AMD64 Architecture programmer's manual. System Programming, Bd. 2. AMD, publication 24593-3.17. Aufl., June

ARM (2013) big.little technology: The future of mobile

ARM (2017) ARM dynamiq: The future of multi-core computing

Avery S, Gracey C, Graner V, Hebel M, Hintze J, LaMothe A, Lindsay A, Martin J, Sander H (2010) Programming and customizing the multicore propeller microcontroller. McGraw-Hill, Chicago

Brinkschulte U, Ungerer I (2010) Mikrocontroller und Mikroprozessoren, 3. Aufl. eXamen.press. Springer

Cray Research, Inc. (1977) Cray-1 computer system hardware reference manual. Cray Research, Inc., Bloomington

ESP32 (2017) ESP32 Technical Reference Manual

Gaud F, Lepers B, Funston J, Dashti M, Fedorova A, Quéma V, Lachaize R, Roth M (2015) Challenges of memory management on modern numa system. Queue, 13(8):70–85, Oct. 2015. https://doi.org/10.1145/2838344.2852078. ISSN 1542-7730

Handy J (1998) The cache memory book, 2. Aufl. Academic, San Diego

Hennessy JL, Patterson DA (2011) Computer architecture: a quantitative approach, 5. Aufl. Morgan Kaufmann, Burlington

Hum HHJ, Goodman JR (2005) Forward state for use in cache coherency in a multiprocessor system. Patent, July 2005. http://www.freepatentsonline.com/6922756.html

Kanter D (2007) The common system interface: Intel's future interconnect. Technical report, Real World Technologies, August 2007. http://www.realworldtech.com/page.cfm?ArticleID=RWT082807020032

Lameter C (2013) Numa (non-uniform memory access): an overview. Queue 11(7):40–51, July 2013. https://doi.org/10.1145/2508834.2513149. ISSN 1542-7730

Lamport L (1979) How to make a multiprocessor computer that correctly executes multiprocess programs. IEEE Trans Comput, C–28(September):690–691

Michael MM (2004) Hazard pointers: safe memory reclamation for lock-free objects. IEEE Trans Parallel Distrib Syst 15(6):491–504, June 2004. https://doi.org/10.1109/TPDS.2004.8. ISSN 1045-9219

Michael MM, Wong M, McKenney P, O'Dwyer A, Hollman D (2017) Hazard pointers. Programming language C++, SG14/SG1 Concurrency, LEWG

NVIDIA (2011) Bringing high-end graphics to handheld devices

NVIDIA (2015) Nvidia tegra x1

NXP (2017) i.mx 7 dual family of applications processors datasheet

Oberschelp W, Vossen G (2006) Rechneraufbau und Rechnerstrukturen, 10. Aufl. Oldenbourg Wissenschaftsverlag, München

Olofsson A, Nordström T, Ul-Abdin Z (2014) Kickstarting high-performance energy-efficient many-core architectures with epiphany. In 48th Asilomar Conference on Signals, Systems and Computers, S 1719–1726

Preshing J (2012) Memory reordering caught in the act. http://preshing.com/20120515/memory-reordering-caught-in-the-act/

Russell RM (1978) The cray-1 computer system. Commun ACM 21(1):63–72. https://doi.org/10.1145/359327.359336. ISSN 0001-0782

Schmidt D, Stal M, Rohnert H, Buschmann F (2002) Pattern-orientierte Software-Architektur. dpunkt, Heidelberg

Sites RL (1978) An analysis of the cray-1 computer. In Proceedings of the 5th Annual Symposium on Computer Architecture, ISCA '78, S 101–106, New York, NY, USA. ACM. https://doi.org/10.1145/800094.803035

Tanenbaum AS (2009) Moderne Betriebssysteme, 3. Aufl. Addison-Wesley, Reading

Williams A (2012) C++ concurrency in action. Manning, Shelter Island

XMOS (2015) XS1-U16A-128-FB217 Datasheet

Xtensa (2014) Xtensa LX6 Customizable DPU

Algorithmen

Das folgende Kapitel beschreibt eine Auswahl klassischer, paralleler Algorithmen in einer sprachunabhängigen Darstellung. Neben einigen Basisverfahren werden Präfixsummen und Reduktionsalgorithmen vorgestellt, die sich kombinieren lassen und somit vielfältige und komplexe Aufgabenstellungen parallel bearbeiten. Durch ihren Aufbau sortieren Sortiernetzwerke entsprechend einer beliebigen Ordnung von sich aus parallel. Das Kapitel schließt mit dem patentierten Map-Reduce-Verfahren von Google, einem der wichtigsten verteilten Algorithmen des Internets.

DIVIDE ET IMPERA, teile und herrsche, ist innerhalb der Informatik eines der wichtigsten und grundlegenden Prinzipien bei der Entwicklung von Algorithmen und deren Realisierung in Software. Viele der hier vorgestellten Verfahren gehen nicht aus einem sequenziellen Ansatz hervor, sondern diese lösen eine bestimmte Aufgabenstellung durch eine andere Herangehensweise. Es ist interessant zu lernen, dass sich Algorithmen parallelisieren lassen, obwohl auf den ersten Blick dieses nicht möglich erscheint. Viele der hier vorgestellten Algorithmen besitzen eine eigene Eleganz und geben neue Einblicke sowie Betrachtungsweisen auf bekannte Problemstellungen.

© Springer Fachmedien Wiesbaden GmbH, ein Teil von Springer Nature 2019

M. Uelschen, *Software Engineering Paralleler Systeme,*

https://doi.org/10.1007/978-3-658-25343-1_4

4.1   Entwurf von Algorithmen

Bevor konkrete Verfahren vorgestellt werden, folgt zunächst eine allgemeine Klassifikation
paralleler Algorithmen. Die Darstellung der einzelnen Algorithmen erfolgt sprachenunab-
hängig in Pseudocode (siehe Abschn. 2.2.2).

4.1.1   PCAM-Methode

Das Vorgehen von Foster (1995) beschreibt den Entwurf von parallelen Programmen in
vier Schritten. Diese Schritte können hintereinander *(Wasserfall)* oder auch iterativ ausgeführt werden. Der Name der Methode ist ein Akronym der Schritte *partition, communicate,
agglomerate* und *map*.

Da häufig das zur Verfügung stehende Rechensystem bekannt ist und nicht als Ergebnis aus dem Entwurfsprozess abgeleitet wird, ist diese beim Entwurf paralleler Programme
frühzeitig zu berücksichtigen.

DIE ANFORDERUNGEN AN PARALLELE Programme sind nicht weniger als die an sequenzielle. Hierbei ist insbesondere die *Skalierbarkeit* hervorzuheben. In den allermeisten Fällen
soll ein paralleles Programm auf zukünftigen, leistungsfähigeren Rechensystemen nicht nur
lauffähig bleiben, sondern zu dem auch schneller ablaufen.

Der Kommunikationsaspekt ist bei parallelen Algorithmen ein wesentlicher Entwurfspa-
rameter (Prinzip der Lokalität). Bei verteilten Systemen ist der Austausch von Datenpaketen
über ein Netzwerk zu berücksichtigen. Bei Systemen mit gemeinsamem Speicher ist hingegen die Synchronisierung nicht zu vernachlässigen.

Partitionierung   Ausgehend vom Problemverständnis (siehe Abb. 4.1) ist die Aufteilung in
parallele Ausführungseinheiten der erste Schritt hin zum parallelen Programm. Es zeigt sich
hierbei, dass in vielen Fällen ein paralleler nicht vom sequenziellen Algorithmus abgeleitet
werden kann. Statt dessen ist eine eigenständige Lösungsvorschrift zu entwickeln.

Die Partitionierung sollte dem *Prinzip einer feingranularen Aufteilung* folgen. Nur eine
große Anzahl paralleler Ausführungseinheiten bietet die Möglichkeit einer guten Skalier-
barkeit. Die gefundene Aufteilung ist nicht zwingend jene, die zur Ausführung kommt.
Allerdings gibt dieser erste, wichtige Schritt eine Grenze der erreichbaren Parallelität an.
Anders herum funktioniert es nicht: Eine grobgranulare Aufteilung bietet in den folgenden
Schritten keine Möglichkeit, skalierbare und effiziente parallele Programme zu entwickeln.

Abschn. 4.1.2 stellt die wesentlichen Möglichkeiten zur Partitionierung (oder Dekomposition) vor.

Kommunikation   Das Ergebnis der Partitionierung sind einzelne Tasks, die bestimmte Operationen ausführen und dabei auf Daten lesend und schreibend zugreifen. Hierbei ist es in
den meisten Fällen erforderlich, dass eine Task auf Ergebnisse anderer Task zurückgreifen

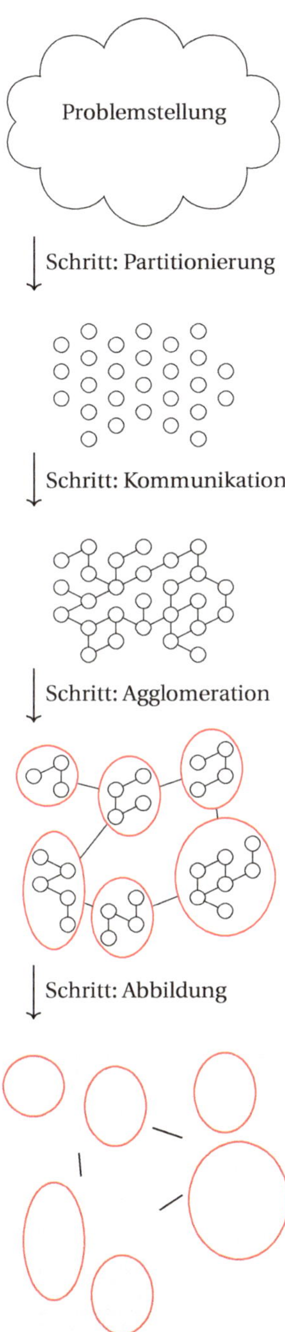

Abb. 4.1 Die PCAM-Methode hat vier Schritte

muss. Zwei oder mehrere Task müssen miteinander kommunizieren. Die Kommunikation kann hierbei sehr vielschichtig sein: lokal oder global, strukturiert oder unstrukturiert, statisch oder dynamisch sowie synchron oder asynchron.

Agglomeration Die ersten beiden Schritte beschreiben den Entwurf eines parallelen Algorithmus auf der Basis eines abstrakten, eng oder lose gekoppelten, parallelen Rechensystems. Der folgende Schritt dient zur Optimierung, bevor das Verfahren auf ein konkretes paralleles Rechensystem abgebildet wird. Die in den folgenden Kapiteln vorgestellten Software-Bibliotheken entbinden den Entwickler teilweise von diesem Schritt, da sich dieser insbesondere für eng-gekoppelte Systeme automatisieren lässt.

Ausgehend von der feingranularen Partitionierung und der notwendigen Kommunikation zwischen den einzelnen Task wird jetzt die Granularität erhöht, um die Kommunikation und damit den einhergehenden Aufwand zu reduzieren. Das Ziel sollte es sein, die Flexibilität in Hinblick auf einen skalierbaren Algorithmus soweit als möglich beizubehalten.

DAS VERHÄLTNIS ZWISCHEN DER Kommunikationsschnittstelle zu anderen Tasks und der Anzahl der pro Task ausgeführten Berechnungen ist ein hilfreicher Aspekt bei der Agglomeration.

In der Biologie beschreibt die *Bergmannsche Regel* die Beobachtung, dass Tiere ähnlicher Gattungen in Richtung der beiden Pole größer sind als jene nahe am Äquator. So sind beispielsweise die größten Pinguine nahe am Südpol anzutreffen. Durch das günstigere Verhältnis von Oberfläche zu Körpervolumen können die Kaiserpinguine ihren Wärmehaushalt besser regulieren.

In einem anderen Kontext wird dieses auch als *Oberfläche-zu-Volumen-Verhältnis* (A/V) beschrieben: wie ändert sich die Oberfläche, wenn das Volumen sich ändert. Hierbei entspricht die Schnittstelle der Oberfläche und das Volumen sind die Rechenschritte. Wird das Volumen für geometrische Körper wie Würfel oder Kugel bei größer, so wird das Verhältnis zwischen Oberfläche und Volumen kleiner, da die Oberfläche quadratisch und das Volumen kubisch zunimmt. Ein Beispiel verdeutlicht dieses für den zweidimensionalen Fall. Eine häufige Problemstellung ergibt ein zweidimensionales Berechnungsgebiet, in dem sich der Wert eines Elementes aus den Werten der Nachbarelemente ergibt. Beispiele hierfür sind in der Bildverarbeitung, bei zellulären Automaten oder in Finite-Differenzen-Verfahren zu finden.

Bei einem quadratischen Rechengebiet in Abb. 4.2 mit einer Kantenlänge 2^m lässt sich durch Einsatz von 2^{2m} Task idealerweise parallelisieren. Bei lose-gekoppelten Systemen kommt neben der eigentlichen Berechnung noch der Aufwand der Kommunikation über ein Netzwerk hinzu.

Das Rechengebiet wird in quadratische Kacheln mit der Kantenlänge n eingeteilt. Jede Kachel wird einer Task zugeordnet. Ist n eine Zweierpotenz, so ergibt sich die Anzahl der Kacheln K zu:

$$K(n, m) = (2^m/n)^2. \tag{4.1}$$

Abb. 4.2 Ein zweidimensionales Rechengebiet für $m = 4$ und einer Kachel mit der Kantenlänge $n = 4$

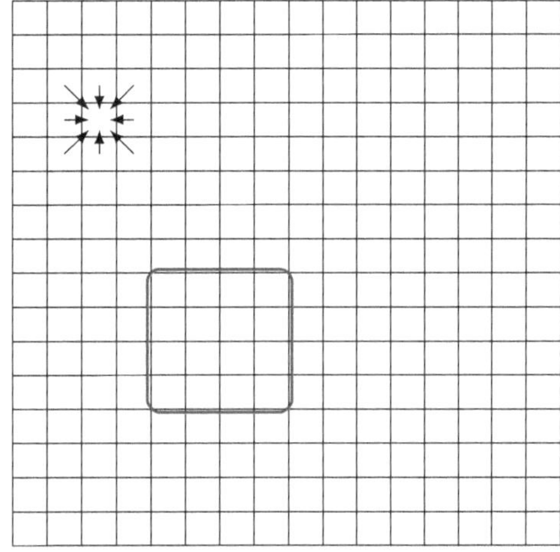

Jede Task benötigt Daten von acht anderen Tasks der direkten Nachbarschaft. Allgemein gilt

$$A(n) = 4(n + 1) \quad \text{und} \quad V(n) = n^2 \,. \tag{4.2}$$

Für $n = 1$, $m = 4$ ergeben sich insgesamt 2048 Datentransfers zwischen 256 Tasks. Hierbei werden 2048 Datenelemente ausgetauscht. Umfasst jede Kachel vier Elemente ($n = 2$), so werden 64 parallele Task benötigt, die nur 768 Datenelemente austauschen müssen. Das Verhältnis der Schnittstelle zu den Berechnungsschritten sinkt, wie die folgende Tab. und Abb. 4.3 exemplarisch zeigen:

n	A	V	A/V	$K(n, m)$	Transfer	Daten
1	8	1	8	256	2048	2048
2	12	4	3	64	512	768
4	20	16	1,25	16	128	320
8	36	64	0,5625	4	32	144

WAS BEDEUTET DAS?

- Die Agglomeration von fein- zu grobgranularen Tasks führt dazu, dass weniger parallele Tasks mehr Rechenschritte pro Task ausführen. Der Parallelisierungsgrad wird zugunsten sequenzieller Abarbeitung reduziert.
- Die Gesamtkommunikation wird weniger. Hierbei gibt es einen nicht-linearen Zusammenhang. Während die Kommunikation sich pro Task linear erhöht, werden quadratisch mehr Rechenschritte ausgeführt. Die Anzahl der benötigten grobgranularen Tasks ist antiproportional zu n^2.

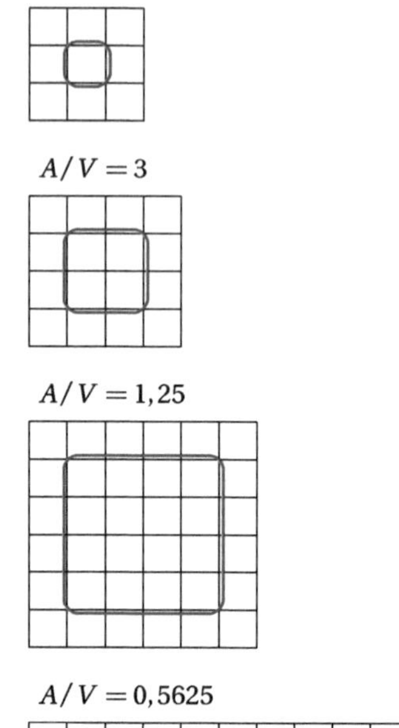

Abb. 4.3 Während die Schnittstelle linear zunimmt, wächst die Anzahl der berechneten Elemente dazu quadratisch

Eine weitere Möglichkeit zur Reduzierung der Kommunikation ist die Duplikation von Daten.

Neben der eigentlichen Kommunikation, die es zu minimieren gilt, ist zudem der Aufwand zur Erzeugung und Zerstörung einer einzelnen Task zu betrachten. Insbesondere bei sehr vielen Tasks, die wenige Operationen ausführen, kann es effizienter und damit schneller sein, die Task-Anzahl zu verringern und mehr Operationen in einer Task ausführen zu lassen.

Die Frage nach einer richtigen Anzahl von Tasks ist nicht zu beantworten. Aber als Faustregel sollte die *Anzahl grobgranularer Tasks mindestens zehnmal mehr als die Anzahl der tatsächlichen parallelen Recheneinheiten* sein.

Abbildung auf Rechensysteme Der letzte Schritt der vorgestellten Methode bildet die grob-granulare Task-Struktur auf das parallele Rechensystem ab. Um die eingangs beschriebenen Effekte (siehe Abschn. 2.6) zu vermeiden und eine hohe Effizienz zu erzielen, ist eine gleich-mäßige Auslastung der Prozessoren im Entwurfsprozess zu berücksichtigen. Bei einer geo-metrischen Dekomposition ist dieses einfacher zu erreichen. Ist die Dekomposition ungleich-mäßig oder die Anzahl der Tasks a-priori unbekannt, so sind Verfahren zur Lastverteilung zu betrachten.

4.1.2 Parallele Dekomposition

Die verschiedenen *Entwurfsmuster* paralleler Algorithmen lassen sich im Wesentlichen in zwei unterschiedliche Ansätze klassifizieren. Neben einer funktionalen Zerlegung in neben-läufige Anweisungen fokussieren Muster der zweiten Klasse auf eine Zerlegung in unab-hängige Datenbereiche, auf denen identische oder ähnliche Operationen parallel ausgeführt werden:

- **Funktionale Dekomposition:** Eine umfangreiche Berechnung wird in einzelne Funk-tionen unterteilt, die unabhängig voneinander sind und somit parallel ausgeführt werden können. In diese Klasse fallen die Entwurfsmuster:
  - *Task-Parallelität:* Eine *Task* beschreibt einen einzelnen Kontrollfluss. Ein Schedu-ler verteilt die Tasks auf parallele Recheneinheiten. Abhängigkeiten der Tasks unter-einander, die zu komplexen Synchronisierungen führen, reduzieren die Effizienz der parallelen Ausführung.
  - *Pipeline:* Analog zur Fließbandfertigung wird eine komplexe Berechnung in einzelne Schritte aufgeteilt. Jeder Schritt kann unabhängig von den anderen Schritten parallel ausgeführt werden. Um einen hohen Durchsatz zu garantieren, müssen alle Schritte eine gleiche Bearbeitungszeit haben. Ansonsten entstehen Warte- und Leerlaufzeiten, die die Effizienz einer parallelen Ausführung reduzieren.
  - *Ereignisbasierte Dekomposition:* Um schnelle Antwortzeiten in interaktiven Sys-temen zu gewährleisten, wird die graphische Ein- und Ausgabe von den eigentli-chen Berechnungen getrennt und somit parallelisiert. Auch das Aktorenmodell (siehe Abschn. 7.2) hat einen ereignisbasierten Charakter, bei dem unabhängige funktionale Einheiten parallel zusammenarbeiten.
- **Datendekomposition:** Die Zerlegung erfolgt anhand einer Datenstruktur, auf der identi-sche oder ähnliche Operationen ausgeführt werden. Eine geringe Abhängigkeit der Daten untereinander führt zu einer hohen Effizienz bei der parallelen Ausführung.
  - *Geometrische Dekomposition:* Viele Aufgabenstellungen im wissenschaftlichen Rech-nen oder in der Bild- und Videoverarbeitung arbeiten mit Vektoren, Matrizen oder anderen regelmäßigen ein-, zwei- oder dreidimensionalen Datenstrukturen. Eine Auf-teilung für eine parallele Bearbeitung kann zeilen-, spalten- oder blockweise erfolgen.

Aber auch nicht-reguläre Datenstrukturen wie Graphen oder Bäume lassen sich für eine Parallelisierung partitionieren.

- *Reduktion:* Im Gegensatz zu numerischen Berechnungen, die als Ergebnis einen Vektor oder eine Matrix ergeben, führt eine Reduktion eine Vielzahl von Werten auf wenige oder einen einzelnen Wert zurück. Unter bestimmten Voraussetzungen ist dieses sehr effizient parallelisierbar.

Aus dem Gesetz von Amdahl (siehe Abschn. 2.6) folgt, dass ein hoher Grad an Parallelisierung nur erreicht werden kann, wenn der parallele gegenüber dem sequenziellen Anteil hinreichend groß ist. Ein Algorithmus skaliert nur ohne weitere Änderungen, wenn die Anzahl paralleler Funktions- oder Datenblöcke sehr hoch gegenüber der Anzahl der tatsächlich vorhandenen Rechenkerne ist.

Für den Entwurf paralleler Algorithmen gilt das folgende Prinzip: Es wird keine Annahme über die zugrunde liegende Hardware-Plattform gemacht, sondern es wird davon ausgegangen, dass eine beliebig große Anzahl an parallel arbeitenden Recheneinheiten vorliegt. Dieses vereinfacht die algorithmische Darstellung.

4.1.3 Skalierbarkeit durch kleine Einheiten

Bei der parallelen Programmierung ist Skalierbarkeit eine wesentliche Eigenschaft, da bei einer Veränderung der parallel arbeitenden Hardware die zusätzlichen Ressourcen ohne Änderungen an der Software genutzt werden sollen. Ist beispielsweise eine sequenzielle Anwendung erfolgreich auf zwei Threads umgestellt, so läuft diese auf einem Dualkernrechner im günstigsten Fall doppelt so schnell wie zuvor. Hingegen wird auf einem Rechner mit vier Kernen keine weitere Verbesserung eintreten. Der Entwickler läuft permanent der Hardware-Entwicklung hinterher, um seine Anwendung mit x Threads auf einen Rechner mit y Kernen anzupassen.

Aus diesem Grund ist bei aktuellen Konzepten der parallelen Programmierung ein gemeinsames Entwurfsmuster anzutreffen. Die Parallelität wird auf viele kleine, leichtgewichtige Einheiten abgebildet. Bei den Threading Building Blocks (vgl. Abschn. 5.3) sind es sogenannte Tasks, bei der Grafikkartenprogrammierung mit CUDA (vgl. Kap. 6) werden Kernel-Funktionen auf einem Berechnungsgitter ausgeführt, und im Aktorenmodell (siehe Abschn. 7.2) sind die parallelen Bausteine die einzelnen Akteure.

Das Prinzip ist es, wesentlich mehr (u. U. viele tausend) parallel arbeitende Einheiten als tatsächlich vorhandene Hardware-Kerne einzusetzen. Ein automatischer Prozess bildet diese feingranularen Objekte auf parallele Hardware ab. Dieses kann durch den Compiler, durch eine Bibliothek oder die Laufzeitumgebung erfolgen. In Abb. 4.4 ist dieses Muster skizziert. Die Anwendung realisiert parallele Anweisungen durch abstrakte Objekte aus der Skalierungsschicht. Mehrere dieser Elemente werden anschließend automatisch auf Threads der Betriebssystemebene abgebildet. Das Betriebssystem führt die

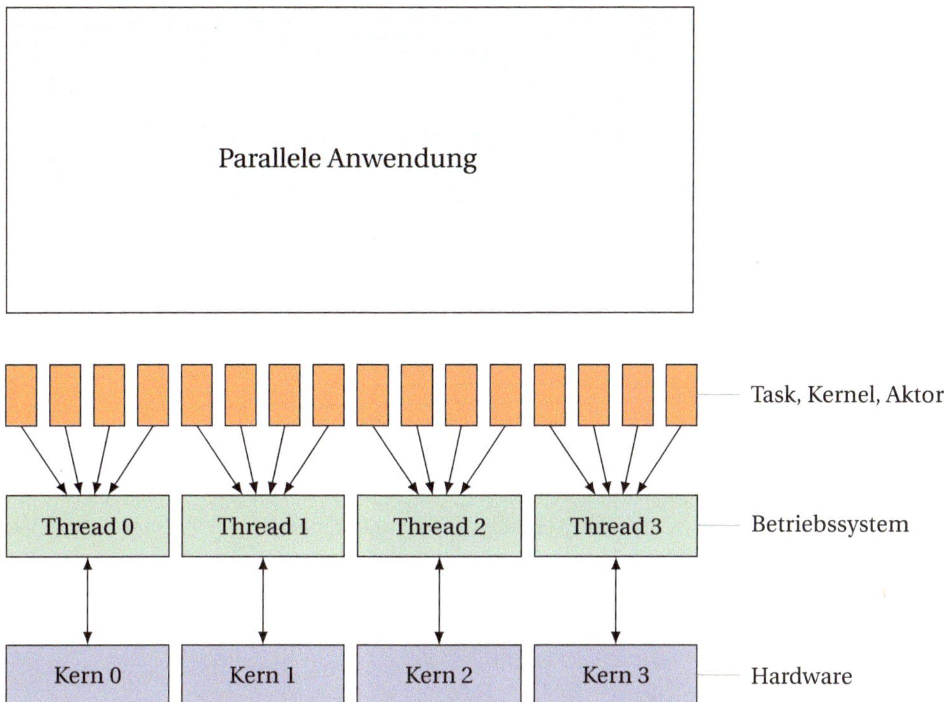

Abb. 4.4 Eine Skalierungsschicht (Task, Kernel, Aktor o.ä.) ermöglicht eine feingranulare Architektur

Abbildung auf die tatsächlich vorhandene parallele Hardware aus. Üblicherweise ist eine 1-zu-1-Zuordnung auf Hardware-Threads geboten, da es ansonsten zu Verdrängungseffekten (Thread-Wechselzeiten) durch den Scheduler kommt. Werden hinreichend viele Elemente der Skalierungsschicht eingesetzt, ist die Voraussetzung für ein gutes Skalierungsverhalten bei veränderter Hardware gegeben. Die Elemente der Skalierungsschicht laufen üblicherweise im User-Space, sodass Wechselzeiten wie bei Threads, die im Kernel-Space angesiedelt sind, minimal ausfallen.

Eine weitere Eigenschaft der feingranularen Parallelität ist die Kommunikation und Synchronisierung. Bei der TBB können Tasks nur sehr eingeschränkt kommunizieren. Gleiches gilt für die CUDA-Programmierung. Im Aktorenmodell ist die Kommunikation ausschließlich über Nachrichten möglich.

Die nachfolgenden Kapitel zeigen, dass moderne Ansätze in der Programmierung von der Hardware abstrahieren und somit in höheren Schichten eine beliebige Parallelität angenommen wird. Die Umsetzung auf die reale Hardware wird durch den Compiler, durch Bibliotheken oder durch das Laufzeitsystem vorgenommen.

4.2   Horner-Schema

Das *Horner-Schema* ist eine bekannte Methode, um den Funktionswert $p(x)$ eines Polynoms p an der Stelle x zu berechnen. Die Idee ist es hierbei, das Polynom umzuformen, sodass die explizite, wiederholte Berechnung von Potenzen von x vermieden wird. Die Anzahl der Multiplikationen und damit der Rechenaufwand wird hierdurch reduziert.

Ein Polynom vom Grad d kann durch wiederholtes Ausklammern von x umformuliert werden, sodass gilt:

$$
\begin{aligned}
p(x) &= \sum_{i=0}^{d} a_i x^{d-i} \\
&= a_0 x^d + a_1 x^{d-1} + \ldots + a_{d-1} x + a_d \\
&= ((\cdots (a_0 x + a_1)x + \ldots)x + a_{d-1})x + a_d.
\end{aligned}
\tag{4.3}
$$

Das Horner-Schema verwendet eine rekursive Folgendarstellung des Polynoms. Der Zusammenhang in 4.3 ist gleichbedeutend mit einer *Rekursionsgleichung* (Differenzengleichung oder auch Rekurrenz, siehe dazu auch den Abschn. 4.5.5) der Art:

$$
b_j = a_j + b_{j-1} x \quad \text{für } j = 0, \ldots, d \text{ mit } b_{-1} = 0.
\tag{4.4}
$$

Der gesuchte Funktionswert $p(x)$ ergibt sich aus dem Folgenglied b_d. Das folgende Beispiel verdeutlicht die Umwandlung des Polynoms in eine rekursive Darstellung.

Beispiel 2 Das Polynom $p(x)$ vom Grad $d = 4$ wird entsprechend des genannten Verfahrens durch wiederholtes Ausklammern von x umformuliert.

$$
\begin{aligned}
p(x) &= 2x^4 + 7x^3 + 8x^2 + 3x + 6 \\
&= ((((\underbrace{0x + 2}_{b_0})x + 7)x + 8)x + 3)x + 6
\end{aligned}
\tag{4.5}
$$

Die einzelnen geklammerten Teilausdrücke entsprechen den jeweiligen b_j. Der Funktionswert für $x = -2$ kann schematisch durch Multiplikation und Addition ermittelt werden, indem die einzelnen Folgenglieder sukzessive entsprechend dem nachfolgenden Tableau berechnet werden.

$$
\begin{array}{c|ccccc}
 & a_0 & a_1 & a_2 & a_3 & a_4 \\
 & 2 & 7 & 8 & 3 & 6 \\
x = -2 & & -4 & -6 & -4 & 2 \\
\hline
 & 2 & 3 & 2 & -1 & \mathbf{8} \\
 & b_0 & b_1 & b_2 & b_3 & b_4
\end{array}
$$

Die untere Zeile enthält die einzelnen Folgenglieder b_j. Hierbei entspricht b_0 unmittelbar a_0. Das Folgenglied $b_1 = 3$ ergibt sich aus der Multiplikation von b_0 mit -2 sowie der Addition des Zwischenwertes -4 mit a_1. Dieses wird wiederholt, bis b_d berechnet ist.

Die wiederholte Anwendung des Horner-Schemas berechnet neben dem Funktionswert $p(x)$ auch die Ableitungen $p'(x)$, $p''(x)$ und folgende bis zum Grad d. Hierzu ist $b_j^{(i)}$ mit $i!$ zu multiplizieren. Dieses folgt aus der Taylorreihenentwicklung. Durch Anwendung der Produktregel ergibt sich aus der Rekursionsgleichung für $i = 0, \dots, d$ und $j = 0, \dots, i$:

$$
b_j^{(i)} = b_j^{(i-1)} + b_{j-1}^{(i)} x \quad \text{mit } b_j^{(-1)} = a_j \text{ und } b_{-1}^{(i)} = 0 . \tag{4.6}
$$

Für die gesuchte $i$te-Ableitung des Polynom gilt $p^{(i)}(x) = i! \, b_{d-i}^{(i)}$. Das Tableau zeigt die Berechnung der ersten vier Ableitungen des eingeführten Beispiels.

$$
\begin{array}{c|ccccccl}
 & a_0 & a_1 & a_2 & a_3 & a_4 & \\
 & 2 & 7 & 8 & 3 & 6 & \\
x = -2 & & -4 & -6 & -4 & 2 & \\
\hline
 & 2 & 3 & 2 & -1 & \mathbf{8} & = p(-2) \\
x = -2 & & -4 & 2 & -8 & & \\
\hline
 & 2 & -1 & 4 & \mathbf{-9} & & = p'(-2) \\
x = -2 & & -4 & 10 & & & \\
\hline
 & 2 & -5 & \mathbf{14} & & & = p''(-2)/2! \\
x = -2 & & -4 & & & & \\
\hline
 & 2 & \mathbf{-9} & & & & = p'''(-2)/3! \\
x = -2 & & & & & & \\
\hline
 & \mathbf{2} & & & & & = p''''(-2)/4!
\end{array}
$$

4.2.1 Sequenzielles Verfahren

Der Algorithmus für die verallgemeinerte Form des Horner-Schemas zeigt Abb. 4.5. Die äußere Schleife wird für die Berechnung des Funktionswertes resp. der Ableitungen durchlaufen. In der inneren Schleife werden entsprechend der Rekursionsgleichung die einzelnen Glieder $b_j^{(i)}$ berechnet.

```
 1  def Horner(a, d, x, y)                        {Allgemeines Horner–Schema.}
 2    input : Feld a mit d + 1 Koeffizienten, Stelle x
 3    result : Feld y mit d + 1 Werten (Funktionswert und Ableitungen)
 4    for j ← 0 to d do b₋₁,ⱼ ← aⱼ                 {Initialisierung b₋₁,ⱼ = aⱼ.}
 5    for i ← 0 to d do
 6        for j ← 0 to d − i do
 7            bᵢ,ⱼ ← bᵢ₋₁,ⱼ + bᵢ,ⱼ₋₁ x
 8        end
 9    end
10    for i ← 0 to d do yᵢ ← i! bᵢ,d₋ᵢ            {Werte zurückkopieren.}
11  end
```

Abb. 4.5 Der Algorithmus berechnet den Funktionswert und alle Ableitungen für ein Polynom vom Grad d an der Stelle x

Im nächsten Schritt soll dieses Verfahren parallelisiert werden (vgl. Dowling 1990). Eine erste Betrachtung zeigt, dass weder die äußere noch die innere Schleife sich ohne weiteres parallel ausführen lassen, da es Abhängigkeiten zwischen den einzelnen Elementen gibt. Abb. 4.6 zeigt dieses bei der Berechnung der einzelnen $b_j^{(i)}$-Werte, die jeweils in i- wie auch j-Richtung einen zuvor berechneten Wert benötigen. Zur Berechnung wird das linke Element mit x multipliziert und zum unterliegenden Wert addiert.

Auf dem zweiten Blick zeigt sich allerdings, dass es Werte gibt, die unabhängig voneinander sind und somit parallel bestimmt werden können. Entsprechend der Abbildung liegen diese Elemente auf einer Diagonalen.

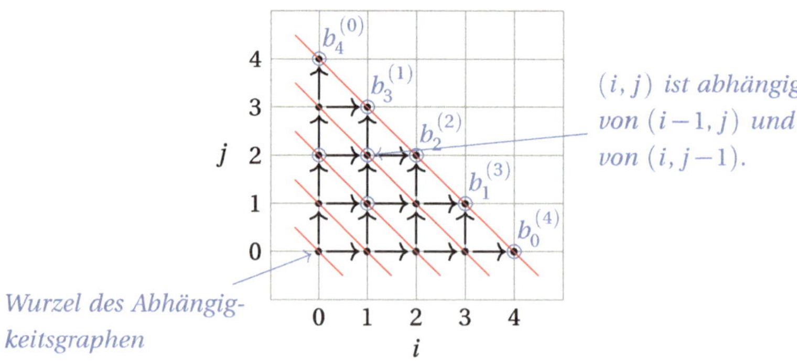

Abb. 4.6 Der Graph zeigt die einzelnen Abhängigkeiten des Horner-Schemas bei der Berechnung der einzelnen Folgenglieder. Die Berechnung schreitet in zwei Richtungen fort. Die Diagonalen entsprechen einzelnen Wellenfronten

4.2.2 Parallelisierung des Wellenfront-Musters

Die Idee ist es im Folgenden daher, diese Elemente entlang von Diagonalen parallel zu berechnen. Dieses Verfahren folgt einem *Wellenfront-Muster* (engl. wave front), da Elemente entlang einer Wellenfront bestimmt werden. Eine Wellenfront enthält jene Elemente, die einen identischen Abstand *(Manhattan-Distanz)* zur Quelle bzw. zum Sender haben. Im Beispiel für das Horner-Schema gilt: $j + i = $ konstant.

Hierzu wird ein verändertes (k, l)-Koordinatensystem eingeführt, bei dem die Elemente in l-Richtung ursprünglich auf der Diagonalen verlaufen. Abb. 4.7 zeigt diese Transformation. Geometrisch handelt es sich hierbei um eine *Scherung* des (i, j)-Koordinatensystems. Bei der Scherung werden Punkte auf einer Geraden festgehalten und die übrigen Punkte proportional zum Abstand zur Fixpunktgeraden parallel dazu verschoben. In dem Beispiel werden die Indices für $j = 0$ festgehalten. Jede Zeile wird um eins mehr als die unterliegende

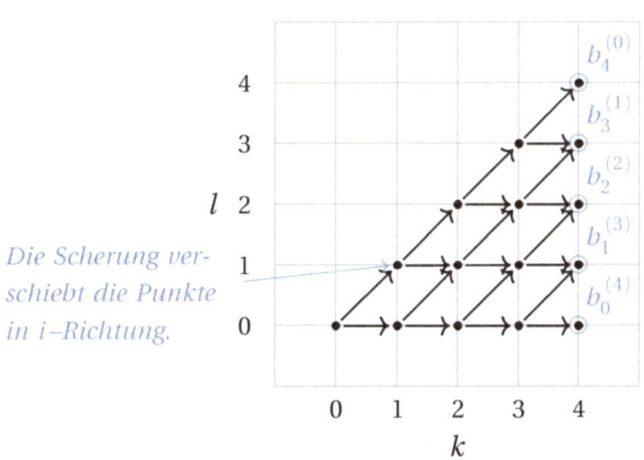

Abb. 4.7 Die Scherung bildet die Abhängigkeiten in den transformierten Indexraum (k, l) ab. Für ein konstantes k kann die Berechnung jetzt parallel erfolgen, da die Abhängigkeiten von links nach rechts fortschreiten

```
 1  def ParallelHorner(a, d, x, y)                    {Paralleles Horner-Schema.}
 2      input : Feld a mit d + 1 Koeffizienten, Stelle x
 3      result : Feld y mit d + 1 Werten (Funktionswert und Ableitungen)
 4      for l ← 0 to d in parallel do b₋₁,ₗ ← aₗ         {Initialisierung b₋₁,ₗ = aₗ.}
 5      for k ← 0 to d do
 6          for l ← 0 to k in parallel do
 7              i ← k − l
 8              j ← l
 9              b_{i,j} ← b_{i−1,j} + b_{i,j−1} x
10          end
11      end
12      for i ← 0 to d in parallel do yᵢ ← i! b_{i,d−i}    {Werte zurückkopieren.}
13  end
```

Abb. 4.8 Das Wellenfront-Muster erlaubt die Parallelisierung des Horner-Schemas. Auch die Initialisierung und das Zurückkopieren der Werte kann parallel ausgeführt werden

Zeile nach rechts verschoben. Die Scherung ist eine *affine Abbildung* und wird mit m als Scherungsfaktor in i-Richtung in der Matrixschreibweise dargestellt als

$$\binom{k}{l} = \begin{pmatrix} 1 & m \\ 0 & 1 \end{pmatrix} \binom{i}{j} \quad \text{und invers dazu als} \quad \binom{i}{j} = \begin{pmatrix} 1 & -m \\ 0 & 1 \end{pmatrix} \binom{k}{l}. \tag{4.7}$$

Für das Horner-Schema gilt $m = 1$. Hieraus folgt die Umwandlung der Koordinaten $i = k - l$ und $j = l$. Abb. 4.8 zeigt die parallele Variante des Horner-Schemas. Die innere l-Schleife lässt sich jetzt parallel ausführen.

ES STELLT SICH DIE FRAGE, OB DIESE TRANSFORMATION auch in anderen Fällen verschachtelter Schleifen möglich ist. Insbesondere ist ein Verfahren gesucht, welches dieses möglichst automatisiert durchführt. Im Folgenden wird daher einführend das Polytop-Modell vorgestellt, welches eine Transformation zwischen den Indexräumen berechnet.

4.3 Polytop-Modell

Das *Polytop-Modell* ist ein Verfahren zur Parallelisierung von Schleifen. Im Folgenden wird eine Einführung am Beispiel des Horner-Schema gegeben. Das Verfahren kann eine beliebige Anzahl von verschachtelten Schleifen parallelisieren (siehe hierzu Lengauer 1993). Die Darstellung hier fokussiert auf den häufigen Anwendungsfall von zwei ineinander verschachtelten *for*-Schleifen.

4.3.1 Einleitung

Im Polytop-Modell wird der Indexraum der Schleifenvariablen betrachtet und eine Transformation durchgeführt, sodass eine Parallelisierung möglich wird. Die Abhängigkeiten zwischen einzelnen Iterationsschritten bleiben erhalten.

Geometrische Interpretation Die nachfolgend vorgestellte Methode basiert auf Systemen linearer Ungleichungen, die eine geometrische Interpretation ermöglichen. Für die betrachteten Fälle von zwei oder drei verschachtelten Schleifen lässt sich das Verfahren anschaulich visualisieren.

Definition 12 (Polytop). Ein n-dimensionales Polyeder P wird für eine (m, n)-Matrix $\mathbf{A}$ und einen Vektor $b \in \mathbb{K}^m$ definiert durch $P = \{\vec{x} \in \mathbb{K}^n : \mathbf{A}\vec{x} \leq \vec{b}\}$. Im Folgenden werden konvexe und beschränkte Polyeder über $\mathbb{Z}$ betrachtet und vereinfachend als *Polytop* bezeichnet. Eine Punktmenge ist konvex, wenn alle Punkte einer Verbindung zweier Punkte der Menge in dieser liegen.

Abb. 4.9 Das Oktaeder besteht aus acht Dreiecken

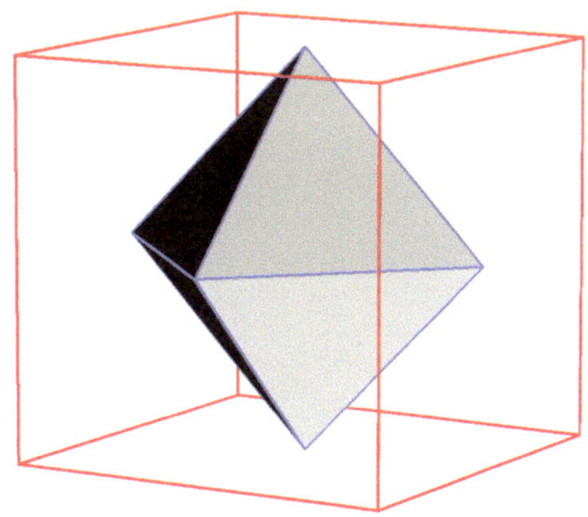

Abb. 4.9 zeigt beispielhaft ein *Oktaeder*, für den gilt: $|x| + |y| + |z| \leq 1$. Dieses lässt sich in ein System von acht Ungleichungen umformulieren:

$$x + y + z \leq 1 \qquad\qquad -x + y + z \leq 1$$
$$x + y - z \leq 1 \qquad\qquad -x + y - z \leq 1$$
$$x - y + z \leq 1 \qquad\qquad -x - y + z \leq 1$$
$$x - y - z \leq 1 \qquad\qquad -x - y - z \leq 1$$

Die Matrixschreibweise beschreibt das Oktaeder als

$$\begin{pmatrix} 1 & 1 & 1 \\ 1 & 1 & -1 \\ 1 & -1 & 1 \\ 1 & -1 & -1 \\ -1 & 1 & 1 \\ -1 & 1 & -1 \\ -1 & -1 & 1 \\ -1 & -1 & -1 \end{pmatrix} \begin{pmatrix} x \\ y \\ z \end{pmatrix} \leq \begin{pmatrix} 1 \\ 1 \\ 1 \\ 1 \\ 1 \\ 1 \\ 1 \\ 1 \end{pmatrix} \tag{4.8}$$

Bei der Umformung von Ungleichungen sind einige Rechenregeln zu beachten. Insbesondere führt die Multiplikation mit einer negativen Zahl zum „Umdrehen" des Relationssymbols: so wird beispielsweise aus $x \leq 10$ durch die Multiplikation mit -1 die Ungleichung $-x \geq -10$.

Im zweidimensionalen Fall beschreibt ein *Polygon* eine geometrische Figur in der xy-Zeichenebene. Für die Raute in Abb. 4.10 gelten daher anlog zum Vorherigen die Beziehungen

Abb. 4.10 Für die Raute gilt
$|x| + |y| \leq 1$

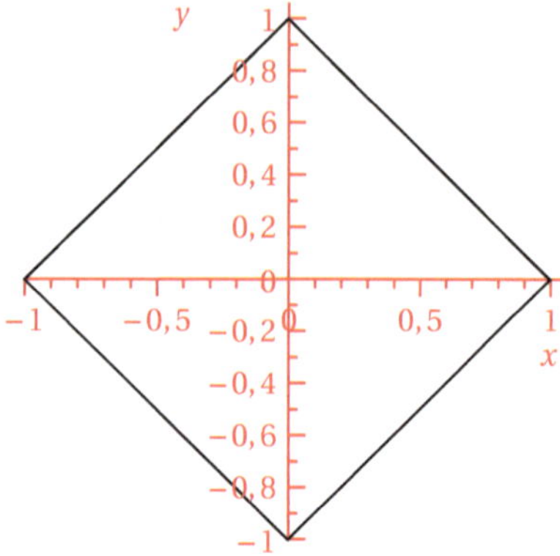

$$\left.\begin{array}{r} x + y \leq 1 \\ -x + y \leq 1 \\ x - y \leq 1 \\ -x - y \leq 1 \end{array}\right\} \quad \Rightarrow \quad \begin{pmatrix} 1 & 1 \\ -1 & 1 \\ 1 & -1 \\ -1 & -1 \end{pmatrix} \begin{pmatrix} x \\ y \end{pmatrix} \leq \begin{pmatrix} 1 \\ 1 \\ 1 \\ 1 \end{pmatrix} \tag{4.9}$$

Indexraum von Schleifen Diese Überlegungen werden jetzt auf den Indexraum der Schleifenvariablen übertragen. Der Pseudocode in Abb. 4.11 zeigt den Aufbau zweier ineinander geschachtelter Schleifen i und j.

Während der äußere Schleifenindex i die Werte zwischen u_i und o_i annimmt, läuft der innere Schleifenindex j zwischen u_j und o_j, wobei diese von i abhängig sein können. Jeder Iteration wird ein eindeutiger (i, j)-Index zugeordnet.

Die Indices i und j lassen sich als Punktmenge über $\mathbb{Z} \times \mathbb{Z}$ auffassen. Die Schleifengrenzen beschränken diese Punktmenge. Dieses lässt sich geometrisch interpretieren (siehe Abb. 4.12), was auf den bereits eingeführten *Polytop*-Begriff führt. Für den zweidimensionalen Fall wird das Polygon durch Geraden begrenzt. Diese Geraden werden aus den Schleifengrenzen abgeleitet.

Horner-Schema Abb. 4.13 zeigt das Polygon für das Horner-Schema. Für die Schleifenindices i und j gelten die folgenden Beziehungen, die sich direkt aus dem Algorithmus in Abb. 4.5 ableiten lassen und in eine einheitliche Schreibweise gebracht sind:

$$-i \leq 0 \tag{4.10}$$

$$i \leq d \tag{4.11}$$

$$-j \leq 0 \tag{4.12}$$

$$j + i \leq d \tag{4.13}$$

Abb. 4.11 Verschachtelte
Schleifen

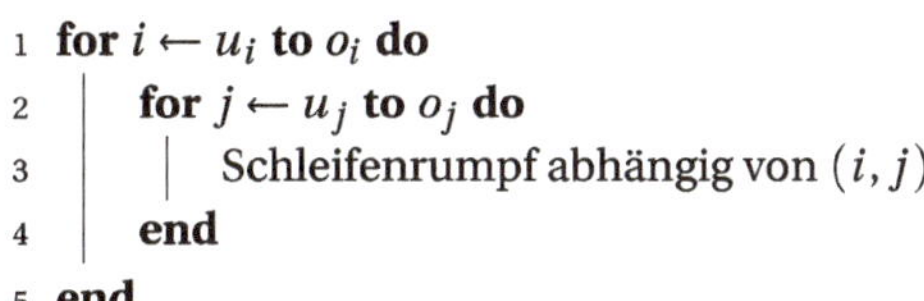

Abb. 4.12 Sind i und j
unabhängig voneinander, so
kann der Indexraum im
Beispiel als Rechteck
interpretiert werden

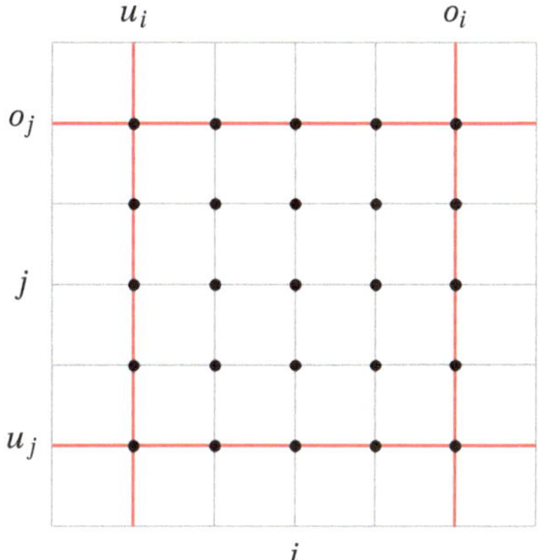

Abb. 4.13 Durch eine
Transformation wird das
Ausgangspolytop (links) in das
Zielpolytop (rechts) überführt.
Das Horner-Schema kann
parallel ausgeführt werden, da
Abhängigkeiten zwischen den
Iterationen beibehalten werden

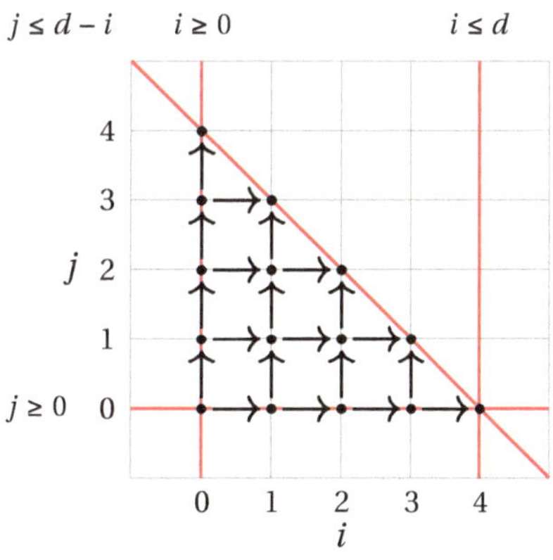

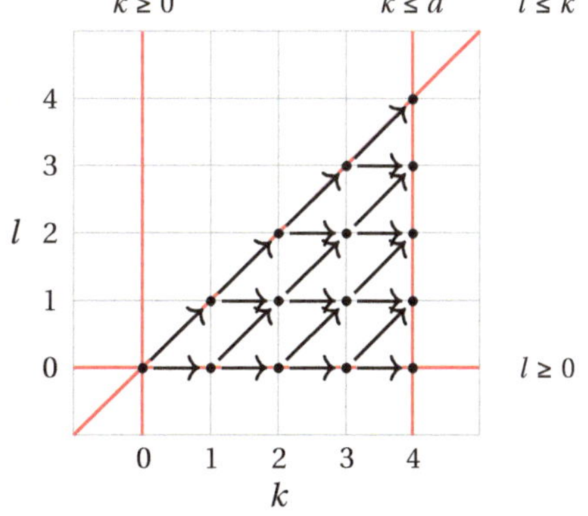

Das Ungleichungssystem für das Ausgangspolytop des Horner-Schema folgt zu:

$$\underbrace{\begin{pmatrix} -1 & 1 & 0 & 1 \\ 0 & 0 & -1 & 1 \end{pmatrix}^{\mathsf{T}}}_{\mathbf{A}^{\mathsf{T}}} \begin{pmatrix} i \\ j \end{pmatrix} \leq \begin{pmatrix} 0 \\ d \\ 0 \\ d \end{pmatrix} \tag{4.14}$$

Das Polytop bildet die Schleifenindices ab. Zusätzlich gibt es noch Abhängigkeiten zwischen den einzelnen Iterationen des Schleifenrumpfes. Diese Abhängigkeiten resultieren aus dem Zugriff auf gemeinsame Daten (Datenfluss). Diese lassen sich als Abhängigkeitsgraphen anschaulich beschreiben. Hierbei entsprechen die Knoten den einzelnen Iterationen und die gerichteten Kanten geben die Abhängigkeit an. Eine gerichtete Kante von einem Knoten x zu einem Knoten y bedeutet, dass die Iteration x zeitlich vor der Iteration y ausgeführt werden muss. In der Abb. 4.13 sind die Kanten im Polytop eingezeichnet.

4.3.2 Transformation

Die Abhängigkeiten erzwingen, dass die Anweisungen des Schleifenrumpfes in einer bestimmten Reihenfolge ausgeführt werden müssen, um korrekte Ergebnisse zu erzielen. Das Ausgangspolytop wird nun in ein Zielpolytop transformiert, sodass die Ausführungsreihenfolge beibehalten und eine Ausführung auf parallelen Recheneinheiten dadurch unterstützt wird. Hierzu sind zwei Funktionen erforderlich, die eine zeitliche und eine räumliche Zuordnung der Iterationen beschreiben.

Definition 13 (Schedule und Allokation). Eine Funktion $t : P \to \mathbb{Z}$, die einem Index einem Zeitschritt zuweist, sodass die Abhängigkeiten eines Graphen E erhalten bleiben, ist ein *Schedule* für ein Polytop P. Es gilt: $\forall \vec{x}, \vec{y} \in P \wedge (\vec{x}, \vec{y}) \in E : t(\vec{x}) < t(\vec{y})$.

Eine Funktion $a : P \to \mathbb{Z}^{n-1}$, die einen Index exklusiv einem parallelen Rechenkern zuweist, ist eine *Allokation* für ein Polytop P. Es gilt: $\forall \vec{x}, \vec{y} \in P : t(\vec{x}) = t(\vec{y}) \Rightarrow a(\vec{x}) \neq a(\vec{y})$.

Für den hier vorgestellten Ansatz müssen die beiden Funktionen t und a *affin* sein:

$$\forall \vec{x} \in P : t(\vec{x}) = \vec{\lambda}\vec{x} + \alpha \quad \text{für } \vec{\lambda} \in \mathbb{Z}^n \text{ und } \alpha \in \mathbb{Z} \tag{4.15}$$

$$\forall \vec{x} \in P : a(\vec{x}) = \mathbf{œ}\vec{x} + \vec{\beta} \quad \text{für } \mathbf{œ} \in \mathbb{Z}^{n-1} \times \mathbb{Z}^n \text{ und } \vec{\beta} \in \mathbb{Z}^{n-1} \tag{4.16}$$

Die beiden Funktionen werden in einer Transformationsmatrix $\mathbf{T}$ zusammengefasst:

$$\mathbf{T} = \begin{pmatrix} \vec{\lambda}^{\mathsf{T}} \\ \mathbf{œ} \end{pmatrix} \tag{4.17}$$

Im zweidimensionalen Fall überführt diese Transformationsmatrix einen Index $\vec{x} = (i, j)$ des Ausgangspolytops in einen Index $\vec{y} = (k, l)$ des Zielpolytops: $\vec{y} = \mathbf{T}\vec{x}$ sowie $\vec{x} = \mathbf{T}^{-1}\vec{y}$ unter der Voraussetzung, dass $\mathbf{T}$ invertierbar ist. Aus der Definition des Polytops $\mathbf{A}\vec{x} \leq \vec{b}$ ergibt sich somit unmittelbar $(\mathbf{A}\mathbf{T}^{-1})\vec{y} \leq \vec{b}$.

Aus der Definition der Wellenfront (siehe Abschn. 4.2.2) ergeben sich ein möglicher Schedule und eine Allokation für das Horner-Schema:

$$\vec{\lambda}^\mathsf{T} = \begin{pmatrix} 1 & 1 \end{pmatrix} \quad \text{und} \quad \text{œ} = \begin{pmatrix} 0 & 1 \end{pmatrix} . \tag{4.18}$$

Hieraus ergibt sich folgerichtig die Transformation vom Ausgangs- ins Zielpolytop:

$$\begin{pmatrix} k \\ l \end{pmatrix} = \underbrace{\begin{pmatrix} 1 & 1 \\ 0 & 1 \end{pmatrix}}_{\mathbf{T}} \begin{pmatrix} i \\ j \end{pmatrix} \quad \text{sowie} \quad \begin{pmatrix} i \\ j \end{pmatrix} = \underbrace{\begin{pmatrix} 1 & -1 \\ 0 & 1 \end{pmatrix}}_{\mathbf{T}^{-1}} \begin{pmatrix} k \\ l \end{pmatrix} . \tag{4.19}$$

Das Ungleichungssystem für das Zielpolytops ergibt sich zu

$$\left(\underbrace{\begin{pmatrix} -1 & 1 & 0 & 1 \\ 0 & 0 & -1 & 1 \end{pmatrix}^\mathsf{T}}_{\mathbf{A}^\mathsf{T}} \underbrace{\begin{pmatrix} 1 & -1 \\ 0 & 1 \end{pmatrix}}_{\mathbf{T}^{-1}} \right) \begin{pmatrix} k \\ l \end{pmatrix} = \begin{pmatrix} -1 & 1 & 0 & 1 \\ 1 & -1 & -1 & 0 \end{pmatrix}^\mathsf{T} \begin{pmatrix} k \\ l \end{pmatrix} \leq \begin{pmatrix} 0 \\ d \\ 0 \\ d \end{pmatrix} \tag{4.20}$$

Hieraus lassen sich die einzelnen Ungleichungen für die Definition des Zielpolytops ableiten (siehe hierzu auch Abb. 4.13):

$$-k + l \leq 0 \tag{4.21}$$

$$k - l \leq d \tag{4.22}$$

$$-l \leq 0 \tag{4.23}$$

$$k \leq d \tag{4.24}$$

4.3.3 Fourier-Motzkin-Elimination

Aus den Ungleichungen des Zielpolytops sind die Wertebereiche der Schleifenvariablen zu ermitteln, um das Programm zu parallelisieren. Lineare Gleichungssysteme lassen sich mit dem *Gauß*-Verfahren lösen, sofern eine Lösung existiert. Die *Fourier-Motzkin-Elimination* ist ein Verfahren zur Lösung von Systemen linearer Ungleichungen (vgl. Gritzmann 2013):

$$\mathbf{A}\vec{x} \leq \vec{b}. \tag{4.25}$$

Die Idee des Verfahrens ist es, sukzessive die einzelnen Unbekannten zu eliminieren. Hierbei entstehen neue Ungleichungen. Diese Elimination wird solange fortgesetzt, bis es entweder einen Widerspruch gibt oder eine einzelne Unbekannte x_k in der Form

$$x_k \leq b \quad \text{und} \quad -x_k \leq a \tag{4.26}$$

bestimmt wird. Hieraus ergibt sich $x_k \in [-a, b]$.

Gibt es $r > 1$ Ungleichungen $x_k \leq b_0, x_k \leq b_1, \ldots x_k \leq b_r$, dann berechnet sich die obere Grenze zu $b = \min(b_0, b_1, \ldots, b_r)$. Entsprechend gilt für s untere Schranken $a = \max(a_0, a_1, \ldots, a_s)$.

Durch Rückeinsetzen können dann die übrigen Unbekannten bestimmt werden. Bei den Umformungen sind immer $\mathbf{A}$ und $\vec{b}$ gleichermaßen zu berücksichtigen. Die Schritte sind im Einzelnen:

1. Bestimme eine Spalte $j \in \{0, 1, \ldots, n - 1\}$, die eliminiert werden soll.
2. Multipliziere jede Zeile $i \in \{0, 1, \ldots, m - 1\}$ mit $|a_{ij}|^{-1}$ für $a_{ij} \neq 0$, sodass in der Spalte j nur Koeffizienten aus $\{-1, 0, 1\}$ stehen.
3. Zur besseren Übersichtlichkeit werden die Zeilen der Matrix $\mathbf{A}$ und des Vektors $\vec{b}$ entsprechend dem Wert a_{ij} umsortiert:
   a) zuerst alle Zeilen, die den Wert 0 haben,
   b) dann alle Zeilen, die den Wert 1 haben (Anzahl p).
   c) abschließend alle Zeilen, die den Wert -1 haben (Anzahl q).
4. Es wird ein neues System linearer Ungleichungen $\mathbf{A}'\vec{x} \leq \vec{b}'$ nach dem folgenden Schema aufgestellt:

$$p \left\{ \begin{matrix} \cdots 1 \cdots \\ \cdots \vdots \cdots \\ \cdots 1 \cdots \end{matrix} \right. \quad q \left\{ \begin{matrix} \cdots -1 \cdots \\ \cdots \vdots \cdots \\ \cdots -1 \cdots \end{matrix} \right. \quad \Rightarrow \quad p \cdot q \left\{ \begin{matrix} \cdots 0 \cdots \\ \cdots 0 \cdots \\ \cdots \vdots \cdots \\ \cdots \vdots \cdots \\ \cdots 0 \cdots \end{matrix} \right.$$

   a) Alle Zeilen aus 3. a) werden übernommen.
   b) Alle Zeilen aus 3. b) werden jeweils auf alle Zeilen aus 3. c) addiert. Aus $p + q$ Zeilen entstehen dadurch $p \cdot q$ neue Ungleichungen.
5. Dieses Verfahren beginnend bei Schritt 1. wird solange wiederholt, bis alle Spalten bis auf eine eliminiert sind. Führen die Ungleichungen zu einem Widerspruch, so ist das Ungleichungssystem nicht lösbar und das Verfahren bricht ab.

Beispiel Das Verfahren wird an der Raute (siehe Abb. 4.10) erläutert. Die Ungleichungen 4.9 werden zuerst für die Variable x eliminiert. Eine Normierung der linken Spalte ist nicht notwendig, da diese bereits nur 1 und -1 enthält. Nachfolgend werden zur besseren Übersicht die Zeilen vertauscht:

$$\begin{pmatrix} 1 & 1 \\ 1 & -1 \\ -1 & 1 \\ -1 & -1 \end{pmatrix} \begin{pmatrix} x \\ y \end{pmatrix} \le \begin{pmatrix} 1 \\ 1 \\ 1 \\ 1 \end{pmatrix} \tag{4.27}$$

Die ersten beiden Zeilen werden jeweils zu den beiden letzten Zeilen addiert, sodass vier neue Ungleichungen entstehen, bei denen in der linken Spalte null steht. Die Unbekannte x ist damit eliminiert.

$$\begin{pmatrix} 0 & 2 \\ 0 & 0 \\ 0 & 0 \\ 0 & -2 \end{pmatrix} \begin{pmatrix} x \\ y \end{pmatrix} \le \begin{pmatrix} 2 \\ 2 \\ 2 \\ 2 \end{pmatrix} \tag{4.28}$$

Die beiden mittleren Ungleichungen können zu $0 \le 2$ zusammengefasst werden, was offensichtlich immer wahr ist. Die beiden äußeren Ungleichungen ergeben dann

$$2y \le 2 \quad \text{und} \quad -2y \le 2 \quad \Leftrightarrow \quad y \le 1 \quad \text{und} \quad y \ge -1. \tag{4.29}$$

Es wird $y_0 = \frac{1}{2}$ beispielhaft als gültiger Wert gewählt. Jetzt ist ein zugehöriger x-Wert zu bestimmen. Dazu wird das gewählte y_0 in die ursprünglichen Ungleichungen 4.9 eingesetzt:

$$\begin{aligned} x + \tfrac{1}{2} &\le 1 \Rightarrow x \le \tfrac{1}{2} \\ -x + \tfrac{1}{2} &\le 1 \Rightarrow x \ge -\tfrac{1}{2} \\ x - \tfrac{1}{2} &\le 1 \Rightarrow x \le \tfrac{3}{2} \\ -x - \tfrac{1}{2} &\le 1 \Rightarrow x \ge -\tfrac{3}{2} \end{aligned} \tag{4.30}$$

Dieses lässt sich weiter zusammenfassen,

$$x \le \min\left(\frac{1}{2}, \frac{3}{2}\right) \quad \text{und} \quad x \ge \max\left(-\frac{1}{2}, -\frac{3}{2}\right) \tag{4.31}$$

Hieraus folgt, für $y_0 = \frac{1}{2}$ ergibt sich $x \in [-\frac{1}{2}, \frac{1}{2}]$. Dieses entspricht einem Punkt auf der skizzierten Linie in der Abb. 4.14.

Bestimmung der Schleifen Das vorgestellte Verfahren kann jetzt eingesetzt werden, um die Wertebereiche für die Schleifenindices zu bestimmen. Im Gegensatz zu dem obigen Beispiel sind also die Intervallgrenzen zu ermitteln und nicht nur eine einzige gültige Lösung.

Aus dem Ungleichungssystem in Gl. 4.20 wird zuerst die Schleifenvariable l eliminiert. Da bereits alle Koeffizienten der Matrix normiert sind, wird das Ungleichungssystem durch Vertauschen der Zeile in die Form gebracht:

Abb. 4.14 Mögliche Lösungen
für x mit $y_0 = \frac{1}{2}$

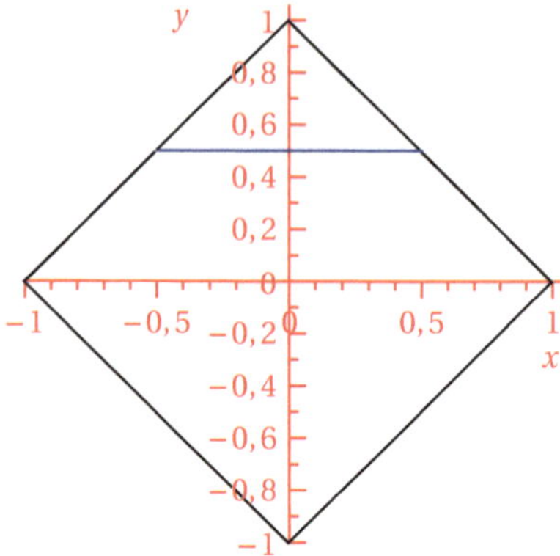

$$\begin{pmatrix} 1 & 0 \\ -1 & 1 \\ 1 & -1 \\ 0 & -1 \end{pmatrix} \begin{pmatrix} k \\ l \end{pmatrix} \le \begin{pmatrix} d \\ 0 \\ d \\ 0 \end{pmatrix} \Rightarrow \begin{pmatrix} 1 & 0 \\ 0 & 0 \\ -1 & 0 \end{pmatrix} \begin{pmatrix} k \\ l \end{pmatrix} \le \begin{pmatrix} d \\ d \\ 0 \end{pmatrix} \tag{4.32}$$

Hieraus folgt dann $k \in [0, d]$ und $d \ge 0$. Aus den ursprünglichen Ungleichungen folgt dann für den Schleifenindex l somit $l \ge \max(k - d, 0) = 0$ und $l \le k$.

4.3.4 Sortieren durch Vertauschen (Bubblesort)

In einem weiteren Beispiel wird das Polytop-Modell eingesetzt, um den Bubblesort-Algorithmus zu parallelisieren. Das bekannte Verfahren (siehe beispielsweise Cormen et al. 2010) durchläuft eine unsortierte Liste und bestimmt das größere von benachbarten Werten. Durch eine Vertauschung bewegt sich bei aufsteigender Sortierung das größte Element an das Ende der Liste. Dieses wird sukzessive wiederholt, bis die Liste vollständig sortiert ist.

Abb. 4.15 zeigt den Algorithmus, der zwei verschachtelte Schleifen benutzt, um sukzessive die größten Werte im Feld aufsteigen zu lassen („bubbles"). Die innere Schleife mit dem Index j ist von der äußeren i-Schleife abhängig. Eine Parallelisierung ist erst einmal nicht offensichtlich.

Das Zahlenbeispiel für $n = 8$ skizziert das Sortieren der Liste $\{25, 4, 17, 2, 23, 18, 7, 1\}$. Der Index i beinhaltet die Position, an der die größte Zahl platziert werden soll. Sukzessive wandert der Wert 25 von links nach rechts. Hat die größte Zahl den entsprechenden Platz erreicht, wird i um eins verringert und der Durchlauf beginnt von Neuem von links nach rechts.

```
1  def BubbleSort(a, n)                         {Sortieren durch Vertauschen.}
2  |    input : Feld a mit n unsortierten Werten.
3  |    result : Feld a mit n aufsteigend sortierten Werten.
4  |    for i ← n − 1 until 0 by −1 do
5  |    |    for j ← 0 until i do
6  |    |    |    if a_j > a_{j+1} then swap(a_j, a_{j+1})
7  |    |    end
8  |    end
9  end
```

Abb. 4.15 Der sequenzielle Bubblesort-Algorithmus hat zwei gegenläufige Schleifen mit den Indices i und j

Zeitschritt

$$
\begin{array}{c|cccccccc}
0 & 25 \overset{j=0}{\longleftrightarrow} 5 & 17 & 2 & 23 & 18 & 7 & 1_{\,i=7} \\
1 & 5 & 25 \overset{j=1}{\longleftrightarrow} 17 & 2 & 23 & 18 & 7 & 1_{\,i=7} \\
2 & 5 & 17 & 25 \overset{j=2}{\longleftrightarrow} 2 & 23 & 18 & 7 & 1_{\,i=7} \\
\vdots & & & \vdots & & & & \\
7 & 5 \overset{j=0}{\longleftrightarrow} 17 & 2 & 23 & 18 & 7 & 1 & 25_{\,i=6}
\end{array}
$$

Wie lässt sich das Verfahren parallelisieren?

Der Vergleich und das Vertauschen im Zeitschritt 7 kann zeitgleich mit dem Zeitschritt 2 erfolgen, da keine gemeinsamen Listenelemente betroffen sind. Nachfolgend wird dieser Ansatz formalisiert und der Schleifenindex (i, j) in eine andere Darstellung (k, l) transformiert, sodass die innere Schleife parallel ausgeführt werden kann.

Ausgangspolytop Die Algorithmus hat zwei verschachtelte Schleifen, wobei der äußere Schleifenindex i von $n-1$ abwärts und der innere Index j von 0 aufwärts läuft. Abb. 4.16 zeigt den Indexraum mit den entsprechenden Abhängigkeiten und dem begrenzenden Polytop. Die zugehörigen Ungleichungen ergeben sich zu

$$-i \leq -1 \tag{4.33}$$

$$i \leq n - 1 \tag{4.34}$$

$$j - i \leq -1 \tag{4.35}$$

$$-j \leq 0 \tag{4.36}$$

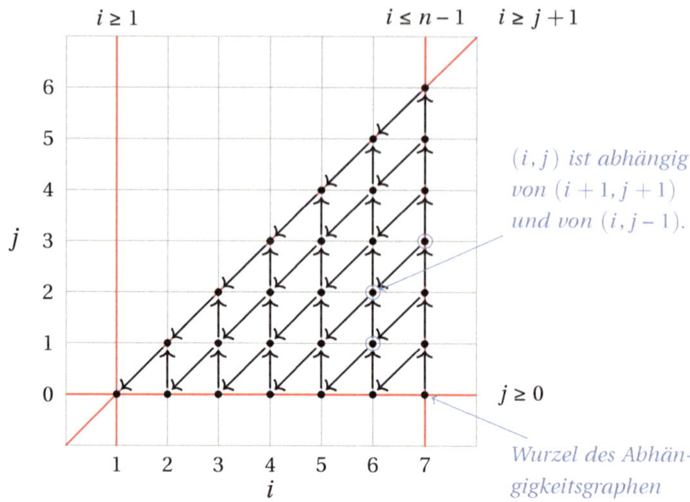

Abb. 4.16 Der Indexraum (i, j) ist in ein konvexes Polygon eingebettet. Die Abhängigkeiten ergeben sich aus dem Schleifenrumpf des Bubblesort-Algorithmus

Um die Abhängigkeiten der einzelnen Iterationen zu bestimmen, ist der innere Schleifenrumpf zu betrachten. Es fällt hierbei auf, dass dieser nur von j und nicht von i abhängig ist. Da nur benachbarte Elemente verglichen werden, kann eine weitere i-Iteration parallel durchgeführt werden, wenn sichergestellt wird, dass die Reihenfolge der Vergleiche und Vertauschungen beibehalten wird.

Die Ausführung des Schleifenrumpfes für einen Index (i, j) ist somit nur unmittelbar abhängig von den Iterationen für $(i + 1, j + 1)$ und $(i, j - 1)$. In der Abb. 4.16 ist beispielsweise die Ausführung der Iteration $(6, 2)$ von der $(7, 3)$ und $(6, 1)$ abhängig. Da die i-Schleife abwärts zählt, ist in der unteren rechten Ecke die Wurzel des Abhängigkeitsgraphen (im Beispiel bei $(7, 0)$).

Das Ausgangspolytop folgt aus 4.33 bis 4.35 und wird beschrieben durch

$$\underbrace{\begin{pmatrix} -1 & 1 & -1 & 0 \\ 0 & 0 & 1 & -1 \end{pmatrix}^{\mathsf{T}}}_{\mathbf{A}^{\mathsf{T}}} \begin{pmatrix} i \\ j \end{pmatrix} \leq \begin{pmatrix} -1 \\ n-1 \\ -1 \\ 0 \end{pmatrix} \tag{4.37}$$

Transformation　Im nächsten Schritt sind jetzt die beiden Funktionen für den Schedule und die Allokation zu bestimmen. Die folgende Darstellung soll den bereits diskutierten Ansatz verdeutlichen. Hierzu ist der Abhängigkeitsgraph aus Abb. 4.16 mit Zeitschritten versehen.

$$
\begin{array}{ccccccc}
0 & 1 & 2 & 3 & 4 & 5 & 6 \\
7,0 \to 7,1 \to 7,2 \to 7,3 \to 7,4 \to 7,5 \to 7,6
\end{array}
$$

Die Startzeitpunk-
te der Zeilen sind
jeweils um zwei
Zeitschritte verscho-
ben.

$$6,0 \to 6,1 \to 6,2 \to 6,3 \to 6,4 \to 6,5$$

$$5,0 \to 5,1 \to 5,2 \to 5,3 \to 5,4$$

$$4,0 \to 4,1 \to 4,2 \to 4,3$$

$$3,0 \to 3,1 \to 3,2$$

$$2,0 \to 2,1$$

$$1,0$$

Das Sortierverfahren beginnt mit dem Index $(i, j) = (7, 0)$ und erhöht nachfolgend die j-Komponente bis $j = 6$ gilt. Die oberhalb angegebenen roten Zahlen geben den Zeitschritt an. Im Zeitschritt 1 werden die beiden Listenelemente a_j und a_{j+1} für $j = 1$ verglichen und gegebenenfalls vertauscht. Im nachfolgenden Zeitschritt 2 kann jetzt zum einen der Schleifenrumpf für den Index $(7, 2)$ und zeitgleich für Index $(6, 0)$ bearbeitet werden.

Der Startzeitpunkt einer jeden Zeile ist somit zu der direkt darüber liegenden Zeile um zwei Zeitschritte verschoben. Die letzte Zeile in dem Beispiel beginnt somit zum Zeitschritt 12. Für eine beliebige Zeile i ist der Startzeitpunkt somit $2(n - 1) - 2i = 2(n - 1 - i)$. Der Zeitpunkt für ein Element innerhalb einer Zeile wird durch die Addition mit j ermittelt.

Für die Allokation wird vereinfachend unterstellt, dass eine beliebige Anzahl von parallelen Recheneinheiten vorhanden ist. Insgesamt berechnen sich der Schedule t und die Allokation a zu

$$t(i, j) = 2(n - 1 - i) + j \quad \text{und} \quad a(i, j) = i. \tag{4.38}$$

Hieraus wird jetzt im nächsten Schritt die Transformationsmatrix $\mathbf{T}$ abgeleitet, die einen Index (i, j) in einen Index (k, l) überführt. Aus 4.15 und 4.16 ergeben sich

$$t(\vec{x}) = \begin{pmatrix} -2 \\ 1 \end{pmatrix} \vec{x} + 2(n - 1) \quad \text{und } a(\vec{x}) = \begin{pmatrix} 1 \\ 0 \end{pmatrix} \tag{4.39}$$

Hieraus folgt anschließend die Transformationen:

$$\begin{pmatrix} k \\ l \end{pmatrix} = \underbrace{\begin{pmatrix} -2 & 1 \\ 1 & 0 \end{pmatrix}}_{\mathbf{T}} \begin{pmatrix} i \\ j \end{pmatrix} \quad \text{sowie} \begin{pmatrix} i \\ j \end{pmatrix} = \underbrace{\begin{pmatrix} 0 & 1 \\ 1 & 2 \end{pmatrix}}_{\mathbf{T}^{-1}} \begin{pmatrix} k \\ l \end{pmatrix}. \tag{4.40}$$

Mit dieser Transformation können jetzt die Ungleichungen des Ausgangspolytops in eine entsprechende Darstellung des Zielpolytops überführt werden.

Zielpolytop Mit der inversen Matrix $\mathbf{T}^{-1}$ aus 4.40 ergibt sich

$$\left(\underbrace{\begin{pmatrix} -1 & 1 & -1 & 0 \\ 0 & 0 & 1 & -1 \end{pmatrix}^{\mathsf{T}}}_{\mathbf{A}^{\mathsf{T}}} \underbrace{\begin{pmatrix} 0 & 1 \\ 1 & 2 \end{pmatrix}}_{\mathbf{T}^{-1}} \right) \begin{pmatrix} k \\ l \end{pmatrix} = \begin{pmatrix} 0 & 0 & 1 & -1 \\ -1 & 1 & 1 & -2 \end{pmatrix}^{\mathsf{T}} \begin{pmatrix} k \\ l \end{pmatrix} \leq \begin{pmatrix} -1 \\ n-1 \\ -1 \\ 0 \end{pmatrix} \tag{4.41}$$

Hieraus lassen sich die einzelnen Ungleichungen für die Definition des Zielpolytops ableiten (siehe hierzu auch Abb. 4.17):

$$-l \leq -1 \tag{4.42}$$

$$l \leq n - 1 \tag{4.43}$$

$$k + l \leq -1 \tag{4.44}$$

$$-k - 2l \leq 0 \tag{4.45}$$

Im letzten Schritt werden jetzt die Begrenzungen für die beiden Schleifenindices k und l mit der Fourier-Motzkin-Elimination ermittelt. Zuerst wird l aus den Ungleichungen eliminiert:

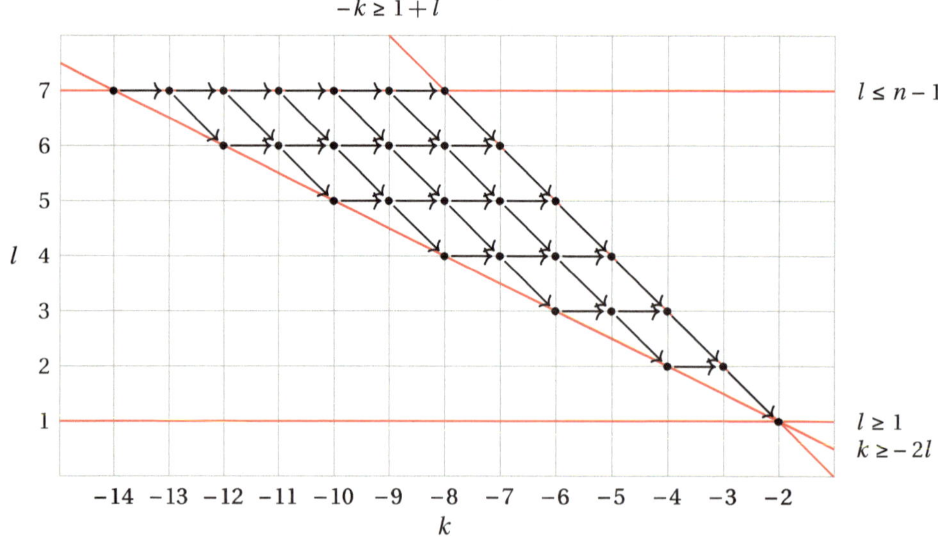

Abb. 4.17 Der transformierte Indexraum (k, l) wird durch ein Polytop begrenzt. Die Anweisungen für ein k sind jetzt unabhängig und können parallel ausgeführt werden

```
 1  def ParallelBubbleSort(a, n)          {Paralleles Sortieren durch Vertauschen.}
 2    input : Feld a mit n unsortierten Werten.
 3    result : Feld a mit n aufsteigend sortierten Werten.
 4    for k ← 2(1−n) to −2 do
 5      for l ← min(n−1,−k−1) to max(1,⌈−k/2⌉) in parallel do
 6        j ← k+2l
 7        if a_j > a_{j+1} then swap(a_j, a_{j+1})
 8      end
 9    end
10  end
```

Abb. 4.18 Parallelisierter Bubblesort-Algorithmus

$$
\left.\begin{array}{rcl}
l &\leq& n-1 \\
l+k &\leq& -1 \\
-l &\leq& -1 \\
-l-k/2 &\leq& 0
\end{array}\right\}
\Rightarrow
\left.\begin{array}{rcl}
0 &\leq& n-2 \\
-k/2 &\leq& n-1 \\
k &\leq& -2 \\
k/2 &\leq& -1
\end{array}\right\}
\Rightarrow
\begin{array}{rcl}
n &\geq& 2 \\
k &\geq& 2(1-n) \\
k &\leq& -2
\end{array}
\tag{4.46}
$$

Für den Schleifenindex k gilt damit $k \geq 2(1-n) \wedge k \leq -2$.

Aus den beiden Bedingungen 4.43 und 4.44 folgt $l \leq \min(n-1, -1-k)$. Entsprechend ergibt sich die untere Grenze aus 4.42 und 4.45 zu $l \geq \max(1, \lceil -k/2 \rceil)$. Mit den so bestimmten Schleifengrenzen kann das Sortierverfahren parallelisiert werden, wie Abb. 4.18 zeigt. Im Abschn. 4.6.2 wird dieser Algorithmus als ein Sortiernetzwerk hergeleitet.

4.4 Pointer-Jumping

Der hier zuerst vorgestellte parallele Algorithmus verwendet die *Pointer-Jumping*-Technik, um die Position eines Elements in einer verketteten Liste bezogen auf die Wurzel (Listenende) zu bestimmen. Der *Listenrang* (list ranking) d_i für ein Element i ist definiert als

$$
d_i = \begin{cases} d_{\mathrm{succ}(i)} + 1 & \text{für succ } (i) \neq \text{NIL,} \\ 0 & \text{ansonsten.} \end{cases}
\tag{4.47}
$$

Die Funktion $\mathrm{succ}(i)$ liefert den Nachfolger für das Element i zurück. Mit NIL wird das Listenende markiert. Ein sequenzieller Algorithmus durchläuft die verkettete Liste und ordnet in linearer Laufzeit jedem Element durch Anwendung der Definition den entsprechenden Listenrang zu. Wie kann aber das Verfahren effizient parallelisiert werden, wenn unterstellt wird, dass jedem Element eine parallel arbeitende Recheneinheit zugeordnet ist?

Die parallele Berechnung des Listenrangs, also die Position in der Liste bezogen auf das Listenende, erfolgt über partielle Listenränge bezogen auf nachfolgende Elemente in der

Liste. Dieser partielle Listenrang wird schrittweise geändert, bis das Bezugselement das Listenende ist. Der Übergang zwischen zwei j-Iterationen skizziert Abb. 4.19.

Der Listenrang d_i bezieht sich auf das nachfolgende Element $\mathrm{succ}(i)$, der solange geändert wird, bis das nachfolgende Element NIL ist. Wird der Listenrang d_i mit dem des nachfolgenden Elementes $d_{\mathrm{succ}(i)}$ addiert, so ergibt sich ein neuer Listenrang bezogen auf das dem Nachfolger folgende Element.

In Abb. 4.20 ist der *Algorithmus von Wyllie* (in Wyllie 1979) zur Bestimmung des Listenrangs für eine Liste mit acht verketteten Elementen dargestellt. In jedem Schritt verdoppelt sich die Anzahl der korrekt berechneten Werte, sodass sich insgesamt eine Laufzeit von $O(\log n)$ ergibt. Zuerst wird der Listenrang auf das direkt nachfolgende Element parallel initialisiert. Anschließend wird dann der Listenrang berechnet (siehe Abb. 4.21).

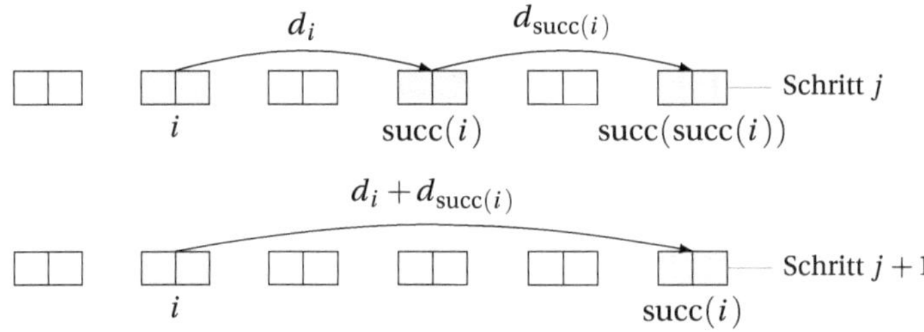

Abb. 4.19 Der Algorithmus berechnet sukzessive den Listenrang d_i für ein Element i bezogen auf das nachfolgende Element $\mathrm{succ}(i)$. Der Listenrang bezogen auf den Nachfolger des Nachfolgers $\mathrm{succ}(\mathrm{succ}(i))$ ist die Summe der beiden Listenränge $d_i + d_{\mathrm{succ}(i)}$

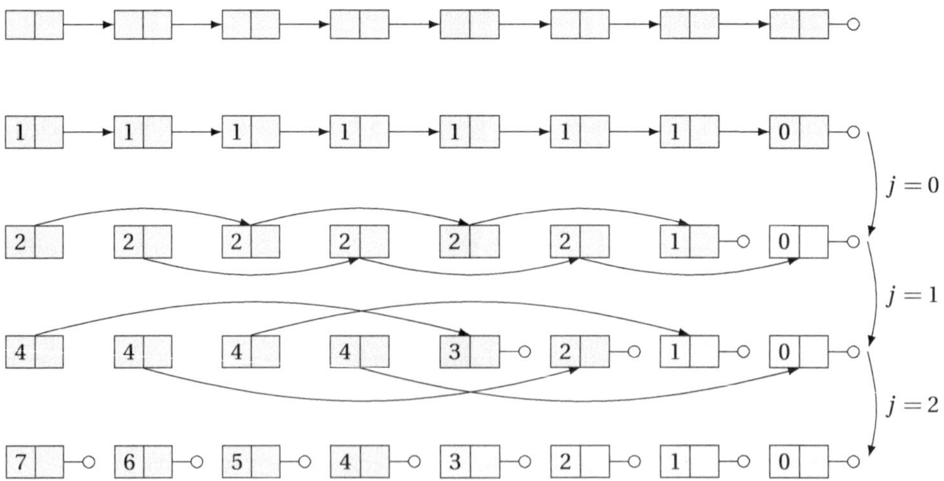

Abb. 4.20 Die parallele Berechnung des Listenrang ist in $O(\log n)$ Zeitschritten möglich. In jedem Schritt werden das nachfolgende Element und der berechnete Listenrang verändert. Der Algorithmus endet, wenn die Nachfolger von allen Elementen das Listenende respektive NIL sind

```
 1  def ParallelListRanking(d, n)              {Bestimmung des Listenranges.}
 2      input : Liste mit n Elementen.
 3      result : Liste d mit Listenrang.
 4      for i ← 0 until n in parallel do  {Parallele Initialisierung.}
 5          if succ(i)= NIL then d_i ← 0
 6          else d_i ← 1
 7
 8      end
 9      for j ← 0 until log_2 n do
10          for i ← 0 until n in parallel do  {Zeitgleiche Aktualisierung.}
11              if succ(i) ≠ NIL then
12                  d_i ← d_i + d_succ(i)
13                  succ(i) ← succ(succ(i))
14              end
15          end
16      end
17  end
```

Abb. 4.21 Der Algorithmus initialisiert zuerst den Listenrang. Anschließend wird dieser in $\log_2 n$-Schritten für jedes Element aktualisiert

4.5 Präfixsummen und Reduktionsalgorithmen

Die Berechnung von Präfixsummen und Reduktionsalgorithmen sind grundlegende Techniken für den Entwurf von datenparallelen Programmen. Die Darstellung folgt den Arbeiten von Blelloch (1989, 1990). Aber nicht nur aufgrund der Verbreitung von modernen Grafikkarten zur Berechnung von datenparallelen Anwendungen sind die Algorithmen wieder sehr aktuell. Viele Programmierbibliotheken, wie beispielsweise Intels *Threading Building Blocks* (TBB) (siehe Abschn. 5.3), Nvidias Thrust (siehe Abschn. 6.8) und auch Message Passing Interface (MPI) für verteilte Algorithmen, beinhalten entsprechende Funktionen. Präfixsummen und Reduktionsalgorithmen bilden daher wichtige Basisbausteine für komplexe, parallele Algorithmen.

Der Charme zur Berechnung der Präfixsummen ist die Eigenschaft, dass der auf dem ersten Blick nur sequenziell ablaufende Algorithmus sich elegant parallelisieren lässt. Soll beispielsweise die Summe eines Feldes von Werten berechnet werden, dann kann die Summation $s = \sum a_i$ mit $i = 0, \ldots, n - 1$ durch den sequenziellen Algorithmus in Abb. 4.22 realisiert werden. Da die Berechnung eines neuen Wertes s vom vorherigen Wert abhängig ist, scheint eine Parallelisierung nicht ohne weiteres möglich. Es zeigt sich aber, dass durch Ausnutzung der mathematischen Eigenschaft der Assoziativität der Addition eine Parallelisierung sehr effizient möglich ist.

Bei genauer Betrachtung der Summation ist es unerheblich, wie die Zahlen addiert werden. So kann die Summenbildung in Teilsummen zerlegt und diese dann zusammengeführt

```
1  def Sum(a, n)                              {Berechnung der Summe.}
2    | input : Feld a mit n Elementen.
3    | result : Summe s der Elemente.
4    | s ← 0
5    | for i ← 0 until n do
6    |   | s ← s + aᵢ {Berechnung von s ist abhängig vom vorherigen Wert.}
7    | end
8    | return s
9  end
```

Abb. 4.22 Die sequenzielle Berechnung der Summe eines Feldes von Werten

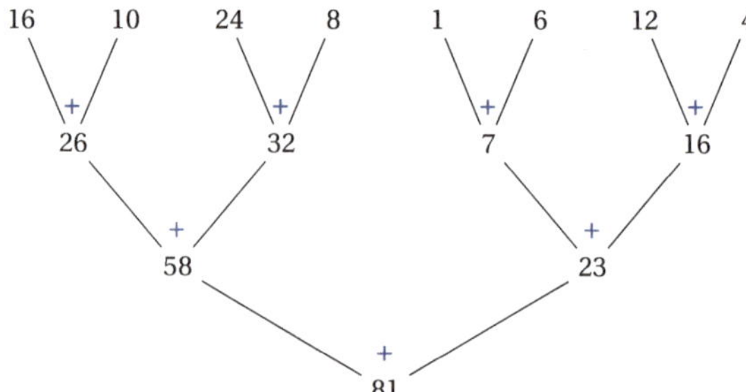

Abb. 4.23 Anstatt die Werte von links nach rechts sukzessive zu addieren, können immer Paare summiert werden (links)

werden. Die Teilsummenbildung kann dabei unabhängig und letztendlich damit parallel erfolgen. Allerdings muss bezüglich der Operation eine weitere, wichtige Eigenschaft gelten. In Abb. 4.23 ist das Verfahren dargestellt.

Zur Erinnerung wird kurz die Definition der Assoziativität wiederholt. Eine zweistellige Verknüpfung $\oplus$ auf einer Menge $\mathbb{A}$ mit $\oplus : \mathbb{A} \times \mathbb{A} \to \mathbb{A}$ heißt assoziativ, wenn das Hinzufügen oder das Weglassen von Klammerpaaren für das Ergebnis unerheblich ist, d. h. es gilt

$$a \oplus b \oplus c = (a \oplus b) \oplus c = a \oplus (b \oplus c). \tag{4.48}$$

Die Subtraktion ist nicht assoziativ. Das Verfahren der parallelen Addition lässt sich nicht übertragen und führt zu einem falschen Ergebnis in Abb. 4.24.

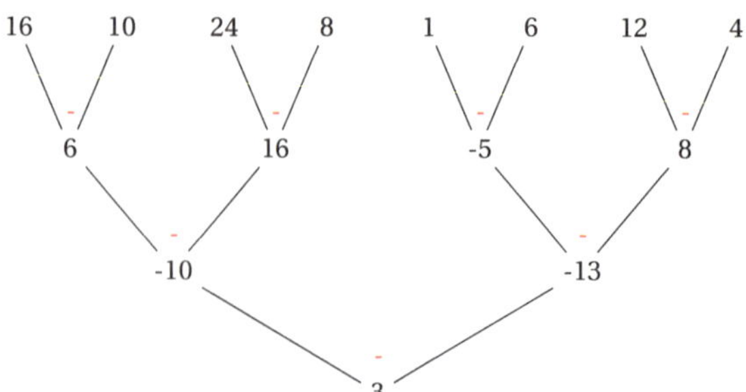

Abb. 4.24 Allerdings funktioniert das Verfahren der parallelen Addition nicht für die Subtraktion (rechts). Es wird fälschlicherweise 3 statt −49 berechnet

4.5.1 Basisoperationen

Im folgenden Abschnitt werden die Basisoperationen vorgestellt, die dann anschließend für komplexere Algorithmen angewendet werden.

Definition 14 (Präfixsumme). Die Präfixsumme einer Liste von Werten $[a_0, a_1, \ldots, a_{n-1}]$ bezüglich eines assoziativen zweistelligen Operators $\oplus$ ergibt sich zu

$$[a_0, (a_0 \oplus a_1), \ldots, (a_0 \oplus a_1 \oplus \ldots \oplus a_{n-1})]. \tag{4.49}$$

Die Präfixsumme beinhaltet die Partialsummen vorhergehender Elemente in einer Liste. Es wird zwischen der *inklusiven* und der *exklusiven* Präfixsumme unterschieden. Werden bei der Summenbildung nur die vorherigen Werte und nicht das Element selber berücksichtigt, dann wird dieses als exklusive Präfixsumme bezeichnet und es gilt

$$[I, a_0, (a_0 \oplus a_1), \ldots, (a_0 \oplus a_1 \oplus \ldots \oplus a_{n-2})]. \tag{4.50}$$

I bezeichnet das neutrale Element bezogen auf den $\oplus$-Operator. Im Englischen wird die Berechnung der Präfixsumme auch als *scan*-Operation respektive *pre-scan* für die exklusive Berechnung bezeichnet.

Für die einfache Addition $+$ ergibt sich die Präfixsumme für $[12, 4, 23, 3]$ zu $[12, 16, 39, 42]$. Die Berechnung der Präfixsumme kann dahin gehend modifiziert werden, dass nicht vorwärts, d. h. von links nach rechts, sondern die Liste rückwärts durchlaufen wird.

Definition 15 (Reduktion). Die Reduktion eines Vektors $[a_0, a_1, \ldots, a_{n-1}]$ bezüglich eines assoziativen zweistelligen Operators $\oplus$ ergibt sich zu $a_0 \oplus a_1 \oplus \ldots \oplus a_{n-1}$.

Die Reduktion ist das letzte Element der zugehörigen inklusiven Präfixsumme. Der Vorteil der Reduktion ist es, dass die Berechnung einfacher ist, wenn nur der letzte Wert und nicht alle Teilsummen benötigt werden. Neben der Addition und Multiplikation sind die Bestimmung des Minimums und Maximums sowie die logischen Operatoren wie $\vee$ und $\wedge$ assoziativ. Es ist zu beachten, dass für die Präfixsumme nicht gefordert ist, dass der Operator kommutativ ist, d. h. es darf gelten $a \oplus b \neq b \oplus a$. Dieses ist allerdings bei der Implementierung zu berücksichtigen, wie die nachfolgenden Algorithmen zeigen. Beispiele für assoziative aber nicht kommutative Operatoren sind die Konkatenation von Zeichenketten und die Matrixmultiplikation.

4.5.2 Kostenoptimale Reduktion

Es werden drei parallele Algorithmen entwickelt, wobei nur das letzte Verfahren tatsächlich kostenoptimal arbeitet. Die beiden anderen Varianten habe zwar eine kürzere Ausführungszeit, hierzu benötigen diese aber eine große Anzahl von parallelen Rechenkernen. Als Beispiel wird die assoziative Maximumfunktion (in den Abb. 4.25, 4.26 und 4.27 mit > symbolisiert) gewählt, die das Maximum zweier Werte bestimmt.

Erster paralleler Ansatz Die Idee im ersten Ansatz folgt den skizzierten Überlegungen, dass die Reihenfolge der Auswertung assoziativer Operationen unerheblich ist. Der Algorithmus vergleicht parallel jeweils zwei Werte, sodass im nächsten Schritt, die Hälfte der Zahlen übrig bleibt. Dieses Verfahren wird solange fortgeführt, bis der größte Wert der Folge feststeht. In Abb. 4.25 ist dieses *Turnierverfahren* skizziert. Hierfür werden $p = n/2$ parallele Rechenkerne benötigt. Die parallele Laufzeit ergibt sich somit zu $T_p = O(\log n)$. Der Parallelitätsgewinn ist

$$S = O\left(\frac{n}{\log n}\right) \tag{4.51}$$

Da in jedem Schritt des Verfahrens nur die Hälfte der Rechenkerne im vorherigen Schritt benötigt wird, ist dieser Ansatz sehr ineffizient und nähert sich bei steigender Anzahl der Werte asymptotisch gegen null:

$$E = O\left(\frac{1}{\log n}\right) \tag{4.52}$$

Dieser erste Ansatz hat die schnellstmögliche Ausführungszeit, ist aber nicht kostenoptimal, da eine sehr große Anzahl von Rechenkernen benötigt wird. Während $C_s = O(n)$ gilt, sind die Kosten für die parallele Variante identisch zu $C_p = O(n \log n)$, d. h. $C_p \neq C_s$.

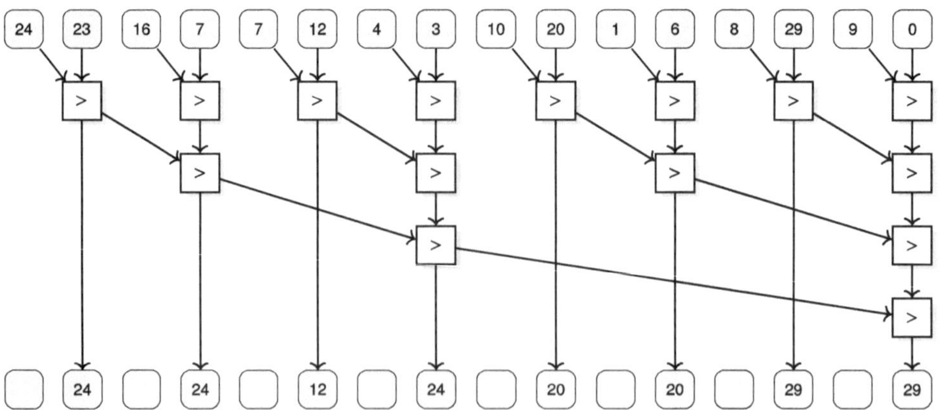

Abb. 4.25 Die schnellstmögliche Berechnung des Maximums einer unsortierten Zahlenfolge erfolgt in einem Binärbaum („Turnierverfahren")

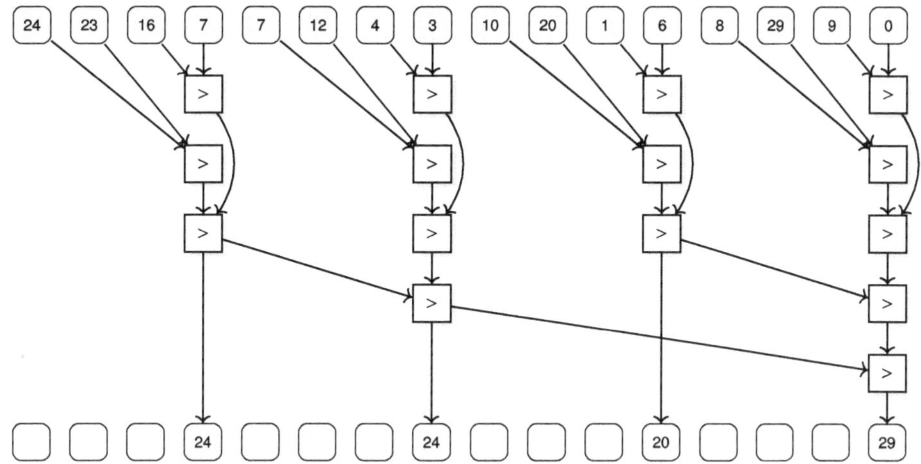

Abb. 4.26 Durch die Verwendung von weniger Rechenkernen verlängert sich die Ausführungszeit

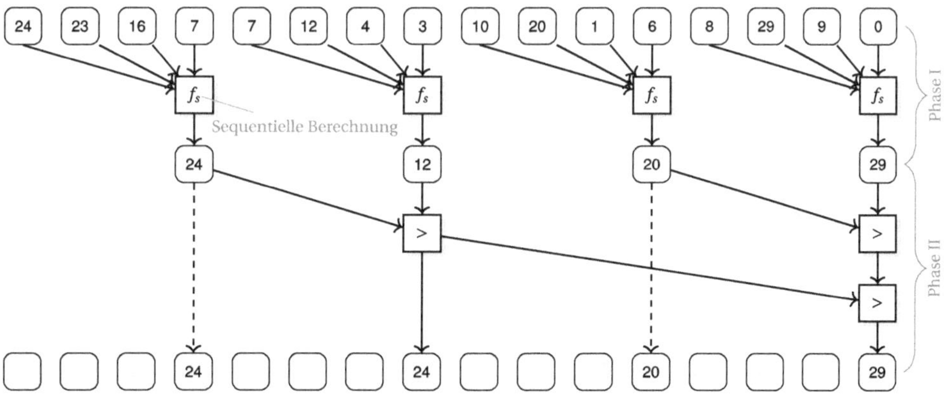

Abb. 4.27 Der Algorithmus arbeitet in zwei Phasen und bestimmt das Maximum der Folge von Werten kostenoptimal

Zweiter paralleler Ansatz Um die ineffiziente Auslastung zu reduzieren, werden im zweiten Ansatz weniger Rechenkerne eingesetzt (siehe Abb. 4.26). Die Anzahl der Zeitschritte erhöht sich, da ein Rechenkern anfangs mehrere Zahlenpaare miteinander vergleicht und das Maximum bestimmt.

Wenn $p < n/2$ Rechenkerne zur Verfügung stehen, dann muss jeder Rechenkern mehr leisten und die Ausführungszeit verlängert sich maximal um einen Faktor $\lceil \frac{n}{2p} \rceil$, sodass $T_p = O(n/p \log n)$ gilt. Die weiteren Kennzahlen ergeben sich entsprechend zu:

$$S = O\left(\frac{p}{\log n}\right) \tag{4.53}$$

$$E = O\left(\frac{1}{\log n}\right) \tag{4.54}$$

Auch dieser Ansatz ergibt keinen kostenoptimalen Algorithmus: $C_p = O(n \log n)$.

Kostenoptimaler paralleler Ansatz Der dritte Ansatz arbeitet in zwei Phasen. In der ersten Phase wird die Folge entsprechend der Anzahl der Rechenkerne partitioniert. Jeder Rechenkern berechnet sequenziell das Maximum der entsprechenden Teilfolge von Werten. In der zweiten Phase wird dann im Turnierverfahren aus p Werten das Gesamtmaximum bestimmt. Damit das Verfahren kostenoptimal arbeitet, ist eine „geschickte" Wahl der Anzahl der Rechenkerne notwendig. Die Ausführungszeit beider Schritte ergibt sich zu $T_p = O(n/p + \log p)$. Es wird jetzt angenommen, dass die Anzahl der Werte in der Folge sich proportional zu der Anzahl der Rechenkerne entsprechend $n \approx p \log p$ verhält. Die Kennzahlen ergeben sich zu:

$$S = O\left(\frac{p \log p}{\log p}\right) = O(p) \tag{4.55}$$

$$E = O(1) \tag{4.56}$$

$$C_p = O(n + p \log p) = O(n) \tag{4.57}$$

Dieser dritte Algorithmus ist somit kostenoptimal.

Zur Bestimmung der Isoeffizienz ist der zeitliche Mehraufwand T_0 in Abhängigkeit von W und p zu ermittelt. Mit $T_p = n/p + \mathrm{ld}\, p$ ergibt sich

$$T_0 = T_p p - W = (n/p + \mathrm{ld}\, p)p - n = p\, \mathrm{ld}\, p\,. \tag{4.58}$$

Da die Effizienz E und somit auch K konstant bleiben, wenn p auf p' vergrößert wird, muss die Problemgröße W entsprechend auf W' anwachsen:

$$W' = W \frac{p'\, \mathrm{ld}\, p'}{p\, \mathrm{ld}\, p}\,. \tag{4.59}$$

Zahlenbeispiel Der kostenoptimale Algorithmus bestimmt bei $p = 2$ parallelen Rechenkernen das Maximum aus $W = 8$ Zahlen in $T_p = 5$ Zeitschritten. Der Parallelitätsgewinn ist $S = \frac{8}{5} = 1{,}6$ und die Effizienz entsprechend $E = 0{,}8$. Wenn die Anzahl der Rechenkerne verdoppelt wird, um welchen Faktor muss die Problemgröße W vergrößert werden?

Aus Formel 4.59 ergibt sich entsprechend $W' = 4$. Bei einer weiteren Verdoppelung von 4 auf 8 Kerne muss die Anzahl der Zahlen um den Faktor 3 anwachsen. In der Abb. 4.28 sind die Änderungen W' für $p' = 2, \dots, 32$ aufgeführt.

Abb. 4.29 zeigt den Zusammenhang graphisch.

Rechenkerne p'	Problemgröße W'	Parallelitätsgewinn S	Effizienz E
2	8,00	1,6	0,8
3	19,02	2,4	0,8
4	32,00	3,2	0,8
5	46,44	4	0,8
6	62,04	4,8	0,8
7	78,61	5,6	0,8
8	96,00	6,4	0,8
9	114,12	7,2	0,8
10	132,88	8	0,8
11	152,21	8,8	0,8
12	172,08	9,6	0,8
13	192,42	10,4	0,8
14	213,21	11,2	0,8
15	234,41	12	0,8
16	256,00	12,8	0,8
17	277,95	13,6	0,8
18	300,23	14,4	0,8
19	322,84	15,2	0,8
20	345,75	16	0,8
21	368,95	16,8	0,8
22	392,43	17,6	0,8
23	416,17	18,4	0,8
24	440,16	19,2	0,8
25	464,39	20	0,8
26	488,85	20,8	0,8
27	513,53	21,6	0,8
28	538,42	22,4	0,8
29	563,53	23,2	0,8
30	588,83	24	0,8
31	614,32	24,8	0,8
32	640,00	25,6	0,8

Abb. 4.28 Die tabellarische Auflistung zeigt, wie die Problemgröße verändert werden muss, damit die Effizienz bei steigender Anzahl der Rechenkerne konstant bleibt

4.5.3 Algorithmen zur Berechnung der Präfixsumme

Der parallele Algorithmus von Hillis und Steele (1986) berechnet in Abb. 4.30 die Präfixsumme für einen assoziativen, aber nicht notwendigerweise kommutativen Operator $\oplus$.

Für ein Feld a mit $n = 16$ Elementen und der Addition als Operation ist in Abb. 4.31 der Ablauf dargestellt. Die erste und letzte Zeile zeigen den Eingabe- respektive Ergebnisvektor. Zur besseren Übersicht sind die einzelnen Zwischenergebnisse nicht dargestellt. Ein Rechteck mit einem Operator stellt die Berechnung dar, die ein Rechenkern parallel

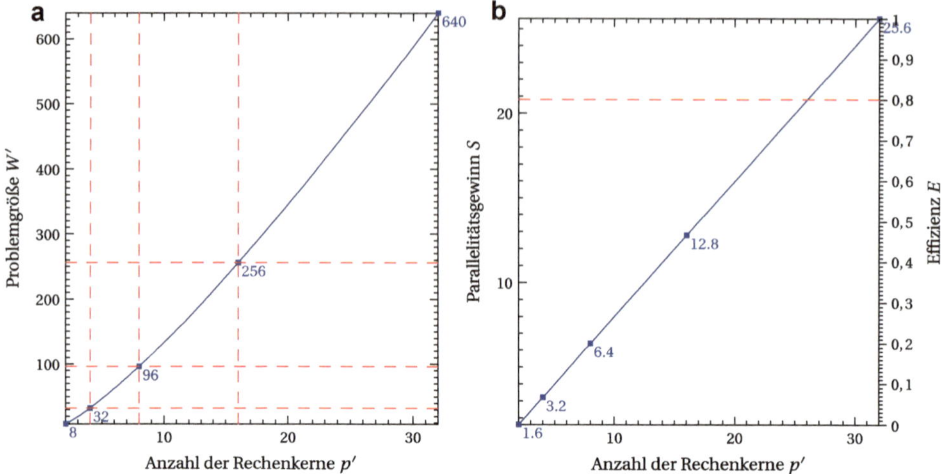

Abb. 4.29 Die Isoeffizienzkurve (a) zeigt eine gute Skalierbarkeit des kostenoptimalen Verfahrens für die Maximumsuche. Die Effizienz (b) ist konstant 0,8

```
 1  def HillisSteele(a, n)                          {Berechnung der Präfixsumme.}
 2      input : Feld a mit n = 2^m Elementen.
 3      result : Feld a mit n Partialsummen.
 4      for d ← 1 to m do
 5          for i ← 0 until n in parallel do
 6              if i ≥ 2^d then
 7                  a_k ← a_{k−2^{d−1}} ⊕ a_k  {Beachte die Kommutativität von ⊕!}
 8              end
 9          end
10      end
11  end
```

Abb. 4.30 Der Hillis-Steele Algorithmus berechnet parallel die inklusive Präfixsumme bezüglich eines Operators $\oplus$

zu den anderen Kernen der gleichen Ebene ausführt. Das Zeichen $=$ symbolisiert, dass der Rechenkern keine Operation ausführt und das bisherige Ergebnis kopiert wird.

In jedem Schritt wird die Anzahl der vollständig berechneten Präfixsummen verdoppelt. Vor dem ersten Schritt ist trivialerweise bereits für $i = 0$ die Präfixsumme berechnet. Sukzessive ergeben sich in den nachfolgenden Schritten die partiellen Summen.

Der Vorteil des Algorithmus ist es, dass dieser sehr einfach zu implementieren ist. Allerdings zeigt die nachfolgende Analyse, dass dieser nicht optimal (vgl. 2.5.1) arbeitet. Aus der Anzahl der benötigten Additionen bei $n = 2^m$ Elementen mit $m = \log_2 n$ und unter Ausnutzung der geometrischen Reihe $\sum_i k^i = \frac{k^{n+1}-1}{k-1}$ für $i = 0, \ldots, n$ ergibt sich die Aufwandskomplexität zu

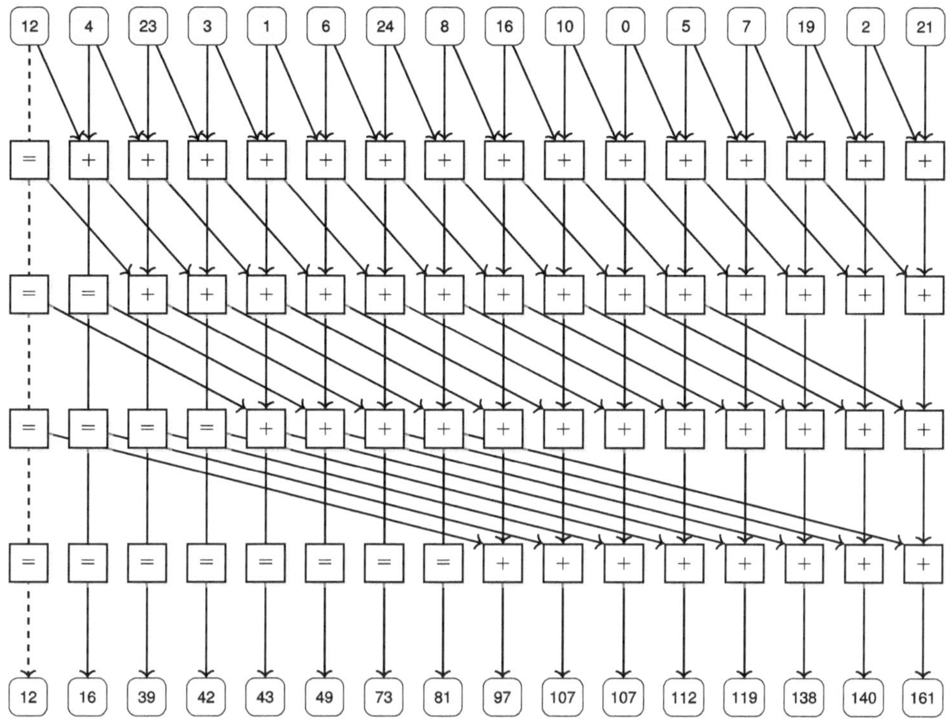

Abb. 4.31 Die Berechnung der inklusiven Präfixsumme durch den Algorithmus von Hillis und Steele benötigt einen erhöhten Aufwand. Das Verfahren benötigt 49 Additionen, um 16 Zahlen zu addieren. Der sequenzielle Algorithmus erledigt es mit 15 Additionen

$$(2^m - 2^0) + (2^m - 2^1) + \ldots + (2^m - 2^{m-1}) = \sum_{i=0}^{m-1}(2^m - 2^i) = O(n \log n). \quad (4.60)$$

Der sequenzielle Algorithmus benötigt für die gleiche Berechnung nur $O(n)$ Additionen!

Anstatt die Präfixsumme in einem Schritt zu berechnen, wird das kostenoptimale Verfahren in zwei Phasen durchgeführt. Zuerst wird die Reduktion entsprechend Abb. 4.32 in $O(\log n)$ ermittelt. Der Algorithmus erhält einen Vektor a als Parameter und ermittelt die Reduktion von a. Dieser Wert befindet sich in a_{n-1}. Der Algorithmus berechnet weitere Teilsummen und speichert diese im Vektor a ab. Diese Teilergebnisse werden in der zweiten Phase benötigt.

In Abb. 4.33 ist anhand eines Vektors mit 16 Zahlen die Reduktion skizziert. Zur besseren Übersicht werden nur die Operationen dargestellt, die Eingabewerte verändern. In der letzten Zeile ist zu erkennen, dass jedes zweite Element einen Teil der Partialsummen enthält. Der Wert 7 (Index 5) enthält beispielsweise die Summe $a_4 + a_5$. Im zweiten Schritt wird diese Partialsumme vervollständigt.

```
 1  def Reduce(a, n)                                    {Parallele Reduktion.}
 2      input : Feld a mit n = 2^m Elementen.
 3      result : Feld a mit n reduzierten Werten.
 4      for d ← 0 until m do
 5          s ← 2^d
 6          for i ← 1 to 2^{m−d−1} in parallel do
 7              j ← 2s · i − 1
 8              a_j ← a_{j−s} ⊕ a_j   {Beachte die Kommutativität von ⊕!}
 9          end
10      end
11  end
```

Abb. 4.32 In der Reduktionsphase werden baumartig jeweils zwei Elemente mit einander verknüpft. Ist der ⊕-Operator nicht kommutativ, dann ist die Reihenfolge zwingend zu beachten

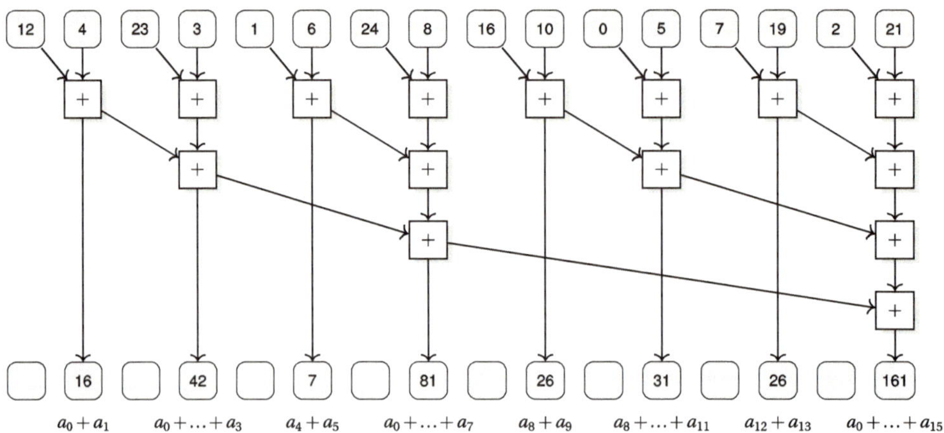

$$a_0 + a_1 \qquad a_0 + \ldots + a_3 \qquad a_4 + a_5 \qquad a_0 + \ldots + a_7 \qquad a_8 + a_9 \qquad a_8 + \ldots + a_{11} \qquad a_{12} + a_{13} \qquad a_0 + \ldots + a_{15}$$

Abb. 4.33 Der Reduktionsalgorithmus ist der erste Schritt zur Berechnung der Präfixsummen der 16 Zahlen

Der Algorithmus in Abb. 4.34 wird als *sweep down* bezeichnet, da im Gegensatz zur Reduktion in jedem Schleifendurchlauf sich die Anzahl der Berechnungen (nahezu) verdoppelt. Die Anzahl der benötigten parallelen Rechenkerne nimmt zu.

Der zweite Schritt des Verfahrens zeigt Abb. 4.35. In einer baumartigen Berechnung werden in $O(\log n)$ Schritten die fehlenden Summen ermittelt. So wird der Wert 7 an der Stelle 5 mit dem Wert 42 an der Stelle 3 addiert: das Ergebnis ist somit

$$(a_4 + a_5) + (a_0 + \ldots + a_3) = \sum_{i=0}^{5} a_i \tag{4.61}$$

In ähnlicher Weise wird dieses, teilweise in mehreren Teilschritten, für die anderen Partialsummen durchgeführt.

```
 1  def SweepDown(a, n)                          {Berechnung der Partialsummen.}
 2     input : Feld a mit n = 2^m Elementen aus der Reduktionsphase.
 3     result : Feld a mit n Partialsummen.
 4     for d ← 1 until m do
 5        s ← n/2^{d+1}
 6        for i ← 1 until 2^d in parallel do
 7           j ← s(2i+1)−1
 8           a_j ← a_{j−s} ⊕ a_j {Beachte die Kommutativität von ⊕!}
 9        end
10     end
11  end
```

Abb. 4.34 In der zweiten Phase (sweep down) werden die Teilergebnisse der Reduktion verwendet, um die partiellen Summen zu vervollständigen

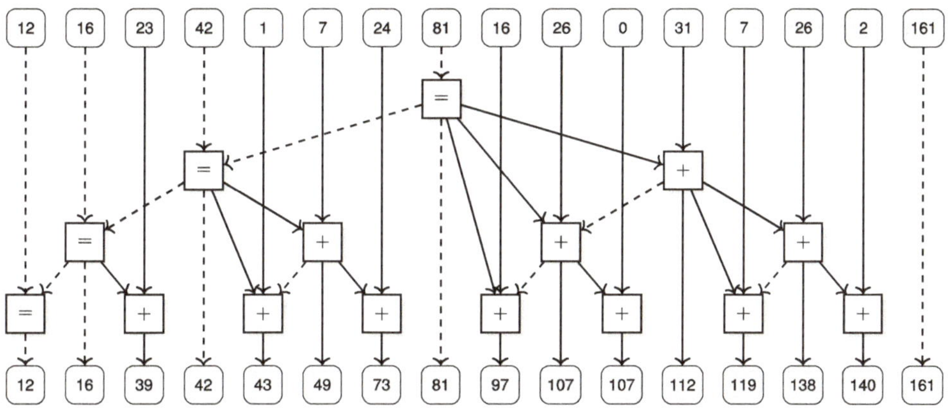

Abb. 4.35 Der kostenoptimale Algorithmus zur Berechnung der inklusiven Präfixsumme (Sweep-down-Schritt) vermeidet unnötige Berechnungen. Gegensätzlich zur Reduktion wird von einem Wurzelelement ausgehend bis zu den Blättern eines Baums verzweigt

Analyse Die Analyse des verbesserten Algorithmus liefert den folgenden Zusammenhang. Der Aufwand der beiden Phasen ergibt sich zu

$$W_p = \sum_{i=0}^{m-1} 2^{m-i-1} + \sum_{i=0}^{m-1} (2^i - 1) = 2(n - 1) - \log_2 n = O(n). \qquad (4.62)$$

Dieser Algorithmus ist bezüglich des Aufwands optimal. Die Betrachtung der Kosten ergibt $C_p = O(n \log n)$ für eine Laufzeit von $T_p = O(\log n)$ und eine Anzahl von Rechenkernen $p = n/2$. Der Algorithmus ist somit nicht kostenoptimal, da die Kosten für den sequenziellen $C_s = O(n)$ sind.

Es ergibt sich nun die Frage, ob es einen kostenoptimalen parallelen Algorithmus überhaupt gibt. Der Zusammenhang in Satz 1 beschreibt die Möglichkeit, mit einer geringen Anzahl von Prozessoren einen Algorithmus zu simulieren. t gibt die sequenzielle Laufzeit wieder; der Term $m - t$ kann durch den Aufwand abgeschätzt werden. Die Anwendung des Satzes mit $p = n/\log n$ ergibt eine Laufzeit $T_p = O(\log n)$. Die Kosten sind somit $O(n)$ und damit optimal.

Die Präfixsummenberechnung gliedert sich in zwei Abschnitte. Zuerst werden n Werte auf $n/\log n$ Prozessoren aufgeteilt. Jeder dieser Prozessoren summiert den Teilbereich zu Teilsummen zusammen. Anschließend wird für diese Teilsummen der beschriebene Präfixsummenalgorithmus mit den zwei Phasen auf den Teilsummen durchgeführt.

4.5.4 Erweiterte Operationen

Aus dem grundlegenden Algorithmus zur Berechnung der Präfixsummen lassen sich weitere Verfahren ableiten, von denen einige nachfolgend skizziert werden. Diese dienen als Bausteine für komplexere Funktionen, beispielsweise für ein paralleles Quicksort-Verfahren.

Die *Map*-Operation in Abb. 4.36 führt mit einer Laufzeit von $O(1)$ eine Funktion f für jedes Element eines Vektor parallel aus. Im Beispiel liefert f den Wert 1 ansonsten 0 zurück, wenn die Eingabe ohne Rest durch 4 teilbar ist.

Diese elementare Funktion findet sich auch in anderen Zusammenhängen wieder. Map ist eine der beiden Operationen in Googles *Map-Reduce*-Verfahren (siehe Abschn. 4.10) sowie ein Baustein in der funktionalen Programmierung (beispielsweise mit der Sprache Scala im Abschn. 7.1).

Die folgenden Basisoperationen benötigen zur Eingabe einen weiteren Vektor, der die identische Länge wie der Eingabevektor hat. Unter Verwendung eines Vektors, welcher den permutierten Index der Elements enthält, kann in einem parallelen Schritt in $O(1)$ der Inhalt eines komplettes Vektors permutiert werden.

Die Basisoperation *Gather* ist eine Umsortierung (Permutation) oder Kopieroperation, die als Eingabe einen zusätzlichen Vektor benötigt. Dieser Vektor beinhaltet einen Index, der angibt, an welche Position der korrespondiere Eingabewert in das Ergebnis kopiert wird. Abb. 4.37 zeigt die parallele Umsortierung eines Vektors. Der erste Rechenkern (links) liest den Wert mit dem Index 2 und kopiert diesen in den Ergebnisvektor. Der Wert 12 wird durch den letzten Rechenkern gelesen und als Ende des Ergebnisses gesetzt. Der zweite Vektor muss jedoch nicht zwangsläufig eine Permutation der Indices sein. Es ist auch möglich, dass zwei oder mehr Rechenkerne denselben Index erhalten und den identischen Wert lesen (siehe Abb. 4.38).

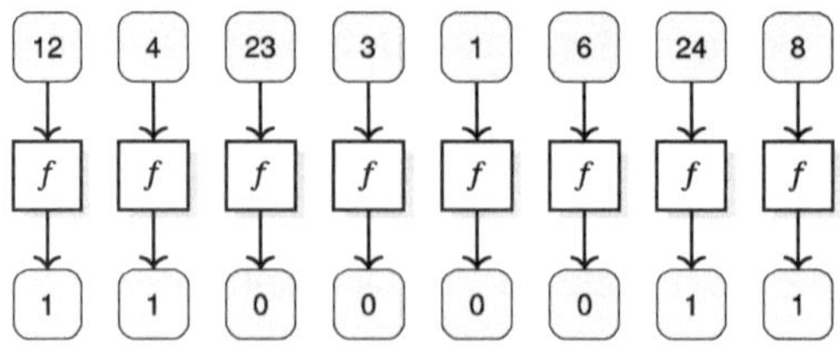

Abb. 4.36 In konstanter Laufzeit bestimmt die Funktion f aus einem Eingabevektor ein Ergebnis

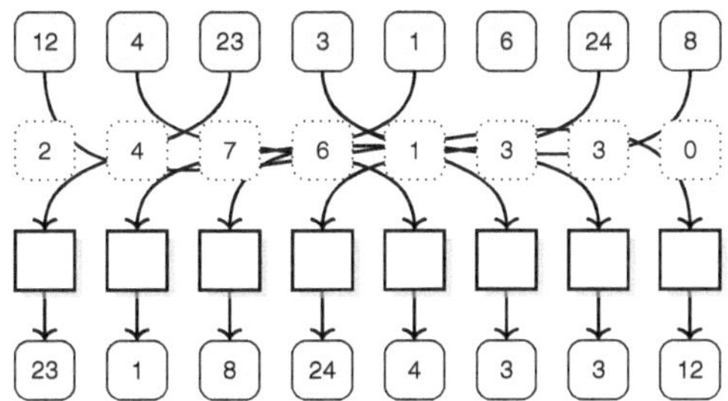

Abb. 4.37 Enthält der zweite Vektor eine Permutation der Indices, dann führt Gather eine Umsortierung in konstanter Laufzeit aus

Die *Scatter*-Operation arbeitet ähnlich wie Gather mit einem zweiten Vektor bei der Eingabe. Allerdings gibt der Index die Position an, an die der zugeordnete Wert geschrieben wird. Im Beispiel der Abb. 4.39 schreibt der erste Rechenkern (links) den Wert 12 in das Ergebnis an die Stelle 5.

Im Gegensatz zur Gather-Operation kann es jedoch beim Scatter zu Konflikten führen, wenn der Indexvektor keine Permutation der Indices der Werte ist. In Abb. 4.40 erhält der Indexvektor zweimal den Index 1. Aufgrund des konkurrierenden Schreibzugriffs ist der Wert im Ergebnisvektor an dieser Stelle nicht deterministisch. Solche Situationen sind zwingend zu vermeiden. Beispielsweise kann Scatter mit einer Bedingung versehen werden, sodass nur unter bestimmten Umständen ein Schreibzugriff ausgeführt wird. Die nachfolgende Basisoperation setzt eine bedingte Scatter-Operation ein.

Die Partialsummen können in einem weiteren Schritt verwendet werden, um einen Vektor auszudünnen (array packing, stream compaction) und neu zu nummerieren. Aus der jeweiligen Teilsumme ergibt sich der Index. Die *Pack*-Operation ist eine Kombination einer exklusiven Präfixsumme und einer anschließenden, bedingten Scatter-Operation. Die Paketierungsfunktion selektiert Elemente aus dem Eingabevektor und fügt diese in den Ergebnisvektor ein. Abb. 4.41 zeigt, wie die durch vier teilbaren Werte des Eingabevektors in das Ergebnis „zusammengepackt" werden.

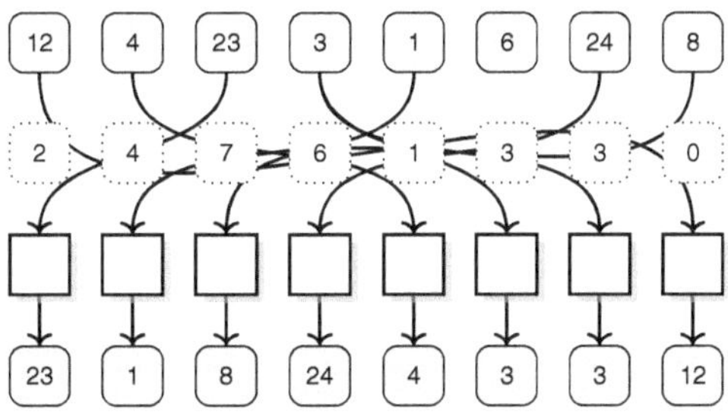

Abb. 4.38 Der zweite Vektor enthält einen doppelten Eintrag. Der Wert 6 bleibt bei der Umsortierung unberücksichtigt

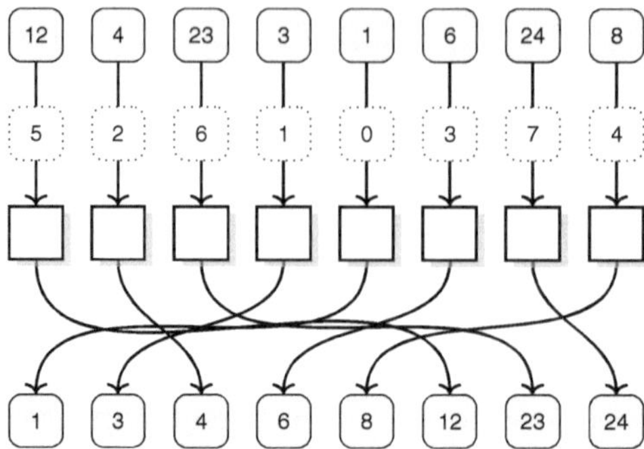

Abb. 4.39 Bei der Scatter-Operation legt der Index die Position fest, an die der Wert geschrieben wird

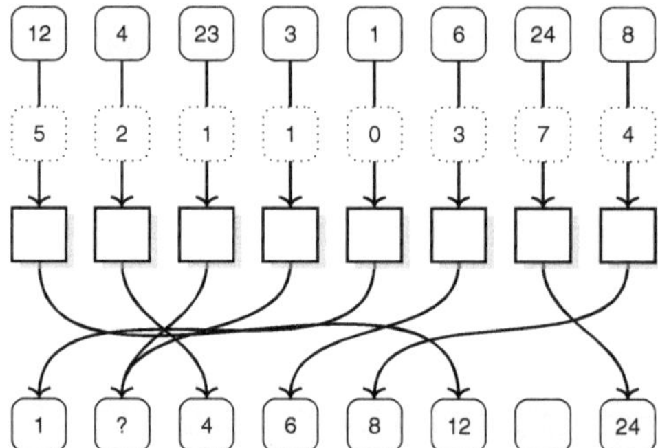

Abb. 4.40 Ein möglicher Konflikt bei der Scatter-Operation führt zu einem nicht-deterministischem Ergebnis

Bei der parallelen Ausführung stellt sich für jeden Rechenkern die Frage, an welche Position der Wert in das Ergebnis kopiert werden soll. Hierzu müsste ein Rechenkern die Information haben, wie viele Werte vor diesem im Ergebnis platziert werden. Das ist auf dem ersten Blick jedoch nur sequenziell zu bestimmen.

Die Eingabe besteht wie bei den vorherigen Basisoperationen aus zwei Vektoren. Bei dieser Funktion enthält jedoch der zweite Vektor keine Indices sondern Marker, also boolesche Werte, die entscheiden, ob ein Element in das Ergebnis kopiert wird (Wert 1) oder nicht (Wert 0). Diese Marker können beispielsweise zuvor durch eine Map-Operation ermittelt werden.

Die Idee ist es jetzt, aus der Folge von Werten 0 und 1 die exklusive Präfixsumme zu bestimmen. Dieses Zwischenergebnis gibt dann den Index im Ergebnisvektor an, wenn der korrespondierende Eingabewert zur Auswahl markiert ist. Mit einer bedingten Scatter-Operation wird nun die Eingabe in den Ergebnisvektor gepackt.

Abb. 4.41 skizziert, wie die Berechnung der Präfixsumme angewendet werden kann, um die Anzahl der Elemente zu bestimmen, die eine zuvor definierte Eigenschaft erfüllen. In einem Vektor ist für jedes Element vermerkt, ob dieses durch 4 teilbar ist. Das Beispiel zeigt, wie ein Feld paketiert werden kann. In dem neuen Feld sind nur jene Elemente enthalten, die einer Eigenschaft genügen (hier: durch 4 teilbar).

Das beschriebene Verfahren zum Nummerieren eines Vektors kann erweitert werden, um die Elemente entsprechend einer Eigenschaft neu anzuordnen und somit das Feld zu teilen. Die Elemente werden derart permutiert, dass die durch 4 teilbaren Elemente an das Ende verschoben werden. Die übrigen Elemente bilden den ersten Teil des Feldes.

Die Kombination zweier Pack-Operationen ist *Split,* die den Eingabevektor in der Art permutiert, dass zuerst die Elemente im Ergebnis zu finden sind, die eine Eigenschaft nicht erfüllen und anschließend jene Elemente, die diese Eigenschaft erfüllen.

Analog zur Pack-Operation besteht die Eingabe in Abb. 4.42 aus zwei Eingabevektoren. Die markierten Elemente sollen jetzt an das Ende und die übrigen an den Anfang des Ergebnisvektors umsortiert werden.

Im ersten Schritt wird die rückläufige Präfixsumme über den Markervektor ermittelt. Hierbei wird von rechts im Eingabevektor beginnend die Präfixsumme bestimmt. Anschließend wird mit einer Map-Operation $N-$ die zuvor ermittelte Partialsumme von der Anzahl der Elemente ($N = 8$) subtrahiert. Das Ergebnis ist der Index für die markierten Elemente im Ergebnisvektor. Der zweite Schritt führt anschließend eine Pack-Operation für die nicht-markierten Elemente aus. Hierzu wird zuvor ein invertierter, zweiter Markervektor berechnet.

Im finalen Schritt führt eine Scatter-Operation die Umsortierung durch. In Abhängigkeit der Marker und der zuvor berechneten Positionen ergibt sich ein Indexvektor, der festlegt, an welche Position der Ausgangswert in den Ergebnisvektor geschrieben wird.

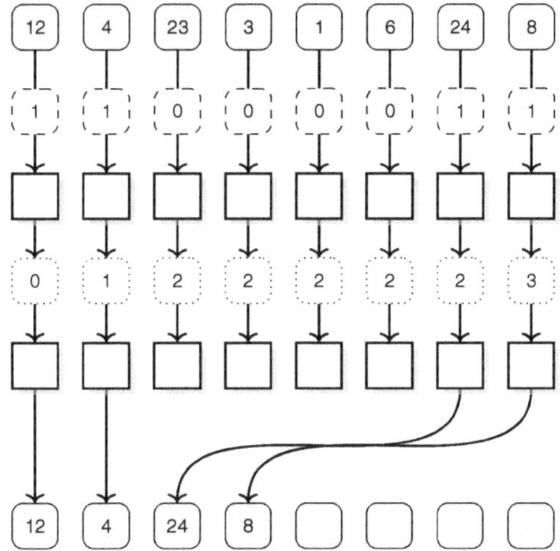

Abb. 4.41 Die Pack-Operation berechnet zuerst die Präfixsumme und führt anschließend eine bedingte Scatter-Operation parallel aus

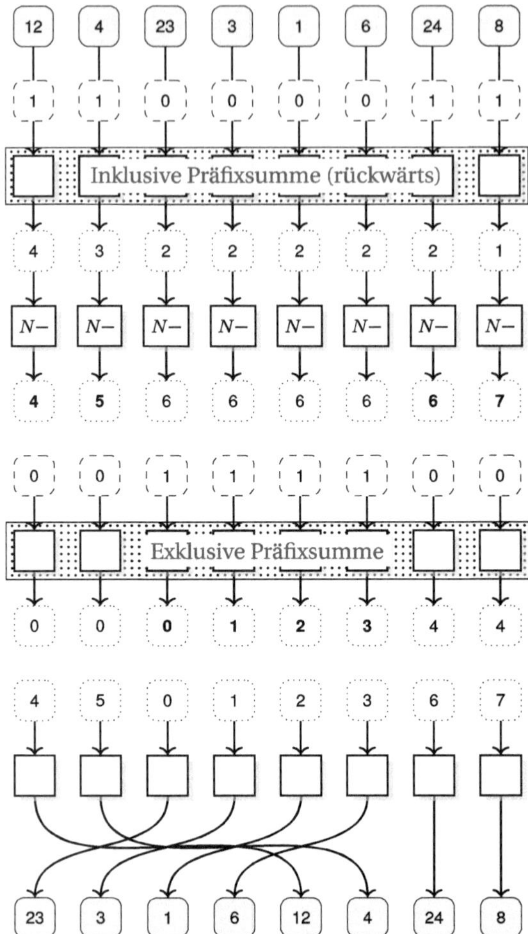

Abb. 4.42 Die Split-Operation ermittelt in zwei Schritten den Indexvektor für die abschließende Scatter-Operation. Die relative Reihenfolge der Zahlen in Abhängigkeit der Teilbarkeit durch 4 bleibt erhalten

Dieser parallele Algorithmus hat eine Laufzeit von $O(\log n)$ und ist stabil, d.h. die relative Position der markierten respektive der nicht-markierten Elemente im Ergebnis bleibt erhalten.

4.5.5　Rekursionsgleichungen

Eine weitere Anwendung der beschriebenen Methode ist die Lösung von linearen Rekursionsgleichungen, welches für Gleichungen erster Ordnung beschrieben wird. Der Ansatz wird am Beispiel der Polynomauswertung verdeutlicht.

Die nachfolgenden Abschnitte zeigen weitere Anwendungsmöglichkeiten der (parallelen) Präfixsumme.

Einführung Die in Abschn. 4.5 definierte inklusive Präfixsumme kann auch als rekursive Gleichung dargestellt werden:

$$x_i = \begin{cases} b_0 & \text{für } i = 0 \\ x_{i-1} \oplus b_i & \text{für } 0 < i < n \end{cases}. \tag{4.63}$$

Die einzelnen Folgenglieder x_i entsprechen der i-ten Partialsumme. Abb. 4.43 zeigt die baumartige Reduktion einer Folge von $n = 8$ Werten $b_0, b_1, \ldots, b_{n-1}$. Ist der Operator assoziativ, dann kann die Berechnung in $O(\log(n))$ Schritten parallelisiert werden.

ZUERST WIRD DIE FRAGE DER PARALLELEN BERECHNUNG der Übertragungsbits in Abschn. 3.1.1 aufgelöst. An dem Zahlenbeispiel wird der Zusammenhang zwischen der rekursiven Gleichung und der Präfixsumme verdeutlicht.

Für die beiden Zahlen $a = 243$ und $b = 54$ wird die Addition in Binärdarstellung durchgeführt. Zuerst werden entsprechend der Definition in 3.4 die beiden Parameter g_i und p_i parallel in $O(1)$ bestimmt und in der folgenden Tabelle zusammengefasst.

$$\begin{array}{c|cccccccc} i & 7 & 6 & 5 & 4 & 3 & 2 & 1 & 0 \\ \hline a_i & 1 & 1 & 1 & 1 & 0 & 0 & 1 & 1 \\ b_i & 0 & 0 & 1 & 1 & 0 & 1 & 1 & 0 \\ \hline g_i & 0 & 0 & 1 & 1 & 0 & 0 & 1 & 0 \\ p_i & 1 & 1 & 0 & 0 & 0 & 1 & 0 & 1 \end{array} \tag{4.64}$$

Gesucht werden jetzt die Übertragungsbits c_i für $i = 1, \ldots, 8$. Aus der Gl. 3.9 folgt für die Addition von zwei 8 Bit-Zahlen der funktionale Zusammenhang:

$$(c_8, d_8) = (c_0, d_0) \circ (g_0, p_0) \circ (g_1, p_1) \circ \ldots \circ (g_6, p_6) \circ (g_7, p_7) \tag{4.65}$$

Abb. 4.43 Die Reduktion berechnet die Summe für den Operator $\oplus$ der einzelnen b_i

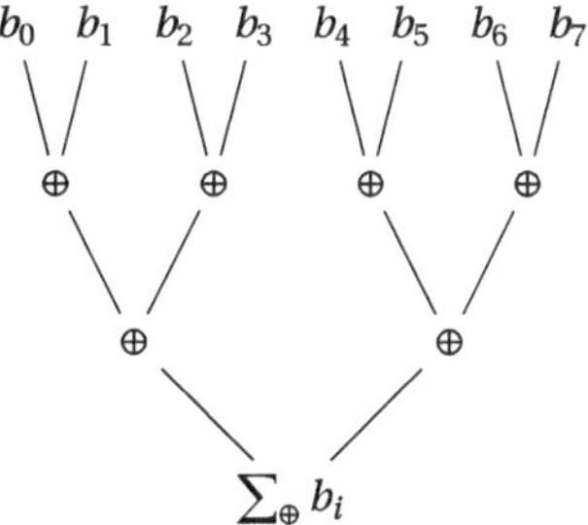

Hierbei ist c_0 das Übertragungsbit, welches der erste Volladdierer als Eingabe erhält und mit 0 angenommen wird ($d_0 = 1$). Aus der Tabelle werden die einzelnen g_i und p_i entnommen und im Folgenden die Partialsummen berechnet.

Zur besseren Lesbarkeit enthält die Wertetabelle alle Möglichkeiten des $\circ$-Operators entsprechend der Definition in 3.7.

$$
\begin{array}{c|cccc}
\circ & (0,0) & (0,1) & (1,0) & (1,1) \\
\hline
(0,0) & (0,0) & (0,0) & (1,0) & (1,0) \\
(0,1) & (0,0) & (0,1) & (1,0) & (1,1) \\
(1,0) & (0,0) & (1,0) & (1,0) & (1,0) \\
(1,1) & (0,0) & (1,1) & (1,0) & (1,1)
\end{array}
\tag{4.66}
$$

Der $\circ$-Operator ist assoziativ (siehe Gl. 3.10) aber nicht kommutativ, da beispielsweise $(1,1) \circ (0,0) \neq (0,0) \circ (1,1)$ ist. Bei der Implementierung der Präfixsumme ist dieses unbedingt zu beachten, da ansonsten falsche Ergebnisse berechnet werden.

Der nächste Schritt berechnet die Präfixsumme. Jede Zeile enthält die Berechnung einer Partialsumme. Die im vorherigen Kapitel vorgestellten Verfahren berechnen das Ergebnis parallel in $O(\log n)$ Zeitschritten.

$$
\begin{aligned}
(c_8, d_8) = \; & \underbrace{(0,1) \circ (0,1)}_{(c_1,d_1)} \circ (1,0) \circ (0,1) \circ (0,0) \circ (1,0) \circ (1,0) \circ (0,1) \circ (0,1) \\
= \; & \underbrace{(\mathbf{0},1) \circ (1,0)}_{(c_2,d_2)} \circ (0,1) \circ (0,0) \circ (1,0) \circ (1,0) \circ (0,1) \circ (0,1) \\
= \; & \underbrace{(\mathbf{1},0) \circ (0,1)}_{(c_3,d_3)} \circ (0,0) \circ (1,0) \circ (1,0) \circ (0,1) \circ (0,1) \\
= \; & \underbrace{(\mathbf{1},0) \circ (0,0)}_{(c_4,d_4)} \circ (1,0) \circ (1,0) \circ (0,1) \circ (0,1) \\
= \; & \underbrace{(\mathbf{0},0) \circ (1,0)}_{(c_5,d_5)} \circ (1,0) \circ (0,1) \circ (0,1) \\
= \; & \underbrace{(\mathbf{1},0) \circ (1,0)}_{(c_6,d_6)} \circ (0,1) \circ (0,1) \\
= \; & \underbrace{(\mathbf{1},0) \circ (0,1)}_{(c_7,d_7)} \circ (0,1) \\
= \; & \underbrace{(\mathbf{1},0) \circ (0,1)}_{(c_8,d_8)} \\
= \; & (\mathbf{1},0)
\end{aligned}
\tag{4.67}
$$

Im letzten Schritt wird aus den einzelnen Partialsummen jetzt das Übertragungsbit c_i für $i = 1, \ldots, 8$ herausgelesen (fett gedruckt): 0, 1, 1, 0, 1, 1, 1, 1. Dieses stimmt mit der ersten Zeile in der Gl. 3.3 überein.

Die rekursive Berechnung der Folgenglieder entspricht also der inklusiven Präfixsumme, die sich in $O(\log n)$ Zeitschritten parallelisieren lässt. Hieraus folgt, dass somit auch die Übertragungsbits sich **parallel** ermitteln lassen. Ein Addierwerk mit *Carry Look Ahead*-Funktion kann somit tatsächlich schneller arbeiten als die einfache Variante mit *Carry Ripple*.

DIE IDEE IM WEITEREN IST ES, GEEIGNETE FRAGESTELLUNGEN in eine Darstellung gemäß Gl. 4.63 zu überführen, sodass eine Parallelisierung sich automatisch anschließen kann. Zuerst werden die mathematischen Grundlagen eingeführt.

Definition 16 Eine lineare Rekursionsgleichung erster Ordnung ist definiert durch

$$x_i = \begin{cases} b_0 & \text{für } i = 0 \\ (x_{i-1} \otimes a_i) \oplus b_i & \text{für } 0 < i < n \end{cases}. \tag{4.68}$$

Hierbei gelten die Voraussetzungen, dass die Werte a_i und b_i für $i = 0, 1, \ldots, n-1$ Elemente einer Menge $\mathbb{M}$ sind, die beiden Operatoren $\oplus$ und $\otimes$ assoziativ sind und $\otimes$ distributiv bezüglich $\oplus$ ist. Es muss somit erfüllt sein: $(u_1 \oplus u_2) \otimes u_3 = (u_1 \otimes u_3) \oplus (u_2 \otimes u_3)$.

Die Elemente der Menge $\mathbb{M}$ müssen nicht zwingend skalar sein. Wie sich später zeigen wird, können die Elemente Tupel von Werten, Vektoren oder Matrizen sein.

Die Darstellung der Rekursionsgleichung ist identisch zur Gl. 4.63 für $a_i = 1$. Tatsächlich kann die Rekursion in 4.68 auf die Beziehung in 4.63 zurückgeführt werden. Die Idee ist es hierbei, eine neue Rekursionsgleichung zu bilden. Neben x_i wird eine zweite Hilfsfolge y_i definiert:

$$y_i = \begin{cases} a_0 & \text{für } i = 0 \\ y_{i-1} \otimes a_i & \text{für } 0 < i < n \end{cases}. \tag{4.69}$$

Diese werden in der Folge $s_i = (y_i, x_i)$, $c_i = (a_i, b_i)$ und mit dem $\circ$-Operator

$$(a_i, b_i) \circ (a_j, b_j) \equiv (a_i \otimes a_j, (b_i \otimes a_j) \oplus b_j) \tag{4.70}$$

zusammengeführt. Hieraus folgt die Beziehung

$$\begin{aligned} s_i = (y_i, x_i) &= (y_{i-1} \otimes a_i, (x_{i-1} \otimes a_i) \oplus b_i) \\ &= (y_{i-1}, x_{i-1}) \circ (a_i, b_i) \\ &= s_{i-1} \circ c_i. \end{aligned} \tag{4.71}$$

Die Gl. 4.71 entspricht somit dem Zusammenhang in 4.63 und kann infolgedessen auch einfach parallelisiert werden. Bevor einige Beispiele vorgestellt werden, wird der Nachweis geführt, dass der $\circ$-Operator tatsächlich assoziativ ist.

$$
\begin{aligned}
\big((a_i, b_i) \circ (a_j, b_j)\big) \circ (a_k, b_k) &= \big(a_i \otimes a_j, (b_i \otimes a_j) \oplus b_j\big) \circ (a_k, b_k) \\
&= \big(a_i \otimes a_j \otimes a_k, ((b_i \otimes a_j) \oplus b_j) \otimes a_k \oplus b_k\big) \\
&= \big(a_i \otimes a_j \otimes a_k, (b_i \otimes a_j \otimes a_k) \oplus ((b_j \otimes a_k) \oplus b_k)\big) \\
&= (a_i, b_i) \circ \big(a_j \otimes a_k, (b_j \otimes a_k) \oplus b_k\big) \\
&= (a_i, b_i) \circ \big((a_j, b_j) \circ (a_k, b_k)\big)
\end{aligned} \tag{4.72}
$$

Beispiel Horner-Schema   Bereits in Abschn. 4.2 ist das Horner-Schema zur Berechnung des Funktionswertes eines Polynoms sowie der entsprechenden Ableitungen vorgestellt worden. Das nachfolgende Beispiel berechnet für

$$
p(x) = 12x^7 + 3x^6 - 4x^5 + 23x^3 + 6x^2 - 10x + 8 \tag{4.73}
$$

den Funktionswert $p(x)$ an der Stelle $x = -2$ durch eine parallele Reduktion entsprechend dem skizzierten Verfahren.

Analog zu oben wird die Gl. 4.4 in eine Folge $s_i = (y_i, a_i)$ überführt. Es gilt:

$$
y_i = \begin{cases} x & \text{für } i = 0 \\ y_{i-1}x & \text{für } 0 < i < n \end{cases} \tag{4.74}
$$

Der $\circ$-Operator ist definiert als

$$
(x_i, a_i) \circ (x_j, a_j) \equiv (x_i x_j, a_i x_j + a_j) = (x^2, a_i x + a_j). \tag{4.75}
$$

Abb. 4.44 zeigt eine (parallele) Reduktion zur Auswertung des Polynoms für $p(-2) = -1348$.

Beispiel Catalan-Zahlen   Die Catalan-Zahlen sind ebenso wie die Fibonacci-Zahlen in vielen Bereichen der Mathematik insbesondere in der Kombinatorik anzutreffen. Abb. 4.45

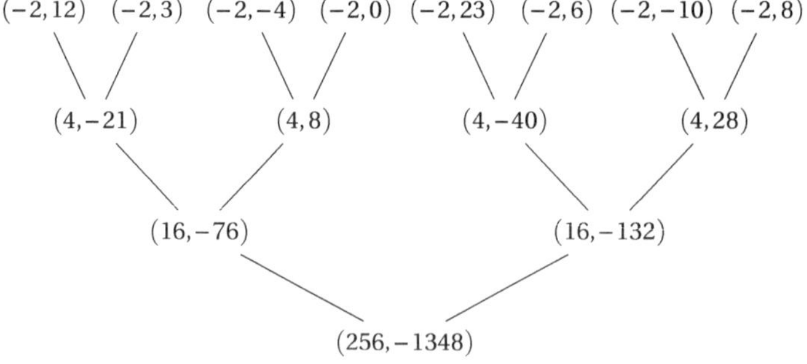

Abb. 4.44 Parallele Auswertung eines Polynoms

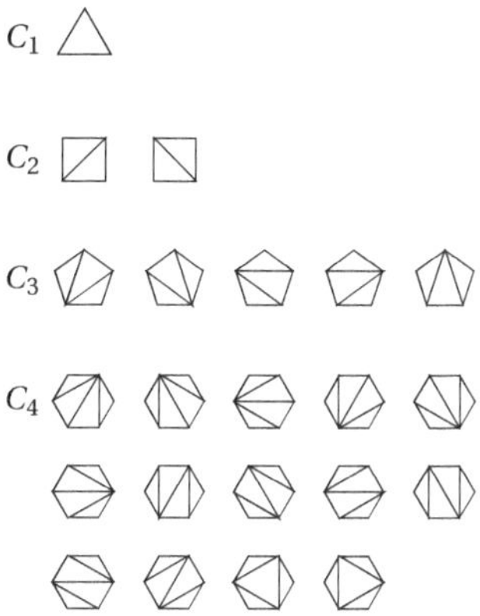

Abb. 4.45 Zerlegungen eines
konvexen Polygons in Dreiecke

zeigt beispielhaft die Zerlegung eines konvexen Polygons in Dreiecke. Die Anzahl der Möglichkeiten für ein Polygon mit $i + 2$ Ecken entspricht der Catalan-Zahl C_i.

Die Catalan-Zahl C_i wird rekursiv definiert durch:

$$C_i = \begin{cases} 1 & \text{für } i = 0 \\ \dfrac{4i - 2}{i + 1} \cdot C_{i-1} & \text{für } i > 0 \end{cases}. \tag{4.76}$$

Im Gegensatz zu der Polynomauswertung mit dem Horner-Schema sind die Koeffizienten nicht konstant.

Abb. 4.46 zeigt in der oberen Hälfte die Reduktion von C_7. Im unteren Teil werden anschließend die verbleibenden Partialsummen berechnet.

Beispiel segmentierte Präfixsumme   Die bereits vorgestellten Bausteine für datenparallele Algorithmen werden mit der Berechnung einer segmentierten Präfixsumme erweitert. Das Beispiel in Abb. 4.47 zeigt das Prinzip der Operation auf. Die Idee ist es hierbei, den Eingabevektor in einzelne Segmente zu unterteilen und die Präfixsumme für jedes Segment einzeln zu bestimmen. Hierzu wird ein zweiter Vektor benötigt, der die Positionen bestimmt, an denen ein Segment beginnt. Durch die Angabe einer 1 wird definiert, dass die Berechnung einer neuen (inklusiven) Präfixsumme startet. Der Wert 0 bedeutet, dass die Berechnung der Präfixsumme fortgeführt wird.

Die Berechnung der segmentierten Präfixsumme ergibt sich zu:

$$x_i = \begin{cases} b_0 & \text{für } i = 0 \\ \begin{cases} b_i & \text{für } a_i = 1 \\ x_{i-1} \oplus b_i & \text{für } a_i = 0 \end{cases} & \text{für } 0 < i < n \end{cases}. \tag{4.77}$$

Die einzelnen a_i geben an, ob ein neues Segment beginnt. Die Gl. 4.77 lässt sich in eine lineare Rekursionsgleichung entsprechend der Gl. 4.68 umformulieren:

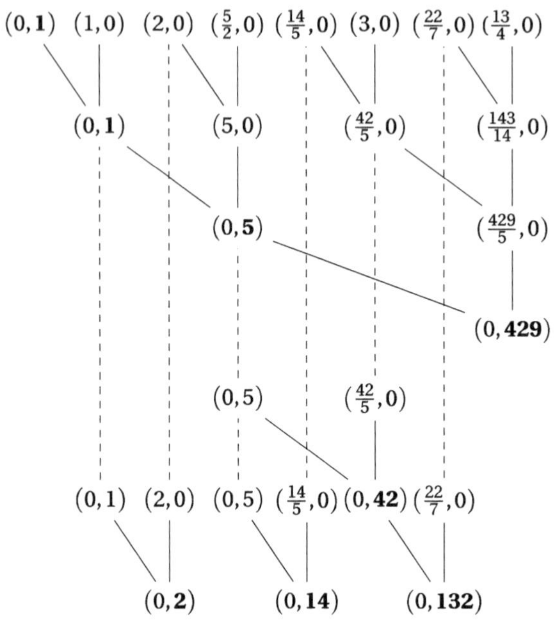

Abb. 4.46 Berechnung der Catalan-Zahlen C_0 bis C_7 (fett gedruckt) als Präfixsumme

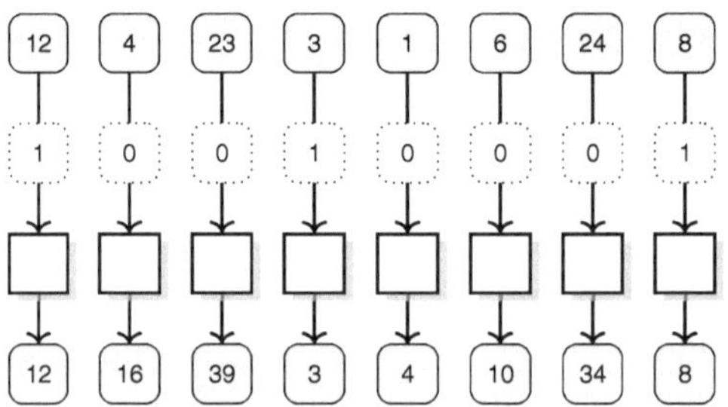

Abb. 4.47 Der zusätzliche Vektor mit Werten 0 und 1 definiert die einzelnen Segmente. Für jedes Segment wird unabhängig die Präfixsumme berechnet

$$x_i = \begin{cases} b_0 & \text{für } i = 0 \\ (x_{i-1} \odot a_i) \oplus b_i & \text{für } 0 < i < n \end{cases}. \tag{4.78}$$

Der $\odot$-Operator mit $v \in \{0, 1\}$ sowie I als das neutrale Element bezüglich der $\oplus$-Operation (es muss gelten: $I \oplus z = z$) wird definiert als

$$u \odot v \equiv \begin{cases} I & \text{für } v = 1 \\ u & \text{für } v = 0 \end{cases}. \tag{4.79}$$

Hieraus ergibt sich, dass sich die Segmentierung mit etwas Mehraufwand in der Berechnung auf die einfache Präfixsumme zurückführen und damit auch parallel ausführen lässt. Die Segmentierung löst Abhängigkeiten in der Berechnung auf. Dieses kann bei der Entwicklung von parallelen Algorithmen ausgenutzt werden. Ein Beispiel ist der *Quicksort*-Algorithmus, der einzelne Segmente unabhängig von anderen sortiert.

Verallgemeinerung Der folgende Abschnitt überträgt den Ansatz auf Rekursionsgleichungen höherer Ordnungen. Die Berechnung eines Wertes hängt nicht von einem unmittelbaren sondern von mehreren Vorgängerwerten ab. Das klassischen Beispiel der Fibonacci-Zahlen wird in eine entsprechende Darstellung überführt, sodass diese sich parallel berechnen lassen.

Definition 17 Eine lineare Rekursionsgleichung m-ter Ordnung ist definiert durch

$$x_i = \begin{cases} b_i & \text{für } 0 \leq i < m \\ (x_{i-1} \otimes a_{i,0}) \oplus \cdots \oplus (x_{i-m} \otimes a_{i,m-1}) \oplus b_i & \text{für } m \leq i < n \end{cases}. \tag{4.80}$$

Es gelten für die beiden Operator $\otimes$ und $\oplus$ die gleichen Bedingungen wie für den Fall erster Ordnung in Gl. 4.68. Die Darstellung wird in eine vektorielle Schreibweise überführt. Mit den folgenden Vereinbarungen

$$\vec{x}_i = \begin{pmatrix} x_i & x_{i-1} & \ldots & x_{i-m+1} \end{pmatrix} \quad , \tag{4.81}$$

$$\vec{b}_i = \begin{pmatrix} b_i & 0 & \ldots & 0 \end{pmatrix} \quad \text{und} \tag{4.82}$$

$$\mathbf{A}_i = \begin{pmatrix} a_{i,0} & 1 & 0 & \cdots & 0 \\ a_{i,1} & 0 & 1 & \cdots & 0 \\ \vdots & \vdots & 0 & \ddots & \vdots \\ \vdots & 0 & \cdots & \cdots & 1 \\ a_{i,m-1} & 0 & 0 & \cdots & 0 \end{pmatrix} \tag{4.83}$$

gilt $\vec{x}_i = (\vec{x}_{i-1} \otimes \mathbf{A}_i) \oplus \vec{b}_i$ für $m \leq i < n$. Hierbei sind $\vec{\otimes}$ und $\vec{\oplus}$ die zugehörigen vektoriellen Operatoren: die *Vektor-Matrix-Multiplikation* sowie die Vektoraddition.

Mit der Hilfsfolge

$$\mathbf{Y}_i = \begin{cases} \mathbf{A}_0 & \text{für } i = 0 \\ \mathbf{Y}_{i-1} \vec{\otimes} \mathbf{A}_{i-1} & \text{für } i < 0 < n \end{cases} \tag{4.84}$$

und $\mathbf{C}_i = (\mathbf{A}_i, \vec{b}_i)$ und der Definition eines assoziativen $\bullet$-Operators mit

$$(\mathbf{A}_i, \vec{b}_i) \bullet (\mathbf{A}_j, \vec{b}_j) \equiv (\mathbf{A}_i \vec{\otimes} \mathbf{A}_j, (\vec{b}_i \vec{\otimes} \mathbf{A}_j) \vec{\oplus} \vec{b}_j) \tag{4.85}$$

wird die Folge $\mathbf{S}_i$ rekursiv definiert durch

$$\begin{aligned}
\mathbf{S}_i &= (\mathbf{Y}_i, \vec{x}_i) = (\mathbf{Y}_{i-1} \vec{\otimes} \mathbf{A}_i, (\vec{x}_{i-1} \vec{\otimes} \mathbf{A}_i) \vec{\oplus} \vec{b}_i) \\
&= (\mathbf{Y}_{i-1}, \vec{x}_{i-1}) \bullet (\mathbf{A}_i, \vec{b}_i) \\
&= \mathbf{S}_{i-1} \bullet (\mathbf{A}_i, \vec{b}_i) = \mathbf{S}_{i-1} \bullet \mathbf{C}_i .
\end{aligned} \tag{4.86}$$

Beispiel Fibonacci-Zahlen Diese Überlegungen werden jetzt auf die parallele Berechnung der Fibonacci-Zahlen übertragen. Es zeigt sich, dass die auf den ersten Blick nicht parallelisierbare Beziehung mit den oben beschriebenen Verfahren in eine Präfixsumme überführt und damit parallelisierbar wird.

Definition 18 Die Fibonacci-Zahlen sind durch die lineare Rekursionsgleichung zweiter Ordnung definiert:

$$F_i = \begin{cases} 0 & \text{für } i = 0 \\ 1 & \text{für } i = 1 \\ F_{i-1} + F_{i-2} & \text{für } i > 1 \end{cases} \tag{4.87}$$

Die Überführung in eine vektorielle Schreibweise ergibt:

$$\begin{pmatrix} F_i & F_{i-1} \end{pmatrix} = \begin{pmatrix} F_{i-1} & F_{i-2} \end{pmatrix} \begin{pmatrix} 1 & 1 \\ 1 & 0 \end{pmatrix} . \tag{4.88}$$

Dieses kann nun mit der üblichen Vektor-Matrix-Multiplikation und der vektoriellen Addition in eine Form entsprechend der Gl. 4.86 gebracht werden. Abb. 4.48 zeigt das Ergebnis einer parallelen Reduktion von F_8.

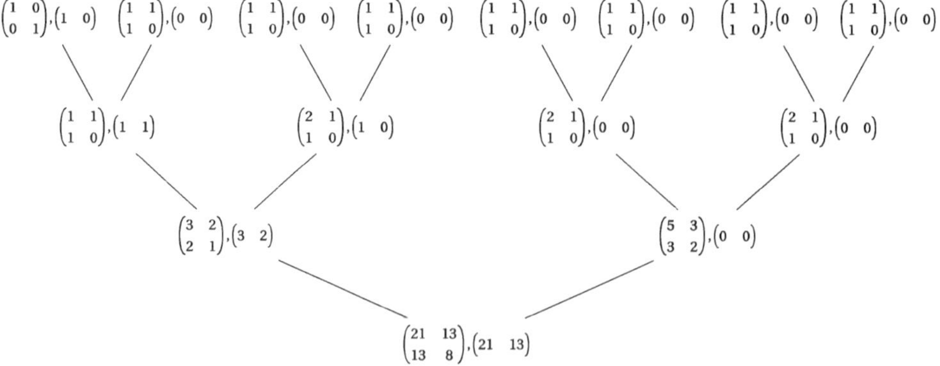

Abb. 4.48 Parallele Reduktion von $\vec{x}_8 = \begin{pmatrix} F_8 & F_7 \end{pmatrix} = \begin{pmatrix} 21 & 13 \end{pmatrix}$

4.6 Sortierverfahren

Das Sortieren von Zahlen oder allgemeiner von Dingen ist eine der Standardaufgaben in der Informatik. Allerdings hat das Sortieren von großen Datenmengen auch eine wirtschaftliche Bedeutung, wie beispielsweise die Lochkartensortiermaschinen von Herman Hollerith für die amerikanische Volkszählung vor über 100 Jahren gezeigt hat.

4.6.1 Sortieren durch Mischen

Bei sehr großen Datenmenge, die nicht in den Hauptspeicher passen, bieten sich Verfahren an, die Teilfolgen separat sortieren und anschließend diese in eine sortierte Gesamtfolge mischen *(Externes Sortieren)*.

2-Wege-Mischen Einführung siehe (Cormen et al. 2010, Seite 811).

Mehrwege-Mischen Das Verfahren von Francis et al. (1993) erweitert das 2-Wege-Mischen, sodass aus einer beliebigen Anzahl von vorsortierten Teilfolgen eine sortierte Gesamtfolge entsteht. Das Sortieren durch Mehrwege-Mischen erfolgt hierbei in drei Schritten:

1. Sortieren der Teilfolgen
2. Partitionierung der Teilfolgen für p Rechenkerne
3. Mischen entsprechend der Partitionierung

Das Sortieren der Teilfolgen und das Mischen kann in einem sequenziellen Verfahren unabhängig und damit parallel durchgeführt werden. Aufgrund der balancierten Aufteilung mischen alle Rechenkerne eine vergleichbare Anzahl von Elementen, sodass eine hohe Effizienz des Verfahrens zu erwarten ist (vgl. Abb. 4.49).

Jeder Rechenkern bestimmt iterativ und parallel zu den anderen Rechenkernen aus jeder vorsortierten Folge den Bereich, welcher zu mischen ist, sodass am Ende des Mischens eine einzelne sortierte Folge entsteht. Dieser *Partition*-Algorithmus ist somit der Kern des Verfahrens und wird nachfolgend detailliert vorgestellt.

Definitionen Zur Vereinfachung der Schreibweise wird im Folgenden angenommen, dass die einzelnen vorsortierten Folgen zu einer Liste $x = [x_0, \ldots, x_{n-1}]$ aneinandergereiht sind. Die Anzahl der Teilfolgen ist k und die Gesamtanzahl aller Zahlen ist somit n. Hierbei wird angenommen, dass keine doppelten Zahlen vorkommen. Für eine Teilfolge $\bar{x}_i$ ist b_i der Index der ersten (linken) und e_i der Index hinter der letzten Zahl,

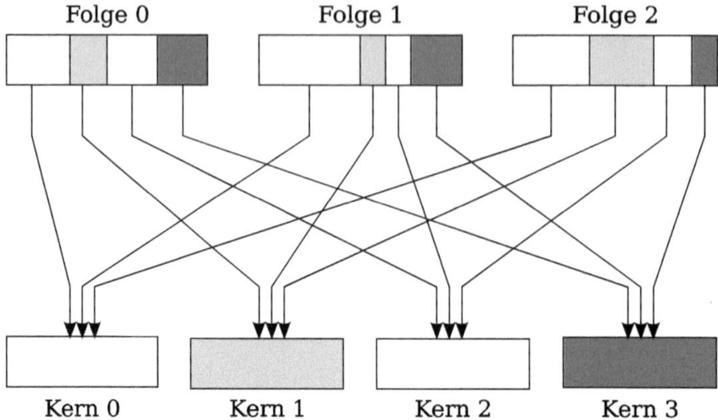

Abb. 4.49 Vier Rechenkerne mischen parallel die Elemente aus drei vorsortierten Folgen. Hierbei werden die einzelnen Folgen derart partitioniert, dass das Mischen unabhängig voneinander und mit balanciertem Aufwand erfolgen kann

$$\bar{x}_i = [x_{b_i}, \ldots, x_{e_i-1}] \quad \text{mit} \quad \sum_{i=0}^{k-1} (e_i - b_i) = n \quad \text{mit} \quad e_{k-1} = n. \tag{4.89}$$

Jede Folge wird an der Stelle s_i in einen linken und in einen rechten Bereich unterteilt, d. h.

$$left_i = [x_{b_i}, \ldots, x_{s_i}] \quad \text{und} \quad right_i = [x_{s_i+1}, \ldots, x_{e_i-1}]. \tag{4.90}$$

Abb. 4.50 zeigt diesen Zusammenhang anhand eines Beispiels. Die Grenze e_i lässt sich aus dem Anfang der nachfolgenden Teilfolge b_{i+1} herleiten. Die Indices l_i, r_i und s_i werden in einem Iterationsverfahren verändert, bis die notwendigen Bedingungen erfüllt sind.

Iterationsverfahren Die sortierte Gesamtfolge wird entsprechend der Anzahl der Rechenkerne in einzelne Partitionen eingeteilt. Jeder Rechenkern ist somit für das Mischen der Elemente aus vorsortierten Teilfolgen in eine entsprechende Partition zuständig. Es wird vereinfachend angenommen, dass Rechenkern j mit $j = 0, \ldots, p - 1$ die Partition j

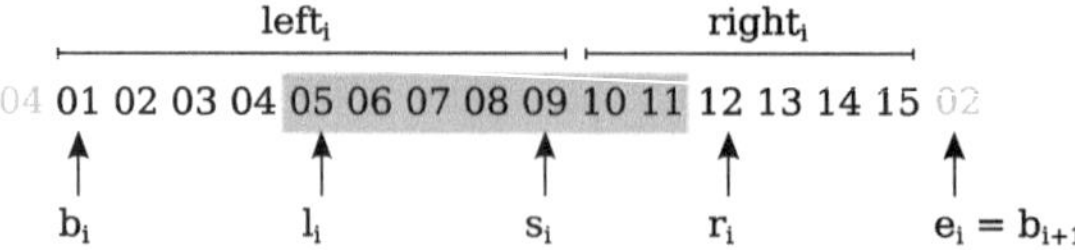

Abb. 4.50 Die Position s_i teilt eine Folge von 15 Zahlen in einen linken und einen rechten Bereich. Die Folge beginnt mit dem Index b_i und endet unmittelbar vor dem Element mit dem Index e_i. Der grau unterlegte Bereich grenzt den möglichen Suchraum von s_i' ein

mischt. Die Anzahl der vorsortierten Teilfolgen k und die Anzahl der parallel arbeitenden Rechenkerne p sind voneinander unabhängig.

Im Folgenden wird ein Rechenkern j betrachtet. Die Grenze d gibt an, wie viele Elemente für die Partitionen 0 bis j gemischt werden müssen. Um eine möglichst gleichmäßige Auslastung der Rechenkerne beim Mischen zu erreichen, wird definiert:

$$d = \frac{j+1}{p}n. \tag{4.91}$$

Für $j = 0$ ergibt sich somit $d = n/p$ und für $j = p - 1$ gilt $d = n$.

Das Iterationsverfahren bestimmt für die k Folgen den Index s'_i, sodass die beiden folgenden Bedingungen gelten:

1. **Anzahl der Elemente:** für die Anzahl der zu mischenden Zahlen gilt:

$$\sum_{i=0}^{k-1}(s'_i - b_i) = d \quad \text{und} \tag{4.92}$$

2. **Korrekte Reihenfolge:** für zwei beliebige Folgen i und j mit $i \neq j$ sowie beliebiges p und q gilt:

$$x_p \in \mathit{left}_i \quad \text{und} \quad x_q \in \mathit{right}_j \Rightarrow x_p < x_q. \tag{4.93}$$

Abb. 4.51 skizziert das Partitionierungsverfahren für einen einzelnen Rechenkern j. Für jede vorsortierte Teilfolge wird eine Schranke s'_i ermittelt, sodass die Anzahl der Elemente aller linken Bereiche left_i in den vorgesehenen Bereich bis zur Position d aufgenommen werden kann. Aus den Schranken s'_i für einen Kern j werden aus den Schranken des Kerns $j - 1$ die tatsächlichen zu mischenden Elemente bestimmt. Für die Intervallschachtelung werden zwei weitere Indices für die linke l_i und rechte r_i Schranke eingeführt (siehe auch Abb. 4.50). Zu Beginn des Verfahrens gilt:

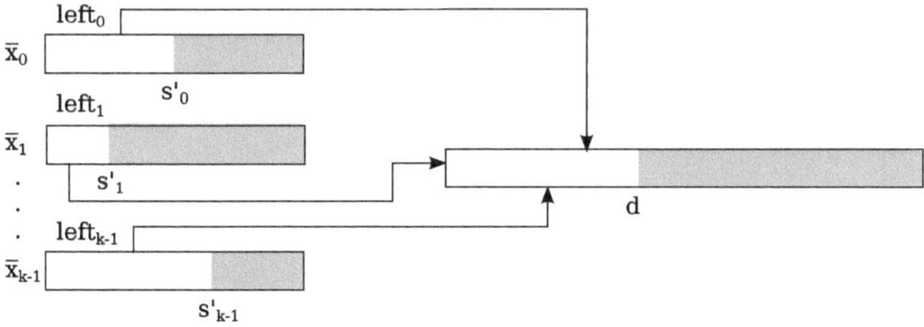

Abb. 4.51 Die Schranken s'_i sind so zu bestimmen, dass genau die jeweiligen linken Bereiche jeder Teilfolge in dem ausgewiesenen Bereich bis zu Position d der Gesamtfolge Platz finden. Zudem muss gewährleistet sein, dass kein Element der rechten Bereiche (grau markiert) kleiner als ein Element der linken Bereiche ist

$$l_i = b_i, \quad r_i = e_i \quad \text{und} \quad s_i = l_i + \frac{d}{k} - \begin{cases} 1 & \text{für } d \mod k = 0, \\ 0 & \text{ansonsten.} \end{cases} \tag{4.94}$$

Zur Überprüfung, ob die Reihenfolge eingehalten wird, werden zwei Indices *imax* und *imin* eingeführt. Der Index *imax* gibt die Folge an, die die größte Zahl in *left*$_i$ enthält. Dem entsprechend gibt *imin* die Folge an, die die kleinste Zahl in *right*$_i$ enthält. Um sicherzustellen, dass die Partitionierung korrekt ermittelt ist, muss gelten, dass in keinem rechten Bereich eine kleinere Zahl als in einem linken Bereich enthalten ist. Ein Konflikt kann durch die beiden Indices identifiziert werden.

Beispiel Das folgende Beispiel in Abb. 4.52 skizziert das Iterationsverfahren für die Bestimmung der zu mischenden Elemente. Das Mischen soll durch $p = 4$ Rechenkerne parallel erfolgen. Es wird angenommen, dass drei vorsortierte Folge mit jeweils 4 Elementen vorliegen:

- $\bar{x}_0 = [9, 10, 11, 12]$
- $\bar{x}_1 = [5, 6, 7, 8]$
- $\bar{x}_2 = [1, 2, 3, 4]$

Die Partition 0 für den Kern 0 enthält drei Elemente, die aus einer oder mehreren vorsortierten Folgen zusammengemischt werden. Zu Beginn wird von jeder Teilfolge das erste Element ausgewählt. Hierbei tritt jedoch ein Konflikt auf, da die Sortierreihenfolge nicht eingehalten wird: das größte Element für die Partition ist 9; jedoch gibt es ein kleines Element 2, welches für die Partition 0 nicht berücksichtigt wurde. Um diesen Konflikt aufzulösen, werden die Schranke s_0 und die Schranke s_2 verschoben. Da es anschließend einen weiteren Konflikt gibt, verschieben sich die Schranken sukzessive, sodass im dritten Schritt der zu mischende Bereich gefunden ist. Für die Partition 0 sind die ersten drei Elemente des dritten Segments zu mischen.

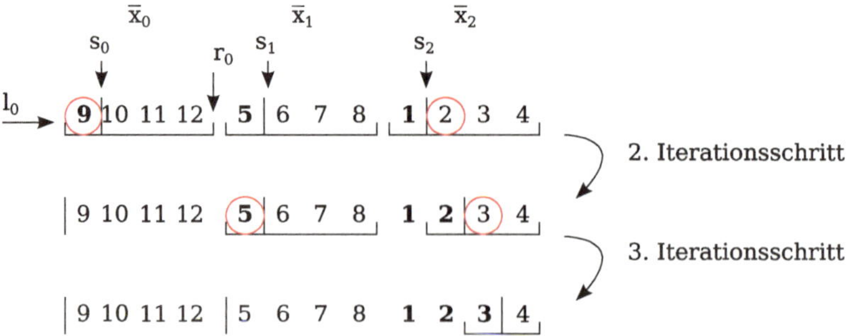

Abb. 4.52 Das Iterationsverfahren findet die Partitionierung für den Rechenkern 0 in zwei Schritten. Die jeweils ausgewählten Zahlen sind fett markiert. Das Suchintervall für s_i' ist unterhalb einer Teilfolge angegeben

Abb. 4.53 zeigt die Partitionierung der übrigen Rechenkerne. Jeder Rechenkern mischt drei Elemente entsprechend der folgenden Partitionierung:

Kern	9	10	11	12	5	6	7	8	1	2	3	4
0									•	•	•	
1					•	•						•
2	•						•	•				
3		•	•	•								

Algorithmus Abb. 4.54 zeigt den Algorithmus zur Partitionierung, der sich in zwei Teile gliedert: der erste Teil initialisiert die Grenzen r_i und s_i, die anschließend im zweiten Teil iterativ verändert werden.

Das Iterationsverfahren bricht ab, wenn beide Bedingungen erfüllt sind. Es wird sichergestellt, dass die erste Bedingung immer erfüllt und damit invariant ist.

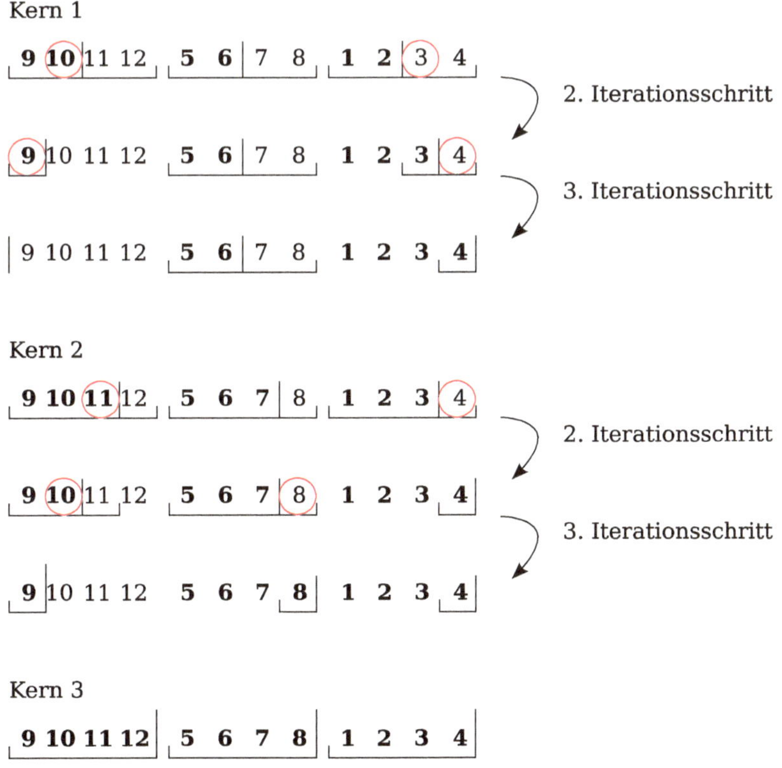

Abb. 4.53 Die Partitionierung der verbleibenden Rechenkerne 1-3 erfolgt in analoger Weise. Auf die explizite Berechnung der letzten Partition kann verzichtet werden, da diese sich implizit ergibt

```
 1  def Partition(j, p, a, n, b, s, k)          {Partitionierung für Mehrwege–Mischen.}
 2      input : Rechenkern j, Anzahl der Rechenkerne p, Feld a mit n
                Elementen, Feld b mit k + 1 Indices auf den Beginn einer
                sortierten Teilfolge.
 3      result : Feld s' mit k Indices für Trennung der einzelnen Teilfolgen.
 4      d ← (j + 1)n / p
 5      for i ← 0 until k do                                      {Initialisierung.}
 6          (lᵢ, rᵢ) ← (bᵢ, bᵢ₊₁)  {Vereinbarung: b_k = n.}
 7          sᵢ ← lᵢ + d / k − 1 + if i < d mod k then 1 else 0
 8      end
 9      l_k ← b_k
10      done ← if j = p − 1 then true else false
11      while ¬ done do                                  {Intervallschachtelung.}
12          (imax, imin) ← MinMaxIndex(a, n, b, s, k)
13          if a_{s_imax} < a_{s_imin+1} then    {Prüfe, ob gültige Partitionierung gefunden
                ist.}
14              done ← true
15          else
16              (r_imax, l_imin) ← (s_imax, s_imin + 1)
17              delta ← max(1, min((r_imin − l_imin − 1)/2, (r_imax − l_imax − 1)/2)
18              (s_imax, s_imin)) ← (s_imax − delta, s_imin + delta)
19          end
20      end
21  end

22  def MinMaxIndex(a, n, b, s, k)                {Bestimmung von imin und imax.}
23      input : Feld a mit n Elementen, Feld b mit k + 1 Indices auf den
                Beginn einer sortierten Teilfolge, Feld s mit k Indices.
24      result : imin und imax für Intervallschachtelung.
25      (imin, imax) ← (nil, nil)
26      for i ← 0 until k do                            {Schleife über alle Teilfolgen.}
27          if (sᵢ < bᵢ₊₁ − 1) ∧ (imin = nil ∨ a_{sᵢ+1} < a_{s_imin}) then
28              imin ← i
29          end
30          if (sᵢ ≥ bᵢ) ∧ (imax = nil ∨ a_{sᵢ} > a_{s_imax}) then
31              imax ← i
32          end
33      end
34      return (imin, imax)
35  end
```

Abb. 4.54 Der Algorithmus wird parallel für $j = 0, \ldots, p - 1$ Rechenkerne ausgeführt. Anschließend beginnt das Mischen

Bei der Bestimmung von *imax* und *imin* müssen zwei Sonderfälle berücksichtigt werden: einer der beiden Bereiche *left*$_i$ oder *right*$_i$ kann leer sein, sodass ein maximales oder minimales Element nicht existiert.

4.6.2 Sortiernetzwerke

Sortiernetzwerke stellen einen alternativen Ansatz zu den klassischen Algorithmen wie Quick- oder Heapsort dar. Aufgrund des Aufbaus eignen sich Sortiernetzwerke sowohl zur Parallelisierung als auch für eine Implementierung in Hardware.

Ein Sortiernetzwerk besteht aus der Verknüpfung von Vergleichern oder Komparatoren. Ein Komparator lässt sich als Element vorstellen, welches jeweils zwei Ein- und Ausgänge hat. Wie in Abb. 4.55 skizziert, werden die beiden Werte am Eingang eingelesen, miteinander verglichen und am Ausgang entsprechend einer Sortierreihenfolge ausgegeben.

Das Verhalten eines Komparators lässt sich durch eine Funktion f beschreiben

$$f : (x, y) \rightarrow (x', y') \text{ mit } x' = \min(x, y) \text{ und } y' = \max(x, y), \tag{4.95}$$

wobei x, y Elemente einer linear geordneten Menge sind. Der Komparator führt somit eine *Comparison and Exchange*-Operation aus. In gleicher Weise kann ein Komparator definiert werden, der absteigend sortiert.

Durch die Verschaltung mehrerer Komparatoren werden komplexere Netzwerke aufgebaut. Hierbei sind die Ausgaben zweier Komparatoren mit dem Eingang eines nachfolgenden Komparators verbunden. Beim Aufbau eines Netzwerkes ist zum einen zu beachten, dass eine Ausgang genau einem Eingang zugeordnet ist, d. h. ein Aufspaltung ist nicht vorgesehen. Zum anderen darf das Netzwerk keine Zyklen enthalten.

In Abb. 4.56 sind einige Beispiele von Netzwerken zum Sortieren von beliebigen Elementen a_0, a_1, a_2, a_3 aufgeführt. Zur Vereinfachung der Lesbarkeit werden die Komparatoren als gerichtete Pfeile dargestellt. Die Pfeilspitze zeigt hierbei in Richtung des Minimums. Die horizontalen Linien beschreiben die Ein- beziehungsweise die Ausgänge des Netzwerks. Die Elemente b_0, b_1, b_2, b_3 werden durch das Netzwerk ausgegeben und enthalten die sortierte Eingabefolge.

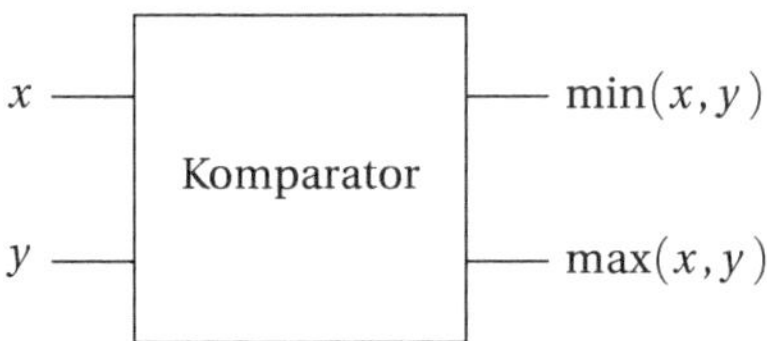

Abb. 4.55 Ein einzelner Komparator vergleicht zwei Eingangswerte und gibt am oberen Ausgang das Minimum und am unteren Ausgang das Maximum der beiden Werte aus

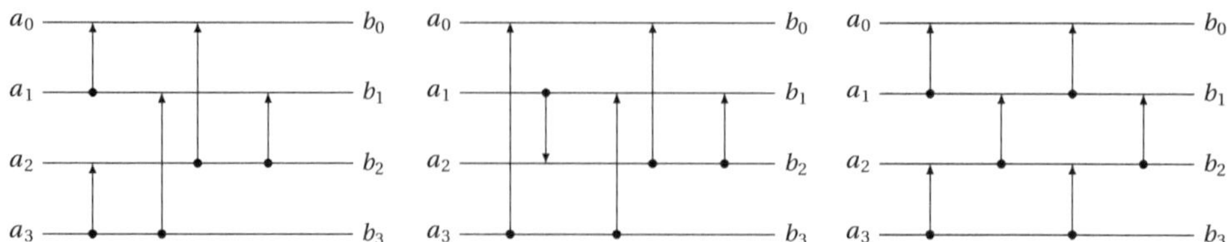

Abb. 4.56 Die Beispiele zeigen, dass Sortiernetzwerke für eine bestimmte Anzahl von Elementen sich in Anzahl, Anordnung und Ausrichtung der Komparatoren unterscheiden können

Das Verhalten eines Sortiernetzwerkes ist im Gegensatz zu anderen Sortierverfahren unabhängig von der Eingabe und zeigt somit eine konstante Laufzeit, die nur durch die Anordnung der Komparatoren bestimmt wird. Hintereinandergeschaltete Komparatoren können zeitgleich ausgeführt werden, wenn es keine Abhängigkeiten zwischen der Ein- und Ausgabe gibt. Die beiden Netzwerke links in der Abb. 4.56 benötigen drei parallele Schritte, das rechte Netzwerk hingegen vier Schritte.

Zur Vereinfachung der Darstellung der Netzwerke wird häufig auf die Angabe der Sortierreihenfolge verzichtet, wenn aufsteigend sortiert wird. In Abb. 4.57 ist das Sortiernetzwerk in der vereinfachten Schreibweise für das *Bubblesort-Verfahren* dargestellt.

Das Bubblesort-Verfahren vergleicht sukzessive nachfolgende Elemente und verschiebt das größere der beiden Elemente an das Ende der Liste. Bubblesort ermittelt im ersten Durchlauf das größte Element der unsortierten Liste und stellt es an das Ende der Liste. Im weiteren Verlauf wird dann aus der verbleibenden unsortierten Liste das größte Element identifiziert und der sortierten Liste vorangestellt. Dieses wird solange durchgeführt bis die unsortierte Liste keine Elemente mehr hat.

Das Konstruktionsprinzip von Sortiernetzwerken beschreibt nicht, ob das Netzwerk jede beliebige Folge von Zahlen korrekt sortiert. Um den Nachweis zu führen, ist das folgende Theorem von entscheidender Bedeutung.

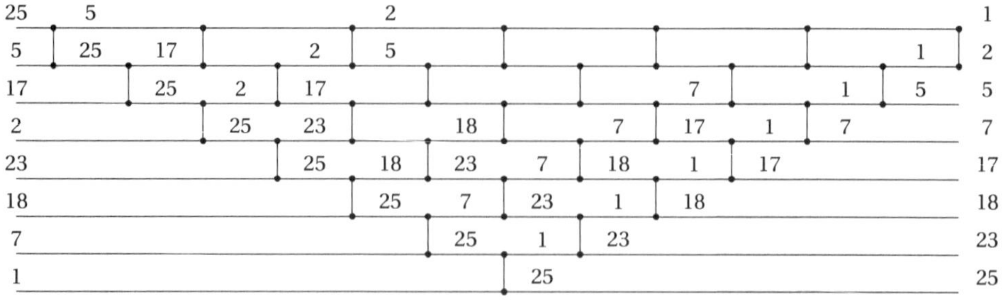

Abb. 4.57 Das Bubblesort-Verfahren lässt sich als Sortiernetzwerk darstellen

Theorem 3 (Das 0-1-Prinzip). *Sortiert ein aus Komparatoren bestehendes Netzwerk jede beliebige Folge von Nullen und Einsen, dann sortiert das Netzwerk auch jede beliebige Folge von Elementen einer linear geordneten Menge.*

Die Beweisidee ist es, eine Abbildung f zu definieren, die eine beliebige Folge von Zahlen auf eine 0-1-Folge abbildet. Die Funktion f darf dabei keinen Einfluss auf die Reihenfolge des Sortierens haben. Es ist dann zu zeigen, dass sich aus der Sortierung der 0-1-Folge automatisch die Sortierung der beliebigen Folge ergibt. Zum Beweis wird ein Hilfssatz benötigt, der zuerst vorgestellt wird.

Lemma 2 *Wenn ein Sortiernetzwerk eine Folge von unsortieren Zahlen (a_i) in eine sortiere Folge (b_i) überführt mit*

$$(a_0, a_1, \ldots, a_{n-1}) \to (b_0, b_1, \ldots, b_{n-1}) \tag{4.96}$$

und f eine monoton wachsende Funktion mit $x \leq y \Rightarrow f(x) \leq f(y)$ ist, dann gilt, dass

$$(f(a_0), f(a_1), \ldots, f(a_{n-1})) \to (f(b_0), f(b_1), \ldots, f(b_{n-1})) \ . \tag{4.97}$$

Die Funktion f verändert somit nicht die Reihenfolge der Ausgabe. Das Sortiernetzwerk sortiert in gleicher Weise die durch f geänderte Folge.

Beweis. Der Nachweis dieser Eigenschaft folgt aus der Monotonie von f. Hierzu wird zuerst ein einzelner Komparator betrachtet und gezeigt, dass die Funktion f keinen Einfluss auf die Sortierung hat. Da ein Komparator auf den min- und max-Funktionen basiert, wird gezeigt, dass gilt

$$\min(f(x), f(y)) = f(\min(x, y)) \text{ und } \max(f(x), f(y)) = f(\max(x, y)). \tag{4.98}$$

Diese Eigenschaft wird zuerst für min gezeigt. Wenn $x \leq y$ ist, dann folgt mit $f(x) \leq f(y)$ auch $\min(f(x), f(y)) = f(x)$. Gilt hingegen $x > y$ und $f(x) > f(y)$ ergibt sich $\min(f(x), f(y)) = f(y)$. In gleicher Weise kann dieses für max gezeigt werden. Die Funktion f hat somit keinen Einfluss auf die Reihenfolge der Sortierung eines Komparators. Diese Eigenschaft lässt sich für ein vollständiges Sortiernetzwerk per Induktion nachweisen. $\square$

Die Beweisführung für Theorem 3 erfolgt durch Widerspruch. Hierzu wird angenommen, dass ein Sortiernetzwerk jede beliebige 0-1-Folge sortiert und eine andere Folge von Elementen einer beliebigen linear geordneten Menge existiert, die durch das Netzwerk nicht korrekt sortiert wird. Es wird nachfolgend gezeigt, dass dieses zu einem Widerspruch führt.

Beweis. Im Folgenden wird unter Anwendung des Hilfssatzes in 4.97 eine beliebige Folge von Elementen in eine 0-1-Folge umgewandelt. Die Sortierung der 0-1-Folge und einer beliebigen Folge führt zum Widerspruch, da angenommen wurde, dass das Sortiernetzwerk jede 0-1-Folge korrekt sortiert. Sei $a = (a_0, a_1, \ldots, a_{n-1})$ eine Folge, die durch das Sortiernetzwerk nicht korrekt sortiert wird. Das bedeutet, dass ein Element a_i mit $a_i < a_j$ existiert, welches in der Ausgabe hinter a_j steht. Durch die Anwendung der monoton wachsenden Funktion

$$f(x) = \begin{cases} 0 & \text{für} \quad x \leq a_i \\ 1 & \text{für} \quad x > a_i \end{cases} \tag{4.99}$$

auf die Folge a entsteht eine 0-1-Folge, die vom Sortiernetzwerk korrekt sortiert wird. Daher wird auch die ursprüngliche Folge a korrekt sortiert, da die Anwendung von f keine Auswirkung auf die Sortierung hat. Dieses ist aber ein Widerspruch zur Annahme, dass das Sortiernetzwerk die Folge a nicht korrekt sortiert. $\square$

Der Satz ermöglicht es, die Korrektheit eines Sortiernetzwerkes darauf zu reduzieren, dass gezeigt wird, dass jede 0-1-Folge korrekt sortiert wird. Bei einer Zahlendarstellung mit n Bits und einem Sortiernetzwerk mit m Eingängen ergibt sich somit ein reduzierter Testaufwand von 2^m im Vergleich zu 2^{nm} Testfällen zum Nachweis der Korrektheit.

4.6.3   Odd-Even-Transposition-Sortiernetzwerk

Das vorgestellte Bubblesort-Verfahren lässt sich eingeschränkt parallelisieren. Wie in der Abb. 4.57 deutlich wird, können etwas versetzt weitere Durchläufe durchgeführt werden. Hieraus ergibt sich die signifikante Form eines Dreiecks des Sortiernetzwerks.

Das *Odd-Even-Transposition-Verfahren* unterteilt die Sortierung in zwei sich abwechselnde Phasen ein. In der ersten Phase („odd", ungerade) werden das erste mit dem zweiten, das dritte mit dem vierten Element usw. verglichen. In der zweiten Phase („even", gerade) wird nun das zweite mit dem dritten, das vierte mit dem fünften Element verglichen. Das Netzwerk in Abb. 4.58 stellt das Verfahren dar.

4.6.4   Bitonisches Sortiernetzwerk

Ein bitonisches Sortiernetzwerk entwickelt aus auf- und absteigenden Folgen (biton bzw. bitonisch im Gegensatz zu monoton) eine sortierte Folge. Zuerst werden die Voraussetzungen definiert und der sequenzielle Algorithmus abgeleitet.

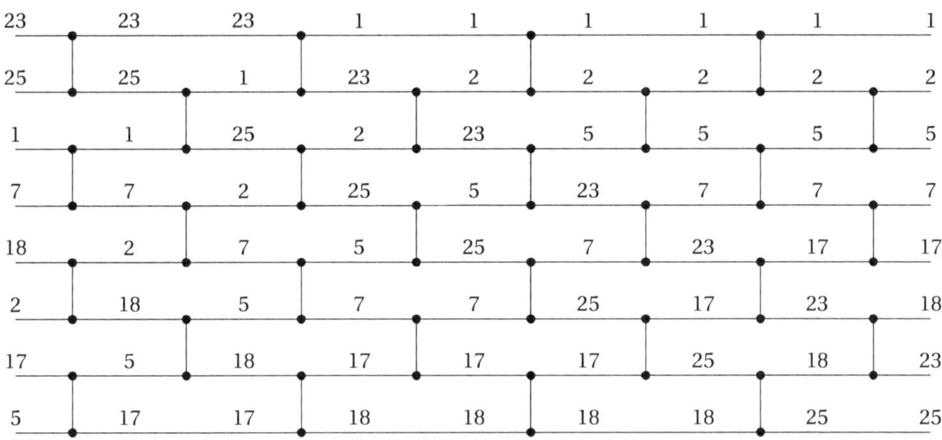

Abb. 4.58 Das Netzwerk sortiert die Zahlen am Eingang nach dem Odd-Even-Schema

Definition 19 (Bitonische Folge). Eine Folge von n Zahlen $a = (a_0, a_1, \ldots, a_{n-1})$ ist bitonisch, wenn die Eigenschaft erfüllt ist:

1. es gibt ein i mit $0 \le i < n$, sodass die Teilfolge $(a_0, \ldots, a_i)$ monoton aufsteigend und die Folge $(a_{i+1}, \ldots, a_{n-1})$ monoton absteigend sortiert ist,
2. oder es gibt eine zyklische Verschiebung der Zahlenfolge a, die dieses sicherstellt.

Als Beispiel sind die folgenden Folgen bitonisch:

- $(1, 4, 9, 8, 7, 6, 2)$
- $(1, 1, 1, 0, 1, 1, 1)$
- $(8, 9, 2, 1, 0, 4)$, durch eine zyklische Vertauschung ergibt sich $(0, 4, 8, 9, 2, 1)$.

Die wiederholte Anwendung des nachfolgenden Satzes erzeugt in $n \log^2(n)$ Schritten eine sortierte Folge von Zahlen. Hierbei wird der Satz rekursiv auf die jeweiligen bitonischen Teilfolgen angewendet.

Theorem 4 (Kenneth E. Batcher, 1968). *Ist $a = (a_0, a_1, \ldots, a_{2n-1})$ eine bitonische Folge, dann sind die beiden Folgen*

$$d = (d_0, d_1, \ldots, d_{n-1}) \text{ mit } d_i = \min(a_i, a_{i+n}) \text{ und}$$

$$e = (e_0, e_1, \ldots, e_{n-1}) \text{ mit } e_i = \max(a_i, a_{i+n}) \text{ für } i = 0, \ldots, n-1 \qquad (4.100)$$

ebenfalls bitonisch. Es gilt weiterhin, $d_i \le e_j$ für alle $0 \le i, j < n$.

Dieser Satz beschreibt, dass eine bitonische Folge in zwei bitonische Teilfolgen halbiert werden kann, wobei alle Elemente der einen Teilfolge kleiner gleich aller Elemente der anderen Teilfolge sind. Durch die rekursive Anwendung des Satzes auf die Teilfolgen entsteht aus einer bitonischen Folge eine sortierte Folge. Der Satz setzt allerdings voraus, dass die ursprüngliche Folge bereits bitonisch ist. Damit ein Sortiernetzwerk mit beliebigen, unsortierten Folgen von Zahlen umgehen kann, ist zuerst aus der unsortierten eine bitonische Folge zu erstellen. Abb. 4.59 zeigt wie aus einzelnen auf- und absteigenden Folgen sukzessive eine bitonische Folge erstellt wird.

Der Algorithmus in Abb. 4.60 beschreibt das rekursive Sortierverfahren. Die unsortierte Folge wird rekursiv solange halbiert, bis Teilfolgen der Länge 1 entstehen, die trivialerweise bitonisch sind. Diese Teilfolgen werden anschließend unter Ausnutzung des Satzes zusammengeführt, bis die Folge vollständig sortiert ist. Eine bitonische Folge wird durch das Zusammenfügen einer aufsteigenden und einer absteigenden Teilfolge erhalten.

Nicht-rekursive Darstellung Zur Vereinfachung der Parallelisierung des bitonischen Sortieralgorithmus ist die rekursive in eine iterative Darstellung umzuformulieren. In Abb. 4.61 ist ein bitonisches Netzwerk dargestellt, welches acht Elemente aufsteigend sortiert. Hierzu werden zwei ineinander geschachtelte Schleifen benutzt. In der äußeren i-Schleife wird aus zwei, auf- und absteigend sortierten, Teilfolgen mit jeweils 2^i Elementen eine sortierte Folge mit 2^{i+1} Elementen erzeugt. Hierzu werden in einer inneren j-Schleife die Elemente vertauscht. Für die Beschreibung eines nicht-rekursiven Algorithmus bleibt zu klären:

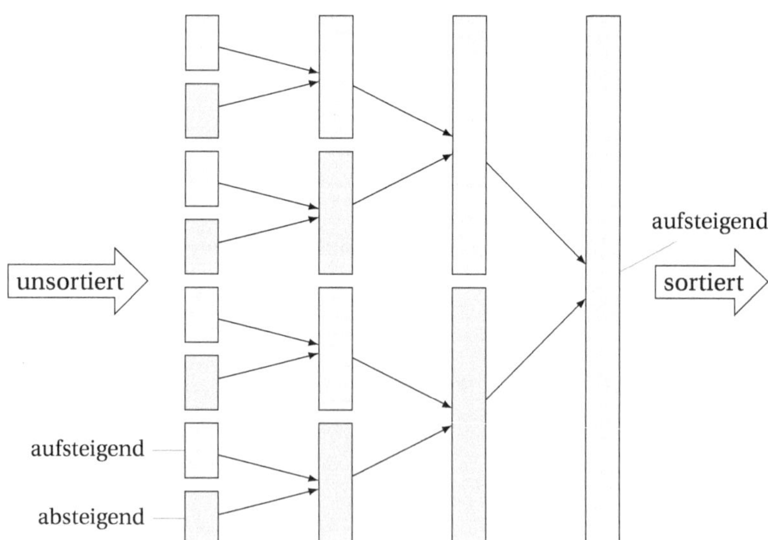

Abb. 4.59 Der grundsätzliche Aufbau des bitonischen Sortiernetzwerkes

```
 1  def BitonicSort(a, n)                                    {Bitonischer Sortierer.}
 2      input : A: Unsortiertes Feld mit 2^n Elementen.
 3      result : Sortiertes Feld A.

 4      def sort (s,left,dir)
 5          if s>1 then
 6              w ← s/2
 7              sort(w,left,false)
 8              sort(w,left+w,true)
 9              merge(s,left,dir)
10          end
11      end

12      def merge (s,left,dir)
13          if s>1 then
14              w ← s/2
15              for i ← left to left+ w −1 do
16                  if A_i < A_{i+w} = dir then swap(A_i, A_{i+w})
17              end
18          end
19          merge(m,l,d)
20          merge(m,l+m,d)
21      end

22      sort(0, 2^n, true)
23  end
```

Abb. 4.60 Die Funktion *sort* teilt die bitonische Folge rekursiv in zwei Teilfolgen. Die Funktion *merge* fügt zwei bitonische Teilfolgen zusammen

1. Welche zwei Elemente werden vertauscht im i bzw. j Schritt?
2. Sollen die beiden Elemente auf- oder absteigend sortiert werden?

Hierzu ergibt sich ein einfaches Verfahren, welches auf der Betrachtung der Bitmuster der Eingänge hinausläuft. In der Abb. 4.61 sind die Eingänge in binärer Zahldarstellung beschriftet. Die beiden vergleichenden Elemente lassen sich anhand des j-ten Bit des Eingangs bestimmen. Die Sortiereihenfolge ergibt sich aus der Betrachtung des $i + 1$-Bit: ist dieses gesetzt, dann wird absteigend ansonsten aufsteigend sortiert. Im Beispiel wird das zweite Element mit der Binärdarstellung 0010 im $i = 1$ und $j = 0$-Schritt mit dem dritten Element 0011 verglichen. Da das zweite Bit nicht gesetzt ist, wird aufsteigend sortiert. Der Algorithmus ergibt sich dann wie in der Abb. 4.62 aufgeführt.

Parallelisierung Die Parallelisierung des bitonischen Sortiernetzwerkes greift auf die nicht-rekursive Darstellung des Algorithmus in Abb. 4.62 zurück. Die k-Schleife durchläuft alle Feldelemente, bestimmt das Vergleichselement und vertauscht jeweils zwei Elemente, wenn die Sortierreihenfolge nicht stimmt. Da es keine Abhängigkeiten zwischen den einzelnen

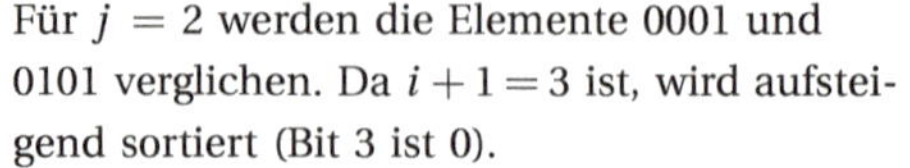

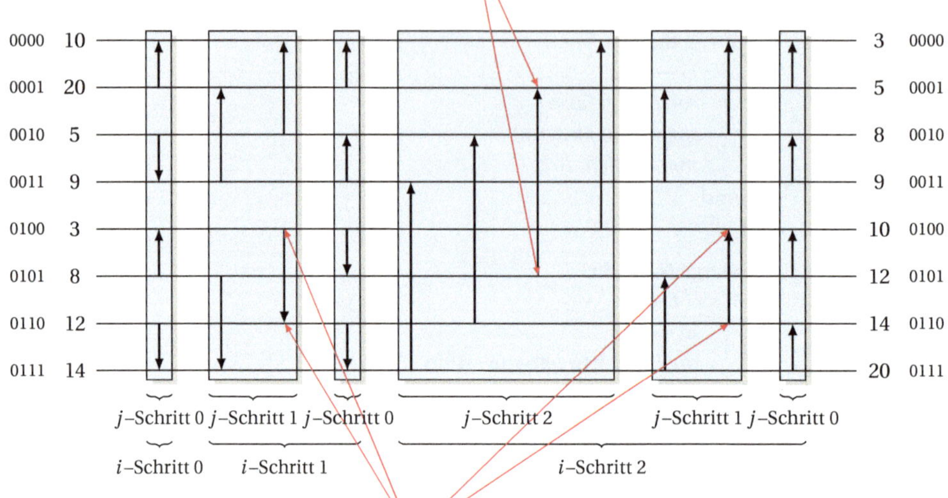

Abb. 4.61 Nicht-rekursive Darstellung eines bitonischen Netzwerks

```
 1  def BitonicSortIterative(a, n)                          {Iterative Formulierung.}
 2      input : A: Unsortiertes Feld mit 2ⁿ Elementen.
 3      result : Sortiertes Feld A.
 4      for i ← 0 to n − 1 do
 5          for j ← i to 0 do
 6              for k ← 0 to 2ⁿ − 1 do {Betrachte alle Elemente des Feldes.}
 7                  p ← k xor 2ʲ {Berechne das Vergleichselement.}
 8                  if p > k then {Nur einmaliges Vertauschen.}
 9                      {Bit gesetzt: absteigend, Bit nicht gesetzt: aufsteigend}
10                      if (test(k,i+1)∧(Aₖ < Aₚ)) then swap(Aₖ, Aₚ)
11                  end
12              end
13          end
14      end
15  end
```

Abb. 4.62 Der Algorithmus beschreibt die nicht-rekursive Ausführung des bitonischen Sortierers.
Die Funktion **test** $(k, i + 1)$ liefert **true** zurück, wenn das $i + 1$-te Bit im Bitmuster k gesetzt ist

Durchläufen der k-Schleife für ein konstantes i und j gibt, kann diese Schleife durch eine parallele *for*-Schleife ersetzt und dadurch parallelisiert werden. Es ist hierbei zu beachten, dass die parallele Schleife am Ende synchronisiert wird, d. h. bevor ein neuer j-Schleifendurchlauf startet, müssen alle Elemente den Vergleich und die mögliche Vertauschung beendet haben.

Der beschriebene Ansatz eignet sich insbesondere, wenn die parallel arbeitenden Einheiten auf einen gemeinsamen Speicher zugreifen. Dieses ist bei verteilten Systemen allerdings häufig nicht gegeben. Das Aktorenmodell funktionaler Programmiersprachen (siehe Kap. 7) erlaubt die parallele Programmierung auf einem Mehrkernrechner allerdings ohne die Möglichkeit, Daten über einen gemeinsamen Speicher auszutauschen. Auch bei GPGPU-Systemen ist es vorteilhaft, den skizzierten Ansatz zu verfeinern.

Die j-Schleife arbeitet auf Blöcken von Feldelementen. Es werden in nachfolgenden Schritten immer nur Elemente eines Blocks miteinander verglichen und vertauscht. Hierdurch ist es möglich, die Parallelisierung block- und nicht elementweise zu gestalten. Eine Synchronisierung ist dadurch auch nicht nach dem j-Schritt, sondern am Abschluss eines i-Schrittes notwendig. Der folgende Algorithmus besteht somit aus einer Folge von sequenziellen und parallelen Schritten. In den sequenziellen Schritten wird blockübergreifend sortiert, in den parallelen Schritten wird innerhalb eines Blocks sortiert.

Abb. 4.63 skizziert das Vorgehen. Die acht Werte werden in zwei Blöcke unterteilt. Wenn die Vergleichselemente „dicht" beieinander liegen und kein Vergleich über die Blockgrenzen hinweg stattfindet, können die Blöcke unabhängig voneinander sortiert werden.

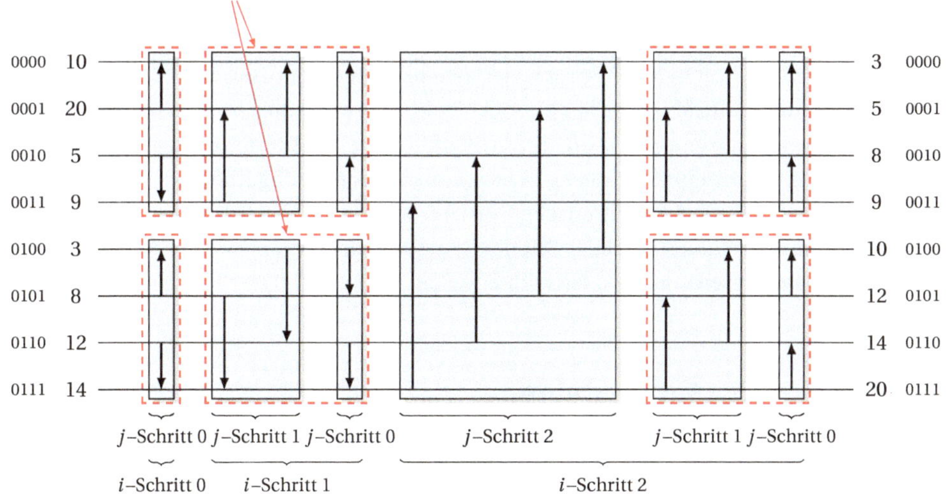

Abb. 4.63 Das bitonische Netzwerk lässt sich mit $b = 1$ auf zwei Blöcke aufteilen, die jeweils parallel sortiert werden können. Nur für den Fall mit $i = 2$ und $j = 2$ ist ein sequenzieller, blockübergreifender Schritt notwendig

```
 1  def BitonicBlockSort(a, n)                    {Blockbasierter Bitonischer Sortierer.}
 2      input : A: Unsortiertes Feld mit 2^n Elementen.
 3      result : Sortiertes Feld A.
 4      for i ← 0 to n − 1 do
 5          if i ≥ n − b then
 6              for j ← i to n − b do    {Sequentiell, blockübergreifend}
 7                  ...
 8              end
 9          end
10          for j ← n − b − 1 to 0 do    {Parallel, blockintern}
11              ...
12          end
13      end
14  end
```

Abb. 4.64 Skizze des parallelen bitonischen Sortiernetzwerks, welches auf Blöcken arbeitet

Es wird davon ausgegangen, dass die Anzahl der Blöcke konstant bleibt und beispielsweise durch die Anzahl der parallel rechenden Kerne bestimmt wird. Im Folgenden ist die Anzahl der Blöcke durch 2^b gegeben. Die Anzahl der Elemente in einem Block ist somit 2^{n-b}.

Die Spannweite, das ist der Abstand zwischen den beiden Vergleichselementen ergibt sich in Abhängigkeit von j zu 2^j. Damit ein blockinterner Vergleich und eine eventuelle Vertauschung möglich wird, muss gelten

$$2^j < 2^{n-b} \quad \text{woraus folgt, dass } j < n - b \text{ ist.} \tag{4.101}$$

Wenn die Bedingung 4.101 gilt, dann finden alle weiteren Vertauschungen für ein konstantes i nur noch blockintern statt. Eine Synchronisierung über die Blockgrenzen wird erst dann wieder notwendig, wenn der entsprechende i-Schritt abgeschlossen ist.

Der Algorithmus in Abb. 4.62 kann somit blockweise parallelisiert werden. Die j-Schleife arbeitet sequenziell, wenn $j \geq n - b$ gilt, da blockübergreifend vertauscht wird. Für $j < n - b$ kann nun eine blockweise Sortierung für ein konstantes i durchgeführt werden (Abb. 4.64).

In Abschn. 6.7.2 wird der bitonische Sortierer auf einem GPU-System vorgestellt. Aufgrund der Speicherhierarchie ist es vorteilhaft, die einzelnen Elemente in Blöcke aufzuteilen und somit kürzere Berechnungszeiten zu erzielen.

4.7   Rekursive Suchverfahren

Die bisher vorgestellten parallelen Algorithmen realisieren die *Datendekomposition*. Die Eingabestruktur wird (geometrisch) partitioniert, und eine parallele Schleife führt auf jedem Wert die identische Funktion aus. Außerdem bieten die Reduktion sowie die Berechnung der Präfixsumme leistungsfähige Bausteine für datenparallele Verfahren.

Der folgende Abschnitt stellt ein weiteres Entwurfsmuster paralleler Algorithmen vor: die *funktionale Dekomposition*. Am Beispiel der Rekursion wird in die *Task-Parallelität* eingeführt. Nachfolgend wird zuerst die Parallelisierung der Rekursion allgemein betrachtet, bevor auf Suchverfahren für Entscheidungsprobleme eingegangen und dieses am Sudoku-Rätsel verdeutlicht wird.

4.7.1 Rekursion

Die *Rekursion* ist eines der wichtigsten Prinzipien beim Entwurf von Algorithmen und folgt dem Ansatz von „Teile und Herrsche". Im Gegensatz zur Datendekomposition wird das Ausgangsproblem auf mehrere Probleme kleinerer Größe in jedem Schritt zurückgeführt. Der Algorithmus wird anschließend auf sich selbst mit den Teilproblemen angewendet. Dieses wiederholt sich solange rekursiv, bis das Problem klein genug ist, um es direkt zu lösen. Anschließend werden die einzelnen Teillösungen zu einer Gesamtlösung kombiniert.

Abb. 4.65 zeigt die prinzipielle, rekursive Arbeitsweise für ein Problem P. Die *Größe* ist eine spezifische Maßzahl für die Problemgröße (beispielsweise Länge einer Liste). Die Konstante k kann so gewählt werden, dass die Lösung S einfach zu bestimmen ist.

Ein prominentes Beispiel für einen rekursiven Algorithmus ist das *Quicksort*-Sortierverfahren, das eine unsortierte Liste fortwährend in zwei kleinere Listen zerteilt, bis diese klein genug sind (im Extremfall hat diese Liste nur ein Element). Die Aufteilung einer Liste in zwei Teillisten erfolgt anhand eines ausgewählten Pivotelements. Der Algorithmus gruppiert jetzt die Elemente um, sodass die eine Teilliste die Elemente enthält, die

```
 1  def Rekursion(P)
 2      input : Problembeschreibung P.
 3      result : Lösung S für das Problem P.
 4      {Prüfe die Abbruchbedingung der Rekursion}
 5      if (Größe(P) < k) then  {k ist eine problemspezifische Konstante}
 6          S ← Löse das Problem P direkt
 7          return S
 8      else
 9          {Teile und Herrsche}
10          Teile P in Teilprobleme P' auf  {Größe(P') < Größe(P)}
11          foreach P' do
12              S' ← Rekursion(P')
13          end
14          S ← Füge die Teilergebnisse S' zusammen
15          return S
16      end
17  end
```

Abb. 4.65 Generelle Arbeitsweise eines rekursiven Algorithmus

kleiner, und die andere nur die Elemente, die größer gleich dem Pivotelements sind. Der Algorithmus ruft sich anschließend selber mit den beiden Teillisten auf.

ES STELLT SICH DIE FRAGE, WIE SOLCHE REKURSIVEN Verfahren geeignet parallelisiert werden können. Eine Möglichkeit ist es, die Rekursion in eine Iteration umzuwandeln und dann mit einer parallelen Schleife auszuführen.

Eine genauere Betrachtung zeigt allerdings eine „natürliche", inhärente Parallelität der Rekursion: die Lösung der einzelnen Teilprobleme ist unabhängig voneinander und kann somit parallel erfolgen. Hierzu wird der Begriff der *Task-Parallelität* eingeführt. Eine abstrakte Task ist eine Funktion, die zeitgleich mit anderen Task ausgeführt werden kann. Eine (Eltern-)Task kann weitere (Kinder-)Tasks erzeugen.

Abb. 4.66 zeigt die Änderungen, die vom sequenziellen zum parallelen, rekursiven Algorithmus führen. Durch *fork* wird der rekursive Aufruf in einer separaten (Kinder-)Task asynchron ausgeführt. Hierdurch können alle Teilprobleme P' parallel bearbeitet werden. Durch *join* wird die weitere Ausführung der (Eltern-)Task suspendiert. Sind alle Teilergebnisse S' berechnet, so wird die Ausführung fortgeführt.

Die Mächtigkeit dieses Ansatzes ergibt sich dadurch, dass Tasks rekursiv Kinder-Tasks erzeugen, die parallel zu anderen die Teilprobleme P' bearbeiten und die Teilergebnisse zusammenführen.

Abb. 4.67 skizziert das *Fork-Join*-Entwurfsmuster. Die Task T_0 teilt die Eingabe auf und startet drei Tasks T_1 bis T_3, von denen T_3 ihrerseits zwei Tasks T_4 und T_5 startet. Die Ergebnisse fließen in T_5 und abschließend in T_0 wieder zusammen.

Abb. 4.66 Die Parallelisierung des rekursiven Verfahrens ergibt sich aus der Einführung der Task-Parallelität

```
1  def ParalleleRekursion(P)
2      input : Problembeschreibung P.
3      result : Lösung S für das Problem P.
4      if (Größe(P) < k) then
5          S ← Löse das Problem P direkt
6          return S
7      else
8          Teile P in Teilprobleme P' auf
9          foreach P' do
10             {Starte eine asynchrone Task}
11             S' ← fork ParalleleRekursion(P')
12         end
13         {Blockiere bis alle Tasks beendet sind}
14         join
15         S ← Füge die Teilergebnisse S' zusammen
16         return S
17     end
18  end
```

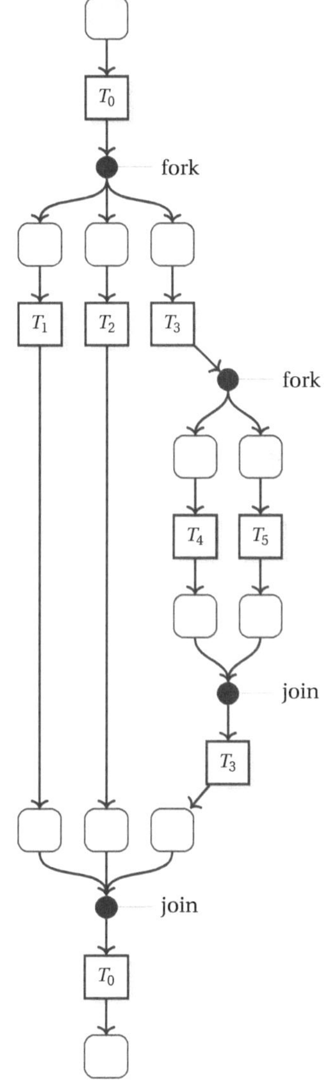

Abb. 4.67 Das Fork-Join-Entwurfsmuster ist die Grundlage für eine Parallelisierung der Rekursion

Hervorzuheben ist, dass die Bearbeitungsdauer der einzelnen Tasks unterschiedlich sein kann. Des Weiteren ist die Reihenfolge der Bearbeitung von Geschwister-Tasks unerheblich. Beispielsweise kann erst T_4 und dann anschließend T_2 ausgeführt werden. Die Teilergebnisse der Tasks T_1 bis T_3 müssen nicht zeitgleich vorliegen. Durch die Join-Operation wird sichergestellt, dass die Bearbeitung von T_0 erst dann fortgeführt wird, wenn die drei Teilergebnisse insgesamt vorliegen. Dieses bietet eine große Flexibilität bei der Implementierung unterschiedlicher Algorithmen und bei der Implementierung konkreter Programmierbibliotheken.

4.7.2　Entscheidungsprobleme

Viele interessante Fragestellungen sind in der Art, dass zu überprüfen ist, ob eine, und gegebenenfalls welche, Lösung existiert *(Entscheidungsproblem)*. Diese Probleme haben oftmals eine sehr große Anzahl von Möglichkeiten, die durch ein Verfahren überprüft werden müssen. Eine Parallelisierung ist daher interessant, um die Bearbeitungszeit signifikant zu reduzieren.

Die Suche nach einer Lösung kann hierbei rekursiv erfolgen: Die Problemgröße wird sukzessive reduziert bis eine Lösung gefunden wird oder der Nachweis erbracht ist, dass keine existiert. Nachfolgend wird der generelle Ansatz eines exakten Verfahrens vorgestellt, welches keine weiteren Informationen bei der Suche verwendet *(nicht-informierte Suche)*. Das Beispiel eines *Sudoku*-Rätsel wird im Abschn. 5.3.4 als Implementierungsbeispiel wieder aufgegriffen.

Einführung Zur Lösung des Entscheidungsproblems wird der Lösungs- oder *Zustandsraum* durch einen Baum oder in der allgemeineren Form durch einen Graphen aufgespannt (siehe Abb. 4.68).

Jeder Knoten entspricht hierbei einem *Zustand*. Knoten, die einen oder mehrere nachfolgende Knoten haben, werden als Zwischenzustand bezeichnet. Die Kanten im Graphen repräsentieren die Verbindungen zu den nachfolgenden Zuständen. Ein Zustand, der keine Nachfolger hat, ist ein Endzustand. Eine Teilmenge der Endzustände sind Zielzustände. Die Lösung zum Entscheidungsproblem ist der Pfad von der Wurzel zum Zielzustand.

Mit einem Suchverfahren wird der Zustandsraum systematisch durchlaufen. Der Baum wird schrittweise aufgebaut und die Nachfolger eines Knotens erzeugt oder expandiert.

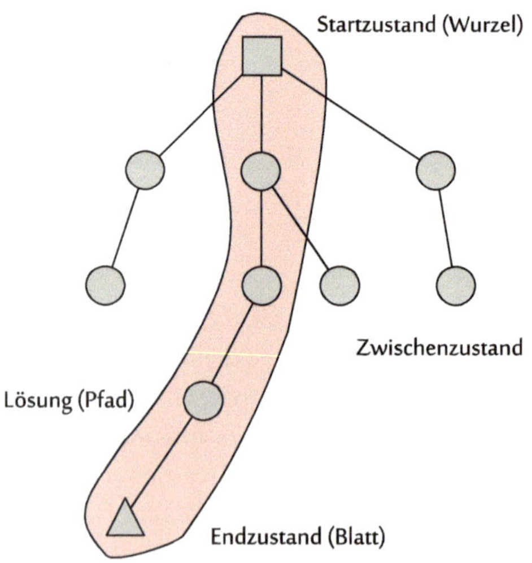

Abb. 4.68 Der Zustandsraum kann als Baum interpretiert werden. Eine Lösung ist der Pfad von der Wurzel zu einem Blatt im Baum

Anschließend prüft die Suche, ob der Knoten ein Zielzustand und damit eine Lösung gefunden ist.

Die Definition eines Zustands hängt immer von der konkreten untersuchten Fragestellung ab. Dieser Ansatz wird zuerst am *lateinischen Quadrat,* einer vereinfachten Variante des Sudoku-Rätsels, aufgezeigt. Die Fragestellung ist es, eine Anzahl n (Dimension) von unterscheidbaren Elementen (Zahlen, Buchstaben, Farben) in einem zweidimensionalen Feld (Quadrat) so zu positionieren, dass die folgenden Bedingungen gelten (siehe auch Abb. 4.69):

1. Jede Spalte enthält jedes Element genau einmal.
2. Jede Zeile enthält jedes Element genau einmal.
3. Jede Zelle in dem Feld enthält genau ein Element.

Bevor jetzt der Zustandsraum aufgespannt wird, ist die Unterscheidung eines allgemeinen Graphen und eines Baums zu bedenken. In einem Baum gibt es keine Zyklen, d. h. jeder Knoten hat genau einen Vorgänger. Die Wurzel eines Baumes hat keinen Vorgängerknoten.

Ist hingegen der Zustandsraum ein allgemeiner, zusammenhängender Graph, dann existieren mehrere Wege, um bestimmte Knoten zu erreichen. Wird der Graph durchlaufen, so werden Knoten und damit Teilgraphen mehrfach besucht. Um dieses zu vermeiden, ist es notwendig, die bereits bekannten Knoten zu markieren. Um diesen Mehraufwand zu vermeiden, ist es vorteilhaft, wenn möglich, den Zustandsraum als Baum zu beschreiben.

Bei der systematischen Erstellung des lateinischen Quadrates ist es unerheblich, in welcher Reihenfolge die einzelnen Felder mit Elementen belegt werden. Um den Zustandsraum als Baum darzustellen, ist es daher notwendig, eine Reihenfolge der Belegung festzulegen. Die Anzahl der Lösungen bleibt hierdurch unverändert.

Es bleibt anzumerken, dass häufig Entscheidungsprobleme eine Symmetrie aufweisen. Das bedeutet, wenn eine Lösung gefunden ist, ergeben sich daraus weitere Lösungen. Das lateinische Quadrat ist rotationssymmetrisch. Ist eine Lösung gefunden, ergeben sich daraus unmittelbar durch Drehung um 90 Grad drei weitere Lösungen. Das Entfernen von Symmetrieeigenschaften kann zu einer deutlichen Reduzierung der Anzahl der Zwischenknoten

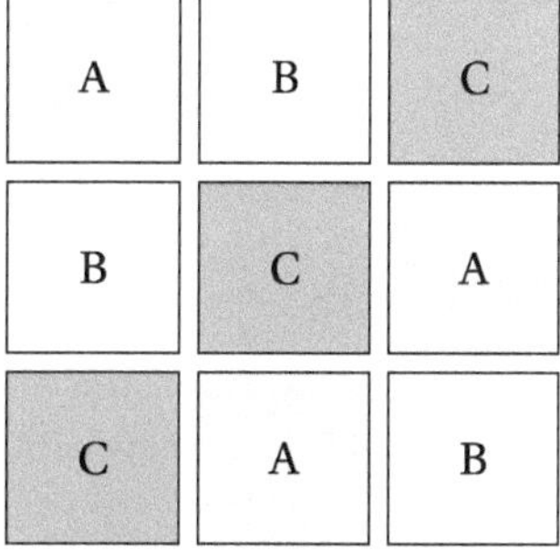

Abb. 4.69 In einem lateinischen Quadrat wird in jeder Spalte und in jeder Zeile ein Element nur genau einmal platziert. Die Dimension ist $n = 3$

im Baum respektive im Graphen führen. Dieses wird jedoch im Folgenden nicht weiter betrachtet.

Abb. 4.70 zeigt einen Ausschnitt aus dem Zustandsraum für das lateinische Quadrat mit der Dimension $n = 3$. Jede Ebene im Baum beschreibt die Belegung eines Feldes: Auf der ersten Ebene unterhalb der Wurzel wird dem Feld links oben, auf der untersten Ebene dem Feld rechts unten ein Wert zugeordnet. Diese Vorgehensweise stellt sicher, dass der Zustandsraum ein Baum ist und jeder Knoten nur einen Vorgänger hat.

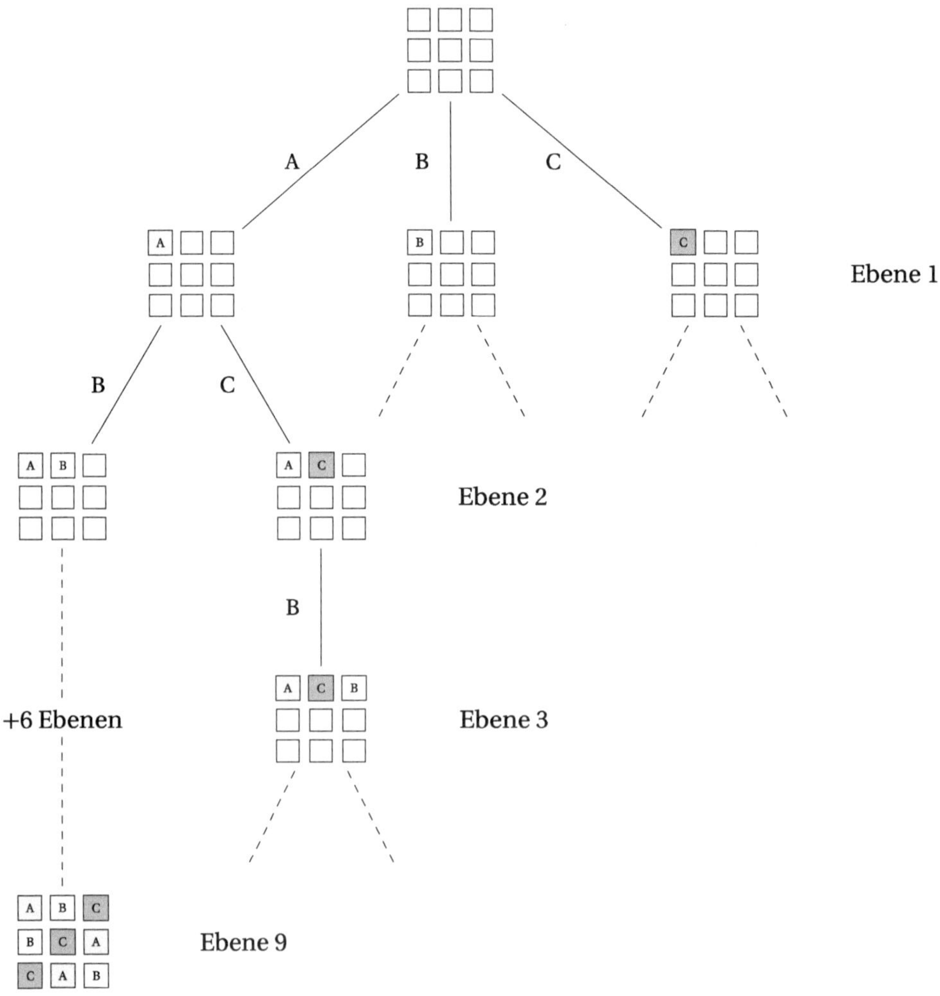

Abb. 4.70 Der Ausschnitt aus dem Zustandsraum für ein lateinisches Quadrat mit $n = 3$. Jeder Knoten im Baum repräsentiert eine (Teil-)Lösung

Zur besseren Lesbarkeit zeigt in der Abbildung jeder Knoten das komplette lateinische Quadrat mit den besetzten und den nicht besetzten Felder an. Dieses ist jedoch nicht notwendig, da der Pfad von der Wurzel zum Zielknoten die Lösung vollständig beschreibt. Die Suche nach einem Pfad beginnt an der Wurzel und endet sobald eine Lösung gefunden ist.

Tiefensuche   Der rekursive Algorithmus in Abb. 4.71 implementiert eine sequenzielle Tiefensuche. Die Funktion *Markiere* markiert den Knoten im Zustandsraum als besucht. Auf die Markierungen von Zuständen kann verzichtet werden, wenn der Zustandsraum als Baum dargestellt wird.

Die Funktion *Lösung* liefert *true* ansonsten *false* zurück, wenn der Knoten n eine Lösung (Blattknoten) ist. Die Nachfolger eines Knotens werden durch die Funktion *Expandiere* bestimmt. Hierbei werden jedoch nur jene Nachfolger im Weiteren betrachtet, die zuvor nicht besucht und markiert sind. In einer Schleife werden jetzt alle nachfolgenden Knoten getestet und die Tiefensuche rekursiv aufgerufen. Die Schleife bricht ab, wenn die erste Lösung gefunden ist oder keine weiteren expandierten Nachfolger existieren.

Das bereits vorgestellte Fork-Join-Muster parallelisiert auch die Tiefensuche. Allerdings sind hier zwei Punkte besonders zu betrachten:

- Um die markierten Knoten zu verwalten, ist eine globale Datenstruktur notwendig, auf die von unterschiedlichen Tasks oder Rechenknoten zugegriffen wird. Es ist daher erforderlich, den gleichzeitigen Zugriff zu schützen (beispielsweise durch ein Semaphor).

```
 1  def RekursiveTiefensuche(n)
 2      input : Knoten n im Zustandsraum.
 3      result : true falls Lösung gefunden ansonsten false.
 4      result ← false
 5      Markiere(n)
 6      if (Lösung(n) = true) then   {Prüfe, ob n ein Zielknoten ist}
 7          result ← true
 8      else
 9          C ← Expandiere(n){Betrachte nur nicht markierte Nachfolger}
10          while result ≠ true ∧ C ≠ ∅ do
11              c ← Entferne Knoten aus C
12              {Steige im Zustandsbaum ab}
13              result ← RekursiveTiefensuche(c)
14          end
15      end
16      return result
17  end
```

Abb. 4.71 Der Algorithmus bricht ab, wenn die erste Lösung gefunden ist. Anderenfalls wird der Knoten n expandiert und die Nachfolger C im Zustandsraum bestimmt

Durch die mögliche Serialisierung kann es zum Flaschenhals kommen. Die Konsequenz ist eine Reduzierung den Parallelitätsgewinns (siehe Abschn. 2.6).

- Da der Algorithmus terminiert, wenn die erste Lösung gefunden ist, muss eine geeignete Strategie entwickelt werden, um die parallelen Tasks oder Rechenkerne zu informieren. Im einfachsten Fall kann das über eine gemeinsame (globale) Variable erfolgen. Diese wird überprüft, bevor neue Knoten im Zustandsraum expandiert werden.

Die beiden Aspekte bekommen in einem verteilten System ohne einen gemeinsamen Speicher eine größere Bedeutung. Die gemeinsame Datenhaltung der besuchten und markierten Knoten kann einen hohen Kommunikationsaufwand bedeuten. Selbst für „einfache" Entscheidungsprobleme müssen Milliarden (10^9) oder Billionen (10^{12}) Zustände verwaltet werden. Werden für die Verwaltung eines einzelnen Zustands nur 32 Bits benötigt, dann müssen Gigabyte oder Terabyte zwischen entfernten Rechnern ausgetauscht werden.

Beispiel: Sudoku-Rätsel Sudoku ist ein mathematisches Rätselspiel, welches häufig in Tageszeitungen zu finden ist. Hierbei besteht das Spielfeld aus 81 Feldern, die in 9 Zeilen und 9 Spalten quadratisch angeordnet sind. Diese Felder gliedern sich noch einmal quadratisch in 9 Blöcke mit jeweils 3×3 Feldern. Das Rätsel besteht nun darin, die 81 Felder mit Zahlen aus 1 bis 9 zu belegen, sodass pro Zeile, pro Spalte und pro Block keine Zahl doppelt vorkommt. Zu Beginn wird eine Startbelegung vorgegeben, welche dann zu vervollständigen ist. In Abb. 4.72 ist ein einfaches Sudoku dargestellt, bei dem 50 Felder bereits vorbelegt sind.

Ein einfaches, unsystematisches Ausprobieren aller 9^n Möglichkeiten, wobei n die Anzahl der freien Felder bezeichnet, ist ineffizient und unnötig. In dem Beispiel mit verbleibenden 31 freien Feldern ergeben sich $9^{31} \approx 3,8 \cdot 10^{29}$ verschiedene Möglichkeiten. Statt dessen wird zur Lösung ein einfacher Algorithmus verwendet, der darauf beruht, zuerst die Anzahl der Möglichkeiten zu reduzieren, um dann im zweiten Schritt mit einer Tiefensuche den Zustandsraum nach einer Lösung zu durchlaufen.

Für jedes freie Feld lassen sich die Kandidaten aus 1 bis 9 bestimmen, die für das Feld noch infrage kommen. Die Kandidatenliste für ein Feld ergibt sich aus der Belegung der entsprechenden Spalte, Zeile und Block. So sind für das erste freie Feld, oben links in Abb. 4.72, nur noch drei Möglichkeiten offen: 1, 4 oder 7. Alle anderen Zahlen kommen nicht mehr infrage, weil diese bereits in der gleichen Zeile, Spalte oder im gleichen Block vergeben sind. Das Rätsel lässt sich nun rekursiv lösen, indem nacheinander die Möglichkeiten ausprobiert werden. Die Kandidatenliste eines jeden freien Feldes ändert sich hierbei abhängig von der fortlaufenden Belegung anderer Felder.

Der Algorithmus in Abb. 4.73 zeigt eine rekursive, sequenzielle Formulierung der Lösung von Sudoku-Rätseln mit der Tiefensuche. Wenn die Anzahl der freien Felder n gleich null ist, dann ist eine Lösung gefunden. Im Gegensatz zur vorgestellten allgemeinen Tiefensuche terminiert *Sudoku* nicht, wenn eine Lösung gefunden ist, sondern durchsucht den kompletten Zustandsraum nach weiteren Lösungen.

147	8	1247	6	3	5	12	1	9
14	469	12469	2	8	4	125	7	3
5	3	2	7	1	9	8	4	6
37	2	67	5	4	1	9	13	8
3	1	5	9	2	8	7	6	4
9	4	8	13	7	6	1	2	5
2	79	3	8	6	7	4	5	1
8	47	147	1	5	3	6	9	2
6	5	179	4	9	2	3	8	7

Abb. 4.72 Ein einfaches Sudoku-Rätsel. Die blauen Zahlen geben die möglichen Kandidaten eines freien Feldes an, die für die Lösung infrage kommen. Die Felder oben links und unten rechts haben die Koordinaten (0,0) respektive (8,8)

```
1   def Sudoku(S, n)
2       input : S: Sudoku-Rätsel; n: Anzahl der freien Felder
3       result : Ausgabe der Lösung auf dem Bildschirm.
4       C_{ij} ← Kandidatenliste an der Position (i, j)
5       if n > 0 then  {Es ist noch mindestens ein freies Feld vorhanden.}
6           (i, j) ← nächstes freies Feld in S
7           if |C_{ij}| > 0 then  {Es sind gültige Kandidaten vorhanden.}
8               foreach c ∈ C_{ij} do
9                   S' ← S
10                  Setze c in S' an die Position (i, j)
11                  Aktualisiere die Kandidatenliste C' für S'
12                  Sudoku(S', n-1)
13              end
14          else  {Die Belegung führt zu keiner Lösung.}
15              return
16          end
17      else  {Es ist eine Lösung gefunden.}
18          print "S ist eine Lösung des Sudoku."
19          return
20      end
21  end
```

Abb. 4.73 Der sequenzielle Algorithmus *Sudoku* sucht rekursiv die Lösung eines Sudoku-Rätsels S

Sind noch nicht alle Felder belegt, wird das nächste freie Feld mit dem Index (i, j) ausgewählt. Ist die Kandidatenliste C_{ij} für dieses Feld leer, dann kann es mit der aktuellen Belegung keine Lösung mehr geben und die Rekursion ist an dieser Stelle beendet. Es muss dann eine andere Möglichkeit verfolgt werden. Ansonsten wird für jeden Kandidaten c ein neues Sudoku S' mit der entsprechenden Belegung an der Position (i, j) erzeugt, die Kandidatenliste aller freien Felder anschließend aktualisiert und der Algorithmus rekursiv aufgerufen.

Der Rechenaufwand lässt sich dadurch reduzieren, dass nicht zeilenweise die leeren Felder durchprobiert werden, sondern dass in jedem Schritt das Feld betrachtet wird, welches die wenigsten, idealerweise nur einen, Kandidaten hat. Die Zeile 5 im Algorithmus der Abb. 4.73 muss dann geändert werden in $(i, j) \leftarrow \{(i, j) | |C_{ij}| = \min(|C_{kl}|)$ für $k, l = 0, \dots, 8\}$. Im Folgenden wird diese Optimierung nicht betrachtet.

In Abb. 4.74 ist der Suchbaum für den einfachen, nicht optimierten Algorithmus zum Lösen des Beispiels skizziert. Ausgehend von der vorgegebenen Startbelegung werden die möglichen Kandidaten 1, 4, 7 für das Feld $(0, 0)$ betrachtet und der Kandidat mit dem Knoten 1 expandiert. Durch die Wahl werden die Kandidaten der Felder in der gleichen Zeile, Spalte und im selben Block reduziert. Für das Feld $(2, 0)$ kommen noch die Möglichkeiten 2, 4, 7 in Betracht. Die Tiefensuche wählt sich den ersten Kandidaten aus und untersucht anschließend das nächste freie Feld $(0, 4)$. Da nur eine Möglichkeit besteht, wird 3 gewählt und dann das Feld mit der Koordinate $(0, 6)$ betrachtet. Der Suchalgorithmus kann allerdings den Knoten nicht expandieren, weil es keine gültigen Kandidaten mehr gibt. Der Algorithmus geht zurück und untersucht für das Feld $(0, 2)$ den Kandidaten 4.

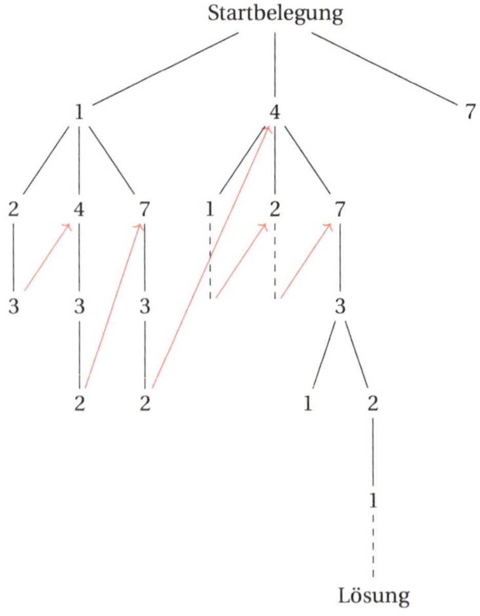

Abb. 4.74 Abbildung zeigt den Zustandsraum zur rekursiven Lösung des Sudoku-Rätsels. Es ist zu beachten, dass die Kandidatenlisten für die noch freien Felder mit jeder neuen Belegung aktualisiert werden

Nach wenigen expandierten Knoten zeigt sich, dass für das Feld $(0, 0)$ eine Belegung mit dem Wert 1 zu keiner Lösung des Sudoku führt. Daher wird der Baum mit dem Wert 4 expandiert und anschließend mit der Tiefensuche nach einer Lösung untersucht. Für die erste Zeile im Beispiel ergibt sich demnach eine Belegung der fünf freien Felder mit den Werten 4, 7, 3, 2, 1. Die Tiefensuche schließt ab, wenn das Feld $(8, 8)$ mit einer 7 belegt wird.

4.8 Matrizenmultiplikation

Die Multiplikation zweier Matrizen ist eine elementare Funktion in der linearen Algebra und ist in vielen praktischen Anwendungen (zum Beispiel zur Beschreibung und Lösung von linearen Gleichungssystemen: siehe hierzu insbesondere Schuele 2010) anzutreffen. Bekannte Software-Bibliotheken wie *BLAS* (FORTRAN), *OpenBLAS* (C) oder *Eigen* (C++) implementieren diese Operation, die aus historischen Gründen oftmals als *GEMM (General Matrix-Matrix Multiplication)* bezeichnet wird. Der folgende Abschnitt führt in die Parallelisierung *vollbesetzter Matrizen* ein. Der Ausgangspunkt der Betrachtung ist das bekannte Verfahren zur Multiplikation zweier Matrizen.

4.8.1 Einleitung

Zur Wiederholung zeigt Abb. 4.75 das Prinzip der Matrizenmultiplikation $\mathbf{C} = \mathbf{AB}$. Ist $\mathbf{A}$ eine $l \times m$-Matrix und $\mathbf{B}$ eine $m \times n$-Matrix, dann ist das Element c_{ij} das *Skalarprodukt* (oder *innere Produkt*) der i-ten Zeile von $\mathbf{A}$ mit der j-ten Spalte von $\mathbf{B}$, und dieses ergibt sich zu

$$c_{ij} = \sum_{k=0}^{m-1} a_{ik} \cdot b_{kj}. \tag{4.102}$$

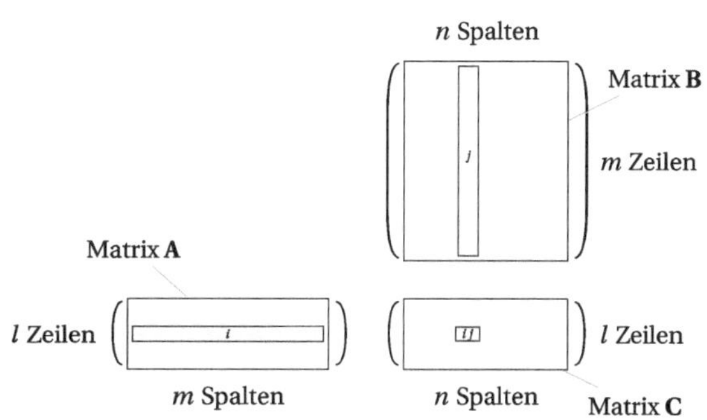

Abb. 4.75 Das Element c_{ij} ergibt sich aus dem inneren Produkt der Zeile i und der Spalte j

```
 1  def Produkt(A, B)
 2      input : A: Matrix l × m, B: Matrix m × n
 3      result : C: Matrix l × n
 4      C← 0 {Initialisiere alle Elemente von C mit 0.}
 5      for i ← 0 until l do
 6          for j ← 0 until n do
 7              {Inneres Produkt der i. Zeile von A und der j. Spalte von B.}
 8              for k ← 0 until m do
 9                  c_ij ← c_ij + a_ik · b_kj
10              end
11          end
12      end
13      return C
14  end
```

Abb. 4.76 Der sequenzielle Algorithmus berechnet die Produktmatrix von **A** und **B**

Die Matrizenmultiplikation ist assoziativ aber nicht kommutativ, d. h. $\mathbf{AB} \neq \mathbf{BA}$. Abb. 4.76 zeigt den klassischen sequenziellen Algorithmus zur Bestimmung der Produktmatrix.

Das Verfahren besteht aus drei ineinander geschachtelten Schleifen, sodass sich die Laufzeit zu $O(n^3)$ ergibt. Die Schleifen sind unabhängig voneinander, sodass eine einfache Parallelisierung durch eine *geometrische Dekomposition* möglich ist. Werden die beiden äußeren Schleifen durch parallele Schleifen ersetzt, so erfolgt die Berechnung der Matrix **C** in linearer Zeit.

Zur besseren Lesbarkeit werden im Folgenden quadratische $n \times n$ Matrizen betrachtet. Zuerst werden an einem einfachen Zahlenbeispiel grundsätzliche Überlegungen verdeutlicht. Die beiden Matrizen **A** und **B** enthalten zufällig permutiert die Zahlen 0 bis 31. Das Produkt ergibt sich zu:

$$\underbrace{\begin{pmatrix} 15 & 11 & 19 & 20 \\ 24 & 1 & 12 & 8 \\ 16 & 9 & 6 & 25 \\ 5 & 13 & 29 & 21 \end{pmatrix}}_{\mathbf{A}} \underbrace{\begin{pmatrix} 14 & 23 & 4 & 26 \\ 7 & 10 & 0 & 31 \\ 30 & 2 & 3 & 18 \\ 28 & 17 & 27 & 22 \end{pmatrix}}_{\mathbf{B}} = \underbrace{\begin{pmatrix} 1417 & 833 & 657 & 1513 \\ 927 & 722 & 348 & 1047 \\ 1167 & 895 & 757 & 1353 \\ 1619 & 660 & 674 & 1517 \end{pmatrix}}_{\mathbf{C}} \tag{4.103}$$

Neben der Zerlegung einer Matrix in Zeilen oder Spalten lässt sich diese in (quadratische) Blöcke unterteilen. Die Matrizenmultiplikation kann auf die Multiplikation von Blockmatrizen zurückgeführt werden. Für eine gleichmäßige Aufteilung muss n eine Quadratzahl sein.

Eine Zerlegung der Matrizen **A** und **B** in $q \times q$ Blöcke für $q = \sqrt{n}$ in

$$A = \begin{pmatrix} A_{00} & A_{01} & \cdots & A_{0q-1} \\ A_{10} & \ddots & & \\ \vdots & & & \vdots \\ A_{q-10} & \cdots & & A_{q-1q-1} \end{pmatrix}, B = \begin{pmatrix} B_{00} & B_{01} & \cdots & B_{0q-1} \\ B_{10} & \ddots & & \\ \vdots & & & \vdots \\ B_{q-10} & \cdots & & B_{q-1q-1} \end{pmatrix} \tag{4.104}$$

führt auf die Produktmatrix C

$$C = \begin{pmatrix} C_{00} & C_{01} & \cdots & C_{0q-1} \\ C_{10} & \ddots & & \\ \vdots & & & \vdots \\ C_{q-10} & \cdots & & C_{q-1q-1} \end{pmatrix} \text{ mit } C_{ij} = \sum_{k=0}^{q-1} A_{ik} B_{kj}. \tag{4.105}$$

Das Beispiel in Gl. 4.103 wird in jeweils vier Blöcke aufgeteilt:

$$A_{00} = \begin{pmatrix} 15 & 11 \\ 24 & 1 \end{pmatrix} A_{01} = \begin{pmatrix} 19 & 20 \\ 12 & 8 \end{pmatrix} A_{10} = \begin{pmatrix} 16 & 9 \\ 5 & 13 \end{pmatrix} A_{11} = \begin{pmatrix} 6 & 25 \\ 29 & 21 \end{pmatrix}$$

sowie

$$B_{00} = \begin{pmatrix} 14 & 23 \\ 7 & 10 \end{pmatrix} B_{01} = \begin{pmatrix} 4 & 26 \\ 0 & 31 \end{pmatrix} B_{10} = \begin{pmatrix} 30 & 2 \\ 28 & 17 \end{pmatrix} B_{11} = \begin{pmatrix} 3 & 18 \\ 27 & 22 \end{pmatrix}.$$

Die Multiplikation der Blockmatrizen entspricht dem Ergebnis der Matrizenmultiplikation AB:

$$\begin{pmatrix} A_{00} & A_{01} \\ A_{10} & A_{11} \end{pmatrix} \cdot \begin{pmatrix} B_{00} & B_{01} \\ B_{10} & B_{11} \end{pmatrix} = \begin{pmatrix} C_{00} & C_{01} \\ C_{10} & C_{11} \end{pmatrix}. \tag{4.106}$$

Beispielhaft ergibt sich die Blockmatrix C_{11} entsprechend zu

$$\begin{aligned} C_{11} &= A_{10} \cdot B_{01} + A_{11} \cdot B_{11} \\ &= \begin{pmatrix} 16 & 9 \\ 5 & 13 \end{pmatrix} \cdot \begin{pmatrix} 4 & 26 \\ 0 & 31 \end{pmatrix} + \begin{pmatrix} 6 & 25 \\ 29 & 21 \end{pmatrix} \cdot \begin{pmatrix} 3 & 18 \\ 27 & 22 \end{pmatrix} \\ &= \begin{pmatrix} 757 & 1353 \\ 674 & 1517 \end{pmatrix} \end{aligned} \tag{4.107}$$

Die Zerlegung in Blockmatrizen ist die Basis für die beiden nachfolgend diskutierten verteilten Verfahren zur Matrizenmultiplikation. Hierbei stehen der Speicherverbrauch und die Kommunikation im Mittelpunkt der Betrachtungen.

4.8.2 Verfahren von Cannon

Im Folgenden wird die Matrizenmultiplikation in einem verteilten System betrachtet. Hierbei wird ein zweidimensionales Berechnungsgitter (siehe Abb. 4.77) mit periodischer

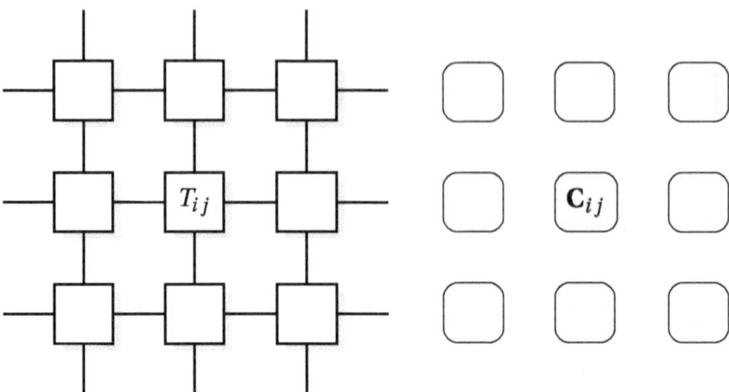

Abb. 4.77 Die geometrische Dekomposition zerlegt die Matrizen in eine zweidimensionale Blockstruktur

Fortsetzung an den Rändern angenommen. Jeder Rechenknoten P_{ij} oder Task T_{ij} berechnet das Teilergebnis C_{ij}. Die Matrizen A und B werden entsprechend in Blockmatrizen zerlegt.

In einem einfachen parallelen und verteilten Ansatz benötigt der Rechenknoten P_{ij} die Blockmatrizen der i-Zeile von A sowie die j-Spalte von B. Hierdurch werden die Daten (Blockmatrizen) mehrfach kopiert und im Netzwerk an den einzelnen Rechenknoten vorgehalten. Dieses führt zu einem erhöhten Speicherbedarf im Vergleich zum sequenziellen Algorithmus.

GIBT ES EINEN ANSATZ, DER DIE mehrfache Duplikation der beiden Matrizen A und B und damit auch einen erhöhten Kommunikationsaufwand vermeidet?

Für die Berechnung der einzelnen C_{ij} in Gl. 4.106 gilt:

$$C_{00} = \underbrace{A_{00}B_{00}}_{1.} + \underbrace{A_{01}B_{10}}_{2.} \qquad \text{1. Schritt: } A_{00}, B_{00} \quad \text{2. Schritt: } A_{01}, B_{10}$$

$$C_{01} = \underbrace{A_{00}B_{01}}_{2.} + \underbrace{A_{01}B_{11}}_{1.} \qquad \text{1. Schritt: } A_{01}, B_{11} \quad \text{2. Schritt: } A_{00}, B_{01}$$

$$C_{10} = \underbrace{A_{10}B_{00}}_{2.} + \underbrace{A_{11}B_{10}}_{1.} \qquad \text{1. Schritt: } A_{11}, B_{10} \quad \text{2. Schritt: } A_{10}, B_{00}$$

$$C_{11} = \underbrace{A_{10}B_{01}}_{1.} + \underbrace{A_{11}B_{11}}_{2.} \qquad \text{1. Schritt: } A_{10}, B_{01} \quad \text{2. Schritt: } A_{11}, B_{11}$$

Eine genaue Betrachtung zeigt, dass in jedem Schritt, die Blockmatrizen A_{ij} und B_{ij} genau einmal benötigt werden. Hieraus folgt, dass eine Duplizierung der Daten nicht notwendig ist. Es reicht aus, die Berechnung der Zwischenergebnisse in einer „geschickten" Art und Weise zu permutieren. Hier setzt das *Verfahren von Cannon* an (siehe Darstellung in Grama et al. 2003).

Das Verfahren erzeugt initial eine Verteilung der Blockmatrizen im Netzwerk entsprechend der Abb. 4.78. Die Permutation der Blockmatrizen ist für $\mathbf{A}$ und $\mathbf{B}$ ähnlich, jedoch werden die Blockmatrizen von $\mathbf{A}$ innerhalb einer Zeile und die der Matrix $\mathbf{B}$ innerhalb einer Spalte verschoben. Während der Initialisierung werden die Blockmatrizen $\mathbf{A}_{ij}$ entsprechend des Zeilenindex permutiert, d. h. für die erste (oberste) Zeile mit $i = 0$ bleibt die Ausgangsverteilung unverändert. Für $i = 1$ werden die Blockmatrizen zyklisch um eine Position nach links (oben) verschoben. Beispielsweise erhält der Rechenknoten P_{11} die Matrizen $\mathbf{A}_{12}$ und $\mathbf{B}_{21}$ als Startwerte für das verteilte Berechnungsverfahren.

Jeder Rechenknoten führt die Multiplikation der Blockmatrizen durch. Anschließend werden diese im Berechnungsgitter weitergegeben. Abb. 4.79 zeigt das Weiterreichen der $\mathbf{A}_{ij}$ und $\mathbf{B}_{ij}$ an den jeweiligen Vorgänger in der Zeile und Spalte. Eine Duplikation der Daten wird durch diesen Ansatz verhindert.

Der Algorithmus in Abb. 4.80 zeigt zusammenfassend das Verfahren von Cannon für einen Rechenknoten P_{ij} in einem zweidimensionalen Berechnungsgitter. Abb. 4.81 zeigt das einfache Zahlenbeispiel nach dem Verfahren von Cannon.

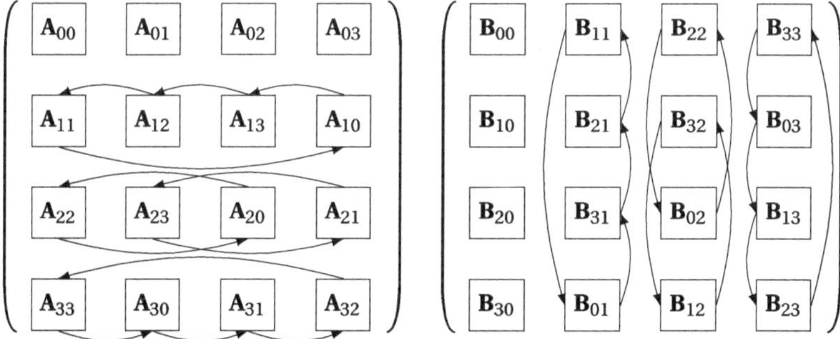

Abb. 4.78 Die Blockmatrizen werden innerhalb einer Zeile von $\mathbf{A}$ respektive einer Spalte von $\mathbf{B}$ initial zyklisch verschoben

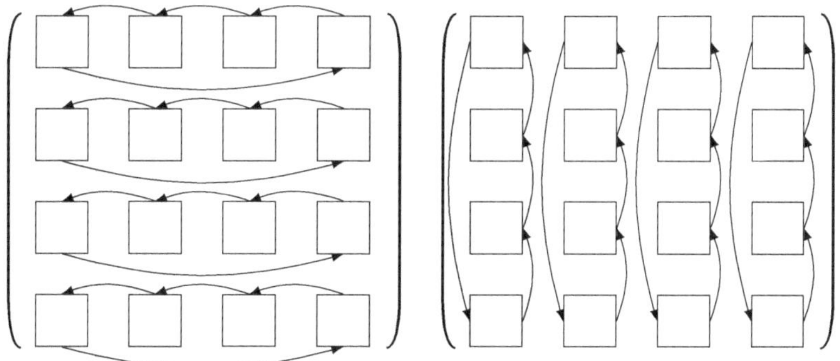

Abb. 4.79 Die nachfolgenden Schritte reichen die Blockmatrizen eine Position (Rechenkern) weiter

```
 1  def Cannon(A_ij, B_ij, i, j, n)
 2      input : A_ij, B_ij Blockmatrizen, (i, j) Position, n Dimension
 3      result : C_ij: Blockmatrix
 4      C_ij ← 0 {Initialisiere alle Elemente von C_ij mit 0.}
 5      m ← (i + j) mod n
 6      Sende A_ij an Prozessor m in Zeile i
 7      Sende B_ij an Prozessor m in Spalte j
 8      for k ← 0 until n do
 9          Empfange A_temp, B_temp
10          C_ij ← C_ij + A_temp B_temp
11          Sende A_temp an Vorgänger in der Zeile i
12          Sende B_temp an Vorgänger in der Spalte j
13      end
14      return C_ij
15  end
```

Abb. 4.80 Das verteilte Verfahren von Cannon berechnet die Produktmatrix von **A** und **B**. Durch eine Permutation der Berechnungen ist eine Duplikation der Daten nicht notwendig

4.8.3 SUMMA-Algorithmus

Wie bereits eingangs aufgezeigt, sind die drei Schleifen der Matrizenmultiplikation unabhängig voneinander und können somit umsortiert werden (siehe Abb. 4.82). Der *SUMMA-Algorithmus* von Van De Geijn und Watts (1997) nutzt dieses aus, um im Vergleich zum Verfahren von Cannon zwei Vorteile zu erhalten. Zum einen lassen sich mit diesem Algorithmus auch nicht-quadratische Matrizen multiplizieren und zum anderen ist die Kommunikation zum Austausch der Blockmatrizen einfacher und unter bestimmten Voraussetzungen damit auch schneller.

In der Abb. 4.82 zeigt eine Variante des seriellen Algorithmus der Matrizenmultiplikation: aus der inneren wird eine äußere k-Schleife. Im Gegensatz zur ursprünglichen Form in Abb. 4.76 berechnet die *Produkt2*-Funktion k-fach das äußere Produkt der Spalten- und Zeilenvektoren der Matrizen **A** und **B**. Das Ergebnis der Matrizenmultiplikation bleibt jedoch identisch.

Das *äußere* oder *dyadische Produkt* eines Spaltenvektors mit n Elementen und eines Zeilenvektor mit m Elementen ergibt eine $n \times m$ Matrix und ist definiert als:

$$\vec{a} \otimes \vec{b} = \mathbf{C} \text{ mit } c_{ij} = a_i b_j. \tag{4.108}$$

Der SUMMA-Algorithmus basiert auf diesem mathematischen Zusammenhang: Im k-Schritt wird die k-Spalte von **A** mit der k-Zeile von **B** verknüpft. In einem zweidimensionalen Gitter haben die Rechenknoten in jedem Schritt innerhalb einer Spalte oder einer Zeile die identischen Blockmatrizen A_{ij} oder B_{ij}.

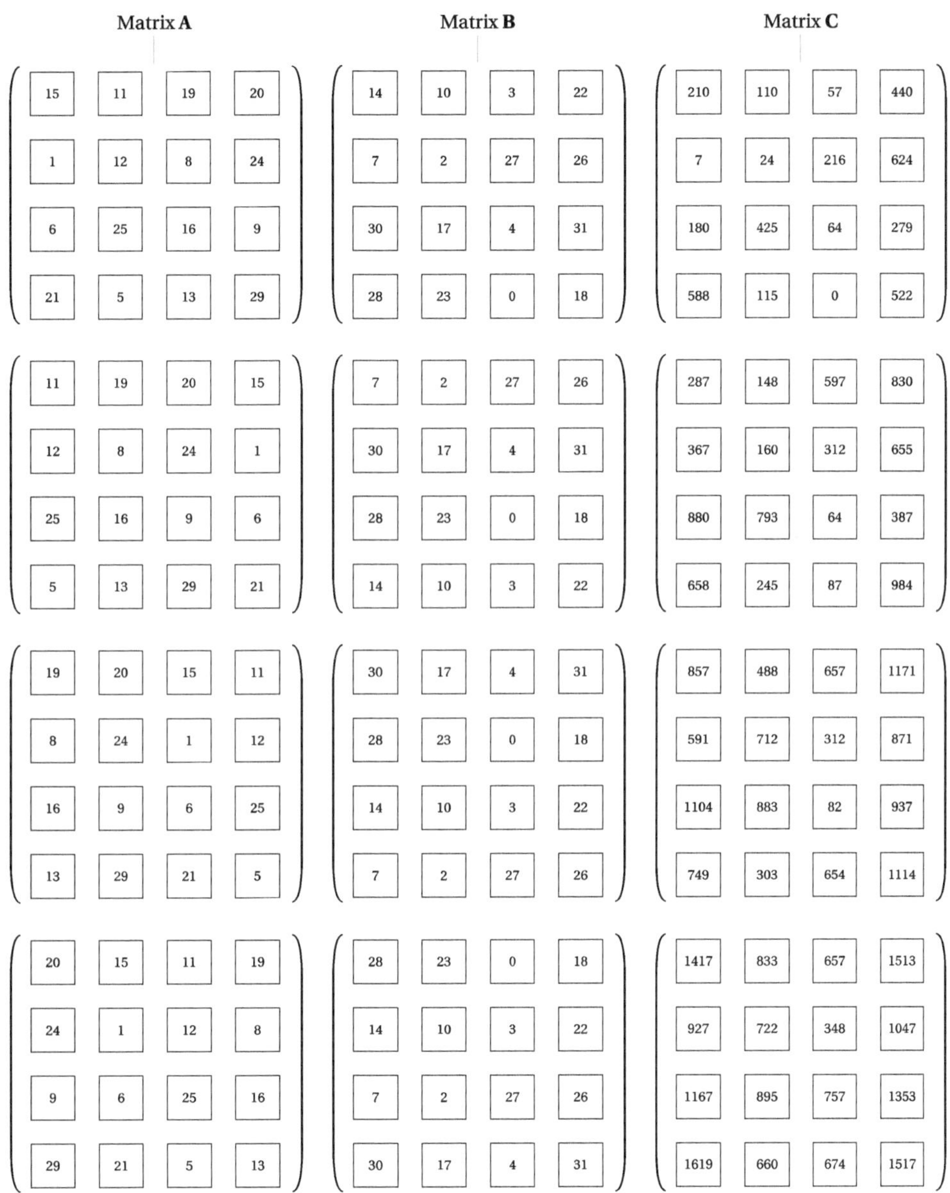

Abb. 4.81 In einem 4 × 4-Berechnungsgitter werden die beiden Matrizen **A** und **B** in vier parallelen Schritten multipliziert

```
 1   def Produkt2(A, B)
 2   |    input : A: Matrix l × m, B: Matrix m × n
 3   |    result : C: Matrix l × n
 4   |    C← 0 {Initialisiere alle Elemente von C mit 0.}
 5   |    for k ← 0 until m do
 6   |    |    {Äußeres Produkt der k. Spalte von A und der k. Zeile von B.}
 7   |    |    for i ← 0 until l do
 8   |    |    |    for j ← 0 until n do
 9   |    |    |    |    c_ij ← c_ij + a_ik · b_kj
10   |    |    |    end
11   |    |    end
12   |    end
13   |    return C
14   end
```

Abb. 4.82 Die Vertauschung der Schleifen verändert das Ergebnis des sequenziellen Algorithmus nicht

Der verteilte Algorithmus hat einen ähnlichen Aufbau wie das Verfahren von Cannon. Zu Beginn hat jeder Rechenknoten P_{ij} die Blockmatrizen $\mathbf{A}_{ij}$ und $\mathbf{B}_{ij}$ im lokalen Speicher. Im initialen Schritt sendet der Knoten P_{i0} für alle i den Block $\mathbf{A}_{i0}$ an die nachfolgenden Rechenknoten der Zeile i (siehe Abb. 4.83).

Für $k = 0$ hält der Rechenknoten P_{ij} die beiden Blockmatrizen $\mathbf{A}_{i0}$ und $\mathbf{B}_{0j}$ im jeweiligen lokalen Speicher und berechnet $\mathbf{A}_{i0}\mathbf{B}_{0j}$. Im darauffolgenden Schritt wird die nächste Spalte von $\mathbf{A}$ respektive die nächste Zeile von $\mathbf{B}$ entsprechend dem Vorgehen in Abb. 4.84 verteilt. Der Knoten P_{23} in dem Beispiel berechnet somit in vier Schritten

$$\mathbf{C}_{23} = \mathbf{A}_{20}\mathbf{B}_{03} + \mathbf{A}_{21}\mathbf{B}_{13} + \mathbf{A}_{22}\mathbf{B}_{23} + \mathbf{A}_{23}\mathbf{B}_{33}$$

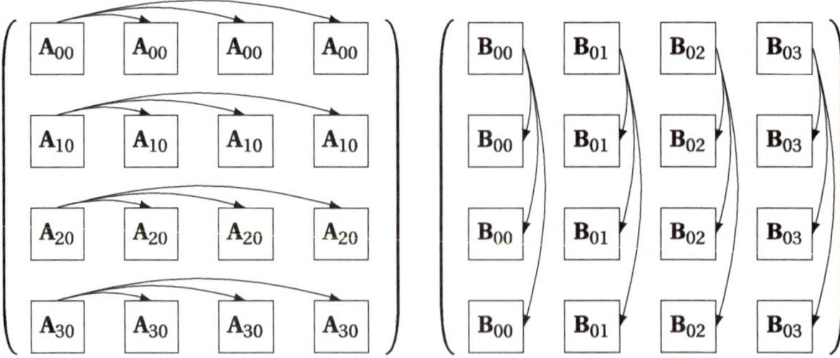

Abb. 4.83 Im initialen Schritt wird die erste Spalte von $\mathbf{A}$ respektive erste Zeile von $\mathbf{B}$ im Netzwerk versendet

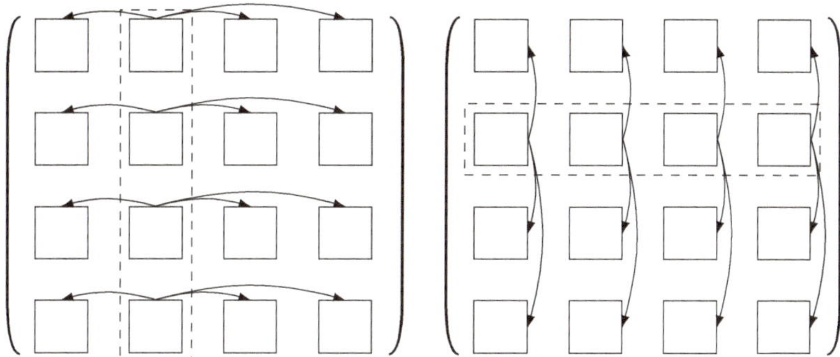

Abb. 4.84 In den folgenden Schritten wird die entsprechende Spalte von **A** und die Spalte von B im Netzwerk versendet

Das Verfahren erinnert somit an die Vorgehensweise von Cannon. Jedoch tritt in einem Punkt eine wesentliche Vereinfachung auf. Anstatt in jedem Schritt die unterschiedlichen Blockmatrizen im Gitter „weiterzuschieben", werden die Blockmatrizen mehrfach versendet. Dieses *Broadcast*-Verfahren hat in einigen Netzwerken Vorteile (beispielsweise in einer Bus-Topologie), bei denen alle Empfänger gleichzeitig die Nachricht des Senders mitlesen können. Für den Sender-Rechenknoten bedeutet das, dass nur einmal statt mehrfach die Daten versendet werden müssen. Hieraus ergibt sich eine Reduzierung der Kommunikationszeiten und somit eine Beschleunigung der gesamten verteilen Matrizenmultiplikation.

Der Algorithmus in Abb. 4.85 skizziert das Verfahren für einen Rechenknoten P_{ij} im zweidimensionalen Gitter. Entsprechend dem Schleifenindex k werden die Blockmatrizen von einzelnen Rechenknoten versendet und von allen empfangen.

Abb. 4.86 zeigt die Berechnung des vorherigen Zahlenbeispiels mit dem SUMMA-Algorithmus.

```
 1  def SUMMA(Aᵢⱼ, Bᵢⱼ, i, j, n)
 2      input : Aᵢⱼ, Bᵢⱼ Blockmatrizen, (i, j) Position, n Dimension
 3      result : Cᵢⱼ: Blockmatrix
 4      Cᵢⱼ ← 0 {Initialisiere alle Elemente von Cᵢⱼ mit 0.}
 5      for k ← 0 until n do
 6          Sende Aᵢₖ an alle Prozessoren der Zeile i
 7          Sende Bₖⱼ an alle Prozessoren der Spalte j
 8          Empfang von Aᵢₖ und Bₖⱼ
 9          Cᵢⱼ ← Cᵢⱼ + AᵢₖBₖⱼ
10      end
11      return Cᵢⱼ
12  end
```

Abb. 4.85 Der verteilte SUMMA-Algorithmus versendet und empfängt die Blockmatrizen entsprechend dem vorgestellten Schema

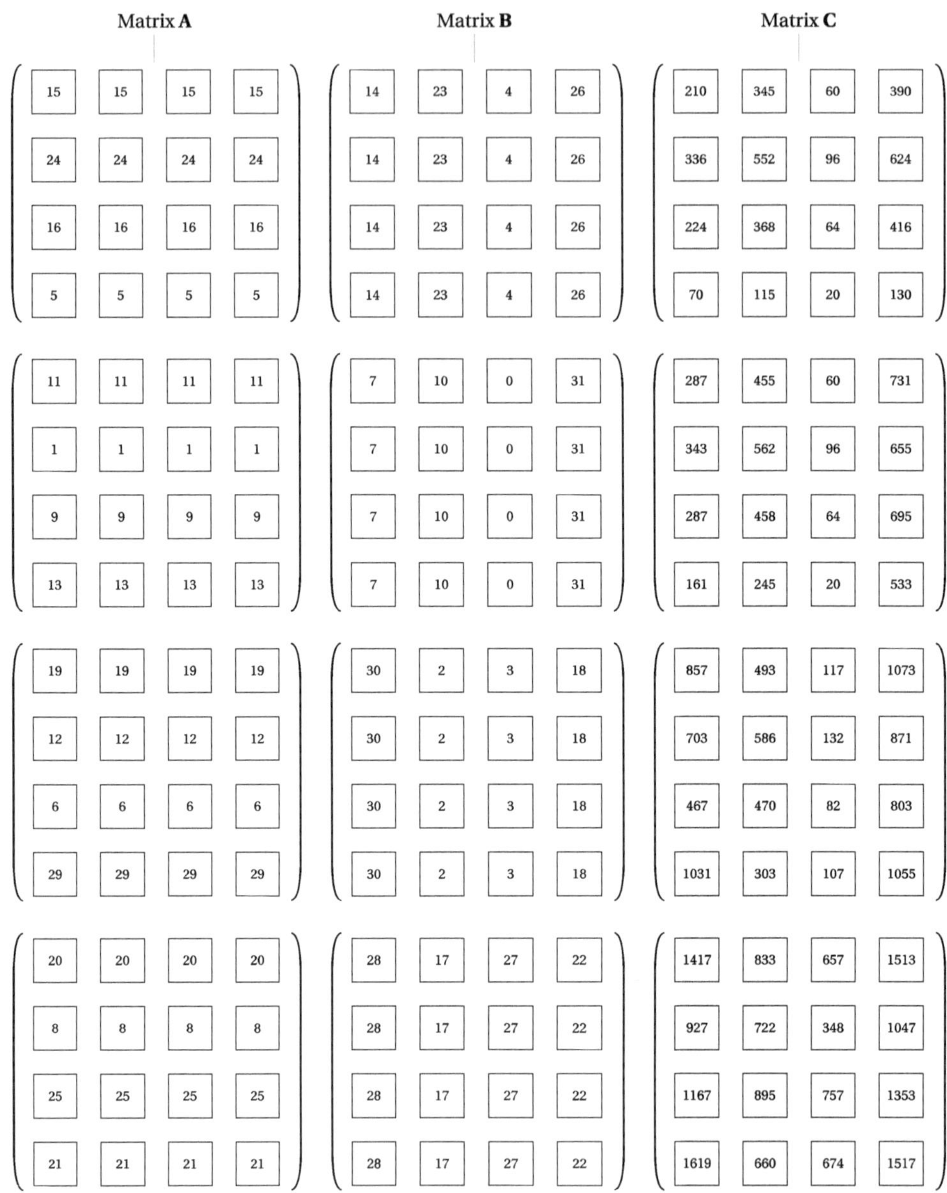

Abb. 4.86 Der Weg ist ein anderer, das Ergebnis (rechts unten) der Matrizenmultiplikation von **A** und **B** ist identisch

4.9   Mustererkennung in Zeichenketten

Das mehrfache Auffinden von Mustern in Texten oder Zeichenketten ist eine häufige Aufgabenstellung in unterschiedlichen Anwendungsgebieten. Die Mustererkennung wird beispielsweise bei der Suche von bestimmten Abschnitten in DNS-Sequenzen eingesetzt.

4.9.1   Einleitung

Der naive oder *brute-force* Ansatz zur Mustererkennung ist es, jedes Zeichen des Textes mit dem entsprechenden Zeichen des Musters zu vergleichen. Sind die Zeichen gleich, dann wird mit dem nächsten Zeichen fortgesetzt. Sind alle Zeichen identisch, dann ist das Muster gefunden. Sind anderenfalls ein Textzeichen und ein Zeichen im Muster nicht identisch, so wird mit dem nächsten Textzeichen von vorne begonnen. Die Laufzeit des Verfahrens ist quadratisch.

Es gibt jedoch effizientere Verfahren. Eines davon wird hier vorgestellt (siehe auch die Darstellung in JáJá 1992). Das Durchsuchen von großen Texten nach dem ein- oder mehrfachen Auftreten eines Musters erfolgt in zwei Schritten. Zuerst wird das Muster auf bestimmte Eigenschaften untersucht, bevor im zweiten Schritt der eigentliche Text analysiert wird. Durch die Musteranalyse kann die Textanalyse wesentlich vereinfacht und damit beschleunigt werden.

Definition 20 (Zeichenkette). Sei Σ ein *Alphabet* bestehend aus einer endlichen Anzahl von *Symbolen*. Eine *Zeichenkette* $Y = Y_0 \ldots Y_{m-1}$ ist ein Element der endlichen Folgen von Symbolen des Alphabets. Das Symbol Y_i ist das i-te Zeichen. Die *Länge* $|Y| = m$ gibt die Anzahl der Zeichen von Y wieder.

Eine Teilzeichenkette $Y_i \ldots Y_j$ enthält einen Abschnitt von Y. Ist $i = 0$, dann wird der Teil als *Präfix* von Y bezeichnet. Gilt $j = m - 1$ mit $m = |Y|$, dann ist die Teilzeichenkette ein *Postfix* oder *Suffix* von Y. Die Zeichenkette ‚bar‘ ist ein Präfix von ‚barbara‘ und ‚papa‘ ist ein Suffix von ‚barbapapa‘.

Die *Konkatenation* zweier Zeichenketten X und Y ist die Verkettung XY der beiden Zeichenfolgen.

4.9.2   Periodizität

Für eine effiziente Mustererkennung wird die Eigenschaft der Periodizität des Suchmusters ausgenutzt. Einige wichtige Aussagen werden nachfolgend abgeleitet, bevor auf den parallelen Algorithmus eingegangen wird.

Definition 21 (Periode). Eine Teilzeichenkette X ist eine *Periode* von Y, wenn $Y = X^k X'$ für $k > 0$ gilt. Hierbei bezeichnet X^k die k-fache wiederholte Konkatenation von X und X' einen Präfix von X.

Eine Zeichenkette kann mehrere Perioden besitzen. So hat jede Zeichenkette Y sich selbst als Periode. Beispielsweise hat die Zeichenkette ‚kuckuck' drei mögliche Perioden: ‚kuc', ‚kuckuc' und ‚kuckuck'. Soweit nicht anders angegeben, wird nachfolgend als Periode die *kürzeste Periode* einer Zeichenkette angenommen. Die Funktion $p = \text{period}(Y)$ liefert die Periodenlänge p von Y zurück.

Eine Zeichenkette Y ist *periodisch* mit einer Periodenlänge p, wenn gilt $p \leq m/2$ für $m = |Y|$. Ist die Periodenlänge $p > m/2$, dann ist die Zeichenkette *aperiodisch*. Eine periodische Zeichenkette enthält also mindestens zweimal die Periode.

Beispiel 3

- *abracadabra* hat die Periode *abracad* und ist aperiodisch.
- *kuckuck* hat die Periode *kuc* und ist periodisch.
- *barbapapa* hat die Periode *barbapapa* und ist aperiodisch.

Korollar 3 *X ist eine Periode von Y genau dann, wenn Y ein Präfix von XY ist.*

In Abb. 4.87 ist die Eigenschaft skizziert, die im Folgenden für den Algorithmus von Vishkin ausgenutzt wird. Wird eine Kopie einer Zeichenkette Y gegen diese um i Positionen verschoben, sodass es einen identischen Bereich gibt, d. h. der Anfang von Y und das Ende von Y ist identisch, dann muss der vordere Bereich eine Periode von Y sein.

Beispiel 4 Wird eine Kopie der Zeichenkette *abracadabra* um 7 Positionen gegen das Original verschoben, so ergibt sich ein identischer Überlappungsbereich.

							a	b	r	a	c	a	d	a	b	r	a
a	b	r	a	c	a	d	a	b	r	a							

Der Präfix in der unteren Zeile entspricht der Periode!

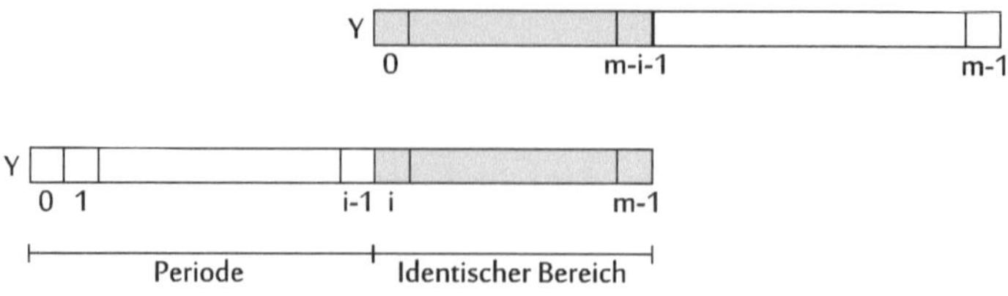

Abb. 4.87 Wird eine Kopie von Y gegen diese um i Positionen verschoben, sodass der hintere und der vordere Bereich identisch sind, dann ist der Präfix $Y_0 \ldots Y_{i-1}$ eine Periode von Y

Lemma 3 *Sei Y eine Zeichenkette der Länge m und einer Periodenlänge p und sei Z eine beliebige Zeichenkette der Länge m $\leq$ n. Dann gelten die beiden folgendenen Aussagen:*

1. *Wenn Y an den beiden Positionen i und j in Z vorkommt, dann gilt $|j - i| \geq p$.*
2. *Wenn Y an den beiden Positionen i und i + d mit d $\geq$ m − p vorkommt, dann muss d ein Vielfaches der Periode p sein. Für 0 < d $\leq$ m/2 muss Y ebenfalls an den Positionen i + kp für k > 0 und kp $\leq$ d vorkommen.*

Wenn die Periode des Musters bekannt ist, dann kann ein Muster höchstens einmal in einem Abschnitt einer Zeichenkette mit einer maximalen Größe p beginnen. Hierdurch kann der Suchaufwand drastisch reduziert werden. Diese Eigenschaft wird im folgenden Algorithmus ausgenutzt.

4.9.3 Vishkin-Algorithmus für aperiodische Muster

Der Algorithmus von Vishkin besteht aus zwei Phasen:

- **Musteranalye:** In einem Abschnitt, dessen Länge durch die Periode des Suchmusters bestimmt wird, kann ein Muster maximal einmal auftreten. Hierzu werden in Abhängigkeit der Länge des Abschnitts die Positionen bestimmt, anhand derer überprüft werden kann, ob das Muster in dem betrachteten Abschnitt auftreten kann (Witness).
- **Textanalyse:** Die Anzahl der möglichen Startpositionen des Musters im Text werden sukzessive reduziert (Duell). Die verbleibenden Positionen werden anschließend mit einem *brute-force*-Verfahren überprüft.

Witness Die Eigenschaft aus Abb. 4.87 wird in der Musteranalyse genutzt, um ein sogenanntes *Witness-Feld* w zu bestimmen. Hierbei wird das Suchmuster sukzessive gegen eine Kopie des Feldes um i Positionen verschoben. In dem Überlappungsbereich wird nun ein Zeichen mit dem Index k gesucht, sodass $Y_k \neq Y_{k+i}$ ist. Dieses ist immer genau dann möglich, wenn der Präfix $Y_0 \ldots Y_{i-1}$ keine Periode ist. Ist der Überlappungsbereich identisch, d. h. es gibt keinen Index k, sodass die o. g. Eigenschaft gilt, wird der entsprechende Wert vereinbarungsgemäß auf -1 gesetzt. Abb. 4.88 skizziert diesen Zusammenhang.

Wie ist ein Wert $w_i = k$ des Witness-Feld zu interpretieren? Ist die Differenz zweier möglicher Startpositionen gleich i, dann müssen sich die Elemente der Zeichenkette Y_k und Y_{k+i} unterscheiden, wenn $i < p$ ist.

Mit den Informationen aus dem Witness-Feld kann jetzt ein Duell realisiert werden, sodass von zwei möglichen Positionen, an denen das Muster beginnen kann, höchstens eine Position übrigbleibt. Das Duell kann in konstanter Zeit $O(1)$ ausgeführt werden.

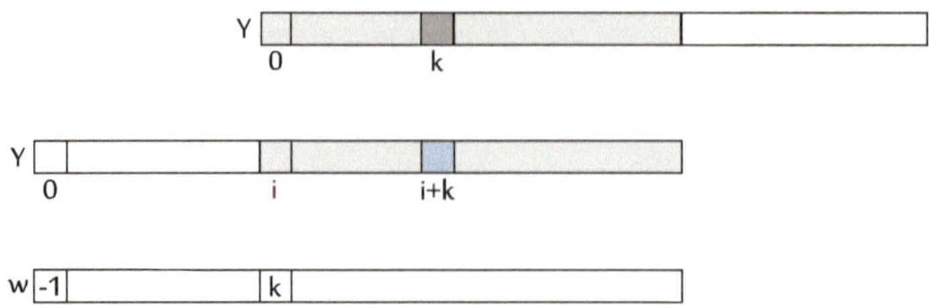

Abb. 4.88 Das Witness-Feld hat an der Stelle i den Index k des Zeichens in Y, das bei einer Verschiebung gegen sich selber um i Positionen unterschiedlich ist

Duell Die Textanalyse arbeitet in zwei Schritten. Im ersten Schritt werden diejenigen Positionen verworfen („ausgesiebt"), an denen das Suchmuster nicht beginnen kann. Hierfür wird ein sogenanntes *Duell* zwischen zwei möglichen Startpositionen i und j durchgeführt. Maximal an einer der beiden Positionen kann das Suchmuster beginnen. Die verbleibenden Positionen werden dann im zweiten Schritt mit einem einfachen Zeichen-für-Zeichen-Verfahren *(brute-force)* überprüft.

Abb. 4.89 zeigt die Vorgehensweise beim Duell. Liegen die beiden Postionen i und j beieinander, sodass $|j - i| < \min(p, m/2)$ ist, dann lässt das Duell drei mögliche Ergebnisse zu:

- Ist das Zeichen $Z_{j+k} = Y_k$, dann kann das Suchmuster nicht an der Stelle i beginnen.
- Ist das Zeichen $Z_{j+k} = Y_{k+j-i}$, dann kann das Suchmuster nicht an der Stelle j beginnen.
- Ist das Zeichen $Z_{j+k} \neq Y_k$ **und** $Z_{j+k} \neq Y_{k+j-i}$, dann kann das Suchmuster weder an der Stelle i noch an der Stelle j beginnen.

Die Mustererkennung arbeitet blockweise. Für jeden Block wird maximal eine Positionen ermittelt, an der das Suchmuster beginnen kann. Analog einem Turnier wird in einem Block für jeweils zwei Positionen ein Duell ausgeführt. Hierzu werden log Schritte benötigt. Der

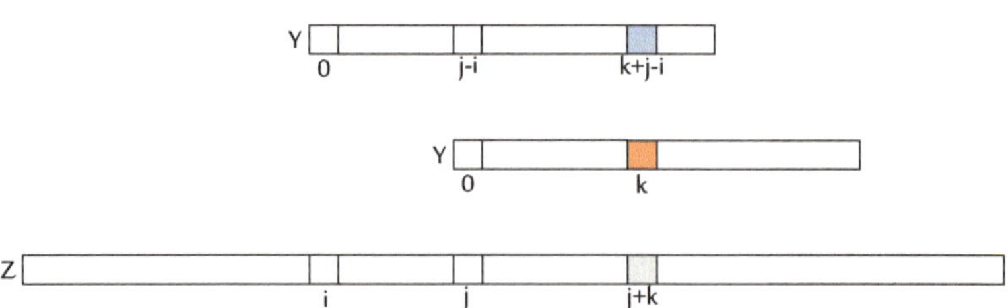

Abb. 4.89 Das Duell überprüft, ob das Muster Y an der Stelle i oder j starten kann. Wenn $|j - i| < p$ gilt, so muss es im Überlappungsbereich eine Position k geben, an der sich die Elemente unterscheiden. Die Bestimmung dieser Position ist das Ergebnis der Musteranalyse

Text *rhabarberbarbapapa* soll nach dem Muster *barba* durchsucht werden. Für die Periodenlänge gilt $p = 3$.

0	1	2	3	4	5	6	7	8	9	10	11	12	13	14	15	16	17
r	h	a	b	a	r	b	e	r	**b**	**a**	**r**	**b**	**a**	p	a	p	a
1	0	0	1	0	0	1	0	0	1	0	0	0	0	0	0	0	0

```
 1  def PatternMatching(Z, Y, w, m)                        {Mustererkennung}
 2      input : Z: Text, Y: Muster, w: Witness–Feld, m: Feld für Markierungen
 3
 4      def duel(i,j)
 5          k ← w_{j−i}
 6          d ← −1
 7          {Überprüfe die Position i.}
 8          if Z_{j+k} ≠ Y_{k+j−i} then m_i ← false
 9          else d ← i
10
11          {Überprüfe die Position j.}
12          if Z_{j+k} ≠ Y_k then m_j ← false
13          else d ← j
14
15          return d
16      end
17      def tournament(left,size)
18          if size=1 then
19              return left
20          else
21              h ← size/2
22              i ← tournament(left,h)
23              j ← tournament(left+h,size-h)
24              if i=-1 then
25                  return j
26              else if j=-1 then
27                  return i
28              else return duel(i,j)
29
30          end
31      end
32      tournament(left,size){Turnier für Block}
33  end
```

Abb. 4.90 Für einen Block wird sukzessive durch ein Duell-Verfahren maximal eine mögliche Startposition für das Suchmuster ermittelt

Der Text kann in einzelne Blöcke der Länge 3 untergliedert werden. In jedem dieser Blöcke wird maximal eine Position ermittelt, an der das Muster beginnen kann. Aufgrund der Länge $m = 5$ des Musters ist der Index $m - p$ die letztmögliche Position, an der das Muster beginnen kann. Daher kann auf das Turnierverfahren an den letzten vier Positionen verzichtet werden. Die untere Zeile gibt die möglichen Positionen an, die das Turnierverfahren ermittelt hat (Witness-Feld $w = \{-1, 3, 2\}$). Diese sind abschließend Zeichen für Zeichen mit dem Suchmuster zu vergleichen.

Paralleler Ablauf Bei der Parallelisierung des Algorithmus in Abb. 4.90 kann zum einen die blockweise Durchführung des Turnierverfahrens und zum anderen die zeichenweise Überprüfung der verbleibenden möglichen Startpositionen parallelisiert werden.

4.10 Map-Reduce

Der *Map-Reduce-Algorithmus* hat seinen Ursprung in funktionalen Programmiersprachen. Durch die Anwendung auf große, unstrukturierte Datenbestände bei Google hat das Verfahren in den letzten Jahren an Popularität gewonnen. Das Verfahren ist aufgrund der Konstruktion einfach zu parallelisieren.

Neben dem patentierten Verfahren von Google (Dean und Ghemawat 2010) gibt es eine freie Implementierung *Hadoop,* die auch in den Rechenzentren von Amazon unter dem Namen *Amazon Elastic MapReduce* bereitgestellt wird.

4.10.1 Idee

Der Algorithmus setzt sich aus zwei Funktionen zusammen: *map* und *reduce* (siehe auch Abschn. 4.5). Beide Funktionen haben als Parameter eine Funktion und eine Liste. Die *map*-Funktion (Abbildung) liefert als Ergebnis eine Liste, während *reduce* (Faltung) einen Wert zurückgibt. Die Verknüpfung der beiden Funktionen liefert aus einer Liste von Werten ein einzelnes Ergebnis.

4.10.2 Verteilter Algorithmus von Google

Diese Grundidee haben Dean und Ghemawat (2004) aufgegriffen und erweitert. Hierbei war die ursprüngliche Motivation, Suchanfragen auf großen Datenmengen durch das Zusammenspiel einer Vielzahl von Rechnern in akzeptablen Zeiten zu beantworten. Das *Map-Reduce-Framework* von Google hat u. a. die folgenden Eigenschaften:

- Automatische Parallelisierung
- Lastverteilung
- Robustheit ggü. Ausfall einzelner Rechenknoten

Der erweiterte Algorithmus arbeitet mit *Schlüssel-Wert-Paaren* $\langle k, v \rangle$, wobei k der Schlüssel und v der zugehörige Wert ist. Es ist nicht zwingend erforderlich, dass der Schlüssel eindeutig sein muss. Nachfolgend wird eine Liste einzelner Werten bzw. von Schlüssel-Werte-Paaren durch [] geklammert.

1. **Map-Phase.** Eingabedaten werden unterteilt und jedem Element wird ein Wert zugewiesen. Es gilt: $f_{\mathrm{map}} : \langle k_1, v_1 \rangle \rightarrow [\langle k_2, v_2 \rangle]$
2. **Reduce-Phase.** Fasse die Ergebnisse der ersten Phase zu wenigen Werten zusammen („reduzieren"). Es gilt: $f_{\mathrm{reduce}} : \langle k_2, [v_2] \rangle \rightarrow [\langle k_3, v_3 \rangle]$

Bevor die Map-Phase beginnt, werden die Eingabedaten entsprechend formatiert. Zwischen der Map- und der Reduce-Phase werden die Zwischenergebnisse mit dem identischen Schlüssel zusammengefasst (*Shuffle*-Phase). Das Gesamtergebnis ist das Ergebnis der Reduce-Phase und kann anschließend sortiert oder anderweitig weiterverarbeitet werden. Da die Eingabedaten unabhängig sind, können diese parallel oder verteilt verarbeitet werden. Das Reduzieren der Werte kann sequenziell oder parallel erfolgen.

Anwendungsbeispiele bei Google:

- Suche Dokumente mit Übereinstimmung von Schlagwörtern mit Bewertung („PageRank")
  - Map: <Dokument, Bewertung>
  - Reduce: Dokumentenliste mit den 20 höchsten Bewertungen.
- Wörterindex
  - Map: <Wort, Dokument>
  - Reduce: Dokumentenliste für Wort

4.10.3 Beispiel Textanalyse

Der Map-Reduce eignet sich insbesondere bei unstrukturierten, sehr großen Datenbeständen. Im Folgenden wird eine Anwendung aus dem Bereich der Literaturwissenschaft skizziert. Hierbei geht es um die Analyse von Texten, beispielsweise die Länge von Sätzen oder in diesem Beispiel um das Auftreten von bestimmten Wörtern.

Abb. 4.91 zeigt die einzelnen Schritte der Verfahrens. Zuerst werden die Eingabedateien aufgeteilt. Der Text wird in einzelne Sätze unterteilt. Da es keine Abhängigkeiten zwischen den Sätzen gibt, beginnt die parallele Map-Phase. Verschiedene Tasks konvertieren den Text in Kleinbuchstaben, teilen den Satz in einzelne Worte und schreiben die Worte mit

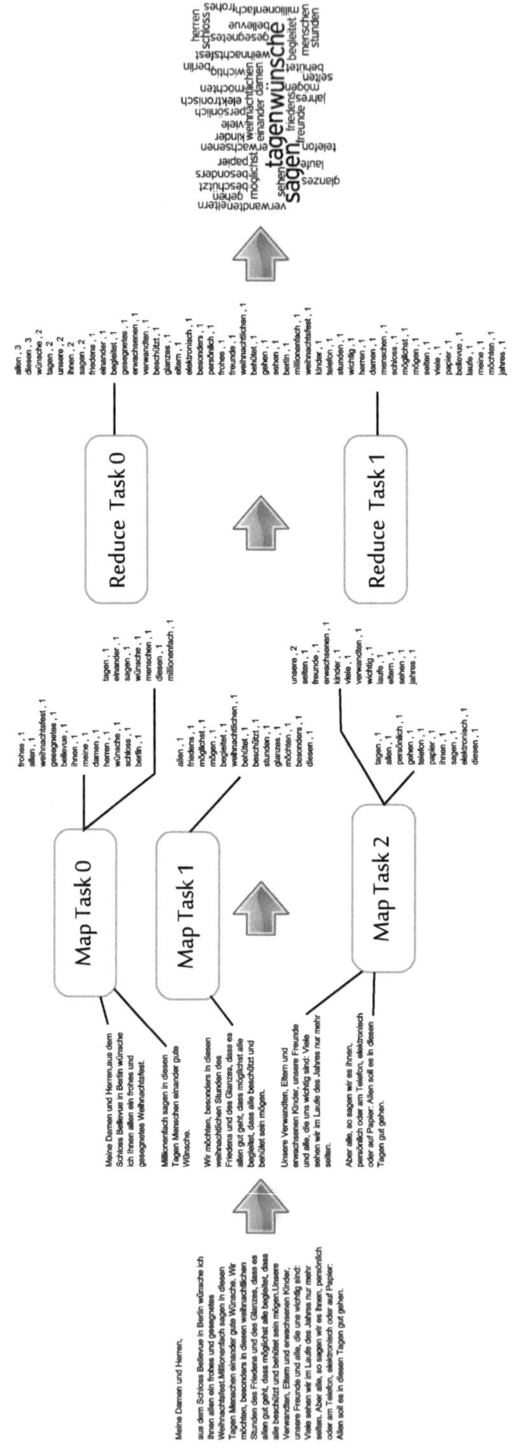

Abb. 4.91 Textanalyse eines Ausschnitts der Weihnachtsansprache 2013 des Bundespräsidenten mit dem Map-Reduce-Algorithmus von Google

mindestens vier Zeichen und der Anzahl des Vorkommens in dem Satz als Zwischenergebnis. In einer Zwischenphase werden jene Tupel gruppiert, die als Schlüssel das identische Wort haben. In der Reduce-Phase werden nun die Vorkommen aufsummiert und ausgegeben, wobei diese zuvor sortiert werden. Diese Ergebnisliste kann dann weiterverarbeitet werden. Im Beispiel werden diese als Textmuster „wordle" formatiert.

4.10.4 Beispiel PageRank

Für Internet-Suchmaschinen reicht es nicht aus, einfach Web-Seiten anzuzeigen, die bestimmten Suchkriterien genügen, da es häufig zu viele Treffer gibt. Die Idee ist es daher, zusätzlich zum Suchkriterium eine Gewichtung einführen, sodass zuerst die wichtigen und danach die weniger wichtigen Seiten angezeigt werden. Das *PageRank*-Verfahren von Google (Page et al. 1999) ermittelt die Gewichtung einer Web-Seite in Abhängigkeit der Verweise, die auf das Dokument zeigen. Das Verfahren ist patentiert (Page 2001).

Für eine Bewertung nach inhaltlichen Kriterien müsste ein Dokument von einem Menschen gelesen, verstanden und analysiert werden. Aufgrund der unglaublichen Anzahl von Web-Seiten und deren täglichen Veränderungen ist dieses ein nicht zu bewältigender Aufwand. Der Ansatz beim PageRank-Verfahren ist es daher, dass die Gewichtung einer Web-Seite nicht vom eigentlichen Inhalt sondern von den Verweisen auf diese Web-Seite abhängig ist. Hierbei wird angenommen, dass je mehr Verweise von wichtigen Seiten auf eine Seite zeigen, umso wichtiger der Inhalt ist.

Der PageRank korreliert mit der Wahrscheinlichkeit, dass ein Surfer zufällig eine entsprechende Seite aufruft. Zur Motivation wird eine Person angenommen, die eine Web-Seite besucht und nach einer bestimmten Zeit entscheidet, eine andere Web-Seite aufzurufen. Hierbei entscheidet die Person zufällig einem der Verweise zu folgen. Eine Seite, die viele eingehende Verweise hat, wird dementsprechend häufiger besucht. Für den Graphen in Abb. 4.92 ergibt sich dann für die Verweildauer τ der Hannover-Seite folgender Zusammenhang:

$$\tau(\text{hannover.de}) = \frac{\tau(\text{wolfsburg.de})}{2} + \frac{\tau(\text{osnabrueck.de})}{1} + \frac{\tau(\text{oldenburg.de})}{2}. \quad (4.109)$$

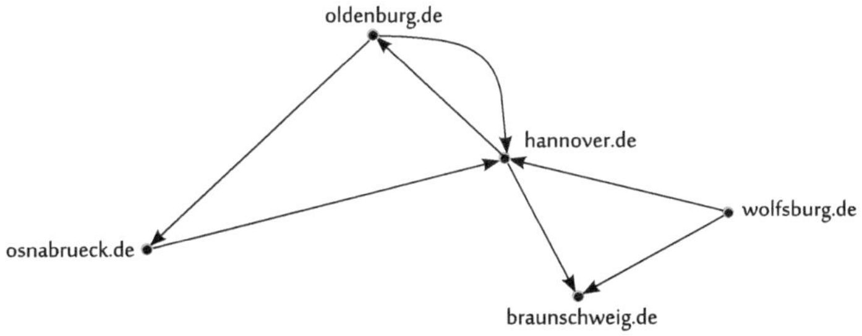

Abb. 4.92 Der Graph zeigt beispielhaft die Verweise für die Web-Seiten von fünf niedersächsischen Städten

Die Zeit, die ein zufälliger Surfer auf einer Seite verweilt, ist abhängig von der Verweildauer auf der zuvor besuchten. Dabei wird die Zeit durch die Anzahl der ausgehenden Verweise geteilt. Im Beispiel hat die Braunschweiger Web-Seite keine ausgehenden Verweise. Eine Person, die die Web-Seite auswählt, würde also dort unendlich lange verweilen. Daher muss das Modell des zufälligen Surfers erweitert werden.

Nachfolgend wird die Berechnung des PageRank formal vorgestellt und an dem einführenden Beispiel verdeutlicht. Eine Anwendung des Map-Reduce-Algorithmus ist die verteilte, parallele Berechnung des PageRank aller Web-Seiten des Internets. Dieser Ansatz wird abschließend skizziert. Die Adjazenzmatrix des betrachteten Graphen bildet die Grundlage für die Berechnung des PageRank. Hierbei wird die Matrix normalisiert, sodass die Elemente in einer Zeile durch die Anzahl der ausgehenden Kanten des betrachteten Knotens dividiert wird. Hierdurch wird die Zeilensumme zu eins. Zusätzlich wird eine Korrektur eingeführt, sodass ein zufälliger Sufer nicht auf Web-Seiten unendlich verweilt, weil diese keine ausgehenden Kanten haben. In Abb. 4.93 ist dieser Ansatz verdeutlicht. Es werden zusätzliche ausgehende Kanten von Braunschweig eingefügt. Diese können auf alle anderen Knoten verweisen oder nur auf ausgewählte.

Hieraus ergibt sich eine Matrix $\mathbf{S}$, die dieses formal beschreibt:

$$\mathbf{S} = \underbrace{\begin{pmatrix} 0 & 0 & 0 & 1 & 0 \\ 0 & 0 & 0 & 0 & 0 \\ 0 & \frac{1}{2} & 0 & \frac{1}{2} & 0 \\ 0 & \frac{1}{2} & 0 & 0 & \frac{1}{2} \\ \frac{1}{2} & 0 & 0 & \frac{1}{2} & 0 \end{pmatrix}}_{\mathbf{H}} + \underbrace{\begin{pmatrix} 0 \\ 1 \\ 0 \\ 0 \\ 0 \end{pmatrix}}_{\vec{d}} \underbrace{\left(\tfrac{1}{5}, \tfrac{1}{5}, \tfrac{1}{5}, \tfrac{1}{5}, \tfrac{1}{5} \right)}_{\vec{w}^{\mathsf{T}}} = \begin{pmatrix} 0 & 0 & 0 & 1 & 0 \\ \frac{1}{5} & \frac{1}{5} & \frac{1}{5} & \frac{1}{5} & \frac{1}{5} \\ 0 & \frac{1}{2} & 0 & \frac{1}{2} & 0 \\ 0 & \frac{1}{2} & 0 & 0 & \frac{1}{2} \\ \frac{1}{2} & 0 & 0 & \frac{1}{2} & 0 \end{pmatrix}. \tag{4.110}$$

Die Matrix $\mathbf{H}$ entspricht der normalisierten Adjazenzmatrix, der Spaltenvektor $\vec{d}$ enthält für jeden Knoten ohne ausgehende Kanten eine eins. Der Zeilenvektor $\vec{w}^{\mathsf{T}}$ enthält die Gewichte der ausgehenden Kanten. Die Multiplikation eines Spalten- und eines Zeilenvektors ist

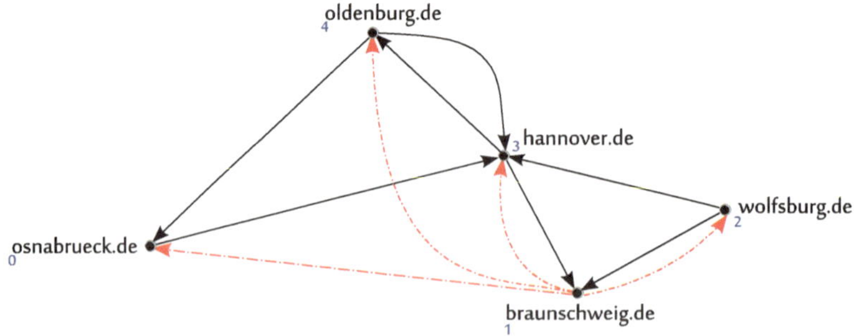

Abb. 4.93 Das Beispiel zeigt die Berechnung des *PageRank* von Web-Seiten. Die gestrichelt markierten Kanten sind zusätzlich hinzugefügt, da der Knoten Braunschweig keine ausgehende Kante hat. Die Ziffern geben die Zeile in der entsprechenden Matrix an

eine Matrix und wird als dyadisches Produkt bezeichnet. Das Ergebnis ist in der Matrix $\mathbf{S}$ zusammengefasst.

Nachfolgend wird die *Google-Matrix* definiert und der *PageRank* abgeleitet. Für die umfangreiche Mathematik dieser Zusammenhänge wird auf Wills (2006) verwiesen.

Definition 22 (Google-Matrix). Es sei $\mathbf{A}$ die zugehörige Adjazenzmatrix eines gerichteten, zusammenhängenden Graphen von Web-Seiten mit n Knoten:

$$a_{ij} = \begin{cases} 1 & \text{falls eine gerichtete Kante zwischen den Knoten } i \text{ und } j \text{ existiert,} \\ 0 & \text{ansonsten.} \end{cases} \tag{4.111}$$

Dann ergibt sich die normalisierte Adjazenzmatrix $\mathbf{H}$ mit $h_{ij} = a_{ij}/b_i$. Hierbei beschreibt b_i die Anzahl der ausgehenden Kanten des Knotens i. Die Matrix $\mathbf{S} = \mathbf{H} + \vec{d}\,\vec{w}^\mathsf{T}$ ist die korrigierte normalisierte Adjazenzmatrix. Der Vektor $\vec{w}$ enthält Gewichte $w_i \geq 0$ und der Vektor $\vec{d}$ bezeichnet jene Web-Seiten (*dangling links*), die keine ausgehenden Kanten haben. Es gilt:

$$\sum_{i=0}^{n-1} w_i = 1 \quad \text{und} \quad d_i = \begin{cases} 1 & \text{für } b_i = 0, \\ 0 & \text{ansonsten.} \end{cases} \tag{4.112}$$

Zusätzlich zu dem Gewichtsvektor $\vec{w}$ wird ein Personalisierungsvektor $\vec{v}$ eingeführt, mit dem Knoten unabhängig von der Struktur des Graphens oder der Verweise gewichtet werden können. Hierdurch wird eine Grundwahrscheinlichkeit beschrieben, mit der ein zufälliger Surfer eine Web-Seite auswählt ohne den ausgehenden Verweisen zu folgen. Für $\vec{v}$ mit $v_i \geq 0$ gilt:

$$\sum_{i=0}^{n-1} v_i = 1. \tag{4.113}$$

Mit dem Personalisierungsvektor $\vec{v}$, dem Einsvektor $\vec{e}$ (alle Elemente haben den Wert 1) und einem Dämpfungsfaktor $\alpha \in [0 \dots 1]$ ergibt sich die *Google-Matrix* zu:

$$\mathbf{G} = \alpha \mathbf{S} + (1 - \alpha)\vec{e}\,\vec{v}^\mathsf{T}. \tag{4.114}$$

Aus der Google-Matrix kann somit der PageRank bestimmt werden.

Definition 23 (PageRank). Sei **G** eine Google-Matrix. Die eindeutige Lösung $\vec{\pi}$ des Eigensystems

$$\vec{\pi}^{\mathsf{T}}\,\mathbf{G} = \vec{\pi}^{\mathsf{T}} \tag{4.115}$$

beschreibt die Rangfolge der Web-Seiten eines Graphens. π_i ist der *PageRank* des Knotens i. Es gilt

$$\sum_{i=0}^{n-1} \pi_i = 1. \tag{4.116}$$

Es gibt verschiedene Ansätze zur Bestimmung der Lösung (siehe auch Langville und Meyer 2004). Im Folgenden wird ein Iterationsverfahren beschrieben, welches in wenigen Iterationsschritten konvergiert und den PageRank ermittelt.

Aus der Definition von **G** und $\vec{\pi}^{\mathsf{T}}\vec{e} = 1$ ergibt sich für $\vec{\pi}$ im k-ten Iterationsschritt:

$$\vec{\pi}^{(k)\mathsf{T}} = \vec{\pi}^{(k-1)\mathsf{T}}\,\mathbf{G} \tag{4.117}$$

$$= \vec{\pi}^{(k-1)\mathsf{T}}\left(\alpha(\mathbf{H} + \vec{d}\vec{w}^{\mathsf{T}})\right) + \vec{\pi}^{(k-1)\mathsf{T}}(1-\alpha)\vec{e}\vec{v}^{\mathsf{T}} \tag{4.118}$$

$$= \alpha\vec{\pi}^{(k-1)\mathsf{T}}(\mathbf{H} + \vec{d}\vec{w}^{\mathsf{T}}) + (1-\alpha)\vec{v}^{\mathsf{T}}. \tag{4.119}$$

Der PageRank für eine Web-Seite j im k-ten Iterationsschritt ergibt sich zu

$$\pi_j^{(k)} = \alpha \sum_{i=0}^{n-1} \pi_i^{(k-1)} s_{ij} + (1-\alpha)v_j. \tag{4.120}$$

Das Iterationsverfahren konvergiert für das vorliegende Beispiel nach 16 Schritten mit $\alpha = 0{,}8$ bei einer Genauigkeit von vier Nachkommastellen. Hierbei wird für die Vektoren $\vec{w}$ und $\vec{v}$ eine gleichförmige Verteilung angenommen, d. h. $w_i = 1/n$ und $v_i = 1/n$.

```
    0.200000 0.200000 0.200000 0.200000 0.200000
 0  0.152000 0.232000 0.072000 0.392000 0.152000
 1  0.137920 0.262720 0.077120 0.288320 0.233920
 2  0.175603 0.228211 0.082035 0.316787 0.197363
 3  0.155459 0.236043 0.076514 0.328756 0.203229
 4  0.159058 0.239875 0.077767 0.314031 0.209269
 5  0.162088 0.235099 0.078380 0.320441 0.203992
 6  0.159213 0.237144 0.077616 0.320235 0.205792
 7  0.160260 0.237083 0.077943 0.318677 0.206037
 8  0.160348 0.236581 0.077933 0.319733 0.205404
 9  0.160015 0.236920 0.077853 0.319466 0.205746
10  0.160206 0.236835 0.077907 0.319359 0.205694
11  0.160171 0.236800 0.077894 0.319498 0.205637
12  0.160143 0.236845 0.077888 0.319437 0.205687
```

```
13 0.160170 0.236825 0.077895 0.319440 0.205670
14 0.160160 0.236826 0.077892 0.319454 0.205668
15 0.160159 0.236831 0.077892 0.319444 0.205674
16 0.160162 0.236827 0.077893 0.319447 0.205671
```

Abb. 4.94 zeigt die Reihenfolge entsprechend des ermittelten PageRank. Für die beiden Alternativen sind die Vektoren $\vec{w}$ und $\vec{v}$ variiert worden.

Bei der ersten Variante ist $\vec{w} = (0, 0, 0, 0, 1)$, d. h. von der Braunschweiger gelangt der zufälliger Surfer immer auf die Oldenburger Web-Seite. Für die zweite Variante ist der Personalisierungsvektor entsprechend $\vec{v} = (6/10, 1/10, 1/10, 1/10, 1/10)$, d. h. die Osnabrücker Web-Seite erhält eine höhere Grundwahrscheinlichkeit. Die Rangfolge verändert sich dementsprechend.

PageRank mit Map-Reduce bestimmen Der PageRank einer Seite kann durch ein Map-Reduce-Verfahren bestimmt werden. Hierbei sind zwei Schritte sind notwendig:

1. Bestimmung der ausgehenden Verweise einer Seite
2. Bestimmung des PageRank entsprechend der Formel.

Der zweite Schritt wird iterativ ausgeführt (Näherungsverfahren). Zusätzlich sind Sortier- und weitere Verfahren notwendig, die hier nicht weiter aufgeführt werden.

1. Schritt (Ermittlung der Adjazenzlisten)
   - Map-Phase f_{map} : $\langle \text{URL}, \text{Seiteninhalt} \rangle \rightarrow [\langle \text{URL}, \text{Verweis} \rangle]$
   - Reduce-Phase f_{reduce} : $\langle \text{URL}, \text{Verweis} \rangle \rightarrow \langle \text{URL}, \pi_j^{(0)}, [\text{Verweise}] \rangle$
2. Schritt (iterative Ausführung)
   - Map-Phase: f_{map} : $\langle \text{URL}, \pi_j^{(k-1)}, [\text{Verweise}] \rangle \rightarrow \langle \text{URL}, \pi_i^{(k-1)} s_{ij} \rangle, \langle \text{URL}, [\text{Verweise}] \rangle$
   - Reduce-Phase: f_{reduce} : $\langle \text{URL}, \pi_i^{(k-1)} s_{ij} \rangle, \langle \text{URL}, [\text{Verweise}] \rangle \rightarrow \langle \text{URL}, \pi_j^{(k)}, [\text{Verweise}] \rangle$

Web–Seite			Variante 1		Variante 2	
osnabrueck.de	0,160162	4	0,163058	4	0,226850	2
braunschweig.de	0,236827	2	0,179799	3	0,205935	3
wolfsburg.de	0,077893	5	0,040000	5	0,052949	5
hannover.de	0,319447	1	0,309501	1	0,329510	1
oldenburg.de	0,205671	3	0,307642	2	0,184756	4

Abb. 4.94 Das Iterationsverfahren bestimmt den PageRank in Abhängigkeit des Gewichts- und Personalisierungsvektors

Literatur

Blelloch GE (1989) Scans as primitive parallel operations. IEEE Trans Comput 38:1526–1538. http://dx.doi.org/10.1109/12.42122. ISSN 0018-9340

Blelloch GE (1990) Prefix sums and their applications. Technical report CMU-CS-90-190, Carnegie Mellon University

Cormen TH, Leiserson CE, Rivest R, Stein C (2010) Algorithmen – Eine Einführung, 3. Aufl. Oldenbourg Wissenschaftsverlag, München

Dean J, Ghemawat S (2004) Mapreduce: Simplified data processing on large clusters. In Proceedings of the 6th Conference on Symposium on Opearting Systems Design & Implementation – Volume 6, OSDI'04, Berkeley, USENIX Association, S 10–10. http://dl.acm.org/citation.cfm?id=1251254.1251264

Dean J, Ghemawat S (2010) System and method for efficient large-scale data processing. http://www.google.de/patents/US7650331. Zugegriffen: 19 Jan 2010. US Patent 7,650,331

Dowling ML (1990) A fast parallel Horner algorithm. SIAM J Comput 19:133–142

Foster I (1995) Designing and building parallel programs: Concepts and tools for parallel software engineering. Addison-Wesley Longman, Boston. ISBN 0201575949

Francis R, Mathieson I, Pannan L (1993) A fast, simple algorithm to balance a parallel multiway merge. In Bode A, Reeve M, Wolf G (Hrsg) PARLE '93 parallel architectures and languages Europe. Lecture notes in computer science, Bd 694. Springer, Berlin, S. 570–581. http://dx.doi.org/10.1007/3-540-56891-3_46. ISBN 978-3-540-56891-9

Grama A, Gupta A, Karypis G, Kumar V (2003) Introduction to parallel computing, 2. Aufl. Pearson/Addison Wesley, Harlow, England

Gritzmann P (2013) Grundlagen der Mathematischen Optimierung. Springer Spektrum, Berlin

Hillis WD, Steele GL (1986) Data parallel algorithms. Commun ACM 29(12):1170–1183. http://doi.acm.org/10.1145/7902.7903. ISSN 0001-0782

JáJá J (1992) An introduction to parallel algorithms. Addison-Wesley, Reading, Massachusetts

Langville AN, Meyer CD (2004) Deeper inside pagerank. Internet Math 1(3):227–304

Lengauer C (1993) Loop parallelization in the polytope model. In: Proceedings of the 4th International Conference on Concurrency Theory, CONCUR '93, Springer-Verlag, London, 398–416. http://dl.acm.org/citation.cfm?id=646728.703499. ISBN 3-540-57208-2

Page L (2001) Method for node ranking in a linked database. http://www.google.de/patents/US6285999. Zugegriffen: 4 Sept. 2001. US Patent 6,285,999

Page L, Brin S, Motwani R, Winograd T (1999) The pagerank citation ranking: Bringing order to the web. Technical report, Stanford InfoLab. http://ilpubs.stanford.edu:8090/422/

Schüle J (2010) Paralleles Rechnen: Performancebetrachtungen zu Gleichungslösern. Oldenbourg Wissenschaftsverlag, München

Van De, Geijn RA, Watts J (1997) Summa: Scalable universal matrix multiplication algorithm. Concurr Pract E 9(4):255–274. https://onlinelibrary.wiley.com/doi/abs/10.1002/(SICI)1096-9128(199704)9:4<255::AID-CPE250>3.0.CO;2-2

Wills RS (2006) Google's pagerank: The math behind the search engine. Math Intelligencer 2006:6–10

Wyllie JC (1979) The complexity of parallel computations. Cornell University, Ithaca

CPU-Programmierung   5

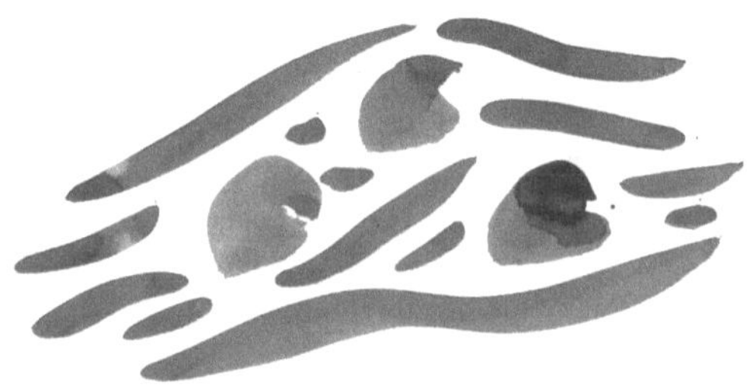

In den nächsten Abschnitten wird die Umsetzung der vorgestellten Konzepte und Algorithmen anhand von Programmierbeispielen verdeutlicht (siehe auch McCool et al. 2012). Erfahrungen in der Programmierung mit C++ werden hierbei vorausgesetzt.

5.1   C++-Standardbibliothek

Ab dem Sprachstandard C++11 erhält die Programmiersprache eine erweiterte Standardbibliothek, die auch die Entwicklung von parallelen Programmen ermöglicht (Stroustrup 2013). Hierbei sind teilweise aus etablierten C++-Bibliotheken (beispielsweise aus der boost-Sammlung) Konzepte übernommen worden.

5.1.1   Allgemeines

Der Standard C++11 hat gegenüber den vorherigen Versionen von 1998 und 2003 zahlreiche Änderungen erfahren. Dieses betrifft den Sprachumfang von C++, alternative Schreibweisen und die Funktionalität der zugehörigen Standardbibliotheken. Die neuen Sprachelemente, wie *Typinferenz* und *Lambda-Ausdrücke,* sind aus *funktionalen Sprachen* abgeleitet (siehe auch Kap. 7).

© Springer Fachmedien Wiesbaden GmbH, ein Teil von Springer Nature 2019   231
M. Uelschen, *Software Engineering Paralleler Systeme,*
https://doi.org/10.1007/978-3-658-25343-1_5

Eine der wesentlichen Neuerungen in C++98 war die Einführung von *Templates* (Schablonen) und die darauf aufbauende Container- und Algorithmenbibliothek *STL*. Im neuen Standard stehen ein Speichermodell, Klassen zur Synchronisierung nebenläufiger Programme (u. a. Semaphor und Mutex) sowie Elemente zur parallelen Programmierung wie *thread* und *task* nun standardisiert zur Verfügung. Der Standard C++17 erweitert die Bibliotheken um parallele Algorithmen (siehe Abschn. 5.1.6).

Bevor auf die Lambda-Ausdrücke ausführlich eingegangen wird, ein paar Neuerungen, die die Programmierung in C++ vereinfachen. In Abb. 5.1 wird ein Vektor *as* definiert und mit vier Elementen initialisiert. Die Neuerung wird erst auf den zweiten Blick deutlich: Die Initialisierung durch geklammerte Werte war bisher nur für Felder in C/C++ möglich. Dem Konstruktor von *as* wird eine *Initialisierungsliste* übergeben und deren Elemente werden in den Container eingefügt.

Eine weitere Vereinfachung ist die *Typinferenz:* Der Typ einer Variablen muss nicht explizit angegeben werden, wenn dieser bei der Initialisierung aus zusätzlichen Informationen automatisch vom Compiler abgeleitet werden kann. Im Beispiel wird ein Iterator *it* definiert. Ein Compiler kann automatisch aus dem Rückgabetyp der *begin*-Methode den Typ von *it* herleiten. Die Typinferenz wird durch das neue Schlüsselwort *auto* eingeleitet. Dieses Schlüsselwort war bereits in der Sprache C vorhanden, wurde aber nicht mehr benötigt und wird jetzt mit einer neuen Semantik wiederverwendet.

```cpp
void cpp11() {
  /* --Initialisierung von Container-Klassen. */
  std::vector<int32_t> as={1,2,3,4};

  /* --Typinterferenz.
     statt: std::vector<int32_t>::iterator it=as.begin();
        */

  auto it=as.begin();
  while (it!=as.end()) {
    (*it)++;
    it++;
  }

  /* --foreach-Schleife. */
  for(auto a:as)
    std::cout << a << '_';

  std::cout << std::endl;
}
```

Abb. 5.1 Jetzt neu in C++: Konstruktoraufruf mit Initialisierungsliste, vereinfachte Schreibweise durch Typinferenz und foreach-Schleife für Containerklassen

```
/* --Suffix-Schreibweise von Funktionen. */
auto mult(int x, int y) -> int { return x*y; }
```

Abb. 5.2 Die alternative Suffix-Schreibweise des Rückgabetyps von Funktionen wird bei Lambda-Ausdrücken notwendig, kann auch sonst verwendet werden

Eine weitere Ergänzung ist eine spezielle Variante der *for*-Schleife in Verbindung mit Container-Klassen. In der Abb. 5.1 durchläuft die Schleife jedes Element von *as* genau einmal. Die Laufvariable ist *a*. Auf den Bildschirm wird ausgegeben:

```
━━━━━━━━━━━━━━━ Konsole ━━━━━━━━━━━━━━━
 2  3  4  5
```

Der Sprachumfang von C++ erlaubt eine alternative Schreibweise des Rückgabetyps von Funktionen. In der *Suffix-Schreibweise* wird der Rückgabetyp oder *void* nicht dem Funktionsnamen vorangestellt sondern durch -> getrennt angehangen, wie Abb. 5.2 zeigt. Das Schlüsselwort *auto* wird der Funktionssignatur vorangestellt. Diese Schreibweise ähnelt einer mathematischen Schreibweise der Form $f : \mathbb{N} \times \mathbb{N} \to \mathbb{N}$, die zwei Mengen aufeinander abbildet.

5.1.2   Lambda-Ausdrücke

Ein *Lambda-Ausdruck* ist vergleichbar einer *anonymen* Funktion, d. h. einem Anweisungsblock, der durch Angabe von Argumenten parametrisiert wird. Ein Lambda-Ausdruck in C++ besteht aus der Folge mit [] () {} geklammerter Ausdrücke, wobei [] die Liste von gebundenen Variablen enthält. Zwischen den Klammern () steht die übliche Parameterliste und {} definiert den Anweisungsblock. Ist die Parameterliste leer, so kann auf die Angabe einer leeren ()-Klammerung verzichtet werden.

Lambda-Ausdrücke verhalten sich ähnlichen zu *Funktionsobjekten* oder *Funktoren*. Ein Funktionsobjekt verhält sich wie eine C-Funktion, indem der ()-Operator überladen wird. Im Gegensatz zu C-Funktionen kann dieses Objekt aber weitere Attribute besitzen. Die STL verwendet Funktionsobjekte, um die Algorithmen zu steuern, wie Abb. 5.3 beispielhaft skizziert. Die Klasse *DivideBy2* gibt *true* resp. *false* aus in Abhängigkeit davon, ob der Parameter durch zwei ohne Rest teilbar ist oder nicht. Der STL-Algorithmus *std::for_each* durchläuft einen Container und ruft den Klammeroperator des Funktionsobjekt *divisor* aus. Die Klassendefinition von *DivideBy2* ist nur für einfache Fälle hinreichend. Für komplexe Funktionen sind üblicherweise ein Konstruktor, ein Kopierkonstruktor sowie ein Destruktor notwendig. Der Klammeroperator sollte als *const* deklariert werden, wenn eine Auswertung eines Funktionsobjektes keine Nebeneffekte, d. h. keine Veränderung des inneren Zustands, hat.

```cpp
void lambda0() {
  std::vector<uint32_t> values={2,3,5,7,11};

  /* --Einfaches Funktionsobjekt definieren. */
  class DivideBy2 {
    public:
      void operator()(uint32_t v) const {
        std::cout << (v%2==0) << '␣';
      }
  };

  /* --Funktionsobjekt auf Werte anwenden. */
  std::cout << std::boolalpha << "Using␣Function␣Object...\n";
  DivideBy2 divisor;
  std::for_each(values.cbegin(),values.cend(),divisor);
  std::cout << std::endl;

  /* --Anonyme Funktion auf Werte anwenden. */
  std::cout << "Using␣Anonymous␣Lambda␣Expression...\n";
  std::for_each(values.cbegin(),values.cend(),
    [] (uint32_t v) { std::cout << (v%2==0) << '␣';}
  );
  std::cout << std::endl;
}
```

Abb. 5.3 Funktionsobjekte und Lambda-Ausdrücke realisieren eine vergleichbare Funktionalität in unterschiedlicher Art und Weise

Ein Lambda-Ausdruck realisiert in dem Beispiel die gleiche Funktionalität: Der Code ist jedoch kürzer und wirkt verständlicher. Die Ausgabe ist in beiden Fällen identisch:

```
───────────────── Konsole ─────────────────
Using Function Object...
true false false false false
Using Anonymous Lambda Expression...
true false false false false
```

Obwohl Lambda-Ausdrücke teilweise auch als anonyme Funktionen bezeichnet werden, können diese Variablen zugewiesen werden, wie Abb. 5.4 zeigt. Die Variable *printer* beinhaltet einen Lambda-Ausdruck. In der Schleife wird dann die Lambda-Funktion mit dem Parameter *d* ausgewertet und auf dem Bildschirm ausgegeben:

```
───────────────── Konsole ─────────────────
   12.04
   23.30
    1.00
-200.00
```

```cpp
void lambda1() {
  std::vector<double> ds={12.04,23.3,1.,-200.};

  /* --Formatierte Ausgabe mit Hilfsfunktion. */
  auto printer=[](double d) {
    std::cout << std::fixed << std::setw(7)
      << std::setprecision(2) << d << std::endl;
  };

  /* --Bildschirmausgabe. */
  for(auto d:ds) printer(d);
}
```

Abb. 5.4 Die Variable *printer* enthält einen Lambda-Ausdruck. Die for-Schleife führt den Lambda-Ausdruck für jedes Element *d* von *ds* aus

In dem Beispiel wird der Typ des Lambda-Ausdrucks durch den Compiler automatisch festgestellt. In C++ ist es nicht möglich, den Typen eines Lambda-Ausdrucks explizit festzulegen oder zu ermitteln.

Die *function*-Klassen können mit Lambda-Ausdrücken initialisiert werden, sodass diese, wie gewöhnliche Objekte, Funktionen oder Methoden übergeben oder aus diesen zurückgegeben werden können, wie Abb. 5.5 zeigt. Die Funktion *serve* gibt einen Lambda-Ausdruck zurück. Der Template-Parameter der *std::function*-Klasse hat die Form *R(AL)*, wobei *R* den Rückgabetypen und *AL* die Liste der Argumenttypen beschreibt. Der Lambda-Ausdruck gibt den Parameter *msg* auf dem Bildschirm aus. Damit dieser auf *msg* zugreifen kann, muss dieser in der Liste der gebundenen Variablen aufgeführt werden.

Die Funktion *evaluate* erhält als Parameter einen Ausdruck, der im Funktionsrumpf ausgewertet wird. Der Funktion kann entweder ein Lambda-Ausdruck oder ein Funktionsobjekt übergeben werden. Die Funktion *lambda2* erzeugt zwei Variablen *john* und *ivan*. Diese werden zum einen direkt und zum anderen indirekt ausgewertet. Das Funktionsobjekt *jimmy* kann ebenfalls mit der Funktion *evaluate* ausgewertet werden. Auf dem Bildschirm wird ausgegeben:

```
─────────────────── Konsole ───────────────────
ping...pong
ping...pong
connors
```

Funktionsobjekte und Lambda-Ausdrücke realisieren somit ein identisches Konzept auf unterschiedliche programmiersprachliche Weise.

Ein Lambda-Ausdruck kann auf außerhalb definierte Variablen zugreifen. Für globale Variablen (bspw. *std::cout*) ist dieses ohne weitere Vorkehrungen möglich. Der Zugriff auf lokale Variablen ist nur dann zulässig, wenn diese in der Liste der gebundenen Variablen

```cpp
/* --Rückgabe eines Lambda-Ausdrucks mit Bindung. */
std::function<void()> serve(std::string msg) {
  return [msg] { std::cout << msg; };
}

/* --Lambda-Ausdruck als Parameter übergeben. */
void evaluate(const std::function<void()>& lambda) {
  lambda();
}

/* --Funktionsobjekt. */
class Tennis {
public:

  Tennis(std::string n):name(n) {}

  void operator()() const {
    std::cout << name << std::endl;
  }

private:
  std::string name;
};

void lambda2() {

  /* --Hilfsfunktion zur Ausgabe. */
  auto nl = [] { std::cout << std::endl; };

  /* --Lambda-Ausdrücke (Closure). */
  auto john=serve("ping..."), ivan=serve("pong");

  john();
  ivan();

  nl();

  /* --Weiterreichen von Lambda-Ausdrücken. */
  evaluate(john);
  evaluate(ivan);

  nl();

  /* --Äquivalenz von Funktionsobjekten. */
  Tennis jimmy("connors");

  evaluate(jimmy);

  nl();
}
```

Abb. 5.5 Objekte der Template-Klasse *std::function* erlauben es, Lambda-Ausdrücke wie gewöhnliche Objekte in Funktionen oder Methoden zu verwenden

```cpp
void lambda3() {
  bool flag=false;

  /* --Bindung als call-by-value. */
  auto swapper = [=](int& x, int& y) {
    if (flag) {
      int tmp=x;
      x=y;
      y=tmp;
    }
  };
  /* --Verändere lokale Variable. */
  flag=true;

  int a=12,b=4;
  swapper(a,b);

  std::cout << "a=" << a << ",_b=" << b << std::endl;
}
```

Abb. 5.6 Die Bindung als Kopie einer lokalen Variable erfolgt zum Zeitpunkt der Definition des Lambda-Ausdrucks. Spätere Änderungen haben keinen Einfluss auf den Lambda-Ausdruck

aufgeführt sind. Der Zugriff auf lokale Variablen kann als Kopie *(call-by-value)* oder als Referenz *(call-by-reference)* erfolgen. In der Abb. 5.6 greift der Lambda-Ausdruck *swapper* auf die lokale Variable *flag* als Kopie zu. Durch die Angabe von = in der Liste der gebundenen Variablen kann der Lambda-Ausdruck auf alle lokalen Variablen zugreifen. Wichtig ist hierbei, dass die Bindung der Variablen zum Zeitpunkt erfolgt, wenn der Ausdruck definiert und nicht wenn dieser ausgeführt wird. Obwohl das Beispiel *flag* auf *true* ändert, findet keine Vertauschung statt. Das Ergebnis auf dem Bildschirm ist daher:

```
──────────────── Konsole ────────────────
a=12, b=4
```

Das Beispiel in der Abb. 5.7 wertet ein Polynom an der Stelle x mit Hilfe des *Horner-Schemas* aus. Der Zugriff auf das Polynom p erfolgt als Referenz, um einen Kopiervorgang des Containers zu vermeiden. Die Angabe & in der Liste der gebundenen Variablen ermöglicht den Zugriff auf lokale Variablen als Referenz. Der Rückgabetyp eines Lambda-Ausdrucks wird in vielen, einfachen Fällen automatisch durch den Compiler ermittelt. Ist dieses jedoch nicht möglich, so muss der Rückgabetyp explizit in der Suffix-Schreibweise angegeben werden, wie im Beispiel dargestellt. Die Funktion *lambda4* gibt Folgendes auf dem Bildschirm aus:

```cpp
void lambda4() {
  std::vector<double> polynom={-3,12,4,-2};

  /* --Lokale Funktion. */
  auto horner = [&] (double x) -> double {
    double y=0.;
    for(auto p:polynom)
      y=(y*x)+p;
    return y;
  };

  /* --Berechne Werte in [1.1..2) mit Schrittweite 0.1.
     */
  for(double x=1.1;x<2.;x+=0.1)
    std::cout << "f(" << std::fixed << std::setprecision
      (2)
      << x << ")=" << horner(x) << std::endl;
}
```

Abb. 5.7 Der Lambda-Ausdruck wertet das Polynom $-3x^3 + 12x^2 + 4x - 2$ in einem Intervall aus

```
───────────────────── Konsole ─────────────────────
f(1.10)=12.93
f(1.20)=14.90
f(1.30)=16.89
f(1.40)=18.89
f(1.50)=20.88
f(1.60)=22.83
f(1.70)=24.74
f(1.80)=26.58
f(1.90)=28.34
```

Der Zugriff auf die gebundenen Variablen erfolgt immer lesend, d. h. Änderungen sind nicht möglich. Dieses entspricht einem als *const*-deklarierten Klammeroperator eines Funktionsobjektes. Soll in einem Lambda-Ausdruck schreibend auf gebundene Variablen zugegriffen werden, so muss dieser Ausdruck als *mutable* bezeichnet werden. Das Beispiel in der Abb. 5.8 greift schreibend auf die gebundene Variable *found* zu, um anzuzeigen, dass ein Wert gefunden ist, der durch die Variable *b* ohne Rest teilbar ist. Der Lambda-Ausdruck liefert dann die Iteratorposition zurück. Auf dem Bildschirm wird ausgegeben:

```
───────────────────── Konsole ─────────────────────
9 ist Vielfaches von 3.
```

Lambda-Ausdrücke mit Seiteneffekten sind soweit als möglich zu vermeiden, da diese die Verständlichkeit verringern und die Fehleranfälligkeit erhöhen. Es bietet sich daher eher an, das Design des Lambda-Ausdrucks zu überarbeiten. Lambda-Ausdrücke können auch rekursiv definiert werden, wie Abb. 5.9 zeigt. Der Ausdruck *subf* berechnet die *Subfakultät,*

```cpp
void lambda5() {
  bool found=false;
  std::vector<uint32_t> bs={7,13,4,9,2};

  auto div = [&] (uint32_t b) mutable {
    auto it=bs.cbegin();

    while (!found && it!=bs.cend())
      if (*it%b==0)
        found=true;
      else
        it++;

    return it;
  };

  const uint32_t three=3;
  auto pos=div(three);

  if (found)
    std::cout << *pos << "_ist_Vielfaches_von_" << three
      << '.' << std::endl;
  else
    std::cout << "Kein_Vielfaches_von_" << three
      << "_gefunden." << std::endl;
}
```

Abb. 5.8 Der Lambda-Ausdruck verändert die gebundene Variable *found* und muss daher als *mutable* gekennzeichnet werden

```cpp
void lambda6() {
  /* --Bindung als Referenz. */
  std::function<int32_t(int32_t)> subf = [&subf] (int32_t
      n) {
    if (n==0)
      return 1;
    else
      return n*subf(n-1)+(n%2 ? -1 : 1);
  };

  for(int32_t i=0;i<10;i++)
    std::cout << '!' << i << '=' << subf(i) << std::endl;
}
```

Abb. 5.9 Rekursive Lambda-Ausdrücke sind in C++ möglich

die definiert ist als $!n = n \cdot !(n - 1) + (-1)^n$. Wichtig ist hierbei, dass der Typ explizit angegeben werden muss. Eine *auto*-Deklaration ist in diesem Fall nicht möglich. Die ersten 10 Subfakultäten werden auf dem Bildschirm ausgegeben:

```
──────────────────── Konsole ────────────────────
!0=1
!1=0
!2=1
!3=2
!4=9
!5=44
!6=265
!7=1854
!8=14833
!9=133496
```

Die beiden letzten Beispiele zeigen die Verwendung von Lambda-Ausdrücken im Zusammenspiel mit der STL. Hierbei wird nochmals auf die alternativen Darstellungen von Lambda-Ausdrücken und Funktionsobjekten hingewiesen. Das Beispiel in der Abb. 5.10 berechnet den prozentualen Anteil gerader Zahlen in einer Folge von 2^{10} ganzzahligen Werten. Hierbei wird der *std::count_if*-Algorithmus aus der STL verwendet. Die Ausgabe der beiden Varianten (vgl. hierzu Abb. 5.11) ist identisch:

```
──────────────────── Konsole ────────────────────
51.86% der Zahlen sind gerade.
```

Die alternativen Beispiele in den Abb. 5.12 und 5.13 berechnen den prozentualen Anteil der Zufallsfolgen, die durch eine Zahl *n* ohne Rest teilbar sind. Die beiden Beispiele zeigen den unterschiedlichen Umgang mit dem Parameter *n*. Das Ergebnis auf dem Bildschirm ist in beiden Fällen identisch:

```
──────────────────── Konsole ────────────────────
6.25% der Zahlen durch 17 teilbar.
```

```cpp
void lambda7() {
  srand(1204);

  std::vector<uint32_t> randoms(1<<10);
  std::generate(randoms.begin(),randoms.end(),rand);

  /* --Zähle die Anzahl der geraden Zahlen. */
  auto c=std::count_if(randoms.cbegin(),randoms.cend(),
    [] (uint32_t i) { return i%2==0; });

  std::cout << std::fixed <<std::setprecision(2)
    << double(c)/randoms.size()*100.
    << "%_der_Zahlen_sind_gerade." << std::endl;
}
```

Abb. 5.10 Der Lambda-Ausdruck liefert einen Booleschen Wert zurück abhängig davon, ob der Parameter *i* gerade oder ungerade ist

```cpp
void lambda7b() {
  srand(1204);

  std::vector<uint32_t> randoms(1<<10);
  std::generate(randoms.begin(),randoms.end(),rand);

  class IsEvenPred {
    public:
      bool operator()(uint32_t i) const { return i%2==0; }
  };

  IsEvenPred isEven;

  /* --Zähle die Anzahl der geraden Zahlen. */
  auto c=std::count_if(randoms.cbegin(),randoms.cend(),
      isEven);

  std::cout << std::fixed <<std::setprecision(2)
    << double(c)/randoms.size()*100.
    << "% der Zahlen sind gerade." << std::endl;
}
```

Abb. 5.11 Das Funktionsobjekt *IsEvenPred* leistet die identische Funktionalität wie zuvor der Lambda-Ausdruck. Hierzu sind jedoch mehr Zeilen Code erforderlich

```cpp
void lambda8() {
  srand(1204);

  std::vector<uint32_t> randoms(1<<10);
  std::generate(randoms.begin(),randoms.end(),rand);

  /* --Zähle die Anzahl der Zahlen, die durch n teilbar sind. */
  const uint32_t n=17;

  auto c=std::count_if(randoms.cbegin(),randoms.cend(),
    [n] (uint32_t i) { return i%n==0; });

  std::cout << std::fixed << std::setprecision(2)
    << double(c)/randoms.size()*100. << "% der Zahlen durch "
    << n << " teilbar." << std::endl;
}
```

Abb. 5.12 Der Lambda-Ausdruck bindet *n* und kann somit lesend auf diesen Wert zugreifen

Die Lesbarkeit von kurzen Lambda-Ausdrücken ist denen von Funktionsobjekten überlegen, da diese bei einfachen Konstrukten zu viel „Drumherum" (boilerplate code) benötigen. Lambda-Ausdrücke können auch statische Variablen verwenden, wie die Beispiele in Abb. 5.14 und 5.15 zeigen. Die Ausgabe ist in beiden Fällen:

```cpp
void lambda8b() {
  srand(1204);

  std::vector<uint32_t> randoms(1<<10);
  std::generate(randoms.begin(),randoms.end(),rand);

  /* --Zähle die Anzahl der Zahlen, die durch n teilbar sind. */
  const uint32_t n=17;

  class IsDivisibleByPred {
    public:

      IsDivisibleByPred(const uint32_t d):div(d) {}

      bool operator()(uint32_t i) const { return i%div==0; }

    private:
      uint32_t div;
  };

  IsDivisibleByPred isDivisibleByN(n);

  auto c=std::count_if(randoms.cbegin(),randoms.cend(),
    isDivisibleByN);

  std::cout << std::fixed << std::setprecision(2)
    << double(c)/randoms.size()*100. << "%_der_Zahlen_durch_"
    << n << "_teilbar." << std::endl;
}
```

Abb. 5.13 Damit das Funktionsobjekt auf den Wert *n* zugreifen kann, muss dieser im Konstruktor übergeben werden

```
──────────────────── Konsole ────────────────────
321... lift off.
```

Es gilt hierdurch die gleiche Anmerkung wie bei Lambda-Ausdrücken mit schreibenden Zugriff auf gebundene Variablen: die Seiteneffekte sind häufig die Ursache tückischer Fehler und schwer zu beheben.

5.1.3 Zeitmessung

Der Namensraum *std::chrono* enthält eine sehr umfangreiche Klassenbibliothek um Uhren, Zeitpunkte und -spannen zu definieren und zu messen. Die bisherigen Funktionen aus *ctime* stehen weiterhin zur Verfügung und können mit den neuen Funktionalitäten kombiniert werden.

```cpp
void lambda9() {
  /* --Lokale statische Variable im Lambda-Ausdruck. */
  auto countdown = [] {
    static uint32_t c=3;
    std::cout << c--;
  };

  for(uint32_t i=0;i<3;i++) countdown();

  std::cout << "... lift off." << std::endl;
}
```

Abb. 5.14 Die Variable *countdown* enthält einen Lambda-Ausdruck mit statischer Variable: der Wert von *c* bleibt nach Beendigung aus Ausdrucks erhalten

```cpp
void lambda10() {
  static uint32_t counter=3;

  /* --Veränderung einer statischen Variable (ohne
       Bindung). */
  auto countdown = [] { std::cout << counter--; };

  while (counter)
    countdown();

  std::cout << "... lift off." << std::endl;
}
```

Abb. 5.15 Der Lambda-Ausdruck *countdown* ändert die statische Variable *counter.* Der Ausdruck ist nicht *mutable,* da keine gebundene Variable geändert wird

- Eine **Uhr** dient zum Messen von einzelnen Zeitpunkten. Es existieren mehrere Uhren: Die *system_clock* ist die Systemzeit, die *steady_clock* misst fortlaufend (monoton), ohne dass diese, im Gegensatz zur Systemzeit, zurückgesetzt oder geändert werden kann. Für hochauflösende Zeitmessungen steht die *high_resolution_clock* bereit. Die *now()*-Methode liefert den aktuellen Zeitstempel der Uhr zurück.

- Ein *time_point*-Objekt enthält die Uhrzeit zu einem **Zeitpunkt.** Die Relationsoperatoren wie ==, != und < sind überladen und vergleichen zwei Zeitpunkte. Die Methode *time_since_epoch()* liefert die Zeitspanne seit Beginn der Epoche in Ticks zurück. Die UNIX-Epoche hat am 1. Januar 1970 begonnen. Die Periode eines Ticks ist plattformabhängig.

- Die zeitliche Differenz zwischen zwei Zeitpunkten wird als **Zeitspanne** in der *duration*-Klasse zusammengefasst. Die Template-Klasse hat zwei Parameter: zum einen den internen Datentyp (Repräsentation) und zum anderen die Einheit (Präzision). Durch die Verwendung von *float* oder *double* lassen sich auch Angaben mit Nachkommastellen ausdrücken. Die *count()*-Methode liefert die Zeitspanne in der zuvor definierten Einheit zurück.

Eine Vielzahl von Einheiten in unterschiedlichen Auflösungen von *std::chrono:: nanoseconds* bis *std::chrono::hours* stehen zur Zeitmessung bereit. Es lassen sich aber auch weitere, beliebige Zeiteinheiten, wie beispielsweise Femtosekunden oder Tage definieren. Dieses erfolgt durch die Angabe eines Faktors, beispielsweise *std::ratio,* bezogen auf 1 s. Der Faktor $60 \times 60 \times 24$ definiert eine Zeiteinheit auf der Basis von Tagen.

Die Be- und Umrechnung von Zeitangaben unterschiedlicher Einheiten erfolgt durch die Bibliothek. Die *duration_cast*-Funktion muss aufgerufen werden, um Rundungsfehler bei der Einheitenumwandlung zu minimieren. Abb. 5.16 zeigt den Umgang mit Uhren, Zeitpunkten und -spannen und gibt den folgenden Text auf die Konsole aus:

```cpp
void example0() {
  std::cout << "Example:␣Time␣Functionality.\n";

  /* --Aktuelle Zeit. */
  std::chrono::system_clock::time_point now;
  now=std::chrono::system_clock::now();

  /* --Ticks seit Beginn der (UNIX-)Epoche. */
  std::cout << "Ticks␣since␣epoch␣has␣been␣started␣"
       << now.time_since_epoch().count() << ".\n";

  /* --Bestimme die Auflösung von 1 Tick. */
  typedef std::chrono::system_clock::period tick;

  std::cout << "Tick␣resolution␣is␣"
       << tick::num << '/' << tick::den << "s.\n";

  /* --Konvertierung in C-Datenstrukturen. */
  std::time_t cnow;
  cnow=std::chrono::system_clock::to_time_t(now);

  std::cout << "Now␣is␣" << std::ctime(&cnow) << std::
     flush;

  /* --Berechne die Anzahl der Tage seit Beginn der
     Zeitrechnung. */
  std::chrono::duration<double,std::ratio<60*60*24>> days
     ;

  /* --Die Umrechnung in Tage erfolgt automatisch (
     implizit). */
  days=now.time_since_epoch();

  std::cout << "Days␣since␣epoch␣has␣been␣begun␣"
       << days.count() << std::endl;

}
```

Abb. 5.16 Uhren, Zeitpunkte und -spannen aus *std::chrono*

```
────────────────────────── Konsole ──────────────────────────
Example: Time Functionality.
Ticks since epoch has been started 1535574519280424503.
Tick resolution is 1/1000000000s.
Now is Wed Aug 29 22:28:39 2018
Days since epoch has been begun 17772.9
```

Die zeitliche Auflösung *std::chrono::system_clock::period* eines Ticks der Systemuhr hat den Typ *std::ratio*. Das Verhältnis zwischen Zähler und Nenner definiert die Auflösung. In diesem Beispiel entspricht ein Tick einer Mikrosekunde (10^{-6}s). Die Methode *to_time_t* wandelt einen Zeitpunkt in die *time_t*-Struktur aus der C-Standardbibliothek um.

5.1.4 Thread-Funktionalität

Die Schnittstelle *std::thread* zum Verwalten von parallelen Threads ist einfach gehalten (siehe Abb. 5.17). Ein Thread-Objekt startet eine globale Funktion in einem eigenen Thread. Bei Beendigung dieser Funktion wird auch der Thread beendet. Eine weitere Möglichkeit Threads zu starten, ist durch die Definition von *Lambda-Funktionen* gegeben. Die *fun1*-Funktion in der Abb. 5.18 erzeugt eine Ausgabe der aktuellen Threadkennung auf den Bildschirm und wartet anschließend drei weitere Sekunden, bevor dieser sich beendet.

```
int main() {

  std::thread t(fun);

  t.join();

  return 0;                    void fun() {
}


                                 std::this_thread::sleep_for(...);
                               }
```

Abb. 5.17 Das Thread-Objekt t ist die Verbindung zwischen zwei parallel laufenden Threads

```cpp
void fun1() {
   std::cout << "Thread_with_tid="
          << std::this_thread::get_id()
             << "_has_started." << std::endl;

   /* --3s pausieren. */
   std::this_thread::sleep_for(std::chrono::seconds(3));
}
```

Abb. 5.18 Ein Thread führt die globale Funktion *fun1* parallel aus

```cpp
void example1() {
   std::cout << "Example:_Starting_and_Finishing_Threads.\n";

   /* --Thread-Objekte erzeugen. */
   std::thread t1(fun1);
   /* --TID des laufenden Threads merken. */
   std::thread::id tid=t1.get_id();

   /* --Warten, bis der Thread sich beendet hat. */
   t1.join();
   std::cout << "Thread_with_tid=" << tid
         << "_is_finished." << std::endl;
}
```

Abb. 5.19 Die Funktion *example1* wartet bis das Objekt *t1* beendet ist

Die Methoden aus *std::this_thread* beziehen sich auf den jeweiligen Kontext des gerade aktiven Thread: *get_id* liefert die Threadkennung zurück und *sleep_for* suspendiert den Thread für die angegebene Zeitspanne. Abb. 5.19 definiert ein Thread-Objekt *t1*. Dieses führt die im Konstruktor übergebene Funktion *fun1* aus. Die Methode *get_id* liefert die Threadkennung zurück, wenn der Thread ausgeführt wird. Die *join*-Methode suspendiert den aktuellen Thread, solange *t1* ausgeführt wird.

Die Ausgabe auf der Konsole ist beispielsweise:

```
───────────────────── Konsole ─────────────────────
Example: Starting and Finishing Threads.
Thread with tid=140468197738240 has started.
Thread with tid=140468197738240 is finished.
```

Wird die *main*-Funktion beendet, so wird das gesamte Programm beendet, unabhängig davon, ob weitere parallele Threads in dem Prozess aktiv sind. Daher ist es in den meisten Fällen notwendig, auf die angestarteten Threads zu warten.

Im nächsten Beispiel werden mehrere Threads mit einem Parameter gestartet und gewartet, bis alle Threads sich beendet haben. Die Funktion *fun2* in Abb. 5.20 hat einen Parameter *id,* der auf die Konsole ausgegeben wird und wartet eine $\frac{1}{4}$ s bis zur Beendigung. Abb. 5.21

```cpp
void fun2(uint32_t id) {
  std::cout << "Thread_with_parameter_id=" << id
        << "_has_started." << std::endl;

  /* --250ms pausieren. */
  std::this_thread::sleep_for(std::chrono::milliseconds
      (250));
}
```

Abb. 5.20 Die Funktion *fun2* wird mit einem Parameter *id* aufgerufen

```cpp
void example2() {
  std::cout << "Example:_Threads_with_Parameter.\n";

  /* --Thread-Objekte mit Parameter erzeugen. */
  const uint32_t  n=3;
  std::thread threads[n];

  /* --Erzeuge und starte Threads mit Parameter. */
  for(uint32_t i=0;i<n;i++)
    threads[i]=std::thread(fun2,i);

  /* --Warten, bis alle Threads sich beendet haben. */
  for(uint32_t i=0;i<n;i++)
    threads[i].join();

  std::cout << "All_threads_are_finished." << std::endl;
}
```

Abb. 5.21 Mehrere Threads werden gestartet und auf deren Beendigung gewartet

zeigt das Erzeugen mehrerer Threads in einer Schleife. Der zusätzliche Parameter im Konstruktoraufruf wird der Funktion *fun2* beim Aufruf übergeben.

Die Konsolenausgabe ist dann:

```
————————————— Konsole —————————————
Example: Threads with Parameter.
Thread with parameter id=0 has started.
Thread with parameter id=1 has started.
Thread with parameter id=2 has started.
All threads are finished.
```

Das nächste Beispiel zeigt, wie mit den Klassen aus *std::chrono* Ausführungszeiten von Threads gemessen werden können. Die Funktion *fun3* in der Abb. 5.22 berechnet einen zufälligen Wert zwischen 0,5 und 1,5 s, die der Thread wartet. Im Gegensatz zu den bisherigen Beispielen wird nicht eine Zeitspanne abgewartet, sondern es wird ein in der Zukunft liegender Zeitpunkt *passed* definiert. Die Methode *sleep_until* hält den laufenden Thread bis zum Erreichen des angegebenen Zeitpunkts an. Die beiden Objekte *t0* und *t1* definieren Zeitmarken zwischen der Ausführungszeit eines Threads *random* in der Abb. 5.23. Durch

```
void fun3() {
    uint32_t ms=rand()%1000+500;

    std::cout << "Thread is paused for " << ms << "ms." << std::endl;

    /* --Berechne einen Zeitpunkt in der Zukunft. */
    std::chrono::system_clock::time_point passed;
    passed=std::chrono::system_clock::now()+std::chrono::milliseconds(ms);

    /* --Variable Anzahl von Millisekunden pausieren. */
    std::this_thread::sleep_until(passed);
}
```

Abb. 5.22 Der Thread wartet, bis Zeitpunkt in der Zukunft eintritt

```
void example3() {
   std::cout << "Example: Time Measurement.\n";

   /* --Zeitmessungpunkte definieren. */
   std::chrono::system_clock::time_point t0,t1;

   /* --Zeitmessung starten. */
   t0=std::chrono::system_clock::now();

   /* --Thread starten und warten. */
   std::thread random(fun3);
   random.join();

   /*--Zeitmessung beenden. */
   t1=std::chrono::system_clock::now();

   /* --Zeitspanne in Sekunden berechnen. */
   std::chrono::duration<double> duration;

   /* --Zeitspanne in 1/10-Sekunden berechnen. */
   std::chrono::duration<double,std::deci> deciseconds;

   duration=t1-t0;
   deciseconds=t1-t0;

   std::cout << "Duration time was "
         << duration.count() << "s or "
         << deciseconds.count() << "ds." << std::endl;

}
```

Abb. 5.23 Es wird die Zeitspanne zwischen den Punkten *t0* und *t1* gemessen

eine entsprechende Definition der Zeitspannen *duration* und *deciseconds* können Zeiten in unterschiedlichen Einheiten gemessen werden. Die Ausgabe für das Beispiel ergibt sich zu:

```
――――――――――――― Konsole ―――――――――――――
Example: Time Measurement.
Thread is paused for 1274ms.
Duration time was 1.27433s or 12.7433ds.
```

5.1.5   Asynchrone Task-Programmierung

C++ bietet neben einer einfachen Programmierschnittstelle für Threads, die auf das jeweilige Betriebssystem abgebildet werden, die Möglichkeit der asynchronen Task-Programmierung. Hierzu wird die Abstraktion von *Future* und *Promise* eingeführt.

Ein Future ist ein Wert, dessen Berechnung in der Zukunft liegt. Diese Berechnung kann im Kontext des aufrufenden Threads oder in einem anderen Thread erfolgen. Hierdurch ist bei einer entsprechenden Hardware-Plattform eine parallele, d.h. zeitgleiche Ausführung sichergestellt. Greift ein Thread auf einen Future zu und ist zu diesem Zeitpunkt der Wert noch nicht berechnet, so wird diese solange blockiert, bis der Wert berechnet ist. Die Idee dieser Abstraktion ist es, Berechnungen zu einem frühen Zeitpunkt zu initiieren und dann später auf das Ergebnis (Wert) zuzugreifen.

Zuerst zeigt das Beispiel in Abb. 5.24 die Schnittstelle eines Future-Objektes. Der Lambda-Ausdruck *dice* schreibt einen Text in die Standardausgabe und gibt eine zufällige Zahl (Augen) zwischen 1 und 6 zurück. Das Task-Objekt *task* erhält diesen Ausdruck als Parameter im Konstruktoraufruf.

Das Objekt *f* ist ein Future und beinhaltet zu einem späteren Zeitpunkt die zufällige Augenzahl. Im Beispiel wird zuerst der Lambda-Ausdruck direkt ausgewertet *(You)* und anschließend die Task mit dem Parameter *Me* im selben Threadkontext ausgeführt. Das Ergebnis wird nicht direkt zurückgegeben, sondern dieses ist an den Future *f* gebunden. Der Methodenaufruf *get* in der nachfolgenden Zeile liefert den zuvor berechneten Wert zurück. Alle Aufrufe laufen im selben Thread ab.

Im Gegensatz dazu wird die Task *another* in einem parallelen Thread *thread* ausgeführt. Das Objekt *g* ist ebenfalls ein Future, und durch diesen wird mit dem Methodenaufruf *get* auf den berechneten Wert zugegriffen. Ist die parallele Berechnung zu diesem Zeitpunkt noch nicht abgeschlossen, so blockiert der *get*-Aufruf. Diese Methode ist in diesem Fall der Synchronisierungspunkt zwischen zwei parallel laufenden Threads. Ein Future ist gültig, wenn der Wert berechnet ist. Dieses kann mit der Methode *valid* festgestellt werden. Ein Aufruf von *get* invalidiert den Future, d.h. die *get*-Methode darf nur einmal aufgerufen werden. Die Ausgabe auf dem Bildschirm ist:

```cpp
auto dice = [] (const std::string& name) {
  int eyes=1+rand()%6;
  std::cout << name << ":␣" << eyes << "␣(tid="
      << std::this_thread::get_id() << ")" << std::endl;
  return eyes;
};


/* --C++-Task. */
std::packaged_task<int(const std::string&)> task(dice);
auto f=task.get_future();


/* --Same thread. */
int you=dice("You");
task("Me");
int me=f.get();


std::cout << "Are␣you␣a␣winner?␣" << (you>me) << std::endl;


/* --Run in different threads. */
std::packaged_task<int(const std::string&)> another(dice);
auto g=another.get_future();


/* --Start different OS thread. */
std::thread thread(std::move(another),"Me␣again");
thread.detach();
me=g.get();


std::cout << "Am␣I␣a␣winner?␣" << (me>you) << std::endl;
```

Abb. 5.24 Eine C++-Task kann in einem Thread parallel ausgeführt werden

```
───────────────────── Konsole ─────────────────────
You: 2 (tid=140684539258688)
Me: 5 (tid=140684539258688)
Are you a winner? 0
Me again: 4 (tid=140684522149632)
Am I a winner? 1
```

Die *tid* zeigt an, ob der Lambda-Ausdruck im selben (erster Fall) oder parallel in einem weiteren Thread (zweiter Fall) ausgeführt wurde.

Abb. 5.25 zeigt die Synchronisierung eines Wertes zwischen einem Leser- und einem Schreiber-Thread. Das Future-Promise-Paar ist der Kommunikationskanal zwischen diesen. So bald der Schreiber mit *set* den Wert zum Zeitpunkt t_0 setzt, liefert *get* diesen an den Leser zurück.

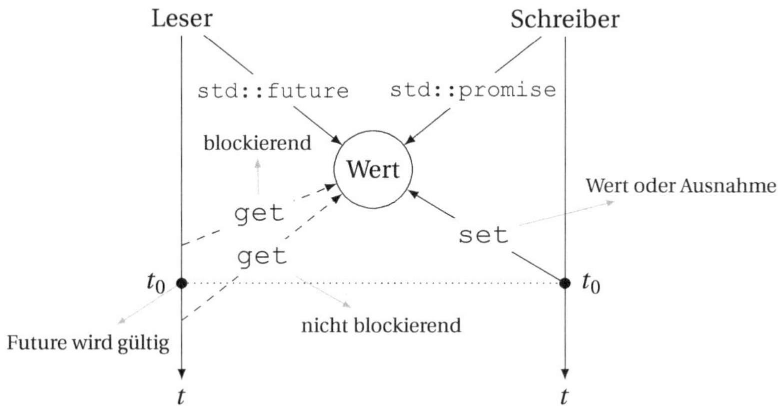

Abb. 5.25 Ein Future ist ein lesender, ein Promise ein schreibender Zugriff auf einen gemeinsamen Wert zweier Threads

Das Programm in Abb. 5.26 berechnet die *Ackermannfunktion* im Kontext eines Schreiber-Threads und liefert den Wert an einen Leser-Thread zurück. Das Beispiel zeigt zudem, dass nicht nur Werte sondern auch Fehler oder Ausnahmen *(exception)* über den Kommunikationskanal ausgetauscht werden können. Die Behandlung des Fehlers muss somit im Leser- und nicht im Schreiber-Thread erfolgen.

Die *Ackermannfunktion* ist ein Beispiel für eine *nicht-primitiv rekursive Funktion* und definiert als (siehe Hopcroft und Ullman 1990)

$$a(n, m) = \begin{cases} m + 1 & \text{für } n = 0 \\ a(n - 1, 1) & \text{für } m = 0 \\ a(n - 1, a(n, m - 1)) & \text{ansonsten.} \end{cases} \tag{5.1}$$

Diese Funktion wächst sehr schnell an, sodass nur für kleine Werte von n und m diese in einer akzeptablen Zeit ausgewertet werden kann. In diesem Beispiel wird für $n > 3 \wedge m > 2$ ein Fehlerobjekt erzeugt und die weitere Berechnung abgebrochen (siehe Abb. 5.27).

Die Funktion *writer* erhält als ersten Parameter ein Promise-Objekt, welches das Ergebnis des Aufrufs der Ackermannfunktion aufnimmt: entweder den Funktionswert *ack* oder das Fehlerobjekt.

Die Funktion *reader* erzeugt für unterschiedliche Parameterkombinationen ein Promise-Objekt, startet den asynchronen Thread und greift anschließend auf das Ergebnis mit dem Future f zu. Es ist zu beachten, dass es zwei *try-catch*-Zweige gibt: einen im Schreiber- und einen weiteren im Leser-Thread. Die Ausgabe auf dem Bildschirm ergibt sich zu:

```
───────────────── Konsole ─────────────────
Ackermann(3,4) is: 125
Ackermann(5,6) is: Failure due to parameters too large
```

```cpp
void writer(std::promise<unsigned>&& promise, unsigned a,
            unsigned b) {
  try {
    /* --Calculate the value. */
    unsigned ack=ackermann(a,b);
    /* --Set the promised value. */
    promise.set_value(ack);
  } catch (...) {
    /* --Throw exception to reader (different thread). */
    promise.set_exception(std::current_exception());
  }
}

void reader() {
  std::pair<int,int> ok(3,4), toomuch(5,6);

  for(const auto& a:{ok, toomuch}) {
    /* --Extract values from tuple. */
    int n=a.first, m=a.second;

    /* --Create a promise. */
    std::promise<unsigned> p;

    /* --Get future from promise. */
    auto f=p.get_future();

    /* --Run writer in different thread. */
    std::thread thread(writer,std::move(p),n,m);

    try {
      /* --Wait for the result. */
      std::cout << "Ackermann(" << n << "," << m
                << ") is: " << f.get() << std::endl;

    } catch (const std::exception& e) {
      std::cout << "Failure due to " << e.what()
                << std::endl;
    }

    /* --Sync with other thread. */
    thread.join();
  }
}
```

Abb. 5.26 Der Leser und der Schreiber synchronisieren sich über den Future respektive Promise

Eine Vereinfachung der Schreibweise und die Zusammenfassung von Task und Promise bietet der Funktionsaufruf *std::async*. Wie das Programm in Abb. 5.28 zeigt, startet der Aufruf eine Task im Kontext eines (parallelen) Threads und führt die Funktion aus.

Abb. 5.27 Die rekursive Berechnung der Ackermannfunktion ist nur für kleine Argumentwerte effizient möglich

```cpp
unsigned ackermann(unsigned n, unsigned m) {
  /* --Test given parameters. */
  if (n>3 && m>2)
    throw std::range_error("parameters too large");
  /* --Non-primitive recursion. */
  else if (n==0)
    return m+1;
  else if (m==0)
    return ackermann(n-1,1);
  else
    return ackermann(n-1, ackermann(n, m-1));
}
```

```cpp
void asyncReader() {
  std::pair<int,int> ok(3,7), toomuch(7,3);

  for(const auto& a:{ok, toomuch}) {
    /* --Extract values from tuple. */
    int n=a.first, m=a.second;

    /* --Get future from async call. */
    auto f=std::async(std::launch::async,ackermann,n,m);

    try {
      /* --Wait for the result. */
      std::cout << "Ackermann(" << n << "," << m << ") is: " << f.get() << std::endl;

    } catch (const std::exception& e) {
      std::cout << "Failure due to " << e.what() << std::endl;
    }
  }
}
```

Abb. 5.28 Asynchrone Funktionsaufrufe führen zu einer Vereinfachung der Schreibweise

Das Ergebnis wird über ein Promise-Objekt direkt zurückgegeben. Es ist nicht notwendig, den Kontrollfluss für den Schreiber explizit zu implementieren.

Der erste Parameter der *async*-Funktion gibt an, ob ein separater Thread *(std::launch:: async)* gestartet oder die Funktion im Kontext *(std::launch::deferred)* des aufrufenden Threads ausgeführt wird. Im zweiten Fall wird die Funktion beim Aufruf der *get*-Methode des zugehörigen Future-Objektes ausgeführt.

Das nächste Beispiel zeigt wie das *Fork-Join*-Muster mit der asynchronen Task-Programmierung in C++ umgesetzt werden kann.

Abb. 5.29 Bei der Lösung des Damenproblems dürfen je zwei Damen sich nicht gegenseitig schlagen

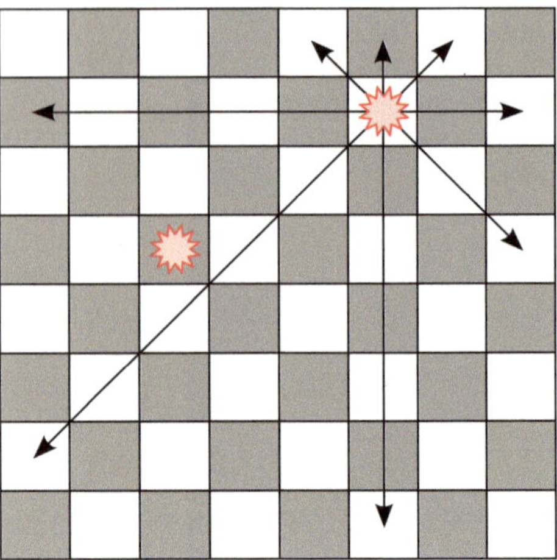

Die Aufgabe im n-Damenproblem ist es, auf einem $n \times n$-Schachbrett n Damen so zu positionieren, dass diese sich nicht gegenseitig schlagen können. Das bedeutet, dass in einer Spalte, in einer Zeile und auf den Diagonalen sich nur je eine Dame befindet (siehe Abb. 5.29). Da für $n > 3$ mehr als eine Lösung existiert, ist die Anzahl aller Lösungen von besonderem Interesse. Aufgrund der großen Anzahl von Möglichkeiten ist die exakte Anzahl aller Lösungen bisher nur für $n \leq 27$ bekannt.

Die Funktion *wait_for_all* in Abb. 5.30 wartet auf die Berechnung einer Reihe von Future-Objekten und liefert das Ergebnis als Vektor von Werten zurück. Zur Vereinfachung wird angenommen, dass keine Fehlerbehandlung *(exception handling)* erforderlich wird.

Die Funktion *nQueens* in Abb. 5.31 erhält als Parameter ein (vorbesetztes) Schachbrett und versucht, eine Dame in der Spalte k konfliktfrei zu platzieren. Der Lambda-Ausdruck *tryCell* überprüft, ob die Dame in der Spalte k mit den Damen in den Spalten 0 bis $k-1$ zu einer Regelverletzung führt. Ist dieses der Fall, so wird *false* ansonsten *true* zurückgegeben.

In einer Schleife werden für die Spalte k alle möglichen Zeilen i überprüft. Ist eine gültige Zeile i gefunden, so wird für diese Kombination entsprechend dem Fork-Join-Muster eine asynchrone Kinder-Task gestartet.

```cpp
template<typename T>
std::vector<T> wait_for_all(std::vector<std::future<T>>&
    futures) {
  std::vector<T> values;
  for(auto& f:futures)
    values.push_back(f.get());
  return values;
}
```

Abb. 5.30 Die Funktion entnimmt die Werten aus den einzelnen Future-Objekten

```cpp
using Chessboard = std::array<int, 8>;

unsigned nQueens(Chessboard board, unsigned k = 0) {
  /* --Test if solution is found. */
  if (k == board.size())
    return 1;
  else {

    /* --Test if column is not attacked. */
    auto tryCell = [&]() {
      for (unsigned i = 0; i<k; i++)
        if (board[i] == board[k] || std::abs(board[i] - board[k]) == (k - i))
          return false;
      return true;
    };

    /* --Launch strategy. */
    auto strategy = (k<3 ? std::launch::async : std::launch::deferred);

    /* --Create children. */
    std::vector<std::future<unsigned>> children;

    for (unsigned i = 0; i<board.size(); i++) {
      board[k] = i;
      if (tryCell())
        children.push_back(std::async(strategy, nQueens, board, k + 1));
    }

    /* --Wait for the completion and collect results. */
    auto values = wait_for_all(children);

    /* --Sum the values. */
    return std::accumulate(values.begin(), values.end(), 0);
  }
}
```

Abb. 5.31 Die rekursive Funktion *nQueens* verwendet asynchrone Aufrufe, um alle Möglichkeiten auszuprobieren

Der C++-Standard sieht vor, dass beim *async*-Aufruf mit dem Parameter *std::launch::async* ein eigener Thread gestartet wird. Dieses führt bei einer großen Anzahl von parallelen asynchronen Aufrufen, wie dem n-Damen-Problem sehr schnell dazu, dass keine Threads mehr im Betriebssystem gestartet werden können und die Anwendung dann abstürzt. Das Beispielprogramm löst dieses Problem dadurch, dass nur für die ersten drei Spalten ein eigener Thread gestartet wird und für alle weiteren Spalten der asynchrone Aufruf im Kontext des aufrufenden Threads überprüft werden.

Das Arbeiten mit asynchronen Tasks hat einige „Fallstricke", wie das Beispiel in Abb. 5.32 zeigt. Es werden zwei Threads gestartet, die den Lambda-Ausdruck *aMoment* auswerten. Für einen Zeitraum von *t* Millisekunden pausiert die weitere Ausführung. Obwohl zwei Threads gestartet werden, wird das Programm synchron ausgeführt, d.h. die Ausführung des Beispiels dauert fünf Sekunden.:

```
───────────── Konsole ─────────────
Running the threads... took 5001 ms.
```

Die beiden Future-Objekte, die der *async*-Aufruf zurückliefert, werden keiner Variablen zugewiesen, sondern diese existieren nur temporär. Allerdings blockiert ein Future-Objekt im Destruktor, solange bis die Berechnung abgeschlossen ist, auch wenn im weiteren das Future-Objekt nicht weiter benötigt wird.

```cpp
using Milliseconds = std::chrono::milliseconds;
using namespace std::chrono_literals;

/* --Just wait a moment. */
auto aMoment = [] (Milliseconds t) {
  std::this_thread::sleep_for(t);
};


void nofuture() {

  /* --The initial time stamp. */
  auto now=std::chrono::system_clock::now();
  std::cout << "Running the threads... " << std::flush;

  /* --Run 1. thread. */
  std::async(std::launch::async,aMoment,3000ms);

  /* --Run 2. thread. */
  std::async(std::launch::async,aMoment,2000ms);

  auto later=std::chrono::system_clock::now();

  /* --Elapsed time. */
  std::cout << "took "
      << std::chrono::duration_cast<Milliseconds>(later-
          now).count()
      << " ms." << std::endl;

}
```

Abb. 5.32 Die Funktion *nofuture* führt die asynchronen Aufrufe hintereinander aus

```cpp
void future() {

    /* --The initial time stamp. */
    auto now=std::chrono::system_clock::now();
    std::cout << "Running the threads..." << std::flush;

    /* --Run 1. thread. */
    auto f = std::async(std::launch::async,aMoment,3s);

    /* --Run 2. thread. */
    auto g = std::async(std::launch::async,aMoment,2s);

    /* --Wait for completion. */
    f.wait();
    g.wait();

    auto later=std::chrono::system_clock::now();

    /* --Elapsed time. */
    std::cout << "took "
        << std::chrono::duration_cast<Milliseconds>(later-
            now).count()
        << " ms." << std::endl;

}
```

Abb. 5.33 Die beiden asynchronen Aufrufe werden parallel ausgeführt

Abb. 5.33 zeigt hingegen, wie der asynchrone Aufruf tatsächlich zu einer Parallelisierung und einer Gesamtlaufzeit von drei Sekunden führt:

```
───────────────────────── Konsole ──────────────────────────
Running the threads... took 3001 ms.
```

5.1.6 Parallele Algorithmen

In C++98 ist eine Sammlung von Containerklassen und Algorithmen (Standard Template Library, STL) eingeflossen, die C++17 jetzt um die Möglichkeit der Parallelisierung erweitert hat.

Die aktuellen C++-Compilerumgebungen unterstützen noch nicht alle neuen Möglichkeiten. Daher wird im Folgenden die *HPX-Bibliothek* eingesetzt, die die parallelen Algorithmen standardkonform in C++ realisiert (siehe Heller et al. 2017). Der Namensraum ist daher *hpx::parallel* statt *std*.

Am Beispiel des „Apfelmännchens" in Abb. 5.34 werden einige der Algorithmen vorgestellt. Eine komplexe Zahl c gehört zur Mandelbrotmenge $\mathbb{M}$, wenn die Folge

$$z_{n+1} = z_n^2 + c \quad \text{mit } z_0 = 0 \tag{5.2}$$

beschränkt ist, also nicht ins Unendliche wächst. Es reicht dabei zu zeigen, dass gilt

$$\limsup_{n \to \infty} |z_{n+1}| \leq 2 \quad . \tag{5.3}$$

Die Entscheidung, ob $c \in \mathbb{M}$ oder $c \notin \mathbb{M}$ gilt, wird über ein Iterationsverfahren bestimmt. Die Darstellung der Näherungslösung für $\mathbb{M}$ erfolgt in der komplexen Ebene. Unterschiedliche Farben respektive Grautöne können eingesetzt werden, um die Divergenz des Interationsverfahrens zu visualisieren.

```cpp
using Complex = std::complex<double>;
using Image = std::vector<std::byte>;

void mandelbrot(unsigned width, unsigned height, Complex c0, Complex
    c1, Image& image);
```

Die Funktion *mandelbrot* berechnet in einem rechtwinkeligen Gebiet, welches durch zwei komplexe Zahlen *c0* und *c1* aufgespannt wird, die Elemente, die zur Mandelbrotmenge gehören: Die beiden Parameter *width* und *height* geben die Anzahl der Elemente im Gitter an. Das Ergebnis wird in ein Grauwertbild *image* zurückgegeben. Eine Folge von Byte-Werten repräsentiert hierbei ein Grauwertbild.

Abb. 5.34 Das „Ampelmännchen" gibt die komplexen Zahlen der Mandelbrotmenge an

Die nachfolgende Implementierung verwendet eine Auswahl der Algorithmen aus der STL, die parallelisiert sind. Zur Veranschaulichung der Möglichkeiten der Bibliothek sowie einiger der vorgestellten Verfahren aus dem Abschn. 4.5 verzichtet dieses Beispiel weitgehend auf die Programmierung expliziter (for-) Schleifen und setzt konsequent die Algorithmen der STL ein.

In einem Iterationsverfahren werden die Elemente der Mandelbrotmenge berechnet. Die Berechnung eines Wertes ist nur vom vorherigen Wert abhängig und somit unabhängig von den benachbarten Elementen. Das gesamte Verfahren gliedert sich in die folgenden einzelnen Schritte. Als Ausgang wird ein Vektor *one* mit der Größe entsprechend der Anzahl der Gitterpunkte mit dem Wert *1* initialisiert.

1. Aus dem Vektor *one* wird ein weiterer Vektor *index* berechnet, dessen Elemente den Index angeben.
2. Aus dem Index wird für jedes Element eine zugehörige komplexe Zahl c berechnet, die als Startwert für das darauffolgende Iterationsverfahren eingesetzt wird. Dieser *value* wird zusammen mit einem Zähler für die Iterationsschritte *iterations* in einem Vektor *plane* gespeichert.
3. Aus dem Ergebnis des Iterationsverfahrens wird das Grauwertbild *image* abgeleitet und abschließend im PGM-Format gespeichert.

Die Elemente in dem Gitter werden im ersten Schritt (siehe Abb. 5.35) zeilenweise durchnummeriert. Um diesen Index zu berechnen werden das Gitter zuerst mit dem Wert 1 initialisiert und anschließend die exklusive Präfixsumme parallel bestimmt.

Die Ausführungsstrategie bestimmt, wie der Algorithmus parallelisiert wird. Hierbei sind standardmäßig drei Varianten möglich:

- *std::execution::seq* Der Algorithmus wird *sequenziell* ausgeführt.
- *std::execution::par* Der Algorithmus wird *parallel* ausgeführt.
- *std::execution::par_unseq* Der Algorithmus wird *parallel mit SIMD-Verfahren* ausgeführt.

```cpp
/* --Parallele Ausführungsstrategie. */
auto policy=hpx::parallel::execution::par;

std::vector<unsigned> one(height*width,1);
std::vector<unsigned> index(one.size());

/* --Berechne den Index für jedes Element. */
hpx::parallel::exclusive_scan(policy,one.begin(),one.end(),index.begin(),0);
```

Abb. 5.35 Die exklusive Präfixsumme gibt den Index innerhalb des Berechnungsgebietes an

Die ausgewählte Möglichkeit der Parallelisierung muss durch die eingesetzte Hardware-Plattform unterstützt werden.

Der nachfolgende Schritt in Abb. 5.36 ermittelt aus dem Index im Berechnungsgebiet die jeweilige komplexe Zahl c. Die Struktur *Cell* beinhaltet zum einen die zugehörige komplexe Zahl sowie die Anzahl der Iterationsschritte im dritten Schritt, die anfangs mit null initialisiert werden. Der *transform*-Algorithmus bildet die Elemente eines Eingabevektors auf einen Ausgabevektor ab (entspricht somit der bereits vorgestellten *Map*-Operation). Hierzu wird eine Funktion, im Beispiel der Lambda-Ausdruck *initialize,* entsprechend ausgewertet. Aufgrund der parallelen Auswertung darf die Funktion keine Seiteneffekte aufweisen.

Abb. 5.37 zeigt das Iterationsverfahren zur Bestimmung, ob eine Zahl zur Mandelbrotmenge gehört. Der *for_each*-Algorithmus realisiert eine parallele Schleife, die ähnlich wie der zuvor vorgestellte Algorithmus auf einem Vektor von Daten arbeitet. Hierbei sind jedoch der Eingabe- und der Ausgabevektor identisch.

Der letzte Schritt bestimmt einen Grauwert entsprechend dem Ergebnis aus der Iteration. Der Algorithmus in Abb. 5.38 bildet die Anzahl der Iterationsschritte auf einen Grauwert ab.

Der Aufruf (siehe Abb. 5.39) im Hauptprogramm berechnet die Elemente im Berechnungsgebiet $-2+i$ (linke obere Ecke) und $1-i$ (rechte untere Ecke). Durch die Einführung von (benutzerdefinierten) Literalen mit C++11 können komplexe Zahlen (*std::complex*-Klasse) in der üblichen mathematischen Schreibweise angegeben werden. Die Funktion *toPGM* wandelt das Grauwertbild in das PGM-Format um, das anschließend in der Datei *mandelbrot.pgm* gespeichert wird.

```
struct Cell {
  Complex value;
  unsigned iterations;
  Cell(Complex v =0, unsigned i =0):value(v),iterations(i) {}
};
std::vector<Cell> plane(index.size());

double dr=(c1-c0).real()/(width-1);
double di=(c1-c0).imag()/(height-1);

auto initialize = [=] (unsigned i) {
  /* --Berechne 2D Index. */
  unsigned r_index = i%width;
  unsigned i_index = i/width;
  /* --Bestimme den Wert c. */
  return Cell(c0+Complex(r_index*dr,i_index*di));
};

hpx::parallel::transform(policy,index.begin(),index.end(),plane.begin(),initialize);
```

Abb. 5.36 Aus dem Index i bestimmt der Lambda-Ausdruck *initialize* die komplexe Zahl c

```cpp
unsigned iterations=100;

auto iterate = [=] (Cell& c) {
  unsigned i=0;
  Complex z=c.value;
  do {
    /* --Iterationsschritt. */
    z=(z*z)+c.value;
  } while (++i<iterations && std::abs(z)<=2.);
  /* --Schreibe Ergebnis zurück. */
  c.value=z;
  c.iterations=i;
};

hpx::parallel::for_each(policy,plane.begin(),plane.end(),
    iterate);
```

Abb. 5.37 Das Iterationsverfahren bricht ab, wenn $|z| > 2$ gilt oder die maximale Anzahl von Iterationen erreicht ist

```cpp
image.resize(plane.size());

auto gray = [=] (const Cell& c) {
  return static_cast<std::byte>((iterations-c.iterations)
      *255/iterations);
};

hpx::parallel::transform(policy,plane.begin(),plane.end()
    ,image.begin(),gray);
```

Abb. 5.38 Für die Berechnung der Grauwerte berücksichtigt der Lambda-Ausdruck *gray* die Anzahl der Iterationsschritte

5.1.7 Speicherausrichtung

Die Variablen und Objekte im Speicher werden an Adressen ausgerichtet, um einen schnellen Zugriff zu ermöglichen. Üblicherweise ist die Speicherausrichtung *(Alignment)* in der praktischen Software-Entwicklung eher uninteressant, da die Optimierung durch den Compiler erfolgt. Allerdings ist es beispielsweise für die Vermeidung von *False Sharing*-Effekten erforderlich, dass zwei oder mehrere Elemente in unterschiedlichen Cachezeilen abgelegt (siehe Abschn. 3.4.2) werden. In diesem Fall muss der Entwickler eine bestimmte Ausrichtung in der Programmierung erzwingen.

```cpp
using namespace std::complex_literals;

int main() {
  std::cout << "Mandelbrot calculation..." << std::endl;

  /* --Parallele Berechnung der Mandelbrotmenge. */
  const unsigned width=3*1024, height=2*1024;
  Image image;
  mandelbrot(width,height,-2.+1i,1.-1i,image);

  /* --In Datei schreiben. */
  std::string filename="mandelbrot.pgm";
  std::ofstream fout(filename);
  fout << toPGM(width,height,image.data());
  fout.close();
  std::cout << "File " << filename << " created." << std
      ::endl;

  return 0;
}
```

Abb. 5.39 Das Hauptprogramm ruft die Funktion *mandelbrot* auf und speichert das Ergebnis als Grauwertbild ab

C++11 unterstützt es, die Speicherausrichtung programmtechnisch zu beeinflussen. Da die Ausrichtung von Daten immer plattformabhängig ist, wird diese nicht fest vorgeschrieben, sondern kann durch Befehle erfragt und unter bestimmten Randbedingungen erzwungen werden. Da beispielsweise die Länge einer Cachezeile abhängig von der Hardware-Architektur ist, bleiben Programmteile mit expliziter Speicherausrichtung nur eingeschränkt portabel.

```cpp
std::cout << "char " << alignof(char)
  << "\nuint8_t " << alignof(uint8_t)
  <<  "\nint " << alignof(int)
  << "\ndouble " << alignof(double)
  << "\nuint64_t " << alignof(uint64_t)
  << "\nstd::max_align_t " << alignof(std::max_align_t)
  << std::endl;
```

Vergleichbar zum *sizeof*-Operator, der die Speichergröße eines Objektes bestimmt, gibt *alignof* die Ausrichtung des Parameters in Byte zurück. Ist beispielsweise die Ausrichtung für einen Datentyp vier Bytes, dann werden Objekte des entsprechenden Typs immer an Speicheradressen ausgerichtet, die ein Vielfaches von vier sind. Der Typ *std::max_align_t* entspricht dem Datentyp, der zahlenmäßig die größte Ausrichtung hat. Die Ausgabe des obigen Beispiels ist:

```
────────────────── Konsole ──────────────────
char 1
uint8_t 1
int 4
double 8
uint64_t 8
std::max_align_t 16
```

Die Funktion *address* wandelt den Inhalt des Zeiger *ptr,* die Adresse in einen ganzzahligen
Wert um und gibt diesen zurück. Die Funktion *isAligned* verwendet die *address*-Funktion,
um zu überprüfen, ob die Adresse ein ganzzahliges Vielfaches des *alignment*-Parameters
ist.

```cpp
/* --Adresse in Wert umwandeln. */
template<typename T>
inline std::uintptr_t address(const T& obj) {
  const T* ptr=std::addressof(obj);
  return reinterpret_cast<std::uintptr_t>(ptr);
}


/* --Teste Speicherausrichtung. */
template<typename T>
inline bool isAligned(const T& obj, size_t align = alignof(T)) {
  return !(address(obj) % align);
}
```

Die *isAligned*-Funktion testet, ob die tatsächliche Ausrichtung der erwarteten entspricht.

```cpp
template<typename T>
inline void testAlignment(const std::string& t, const T& obj,
    size_t align = alignof(T)) {
  std::cout << t << "_@_0x" << std::hex
      << address(obj) << std::dec
      << "_aligned_to_" << align << "?_"
      << std::boolalpha << isAligned(obj,align)
      << std::noboolalpha << std::endl;
}


#define ALIGNMENT(var) testAlignment(#var,var)
#define ALIGNMENT_CHECK(var,align) testAlignment(#var,var,align)
```

Die Funktion *testAlignment* gibt einen Text sowie die Adresse in hexadezimaler Schreibweise aus und testet die Ausrichtung. Die beiden Makro-Definitionen *ALIGNMENT* und
ALIGNMENT_CHECK vereinfachen die Schreibweise beim Aufruf.

Das Schlüsselwort *alignas* und ein Parameter (Anzahl in Byte) ändert die Speicherausrichtung entsprechend. Das Schlüsselwort kann bei der Definition einer Variablen, eines
Objektes, einer Struktur oder Klasse eingesetzt werden. Bezüglich des Parameters sind
bestimmte Anforderungen einzuhalten, die plattformabhängig sein können. Die Ausrichtung

ist eine Zweierpotenz der Form 2^i, wobei der Typ *std::max_align_t* die maximal mögliche Ausrichtung hat, die die einsetzte Plattform (Hardware, Compiler) unterstützt. Wird eine größere Speicherausrichtung erzwungen *(over-alignment),* so ist dieses nicht portabel.

Im folgenden Beispiel werden zwei Variable *x* und *y* definiert, wobei für die zweite Variable eine Ausrichtung an 16-Byte-Grenzen durch die *alignas(16)*-Anweisung erzwungen wird. Die Adressen der beiden Variablen werden auf dem Bildschirm ausgegeben.

```
/* --Speicherausrichtung von Variablen. */
uint8_t x=12;
alignas(16) uint8_t y=34;

/* --Überprüfe die Ausrichtung. */
ALIGNMENT(x);

ALIGNMENT_CHECK(y,16);
ALIGNMENT_CHECK(y,512);
```

Anschließend wird die Ausrichtung von *x* und *y* überprüft.

```
/* --Bytefeld in Cachezeile legen. */
AlignedCacheline<64> line;

ALIGNMENT_CHECK(line,line.size());
```

Beide Variablen haben die erwartete Ausrichtung. Die Variable *y* ist zwar an 16-Byte- aber nicht an 512-Byte-Grenzen ausgerichtet.

```
─────────────────────── Konsole ───────────────────────
x @ 0x7ffd32c4445f aligned to 1? true
y @ 0x7ffd32c44450 aligned to 16? true
y @ 0x7ffd32c44450 aligned to 512? false
```

Um beispielsweise Variablen in unterschiedlichen Cachezeilen anzuordnen und das False Sharing zu unterbinden, können diese am Anfang unterschiedlicher Zeilen platziert werden. Ist die Länge einer Cachezeile für die eingesetzte Plattform bekannt, so erzwingt das folgende Beispiel die Platzierung eines Feldes in genau eine Cachezeile.

Die Struktur *AlignedCacheline* hat ein Feld von Werten entsprechend der Größe einer Cachezeile, die auf den Beginn einer Cachezeile ausgerichtet wird. Der Parameter *csize* gibt die Größe der Cachezeile an.

```
template<size_t csize> struct AlignedCacheline {
  /* --Ausrichtung erwzingen. */
  alignas(csize) uint8_t data[csize];

  static size_t size() { return csize; }
};
```

Das folgende Beispiel legt ein Objekt *line* an, welches vollständig in eine Cachezeile ausgerichtet wird.

```
────────────────────────── Konsole ──────────────────────────
line @ 0x7ffd32c44480 aligned to 64? true
```

```cpp
const size_t SIZE=1024, ALIGN=64;

using AlignedContainer = std::aligned_storage<SIZE,16>::type;
AlignedContainer container;
ALIGNMENT(container);

/* --C++14 Typdefinition (vereinfachte Schreibweise). */
std::aligned_storage_t<SIZE,ALIGN> box;
ALIGNMENT(box);
```

Die beispielhafte Ausgabe gibt die Adresse sowie die Prüfung der erwarteten Ausrichtung auf dem Bildschirm aus.

```
────────────────────────── Konsole ──────────────────────────
container @ 0x7ffd32c448c0 aligned to 16? true
box @ 0x7ffd32c444c0 aligned to 64? true
```

Um zur Laufzeit dynamisch Speicher ausgerichtet zu allokieren, kann die Funktion *std::aligned_alloc* verwerdet werden. Die Startadresse aber nicht jedes einzelne Element des Feldes sind ausgerichtet. Im Unterschied dazu allokiert die Funktion *std::malloc* immer auf den Wert *std::max_align_t* ausrichtet.

```cpp
/* --Dynamische Speicherallokation. */
double* numbers=new double[SIZE];
ALIGNMENT(numbers[0]);

/* --C11 Funktion. */
double* data=(double*)aligned_alloc(ALIGN,SIZE*sizeof(double));
ALIGNMENT_CHECK(data[0],ALIGN);
```

```
────────────────────────── Konsole ──────────────────────────
numbers[0] @ 0x1612e80 aligned to 8? true
data[0] @ 0x1614ec0 aligned to 64? true
```

5.2   POSIX Threads

Im Gegensatz zur C++-Standardbibliothek ist *POSIX* nicht Bestandteil sondern eine standardisierte Erweiterung der Programmiersprache C für UNIX-ähnliche Betriebssysteme. Der grundsätzliche Umfang ist dem C++-Standard vergleichbar. Jedoch ist POSIX bereits seit langem auf den meisten UNIX-Betriebssystemen verfügbar und setzt auf C und nicht auf C++ auf. Es bestehen mehr Möglichkeiten, das Laufzeitverhalten von Threads zu beeinflussen.

Die Verwendung von POSIX-Threads widerspricht dem vorgestellten Prinzip einer feingranularen Parallelisierung im Abschn. 4.1.3. Daher wird in dieser Übersicht nur auf die Möglichkeit eingegangen, die *Affinität* eines Threads zu definieren. Als Affinität wird die Eigenschaft beschrieben, die Ausführung und die Migration eines Threads auf bestimmte Rechenkerne zu begrenzen. Eine umfangreiche Einführung in *pthreads* ist in Butenhof (1997) zu finden.

5.2.1 Einleitung

Das Code-Beispiel in 5.40 zeigt eine C-Funktion, die von einem pthread ausgeführt wird. Solch eine Funktion muss einen einzigen *void**-Parameter akzeptieren und einen *void**-Zeiger zurückliefern. Der pthread endet, wenn die Funktion beendet wird. Das Erzeugen eines Threads erfolgt durch den Befehl

```
int pthread_create(pthread_t *thread,
    const pthread_attr_t *attr, void *(*start_routine) (void *),
        void *arg);
```

Nach dem Erzeugen eines Threads wird dieser gestartet und beginnt mit der Ausführung der *start_routine*. Es können zusätzliche Attribute eines Threads als zweiter Parameter *attr* übergeben werden. Die folgende Anweisung suspendiert den aufrufenden pthread, bis der als Parameter übergebene Thread beendet ist. Der Rückgabewert des jetzt beendeten Threads befindet sich im zweiten Parameter der *pthread_join*-Funktion.

```
int pthread_join(pthread_t thread, void **retval);
```

Das Beispiel in 5.41 erzeugt zwei Threads mit der *pthread_create*-Funktion. Jeder Thread erhält als Parameter eine Kennung *i0* resp. *i1*.

```
void* pfun(void* arg) {
  int* ident=(int*)arg;

  std::cout << "pThread_" << *ident << "_is_starting..."
     << std::endl;

  /* --Einen Augenblick warten. */
  sleep(1);

  /* --Rückgabewert. */
  return NULL;
}
```

Abb. 5.40 Ein pthread ist eine C-Funktion mit einem Parameter

```cpp
void example4()  {
  std::cout << "Example:_Running_pThreads.\n";

  pthread_t t0,t1;
  int i0=0,i1=1;

  /* --Erzeuge 2 pThreads. */
  if (pthread_create(&t0,NULL,pfun,(void*)&i0) != 0)
    std::cerr << "Failed_to_create_pthread." << std::endl
        ;

  if (pthread_create(&t1,NULL,pfun,(void*)&i1) != 0)
    std::cerr << "Failed_to_create_pthread." << std::endl
        ;

  /* --Warte auf die Beendigung der pThreads. */
  pthread_join(t0,NULL);
  pthread_join(t1,NULL);

  /* --Warten, bis die beiden Threads terminiert sind. */
  std::cout << "The_pthreads_have_finished_their_work."
      << std::endl;
}
```

Abb. 5.41 Es werden zwei Threads erzeugt und gewartet, bis beide beendet sind

Auf dem Bildschirm wird ausgegeben:

```
──────────── Konsole ────────────
Example: Running pThreads.
pThread 1 is starting...
pThread 0 is starting...
The pthreads have finished their work.
```

5.2.2 Affinität

Für einen Thread kann eine Menge von Rechenkernen angegeben werden, auf denen der
Thread ausgeführt werden darf. Das Scheduling im Betriebssystem wird dementsprechend
angepasst. Die Affinität kann erst nach dem Erzeugen des Threads geändert werden. Hierbei
wird unter Umständen der Thread auf einen anderen Rechenkern migriert, falls sich der
aktuelle Kern nicht in der Menge der affinen Rechenkerne befindet. Mit den beiden folgenden
C-Funktionen kann die Affinität eines Threads geändert resp. gelesen werden:

```cpp
int pthread_setaffinity_np(pthread_t thread, size_t cpusetsize,
    const cpu_set_t *cpuset);

int pthread_getaffinity_np(pthread_t thread, size_t cpusetsize,
    cpu_set_t *cpuset);
```

Die beiden Methoden sind nicht Bestandteil des POSIX-Standards und besitzen als Endung
_np (non-portable). Die gezeigten Beispiele sind unter Linux lauffähig. Der Datentyp
cpu_set_t beschreibt die Menge der affinen Rechenkerne. Eine Variable des Datentyps lässt
sich durch *CPU_*-Makros verändern. Mit *CPU_ZERO* wird die Menge zurückgesetzt, mit
CPU_SET können einzelne Rechenkerne hinzugefügt werden. Das Makro *CPU_ISSET*
prüft, ob ein bestimmter Kern in der Menge enthalten ist. Das Beispiel in 5.42 und 5.43
zeigt, wie zwei Threads auf unterschiedlichen Rechenkerne ausgeführt werden. Da zwei
Threads zeitgleich auf den Bildschirm ausgeben, ist das Ergebnis teilweise durcheinander:

```
———————————————————————— Konsole ————————————————————————
Example: Setting Core Affinity with pThreads.
I'm a heavyworker waiting ...
I'm a heavyworker waiting ...
core #core #0 yes core #1 no core #2 no core #30 no  no core #1 yes core #
2 no core #3 no
My work is finished.
My work is finished.
```

```cpp
void* heavyworker(void*) {
    std::cout << "I'm_a_heavyworker_waiting_..." << std::endl;
    sleep(5);

    /* --pTID abfragen. */
    pthread_t tid=pthread_self();

    /* --Affinität abfragen. */
    cpu_set_t affinity;
    if (pthread_getaffinity_np(tid,sizeof(cpu_set_t),&affinity) !=0)
        std::cerr << "Failed_to_get_the_core_affinity." << std::endl;

    /* --Affinität ausgeben. */
    for(uint32_t i=0;i<4;i++)
        std::cout << "core_#" << i << (CPU_ISSET(i,&affinity)?"_yes_":"_no_");
    std::cout << std::endl;

    /* --Erzeuge Rechenlast. */
    cpuload(12);

    std::cout << "My_work_is_finished." << std::endl;

    return NULL;
}
```

Abb. 5.42 Diese Funktion gibt die Affinität des eigenen Threads aus

```cpp
void example5() {
  std::cout << "Example:_Setting_Core_Affinity_with_
     pThreads.\n";

  pthread_t t0,t1;

  /* --Erzeuge 2 pThreads. */
  if (pthread_create(&t0,NULL,heavyworker,NULL) != 0)
    std::cerr << "Failed_to_create_pthread." << std::endl
       ;

  if (pthread_create(&t1,NULL,heavyworker,NULL) != 0)
    std::cerr << "Failed_to_create_pthread." << std::endl
       ;

  /* --Setze die Affinität der Threads. */
  cpu_set_t affinity;
  size_t cpusetsize=sizeof(affinity);

  /* --Menge der affinen Kerne löschen. */
  CPU_ZERO(&affinity);
  /* --Kern 0 hinzufügen. */
  CPU_SET(0,&affinity);

  if (pthread_setaffinity_np(t0,cpusetsize,&affinity)
     !=0)
    std::cerr << "Failed_to_set_the_core_affinity." <<
        std::endl;

  /* --2. Thread auf Kern 1 laufen lassen. */
  CPU_ZERO(&affinity);
  CPU_SET(1,&affinity);

  if (pthread_setaffinity_np(t1,cpusetsize,&affinity)
     !=0)
    std::cerr << "Failed_to_set_the_core_affinity." <<
        std::endl;

  /* --Warten, bis die beiden Threads terminiert sind. */
  pthread_join(t0,NULL);
  pthread_join(t1,NULL);
}
```

Abb. 5.43 Es werden zwei Threads erzeugt und auf unterschiedliche Rechenkerne verschoben

Das letzte Beispiel in 5.44 zeigt einen Thread, der von einem zum nächsten Rechenkern migriert. Hierzu wird sukzessive die Affinität geändert. Die Ausgabe auf einem Rechner mit 72 Rechenkernen ist:

```cpp
/* --Thread wandert von Core zu Core. */
void* wanderer(void*) {
  bool done=false;
  uint32_t core=0;

  pthread_t myself=pthread_self();
  cpu_set_t affinity;

  /* --Wandere von Kern zu Kern. */
  while (!done) {
    /* --Bestimme den nächsten Kern. */
    CPU_ZERO(&affinity);
    CPU_SET(core,&affinity);
    /* --Affinität setzen. */
    if (pthread_setaffinity_np(myself,sizeof(cpu_set_t),&
        affinity) !=0)
      done=true;
    else {
      std::cout << "I've moved to core #" << core << std
          ::endl;
      core++;
      /* --Rechenlast erzeugen. */
      cpuload(14);
    }
  }

  return NULL;
}
```

Abb. 5.44 Der Thread wandert von einem zu einem anderen Rechenkern

```
───────────────────────────────── Konsole ─────────────────────────────────
Example: pThread visits all cores.
I've moved to core #0
I've moved to core #1
I've moved to core #2
I've moved to core #3
I've moved to core #4
I've moved to core #5
I've moved to core #6
I've moved to core #7
I've moved to core #8
I've moved to core #9
I've moved to core #10
I've moved to core #11
I've moved to core #12
I've moved to core #13
I've moved to core #14
I've moved to core #15
I've moved to core #16
I've moved to core #17
I've moved to core #18
I've moved to core #19
I've moved to core #20
I've moved to core #21
I've moved to core #22
I've moved to core #23
I've moved to core #24
I've moved to core #25
I've moved to core #26
I've moved to core #27
I've moved to core #28
I've moved to core #29
I've moved to core #30
I've moved to core #31
I've moved to core #32
I've moved to core #33
I've moved to core #34
I've moved to core #35
I've moved to core #36
I've moved to core #37
I've moved to core #38
I've moved to core #39
I've moved to core #40
I've moved to core #41
I've moved to core #42
I've moved to core #43
I've moved to core #44
I've moved to core #45
I've moved to core #46
I've moved to core #47
I've moved to core #48
I've moved to core #49
I've moved to core #50
I've moved to core #51
I've moved to core #52
I've moved to core #53
I've moved to core #54
I've moved to core #55
I've moved to core #56
I've moved to core #57
I've moved to core #58
I've moved to core #59
I've moved to core #60
I've moved to core #61
I've moved to core #62
I've moved to core #63
I've moved to core #64
I've moved to core #65
I've moved to core #66
I've moved to core #67
I've Thred to core #68
I've moved to core #69
I've moved to core #70
I've moved to core #71
```

5.3   Threading Building Blocks

Die Threading Building Blocks-Bibliothek (TBB) von Intel enthält eine Sammlung verschiedener Mechanismen zur Realisierung von parallelen Programmen mit der Programmiersprache C++ (Reinders 2007, Uelschen 2011). Die aktuelle Version ist 4.4. Die zugrunde liegende Philosophie der Bibliothek ist es, dem Anwendungsprogrammierer eine abstraktere Schnittstelle als beispielsweise *POSIX Threads* (vorheriger Abschnitt) bereitzustellen und somit diesen von sehr betriebssystemnaher Programmierung zu entlasten.

5.3.1   Einleitung

Die TBB ist eine C++-Klassenbibliothek, die auf Templates basiert und sich in vielen Konzepten an der Standard Template Library (STL) orientiert. Es existieren eine Open Source- und eine kommerzielle Version, wobei diese funktional identisch und nur in den Lizenzbedingungen unterschiedlich sind. Als Plattformen werden Linux, Windows und MacOS X unterstützt. Ein wesentliches Entwicklungsziel der TBB ist die Entlastung des Entwicklers von Hardware-Details und damit eine stärkere problem- und lösungsorientierte Fokussierung. Hierbei ist die Skalierbarkeit ein wichtiges Entwurfskriterium der Bibliothek. Die folgenden Komponenten sind in der TBB enthalten:

- Parallelisierung von Schleifen. Die parallele Ausführung von Schleifen lässt sich einfach realisieren, wenn keine Abhängigkeiten zwischen den einzelnen Iterationen existieren.
- Speichermanagement. Zur Vermeidung des *False Sharing*-Phänomens unterstützt die Bibliothek Funktionen zur Cache-sensitiven Reservierung von Hauptspeicher. Zum Einsatz kommen hierbei Allokatoren-Klassen.
- Thread-safe Container-Klassen. Die Container-Klassen der STL sind nicht gegen einen gleichzeitigen Zugriff paralleler Threads geschützt. Es werden daher Klassen für Vektoren, Hash-Tabellen und Warteschlangen unterstützt.
- Explizite Synchronisierung und atomare Operationen. Zur Synchronisierung von parallel arbeitenden Threads stellt die TBB beim Zugriff auf gemeinsame Objekte eine Reihe unterschiedlicher Mutex-Klassen zur Verfügung. Für einige Anwendungen sind atomare Operationen wie *Comparison and Exchange* wesentlicher schneller, die auch durch die Bibliothek unterstützt werden.
- Parallele Ausführungseinheiten. Ein neues Konzept sind *Tasks,* das sind nebenläufige Aufgaben. Da diese Objekte sehr leichtgewichtig und damit effizient sind, lassen sich sehr viele, Tausende oder sogar Millionen, in der eigenen Anwendung verwenden.
- Hilfsklassen. Des Weiteren sind einige Klassen, beispielsweise zur einfachen Zeitmessung, Bestandteil der TBB.

Insbesondere das Task-Konzept der TBB bietet im Gegensatz zu Threads eine einfache Möglichkeit, sein Programm skalierbar und damit unabhängig von der tatsächlichen Anzahl von physikalischen Rechenkernen zu machen. Eine Task ist ein C++-Objekt, welche den Vorteil hat, dass diese sich effizient erzeugen und löschen kann im Gegensatz zu den Threads des Betriebssystems. Skalierbarkeit ist dadurch Bestandteil der TBB-Bibliothek und muss nicht explizit durch den Anwender programmiert werden.

Die TBB-Bibliothek orientiert sich am C++11-Standard, beispielsweise werden *Lambda-Funktionen* berücksichtigt (siehe Abschn. 5.1.2). Die TBB definiert einen eigenen Namensraum *tbb*. Einzelne Komponenten werden wie üblich durch *#include* eingebunden.

5.3.2 Parallele Schleifen

Zu Beginn wird ein wichtiges Konzept aus der STL wiederholt, da die TBB dieses bei der Parallelisierung von Schleifen angewendet. So lassen sich in objektorientierten Sprachen Funktionen als Klassen (bzw. Objekt) definieren und verwenden. Dieser Ansatz wird als *Funktionsobjekt* oder *Funktor* bezeichnet. Diese Klassen überladen den ()-Operator, um eine funktionsartige Auswertung in der gewohnten mathematischen Schreibweise zu realisieren. So lässt sich beispielsweise $\sin(x)$ schreiben, wobei sin keine Funktion sondern ein Objekt ist, bei dem der ()-Operator mit einem Parameter aufgerufen wird. Der Vorteil von Funktionsobjekten ist es, dass diese flexibler als C-Funktionszeiger verwendet werden können. So lassen sich Parameter als Attribute der Klasse realisieren. Funktionsobjekte kommen nachfolgend bei der Schleifenparallelisierung zum Einsatz.

Schleifen sind einfach zu parallelisieren, wenn die einzelnen Ausführungen des Schleifenrumpfes voneinander unabhängig sind und die Berechnungen nicht aufeinander aufbauen. Das ist zwar nicht immer, aber oftmals der Fall. Das parallele Äquivalent zur for-Schleife ist *parallel_for*. Hierbei handelt es sich um ein Funktionstemplate, welches deklariert ist als

```
template<typename Range, typename Body>
void tbb::parallel_for(const Range& range,
    const Body& body [, partitioner]);
```

und drei Parameter besitzt: den Wertebereich *range,* den eigentlichen Schleifenrumpf *body* und optional einen Partitionierer *partitioner.*

Die Schleife durchläuft den Wertebereich, der durch das halboffene Intervall $[a, \ldots, b)$ definiert wird. Für jeden Wert wird der Schleifenrumpf einmal ausgeführt. Diese entspricht einer sequenziellen Schleife der Anweisung `for`(i=a;i<b;i++). Die TBB bietet mehrere Wertebereich-Klassen an. Zum Beispiel gibt es für den eindimensionalen Fall die *blocked_range*-Klasse:

```
template<typename Value> class blocked_range { public:

    /* --Konstruktor des Intervalls und Granularität. */
    blocked_range(Value begin,Value end,
        size_type grainsize=1)
    /* --Linke geschlossene Intervallgrenze. */
    const_iterator begin() const;
    /* --Rechte offene Intervallgrenze. */
    const_iterator end() const;

};
```

Da allerdings insbesondere bei sehr wenigen Befehlen im Rumpf der Verwaltungsaufwand zu groß gegenüber dem Parallelitätsgewinn ist, unterteilt der Partitionierer den gesamten Wertebereich rekursiv in einzelne Teilintervalle (Extremfall: 1 Element pro Teilintervall). Die Schleife wird dann parallel für alle Teile ausgeführt, wobei jede parallele Ausführung auf einem Teilintervall sequenziell den Schleifenrumpf ausführt. Die Granularität *grainsize* beschreibt die minimal mögliche Größe eines Teilintervalls. Zusätzlich hat die *blocked_range*-Klasse noch zwei Methoden *begin* und *end,* die den Anfang (linke Grenze) und das Ende (rechte Grenze) liefern.

Der Schleifenrumpf *Body* ist ein Funktionsobjekt, das einen Kopierkonstruktor, einen Destruktor und einen überladenen ()-Operator benötigt.

```
class Body { public:

  Body(const Body& b) { /* --Kopierkonstruktor. */ }
  ~Body() { /* --Destruktor. */ }

  void operator()(const Range& range) const {
        /* --Sequenzielle Schleifenausführung. */
  }

};
```

Der Partitionierer erzeugt für jedes Teilintervall ein *Body*-Objekt und anschließend wird parallel der ()-Operator ausgeführt. In einer sequenziellen Schleife wird dann für jedes Element des Intervalls *range* der eigentliche Schleifenrumpf implementiert.

Beispiel 1: Initialisierung eines Feldes Das folgende Beispiel verdeutlicht die Anwendung einer parallelen *for*-Schleife. Hierbei wird ein Feld von Zahlen initialisiert, sodass das i-te Element den Wert i erhält.

Die *ArrayInitializerBody*-Klasse (siehe Abb. 5.45) erhält als Attribut *array* den Zeiger auf den Anfang des Feldes, der dem Konstruktor übergeben wird. Der ()-Operator besteht aus einer sequenziellen *while*-Schleife, die mithilfe eines Iterators alle Elemente des Teilintervalls durchläuft und ein Feldelement initialisiert.

```cpp
struct ArrayInitializerBody {
  std::valarray<uint32_t>& array;

  /* --Konstruktor zum Initialisieren. */
  ArrayInitializerBody(std::valarray<uint32_t>& a):array(a){}

  /* --()-Operator implementiert den Schleifenrumpf. */
  void operator()(const tbb::blocked_range<uint32_t>& range) const {
    /* --Iterator zum Durchlaufen des Bereichs.
     * Verwendet C++11-Schlüsselwort auto; ansonsten muss die Definition
     * erfolgen durch tbb::blocked_range<uint32_t>::const_iterator.
     */
    auto it=range.begin();
    /* --Initialisiere die einzelnen Feldelemente. */
    while (it!=range.end()) {
      array[it]=it;
      it++;
    }
  }

};
```

Abb. 5.45 Body-Klasse zur Initialisierung von Feldelementen

Auf einen expliziten Kopierkonstruktor und Destruktor wird in diesem sehr einfachen Beispiel verzichtet. Zudem erfolgt die Klassendefinition mit dem Schlüsselwort *struct* statt *class*. Auch wenn viele parallele Rechenkerne auf dasselbe Feld gleichzeitig zugreifen, muss der Zugriff nicht geschützt werden, weil die TBB Sorge trägt, dass die Teilintervalle sich nicht überlappen. Ein Feld mit $size = 2^{16}$ Elementen wird entsprechend Abb. 5.46 parallel initialisiert. Der Parameter *grain* gibt die Grenze an, bis zu der die Intervalle durch den Partitionierer rekursiv unterteilt werden (tatsächlich ist die untere Grenze *grain*/2). Wird kein Partitionierer beim Aufruf der parallelen *for* – Schleife angegeben, schaut standardmäßig der *auto_partitioner* sich das Laufzeitverhalten an und unterteilt nur dann, wenn ein Rechenkern Gefahr läuft, untätig zu werden. Beispielsweise erzeugt der automatische

```cpp
void example1a() {
  // --Erzeuge ein Feld mit 2^16 Elementen.
  const uint32_t size=1<<16,grain=1<<8;
  std::valarray<uint32_t> arr(size);
  // --Anlegen des Schleifenrumpf.
  ArrayInitializerBody init(arr);

  // --Paralleles Initialisieren.
  tbb::parallel_for(tbb::blocked_range<uint32_t>(0,size,grain),init);
}
```

Abb. 5.46 Parallele Feldinitialisierung

```cpp
void example1b() {
  // --Erzeuge ein Feld mit 2^16 Elementen.
  const uint32_t size=1<<16,grain=1<<8;
  std::valarray<uint32_t> arr(size);
  // --Anlegen des Schleifenrumpf.
  ArrayInitializerBody init(arr);
  // --Partitionierer
  tbb::simple_partitioner sp;

  // --Paralleles Initialisieren.
  parallel_for(tbb::blocked_range<uint32_t>(0,size,grain),init,sp);
}
```

Abb. 5.47 Parallele Feldinitialisierung mit einfachem Partitionierer

Partitionierer bei zwei Rechenkernen zwei gleichgroße Intervalle, die dann parallel initialisiert werden.

Ist dieses Verhalten nicht gewünscht, so kann statt dessen der *simple_partitioner* eingesetzt werden, der den gesamten Wertebereich in (fast) gleichgroße Teilintervalle unterteilt, wobei der Parameter *grain* die obere Grenze angibt. Der Partitionierer ist entsprechend Abb. 5.47 als Parameter beim Aufruf der Schleife anzugeben. Neben dem *simple_partitioner* gibt es noch den *affinity_partitioner,* der dann sinnvoll angewendet werden kann, wenn die Daten komplett in den Cache passen und die Schleife mehrfach durchlaufen wird. Dieser Partitioner merkt sich, wie im vorherigen Durchlauf der Wertebereich unterteilt worden ist, um so auszunutzen, dass die Daten noch im Cache des entsprechenden Rechenkerns sind.

Beispiel 2: Bitonisches Sortiernetzwerk Das folgende TBB-Beispiel implementiert das bitonisches Sortiernetzwerk (siehe Abschn. 4.6.4) mit einer parallelen *for*-Schleife. Zur besseren Übersichtlichkeit wird davon ausgegangen, dass 2^n Elemente aufsteigend sortiert werden.

Die iterative Formulierung des bitonischen Sortiernetzwerkes besteht aus drei ineinander geschachtelten Schleifen. Während die äußeren beiden Schleifen sequenziell ablaufen müssen, kann die innere Schleife parallelisiert werden. Dieses erfolgt durch die *BitonicSortingBody*-Klasse in Abb. 5.48.

Die parallele Ausführung *parBitonicSort* erhält als Parameter beim Aufruf in Abb. 5.49 das unsortierte Feld *arr* und eine Angabe zur Steuerung der Granularität.

```cpp
class BitonicSortingBody {
public:

  enum SortingOrder {
    ASCENDING, DESCENDING
  };

  /* --Konstruktor. */
  BitonicSortingBody(std::valarray<uint64_t>& a, uint64_t stg, uint64_t stp) :
      array(a), stage(stg), step(stp) {
  }

  /* --()-Operator führt den Vergleich und die Vertauschung durch. */
  void operator()(const tbb::blocked_range<uint64_t>& r) const;

  void compareAndSwap(uint64_t& a, uint64_t& b, SortingOrder order) const;

private:

  std::valarray<uint64_t>& array;

  uint64_t stage;
  uint64_t step;

};

inline void BitonicSortingBody::operator()(
    const tbb::blocked_range<uint64_t>& r) const {
  /* --Schleife über den Wertebereich. */
  for (uint64_t k = r.begin(); k != r.end(); k++) {
    /* --Bestimme das Vergleichselement p für Element k. */
    uint64_t p = k ^ (1 << step);
    /* --Sind die Elemente p und k schon verglichen worden? */
    if (p > k) {
      /* --Bestimme die Sortierreihenfolge. */
      SortingOrder order = (k & (1 << (stage + 1))) ? DESCENDING : ASCENDING;
      /* --Vertauschen. */
      compareAndSwap(array[k], array[p], order);
    }
  }
}

inline void BitonicSortingBody::compareAndSwap(uint64_t& a, uint64_t& b,
    BitonicSortingBody::SortingOrder order) const {
  if ((order == ASCENDING && a > b) || (order == DESCENDING && a < b))
    std::swap(a, b);
}
```

Abb. 5.48 Bitonischer Sortierer

```
void parBitonicSort(std::valarray<uint64_t>& arr, int32_t grainsize) {
  /* --Bestimme die Anzahl der Stufen: O(log(n)). */
  uint64_t lgsize = log2(arr.size());
  /* --Äußere Schleife über die Anzahl der Stufen. */
  for (uint64_t i = 0; i < lgsize; i++)
    /* --Innere Schleife durchläuft die Schritte in jeder Stufe. */
    for (int32_t j = i; j >= 0; j--) {
      /* --Erzeuge den parallelen Schleifenrumpf. */
      BitonicSortingBody bitonic(arr, i, j);
      /* --Parallele For-Schleife. */
      tbb::parallel_for(tbb::blocked_range<uint64_t>(0, arr.size(), grainsize),
          bitonic);
    }
}
```

Abb. 5.49 Parallelisierung der inneren Schleife

5.3.3   Reduktion und Präfixsumme

Die Algorithmen der TBB zur parallelen Reduktion *parallel_reduce* und zur Berechnung
der Präfixsumme *parallel_scan* ähneln der vorgestellten *parallel_for*-Schleife. Zum einen
werden ein Schleifenrumpfobjekt und zum anderen ein Wertebereich benötigt.

Die beiden Algorithmen der TBB teilen (split) den Wertebereich in einzelne Blöcke
auf, die anschließend parallel von jeweils einem Body-Objekt bearbeitet werden. Die
einzelnen Ergebnisse werden sukzessive zum Gesamtergebnis verschmolzen (join). Das
Schleifenrumpf-Objekt für die parallele Reduktion zeigt den folgenden Aufbau:

```
class Body { public:

Body(const Body& b, tbb::split) {
    /* --Teilungskonstruktor. */
}

~Body() { /* --Destruktor. */ }

void operator()(const Range& range) const {
    /* --Sequenzielle Schleifenausführung. */
}


void join(const Body& rhs) {
    /* --Verschmelzen mit rhs-Objekt. */
} };
```

Der Konstruktor erhält einen weiteren Parameter *tbb::split,* der aufzeigt, dass ein neues
Objekt geteilt wird. Die *join*-Methode führt die assoziative Operation mit dem *rhs*-Objekt
aus.

Soll die Reduktion der vier Werte $[x_0, x_1, x_2, x_3]$ berechnet werden, so lässt sich der
Wertebereich des Index $[0, 4)$ beispielsweise auf zwei Blöcke $[0, 2)$ und $[2, 4)$ aufteilen.

```
struct Catalan {

    typedef boost::multiprecision::mpq_rational Rational;

    static Rational coefficient(uint64_t i) {
        return i == 0 ? Rational(1) :
            Rational(4 * i - 2, i + 1);
    }

};
```

Abb. 5.50 Hilfsklasse zur Berechnung der Koeffizienten

Diese beiden Blöcke werden durch zwei Schleifenrumpfobjekte b_0 und b_1 sowie einen assoziativen Operator $\oplus$ parallel reduziert. Das Objekt b_0 berechnet $x_0 \oplus x_1$ und b_1 entsprechend $x_2 \oplus x_3$. Die *join*-Methode führt anschließend die beiden Teilergebnisse zu $(x_0 \oplus x_1) \oplus (x_2 \oplus x_3) = x_0 \oplus x_1 \oplus x_2 \oplus x_3$ zusammen.

DIE IM FOLGENDEN VORGESTELLTE PARALLELE REDUKTION berechnet die n-te Catalan-Zahl mit der TBB (vgl. Abschn. 4.5.5). Da die Catalan-Zahlen schnell sehr groß werden und als 64-Bit-Wert nicht mehr dargestellt werden können, verwendet das Code-Beispiel die C++-Bibliothek *Boost-Multiprecision,* die beliebig große Zahlen darstellen kann.

Abb. 5.50 zeigt die Klasse *Catalan,* die zum einen den Datentyp *Rational* für rationale Zahlen mit beliebiger Genauigkeit und zum anderen eine Methode zur Berechnung der Koeffizienten entsprechend der Gl. 4.76 definiert.

Abb. 5.51 zeigt die *Body*-Klasse für die parallele Reduktion. Die Klasse enthält das Attribute *value,* das den Wert der Teilsumme aufnimmt. Der Wert wird im Konstruktor initialisiert und durch den *()*-Operator verändert. In dem Beispiel zur Berechnung der Catalan-Zahl entspricht der assoziative Operator dem Produkt zweier Skalarzahlen. Der Aufruf *nth_catalan* in Abb. 5.52 führt die parallele Reduktion durch und gibt die entsprechende n-te Catalanzahl auf dem Bildschirm aus. Das Ergebnis der Reduktion befindet sich im Attribute *value* des Objektes *body.*

DIE BERECHNUNG DER PRÄFIXSUMME mit der TBB ist ähnlich; allerdings ist die Berechnung in zwei Phasen aufgeteilt. Im ersten Schritt *pre_scan* werden die Partialsummen für einen Block berechnet, um anschließend im zweiten Schritt *final_scan* die Partialsummen unter Berücksichtigung der Teilergebnisse zu ermitteln. Dieses Verhalten wird in Abb. 5.53 verdeutlicht. Die Schleifenrumpf-Klasse benötigt weitere Methoden, um diese zwei Phasen abzubilden.

Ein Schleifenrumpf-Objekt arbeitet die folgenden Schritte nacheinander ab. Dieses erfolgt parallel zu anderen Schleifenrumpf-Objekten. Es wird angenommen, dass der Wertebereich des Index für das betrachtete Objekt $0 \leq i < j \leq k < n$ ist.

```
        struct CatalanBody {

          Catalan::Rational value;

          CatalanBody() :
              value(1) {
          }

          CatalanBody(const CatalanBody& body, tbb::split) :
              value(1) {
          }

          void operator()(const
              tbb::blocked_range<uint64_t>& r) {
            for (uint64_t i = r.begin(); i != r.end(); i++)
              value *= Catalan::coefficient(i);
          }

          void join(const CatalanBody& rhs) {
            value *= rhs.value;
          }
        };
```

Abb. 5.51 Body für Reduktion

```
void nth_catalan(uint64_t n) {

  CatalanBody body;

  /* --Run the calculation. */
  tbb::parallel_reduce(tbb::blocked_range<uint64_t>(0, n), body);

  std::cout << "The " << n << "th Catalan Number is " << body.value << std::endl;

}
```

Abb. 5.52 Parallele Reduktion mit der TBB

1. Berechnung der Partialsumme (oder der Reduktion) in *pre_scan*-Phase entsprechend des Wertebereichs $[i, \ldots, j)$ für $x_i \oplus \ldots \oplus x_{j-1}$.
2. Verschmelzen *(reverse_join)* mit der Partialsumme $x_0 \oplus \ldots \oplus x_{i-1}$.
3. Berechnung der Partialsummen $x_j \oplus \ldots \oplus x_{k-1}$ in der *final_scan*-Phase, wobei k die Grenze des nächsten Blockes angibt.

Für den ersten sowie für den letzten Block wird nur die zweite Phase durchgeführt. Der letzte Block enthält die Partialsumme über alle Werte, die durch den Aufruf der *assign*-Methode an das ursprüngliche Schleifenrumpf-Objekt zurückgegeben wird.

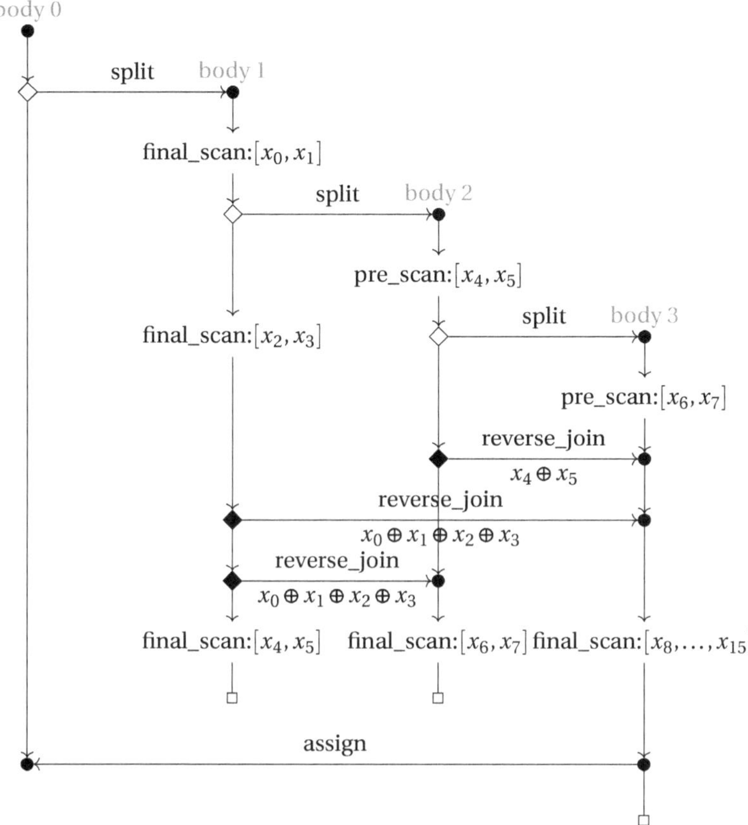

Abb. 5.53 Die Berechnung der Partialsummen mit *parallel_scan* erfolgt in zwei Schritten: *pre_scan* und *final_scan*

Der Konstruktor in Abb. 5.54 enthält als zusätzlichen Parameter das Feld, welches nach Abschluss die Präfixsumme, somit die gesuchten Catalan-Zahlen, enthält. Der Operator *()* erhält einen zusätzlichen Parameter, der angibt, ob die *pre_scan-* oder die *final_scan*-Phase durchgeführt wird. Die *pre_scan*-Phase ist in den meisten Fällen weniger aufwendig, da nur eine Partialsumme berechnet werden muss, die als Startwert für den danach folgenden *final_scan*-Durchlauf benötigt wird. Daher sind zwei unterschiedliche Operatoren zu implementieren.

Die parallele Berechnung wird, wie in Abb. 5.55 dargestellt, vergleichbar den bisherigen parallelen Schleifen gestartet. In diesem Beispiel wird der Wert 2 als untere Grenze bei der Partitionierung des Wertebereiches angegeben.

```cpp
struct CatalanPrefixBody {

  Catalan::Rational value;
  std::valarray<Catalan::Rational>& number;

CatalanPrefixBody(std::valarray<Catalan::Rational>& n) :
    value(1), number(n) {
}

CatalanPrefixBody(const CatalanPrefixBody& body, tbb::split) :
    value(1), number(body.number) {
}

void operator()(const tbb::blocked_range<uint64_t>& r, tbb::pre_scan_tag) {
  for (uint64_t i = r.begin(); i != r.end(); i++)
    value *= Catalan::coefficient(i);
}

void operator()(const tbb::blocked_range<uint64_t>& r, tbb::final_scan_tag) {
  for (uint64_t i = r.begin(); i != r.end(); i++) {
    value *= Catalan::coefficient(i);
    /* --i-te Präfixsumme. */
    number[i] = value;
  }
}

void reverse_join(const CatalanPrefixBody& body) {
  value = body.value * value;
}

void assign(const CatalanPrefixBody& body) {
    value = body.value;
  }
};
```

Abb. 5.54 Klassendefinition für den Schleifenrumpf zur Berechnung der Präfixsumme

```cpp
void all_catalan(uint64_t n) {

  std::valarray<Catalan::Rational> catalan(n);

  CatalanPrefixBody body(catalan);

  tbb::parallel_scan(tbb::blocked_range<uint64_t>(0, n, 2), body);

  std::cout << "The first " << n << " Catalan Numbers are \n";
  for (uint64_t i = 0; i < n; i++)
    std::cout << std::setw(5) << i << " " << catalan[i] << std::endl;

}
```

Abb. 5.55 Parallele Berechnung der Präfixsumme mit der TBB

5.3.4 Task-Parallelität

Viele Aufgabenstellungen sind mit einer parallelen Schleife effizient zu lösen. Dieses trifft insbesondere dann zu, wenn die Daten linear oder mehrdimensional angeordnet sind und somit eine Partitionierung der Daten offensichtlich ist. Auf der anderen Seite gibt es in der Informatik eine Reihe von Problemen, bei denen eine Baum- oder allgemeiner eine Graphenstruktur nach möglichen Lösungen durchsucht werden muss. Die Verwendung von parallelen Schleifen wird auch dadurch erschwert, weil die Knoten im Baum nicht explizit vorliegen, sondern einzelne Knoten sukzessive expandiert werden, um weitere Elemente zu erhalten.

In der parallelen Programmierung ist die Verwendung von *Threads* bei derartigen Aufgabenstellungen ein geeignetes Mittel. Allerdings ist die Thread-Programmierung fehleranfällig, sodass die TBB mit der Einführung von *Task* eine neue Möglichkeit zur Handhabe von parallelen Kontrollflüssen anbietet. Ein weiterer Vorteil ist es, dass wenig oder kein Wissen über verwendete Hardware notwendig ist.

Eine Task ist eine Abstraktion vom Betriebssystem und kann als logischer Thread verstanden werden. In Abb. 5.56 ist die Schichtenaufteilung von Task, Thread und physikalischen Rechenkernen skizziert. Es werden hierbei m Tasks auf n Threads abgebildet. Ein Thread wird eins zu eins einem Rechenkern zugeordnet. Um eine gute Skalierung zu erreichen, unterstellt die TBB, dass $m \gg n$ ist. Während Threads Elemente des zugrunde liegenden Betriebssystems sind, die beim Scheduling einen aufwendigen Kontextwechsel notwendig machen, arbeiten Tasks komplett im Benutzer-Modus.

Das Verhalten einer Task ist ähnlich zu einem Thread, allerdings gelten einige Unterschiede:

- Nicht-Unterbrechbarkeit. Die Ausführung einer Task kann nicht unterbrochen werden. Eine Ausnahme ist das Starten von Kinder-Tasks und der Zugriff auf gemeinsam genutzte und geschützte Ressourcen aus der Task heraus.

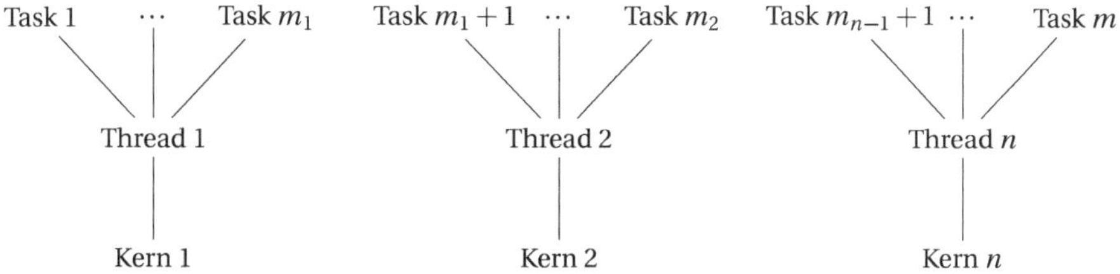

Abb. 5.56 Mit der TBB-Bibliothek lassen sich sehr leichtgewichtige, parallel arbeitende Kontrollflüsse als Task-Objekt definieren. Die Abbildung in Betriebssystem-Threads erfolgt durch die Bibliothek

- Unfaires Scheduling. Eine Task wird von einem Thread bis zum Ende des definierten Kontrollflusses ohne Unterbrechung bearbeitet. Es findet kein Scheduling anderer Tasks statt (Ausnahme: Starten von Kinder-Tasks).
- Task Stealing. Falls einem Thread keine Tasks mehr zur Ausführung vorliegen hat, dann besteht die Möglichkeit, dass dieser Thread noch nicht bearbeitete Tasks von einem anderem Thread übernimmt und ausführt („klaut").

Durch das unfaire Scheduling fällt der sonst übliche Verwaltungsaufwand sehr gering aus: Ein Thread führt eine Task solange aus, bis diese beendet ist. Hier gibt es allerdings einen negativen Seiteneffekt, der im ungünstigen Fall gegen eine Verwendung des Task-Konzepts spricht. Wenn eine Task blockiert, weil diese beispielsweise auf ein Semaphor wartet, dann wird der ausführende Thread suspendiert. Ein Scheduling wartender Tasks findet nicht statt. Da es genauso viele Threads wie Rechenkerne gibt, folgt aus der Suspendierung eines Threads, dass ein Rechenkern im Leerlauf ist, wodurch der Parallelitätsgewinn geringer wird. Das Task-Konzept sollte also nicht eingesetzt werden, wenn das Programm sehr viele blockierende Synchronisierungsmittel verwendet.

Arbeiten mit Tasks Durch Vererbung von der virtuellen Oberklasse *task* aus der TBB-Bibliothek können eigene Task-Objekte realisiert werden. Zusätzlich zum Konstruktor ist die Methode *execute* zu implementieren, die den Kontrollfluss einer Task enthält.

```
class MyTask : public tbb::task {
    public:

    MyTask(Parameter) {...}

    tbb::task* execute() {...}

};
```

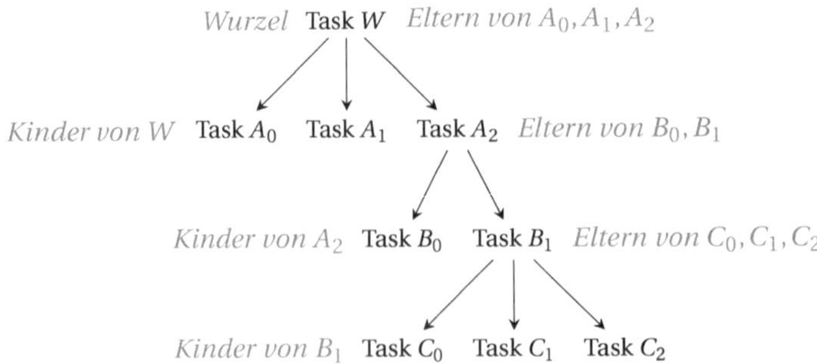

Abb. 5.57 Die Erzeugung von Tasks folgt in einer einer baumartigen Struktur. Die oberste Task W ist die Wurzel und hat drei Kinder-Task. In der gleichen Art ist die Task B_1 eine Kinder-Task von A_2 und eine Eltern-Task von C_0, C_1 und C_2

Abb. 5.57 zeigt die baumartige Struktur bei der Erzeugung von Task-Objekten. Es gibt eine ausgezeichnete Wurzel-Task, während alle anderen Tasks vom Typ Kinder-Task sind. Das Erzeugen einer Task erfolgt durch spezielle, überladene *new*-Operatoren der TBB-Bibliothek. Hierbei ist zu unterscheiden, ob eine Wurzel-Task durch

```
MyTask* root = new (task::allocate_root()) MyTask(Parameter);
```

oder eine Kinder-Task erzeugt durch

```
MyTask* child = new (task::allocate_child()) MyTask(Parameter);
```

werden soll. Mit dem *new*-Operator werden die Objekte im Speicher angelegt, aber noch nicht ausgeführt. In vielen Fällen sind mehrere Kinderobjekte zu erzeugen. Hierzu bietet die TBB eine *task_list*-Klasse an, in der durch die Methode *push_back* beliebig viele Tasks angehangen werden können. Eine Menge von Tasks startet gemeinsam durch

```
set_ref_count(count+1);
spawn_and_wait_for_all(list);
```

Zuvor muss durch *set_ref_count* ein interner Referenzzähler gesetzt werden, um später festzustellen, wieviele Tasks sich zurückmelden müssen ($+1$). Im Beispiel gibt *count* die Anzahl der Elemente von *list* an. Der *spawn_and_wait_for_all*-Aufruf suspendiert die aufrufende Task, solange bis alle angestarteten Kinder-Tasks die Ausführung der jeweiligen *execute*-Methode beendet haben. In Abb. 5.58 startet die Eltern-Task B_1, erzeugt drei Kinder-Tasks und ruft zum Zeitpunkt t_1 die *spawn_and_wait_for_all*-Methode auf. Die Task B_1 bleibt solange suspendiert, bis die letzte Kinder-Task C_1 ihre Arbeit abgeschlossen und sich beendet hat. Ab dem Zeitpunkt t_4 läuft die Eltern-Task dann weiter.

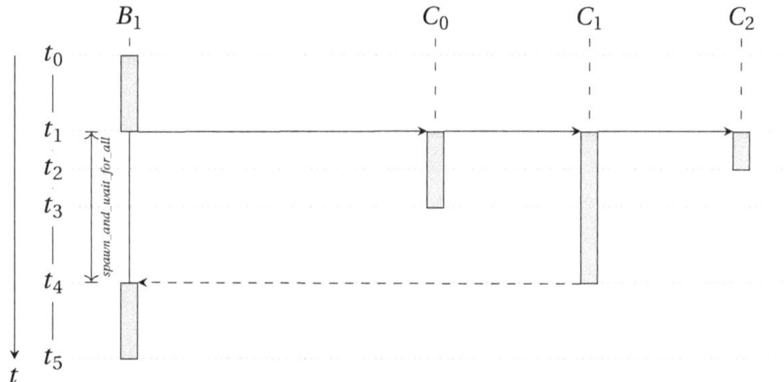

Abb. 5.58 Die Task B_1 erzeugt drei Kinder-Tasks C_0, C_1 und C_2. Diese werden durch den Aufruf *spawn_and_wait_for_all* gestartet. Die aufrufende Task B_1 wird solange suspendiert, bis alle Kinder-Tasks ihre Ausführung beendet haben

Ist die *execute*-Methode beendet, wird unmittelbar durch die TBB der Destruktor aufgerufen und das Task-Objekt gelöscht. Dieses hat zur Folge, dass ein späterer Zugriff auf interne Attribute der Task nicht mehr möglich ist. Die Synchronisierung zwischen Tasks erfolgt daher durch das Fork-Join-Entwurfsmuster. Hierbei kann die Eltern-Task der Kind-Task Daten übergeben. Um Daten der Kind-Task an die Eltern-Task zurück zu übergeben, muss entweder globaler Speicher oder (besser!) lokaler Speicher der Eltern-Task verwendet werden. In dem Elternobjekt wird Speicher reserviert und dem erzeugten Kinderobjekt als Zeiger oder Referenz beim Konstruktoraufruf übergeben.

Sudoku　Im Abschn. 4.7.2 ist das Sudoku-Rätsel als Beispiel für rekursive Suchverfahren eingeführt worden. Nachfolgend werden nun die parallele Umsetzung mit der TBB-Bibliothek und damit wesentliche Aspekte der Task-Programmierung vorgestellt. Der Algorithmus 4.73 wird für die Umsetzung in eine reale Programmiersprache optimiert. Anstatt zeilenweise durch das Sudoku-Spielfeld zu laufen und freie Felder zu belegen, wird immer das Feld als nächstes bearbeitet, welches die kleinste Menge von Kandidaten hat (im besten Fall ist die Anzahl der Kandidaten gleich eins). Der Programmieraufwand ist nur unwesentlich höher, die Laufzeit das Algorithmus wird dadurch jedoch dramatisch reduziert. Zusätzlich kann das vorgestellte Verfahren alle Lösungen eines Sudoku finden.

Spielfeld　Abb. 5.59 zeigt die *Sudoku*-Klasse, die ein Sudoku-Rätsel repräsentiert. Um beliebig große Sudoku lösen zu können, ist die Klasse als Template deklariert. Für die aktuelle Rechnergeneration sind die 9×9-Sudoku zum Lösen zu einfach. Der Parameter *NBLOCK* gibt die Kantenlänge eines Blocks an, beispielsweise ist für die klassischen Sudoku *NBLOCK* 3. Die Dimension *DIM* ist das Quadrat der Blockkantenlänge. Die *Sudoku*-Klasse realisiert ein zweidimensionales Spielfeld bestehend aus *Cell*-Objekten. Ein zusätzlicher Zähler *nfree* gibt die Anzahl der freien Zellen an. Das Sukodu-Rätsel ist gelöst, wenn alle Zellen belegt sind und der Zähler null ist.

Eine Zelle enthält eine interne Repräsentation der möglichen Kandidaten und einen Wert *value,* wenn diese belegt ist. Es wird vereinbart, dass der Wertebereich zwischen 0 und kleiner *DIM* liegt. Die Implementierung verwendet ein Bitfeld *candidates,* wobei das Bit an der Stelle k gesetzt ist, wenn der Wert k ein möglicher Kandidat ist. Ist das Bit an der Stelle k gelöscht, dann ist in derselben Zeile, Spalte oder Block der Wert k bereits in einer Zelle gesetzt.

Hierdurch wird der benötigte Speicherbedarf minimiert und die Manipulation der Kandidatenliste kann auf effiziente Bitoperationen zurückgeführt werden.

```cpp
template<uint32_t NBLOCK>
class Sudoku {
public:

  enum {
    DIM = NBLOCK * NBLOCK
  };

  typedef std::bitset<DIM> CandidateSet;

  /* --Feld mit Kandidatenliste. */
  struct Cell {

    Cell() :
        candidates(), value(DIM) {
      candidates.set();
    }

    CandidateSet candidates;
    uint32_t value;
  };

  Sudoku();

  const Cell& at(uint32_t i, uint32_t j) const;

  /* --Bestimmt freies Feld ansonsten false. */
  bool find(uint32_t& i, uint32_t& j) const;

  /* --Prüft, ob Kandidat k noch möglich ist. */
  bool test(uint32_t i, uint32_t j, uint32_t k) const;

  /* --Setzt den Kandidate k. */
  void set(uint32_t i, uint32_t j, uint32_t k);

  /* --Gibt die Anzahl der Kandidaten zurück. */
  uint32_t ncandidate(uint32_t i, uint32_t j) const;

  /* --Spielfelder leeren. */
  void reset();

  /* --Liefert true zurück, wenn alle Felder belegt sind. */
  bool done() const {
    return nfree == 0;
  }

private:

  Cell& at(uint32_t i, uint32_t j);

  std::valarray<Cell> grid; /* --Spielfelder. */
  uint32_t nfree; /* --Anzahl freier Felder. */

};
```

Abb. 5.59 Generisches Sudoku-Rätsel

Der Konstruktor in Abb. 5.60 erzeugt ein leeres, neues Sudoku-Rätsel. Alle Kandidaten der Zellen werden gesetzt. Die weiteren Methoden greifen auf einzelne Zellen zu.

Die Methode *find* in Abb. 5.61 liefert den Index für die Zelle mit einer minimalen Anzahl verbleibender Kandidaten zurück. Ist die Anzahl der Kandidaten für eine Zelle null, so ist das Sudoku-Rätsel nicht mehr lösbar. In diesem Fall gibt *find* den Wert *false* ansonsten *true* zurück. Die Methode *set* besetzt eine freie Zelle im Sudoku mit dem Wert k. Bei allen anderen Zellen in derselben Spalte, Zeile oder Block wird der Kandidat k aus der zugehörigen Kandidatenliste entfernt. Die Anzahl der freien Zellen für das Sudoku verringert sich um eins.

Zusätzlich zu den hier aufgeführten sind die Klassen um Methoden zur Ein- und Ausgabe erweitert.

Sequenzielle Lösung Die sequenzielle Lösung entspricht im wesentlichen dem Algorithmus 4.73, wobei die bereits beschriebene Optimierung berücksichtigt ist.

Die Funktion *solve* in Abb. 5.62 erhält als Parameter das zu vervollständigende Spielfeld *puzzle* und liefert die Lösung *solution* sowie die Anzahl der untersuchten Zustände *nstate* zurück. Hat der Parameter *stop* den Wert *false,* werden alle Lösungen des Sudoku gesucht. Der Parameter *nsolution* enthält in diesem Fall die Anzahl der gefundenen Lösungen.

Parallele Lösung Für die Parallelisierung ist zum einen der rekursive Aufruf im sequenziellen Algorithmus aufzulösen. Soll nur eine Lösung gefunden und nicht der ganze Suchraum durchlaufen werden, muss zum anderen die parallele Suche in einer geeigneten Weise abgebrochen werden, sobald eine Lösung für das Sudoku gefunden wurde.

```cpp
template<uint32_t NBLOCK>
inline Sudoku<NBLOCK>::Sudoku() :
    grid(DIM * DIM), nfree(DIM * DIM) {
}

template<uint32_t NBLOCK>
inline typename Sudoku<NBLOCK>::Cell& Sudoku<NBLOCK>::at(uint32_t i,
    uint32_t j) {
  return grid[i * DIM + j];
}

template<uint32_t NBLOCK>
inline bool Sudoku<NBLOCK>::test(uint32_t i, uint32_t j, uint32_t k) const {
  return at(i, j).candidates.test(k);
}

template<uint32_t NBLOCK>
inline uint32_t Sudoku<NBLOCK>::ncandidate(uint32_t i, uint32_t j) const {
  return at(i, j).candidates.count();
}
```

Abb. 5.60 Methoden zum Zugriff auf einzelne Zellen eines Sudoku

```cpp
template<uint32_t NBLOCK>
inline bool Sudoku<NBLOCK>::find(uint32_t& i, uint32_t& j) const {
  uint32_t minimum = DIM + 1, k = 0;

  while (minimum > 0 && k < DIM * DIM) {
    if (grid[k].value == DIM) {
      uint32_t count = grid[k].candidates.count();
      if (count < minimum) {
        minimum = count;
        i = k / DIM;
        j = k % DIM;
      }
    }
    k++;
  };

  return 0 != minimum;
}


template<uint32_t NBLOCK>
inline void Sudoku<NBLOCK>::set(uint32_t i, uint32_t j, uint32_t k) {
  at(i, j).value = k;

  uint32_t bi = NBLOCK * (i / NBLOCK), bj = NBLOCK * (j / NBLOCK);

  for (uint32_t p = 0; p < DIM; p++) {
    at(p, j).candidates.reset(k);
    at(i, p).candidates.reset(k);
    at(bi + p / NBLOCK, bj + p % NBLOCK).candidates.reset(k);
  }
  nfree--;
}
```

Abb. 5.61 Methoden zum Auffinden und zum Verändern von Kandidaten

Die Klasse *SudokuTask* in Abb. 5.63 implementiert eine TBB-Task zur parallelen Lösung des Sudoku-Rätsels. Jede Task hat ein Spielbrett, welches zu lösen ist. Zusätzlich werden eine mögliche Lösung sowie die Zähler für die Anzahl der Zustände im Suchraum und die gefundenen Lösungen als Attribute gehalten. Da diese Werte an die entsprechende Eltern-Task zurückgegeben werden, sind diese Attribute als Referenzen beschrieben.

Die *execute*-Methode in Abb. 5.64 steuert den Ablauf einer Task. Wenn das Sudoku-Rätsel noch nicht gelöst ist respektive noch nicht alle Lösungen gefunden worden sind, werden anschließend eine oder mehrere Kinder-Tasks gestartet.

Die Methode *execute* untersucht das freie Feld mit der kleinsten Anzahl von Kandidaten und erzeugt für jeden Kandidaten eine neue Task. Die neuen Tasks werden in einer Liste angehangen und mit dem Befehl *spawn_and_wait_for_all* gestartet. Die aufrufende Task bleibt solange blockiert, bis alle Kinder-Tasks sich beendet haben.

```cpp
template<uint32_t NBLOCK> bool solve(const Sudoku<NBLOCK>& puzzle,
    Sudoku<NBLOCK>& solution, uint64_t& nstate, uint64_t& nsolution,
    bool stop) {
  bool retvalue = false;
  /* --Prüfe, ob fertig. */
  if (puzzle.done()) {
    solution = puzzle;
    nsolution++;
    retvalue = true;
  } else {
    uint32_t i = 0, j = 0, k = 0;
    /* --Suche freies Feld. */
    if (puzzle.find(i, j)) {
      /* --Teste mögliche Kandidaten aus. */
      while (k < puzzle.DIM && !(stop && retvalue)) {
        if (puzzle.test(i, j, k)) {
          nstate++;
          /* --Temporäre Lösung. */
          Sudoku<NBLOCK> tmp = puzzle;
          tmp.set(i, j, k);
          /* --Rekursiver Aufruf. */
          if (solve(tmp, solution, nstate, nsolution, stop))
            retvalue = true;
        }
        k++;
      }
    }
  }
  return retvalue;
}
```

Abb. 5.62 Sequenzieller Algorithmus zur Lösung eines Sudoku

Die TBB enthält eine Möglichkeit, die Ausführung von erzeugten aber noch nicht ausgeführten Tasks abzubrechen. Jede Task hat einen Kontext, der beispielsweise die Eltern-Task angibt. Durch den Aufruf der Methode *cancel_group_execution* wird die Ausführung aller noch nicht bearbeiteten Tasks einer Gruppe abgebrochen. Soweit nicht anders angegeben, gehören Eltern- und Kinder-Tasks der gleichen Gruppe an.

Die Ausführung bereits gestarteter aber noch nicht beendeter Tasks kann nicht explizit abgebrochen werden. Statt dessen liefert die Methode *is_cancelled* den Wert *true* zurück, wenn anderweitig die Ausführung abgebrochen wurde. In der Task kann dann darauf reagiert und die weitere Bearbeitung beendet werden.

Abb. 5.65 zeigt den Aufruf *run* zur Ausführung des sequenziellen respektive des parallelen Verfahrens. Zusätzlich werden TBB-Objekte zur Zeitmessung verwendet. Durch den Aufruf der Methode *spawn_root_and_wait* wird die Wurzel-Task gestartet, wobei die *run*-Funktion solange blockiert bleibt, bis alle Kinder-Tasks abgearbeitet sind.

Dieses einfache Beispiel der Sudoku-Task zeigt, wie die Synchronisierung zwischen Eltern- und Kinder-Tasks durch die Verwendung von gemeinsamen Variablen realisiert wird.

```
template<uint32_t NBLOCK>
class SudokuTask: public tbb::task {
public:

  SudokuTask(const Sudoku<NBLOCK>& p, Sudoku<NBLOCK>& s, uint64_t& st,
      uint64_t& so, bool nstop) :
      puzzle(p), solution(s), nstate(st), nsolution(so), stop(nstop) {
  }

  task* execute();

private:

  Sudoku<NBLOCK> puzzle;
  Sudoku<NBLOCK>& solution;

  uint64_t& nstate;
  uint64_t& nsolution;
  bool stop;
};
```

Abb. 5.63 SudokuTask als Spezialisierung einer TBB-Task

Sollen nur Zähler erhöht werden, so kann die Programmierung durch die Verwendung von atomaren Variablen vereinfacht werden. Eine explizite Synchronisierung ist nicht länger notwendig.

Durch die tausend- oder millionenfache Verwendung von leichtgewichtigen Task-Objekten skalieren die Algorithmen sehr gut: Sobald ein Rechenkern arbeitslos wird, bekommt dieser weitere Aufgaben zur Bearbeitung übergeben. Da dieses durch die TBB gesteuert wird, kann sich der Entwickler vollständig auf die Entwicklung von Algorithmen konzentrieren. Allerdings können eine extrem große Anzahl von Tasks den Algorithmus verlangsamen. Eine Strategie ist es, dass bei einer genügend großen Anzahl von nicht bearbeiteten Tasks keine weiteren erzeugt werden. Statt dessen arbeitet jede Task das sequenzielle Verfahren ab. Zudem bietet die TBB mehrere Möglichkeiten an, die in den nachfolgenden Abschnitten im Detail vorgestellt werden.

5.3.5 Dynamische Lastverteilung

Der Task-Scheduler der TBB stellt sicher, dass alle Threads genügend Aufgaben bearbeiten und somit keine Warte- oder Leerlaufzeiten entstehen, die zu einer unbalancierten Auslastung und damit zu einer geringen Effizienz führen. Da i.allg. zum Übersetzungszeitpunkt die genaue Baumstruktur der Task-Erzeugung unbekannt ist, muss die Lastverteilung dynamisch, also zur Laufzeit der Anwendung, erfolgen.

Es findet keine Migration bereits gestarteter Task-Objekte statt. Eine Verschiebung einer Task auf einen anderen Thread ist nur vor dem Start der Ausführung möglich. Hierzu hat jeder

```cpp
template<uint32_t NBLOCK>
inline tbb::task* SudokuTask<NBLOCK>::execute() {
  /* --Prüfe, ob fertig. */
  if (puzzle.done()) {
    solution = puzzle;
    nsolution = 1;
    /* --Ggfs. weitere Berechnungen abbrechen. */
    if (stop)
      cancel_group_execution();
  } else {
    uint32_t i = 0, j = 0;
    /* --Suche freies Feld. */
    if (puzzle.find(i, j) && !is_cancelled()) {
      /* --Datenbereich für Kinder-Tasks. */
      uint32_t nchild = puzzle.ncandidate(i, j);
      std::valarray<Sudoku<NBLOCK>> c_solution(nchild);
      std::valarray<uint64_t> c_nstate(nchild), c_nsolution(nchild);
      tbb::task_list children;

      /* --Probiere alle Kandidaten aus. */
      for (uint32_t k = 0, c = 0; k < puzzle.DIM; k++)
        if (puzzle.test(i, j, k)) {
          nstate++;
          /* --Temporäre Lösung. */
          Sudoku<NBLOCK> tmp = puzzle;
          tmp.set(i, j, k);
          /* --Kind-Task erzeugen. */
          SudokuTask<NBLOCK>* child =
              new (tbb::task::allocate_child()) SudokuTask<NBLOCK>(tmp,
                  c_solution[c], c_nstate[c], c_nsolution[c], stop);
          children.push_back(*child);
          c++;
        }
      /* --Kinder-Tasks starten und blockieren. */
      tbb::task::set_ref_count(nchild + 1);
      tbb::task::spawn_and_wait_for_all(children);

      /* --Ergebnisse zusammenführen. */
      for (uint32_t c = 0; c < nchild; c++) {
        nstate += c_nstate[c];
        nsolution += c_nsolution[c];
        if (c_nsolution[c] > 0)
          solution = c_solution[c];
      }
    }
  }
  return nullptr;
}
```

Abb. 5.64 Die *execute*-Methode startet rekursiv Kinder-Tasks an

```cpp
template<uint32_t NBLOCK>
void run(Sudoku<NBLOCK> puzzle, bool stop, bool sequential, uint64_t& nstates,
    uint64_t& nsolutions, Sudoku<NBLOCK>& solution, double& tt) {
  /* --Zähler zurücksetzen. */
  nstates = nsolutions = 0;

  /* --Zeitmessung starten. */
  tbb::tick_count t0 = tbb::tick_count::now();

  /* --Parallele Berechnung. */
  if (!sequential) {
    /* --Erzeuge die Wurzel-Task. */
    SudokuTask<NBLOCK>* root = new (tbb::task::allocate_root()) SudokuTask<
        NBLOCK>(puzzle, solution, nstates, nsolutions, stop);
    /* --Starte die parallele Berechung und blockiere. */
    tbb::task::spawn_root_and_wait(*root);
  }
  /* --Sequenzielle Berechnung. */
  else
    solve(puzzle, solution, nstates, nsolutions, stop);

  /* --Zeitmessung beenden. */
  tt = (tbb::tick_count::now() - t0).seconds();
}
```

Abb. 5.65 Aufruf des sequenziellen und parallelen Algorithmus

Thread einen eigenen Stapelspeicher der rechenbereiten, aber noch nicht ausgeführten Tasks. Genau genommen handelt es sich um ein *deque (double-ended queue)*: eine Warteschlange, an der an beiden Enden entnommen bzw. eingefügt werden kann. Neu erzeugte Kinder-Task werden auf diesem Stapel abgelegt. Das Task-Scheduling arbeitet dann nach der *Breath-First Theft, Depth-First Work*-Strategie:

- *Breitenexpansion:* Um rechenbereite Tasks auf andere Threads zu verteilen, wird der Baum der Kinder-Tasks in die Breite expandiert. Eine Verschiebung *(Task Stealing)* einer Task erfolgt erst, wenn der Stapelspeicher eines Threads leer ist.
- *Tiefenexpansion:* Ein Thread expandiert den Teilbaum der Kinder-Tasks in die Tiefe. Von einer Task wird zuerst ein Kind soweit expandiert, bis keine weiteren Tasks erzeugt werden können. Danach werden sukzessive die Geschwister expandiert.

Abb. 5.66 zeigt exemplarisch diese Vorgehensweise. Die Wurzeltask wird expandiert und alle Kinder-Task-Objekte auf den Stapelspeicher abgelegt. Danach wird die oberste Task vom Stapel entnommen und ihrerseits expandiert. Dieses erfolgt solange, bis keine nachfolgenden Tasks existieren. Durch dieses Verfahren wird der Task-Baum zuerst in der Tiefe expandiert. Hat ein anderer Thread keine Task zur weiteren Verarbeitung, wird die unterste Task aus dem Stapel entnommen (im Beispiel ist das 14) und ihrerseits durch den anderen Thread expandiert. Hierdurch wird der Task-Baum in der Breite entwickelt.

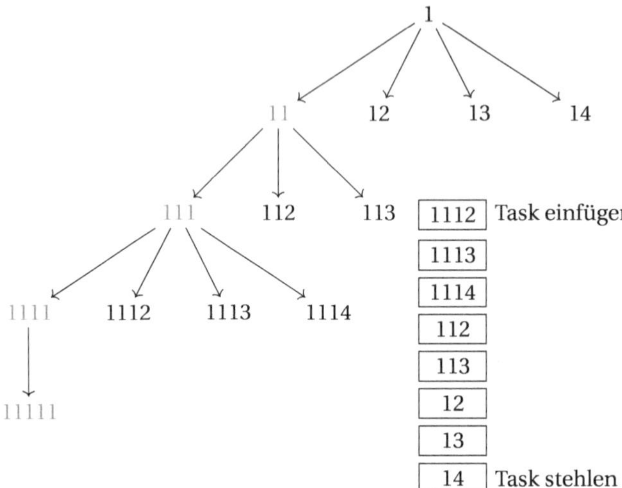

Abb. 5.66 Der Task-Scheduler expandiert die Kinder-Tasks zuerst in die Tiefe. Noch nicht ausgeführte Kinder-Tasks werden auf einem Stapel abgelegt. Hat ein anderer Thread keine eigene Task zur Abarbeitung, wird die unterste Task des Stapels entnommen

Dieses Verfahren ermöglicht eine Balance zwischen der Tiefen- und Breitenexpansion. Die Tiefensuche reduziert die Möglichkeit der Parallelisierung. Eine sehr starke Expansion in die Breite erzeugt eine sehr hohe Anzahl von Tasks, die nicht unmittelbar ausgeführt werden können. Der Speicherbedarf kann hierdurch sehr schnell anwachsen. Ist die Anzahl der Tasks wesentlich größer als die Anzahl der zugrunde liegenden Threads, erzielt der vorgestellte Ansatz eine gute Skalierung einer Anwendung.

Das Verhalten des Task-Schedulers kann in geringem Maß konfiguriert werden. Hierzu stellt die TBB-Bibliothek die *task_scheduler_init*-Klasse bereit. Im Konstruktor kann zum einen die Anzahl der Threads und zum anderen die Stack-Größe für einen Thread angegeben werden. Wird durch den Entwickler kein Objekt zur Initialisierung angelegt, so wird dieses intern durch die TBB durchgeführt.

Die Konfiguration des Schedulers muss vor der erstmaligen Verwendung von Task-Objekten abgeschlossen sein. Um das Skalierungsverhalten eines Algorithmus zu evaluieren, kann diese Klasse effektiv eingesetzt werden, da die Anzahl der zu benutzenden Threads (und damit die Nutzung der Hardware) sehr einfach konfiguriert werden kann.

5.3.6 Erweitere Task-Konzepte

Die Blockade der Eltern-Task kann sehr lange dauern, wenn Kinder-Tasks rekursiv weitere Tasks erzeugen und ihrerseits blockiert werden, wie in Abb. 5.67 skizziert. Die TBB bietet weitere, verfeinerte Ansätze, um einige der damit einhergehenden Nachteile zu vermeiden.

Abb. 5.67 Der einfachste
Ansatz blockiert die
Eltern-Task, bis alle
Kinder-Tasks ihre Bearbeitung
abgeschlossen haben

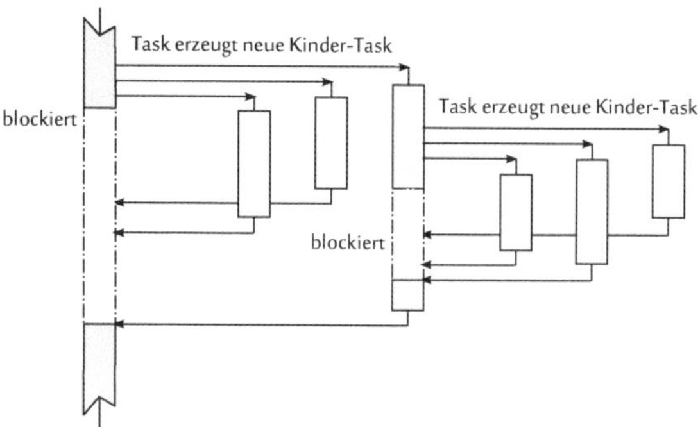

Abschluss (Continuation) Die Funktionalität einer Task gliedert sich häufig in zwei Teile. Zum einen werden Anweisungen ausgeführt, um die Aufgaben auf Kinder-Tasks zu verteilen *(fork)*. Zum anderen werden die Ergebnisse der Kinder-Tasks nach deren Ausführung zusammengefasst und ggfs. weiterverarbeitet *(join)*. Durch den blockierenden Ansatz entstehen unmittelbar zwei Nachteile:

1. Der thread-spezifische Speicher (Stack) kann insbesondere bei einer tiefen Task-Hierarchie sehr stark anwachsen, da die Eltern-Tasks erst beim Aufsteigen im Task-Baum wieder freigegeben werden.
2. Da gestartete Tasks nicht zwischen den einzelnen Threads migrieren, wird die Eltern-Task nach der Blockierung von demselben Thread weiterausgeführt. Das Task-Stealing erfolgt immer bevor ein Task-Objekt ausgeführt wird. Hat ein Thread im Vergleich zu anderen sehr viele Task-Objekte erzeugt, kann es hier zu einer unbalancierten Auslastung und damit geringen Skalierung kommen, wenn die Eltern-Tasks nacheinander nach der Blockierung fortgeführt werden.

Die Idee ist es daher, die Anweisungen einer Eltern-Task in zwei Task-Objekte aufzuteilen, wie in Abb. 5.68 skizziert. Die Eltern-Task erzeugt hierbei die Kinder-Objekte, wie beschrieben. Anstatt zu blockieren wird eine weitere als *Continuation* bezeichnet Abschluss-Task erzeugt, die ausgeführt wird, sobald alle Kinder-Tasks ihre Bearbeitung beendet haben. Die Eltern-Task blockiert nicht und beendet sich, sobald diese ihre Kinder-Tasks gestartet hat.

Bypassing Der interne Task-Scheduler der TBB verteilt die neu erzeugten Task-Objekte auf die einzelnen Threads, die anschließend ihrerseits diese auf den parallelen Recheneinheiten ausführen. Die TBB bietet zusätzlich die Möglichkeit, dem Task-Scheduler die nächste auszuführende Task anzugeben und die Scheduling-Strategie dabei zu umgehen.

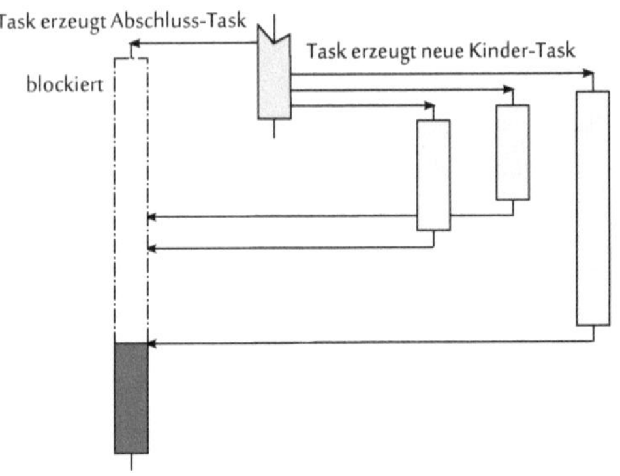

Abb. 5.68 Die Eltern-Task erzeugt eine blockierte Abschluss-Task *(continuation)*, die ausgeführt wird, wenn alle Kinder-Tasks ihre Ausführung beendet haben

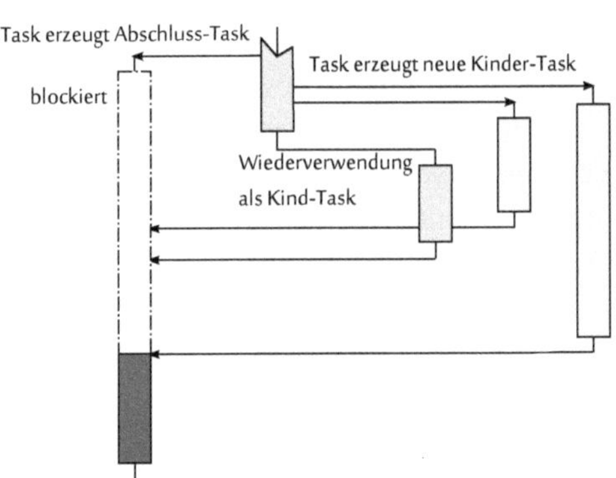

Abb. 5.69 Die Eltern-Task erzeugt die Abschluss-sowie weitere Kinder-Tasks. Anstatt sich zu beenden, läuft die Eltern-Task als eigene Kinder-Task weiter. Hierdurch verringert sich der Aufwand eine Kinder-Task zu erzeugen

Recycling Das Erzeugen einer Kinder-Task kann u. U. sehr aufwendig werden, wenn der Kontext der Eltern-Task kopiert und geändert werden muss. Auf der anderen Seite hat eine Eltern-Task häufig nur eine kurze Ausführdauer, sodass der Aufwand zum Erzeugen vergleichsweise sehr hoch ist. Die Lebensdauer kann sehr groß sein, wenn die Blockade sehr lange andauert. Daher bietet die TBB die Möglichkeit, eine Eltern-Task als Kind-Task wiederzuverwenden. Anstatt die Eltern-Task zu zerstören, wird die Task als Kind-Task weitergeführt. Hierdurch reduziert sich der Aufwand ein Task-Objekt zu erzeugen und den Kontext zu kopieren. TBB bietet die Möglichkeit, eine Eltern-Task als Kind-Task oder als Abschluss-Task zu recyclen. Abb. 5.69 zeigt dies beispielhaft für eine Eltern-Task mit drei Kinder-Tasks. Es werden jedoch nur zwei neue Task-Objekte erzeugt. Die Eltern-Task übernimmt die Rolle des dritten Kindes.

Beispiel Zahlpartition In der Zahlentheorie wird die Anzahl der möglichen Zerlegungen einer Zahl $n > 0$ in die Summe einzelner Werte als Zahlpartition $p(n)$ beschrieben. Hierbei wird die Reihenfolge der Summanden nicht betrachtet. So kann beispielsweise die Zahl $n = 5$ auf die folgenden sieben Arten zerlegt werden:

$$5 = 5$$
$$5 = 4 + 1$$
$$5 = 3 + 2$$
$$5 = 3 + 1 + 1$$
$$5 = 2 + 2 + 1$$
$$5 = 2 + 1 + 1 + 1$$
$$5 = 1 + 1 + 1 + 1 + 1$$

Hierbei ist eine lexikografische Darstellung entsprechend absteigender Größe der Summanden gewählt. Abb. 5.70 stellt diese Zerlegungen als Baum dar. Die Zweige auf der obersten Ebene ergeben sich durch Subtraktion der Zahlen 1 bis 5. Dieser Wert gibt ebenfalls eine Obergrenze m an, um den die Restwerte auf der nächste Stufe verringert werden. Gilt auf der oberen Stufe $3 = 5 - 2$, so wird von 3 auf der nächsten Stufe 1 beziehungsweise 2 subtrahiert. Dieses Schema setzt sich solange fort, bis der Zweig mit einem Blatt und einem Restwert 0 endet.

Theorem 5   (Partitionsfunktion). *Die Anzahl der Zerlegungen $p(n, m)$ einer Zahl n in positive Summanden kleiner gleich m ergibt sich rekursiv zu*

$$p(n, m) = \sum_{k=1}^{m} p(n - k, k) \quad mit \ p(1, m) = p(0, m) = 1 \,. \tag{5.4}$$

Für die Anzahl der Zahlpartitionen gilt: $p(n) = p(n, n)$.

Abb. 5.70 Mögliche
Zerlegungen der Zahl 5

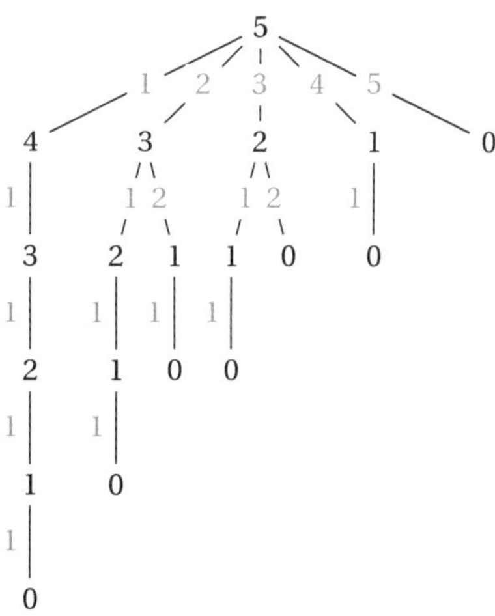

```
struct Partition {

  typedef uint64_t Integer;

  static Integer partition(uint64_t n, uint64_t m) {
    if (n <= 1)
      return 1;
    else if (m > n)
      return partition(n, n);
    else {
      Integer s = 0;
      for (uint64_t k = 1; k <= m; k++)
        s += partition(n - k, k);
      return s;
    }
  }
};
```

Abb. 5.71 Der sequenzielle Algorithmus berechnet die Partitionsfunktion

Des Weiteren gilt, dass $p(n, m) = p(n, n)$ für $m > n$, da die Zahl n nicht in Summanden zerlegt werden kann, die größer als n sind.

Der sequenzielle Algorithmus in Abb. 5.71 berechnet die Anzahl aller Zerlegungen einer Zahl n. Die Herleitung ergibt sich direkt aus der Gl. 5.4. Da die Anzahl der Partitionen schon bei kleinem n sehr groß werden kann, wird ein Typ *Integer* neu definiert. Soll eine große Zahl von Zerlegungen berechnet werden, so kann der Typ *uint64_t* durch einen Ganzzahltyp *mpz_int* mit einer beliebigen Größe aus der Boost-Bibliothek ersetzt werden.

Wie in dem vorherigen Sudoku-Beispiel wird die Rekursion in der Berechnung durch die Verwendung des Task-Konzepts der TBB aufgelöst und dadurch parallelisiert. Die Klasse *PartitionTask* in Abb. 5.72 ist eine Spezialisierung der TBB-Basisklasse *task*. Die Attribute

```
class PartitionTask: public tbb::task {
public:

  PartitionTask(uint64_t nv, uint64_t mv,
      Partition::Integer& c) :
      n(nv), m(mv > nv ? nv : mv), counter(c) {
  }

  tbb::task* execute();

private:

  uint64_t n, m;

  Partition::Integer& counter;
};
```

Abb. 5.72 Deklaration der Task-Klasse zur parallelen Berechnung der Anzahl der Partitionen

sind die beiden Parameter *n* und *m* sowie eine Referenz auf einen Zähler, der die Anzahl der Zerlegungen der Kinder-Task-Objekte zusammenfasst.

Die *execute*-Methode in Abb. 5.73 leitet sich direkt aus dem sequenziellen Algorithmus ab. Die Rekursion wird aufgelöst. Für jeden möglichen Wert $1 \leq k \leq m$ wird eine Kinder-Task erzeugt und gestartet. Die Eltern-Task wird blockiert, bis alle Kinder-Tasks ihrerseits abgearbeitet sind. Nach der Rückkehr aus der *spawn_and_wait_for_all*-Methode werden die einzelnen Zähler der Kinder-Task-Objekte zusammengeführt.

Eine mögliche Laufzeitverbesserung des parallelen Algorithmus ergibt sich durch die Auftrennung der Funktionalität in zwei getrennte Task-Objekte. Parallel zu den Kinder-Tasks wird eine Abschluss-Task (Continuation) erzeugt, die auf die Beendigung der Kinder-Task-Objekte wartet und anschließend die Teilergebnisse zusammenführt. Die Eltern-Task blockiert nicht und beendet die *execute*-Methode sobald die Kinder-Task-Objekte erzeugt und dem Task-Scheduler durch *spawn* zur Ausführung übergeben sind. Der Aufbau der *PartitionNonBlockingTask* ist identisch zur blockierenden Variante (siehe Abb. 5.74).

Die *execute*-Methode (siehe Abb. 5.75) erzeugt zuerst ein Objekt der *PartitionContinuation*-Klasse und anschließend die Kinder-Task-Objekte. Der veränderte Parameter im *new*-Aufruf stellt die Verbindung zwischen der Abschluss- und der Kind-Task her. Der Referenzzähler enthält die Anzahl der Kinder-Task-Objekte (ohne $+1$). Die Implementierung

```cpp
tbb::task* PartitionTask::execute() {
  /* --Prüfe, ob Zerlegung gefunden wurde. */
  if (n <= 1) {
    counter++;
  }
  /* --Weitere Zerlegungen durchführen. */
  else {
    /* --Kinder-Task erzeugen. */
    tbb::task_list children;
    std::valarray<Partition::Integer> ccounter(m);

    for (uint32_t k = 1; k <= m; k++)
      children.push_back(
          *new (tbb::task::allocate_child()) PartitionTask(n - k, k,
              ccounter[k - 1]));

    /* --Kinder-Task anstarten. */
    set_ref_count(m + 1);
    spawn_and_wait_for_all(children);

    /* --Ergebnisse zusammenführen. */
    counter += ccounter.sum();
  }
  return nullptr;
}
```

Abb. 5.73 Die Rekursion des sequenziellen Algorithmus wird durch Task-Objekte ersetzt

```
class PartitionNonBlockingTask: public tbb::task {
public:

    PartitionNonBlockingTask(uint64_t nv, uint64_t mv,
        Partition::Integer& c) :
        n(nv), m(mv > nv ? nv : mv), counter(c) {
    }

    tbb::task* execute();

private:

    uint64_t n, m;

    Partition::Integer& counter;

};
```

Abb. 5.74 Die Deklaration der nicht-blockierenden Task ist identisch zur blockierenden Variante

```
tbb::task* PartitionNonBlockingTask::execute() {
  if (n <= 1) {
    counter++;
  }
  /* --Weitere Zerlegungen durchführen. */
  else {
    /* --Abschluss-Task erzeugen. */
    PartitionContinuation* continuation = new (
        tbb::task::allocate_continuation()) PartitionContinuation(m, counter);

    /* --Kinder-Task erzeugen. */
    tbb::task_list children;

    for (uint32_t k = 1; k <= m; k++)
      children.push_back(
          *new (continuation->allocate_child()) PartitionNonBlockingTask(n - k,
            k, continuation->counter[k - 1]));
    continuation->set_ref_count(m);

    tbb::task& bypass = children.pop_front();

    if (!children.empty())
      continuation->spawn(children);

    return &bypass;

  }
  return nullptr;
}
```

Abb. 5.75 Die *continuation*-Task führt den Abschluss der Berechnungen aus

benutzt die *Bypassing*-Technik der TBB, d. h. die erste Kind-Task wird direkt als nächstes Objekt durch den Task-Scheduler ausgeführt.

Abb. 5.76 zeigt die Implementierung der *PartitionContinuation*-Task. Die Klasse enthält ein Feld für die einzelnen Zähler der Kinder-Task-Objekte. Die *execute*-Methode summiert die diese nach Beendigung der Kinder auf.

Um den Verwaltungsaufwand zur Erzeugung und Löschung vieler Task-Objekte zu reduzieren, bietet die TBB die Möglichkeit, Task-Objekte zu recyclen. Eine Eltern-Task kann auf zwei Arten wiederverwendet werden: i) als Abschluss- oder ii) als Kind-Task. Die Deklaration der *PartitionRecyclingTask* in der Abb. 5.77 zeigt, dass der Datentyp des Zählers *counter* von einer C++-Referenz in einen Zeiger verändert ist. Dieses ist notwendig, um das Attribut verändern zu können.

Die *execute*-Methode in Abb. 5.78 ist vergleichbar mit der ursprünglichen, allerdings wird eine Kinder-Task weniger erzeugt und gestartet, d. h. es gilt: $2 \leq k \leq m$. Die Methode *recycle_as_child_of* wandelt die Eltern-Task in eine Kind-Task um. Die Abschluss-Task behandelt diese Task wie die zuvor neu erzeugten Kinder. Anschließend werden die Attribute entsprechend der Werte für $k = 1$ neu gesetzt. Die Eltern-Task ist jetzt eine Kind-Task von sich selber. Ein wiederverwendetes Task-Objekt führt die *execute*-Methode somit zweifach oder sogar mehrfach aus.

Eine sehr effektive Möglichkeit die Anzahl kurzlebiger Task-Objekte zu reduzieren, ist die Tiefe der Task-Hierarchie zu begrenzen. Wird eine bestimmte Tiefe erreicht, so

```cpp
class PartitionContinuation: public tbb::task {
public:

  PartitionContinuation(uint64_t mv,
      Partition::Integer& c) :
      counter(mv), pcounter(c) {
  }

  std::valarray<Partition::Integer> counter;

  tbb::task* execute() {
    /* --Ergebnisse zusammenführen. */
    pcounter += counter.sum();
    return nullptr;
  }
  ;

private:

  Partition::Integer& pcounter;

};
```

Abb. 5.76 Die *execute*-Methode bildet den Abschluss der Berechnung

```cpp
class PartitionRecyclingTask: public tbb::task {
public:

    PartitionRecyclingTask(uint64_t nv, uint64_t mv,
        Partition::Integer* c) :
        n(nv), m(mv > nv ? nv : mv), counter(c) {
    }

    tbb::task* execute();

private:

    uint64_t n, m;

    Partition::Integer* counter;

};
```

Abb. 5.77 Um die Task wiederzuverwenden, wird ein Zeiger statt einer nicht veränderlichen Referenz als *counter*-Variable verwendet

```cpp
tbb::task* PartitionRecyclingTask::execute() {
  if (n <= 1) {
    (*counter)++;
    return nullptr;
  }
  /* --Weitere Zerlegungen durchführen. */
  else {
    /* --Abschluss-Task erzeugen. */
    PartitionContinuation* continuation = new (
        tbb::task::allocate_continuation()) PartitionContinuation(m, *counter);

    /* --Kinder-Task erzeugen. */
    tbb::task_list children;

    for (uint32_t k = 2; k <= m; k++)
      children.push_back(
          *new (continuation->allocate_child()) PartitionRecyclingTask(n - k, k,
            &continuation->counter[k - 1]));

    /* --Kinder-Task anstarten ohne zu blockieren. */
    continuation->set_ref_count(m);
    if (!children.empty())
      continuation->spawn(children);

    /* --Task als Kind-Task recyclen (für k==1). */
    recycle_as_child_of(*continuation);
    /* --Attribute entsprechend setzen. */
    n = n - 1;
    m = 1;
    counter = &continuation->counter[0];

  }
  return this;
}
```

Abb. 5.78 Am Ende der Methode wandelt sich die Eltern- in eine Kind-Task

```
class PartitionCutoffTask: public tbb::task {
public:

    PartitionCutoffTask(uint64_t nv, uint64_t mv,
        Partition::Integer& c, uint32_t co = 75) :
        n(nv), m(mv > nv ? nv : mv), cutoff(co),
        counter(c) {
    }

    tbb::task* execute();

private:

    uint64_t n, m, cutoff;

    Partition::Integer& counter;

};
```

Abb. 5.79 Diese Klasse entscheidet anhand der Variablen *cutoff*, ob weitere parallele Kinder-Tasks erzeugt werden sollen

werden keine weiteren Kinder-Task-Objekte erzeugt, sondern der Algorithmus wird ab dem Zeitpunkt sequenziell berechnet. Hierzu hat die Klasse *PartitionCutoffTask* in Abb. 5.79 ein entsprechendes Attribut *cutoff*.

Die *parallel_for*-Schleife der TBB arbeitet in ähnlicher Weise. Der Wertebereich für die Iteration wird automatisch in Abhängigkeit verfügbarer paralleler Recheneinheiten sukzessive in Teilintervalle untergliedert. Dieser Mechanismus muss bei der Verwendung von Task-Objekten jedoch vom Entwickler selbst ergänzt werden, wie die *execute*-Methode in Abb. 5.80 zeigt. Eine weitere Zerlegung durch parallele Kinder-Tasks wird nur in jenen Fällen gestartet, wenn eine bestimmte Baumtiefe noch nicht erreicht ist. Im anderen Fall wird das Restproblem sequenziell gelöst.

Lässt sich das Ergebnis einer parallelen Berechnung auf wenige einfache Datentypen abbilden, wie im Beispiel auf einen Zählerwert, so kann der Abschluss noch weiter vereinfacht werden. Die Klasse *PartitionAtomicTask* in Abb. 5.81 verwendet eine Variable *counter*, die atomar geändert werden kann. Anstatt lokale und temporäre Zähler der einzelnen Kinder-Tasks zu erstellen, die nach Abschluss aufsummiert werden, so wird beim Auffinden einer gültigen Zerlegung einer Zahl eine einzelne, gemeinsame Variable erhöht. Durch die Atomarität ist der Zugriff paralleler Threads geschützt (siehe Abschn. 3.6.5).

Die *execute*-Methode in Abb. 5.82 ist vergleichbar zur vorherigen. Es werden jetzt keine temporären Zähler sondern atomar eine gemeinsame Variable verändert. Da der Abschluss jetzt nur das Warten auf die Kinder-Task-Objekte erfordert, stellt die TBB die Klasse *empty_task* zur Verfügung, die eine leere *execute*-Methode implementiert.

```cpp
tbb::task* PartitionCutoffTask::execute() {
  if (n <= 1) {
    counter++;
  } else if (n < cutoff) {
    counter += Partition::partition(n, m);
  }
  /* --Weitere Zerlegungen durchführen. */
  else {
    /* --Abschluss-Task erzeugen. */
    PartitionContinuation* continuation = new (
        tbb::task::allocate_continuation()) PartitionContinuation(m, counter);

    /* --Kinder-Task erzeugen. */
    tbb::task_list children;

    for (uint32_t k = 1; k <= m; k++)
      children.push_back(
          *new (continuation->allocate_child()) PartitionCutoffTask(n - k, k,
              continuation->counter[k - 1], cutoff));

    /* --Kinder-Task anstarten ohne zu blockieren. */
    continuation->set_ref_count(m);
    continuation->spawn(children);

  }
  return nullptr;
}
```

Abb. 5.80 Es gibt eine zusätzliche Fallunterscheidung in Abhängigkeit des Wertes *n*

```cpp
class PartitionAtomicTask: public tbb::task {
public:

    PartitionAtomicTask(uint64_t nv, uint64_t mv,
        tbb::atomic<uint64_t>& c, uint32_t co = 75) :
        n(nv), m(mv > nv ? nv : mv), cutoff(co),
        counter(c) {
    }

    tbb::task* execute();

private:

    uint64_t n, m, cutoff;

    tbb::atomic<uint64_t>& counter;

};
```

Abb. 5.81 Der Zähler *counter* kann ununterbrechbar erhöht werden

```cpp
tbb::task* PartitionAtomicTask::execute() {
  if (n <= 1) {
    counter++;
  } else if (n < cutoff) {
    counter += Partition::partition(n, m);
  }
  /* --Weitere Zerlegungen durchführen. */
  else {
    /* --Abschluss-Task erzeugen. */
    tbb::empty_task* continuation =
        new (tbb::task::allocate_continuation()) tbb::empty_task;

    /* --Kinder-Task erzeugen. */
    tbb::task_list children;

    for (uint32_t k = 1; k <= m; k++)
      children.push_back(
          *new (continuation->allocate_child()) PartitionAtomicTask(n - k, k,
              counter, cutoff));

    /* --Kinder-Task anstarten ohne zu blockieren. */
    continuation->set_ref_count(m);
    continuation->spawn(children);

  }
  return nullptr;
}
```

Abb. 5.82 Die *emtpy_Task* ist der Abschluss der Berechnung

5.4 OpenMP

OpenMP (Open Multi-Processing) ist eine Spracherweiterung für C/C++ sowie Fortran und wurde 1997 in der Version 1.0 standardisiert. Der Umfang ist fortlaufend erweitert worden, sodass jetzt die fünfte Version im Entwurf vorliegt.

Im Gegensatz zu TBB oder anderen Bibliotheken werden parallele Anweisungen im Quelltext durch Compiler-Direktiven beschrieben. Diese werden in C/C++ durch *#pragma* eingeleitet. Hierdurch ist es möglich, die Programmiersprache um nicht-standardisierte Anweisungen zu erweitern. Unterstützt der Compiler nicht die OpenMP-Direktiven, werden diese ignoriert. Es wird dann ein sequenzieller Code erzeugt. Das bedeutet allerdings nicht, dass jedes parallele Programm auch sequenziell korrekt läuft. Zusätzlich existieren einige, wenige C-Funktionen sowie die Möglichkeit über Umgebungsvariablen die OpenMP-Konfiguration zu steuern.

5.4.1 Funktionsweise

Wie auch andere Ansätze abstrahiert OpenMP von der zugrunde liegenden Hardware-Plattform und führt ein *Task-Konzept* ein. Anweisungsfolgen, die parallel zu anderen ausgeführt werden können, werden in einer *Task* gekapselt. Die Tasks eines Programms ordnet OpenMP dann Threads des Betriebssystems zu und bringt diese anschließend zur Ausführung. Die Definition einer Task mit OpenMP kann implizit (als *for*-Schleife) oder explizit erfolgen (vgl. Pacheco 2011; Gleim und Schüle 2012).

Für die parallele Ausführung mit OpenMP wird eine *parallele Region* benötigt, die durch die folgende Direktive eingeleitet wird:

```
#pragma omp parallel optionale Vereinbarungen
Einzelanweisung oder strukturierter Block
```

OpenMP startet ein Team von Threads, welches die nachfolgende Einzelanweisung respektive den folgenden *strukturierten Block* nach dem *Fork-Join-Muster* parallel ausgeführt (siehe Abb. 5.83). Die Größe eines Thread-Teams ist von mehreren Faktoren abhängig und kann auch durch den Entwickler beeinflusst werden. Im einfachsten Fall ist die Teamgröße identisch der Anzahl von parallelen Recheneinheiten der Hardware. Ein *strukturierter Block* im OpenMP-Sinn ist ein mit { } geklammerter Anweisungsblock, der keine Sprungbefehle in oder aus dem Block enthält. Es ist zu beachten, dass die geöffnete Klammer nicht am Ende der *#pragma*-Zeile, sondern zu Beginn der nachfolgenden Zeile steht. Eine *return*-Anweisung innerhalb des Blocks ist somit nicht zulässig. Bei der Programmierung in C++ muss die Ausnahmebehandlung innerhalb des strukturierten Blocks erfolgen.

Die Abbildung skizziert, wie die sequenzielle in die parallele Ausführung übergeht. Der initiale Thread des Programms *(Haupt-Thread)* führt den sequenziellen Teil aus. Am Beginn einer parallelen Region gabelt sich die Ausführung auf. Am Ende des strukturierten Blocks gibt es eine implizite Synchronisierung (Barriere), d. h. erst nach Beendigung aller zusätzlichen Threads setzt der Haupt-Thread die sequenzielle Ausführung fort.

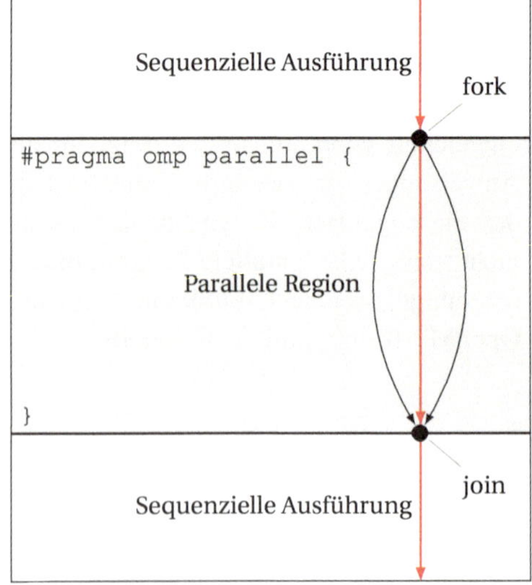

Abb. 5.83 Gemeinsam mit zusätzlichen Threads bringt der Haupt-Thread in einer parallelen Region die Tasks zur Ausführung

Die parallele Ausführung kann durch zusätzliche *Vereinbarungen* gesteuert werden. Mehrere Vereinbarungen sind durch Komma voneinander zu trennen. Hierbei sind u. a. möglich:

```
if (Boole'sche Bedingung)
num_threads (ganzzahliger Ausdruck)
private (Variablenliste)
firstprivate (Variablenliste)
shared (Variablenliste)
default (shared oder none)
```

Die parallele Ausführung kann durch die *if*-Vereinbarung mit einer booleschen Bedingung verknüpft werden. Die Größe des Thread-Teams wird durch *num_threads* gesteuert.

Steuerung des Datenzugriffs Da alle Tasks/Threads einen gemeinsamen Adressraum verwenden, gibt es einige Regeln zum Zugriff auf Variablen. Hierbei werden Variablen in *thread-global* oder öffentlich *(shared)* und *thread-lokal* oder privat *(private)* unterschieden.

- Ist eine Variable öffentlich, dann können alle Tasks/Threads gemeinsam zugreifen. Zur Vermeidung von Inkonsistenzen muss der Zugriff synchronisiert werden (beispielsweise durch atomare Operationen).
  Sowohl dynamische (Heap) als auch statische Variablen sind öffentlich, auch wenn diese innerhalb eines strukturierten Blocks definiert sind.
- Ist eine Variable privat, dann hat jede Task/jeder Thread eine eigene Kopie, die unabhängig von anderen geändert werden kann.
  Automatische Variablen (Stack), die innerhalb eines strukturierten Blocks definiert werden, sind privat. Dieses betrifft auch die Schleifenvariable bei der parallelen *for*-Schleife (siehe unten).

Davon abweichend sind weitere Vereinbarungen in den einzelnen Direktiven möglich, wobei mehrere Variablen durch Komma getrennt als Parameter anzugeben sind:

- *private:* Alle Threads habe eine lokale, uninitialisierte Kopie der angegebenen Variablen.
- *shared:* Alle Threads haben einen gemeinsamen Zugriff auf die angegebene Variable.
- *firstprivate:* Alle Threads haben eine lokale Kopie der angegebenen Variablen. Die Variable wird vor Eintritt in den strukturierten Block initialisiert.
- *lastprivate:* Alle Threads haben eine lokale Kopie der angegebenen Variablen. Die Originalvariable wird nach Austritt aus dem strukturierten Block aktualisiert.

Mit der *default*-Vereinbarung wird festgelegt, wie auf Variablen zugegriffen wird, die nicht explizit aufgeführt sind. Durch die Angabe von *none* muss jede Variable explizit angegeben werden.

5.4.2 Datenparallelität

Eine sequenzielle *for*-Schleife lässt sich in OpenMP mit der folgenden Direktive sehr einfach parallelisieren:

```
#pragma omp for optionale Vereinbarungen
for (Ausdruck1 ; Bedingung ; Ausdruck2)
    Schleifenrumpf
```

Im Gegensatz zu den Möglichkeiten von C/C++ müssen *Ausdruck1* und *Ausdruck2* sowie die *Bedingung* wohlgeformt sein. Die Schleifenvariable muss ganzzahlig sein. Die Bedingung und der *Ausdruck2* müssen schleifeninvariant sein.

Als zusätzliche *Vereinbarungen* sind u. a. möglich:

```
private (Variablenliste)
firstprivate (Variablenliste)
lastprivate (Variablenliste)
```

Da die *omp for*-Direktive nur innerhalb einer zuvor definierten parallelen Region wirksam wird, besteht die Möglichkeit, die *for*-Schleife direkt mit einer parallelen Region zu verknüpfen.

```
#pragma omp parallel for optionale Vereinbarungen
for (Ausdruck1 ; Bedingung ; Ausdruck2)
    Schleifenrumpf
```

Atomare Operationen Die atomare Ausführung von Operationen sind möglich durch:

```
#pragma omp atomic
Operatoranweisung
```

5.4.3 Task-Parallelität

Durch die folgende Compiler-Direktive wird eine neue Task gestartet, die die Einzelanweisung respektive den Block parallel ausführt.

```
#pragma omp task optionale Vereinbarungen
Einzelanweisung oder strukturierter Block
```

Als zusätzliche *Vereinbarungen* sind u. a. möglich:

```
if (Boole'sche Bedingung)
private (Variablenliste)
firstprivate (Variablenliste)
lastprivate (Variablenliste)
```

Die Ausführung der Task, die die neue Task erzeugt, ist unabhängig von der Ausführung der neuen Task. Das bedeutet, dass unter Umständen der Zugriff auf Variablen nicht mehr möglich ist und dieses in Folge zu schwerwiegenden Fehlern führt.

Sollen innerhalb eines strukturierten Blocks eine oder mehrere Anweisungen einfach und nicht parallel ausgeführt werden, dann ist dieses mit der *single*-Direktive möglich:

#pragma omp single *optionale Vereinbarungen*
Einzelanweisung oder strukturierter Block

Als zusätzliche *Vereinbarungen* sind u. a. möglich:

private (*Variablenliste*)
firstprivate (*Variablenliste*)

Weitere Einzelheiten zur Programmierung mit C und C++ sind beispielsweise in Hoffmann und Lienhart (2008) zu entnehmen.

5.4.4 Das n-Damenproblem

Zur Bestimmung aller Lösungen für das Damenproblem (siehe Abschn. 5.1.5) wird der komplette Suchbaum sukzessive durchlaufen. Abb. 5.84 zeigt den sequenziellen, rekursiven Algorithmus in C/C++. In dem Feld x befindet sich die aktuelle Teillösung, wobei $x_i = j$ die Zeile der Dame in Spalte i angibt.

```
uint64_t num_node=0,num_solution=0;

bool is_unattacked_cell(uint8_t* x, uint8_t k) {
  for(uint8_t i=0;i<k;i++)
    if (x[i]==x[k] || abs(x[i]-x[k])==abs(i-k))
      return false;
  return true;
}

/* --Serielle Version. */
void backtrack(uint8_t* x, uint8_t k, uint8_t n) {
  if (k==n)
    num_solution++;
  else
    for(uint8_t i=0;i<n;i++) {
      x[k]=i;
      if (is_unattacked_cell(x,k)) {
        num_node++;
        backtrack(x,k+1,n);
      }
    }
  return;
}
```

Abb. 5.84 Sequenzielle Funktion zur Lösung des n-Damenproblems

Der Algorithmus durchläuft das Schachbrett spaltenweise. Ist für eine Spalte k eine mögliche Zeile i gefunden, sodass die Damen sich nicht gegenseitig schlagen, wird der Algorithmus für die Spalte $k + 1$ rekursiv aufgerufen. Die Funktion *is_unattacked_cell* überprüft, ob die Dame in Spalte k keine der Damen in den Spalten $0, \ldots, k - 1$ schlägt. Hierzu werden die Zeilen und die Diagonalen überprüft.

Der Algorithmus verwendet zwei globale Variablen, *num_node* und *num_solution*, die zum einen alle Knoten im Suchbaum und zum anderen die Anzahl der Lösungen (Blätter im Baum) zählen. Die Tabelle in Abb. 5.85 gibt die Ergebnisse für $n = 1, \ldots, 18$ an.

Die Grundidee zur Parallelisierung ist es, für jeden inneren Knoten im Suchbaum eine neue Task zu erzeugen, die dann ihrerseits weitere Tasks erzeugt. Jede Task führt nur sehr wenige Rechenoperationen aus, sodass entsprechend der sehr großen Anzahl von Knoten in der Tabelle ein sehr hoher Mehraufwand zu erwarten ist. Mit den folgenden Schritten wird aus dem sequenziellen ein paralleler Algorithmus:

- Die Inkrementoperation auf die Zähler *num_solution* und *num_node* muss atomar erfolgen, da ansonsten beim zeitgleichen Zugriff mehrerer Threads Inkonsistenzen zu erwarten sind.
- Da die Anzahl der inneren Knoten sehr groß wird, starten nur bis zu einer bestimmten Stufe der Rekursion neue Tasks. Hierzu wird eine Variable *max_level* eingeführt. Es wird zum einen eine Lastverteilung auf die vorhandenen Threads erreicht. Zum anderen wird der Mehraufwand zum Erzeugen und Löschen einer Task begrenzt.

Abb. 5.85 Die Anzahl der Lösungen für das n-Damenproblem berechnet auf einem parallelen Rechensystem mit 72 Hardware-Threads

n	Lösungen	Knoten
1	1	1
2	0	2
3	0	5
4	2	16
5	10	53
6	4	152
7	40	551
8	92	2056
9	352	8393
10	724	35538
11	2680	166925
12	14200	856188
13	73712	4674889
14	365596	27358552
15	2279184	171129071
16	14772512	1141190302
17	95815104	8017021931
18	666090624	59365844490

```
uint8_t max_level=3;

/* --Parallele Versionen. */
void backtrack(uint8_t* x, uint8_t k, uint8_t n,bool
    isCleanUp =false) {
  if (k==n)
    #pragma omp atomic
    num_solution++;
  else
    for(uint8_t i=0;i<n;i++) {
      x[k]=i;
      if (is_unattacked_cell(x,k)) {
        #pragma omp atomic
        num_node++;

        /* --Check current level. */
        if (k<max_level) {
          /* --Kopie anlegen. */
          uint8_t* y=new uint8_t[n];
          for(uint8_t j=0;j<k+1;j++)
            y[j]=x[j];

          #pragma omp task
          backtrack(y,k+1,n,true);
        }
        else
          backtrack(x,k+1,n,false);

      }
    }

  /* --Kopie freigeben. */
  if (isCleanUp)
    delete [] x;
  return;
}
```

Abb. 5.86 Parallelisierte Funktion zur Lösung des n-Damenproblems

- Da jede Task ein eigenes Feld x der Teillösungen benötigt, muss vor dem Starten der neuen Task das Feld kopiert werden. Der Speicher wird beim Beenden der Task freigegeben.

Abb. 5.86 ist die Umsetzung in C/C++ aufgeführt. Der Aufruf der Funktion ist dann gegeben durch:

```
#pragma omp parallel
#pragma omp single
backtrack(x,0,n);
```

Es ist zu beachten, dass die *#pragma omp task*-Direktive nur dann parallelisiert, wenn diese innerhalb einer zuvor gestarteten parallelen Region angegeben wird. Durch Angabe von *#pragma omp single* wird verhindert, dass der *backtrack*-Aufruf auf der obersten Ebene mehrfach ausgeführt wird. Die Berechnung der Anzahl der Lösungen für $n = 18$ mit dem vorgestellten OpenMP-Ansatz (siehe Abb. 5.85) benötigt auf dem eingesetzten parallelen System 30 min.

Literatur

Butenhof D (1997) Programming with Posix Threads. Addison Wesley Longman, New York

Gleim U, Schüle T (2012) Multicore-Software. dpunkt, Heidelberg

Heller T, Diehl P, Byerly Z, Biddiscombe J, Kaiser H (2017) HPX – an open source C++ standard library for parallelism and concurrency. In Proceedings of OpenSuCo 2017, Denver, Colorado, USA, November 2017 (OpenSuCo'17), S 5

Hoffmann S, Lienhart R (2008) OpenMP : Eine Einführung in die parallele Programmierung mit C/C++. Springer, New York

Hopcroft JE, Ullman JD (1990) Einführung in die Automatentheorie, formale Sprachen und Komplexitätstheorie. Addison Wesley Longman, New York

McCool M, Robison AD, Reinders J (2012) Structured parallel programming. Morgan Kaufmann, Amsterdam

Pacheco PS (2011) An introduction to parallel programming. Morgan Kaufmann, London

Reinders J (2007) Intel threading building blocks: Outfitting C++ for multi-core processor parallelism. O'Reilly Media, Sebastopol

Stroustrup B (2013). The C++ programming language, 4. Aufl. Addison Wesley Longman, New York

Uelschen M (2011) Intel threading building blocks 3.0. Linux-Magazin

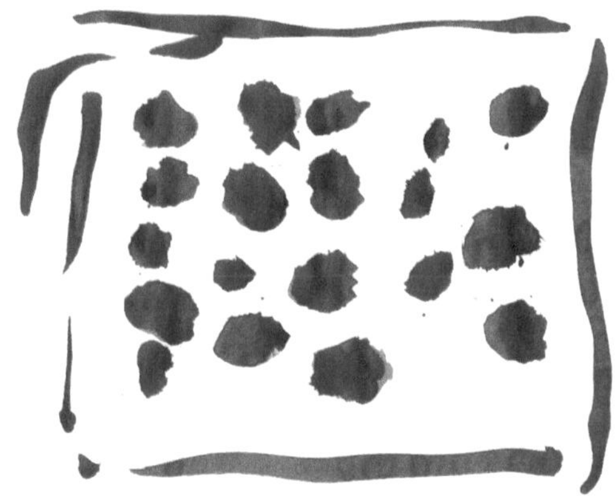

Neben den bisher vorgestellten parallelen Rechnerarchitekturen gibt es eine weitere Klasse, die im Gegensatz nach dem SIMD-Prinzip arbeitet. Das folgende Kapitel (siehe auch Uelschen 2010) stellt diesen alternativen Ansatz auf Basis von *Graphics Processing Unit* (GPU) vor. Dieser orientiert sich an den Architektur- und Programmiermodellen der Grafikkarten der Firma Nvidia.

6.1 Einleitung

Moderne Grafikkarten zeichnen sich durch eine Vielzahl (mehrere Hundert bis mehrere Tausend) von parallel arbeitenden Kernen aus, die Berechnungen sehr schnell ausführen. Da sich die Hardware von der x86/x64-Architektur stark unterscheidet, erfordert die

© Springer Fachmedien Wiesbaden GmbH, ein Teil von Springer Nature 2019
M. Uelschen, *Software Engineering Paralleler Systeme,*
https://doi.org/10.1007/978-3-658-25343-1_6

Programmierung anfangs Umdenken vom Entwickler. Aus diesem Grund startet das Kapitel mit einer Darstellung der Technologie, bevor auf die konkrete Programmierung eingegangen wird. Inzwischen hat sich ein eigenständiger Bereich mit dem schwergängigen Kürzel GPGPU *(General Purpose Computing on Graphics Hardware)* entwickelt, der sich mit dem Rechnen auf der Grafikkarte auseinandersetzt. Grafikanwendungen stehen hierbei primär nicht im Vordergrund.

6.2   Entwicklung der Grafikkarte

Wie die eigentliche CPU eines Rechners hat auch die Grafikkarte eine rasante Entwicklung vollzogen. Vor gar nicht allzu langer Zeit waren Grafikkarten entsprechend dem EGA- und später dem VGA-Standard das Nonplusultra. Eine Auflösung von 640 × 480 Pixeln mit 16 Farben hat für die ersten Versionen von Benutzeroberflächen und für die aufkommenden PC-Spiele ausgereicht. In den letzten 15 Jahren sind Spiele- wie auch die Filmindustrie wichtige Innovationstreiber bei der Entwicklung von Prozessoren für Grafikkarten geworden. Diese werden in den letzten Jahren zudem im Bereich der Kryptowährungen *(Cryptocoin Mining)* und im maschinellen Lernen *(Deep Learning)* verstärkt eingesetzt: Anwendungen, bei denen nicht die Grafik, sondern zeitintensive Algorithmen im Vordergrund stehen.

Eine GPU arbeitet nach dem Pipeline-Prinzip: mehrere hintereinander geschaltete Schritte berechnen den Farbwert eines Pixels. Die einzelnen Funktionen dieser Grafik-Pipeline waren bis vor wenigen Jahren fest einprogrammiert. Zwischenzeitlich ist die Hardware von einer modernen GPU so aufgebaut, dass die einzelnen Module frei programmierbar sind. Hierdurch sind Grafikkarten auch für all jene interessant, die viel Rechenleistung benötigen und deren Aufgabenstellung parallelisierbar ist.

Einen weiteren Schub hat es dadurch gegeben, dass die Firma Nvidia diese Entwicklung aktiv unterstützt und entsprechende Software-Bibliotheken sowie Werkzeuge zur Erstellung herausgibt. Es sind inzwischen eine Vielzahl von Rechensystemen im kommerziellen Betrieb, die aus Grafikkarten bestehen, aber für *High Performance Computing* (HPC) zum Einsatz kommen.

6.3   Aufbau modernen Grafikkarten

Was ist der Unterschied im Aufbau der Hardware zwischen einer CPU und einer modernen GPU mit mehreren Kernen? Es gibt die einfache Klassifikation aus dem Abschn. 2.4, die die Bearbeitung von Befehlen und Daten im Verhältnis zueinander beschreibt. Das erste Kriterium unterscheidet, ob in einem Schritt ein Befehl (SI: Single Instruction) oder unterschiedliche Befehle (MI: Multiple Instruction) von der CPU abgearbeitet werden. Das zweite Kriterium untersucht, ob einzelne Daten (SD: Single Data) oder eine Vielzahl von unterschiedlichen Daten (MD: Multiple Data) parallel verarbeitet werden (siehe Abb. 2.13).

Die inzwischen vorherrschenden Multicore-CPUs arbeiten demnach nach dem MIMD-Prinzip. So können mehrere Kerne unabhängig voneinander unterschiedliche Befehle auf unterschiedlichen Daten ausführen. Moderne GPUs sind im Gegensatz dazu mit SIMD-Systemen verwandt: Auf unterschiedlichen Daten wird zu einem Zeitpunkt die identische Instruktion ausgeführt. Auf den klassischen, datenparallelen SIMD-Systemen führen somit alle Recheneinheiten den identischen Kontrollfluss aus. Eine if-Verzweigung mit alternativen Ablauffäden (Threads) ist nicht möglich.

Nvidia hat die SIMD-Technik weiterentwickelt und nennt diese SIMT, wobei MT für Multiple Threads steht. Hierdurch ist es nun möglich, dass Threads unterschiedliche Pfade durch das Programm nehmen.

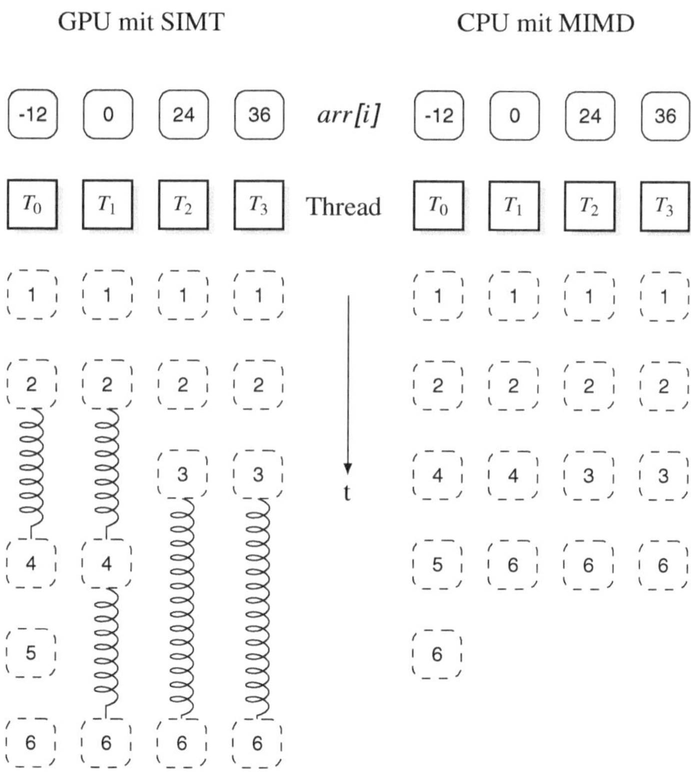

Abb. 6.1 Die GPU und die CPU arbeiten unterschiedlich die Befehle ab. Die Zahlen geben die Zeilennummern der *sign*-Funktion an

```
0    int sign(unsigned i, int arr[]) {
1        int result=0;
2        if (arr[i]>0)
3            result=1;
4        else if (arr[i]<0)
5            result=-1;
6        return result;
7    }
```

Der Quelltext zeigt eine einfache C-Funktion *sign,* die als Parameter einen Index *i* und ein Feld *arr* von vorzeichenbehafteten ganzen Zahlen erhält und das Vorzeichen für ein Feldelement berechnet. Die Funktion gibt 1 für positive und -1 für negative Zahlen zurück. Ist die Zahl 0, dann wird auch 0 an den Aufrufer zurückgegeben. Die Funktion lässt sich parallel ausführen, beispielsweise auf einem Feld mit den Werten $-12, 0, 24, 36$. Ein vollwertiges MIMD-System mit vier Kernen und der gleichen Anzahl von Threads berechnet das Vorzeichen unabhängig voneinander. Jeder Thread durchläuft die Funktion unbeeinflusst von den anderen. Reine SIMD-Systeme können die *sign*-Funktion nicht abarbeiten, weil der Kontrollfluss abhängig vom Vorzeichen unterschiedliche Pfade durchläuft.

Auch die SIMT-Technologie führt nur einen Befehl zu einem Zeitpunkt aus. Um aber nun Verzweigungen zuzulassen, wird ein Trick angewendet. Alle Threads, die denselben Pfad durch das Programm nehmen, werden einer Gruppe zugeordnet. Da der Befehl für alle Threads einer Gruppe identisch ist, wird dieser parallel ausgeführt. Die Befehle unterschiedlicher Gruppen werden sequenziell ausgeführt. Die Konsequenz ist, dass nun auch verschiedene Pfade durch das Programm möglich sind. Allerdings hat das Auswirkungen auf die Performance. Nur wenn alle Threads den gleichen Befehl ausführen, lässt sich das Maximum aus der Grafikkarte herausholen (Abb. 6.1).

6.4 Hardware-Architektur

CUDA steht für *Compute Unified Device Architecture* und bezeichnet die Architektur der GPU der Firma Nvidia. Abb. 6.2 zeigt das zeitliche Fortschreiten der einzelnen Hardware-Architekturen seit der ersten Entwicklung einer gemeinsamen Grafik- und Rechenplattform *G80* im Jahr 2006.

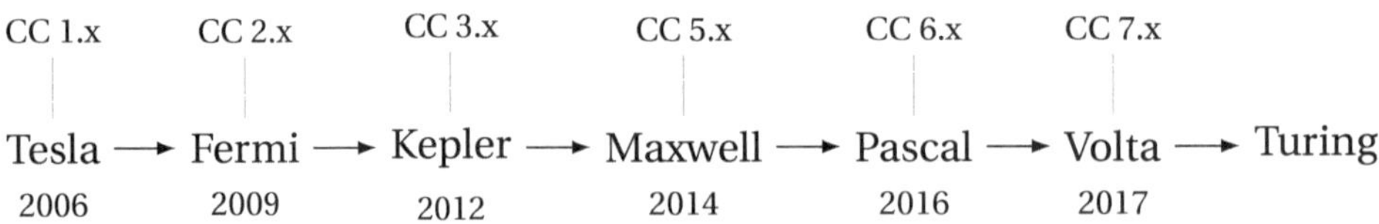

Abb. 6.2 Die Darstellung zeigt die zeitliche Entwicklung der einzelnen GPU-Architekturen der Firma Nvidia. Die Details zum Nachfolger der Volta-Architektur sind noch offen

Die *Compute Capability* (CC) beschreibt die programmiertechnischen Eigenschaften der GPU und wird zum Übersetzungszeitpunkt festgelegt.

- Die Basis der Entwicklung bezeichnet die *Tesla*-Architektur (vgl. Lindholm et al. 2008). Das grundlegende Programmiermodell SIMT wird eingeführt. Die Ausführung von Funktionen auf der GPU wird von der CPU initiiert.
- Die *Fermi*-Architektur (vgl. NVIDIA 2009) bietet eine verbesserte Behandlung von Fließkommazahlen mit doppelter Genauigkeit. Zudem ist ein L1-Cache eingeführt und der Zugriff auf den Hauptspeicher der CPU und der GPU vereinheitlicht.
- Die nachfolgende *Kepler*-Architektur (vgl. NVIDIA 2012) führt ein als *dynamischen Parallelismus* bezeichnetes Verfahren ein, das die Ausführung von GPU-Funktionen ohne die Interaktion mit der CPU ermöglicht. Hierdurch lassen sich bestimmte parallele Muster (beispielsweise geschachtelte, rekursive Aufrufe) einfacher entwickeln.
- Die *Maxwell*-Architektur (vgl. NVIDIA 2014) implementiert Maßnahmen zur Verbesserung der Energieeffizienz und führt zusätzliche Verbesserungen in der Grafikverarbeitung (beispielsweise im Bereich der Beleuchtung) ein.
- Die mit *Pascal* (vgl. NVIDIA 2016) bezeichnete nachfolgende Architektur bietet eine direkte Verbindung zwischen mehreren GPU-Systemen. Diese ermöglicht den Datenaustausch ohne CPU. Der Zugriff auf den Speicher aus Programmiersicht ist vereinfacht worden.
- Das ursprüngliche SIMT-Programmiermodell wird in der *Volta*-Architektur (vgl. NVIDIA 2017) aufgeweicht, in der zusätzliche Möglichkeiten zur Synchronisierungen einzelner Gruppen von Threads eingeführt werden. Sogenannte *Tensor-Recheneinheiten* implementieren zusammengesetzte Operationen auf 4×4-Matrizen, eine Basisoperation für *Deep Learning*-Algorithmen.

Neben den skizzierten Verbesserungen nehmen sukzessive die Speichergröße und -bandbreite zu. Der Fertigungsprozess wird optimiert, und der Grad der Parallelität erhöht sich, wie die Tabelle in Abb. 6.3 zeigt. Während für die erste Plattform ein C-Dialekt als Programmierumgebung zur Verfügung stand, werden inzwischen objektorientierte Konzepte in C++ unterstützt.

DER AUFBAU EINE GPU UNTERSCHEIDET SICH stark von der einer klassischen x86- oder ARM-Architektur. Hierbei ist eine Hierarchie von parallelen Komponenten zu unterscheiden. Eine GPU besteht aus mehreren *Graphical Processing Cluster* (GPC), die ihrerseits mehrere *Streaming Multiprocessor* (SM) zusammenfassen. Ein SM hat ein Befehlswerk und integriert einzelne Rechenkerne, die als *CUDA Core* oder als *Streaming Processor* (SP) bezeichnet werden. Der als nächstes auszuführende Befehl wird an alle SP übermittelt und dann entsprechend SIMD/SIMT parallel bearbeitet. Solch eine Recheneinheit besteht aus einer ALU für Ganzzahloperationen (Int) und einer Funktionseinheit für Fließkommazahlen mit einfacher Genauigkeit (FP32). Mit der Einführung der Volta-Architektur können beide Funktionseinheiten parallel Befehle verarbeiten.

	Tesla	Fermi	Kepler	Maxwell	Pascal	Volta
GPU Modell	GT 215	GF 110	GK 110	GM 200	GP 102	GV 100
GeForce Serie	200	500	700	900	GTX 10	GTX 10
Produkt	GT 240	GTX 590	GTX 780 Ti	Titan X	Titan Xp	Titan V
CC	1.2	2.0	3.5	5.2	6.1	7.0
SM	12	2×16	15	24	60	80
SP (Int, FP32) / SM	8	32	192	128	64	64
CUDA–Kerne (insgesamt)	96	2×512	2880	3072	3840	5120
FP64 / SM	–	4	64	4	32	32
Tensor–Recheneinheit / SM	–	–	–	–	–	8
Global Memory MB	1024	2×1536	3072	12288	12288	12288
L1/Shared Memory / SM [KB]	16	64	64	96	24/96	128
Register Speicher / SM [KB]	16	32	64	256	256	256
L2–Cache [KB]	–	2×768	1536	3072	4096	6144
Fertigungsprozess [nm]	40	40	28	28	16	12
Anzahl Transistoren $\times 10^9$	0,727	2×3,1	7,1	8,0	12,0	21,1

Abb. 6.3 Die Tabelle fasst einige der wesentlichen Merkmale der unterschiedlichen Architekturen zusammen

Zusätzlich hat ein SM weitere Funktionseinheiten für mathematische Sonderfunktionen (wie Sinusberechnung) und zur Berechnung von Fließkommaoperationen mit doppelter Genauigkeit (FP64). Wenn mehrere SP in einem SM sich diese Funktionseinheiten teilen, reduziert sich die Rechengeschwindigkeit.

DIE ENTWICKLUNGSGESCHWINDIGKEIT IM BEREICH der Grafikkarten ist sehr rasant. Die Tabelle in Abb. 6.3 zeigt exemplarisch für jede Architektur eine GPU-Konfiguration. Innerhalb weniger Jahre hat sich die Anzahl der parallelen Rechenkerne verzehnfacht. Eine Nvidia-Grafikkarte mit GeForce GTX 295 GPU (2009) besteht aus 2x30 SM, die ihrerseits jeweils 8 SP zusammenführen. Somit arbeiten bis zu 480 Rechenkerne parallel. Die Nvidia Titan V Grafikkarte (2017) hat bereits 5120 Rechenkerne. Während die Geforce GTX 295 eine theoretische Rechengeschwindigkeit von 1 TFLOPS hat, liefert die Titan V eine Leistung von 15 TFLOPS.

Zur Erinnerung: Der erste Supercomputer *ASCI Red,* der eine Rechenleistung von mehr als 1 TFLOPS (10^{12} Rechenoperationen pro Sekunde) erreichte, kostete 46 Mio. US$ und ging 1997 in Betrieb. Eine nominell vergleichbare Leistung auf der Grafikkarte bekommt man heute inzwischen für unter 50 €.

6.5 Speicherhierarchie

Die CPU (Host) und die GPU (Device) haben voneinander getrennte und unabhängige Speicherbereiche. Während bei der CPU sich schon seit langem eine komplexe und aufeinander abgestimmte Speicherhierarchie entwickelt hat, ist der Aufbau der Hierarchie des GPU-Speichers noch sehr dynamisch.

Abb. 6.4 zeigt die CUDA-Speicherhierarchie für die Fermi-Architektur. Jede SM-Komponente besteht aus einer Anzahl von Rechenkernen, die auf den Registerspeicher zugreifen. Die Register sind die schnellste Art von Speicher innerhalb der GPU. Zum ande-

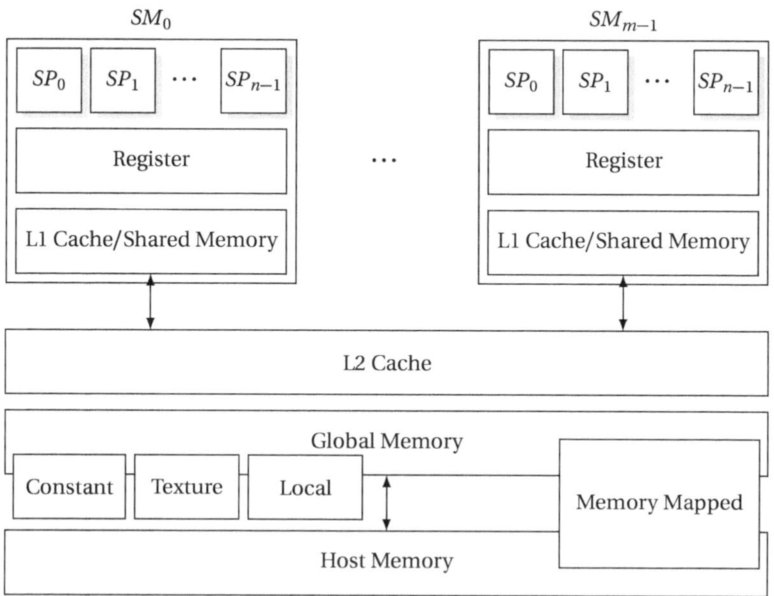

Abb. 6.4 Die Speicherhierarchie der GPU ist ähnlich aufgebaut zur CPU. Einige Aspekte sind jedoch unterschiedlich

ren hat jeder SM einen eigenen Speicher, der den L1-Cache und den Shared-Memory-Bereich beinhaltet. Physikalisch sind diese beiden Speicher identisch. Die Aufteilung kann software-seitig konfiguriert werden.

Der Zugriff auf den globalen, langsamen Hauptspeicher der Grafikkarte (Global Memory) erfolgt über den L1- und L2-Cache. Zusätzlich besitzt jeder Thread noch einen lokalen Speicher; allerdings bezeichnet „lokal" die inhaltliche Zuordnung und nicht die hierarchische Anordnung. In der Tat ist der globale mit dem lokalen Speicher physikalisch identisch. Der Zugriff ist ähnlich langsam.

Weitere ausgezeichnete Speicherbereiche sind der Konstanten- (Constant Memory) und der Texturspeicher (Texture Memory). Mit *Mapped Memory* besteht die Möglichkeit, CPU-Hauptspeicher in den Adressraum der GPU einzublenden und auf diesen ohne explizite Kopierbefehle zuzugreifen. Die Zugriffe der GPU auf den Hauptspeicher der CPU führen zu impliziten und transparenten Kopiervorgängen.

6.5.1 Speichertypen

Registerspeicher Jeder SM hat eine bestimmte Anzahl von 32-Bit-Registern, die den schnellst möglichen Speicher darstellen. Aufgrund der zur Verfügung stehenden Adressbits können pro Thread nur 63 Register (255 ab Kepler-Architektur) verwendet werden. Diese Anzahl kann sich weiterhin reduzieren, wenn sehr viele Threads eines SM eine große Anzahl von Registern beanspruchen.

Wenn die benötigten Register nicht ausreichen, dann kommt es zum sogenannten *Registerüberlauf* (Register Spilling) und somit zur Auslagerung von Speicherstellen in den globalen Speicher der GPU. Für Grafikprozessoren ab CC 2.0 wird der lokale Speicher eines Threads verwendet. Wie bereits oben erwähnt, ist der lokale Speicher mit dem globalen Speicher identisch. Der Zugriff erfolgt über den Cache-Speicher und führt somit nur zu geringen Leistungseinbußen.

Bei der C-Programmierung werden die automatischen Variablen in Registern abgelegt (es gibt Ausnahmen z. B. bei Feldern).

L1-Cache (ab CC 2.0) Neben dem Registerspeicher besitzt jeder SM einen internen schnellen Speicher, der in einen L1-Cache und in einen gemeinsamen Speicher (Shared Memory) aufgeteilt ist. Diese Aufteilung kann durch den Entwickler konfiguriert werden. Der Daten-Cache ist für eine räumliche Lokalität ausgelegt, d. h. Cachezeilen werden nicht nach Zugriffszeitpunkt verdrängt. Schreibzugriffe auf den globalen Speicher umgehen den L1-Cache.

Der Zugriff von mehreren Threads auf den L1-Cache ist nicht kohärent, d. h. wird von mehreren Threads auf Speicherstellen einer Cachezeile zugegriffen, kann es zu Konflikten kommen, die dazuführen, dass nicht mit aktuellen Daten gearbeitet wird. Zur Vermeidung dieses Phänomens sind entsprechende Variablen mit *volatile* zu deklarieren.

L2-Cache (ab CC 2.0) Der Zugriff auf den globalen Speicher erfolgt über den L2-Cache und dient vor allem der Vermeidung von nicht-regulären Zugriff durch die Anwendung. Der Zugriff von mehreren SM auf den Speicher ist kohärent.

Shared Memory Der gemeinsame Speicher (Shared Memory) ermöglicht es, dass Threads innerhalb eines SM auf gleiche Daten zugreifen können, ohne dabei auf den langsamen globalen Speicher zurückgreifen zu müssen. Der gemeinsame Speicher ist ähnlich schnell wie die Register, wenn es nicht zu Bankkonflikten kommt. Daher ist bei der Verwendung von gemeinsamem Speicher das Zugriffsmuster entscheidend für die Leistung.

Globaler Speicher Der globale Speicher ist der Hauptspeicher der GPU. Im Gegensatz zu den bisher vorstellten Speichertypen ist der globale Speicher kostengünstig und daher sehr groß. Andererseits ist die Zugriff auch der langsamste. Hierbei ist es für einen hohen Datendurchsatz auch notwendig, dass der Zugriff *koaleszierend* (geordnet) erfolgt.

Aufgrund des Aufbaus und der Wirkungsweise des dynamischen Speichers (DRAM) ist der Zugriff auf mehrere Speicherstellen am schnellsten, wenn diese aufeinanderfolgend sind. Da immer eine Gruppe von Threads gleichzeitig ausgeführt wird, ist hierbei möglichst auf einen koaleszierenden Zugriff zu achten.

6.6   Software-Architektur und Programmiermodell

Alle Threads führen die identische Kernelfunktion (oder *Kernel*) aus, d. i. eine C-ähnliche Funktion. Die SIMT-Technologie erlaubt es dabei, dass der Kontrollfluss einzelner Threads verschieden ist. Die Unterschiede in der C-Programmierung sind minimal. CUDA fasst Threads in Blöcken zusammen, die ihrerseits zu einem Gitter (engl. Grid) angeordnet sind. Für viele reale Problemstellungen bietet es sich an, die Threads bzw. die Blöcke in zwei oder drei Dimensionen anzuordnen. Abb. 6.5 skizziert diese hierarchische Thread-Organisation.

Das zentrale Element ist ein Block von Threads, der die folgenden Eigenschaften aufzeigt:

- Ein Block kann bis 512 (oder 1024) Threads enthalten (unabhängig in wie vielen Dimensionen die Threads angeordnet sind).
- Die Threads in einem Block haben Zugriff auf gemeinsamen, schnellen Speicher. Threads unterschiedlicher Blöcke können Daten nur über den langsamen Hauptspeicher der Grafikkarte austauschen.
- Nur Threads in einem Block können synchronisiert werden. Es gibt keine Möglichkeit, die Ausführung von Threads verschiedener Blöcke zu synchronisieren (die Volta-Architektur bietet zusätzliche Möglichkeiten).
- Ein Block ist genau einem SM für die Dauer der Kernelfunktion zugeordnet. Es findet keine Migration von Threads statt. Sind mehr rechenbereite Threads als SP vorhanden, dann führt die Hardware ein Scheduling durch.
- In einem Block werden immer Mengen von 32 Threads parallel ausgeführt. Eine solche Gruppe wird auch häufig als *Warp* bezeichnet.

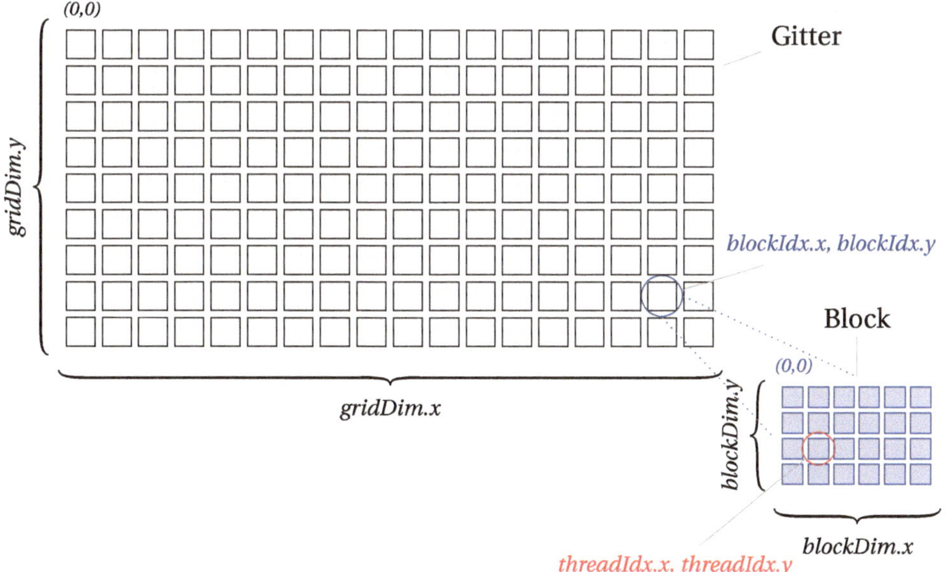

Abb. 6.5 Threads und Blöcke sind hierarchisch in einem Gitter angeordnet

	Version Compute Capability (CC)					
	1.x	2.x	3.x	5.x	6.x	7.x
Dimensionalität **Gitter**	2	3				
Max. Länge x	65535		$2^{31}-1$			
Max. Länge y, z	65535					
Dimensionalität **Block**	3					
Max. Länge x, y	512	1024				
Max. Länge z	64					
Max. Anzahl Threads / Block	512	1024				

Abb. 6.6 Viele Parameter im Programmiermodell sind abhängig von der CC

Wesentliche Parameter, wie beispielsweise die Dimensionalität eines Gitters, wird durch die bereits genannte Compute Capability definiert. Einen kleinen Ausschnitt dieser Parameter ist in der Abb. 6.6 skizziert.

Die CUDA-Programmierung unterstützt einen Großteil des neuen Sprachumfanges von C++11 und C++14. Dieses bezieht sich jedoch nicht auf die C++-Standardbibliotheken, die bis auf wenige Ausnahmen für die Programmierung der GPU nicht zur Verfügung stehen. Eine ausführliche Darstellung der CUDA-Programmierung ist beispielsweise in Cook (2013) und Kirk und Hwu (2016) zu entnehmen.

Nvidia stellt die Werkzeuge, das SDK und die Dokumentation für alle Interessierten kostenfrei zur Verfügung. Allerdings handelt sich nicht um Open Source im GPL-Sinne; einige Komponenten sind auch nur binär verfügbar.

6.6.1 Synchronisierung von Threads

Auch bei der Synchronisierung von parallel arbeitenden Kernen ist die SIMT-Technologie einfacher gehalten als bei ausgewachsenen Multicore-Systemen. Als Konsequenz aus der blockinternen Synchronisierung ergibt sich für die Programmierung, dass der parallele Algorithmus so definiert sein muss, dass keinerlei Annahmen über die Reihenfolge der Ausführung der unterschiedlichen Blöcke erfolgt. Müssen mehrere Blöcke synchronisiert werden, dann kann das nur über verschiedene Kernelaufrufe erfolgen. Innerhalb eines Blocks steht als einziges Synchronisierungsmittel eine Barriere (engl. Barrier) zur Verfügung.

Eine Barriere lässt sich gedanklich als großes verschlossenes Tor einer Stadtmauer vorstellen. Alle Threads warten an dem Tor, bis auch der letzte Thread angekommen ist. Erst wenn das der Fall ist, dann öffnet sich das Tor und alle Threads rennen weiter. Eine Barriere setzt voraus, dass alle Threads die entsprechende Stelle im Code überhaupt erreichen (Vorsicht bei Verzweigungen in if-Anweisungen!). Übertragen auf das Bild mit der Stadtmauer bedeutet das, dass Threads nicht unterschiedliche Tore in die Stadt nehmen dürfen. Hier besteht nämlich die Gefahr einer Art Deadlock: Eine Gruppe von Threads wartet auf die anderen, die aber ihrerseits an einem anderen Tor auf Einlass warten.

Mit Einführung der Volta-Architektur (CC 7.0) haben sich die Möglichkeiten zur Synchronisierung erweitert. Es ist eine feingranulare sowie eine Synchronisierung über Blockgrenzen hinweg möglich.

6.7 Beispiele

Die folgenden Beispiele zeigen einen möglichen Einsatz von CUDA. Beide Beispiele sind anschaulich und lassen sich von der Grundidee her auf andere Einsatzgebiete übertragen. Das erste Beispiel verwendet für jeden Bildpunkt einen Thread. Eine Synchronisierung ist nicht notwendig. Leider lassen sich nicht alle Probleme derart lösen. Im zweiten Beispiel müssen viele parallele Threads zusammenarbeiten und sich synchronisieren.

6.7.1 Sobel-Operator

Die Bilderkennung identifiziert häufig im ersten Schritt die Umrisse von möglichen Objekten. Der Sobel-Operator detektiert Kanten und findet sich auch in gängigen Bildverarbeitungsprogrammen (siehe Abb. 6.7). Wie funktioniert nun der Sobel-Operator für Grauwertbilder? Die Farbe Schwarz bekommt den Grauwert 0, Weiß wird mit dem Wert 255 codiert. Grautöne liegen dazwischen. Eine Kante ist eine abrupte Änderung des Grauwertes, die es zu detektieren gilt. Der Sobel-Operator schaut sich für jeden Bildpunkt die Nachbarpixel an und berechnet Differenzen in horizontaler und vertikaler Richtung. Durch die Differenzenbildung werden Unterschiede hervorgehoben (Differenz von Grauwerten ist groß) und Flächen ähnlichen oder gleichen Grauwertes unterdrückt (Differenz ist klein oder null). Das Ergebnis ist daher häufig sehr dunkel, wobei die markanten Umrisse hervorstechen.

Abb. 6.7 Der Sobel-Operator identifiziert die Kanten (Grauwertgradienten) in einem Ausgangsbild. Zur besseren Darstellung ist das Ergebnisbild (rechts) invertiert. (Quelle: Hochschule Osnabrück)

Das Berechnungsgitter baut sich aus einer zweidimensionalen Struktur von Blöcken auf. Jeder Thread eines Blocks ermittelt den Sobel-Wert für genau einen Bildpunkt (x, y) aus einer Gewichtung der Grauwerte g der Nachbarpunkte.

$$s(x, y) = \sum_{i=0}^{2} \sum_{j=0}^{2} g(x + 1 - i, y + 1 - j) \cdot h_{ij}. \tag{6.1}$$

Der Operator berechnet dazu Differenzen in horizontaler s_h und vertikaler s_v Richtung anhand der beiden Matrizen getrennt voneinander:

$$\mathbf{H}_h = \begin{pmatrix} +1 & 0 & -1 \\ +2 & 0 & -2 \\ +1 & 0 & -1 \end{pmatrix} \quad \text{und} \quad \mathbf{H}_v = \begin{pmatrix} +1 & +2 & +1 \\ 0 & 0 & 0 \\ -1 & -2 & -1 \end{pmatrix}. \tag{6.2}$$

Abb. 6.8 zeigt das Prinzip für die vertikale Richtung. Die Zahlen der Nachbarpunkte geben die Gewichtung an, wie diese in die Differenzenbildung berücksichtigt werden. Der zweite Schritt ermittelt den Betrag des Gradienten: $|s(x, y)| = \sqrt{s_h^2(x, y) + s_v^2(x, y)}$.

Sobel-Operator auf der Grafikkarte Das Hauptprogramm *main* in Abb. 6.9 zeigt das Grundgerüst für die einfache Bildverarbeitung mit dem Sobel-Operator. Eine Funktion *fromPGM* konvertiert den Inhalt einer zuvor geöffneten Datei in die Bildpixel und die -dimensionen aus einer Datei. Die Funktion *toPGM* speichert das Ergebnisbild in einer Datei nach Abschluss der Berechnungen.

Die Grundstruktur eines CUDA-Programmes ist in den meisten Fällen ähnlich zu der *sobelGPU*-Funktion, die auf dem Host läuft und sich um das Speichermanagement zum Device kümmert (siehe Abb. 6.10).

CPU und GPU verwenden unterschiedlichen Speicher. Analog zu den Standard-C-Funktionen gibt es *cudaMalloc* und *cudaFree,* um Speicher auf der Grafikkarte zu allokieren oder freizugeben. Das Beispiel legt sowohl auf dem Host (CPU) als auch auf dem Device (GPU) jeweils zwei Speicherbereiche für das Eingangs- und das Sobelbild an.

Abb. 6.8 Der Sobel-Operator betrachtet die Umgebung für jeden Bildpunkt. Der Bildursprung befindet sich links oben

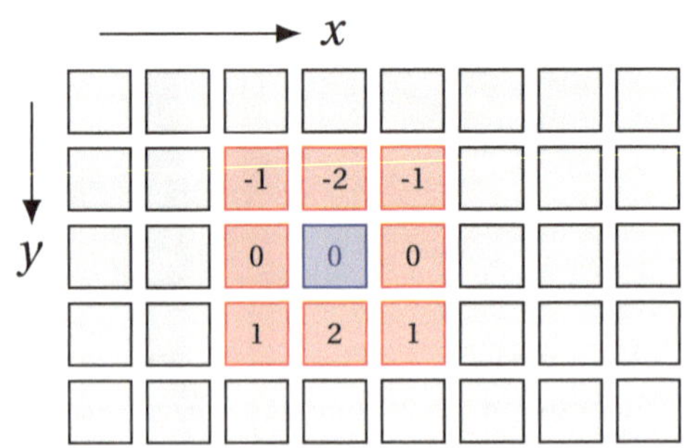

```cpp
int main() {

    std::cout << "Sobel-Operator with CUDA" << std::endl;

    /*
     * --Grauwertbild einlesen und Speicher auf dem Host
     * allokieren.
     */
    pixel* ipicture=0;
    int width=0,height=0;

    /* --Eingabestrom öffnen. */
    std::ifstream fin("si.pgm");
    /* --Datei als komplett als Zeichenkette einlesen. */
    std::string content=slurp(fin);
    fin.close();
    /* --Inhalt in Bilddaten umwandeln. */
    fromPGM(content,width,height,ipicture);

    /* --Speicher für Ergebnis auf dem Host allokieren. */
    pixel* opicture=new pixel[width*height];

    sobelGPU(ipicture,opicture,width,height);

    /* --Ergebnisbild abspeichern. */
    std::ofstream fout("result.pgm");
    fout << toPGM(width,height,opicture) << std::endl;
    fout.close();

    /* --Speicher auf dem Host freigeben. */
    delete ipicture;
    delete opicture;

    return 0;
}
```

Abb. 6.9 Im Hauptprogramm werden die Bilddaten eingelesen, der Sobeloperator auf der GPU
ausgeführt und das Ergebnis zurückgeschrieben. Die Bilddaten vom Datentyp *pixel* sind Grauwerte

Der nächste Schritt kopiert den Speicherinhalt des Eingangsbildes (links in Abb. 6.7) vom
Host auf das Device. Hierzu stellt CUDA die Funktion *cudaMemcpy* bereit. Diese arbeitet
ähnlich dem Standard-C-Pendant mit einer Ausnahme. Der zusätzliche Parameter gibt an,
ob vom Host zum Device oder in der anderen Richtung kopiert werden soll. Dieses ist
notwendig, weil ansonsten nicht sichtbar wird, ob die angegebenen Adressen Speicher im
Host oder auf dem Device referenzieren. Die *sobel()*-Funktion in Abb. 6.11 dimensioniert
das Gitter und ruft anschließend die Kernelfunktion auf. Es wird dabei berücksichtigt, dass
auf dem Bildrand wegen der fehlenden Nachbarpunkte kein Sobel-Wert berechnet werden
kann.

```
/* --Sobel-Operator für eine GPU. */
void sobelGPU(pixel* in, pixel* out, int width, int
    height) {

    /* --Speicher auf dem Device (GPU) allokieren. */
    int memsize=width*height;
    pixel* device_ipicture=0,*device_opicture=0;
    /* --Speicher für Ein- sowie Ausgabebild. */
    cudaMalloc((void**)&device_ipicture,memsize);
    cudaMalloc((void**)&device_opicture,memsize);

    /* --Speicher vom Host auf das Device kopieren. */
    cudaMemcpy(device_ipicture,in,memsize,
        cudaMemcpyHostToDevice);

    /* --Kernelfunktion starten. */
    sobel(device_ipicture,device_opicture,width,height);

    /* --Speicher vom Device auf den Host kopieren. */
    cudaMemcpy(out,device_opicture,memsize,
        cudaMemcpyDeviceToHost);

    /* --Speicher auf dem Device freigeben. */
    cudaFree(device_ipicture);
    cudaFree(device_opicture);
}
```

Abb. 6.10 Die Funktion sobelGPU konfiguriert den Speicher auf der Grafikkarte. Hierzu wird Speicher vom Host zum Device und wieder zurückkopiert

Haben alle Threads ihre Arbeit zu Ende ausgeführt, so kopiert der letzte Schritt mit *cudaMemcpy* das Ergebnis vom Device zurück auf den Host. Diesmal allerdings mit dem Parameterwert *cudaMemcpyDeviceToHost*.

In der *sobel*-Funktion wird zunächst die Dimensionen der Blöcke und des Gitters definiert. Eine Faustregel ist, dass jeder Block mindestens 32 Threads hat und dass es mindestens genauso viele Blöcke wie Prozessoren gibt. Ansonsten wird die zur Verfügung stehende Rechenleistung der GPU nicht effizient genutzt, da einige Prozessoren sich langweilen. Danach startet der Kernel. Die Funktion wird neben den Funktionsparametern mit den Gitter- und Blockdimensionen in dreifach spitzen Klammern aufgerufen. Im Gegensatz zu den schwergewichtigen Threads in Multicore-CPU-Systemen besteht der Kernel in vielen Fällen nur aus wenigen (<100) Zeilen Code.

Die offene Frage bleibt, woher der Kernel weiß, auf welchen Daten dieser arbeiten soll, wenn alle Threads mit den gleichen Parametern starten? Daher ist eine Kernelfunktion auch so aufgebaut, dass anhand der Block- und Threadindices eindeutig zu bestimmen ist, wer man eigentlich ist. Danach erfolgt die eigentliche Bearbeitung:

```cpp
/* --Hier werden die Gitter- und Blockdimensionen
 * definiert und der Kernel gestartet.
 */
const int numThreadsPerDim = 16;

extern void sobel(pixel* in, pixel* out, int width, int
    height) {

  /* --Dimension eines Blocks ist quadratisch (bspw. 16
     x16 = 256) */
  dim3 dimBlock(numThreadsPerDim,numThreadsPerDim);

  /* --Berechnung der Anzahl der Blöcke (Dimension des
     Gitters). */
  dim3 dimGrid((width+dimBlock.x-1)/dimBlock.x,(height+
     dimBlock.y-1)/dimBlock.y);

  std::cout << "Dimension_picture:_"
            << width << "x" << height
            << "\nDimension_block:_"
            << dimBlock.x << "x" << dimBlock.y
            << "\nDimension_grid:_"
            << dimGrid.x << "x" << dimGrid.y
            << "\nNumber_of_threads:_"
            << dimBlock.x*dimGrid.x << "x" << dimBlock.y*
               dimGrid.y
            << std::endl;

  /* --Starte die Kernelfunktion auf dem Gitter. */
  sobel_operator<<<dimGrid,dimBlock>>>(in,out,width,
     height);

}
```

Abb. 6.11 Das Berechnungsgebiet wird in zweidimensionale Blöcke unterteilt. Da die Bilddimensionen unter Umständen kein Vielfaches der Blockdimensionen sind, gibt es am linken und unteren Rand Threads, die keine Bildpunkte verarbeiten

Die Kernelfunktion *sobel_operator* (siehe Abb. 6.12) auf der GPU. Die vom System definierten Variablen *blockDim, blockIdx* und *threadIdx* geben die Dimension bzw. den Index im Gitter und Block an und werden zur eindeutigen Identifizierung herangezogen.

Rechts in der Abb. 6.7 ist das Ergebnis nach Anwendung des Sobel-Operators dargestellt. Die Aussage auf dem Bildschirm ist für das Beispielbild:

```
──────────────────── Konsole ────────────────────
Sobel-Operator with CUDA
Dimension picture: 3550x2362
Dimension block: 16x16
Dimension grid: 222x148
Number of threads: 3552x2368
```

```c
/* --Macro für Zugriff auf Grauwert an (x,y). */
#define AT(x,y)    ((y)*width+(x))

__global__ void sobel_operator(pixel* in, pixel* out,
                               int width, int height) {

    /* --Wer bin ich? Bestimmung des Bildpunktes. */
    int x=blockDim.x*blockIdx.x+threadIdx.x;
    int y=blockDim.y*blockIdx.y+threadIdx.y;

    /* --Überprüfe, ob außerhalb des Bildes. */
    if (x<width && y<height) {
      /* --Überprüfe auf Rand. */
      if (x>0 && x<width-1 && y>0 && y<height-1) {
        /* --Sobel-Operator in horizontaler Richtung. */
        int sh=1*in[AT(x-1,y+1)]-1*in[AT(x-1,y-1)]+
            2*in[AT(x,y+1)]-2*in[AT(x,y-1)]+
            1*in[AT(x+1,y+1)]-1*in[AT(x+1,y-1)];

        /* --Sobel-Operator in vertikaler Richtung. */
        int sv=1*in[AT(x+1,y+1)]-1*in[AT(x-1,y+1)]+
            2*in[AT(x+1,y)]-2*in[AT(x-1,y)]+
            1*in[AT(x+1,y-1)]-1*in[AT(x-1,y-1)];

        /* --Zusätzlich invertieren zur besseren
            Darstellung. */
        out[AT(x,y)]=255-(unsigned char)sqrt(float(sh)*
            float(sh)+float(sv)*float(sv));

      }
      /* --Betrachte den Rand separat. */
      else
        out[AT(x,y)]=255;
    }
}
```

Abb. 6.12 Die Kernelfunktion *sobel_operator* wird parallel für jeden Bildpunkt auf der GPU ausgeführt. Zur besseren Darstellung wird abschließend das Bild invertiert

6.7.2 Bitonischer Sortierer

Im Abschn. 4.6.4 ist das bitonische Sortiernetzwerk ausführlich vorgestellt worden. Das folgende Beispiel implementiert diesen Algorithmus auf einem GPGPU-System. Hierbei wird skizziert, wie durch die Verwendung des Shared Memory die Rechenzeit verkürzt wird. Zudem wird die blockinterne Synchronisierung vorgestellt.

Der Abschn. 6.5 beschreibt die Speicherhierarchie einer GPU am Beispiel der Firma Nvidia. Hierbei wird deutlich, dass Zugriffe auf den globalen Speicher die langsamsten sind.

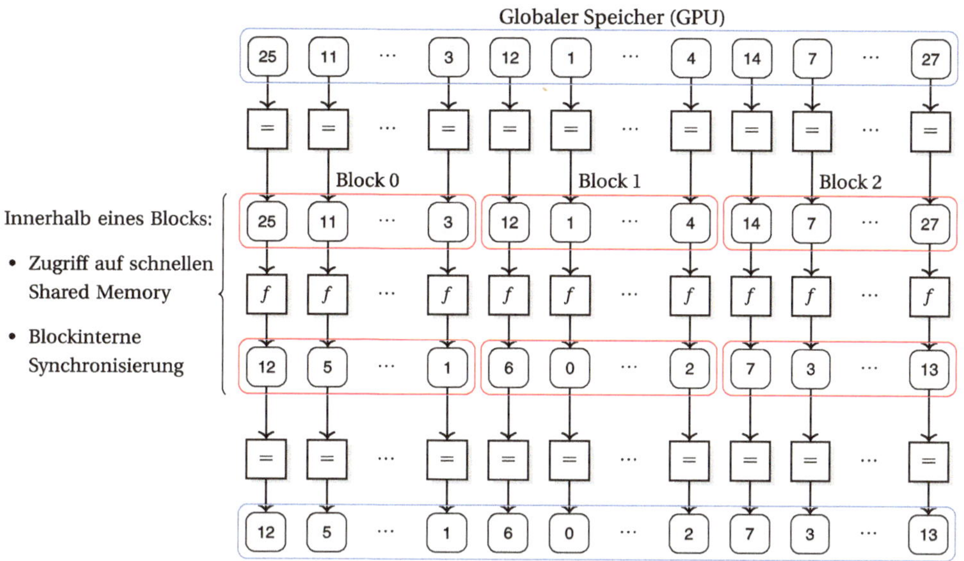

Abb. 6.13 Das Programmiermuster arbeitet auf Shared Memory der GPU. Hierzu werden zu Beginn und nach Abschluss der Berechnungen die Daten vom resp. in den globalen Speicher kopiert

Abb. 6.13 verdeutlicht ein häufiges Programmiermuster, um die Zugriffe auf den globalen Speicher zu minimieren.

Nachdem die Daten vom Hauptspeicher der CPU in den globalen Speicher der GPU übertragen ist, kopiert jeder Thread die von ihm benötigten Daten in den Shared Memory-Bereich des entsprechenden Blocks. Anschließend liest und schreibt die Kernelfunktion f auf diesen Daten im schnellen Speicher. Sind die Berechnungen abgeschlossen, so startet der zweite Kopiervorgang: Die Ergebnisse werden vom Shared Memory zurück in den globalen Speicher geschrieben. Anschließend können diese dann von der CPU abgerufen werden. Dieses Prinzip wird nachfolgend auf den blockbasierten bitonischen Sortierer angewendet.

DAS HAUPTGROGRAMM IN Abb. 6.14 zeigt einen ähnlichen Aufbau wie das vorherige Beispiel. Es wird zuerst Speicher auf der CPU allokiert und anschließend mit 2^n zufälligen Zahlen zwischen 0 und 99 gefüllt. Danach werden die Daten in den globalen Speicher der GPU (Device) kopiert.

Zusätzlich wird hier die CUDA-interne Zeitmessung verwendet. Ein *cudaEvent_t* kann ein Zeitereignis aufnehmen. Die Funktion *cudaEventRecord* speichert den aktuellen Zeitpunkt in der als Argument übergebenden Variablen.

Die Funktion *bitonic* konfiguriert das eindimensionale Berechnungsgebiet (siehe Abb. 6.15) und startet die Kernelfunktionen *bitonic_kernel* respektive *bitonic_kernel_shared* in Abhängigkeit der Schleifenvariablen j an. Ist eine Vertauschung über Blockgrenzen erfor-

```cpp
int main() {

    std::cout << "Bitonic Sorting Network with CUDA" <<
        std::endl;

    unsigned long n=24;   /* -- 2^n zu sortierende Elemente
        . */
    unsigned long size=1<<n;
    unsigned long memsize=size*sizeof(long);

    std::cout << "Sorting of " << size << " elements on "
        the GPU." << std::endl;

    /* --Reserviere Speicher auf dem Host und im Device (
        GPU). */
    long *random=new long[size],*device=0;
    cudaMalloc((void**)&device,memsize);

    /* --Erzeuge die Zufallszahlen im Speicher. */
    srand(1204);
    for(unsigned long i=0;i<size;i++)
     random[i]=rand()%100;

    assert(!checksort(random,size));

    /* --Kopiere den Speicher auf das Device (GPU). */
    cudaMemcpy(device,random,memsize,
        cudaMemcpyHostToDevice);

    /* --Starte die Zeitmessung. */
    float elapsed=0.0;
    cudaEvent_t start,stop;
    cudaEventCreate(&start);
    cudaEventCreate(&stop);
    cudaEventRecord(start,0);

    /* --Starte den Sortieralgorithmus. */
    bitonic(device,n);

    /* --Beende die Zeitmessung. */
    cudaEventRecord(stop,0);
    cudaEventSynchronize(stop);
    cudaEventElapsedTime(&elapsed,start,stop);
    std::cout << "Execution time was " << elapsed << " ms.
        " << std::endl;

    /* --Kopiere den Speicher wieder zurück auf den Host.
        */
    cudaMemcpy(random,device,memsize,
        cudaMemcpyDeviceToHost);
```

Abb. 6.14 Das Hauptprogramm ruft die Funktion *checksort* auf, die *true* zurückliefert, wenn die Elemente aufsteigend sortiert sind

```
            /* --Gebe den Speicher auf dem Device wieder frei. */
            cudaFree(device);
            cudaEventDestroy(start);
            cudaEventDestroy(stop);

            /* --Überprüfe, ob tatsächlich sortiert ist. */
            assert(checksort(random,size));

            /* --Speicher wieder freigeben. */
            delete [] random;

            return 0;
        }
```

Abb. 6.14 (Fortsetzung)

```
#define THREADS_DIMENSION      9
#define THREADS_PER_BLOCK   (1<<THREADS_DIMENSION)

/* --Hier steht die Schnittstelle zwischen Host und Device. */
extern void bitonic(long* array, unsigned long n) {

  unsigned long size=1<<n;

  /* --Definiere das eindimensionale Berechnungsgitter. */
  dim3 dimBlock(THREADS_PER_BLOCK);
  dim3 dimGrid(size/THREADS_PER_BLOCK+(size%THREADS_PER_BLOCK ? 1 : 0));

  std::cout << "Threads_per_Block=" << dimBlock.x
    << "\nBlocks_per_Grid=" << dimGrid.x
    << "\nUsing_Shared_Memory." << std::endl;

  unsigned long nblocks=THREADS_DIMENSION;

  /* --i-Schleife */
  for(long i=0;i<n;i++) {
    /* --j-Schleife */

    /* --Rufe den Kernel auf zum Vertauschen im globalen Speicher auf. */
    for(long j=i;j>=nblocks;j--) {
      /* --Rufe den Kernel auf. */
      bitonic_kernel<<<dimGrid,dimBlock>>>(i,j,array,n);
      /* --Externe Synchronisation. */
      cudaThreadSynchronize();
    }
    /* --Rufe den Kernel auf zum Vertauschen im gemeinsamen Speicher auf. */
    bitonic_kernel_shared<<<dimGrid,dimBlock>>>(i,(i<nblocks-1?i:nblocks-1),array,n);
    cudaThreadSynchronize();
  }
}
```

Abb. 6.15 Das Berechnungsgebiet ist eindimensional und besteht aus Blöcken mit 2^{nblocks} Werten

```
/* --Bitonische Kernel-Funktion arbeitet auf dem globalen
      Speicher. */

__global__ void bitonic_kernel(unsigned long i, unsigned
   long j,long* array, unsigned long n) {
   /* --Berechne den eigenen Index. */
   int k=blockIdx.x*blockDim.x+threadIdx.x;
   /* --Berechne das Partnerelement. */
   int p=k^(1<<j);
   /* --Überprüfe, ob k<p ist (Vermeidung von doppelten
      Vergleichen). */
   if (p>k) {
      /* --Bestimme die Sortierrichtung (1: absteigend, 0:
         aufsteigend). */
      int d=(k&(1<<(i+1)) ? 1 : 0);
      /* --Vertausche, wenn Reihenfolge nicht korrekt ist.
         */
      if ((d==1 && array[k]<array[p])||(d==0 && array[k]>
         array[p]))
         swap(array[k],array[p]);
   }
}
```

Abb. 6.16 Diese Kernelfunktion vergleicht zwei Elemente und führt gegebenenfalls eine Vertauschung mit der *swap*-Funktion durch

derlich, wird mit *cudaThreadSynchronize* die Bearbeitung aller gestarteten Threads synchronisiert. Es wird in diesem Fall auf dem globalen Speicher gearbeitet (siehe die Kernelfunktion in Abb. 6.16). Hingegen arbeitet die Kernelfunktion in Abb. 6.17 auf den schnellen Shared Memory, da nur noch Vertauschungen innerhalb eines Blocks erfolgen.

Die Kernelfunktion mit externer Synchronisierung zeigt Abb. 6.16. Es wird zuerst der eigene Index k des Threads und der Index p des Vergleichselementes bestimmt. Gegebenenfalls wird anschließend abhängig von der geforderten Sortierreihenfolge eine Vertauschung *swap* ausgeführt.

Abb. 6.17 zeigt die blockbasierte Kernelfunktion. Die Iterationen der j-Schleife sind jetzt innerhalb der Kernelfunktion, da keine blockübergreifende Synchronisierung erforderlich ist.

Entsprechend dem gezeigten Programmiermuster werden aus dem globalen Speicher zuerst die Daten in den Shared Memory des Blocks kopiert. Durch die Deklaration mit dem CUDA-Schlüsselwort *__shared__* wird das Feld *sarray* im blockinternen Shared Memory-Bereich angelegt. Anschließend wird die Sortierung innerhalb des Blocks durchgeführt. Alle Threads eines Blocks warten mit *__syncthreads* an einer blockinternen Barriere. Zum Abschluss werden die Werte aus dem Shared Memory wieder zurück in den globalen Speicher geschrieben.

```c
/* --Bitonische Kernel-Funktion arbeitet
 * auf dem Shared Memory Speicher.
 */

__global__ void bitonic_kernel_shared(unsigned long i,
    unsigned long jj, long* array, unsigned long n) {
  /* --Shared Memory als Ersatz für den Cache-Speicher.
     */
  __shared__ long sarray[THREADS_PER_BLOCK];
  /* --Berechne den eigenen Index. */
  int k=blockIdx.x*blockDim.x+threadIdx.x;

  int kmod=k%blockDim.x;

  /* --Kopiere vom globalen in den Shared Memory. */
  sarray[kmod]=array[k];
  __syncthreads();

  /* --j-Schleife durchlaufen. */
  for(long j=jj;j>=0;j--) {
      /* --Berechne das Partnerelement. */
    int p=k^(1<<j);
    /* --Überprüfe, ob k<p ist (Vermeidung von doppelten
        Vergleichen). */
    if (p>k) {
      int pmod=p%blockDim.x;

      /* --Bestimme die Sortierrichtung (1: absteigend,
          0: aufsteigend). */
      int d=(k&(1<<(i+1)) ? 1 : 0);
      /* --Vertausche, wenn Reihenfolge nicht korrekt ist
         . */
      if ((d==1 && sarray[kmod]<sarray[pmod])||(d==0 &&
         sarray[kmod]>sarray[pmod]))
        swap(sarray[kmod],sarray[pmod]);
    }
      /* --Blockinterne Synchronisation. */
    __syncthreads();
  }

  /* --Kopiere aus dem Shared Memory wieder zurück. */
  array[k]=sarray[kmod];
  __syncthreads();
}
```

Abb. 6.17 Diese Kernelfunktion hat eine blockinterne Synchronisierung und arbeitet mit Shared Memory der GPU

Die Ausführung des bitonischen Sortierers mit 2^{24} Werten führt zu der folgenden Ausgabe:

```
———————————————————— Konsole ————————————————————
Bitonic Sorting Network with CUDA
Sorting of 16777216 elements on the GPU.
Threads per Block=512
Blocks per Grid=32768
Using Shared Memory.
Execution time was 101.149 ms.
```

Durch die Verwendung des gemeinsamen Speichers innerhalb eines Blocks verkürzt sich die Rechenzeit um ca. 30% im Vergleich zur Nutzung des globalen Speichers für alle j-Schritte.

6.8 C++-Bibliothek Thrust

Die CUDA-Schnittstelle stellt auf der untersten Ebene die notwendigen Funktionen bereit, um Programme auf einer Nvidia-Grafikkarte zu entwickeln und ablaufen zu lassen. Allerdings ist die Abstraktion sehr gering und orientiert sich an der Hardware-Architektur. Die Bibliothek *Thrust* setzt auf der C-Schnittstelle auf und ermöglicht analog zur Standard Template Library (STL) in C++ eine generische Programmierung.

6.8.1 Motivation

Die Bibliothek definiert einen eigenen C++-Namensraum (namespace) *thrust,* ist Bestandteil des *CUDA-Toolkit* und benötigt keine weiteren Abhängigkeiten. *Thrust* orientiert sich sehr stark an der STL und ist, wie sich noch zeigen wird, auch kompatibel mit dieser. Hierdurch ist ein Einstieg schnell möglich. Die wesentlichen Konzepte sind:

- **Container** ist eine lineare Sammlung von Objekten. Thrust unterstützt nur die *Vektor-*Klasse; jedoch in zwei Ausführungen: ein *host_vector* für den Host (CPU) und ein *device_vector* für das Device (GPU).
- **Iteratoren** sind abstrakte Zeiger und ermöglichen den Zugriff auf Elemente in einem Container. Sie verbinden die Container mit den Algorithmen. Iteratoren definieren den Bereich, auf dem Algorithmen angewendet werden.
- **Algorithmen** bieten eine Grundfunktionalität zur Manipulation der Container-Klassen. Befinden sich Objekte auf der Grafikkarte, so wird der Algorithmus parallel ausgeführt.

Die Programmierung ist eher in einem funktionalen als objektorientierten Stil gehalten. Die explizite Definition eines Berechnungsgitters und die Bereitstellung einer Kernel-Funktion entfällt. Die *thrust*-Bibliothek verbirgt dieses vollständig vor dem Entwickler.

6.8.2   Container

Die Container-Klassen übernehmen das Speichermanagement auf der Grafikkarte (und dem Host). Die beiden Vektor-Klassen definieren, wo die Objekte abgelegt werden: entweder auf dem Host oder auf dem Device. Die Ausführung der Algorithmen ist dann abhängig vom Container. Liegen die Daten auf der Grafikkarte, so werden die Algorithmen parallel dort ausgeführt. Im Gegensatz dazu läuft der Algorithmus (sequenziell) auf dem Host ab, wenn die Daten dort im Speicher abgelegt sind. Das Beispiel in Abb. 6.18 zeigt das Anlegen von Vektoren. Der Zuweisungsoperator kopiert die Datenelemente vom Host zum Device oder in der umgekehrten Richtung. Ein Zugriff auf einzelne Elemente im Vektor ist über den Index-Operator *[]* möglich, wobei jedoch der einzelne Zugriff auf Elemente im Device sehr langsam ist. Der Aufruf der *print*-Funktion durchläuft den Container und gibt den Inhalt auf dem Bildschirm aus. Durch die vergleichbare Schnittstelle des Host- und des Device-Containers kann eine gemeinsame *print*-Funktion realisiert werden, die mit beiden Containerklassen arbeitet (siehe Abb. 6.19). Das Programm gibt auf dem Bildschirm aus:

```cpp
/* --Anlegen eines Host-Vektors (CPU). */
thrust::host_vector<int> h_vector(5);

h_vector[0]=12;
h_vector[1]=23;
h_vector[2]=16;
h_vector[3]=24;
h_vector[4]=1;

print(h_vector);

/* --Anlegen eines leeren Device-Vektors (GPU). */
thrust::device_vector<int> d_vector;

/* --Inhalte kopieren Host --> Device. */
d_vector=h_vector;

/* --Device-Vektor mit []-Operator (langsam). */
d_vector[2]=-99;

print(d_vector);
```

Abb. 6.18 Ein *host_vector* ist ein Container, der im Speicher der CPU abgelegt wird. Entsprechend hat ein *device_vector* seine Daten im Speicher der GPU

```cpp
template<typename T> void print(const T& arr) {
  std::cout << "Print_Vector:\n";
  for(int i=0;i<arr.size();i++)
    std::cout << arr[i] << std::endl;
}
```

Abb. 6.19 Die Funktion *print* ist ein Template und arbeitet mit unterschiedlichen Container-Klassen, sowohl mit Thrust- als auch mit STL-Vektoren

```
───────────────── Konsole ─────────────────
Print Vector:
12
23
16
24
1
Print Vector:
12
23
-99
24
1
```

Das Beispiel in der Abb. 6.20 zeigt die Kombination zwischen STL und Thrust-Containern. Durch die Verwendung von Iteratoren werden die Objekte aus einer STL-Liste in einen Thrust-Vektor kopiert. Dieses Vorgehen ist reversibel, d. h. es können auch Iteratoren verwendet werden, um Elemente in einen STL-Container zu kopieren. Dieses funktioniert analog bei der Verwendung der *device_vector*-Klasse. Es stehen einfache Vorwärts- und Rückwärtsiteratoren sowie erweiterte Iteratoren (fancy iterators) bereit.

```cpp
std::list<int> numbers;

numbers.push_back(12);
numbers.push_back(04);
numbers.push_back(69);

/* --Host-Vektor mit STL-Container-Inhalten anlegen. */
thrust::host_vector<int> h_vector(numbers.begin(),numbers.end());

print(h_vector);

/* --STL-Container mit Host-Vektor-Inhalten anlegen. */
std::vector<int> reverse(h_vector.rbegin(),h_vector.rend());

print(reverse);
```

Abb. 6.20 Die Inhalte zwischen Thrust- und STL-Vektoren werden mithilfe von Iteratoren kopiert

6.8.3 Algorithmen

Mit einer Vielzahl von Algorithmen lassen sich die Objekte in einem Container manipulieren. Hierbei zeigen die Algorithmen eine allgemeine Struktur: Die ersten Parameter geben den durch Iteratoren begrenzten Bereich an, auf den der Algorithmus angewendet wird. Das Beispiel in Abb. 6.21 zeigt ein paar einfache Algorithmen.

Die *sequence*-Funktion erzeugt eine Folge von fortlaufenden Zahlen in dem Vektor. Hingegen kopiert *copy* die Objekte in einen anderen Container. Der *ostream_iterator* aus dem Standardumfang von C++ gibt den Containerinhalt auf die Konsole aus. Die *transform*-Funktion ist hingegen schon wesentlich komplexer und ermöglicht die beliebige Ausführung von *Funktoren* (Funktionsobjekten) auf einzelnen Paaren von Elementen.

In dem Programmbeispiel werden die jeweiligen Zahlen zweier Vektoren miteinander multipliziert und das Ergebnis in einen neuen Vektoren geschrieben. Da die beiden Eingabevektoren identisch sind, enthält der Ergebnisvektor die ersten zehn Quadratzahlen. Die Bildschirmausgabe ist

```cpp
/* --Definiere Host-Vektor. */
thrust::host_vector<int> h_vector(10);

/* --Vektor auffÃijllen mit Werten [0..10[. */
thrust::sequence(h_vector.begin(),h_vector.end());

/* --Ausgabe des Host-Vektors. */
std::cout << "Values:\n";
thrust::copy(h_vector.begin(),h_vector.end(),
    std::ostream_iterator<int>(std::cout,"\n"));

/* --Kopieren auf Device. */
thrust::device_vector<int> d_vector=h_vector;

/* --Ergebnisvektor (Device). */
thrust::device_vector<int> d_result(d_vector.size());

/* --Berechne Quadrate (Device). */
thrust::transform(d_vector.begin(),d_vector.end(),
    d_vector.begin(),d_result.begin(),
    thrust::multiplies<int>());

/* --Ausgabe des Device-Vektors. */
std::cout << "Squares:\n";
thrust::copy(d_result.begin(),d_result.end(),
    std::ostream_iterator<int>(std::cout,"\n"));
```

Abb. 6.21 Die Thrust-Algorithmen orientieren sich an der STL

```
───────────────── Konsole ─────────────────
Values:
0
1
2
3
4
5
6
7
8
9
Squares:
0
1
4
9
16
25
36
49
64
81
```

Um die Objektreihenfolge in einem Vektor umzudrehen, gibt es mehrere Möglichkeiten. Beispielsweise kann mit der *copy*-Funktion und einem Rückwärtsiterator ein Ergebnisvektor mit den Werten eines anderen Vektors aufgefüllt werden.

Das Beispiel im Abb. 6.22 verwendet hierzu einen anderen Ansatz. Hierzu werden zwei Vektoren benötigt: Der erste Vektor enthält Indices und der zweite Vektor eine gleich große Anzahl von Werten. Die Werte werden nun durch den *gather*-Algorithmus (siehe hierzu auch Abschn. 4.5.4) entsprechend der Indices in einen Ergebnisvektor einsortiert. Das Programm erzeugt die folgende Ausgabe:

```
───────────────── Konsole ─────────────────
Ordered:
10
20
30
40
50
Indices:
4
3
2
1
0
Reodered:
50
40
30
20
10
```

```
/* --Anlegen eines Vektors (device). */
thrust::device_vector<int> d_vector(5);
thrust::sequence(d_vector.begin(),d_vector.end(),10,10);

/* --Ausgabe auf den Bildschirm. */
std::cout << "Ordered:\n";
thrust::copy(d_vector.begin(),d_vector.end(),std::ostream_iterator<int>(std::cout,"\n"));

/* --Index-Vektor (Device). */
thrust::device_vector<int> d_index(d_vector.size());

/* --Mit Werten [size-1..0] auffüllen. */
thrust::sequence(d_index.begin(),d_index.end(),(int)d_vector.size()-1,-1);

/* --Ausgabe auf den Bildschirm. */
std::cout << "Indices:\n";
thrust::copy(d_index.begin(),d_index.end(),std::ostream_iterator<int>(std::cout,"\n"));

/* --Ergebnisvektor. */
thrust::device_vector<int> d_result(d_vector.size());

/* --Gather--Operation. */
thrust::gather(d_index.begin(),d_index.end(),d_vector.begin(),d_result.begin());

/* --Ausgabe auf den Bildschirm. */
std::cout << "Reodered:\n";
thrust::copy(d_result.begin(),d_result.end(),std::ostream_iterator<int>(std::cout,"\n"));
```

Abb. 6.22 Die Funktion *gather* erhält einen zusätzlichen Vektor, der den Index angibt, von dem ein entsprechender Wert gelesen wird

6.9 Andere Konzepte

Neben Nvidia ist auch die Firma AMD bei der Entwicklung von GPGPU-Systemen sehr aktiv. Die Notwendigkeit einer Vereinheitlichung der Programmierung von Grafikkarten als *OpenCL*-Standard übernimmt die Khronos-Gruppe: Eine Sprache für die Programmierung von GPU wie auch CPU.

Literatur

Cook S (2013) CUDA programming: A developer's guide to parallel computing with GPUs. Morgan Kaufmann, Waltham

Kirk DB, Hwu W-mW (2016) Programming massively parallel processors: A hands-on approach, 3. Aufl. Morgan Kaufmann, San Francisco

Lindholm E, Nickolls J, Oberman S, Montrym J (2008) Nvidia tesla: A unified graphics and computing architecture. IEEE Micro 28(2):39–55. https://doi.org/10.1109/MM.2008.31. ISSN 0272-1732

NVIDIA (2009) NVIDIA's Next generation CUDA compute architecture: Fermi (Whitepaper)

NVIDIA (2012) NVIDIA's Next generation CUDA compute architecture: Kepler K110 (Whitepaper)

NVIDIA (2014) NVIDIA GeForce GTX 980 (Whitepaper)

NVIDIA (2016) NVIDIA Tesla P100 (Whitepaper)

NVIDIA (2017) NVIDIA Tesla V100 GPU architecture (Whitepaper)

Uelschen M (2010) Rechnen auf der Grafikkarte unter Linux. Linux–Magazin (7)

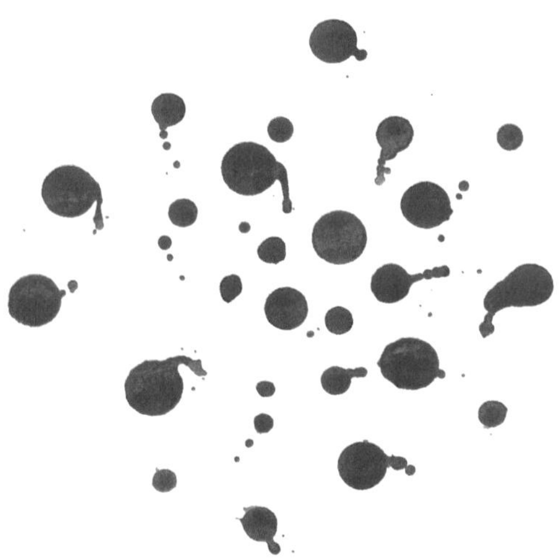

Die bisher vorgestellten Konzepte der parallelen Programmierung sind Erweiterungen sequenzieller, imperativer Programmiersprachen. Eine Vielzahl der Schwierigkeiten, beispielsweise Konfliktsituationen beim Zugriff auf gemeinsame Variablen, müssen durch den Entwickler identifiziert und explizit aufgelöst werden (beispielsweise durch die Verwendung von Sperren). Die Verifikation solcher Programme ist sehr aufwendig.

Ein „radikaler" Ansatz ist es daher, auf gemeinsame Variablen zu verzichten. Die bekannten Fehlersituationen treten somit nicht mehr auf. Die *funktionale Programmierung* folgt dem deklarativen Programmierparadigma: anstatt Berechnungsabläufe zu beschreiben, steht die Problembeschreibung im Vordergrund. Die Notation erfolgt hierbei entlang von Werten, Ausdrücken und Funktionen.

Hierbei zeigen Funktionen die Eigenschaft *referenzieller Transparenz:* das Ergebnis eines Funktion ist nur abhängig von den Argumenten und nicht vom Zeitpunkt des Aufruf. Funktionen erzeugen keine Seiteneffekte und haben keinen internen Zustand. Die parallele Auswertung verzichtet auf gemeinsame Variablen.

© Springer Fachmedien Wiesbaden GmbH, ein Teil von Springer Nature 2019   341
M. Uelschen, *Software Engineering Paralleler Systeme,*
https://doi.org/10.1007/978-3-658-25343-1_7

Dieses Kapitel stellt die Programmiersprache *Scala* und das mit damit verbundene Aktorenmodell *Akka* für parallele Anwendungen vor.

7.1 Funktionale Programmierung mit Scala

Die Programmiersprache Scala erlaubt einen objektorientierten und einen funktionalen Programmierstil (vgl. Odersky 2016). Scala lehnt sich an Java an und wird manchmal als das bessere Java bezeichnet. Da Scala auf der JVM läuft, ist eine Interaktion mit Java-Komponenten sehr einfach möglich. Dieses trägt zum Erfolg von Scala bei, da eine sanfte Migration möglich ist.

7.1.1 Grundsätzliches

Im Gegensatz zu Java existiert ein uniformes Klassenmodell, d. h. auch Basisdatentypen wie Int oder Double werden gleichbehandelt. In Scala ist es jetzt auch möglich, Operatoren zu überladen oder neu zu definieren. Der Schöpfer von Scala, Martin Odersky, Professor an der Universität in Lausanne, orientiert sich bei der Sprachsyntax an dem **type less, do more**-Prinzip: mit weniger (Syntax) mehr (Ausdruck) erreichen. Die Mächtigkeit ergibt sich aus der Kombination von objektorientierten Konzepten in Zusammenarbeit mit Methoden der funktionalen Programmierung, die hier nur kurz angerissen werden. Die Schöpfer haben Scala mit reichlich **syntaktischen Zucker** angereichert und die Quelltexte sind tatsächlich ausgesprochen kurz. Allerdings leidet an einigen Stellen die Lesbarkeit darunter und insbesondere Einsteiger in die Sprache müssen zweimal hinschauen, um zu verstehen, was jetzt gemeint ist.

Ein Beispiel ist die *Typinferenz*. Hierbei kann auf die Angabe eines Typs (z. B. bei der Definition eines Parameters) verzichtet werden, wenn der Datentyp aus anderen Angaben gefolgert werden kann. Eine Methode, die zwei *Int*-Zahlen summiert, liefert als Ergebnis auch ein *Int* zurück. Die explizite Angabe des Rückgabetyps wird so nicht nötig. In Scala ist im Gegensatz zu C++ mit *auto* kein Schlüsselwort hierzu notwendig (siehe Abschn. 5.1.1). Typangaben werden einfach weggelassen.

Scala ist trotzdem eine statisch typisierte Programmiersprache. Eine weitere Syntaxvereinfachung ist es, beim Aufruf auf die Angabe leerer Klammernpaare, beispielsweise bei parameterlosen Methoden, zu verzichten. Auch ist es nicht mehr notwendig, alleinstehende Anweisungen in einer Zeile mit einem Semikolon abzuschließen.

7.1.2 Ausdrücke und Werte

Ein *Ausdruck* ist ein elementarer Baustein in der Mathematik und in der Informatik. Die Auswertung eines Ausdrucks ergibt seinen *Wert*. Ausdrücke werden nach zuvor definierten

Regeln konstruiert. In der Mathematik sind beispielsweise $3+5$, $\sin(x)$ und $\sum_{i=0}^{n} x_i$ gültige Ausdrücke.

Ein Ausdruck wird ausgewertet, indem seine Teilausdrücke durch deren Werte ersetzt werden. Dieses wird solange durchgeführt, bis letztendlich Operationen auf nicht weiter zu reduzierenden Ausdrücken angewendet werden.

In Scala lassen sich vielfältige Ausdrücke bilden (siehe Abb. 7.1). Im einfachsten Fall ist ein Ausdruck ein literaler Wert, beispielsweise *true* oder *3.14159*. Neue Ausdrücke können definiert und mit einem Bezeichner versehen werden. Binäre Operatoren (z. B. +, %) verknüpfen zwei Ausdrücke. Zudem gibt es unäre Operatoren, die auf einen Ausdruck wirken (z. B. − oder *!*).

Anzumerken ist, dass im Gegensatz zu C oder Java das *if-else*-Konstrukt einen Ausdruck und keine Anweisung beschreibt. Der Ausdruck entspricht dem ternären *?:*-Operator. Ein Block wird in Scala durch *{}* geklammert und liefert den letzten Wert im Block zurück.

In der Programmierung haben Werte einen *Typ*, der den gültigen Wertebereich, die zulässigen Operationen und benötigten Speicherbereich beschreibt. Die wichtigsten Basistypen in Scala sind Zahlen *(Int* und *Double)*, Zeichen *(Char)*, Zeichenketten *(String)* und Wahrheitswerte *(Boolean)*. In funktionalen Programmiersprachen sind Funktionen auch Werte und können wie diese behandelt werden. In Scala besitzen Funktionen dementsprechend auch einen Funktionstyp. Liefert eine Funktion keinen Wert zurück, so ist dieser Typ *Unit*.

In Scala werden Werte mit dem Schlüsselwort *val* definiert. Alternativ vereinbart *var* eine veränderbare Variable. Scala unterscheidet hier zwischen unveränderlichen Werten (immutable) und veränderbaren (mutable) Variablen. Ein Wert kann nach der Initialisierung nicht verändert werden. Die Anweisung

```
/** x ist ein Wert (unveränderlich). */
val x: Int = 3

/** y ist eine Variable (veränderlich). */
var y = 14
```

definiert einen Bezeichner *x* und initialisiert diesen mit dem Wert 3. Der Datentyp *Int* folgt durch Doppelpunkt getrennt dem Bezeichner. Der Wert von *x* kann nicht mehr geändert werden. Dagegen ist *y* eine Variable, die verändert werden kann. Auf die Angabe des Datentyps kann immer verzichtet werden, wenn der Compiler aus dem initialen Wert den zugehörigen Typ ableiten kann.

Abb. 7.1 Ausschnitt der Möglichkeiten zur Bildung von Ausdrücken

Ausdruck ::= Literal
| Bezeichner
| `if` *(Ausdruck) Ausdruck* `else` *Ausdruck*
| Ausdruck Infix–Operator Ausdruck
| Präfix–Operator Ausdruck
| {Ausdruck}

In den weiteren Abschnitten wird vorrangig auf die funktionale Programmierung mit Scala eingegangen. Es zeigt sich, dass das funktionale Paradigma ein Umdenken in der Programmierung im Vergleich zum prozeduralen Ansatz erfordert. Die Darstellung orientiert sich am Klassiker der funktionalen Programmierung von Bird und Wadler (1992).

7.1.3　Funktionen

Eine Funktion f ist eine Abbildung von Elementen einer Menge A auf Elemente einer Menge B. In der mathematischen Schreibweise wird dieses durch $f : A \rightarrow B$ ausgedrückt. Die Menge A ist die Definitionsmenge (Urbildmenge, Originalmenge, Definitionsbereich, Argumentebereich) und B die Zielmenge (zur algebraischen Definition siehe Böhme 1990). In der Programmierung entsprechen den Mengen A und B den Typen der entsprechenden Sprache. Ist $a \in A$, dann ist $b = f(a)$ die Anwendung von f auf a. Insbesondere bei funktionalen Programmiersprachen ist zwischen der Funktion f und der Anwendung einer Funktion $f(a)$ zu unterscheiden. Beides sind *Werte,* d. h. können als Argumente oder Rückgabe einer Funktion verwendet werden. In Scala wird der Typ der Funktion f durch A => B angegeben.

Definition und Aufruf von Funktionen　Die Definition einer Funktion in Scala erfolgt durch das Schlüsselwort *def,* den Namen und einer nachfolgenden Argumentenliste sowie den Rückgabetyp. Namen in Scala können auch Symbole sein. Es gibt keinen Unterschied zwischen Operatoren und Funktionen. Der Funktionsrumpf wird durch *={...}* als Block definiert.

```scala
/** Definition. */
def square(x: Int): Int = {
  return x * x
}

/** Aufruf. */
val nine = square(3)
```

Die Funktion *square* berechnet das Quadrat einer Zahl x. Der Aufruf entspricht dem Vorgehen in anderen Programmiersprachen. Hat eine Funktion nur genau einen Parameter, dann können die runden durch geschweifte Klammern ersetzt werden. Diese syntaktische Besonderheit wird in Scala verwendet, um neue Anweisungen zu definieren.

Entsprechend der *type less, do more*-Philosophie von Scala sind Klammern bei einzeiligen Funktionsrümpfen nicht notwendig. Die *return*-Anweisung ist ebenfalls redundant; eine Funktion liefert den Wert des letzten Ausdrucks zurück. Die wichtigste Eigenschaft, die zur Vereinfachung von Ausdrücken und Anweisungen führt, ist die *Typinferenz.* Die Typen von Variablen und Werten können aufgrund der strikten Typisierung in vielen Fällen durch den Compiler abgeleitet werden.

```scala
def min(x: Int, y: Int) = if (x < y) x else y

val m=min(12,4)
```

Die Funktion *min* ermittelt das Minimum zweier Zahlen *x* und *y*. Hier ist noch einmal
zu erkennen, dass *if-else* einen Ausdruck zurückliefert und keine Kontrollstruktur wie in
anderen Programmiersprachen ist. Der Aufruf der Funktionen kann mit literalen Werten
oder als Komposition weiterer Funktionen erfolgen.

Hat eine Funktion keine Parameter, dann kann in der Definition die leere Klammerliste
entfallen.

```scala
def one = 1.0

println(one)
```

Die Funktion *one* liefert einen Rückgabewert von 1.0.

```scala
def info(matrikel: Int, name: String) =
  println(matrikel + ":" + name)

info(123456, "Horst")
info(name = "Tanja", matrikel = 987654)
```

Scala bietet eine weitere Möglichkeit zur Parameterübergabe: die Parameter werden entsprechend der Schnittstelle benannt. Die Reihenfolge der Übergabe ist dann unerheblich.

```scala
def sumIf(a: Int, b: Int, c: Int) = {
  /** --Hilfsfunktion prüft Rest. */
  def check(v: Int) = v % c == 0

  var sum = 0
  /** Schleife über Intervall. */
  for (i <- a to b; if check(i))
    sum += i

  sum
}
```

Scala erlaubt die geschachtelte Definition von Funktionen. In dem Beispiel berechnet die
Funktion *sumIf* die Summe aller Zahlen im Intervall [*a*, *b*], die ohne Rest durch *c* teilbar
sind. Die innere *check*-Funktion prüft die Teilbarkeit. Diese kann dabei auf die Parameter
der äußeren Funktion zugreifen.

Rekursion Für viele Berechnungen ist es notwendig, dass Ausdrücke wiederholt ausgewertet werden. Dieses ist durch eine *Rekursion,* d.h. den direkten oder indirekten Aufruf der
Funktion selber möglich. Die nachfolgende Funktion berechnet rekursiv den Ausdruck x^n.

```
/** Einfache Rekursion. */
def powerRecursive(x: Int, n: Int): Int = {
   if (n==0)
     1
   else
      x*powerRecursive(x,n-1)
}
```

Im letzten Ausdruck ruft die Funktion *powerRecursive* sich selbst auf. Rekursive Aufrufe können bei einer großen Schachtelungstiefe oder bei sich wiederholenden Berechnungen ineffizient werden.

Allerdings bietet Scala die Möglichkeit, eine bestimmte Art der Rekursion während der Übersetzung in eine Iteration umzuformulieren, um somit die Nachteile zu vermeiden. Eine effiziente rekursive Ausführung ist möglich, wenn der Aufruf der letzte Schritt bei der Auswertung eines Ausdrucks ist. Dieses wird als *Endrekursion* bezeichnet. In der obigen Funktion steht zwar der rekursive Aufruf im letzten Ausdruck. Allerdings wird im letzten Schritt eine Multiplikation ausgeführt: Die Funktion *powerRecursive* ist somit nicht endrekursiv.

In Scala können Funktionen weitere Definitionen von Funktionen enthalten. Diese Funktion ist somit lokal und nach außen hin nicht sicht- und aufrufbar. Die *power*-Funktion enthält eine innere Funktion *iterate,* die endrekursiv und damit effizient in der Ausführung ist.

```
/** Endrekursion. */
def power(x: Int, n: Int): Int = {
  /** Lokale Hilfsfunktion. */
  @annotation.tailrec
  def iterate(acc: Int, n: Int): Int = {
     if (n==0)
        acc
     else
         iterate(acc*x, n-1)
  }
  /** Aufruf. */
  iterate(1,n)
}
```

Die Funktion im letzten Ausdruck ruft sich selbst auf. Danach folgt im Gegensatz zum vorherigen Beispiel keine weitere Berechnung. Scala unterstützt Metainformationen in Form von Annotationen. Durch die explizite Anweisung *@annotation.tailrec* wird der Scala-Übersetzer aufgefordert, die *iterate*-Funktion als Endrekursion zu behandeln. Ist dieses nicht möglich, so ist der Übersetzungsvorgang mit einem Fehler abzubrechen. Durch die Annotation wird sichergestellt, dass tatsächlich eine effiziente Implementierung erfolgt.

Beispiel Heron von Alexandria In einem weiteren Beispiel wird die Endrekursion als Ansatz zur wiederholten Ausführung von Berechnungen verdeutlicht. Das Verfahren ist nach *Heron von Alexandria* (vermutlich 1. Jhd n. Chr.) benannt worden, der jedoch ein wesentliche älteres Verfahren benutzte: das *Babylonische Wurzelziehen.*

Die Quadratwurzel einer Zahl ist definiert als positive Lösung von $x^2 = y$, wobei die Lösung ggfs. irrational sein kann (z. B. $\sqrt{2}$). Die quadratische Wurzel einer positiven Zahl kann durch ein Näherungsverfahren berechnet werden.

Bei der geometrischen Figur eines Quadrates mit einer Fläche a haben die Kanten eine Länge von $\sqrt{a}$. Die Idee des Algorithmus ist es, aus einem Rechteck mit der Fläche a und den beiden Kantenlängen x und y sukzessive ein Quadrat zu ermitteln, indem die Kante x verändert wird. Mit einer konstanten Fläche ergibt sich dann automatisch die Kantenlänge y. Das wird solange wiederholt, bis x und y identisch sind (siehe Abb. 7.2). Aus $a = xy$ ergibt sich $y = x/a$ und somit ein iteratives Verfahren zur Berechnung der gesuchten Kantenlänge:

$$x_n = (x_{n-1} + y_{n-1})/2 \tag{7.1}$$

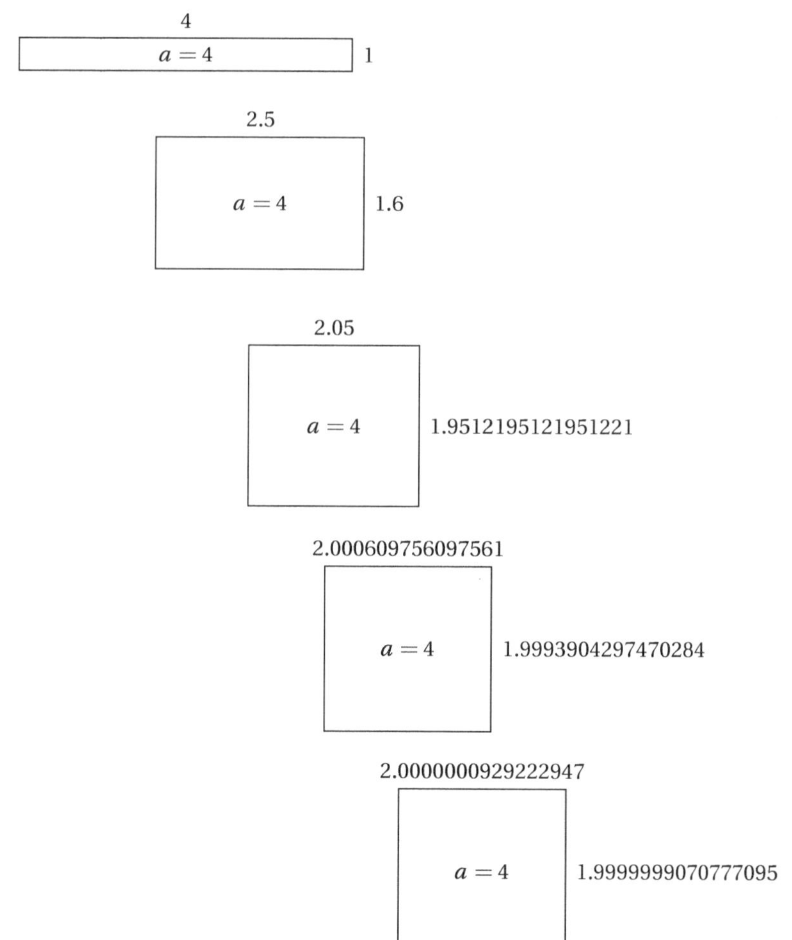

Abb. 7.2 Der Algorithmus von Heron hält die Fläche a konstant und verändert die beiden Seitenlängen des Quadrats

```scala
def sqrt(a: Double, epsilon: Double = 0.00001) = {
  require(a >= 1)

  @annotation.tailrec
  def iterate(x: Double): Double = {
    val y = a / x
    if (x - y > epsilon)
      iterate((x + y) / 2)
    else
      x
  }

  /** Aufruf mit Startwert.*/
  iterate(a)
}
```

Als Startwert wird $x_0 = a$ (und damit $y_0 = 1$) angenommen. Der Wert *epsilon* gibt dabei die Genauigkeit an, bei der das Näherungsverfahren enden soll.

7.1.4 Funktionen höherer Ordnung

Die bisher vorgestellten Konzepte von Scala sind, abgesehen von der Syntax, nicht neu und auch in reinen prozeduralen Programmiersprachen wie *C* vorhanden. Grundsätzlich sind in der funktionalen Programmierung Funktionen auch Werte, die als Argument einer anderen Funktion übergeben werden können. Auch ist es möglich, eine Funktion als Rückgabewert zu definieren.

```scala
def dq(a: Double, b: Double, f: (Double => Double)) = (f(b) - f(a)) /
    (b - a)

def parabel(x: Double) = 3 * x * x + 2 * x

/** Diskretisierung der Steigung. */
val at = dq(1, 2, parabel)
```

Die Funktion *dq* berechnet den Differenzenquotienten einer Funktion f der beiden Punkte *a* und *b*. Der Funktionstyp von f muss *Double => Double* sein. Die Funktion *dq* wird als *Funktion höherer Ordnung* bezeichnet.

```scala
def sum(a: Int, b: Int, f: (Int => Int)) = {
  var result = 0
  for (i <- a to b)
    result += f(i)
  result
}

/** Funktionswert wird auf sich abgebildet. */
def identity(x: Int) = x

val gauss = sum(1, 100, identity)
```

Die Funktion *sum* erwartet drei Parameter, zum einen die Schranken *a, b* eines ganzzahligen Intervalls und zum anderen eine Funktion *f*, die eine Zahl vom Typ *Int* auf *Int* abbildet. Die *sum*-Funktion durchläuft die Zahlen von *a* bis *b* und summiert sukzessive das Ergebnis der Auswertung von *f*. Im konkreten Beispiel wird damit die Summe der Zahlen von 1 bis 100 berechnet.

Lambda-Funktionen Mit *Funktionsliteralen* bietet Scala die Möglichkeit, Funktionen direkt ohne den Umweg über Klassen oder mittels *def*-Schlüsselwort zu beschreiben. Funktionsliterale haben keinen Namen (anonym) und können Werten zugewiesen oder in Methoden oder Funktionen als Parameter übergeben werden. Ein Funktionsliteral besteht vergleichbar der Funktionsdefinition aus einer Parameterliste und dem durch => getrenntem Funktionsrumpf.

```scala
val sq: (Int => Int) = x => x * x

val twentyfive=sq(5)

val max: ((Int, Int) => Int) = (x, y) => if (x > y) x else y

val n = max(sq(5), sq(6))
```

Der Wert *sq* ist eine Funktion, die *x* auf x^2 abbildet. Der Aufruf von *sq* entspricht den mit *def*-definierten Funktionen. In gleicher Weise liefert *max* das Maximum zweier Zahlen zurück.

```scala
def sumIf(a: Int, b: Int, p: (Int => Boolean)) = {
  var result = 0;
  for (i <- a to b; if p(i)) result += i
  result
}

val sum3 = sumIf(1, 10, x => x > 3)

/** Schreibweise mit Platzhalter. */
val sum5 = sumIf(1, 10, _ > 5)

val greater7: (Int => Boolean) = x => x > 7

val sum7 = sumIf(1, 10, greater7)
```

Die Funktion *sumIf* erhält ein Prädikat *p* als Parameter und addiert die Werte auf, für die das Prädikat wahr wird. Der Lambda-Ausdruck kann direkt beim Aufruf der Funktion angegeben werden. Die Schreibweise vereinfacht sich durch die Verwendung eines Platzhalters _. Dieses funktioniert auch mehrfach: Das erste Auftreten bezeichnet den ersten Parameter, das zweite Auftreten den zweiten Parameter usw.

Abschluss (Closure) In den bisherigen Beispielen verwenden die Lambda-Ausdrücke nur lokale Variablen oder die Funktionsparameter. Zusätzlich kann ein Lambda-Ausdruck aber auch auf nicht-lokale Werte und Variablen zugreifen, die zum Erstellungszeitpunkt im Sichtbarkeitsbereiches des Ausdrucks liegen. Diese Bindung zwischen dem Lambda-Ausdruck und einer außerhalb definierten Variable (das ist der Kontext) wird als Abschluss oder *Closure* bezeichnet.

```
var boundary = 10

val greater: (Int => Boolean) = x => x > boundary

val a = sumIf(1, 100, greater)

boundary = 50

/** Closure "sieht" die Veränderung! */
val b = sumIf(1, 100, greater)
```

Die Funktion *greater* vergleicht, ob der Parameter größer als eine Grenze *boundary* ist. In *sumIf* wird die *greater*-Funktion verwendet. Durch die erzeugte Bindung greift diese Funktion auf *boundary* zu.

Die Bindung hat einen *Referenzcharakter,* d. h. eine Veränderung der gebundenen Variable ist für den Abschluss sichtbar. In dem Beispiel führt somit der zweite Aufruf zu einem unterschiedlichen Ergebnis, da die Grenze zwischenzeitlich verändert wurde.

```
/** Wiederholte Ausführung einer Funktion auf einem Intervall. */
def loop(a: Int, b: Int, f: (Int => Unit)) = for (i <- a to b) f(i)

loop(1, 5, println _)

/** Closure verändert den Wert außerhalb! */
var value = 0
loop(1, 10, value += _)

println(value)
```

Gebundene Variablen in einem Lambda-Ausdruck können auch modifiziert werden, wie das Beispiel zeigt. Die Funktion *loop* addiert die Werte in einem Intervall und schreibt die Summe in die außerhalb definierte Variablen *value.*

7.1.5 Listen

In der funktionalen Programmierung ist eine *Liste* der wichtigste zusammengesetzte Datentyp. Zusammen mit einer Reihe von Grundfunktionen sind Listen die Bausteine funktionaler Programmiersprachen. Die funktionale Programmiersprache Lisp von 1958 ist ein Akronym

von *List Processing*. Ähnlich der *Menge* in der Algebra (siehe auch Böhme 1990) gibt es
mehrere Möglichkeiten den Inhalt einer Liste zu definieren. Zum einen ist dieses durch Auf-
zählen der einzelnen Elemente und zum anderen durch Beschreibung von Eigenschaften
der Elemente möglich. Scala unterstützt beide Ansätze, wobei die zweite Möglichkeit die
ungewöhnlichere ist.

Aufzählung   Im allgemeinen enthält eine Liste eine lineare Folge von Werten gleichen Typs.
Listen in Scala sind nicht veränderbar (immutable), d. h. der Inhalt kann nach der Definition nicht mehr verändert werden. Allerdings können aus Listen durch die Anwendungen
geeigneter Funktionen neue Listen erzeugt werden.

```scala
/** Listenkonstruktion. */
val numbers = List(1, 2, 3)
val cities = List("Hannover", "Osnabrück", "Kassel")
val nothing = Nil

/** cons-Operator.*/
val count = 10 :: 9 :: 8 :: 7 :: 6 :: 5 :: 4 :: Nil

/** Rechts assoziativ. */
val down = (3 :: (2 :: (1 :: (0 :: Nil))))

/** Konkatenation von Listen. */
val countdown = count ::: down

/** Mit Typbezeichnung. */
val transcendental: List[Double] = List(2.71828, 3.14159)

/** Liste von Listen. */
val pascal = List(List(1), List(1, 1), List(1, 2, 1), List(1, 3, 3, 1)
    )
```

Im einfachsten Fall werden Listen durch eine Aufzählung ihrer Werte definiert. Die leere
Liste, also eine Liste ohne Element, wird mit dem Schlüsselwort *Nil* bezeichnet.

Eine weitere Möglichkeit zur Konstruktion von Listen ist der *cons*-Operator. Durch *::*
wird ein Wert vorne an eine bereits bestehende Liste eingefügt. Der Operator ist rechts-
assoziativ, d. h. es wird in dem Beispiel zuerst die 4 vor die leere Liste eingefügt. Danach
wird die 5 in eine Liste, die die 4 enthält, eingefügt. Die Klammerung ist redundant.

Der *:::*-Operator fügt zwei separate Listen zu einer neuen Liste zusammen. Im Beispiel
enthält die Liste *countdown* die Zahlen 10 bis 0 in absteigender Folge.

Der Scala-Übersetzer kann häufig den Typen der Liste aus den Elementen ableiten. Durch
die Angabe *List[T]* wird explizit eine Liste mit Elementen vom Datentyp *T* beschrieben.

Die Konstruktionsvorschrift für Listen kann auch rekursiv angewendet werden, sodass
Listen von Listen sich definieren lassen. Die Liste *pascal* enthält die ersten Elemente des
Pascalschen Dreiecks.

Mit Listen kann genauso gearbeitet werden, wie mit den einfachen Basistypen in Scala. Listen können als Parameter in Funktionen übergeben oder zurückgegeben werden.

```scala
type iList = List[Int]
type iPair = (Int, Int)

def range(a: Int, b: Int): iList =
  if (a > b) Nil else a :: range(a + 1, b)
```

Das Schlüsselwort *type* definiert einen Alias für einen bereits definierten Datentypen. *iList* ist eine Liste mit ganzen Zahlen, *iPair* ist ein Tupel ganzer Zahlen. Die Funktion *range* durchläuft rekursiv ein ganzzahliges Intervall *a* bis *b,* fügt die einzelnen Werte in eine Liste ein und gibt diese zurück.

Listenbeschreibung Die zweite Möglichkeit zur Definition von Listen besteht durch Anwendung einer Beschreibungsvorschrift, die sich an der Mengenschreibweise orientiert. Eine Menge M wird definiert durch Elemente x einer Grundmenge G, für die ein Prädikat P gültig wird:

$$M = \{x | x \in G, P(x)\}. \tag{7.2}$$

Beispielsweise kann die Menge der Quadratzahlen a^2 für geradzahlige a zwischen 1 und 10 angegeben werden durch:

$$M = \{x | x = a^2 \text{ mit } a \in [1 \ldots 10] \wedge a \text{ ist gerade}\}. \tag{7.3}$$

Eine vergleichbare Möglichkeit zur Beschreibung von Listen ist in Scala durch eine Erweiterung des *for*-Ausdrucks möglich und wird als *For-Comprehension* bezeichnet. Der nachfolgende Ausdruck erzeugt eine Liste mit den Quadratzahlen 4, 16, 36, 64 und 100 und funktioniert analog zum vorherigen Beispiel der Mengenbeschreibung:

```scala
for { a <- (1 to 10); if (a%2==0)} yield a*a
```

Der erweiterte *for*-Ausdruck hat drei Elemente:

- einen oder mehrere Generatoren („Grundmenge"),
- keinen, einen oder mehrere Filter („Prädikat") sowie
- einen Ausdruck (hinter *yield*), der ein Listenelement („Variable *x*") beschreibt.

Die Schaltjahre (also jene Jahre, welche durch 400 oder durch 4 und nicht durch 100 teilbar sind) zwischen 1895 und 2015 können statt einer Aufzählung durch den folgenden Ausdruck elegant beschrieben werden:

```scala
for {
  i <- (1895 to 2015)
  if (i % 400 == 0 || i % 4 == 0 && !(i % 100 == 0))
} yield i
```

Abb. 7.3 Die *match*-
Anweisung kommt ohne *break*
aus. Anstatt einer
default-Anweisung gibt es das
Muster _, welches auf jeden
Ausdruck passt

```
Selektor match {
    case Muster1    => Ausdruck1
    case Muster2    => Ausdruck2
                .
                .
                .
    case MusterN    => AusdruckN
    case _          => Ansonsten
}
```

Mustererkennung Für die effiziente Verarbeitung von Zeichenketten, Listen oder Nachrichten ist es notwendig, diese einfach zu identifizieren und die benötigten Informationen für die Weiterverarbeitung zu extrahieren.

Der Zugriff auf einzelne Werte einer Liste erfolgt, erst einmal ungewohnt, über Mustererkennung (*Pattern Matching*). Hierfür stellt Scala die *match-case*-Anweisung bereit, die ähnlich zum *switch-case* prozeduraler Programmiersprachen arbeitet, allerdings eine wesentlich größere Funktionalität bereithält. Abb. 7.3 zeigt den generellen Aufbau.

Ein wichtiger Unterschied ist, dass *match-case* einen Ausdruck ist und somit einen Wert zurückliefert. Der Ausdruck *Selektor* wird nacheinander mit den einzelnen Mustern verglichen. Für das erste passende Muster wird der entsprechende Ausdruck zurückgegeben. Eine *break*-Anweisung, die ein „Durchrutschen" in alternative Fällen verhindert, ist in Scala nicht notwendig.

Mustererkennung auf Listen Für das Arbeiten mit Listen sind insbesondere Muster in der Form $x :: xs$ interessant. Die verwendeten Zeichen oder Zeichenketten sind hierbei unerheblich und orientieren sich an der Schreibweise in Bird und Wadler (1992). Eine Zeichenkette, die mit einem Kleinbuchstaben beginnt, beschreibt eine Variable anderenfalls eine Konstante. Dieses Muster passt auf eine Liste mit mindestens einem Element. In x extrahiert das erste Element der Liste, während der Wert xs die restliche Liste oder *Nil* enthält.

```
def isEmpty(list: iList): Boolean = list match {
  case Nil      => true
  case x :: xs => false
}
```

Die Funktion *isEmpty* liefert einen Wahrheitswert in Abhängigkeit zur Anzahl der Elemente einer Liste.

```
def head(list: iList): Int = list match {
  case Nil      => throw new Error("head_of_nil_list.")
  case x :: xs => x
}
```

```
def tail(list: iList): iList = list match {
  case Nil      => Nil
  case x :: xs => xs
}
```

Mit diesem Ansatz ist es nun möglich, auf einzelne Elemente in der Liste zuzugreifen. Die Funktion *head* liefert das erste Element, *tail* alle Elemente außer dem ersten zurück.

```scala
/** Reißverschlussverfahren (zip). */
def zip(a: iList, b: iList): List[iPair] = (a, b) match {
  case (Nil, xs)          => Nil
  case (xs, Nil)          => Nil
  case (x :: xs, y :: ys) => (x, y) :: zip(xs, ys)
}

/** Flatten: Liste von Listen wird zusammengefügt. */
def flatten(list: List[iList]): iList = list match {
  case Nil     => Nil
  case x :: xs => x ++ flatten(xs)
}
```

Die Funktion *zip* erhält als Parameter zwei Listen, die in einem Reißverschlussverfahren zu einer Liste von Paaren zusammengeführt werden. Sind die beiden Listen unterschiedlich lang, dann werden die verbleibenden Elemente der längeren Liste verworfen. Eine weitere Grundoperation auf Listen ist die *flatten*-Funktion, die eine Liste von Listen als Parameter erhält und die Elemente zu einer einzelnen Liste zusammenfügt. Der Operator *++* konkateniert zwei Listen.

```scala
def scalarproduct(x: iList, y: iList) = {
  @annotation.tailrec
  def iterate(sum: Int, a: List[iPair]): Int = a match {
    case Nil            => sum
    case (xi, yi) :: xs => iterate(sum + xi * yi, xs)
  }
  iterate(0, zip(x, y))
}
```

Das Beispiel zeigt eine Anwendung der *zip*-Funktion zur Berechnung des Skalarproduktes zweier Vektoren, die als Liste übergeben werden.

Container-Klassen In Scala gibt es neben der Listen-Klasse zahlreichen weitere Container (sogenannte *Collections*). Hierzu gehört: Map, Array und Set. Zusätzlich zu diesen Klassen, die sich auch in Java oder C++ in ähnlicher Weise finden, gibt es *Parallel Collections*. Instanzen dieser Klassen führen die Methoden parallel aus. Die Schnittstelle der parallel arbeitenden Klassen ist nahezu identisch zur einfachen Variante. Eine Migration einer Anwendung zu einem Mehrkernrechner ist somit mit geringerem Aufwand möglich.

7.1.6 Standardfunktionen

Es gibt eine Reihe weiterer Grundfunktionen, die nachfolgend kurz vorgestellt werden.

```
def filter(list: iList, p: Int => Boolean): iList =
  list match {
    case Nil     => Nil
    case x :: xs => if (p(x) == true) x :: filter(xs, p)
      else filter(xs, p)
}
```

Die *filter*-Funktion durchsucht eine Liste und prüft jedes Element anhand einer Prädikats-funktion *p*. Alle Elemente der Ausgangsliste, die das Prädikat erfüllen, werden als Ergebnis zurückgegeben.

```
def map(list: iList, f: Int => Int): iList = list match {
  case Nil     => Nil
  case x :: xs => f(x) :: map(xs, f)
}
```

Die *map*-Funktion erhält als Parameter eine Funktion *f* sowie eine Liste von Werten. Für jedes Element der Liste wird rekursiv die Funktion aufgerufen und das Ergebnis in einer Liste zurückgegeben.

```
def reduce(list: iList, f: (Int, Int) => Int, init: Int = 0): Int =
    list match {
  case Nil     => init
  case x :: xs => f(x, reduce(xs, f, init))
}
```

Die *reduce*-Funktion durchläuft eine Liste und reduziert die Elemente anhand einer Funktion *f*. Der Parameter *init* ist der Startwert der Reduktion.

```
def mapReduce(list: iList, f: Int => Int, g: (Int, Int) => Int, init:
    Int = 0) =
  reduce(map(list, f), g, init)
```

Die Kombination der beiden Funktionen *map* und *reduce* ergibt die bereits vorgestellte Map-Reduce-Funktion.

```
val isEven: Int => Boolean = { a => (a & 1) == 0 }

val values = filter(range(1, 20), isEven)

val squaresum = mapReduce(values, x => x * x, _ + _)

println(values, squaresum)
```

In diesem Beispiel werden zuerst die geraden Zahlen im Intervall [1, 20] bestimmt, quadriert und die Summe berechnet.

7.1.7 Klassen

Das folgende Beispiel führt die objektorientierte Programmierung in Scala ein. Die grundsätzlichen Eigenschaften sind ähnlich zu Java oder C++. Durch die sehr umfangreiche Unter-
stützung der Typinferenz durch den Scala-Compiler und weiterer Vereinfachungen in der
Notation ist der Quelltext wesentlich kompakter.

Abb. 7.4 zeigt eine Währungsklasse *Currency,* die Währungsangaben ermöglicht. Eine
Währung wird im Beispiel beschrieben durch einen Wert *unit* für die Einheit, einen Wert
subunit für die Untereinheit, einen dreistelligen Währungscode *code* und das Vorzeichen
sign, um negative und positive Angaben zu ermöglichen.

```scala
class Currency(si: Int, u: Int, s: Int, c: String) {
  /** Zusicherung der Parameter. */
  require((si==1 || si== -1) && u>=0 && s>=0 && s<100)

  val sign = si
  val unit = u
  val subunit = s
  val code = c

  /** Zusätzliche Konstruktoren. */
  def this(units: Int, c: String) =
    this(if (units<0) -1 else 1, units.abs/100, units.abs%100, c)

  def this(u: Int =0, s: Int =0, c: String ="EUR") = this(1,u,s,c)

  /** Überladene Methode. */
  override def toString =
    (if (sign==1) "+" else "-") + unit + "." + f"$subunit%02d" + "␣" + code

  /** Umrechnung in Unterwährung. */
  def subunits = sign*(unit*100+subunit)

  /** Addition. */
  def add(another: Currency) = {
    require(code == another.code)
    new Currency(subunits+another.subunits,code)
  }

  /** Zins berechnen (in %). */
  def interest(rate: Int) =
    new Currency((subunits*rate)/100,code)

  /** Methode mit Operatorzeichen. */
  def +(another: Currency) = add(another)

  def %(rate: Int) = interest(rate)

  def +%(rate: Int) = this + interest(rate)

}
```

Abb. 7.4 Die Klasse *Concurrency* beschreibt einen Geldwert einer Währung

Es ist hervorzuheben, dass sich nach dem Schlüsselwort *class* und dem Klassenname unmittelbar eine Parameterliste folgt. Diese beschreibt die Signatur des primären Konstruktors der Klasse. Dessen Implementierung erfolgt direkt in der Klassendefinition. Im Beispiel ist das die Überprüfungen der Parameter mit *require* und der Zuweisung der Parameter an die Attribute. Weitere Konstruktoren können durch *this* hinzugefügt werden. Hierbei muss jeder sekundäre Konstruktor als erste Anweisung den primären aufrufen.

Jeder benutzerdefinierte Klasse erbt (implizit) alle Eigenschaften und Methoden der Oberklasse *AnyRef* (dieses entspricht der Klasse *Object* in Java). Die Methode *toString* wird überladen und gibt den Währungswert als formatierte Zeichenkette zurück. Die beiden Methoden *add* und *interest* addieren zwei Werte identischer Währungen respektive berechnet den Zins.

Scala verfolgt einen andersartigen Ansatz gegenüber Java und C++ beim Umgang mit Operatoren. Hierbei wird ein Operator als Methode interpretiert, dessen Name aus einen oder mehreren Symbolen besteht. Somit ist es möglich, beliebige neue Operatoren zu definieren. Hierbei handelt es sich jedoch nicht um das Überladen von Operatoren in C++, sondern es ist eine spezielle Schreibweise. Der Operator +% kombiniert die Addition mit der Zinsberechnung und liefert den verzinsten Wert zurück. Das Programm

```scala
println("How_to_get_rich_quick.")
val taschengeld = new Currency(10)
val zinssatz = 7

println("Mein_Taschengeld_ist:_" + taschengeld)
println("Die_anfängliche_Verzinsung_ist_:_" + taschengeld % zinssatz)

val initial = new Currency
val years = 10

/** Imperativer Ansatz. */
var money = initial
for(i <- 1 to years)
   money = (taschengeld + money) +% zinssatz

println("Taschengeld_nach_"+years+":_"+money)
```

zeigt die objektorientierte Verwendung der *Currency*-Klasse. In einer Schleife wird ein Betrag über 10 Jahre erhöht und verzinst. In einer eher funktionalen Programmierung verzichtet das Beispiel

```scala
/** Funktionaler Ansatz. */
val yearly = List.fill(years)(taschengeld)

val sum = (initial /: yearly) { (a, b) => (a+b) +% zinssatz }

println("Taschengeld_nach_"+years+":_"+sum)
```

auf die explizite Schleife. Statt dessen wird die Faltung einer Liste definiert.

Die Faltung führt eine Funktion auf einer Liste von Werten aus. Hierbei ist die rechtsseitige und linksseitige Faltung mit einer zweistelligen Funktion f zu unterscheiden:

$$\text{faltr} f a \{x_0, x_1, \ldots, x_{n-1}\} = f(x_0, f(x_1, \cdots f(x_{n-1}, a) \cdots)) \tag{7.4}$$

$$\text{faltl} f a \{x_0, x_1, \ldots, x_{n-1}\} = f(f \cdots (f(a, x_0), x_1) \cdots, x_{n-1}). \tag{7.5}$$

Der Parameter a ist hierbei der Anfangswert (beispielsweise 0). Bei der rechtsseitigen Faltung *faltr* wird von „hinten", bei der linksseitigen Faltung *faltl* von „vorne" der Liste begonnen.

Im Programmbeispiel enthält die Liste *yearly* die jährlichen Einzahlungen. Durch die linksseitige Faltung mit dem Scala-Operator */:* wird sukzessive mit einem Anfangswert *initial* die als Lambda-Ausdruck angegebene Funktion ausgewertet. Dieser erhält im Parameter a das bisher aufgezinste Guthaben, welches um den Wert b erhöht und anschließend erneut verzinst wird.

SCALA KENNT KEINE STATISCHEN Werte oder Methoden. Statt dessen führt Scala das Konzept eines *Singleton*-Objektes ein. Die Definition eines solchen Objektes ist ähnlich zur Klassendefinition: Statt *class* wird jedoch das Schlüsselwort *object* verwendet. Gibt es eine Klasse und ein Objekt mit dem identischen Namen, dann wird dieses als *Companion* bezeichnet. Alle Instanzen der Klasse können auf dieses spezielle Objekt zugreifen.

7.1.8 case-classes

Mustererkennung Der Aufbau der Muster kann sehr vielgestaltig sein. Es können konstante oder variable Werte, Typen oder sogar Listen mit Elementen miteinander vergleichen werden. Da Nachrichten der Aktoren als Klassen implementiert sind, bietet Scala die Möglichkeit, dass die Muster auch Klassen sein können.

Hierzu gibt es die *case class*. Eine Klasse mit dem Schlüsselwort *case* versehen ist eine normale Klasse, bei der der Compiler zusätzliche Funktionalität ergänzt. Der Compiler erzeugt aus der Parameterliste in der Klassendefinition automatisch entsprechende Attribute, auf die mit dem Punktoperator zugegriffen werden kann. Die Parameterliste der Klassendefinition definiert in Scala den Standardkonstruktur.

```scala
case class Automobil(hersteller: String, typ: String, ps: Int)

val bugatti = Automobil("Bugatti", "Veyron_Grand_Sport_Vitesse", 1200)
val ferrari = Automobil("Ferrari", "F50", 520)
val porsche = Automobil("Porsche", "911_Carrera_4S", 385)
val trecker = Automobil("Porsche", "Diesel_Master_418", 50)

val autos = bugatti :: ferrari :: 3.14159 :: porsche :: trecker :: Nil

for (a <- autos) a match {
```

```scala
    case Automobil("Porsche", name, leistung) => println(Automobil
    ("Porsche", name, leistung))
    case b @ Automobil(_, _, leistung) if leistung > 400 => println(b)
    case _ => println("Kein_Treffer!")
}
```

Das obige zeigt eine *case*-Klassen und die Mustererkennung mit der *match*-Anweisung. Die Klasse Automobil hat drei Attribute: *hersteller, typ* und *ps,* die direkt in der Parameterliste der Definition enthalten sind. Da keine weiteren Methoden oder Attribute benötigt werden, bleibt der Klassenrumpf leer. Da in Scala leere Klammernpaare redundant sind, lassen sich *case*-Klassen mit sehr wenig Aufwand beschreiben.

Das Hauptprogramm erzeugt vier Automobil-Instanzen mit unterschiedlichen Werten. Der Konstruktoraufruf von *case*-Klassen kann ohne das Schlüsselwort *new* erfolgen. Die Liste *autos* besteht aus den vorher angelegten Automobilen und der Zahl Pi.

Die anschließende *for*-Schleife durchläuft alle Elemente der *autos*-Liste und führt eine Mustererkennung durch. Die erste *case*-Anweisung vergleicht, ob der Hersteller von *a* Porsche ist. Ist dieses der Fall, dann enthalten die beiden Variablen *name* und *leistung* die zugehörigen Werte von *a* und können mit *println* ausgegeben werden. Die zweite *case*-Anweisung überprüft, ob *a* ein Automobil ist, wobei der Hersteller und der Typ unerheblich sind. Erst wenn die *if*-Anweisung wahr und die Leistung größer als 400 PS ist, dann wird die folgende Anweisung ausgeführt.

Das Scala-Programm gibt den Text auf dem Bildschirm aus:

```
────────────────── Konsole ──────────────────
Automobil(Bugatti,Veyron Grand Sport Vitesse,1200)
Automobil(Ferrari,F50,520)
Kein Treffer!
Automobil(Porsche,911 Carrera 4S,385)
Automobil(Porsche,Diesel Master 418,50)
```

7.1.9 Weitere Konzepte in Scala

Die folgenden Abschnitte enthalten weitere Konzepte insbesondere in Hinblick auf die funktionale Programmierung.

Currying Funktionen, die mehr als einen Parameter haben, können in eine Verkettung von Funktionen mit einem Parameter umformuliert und miteinander verknüpft werden. Dieses Verfahren wird als *Currying* bezeichnet und im Folgenden an Funktionen mit zwei Parametern verdeutlicht.

Die Funktion $f : A_1 \times A_2 \to B$ hat zwei Parameter und liefert einen Wert der Menge B zurück. Die Funktion f kann umformuliert werden als $f' : A_1 \to (A_2 \to B)$. Die Funktion f' hat einen Parameter und liefert eine Funktion zurück, die ebenfalls nur einen Parameter enthält. Der Aufruf mit $a_1 \in A_1$ und $a_2 \in A_2$ ist somit die Verkettung $(f'(a_1))(a_2)$.

```scala
def minCurried(a: Int): (Int => Int) =
  b => if (a < b) a else b

val m = minCurried(6)(3)
```

Die Funktion *minCurried* hat einen Parameter *a* und liefert eine Funktion zurück, die einen
Parameter vom Typ *Int* auf *Int* abbildet. Der Aufruf zur Bestimmung des Minimums zweier
Zahlen 6 und 3 ist somit die Verkettung der beiden Funktionen.

```scala
/** Alternative Schreibweise in Scala. */
def min(a: Int)(b: Int) = if (a < b) a else b

val (low, high) = (12, 23)
println(min(high)(low))
```

In Scala gibt es eine vereinfachte Schreibweise für die Definition von Funktionsketten durch
die Angabe mehrerer geklammerter Parameter.

```scala
def isDivisableBy(a: Int)(b: Int) =
  if (b % a == 0) true else false

/** Partiell angewandte Funktion. */
def div3 = isDivisableBy(3) _

val numbers = 1 to 10 filter div3
```

Das *Currying*-Prinzip ermöglicht es, Funktionen zu definieren, deren Parameter nur partiell
gebunden sind. Die Funktion *isDivisableBy* überprüft, ob die Variable *b* durch *a* ohne Rest
teilbar ist. Die Funktion *div3* ist eine *partiell angewandte Funktion,* die einen Parameter
erwartet. Die Scala-Notation erfordert den Unterstrich _ hinter der Funktion bei der partiellen
Anwendung. Der andere Parameter ist bereits an den Wert 3 gebunden.

Dieses Verfahren lässt sich einsetzen, wenn eine Funktion erwartet wird, die nur einen
Parameter hat, wie beispielsweise die *filter*-Methode einer Container-Klasse. Der Wert *numbers* enthält alle Zahlen zwischen 1 und 10, die ohne Rest durch 3 teilbar sind.

Partiell angewandte Funktionen   Das *Currying*-Prinzip ermöglicht das teilweise Binden von
Parametern in Funktionen. Solche partiell angewandten Funktionen können in Scala auch
anderweitig definiert werden.

```scala
val limit = min(5, _: Int)

val (a,b)=(limit(3),limit(7))
```

Scala erlaubt es, Funktionen nicht auf allen sondern nur auf einer Auswahl von Parametern
anzuwenden. Das Ergebnis einer solchen partiellen Anwendung ist wiederum eine Funktion. Die *min*-Funktion liefert den kleineren der beiden Werte zurück. Durch die partielle

Anwendung ist *limit* eine Funktion, die als Parameter einen Wert vom Typ *Int* erwartet und diesen mit dem zuvorgebundenen Wert 5 vergleicht.

Funktionen sind Objekte Wie bereits eingangs dargestellt, sind in funktionalen Programmiersprachen Funktionen auch Werte (engl. first-class function). In objektorientierten Programmiersprachen sind Werte Objekte. Hieraus ergibt sich, dass in Scala Funktionen selbst auch Objekte sind.

Der Aufruf einer Funktion mit einem Parameter wird durch den Compiler in den Methodenaufruf eines Objektes übersetzt. Klassen, die die Methode *apply* implementieren, sind somit Funktionen. Hierzu definiert Scala mehrere generische Traits *FunctionN* für Funktionen mit einer unterschiedlichen Anzahl *N* von Parametern.

```
/** Berechnet Grauwert aus RGB-Farbwert. */
class ToGray extends Function3[Int, Int, Int, Int] {
  def apply(r: Int, g: Int, b: Int) =
    (299 * r + 587 * g + 114 * b) / 1000
}

object ToGray {
  def apply = new ToGray
}
```

Die Typparameter müssen den Parametern und dem Rückgabewert der *apply*-Methode entsprechen. Die ersten Typparameter entsprechen den Typen der Argumente; der letzte Parameter entspricht dem Typen des Rückgabewertes. Die Klasse *ToGray* implementiert die *apply*-Methode mit drei Parametern zur Umrechnung eines RGB-Farbwertes in einen Grauwert.

```
/** Functions are objects. */
val gray = new ToGray

/** Objektorientierter Stil (Indigo). */
val lightgray = gray.apply(0x4b, 0x00, 0x82)
```

Entsprechend dem objektorientierten Stil wird mit *new* ein neues Objekt *gray* erzeugt. Der zweite Schritt ruft die *apply*-Methode an diesem Objekt auf, und der berechnete Grauwert wird *lightgray* zugewiesen.

Diesen Zusammenhang zwischen Funktion und Objekt verwendet Scala, um das Fabrikmuster zu realisieren. Das *Companion*-Objekt zur *ToGray*-Klasse definiert eine *apply*-Methode, die eine neue Instanz der Klasse erzeugt.

```
/** Fabrikmuster Companion-Objekt. */
val another = ToGray

/** Funktionaler Stil (Orange). */
val darkgray = gray(0xff, 0xa5, 0x00)
```

Hierdurch kann auf den expliziten Konstrukturaufruf beim Erzeugen von *another* verzichtet werden. Da *gray* eine Funktion ist, kann direkt der Funktionswert berechnet werden ohne expliziten Aufruf von *apply*.

Partielle Funktionen Von den partiell angewandten Funktionen sind die *partiellen* Funktionen zu unterscheiden. Diese haben einen eingeschränkten Definitionsbereich.

```scala
def inverse: PartialFunction[Int, Int] =
  { case c if c >= 0 && c < 256 => 255 - c }

val white = 255
val black = inverse(white)
```

Die Funktion *inverse* bestimmt den inversen Farb- oder Grauwert. Da in dem Beispiel vorausgesetzt wird, dass es sich um eine 8-Bit-Farbtiefe handelt, muss der Parameter im Intervall [0, 255] liegen. Für andere Werte ist der inverse Farbwert nicht definiert.

Für die Definition partieller Funktionen kann die bereits vorgestellte Mustererkennung eingesetzt werden. Die *case*-Anweisung überprüft den Parameter auf Gültigkeit und gibt dann den inversen Farbwert zurück. Ist der Parameter *c* nicht gültig, dann ist auch der inverse Farbwert nicht definiert. Die Funktion wirft eine *exception*. Vergleichbar mit den anderen *match*-Beispielen kann eine partielle Funktion mehrere *case*-Anweisungen beinhalten.

```scala
val morewhite = 293

if (inverse.isDefinedAt(morewhite))
  println("Inverse is " + inverse(morewhite))
else
  println("Color is undefined")
```

Partielle Funktionen implementieren die *isDefinedAt*-Methode zur Überprüfung, ob die Funktion für einen Wert definiert ist. Ist der Parameter kein gültiger Wert, dann liefert der Aufruf *false* zurück.

```scala
val numbers = 1 to 10
val odds = numbers collect { case i if i % 2 == 1 => i * i }
```

Partielle Funktionen können auch direkt als Lambda-Ausdruck übergeben werden. Die *collect*-Methode eines Containers ist eine Kombination aus *filter* und *map*. Der Filter wird als partielle Funktion realisiert: für die definierten Werte wird die Berechnung durchgeführt.

```scala
def uups(x: Int, y: Int): Option[Int] =
  if (y == 0) None else Some(x / y)

for (i <- 3 to -3 by -1) uups(7, i) match {
  case Some(value) => println(value)
  case None        => println("not defined")
}
```

Eine weitere Besonderheit in Scala ist der generische Typ *Option* mit den zwei möglichen Werten *None* und *Some*. Mit dem optionalen Typ wird ausgedrückt, dass eine Funktion nichts oder alternativ etwas zurückliefert. Auf der Rückgabewert kann dann durch die Mustererkennung reagiert werden.

Future-Werte Ein *Future* ist eine Möglichkeit, zur asynchronen und damit zur parallelen Berechnung von Ausdrücken.

```scala
/** Future ist Ergebnis in der Zukunft. */
val future = Future { 2 + 3 }

/** Aktives Warten. */
while (!future.isCompleted) println("Wait...")

println("Result="+future.value)
```

Der Wert *future* enthält einen Ausdruck, der zu einem zukünftigen Zeitpunkt berechnet wird. Im Gegensatz zu den bisherigen Berechnungen, bei denen zuerst die rechte Seite berechnet und anschließend der linken Seite zugewiesen wird, ist die Auswertung des *Future* davon entkoppelt. Die Methode *isCompleted* liefert *true* zurück, wenn die asynchrone Berechnung abgeschlossen ist. Durch den folgenden Aufruf der Methode *value* wird auf das Ergebnis zugegriffen.

```scala
/** Explizites Warten auf das Ergebnis. */
val something = Future { 12 + 23 }

val ret = Try(Await.result(something, Duration.Inf)) match {
  case Success(res) => res
  case Failure(_)   => 0
}
```

Anstatt aktiv auf die Berechnung des *Future*-Wertes zu warten, suspendiert *Await* die aktuelle Ausführung bis das Ergebnis vorliegt. Die Methode *result* hat zwei Parameter: den *Future*-Wert und die maximale Wartedauer, die in diesem Beispiel unendlich ist. Da grundsätzlich die Berechnung auch fehlschlagen kann, wird in Kombination mit *Try* und einer *match*-Anweisung auf das Ergebnis reagiert und der Rückgabewert bearbeitet.

```scala
val squares = Future { for { i <- 1 to 10 } yield i * i }

/** Partielle Funktion als Callback. */
squares onComplete {
  case Success(res) => println("lot_of_squares_"+res)
  case Failure(ex)  => println("Failure_"+ex)
}
```

Eine weitere Möglichkeit, die ohne explizites Warten auskommt, ist der Einsatz von *call-back*-Funktionen. Die *onComplete*-Methode definiert in diesem Beispiel zwei Funktionen, die abhängig vom Berechnungsergebnis von *squares* ausgeführt werden.

Da ein *Future* in einem anderen, parallelen Kontext (Thread) ausgeführt wird, ist unbedingt zu vermeiden, dass die Berechnung in einem *Future* auf gemeinsame Variablen zugreift. Ansonsten können *race conditions* entstehen.

7.1.10 Beispiel: Textanalyse

Im Folgenden werden einige der beschriebenen Konzepte und Möglichkeiten von Scala an einem größeren Beispiel vorgestellt und vertieft. Die *Textanalyse*-Anwendung liest den Inhalt einer Datei ein und erstellt eine Häufigkeitsverteilung der darin enthaltenen Wörter. Der hier gewählte Algorithmus entspricht einer vereinfachten und sequenziellen Variante des *Map-Reduce*-Ansatzes aus Abschn. 4.10.

```scala
type WordFrequency = (String, Int)
type FrequencyList = List[WordFrequency]
```

Zur Vereinfachung der Schreibweise definiert *type* einen Alias auf einen Datentypen. *WordFrequency* ist ein Tupel bestehend aus einem Wort und einer zugeordneten Häufigkeit. *FrequencyList* ist eine Liste dieser Tupel.

```scala
def words(min: Int)(s: String): FrequencyList = {
  /** Satzzeichen und Kleinbuchstaben umwandeln. */
  val cleaned = s.replaceAll("[.,:;!?()0-9]"," ").toLowerCase
  /** Erzeuge Aufzählungsliste. */
  for (word <- cleaned.split(" ").toList
       if word.length >= min) yield (word, 1)
}
```

Die *words*-Funktion zerlegt einen Satz in einzelne Wörter. Hierbei werden nur solche Wörter betrachtet, die eine Mindestlänge haben. Jedes Wort wird entsprechend dem *MapReduce*-Verfahren als Tupel *(Wort,1)* für eine Weiterverarbeitung zurückgegeben. Die Parameter sind in *Currying*-Schreibweise angegeben. Hierdurch ist eine partielle Anwendung der Parameter möglich: *words(5)* ist eine Funktion, die eine Zeichenkette in Wörter mit einer Mindestlänge von fünf Buchstaben zerlegt und als Liste zurückgibt.

```scala
def pack(xs: FrequencyList): FrequencyList = {
  val dict = mutable.Map.empty[String, Int].withDefaultValue(0)
  xs map { x => dict(x._1) += x._2 }
  dict.toList
}
```

Die *pack*-Funktion erhält eine Liste von *(Wort, Anzahl)*-Tupeln und fasst gleichartige zusammen. Als Ergebnis wird eine Liste von *(Wort, Anzahl)*-Tupeln ohne Duplikate zurückgegeben. Der Lambda-Ausdruck der *map*-Methode ist ein *Closure*.

```
def gt(a: WordFrequency, b: WordFrequency) =
  if (a._2 == b._2) a._1 < b._1 else a._2 > b._2
```

Die *gt*-Funktion wird als Ordnungskriterium für die Ausgabe verwendet. Hierbei wird zuerst die Häufigkeit und im zweiten Schritt die lexikografische Reihenfolge betrachtet.

```
def printWordFrequency(xs: FrequencyList, top: Int) =
  for ((word, count) <- { xs sortWith gt }.slice(0, top))
    printf("%20s:%5d\n", word, count)
```

Die Funktion *printWordFrequency* gibt die ersten Wörter mit ihrer Häufigkeit sortiert auf der Konsole aus.

```
def mapReduce(file: String, length: Int, top10: Int) {
  /** Datei zeilenweise in Liste umwandeln. */
  val content = Source.fromFile(file).getLines.toList

  /** Map-Phase: Zerlegung Zeile in Wörter. */
  val wordsPerSentence = content flatMap words(length)

  /** Reduce-Phase: Ermittlung der Worthäufigkeiten. */
  val result = pack(wordsPerSentence)

  /** Ausgabe auf Konsole. */
  println("\nResult_of_file_" + file + "...\n")
  printWordFrequency(result, top10)
}
```

Die *mapReduce*-Funktion liest eine Textdatei aus und führt eine *Map*-Phase durch, bei der die Häufigkeiten von Wörtern in einem Satz ermittelt werden. In der anschließenden *Reduce*-Phase werden die Häufigkeiten dann zusammengeführt und anschließend auf der Konsole ausgegeben (siehe Abb. 7.5).

Parallelisierung mit Future Da die Zerlegung einer Textzeile in einzelne Wörter unabhängig von anderen Zeilen ist, kann dieses sehr einfach parallelisiert werden.

```
def words(min: Int)(s: String) = Future {
  /** Satzzeichen und Kleinbuchstaben umwandeln. */
  val cleaned = s.replaceAll("[.,:;!?()0-9]","_").toLowerCase
  /** Erzeuge Aufzählungsliste. */
  for (word <- cleaned.split("_").toList
      if word.length >= min) yield (word, 1)
}
```

Abb. 7.5 Die zwanzig
häufigsten Wörter des
Grundgesetzes von 1949 mit
mehr als vier Buchstaben

```
 ———————— Konsole ————————
Result of file gg1949.txt...

           artikel:  175
            werden:  110
             durch:   94
             nicht:   76
             eines:   69
            länder:   61
    bundesregierung:   53
        bundestages:   46
            soweit:   45
        bundesrates:   42
             recht:   42
             seiner:   39
         zustimmung:   38
            dieses:   34
             einer:   34
        bundesgesetz:  32
             einem:   29
             gesetz:   29
        gesetzgebung:  29
         mitglieder:   29
```

Die *words*-Methode wird als *Future* umformuliert.

```scala
def mapReduce(file: String, length: Int, top10: Int) {
  /** Datei zeilenweise in Liste umwandeln. */
  val content = Source.fromFile(file).getLines.toList

  /** Parallele Satzzerlegung, Map-Phase. */
  val futures = content map words(length)

  /** Ergebnis als Future. */
  val result = Future.sequence(futures)

  /** Wait forever. */
  val wordlist = Try(Await.result(result,Duration.Inf)) match {
    /** Reduce-Phase. */
    case Success(res) => pack(res.flatten)
    case Failure(_) => Nil
  }

  /** --Ausgabe auf Konsole. */
  println(file)
  printWordFrequency(wordlist,top10)
}
```

Durch den *map*-Aufruf wird eine Liste von *Future*-Werten erzeugt. In diesem Beispiel wird anschließend gewartet, bis alle Werte vorliegen. Die *pack*-Methode führt dann die einzelnen Ergebnisse zu einer Häufigkeitsverteilung zusammen.

7.2 Das Aktorenmodell

Vor 40 Jahren beschrieben Carl Hewitt, Peter Bishop und Richard Steiger in Hewitt et al. (1973) ihr Konzept für verteilte und parallel arbeitende Aktoren. Abgesehen von der Programmiersprache Erlang hat es wenig kommerzielle Beachtung gefunden. Durch den Wandel zu Mehrkernrechnern steht das Aktorenmodell vor einer Wiederentdeckung. Die Einführung von parallelen Entitäten in Verbindung mit einer nachrichtenbasierten Kommunikation vermeidet den Zugriff auf gemeinsame Daten und die Probleme der Thread-Programmierung (siehe auch Uelschen 2013).

7.2.1 Motivation

Funktionale Programmiersprachen erleben zurzeit eine Renaissance und in diesem Zuge auch das Aktorenmodell. Leider ist die deutsche Übersetzung des Englischen actor model etwas unglücklich, da Aktor, wenn es überhaupt ein korrektes deutsches Wort ist, eher im Sinne eines Aktuators verstanden wird. Ein Aktuator ist eine Stellgröße in einem Regelkreis, beispielsweise eine Klappe zur Veränderung des Durchflussvolumens.

Der Begriff Akteur ist besser geeignet. Ein Akteur ist ein Handelnder, beispielsweise ein Schauspieler in einem Theaterstück. Akteure oder Aktoren in der Programmierung sind also handelnde Entitäten. Hier wird jetzt auch der Bezug zur Parallelität sichtbar. Wie verschiedene Schauspieler parallel agieren, so führen die Software-Akteure unabhängig voneinander und gleichzeitig Anweisungen aus.

Dem Aktorenmodell funktionaler Programmiersprachen steht die parallele Programmierung mit Threads gegenüber. Da sich grundsätzlich keine anderen Aufgabenstellungen damit lösen lassen, ist zuerst zu klären, welche Schwierigkeiten der Thread-Programmierung innewohnen.

7.2.2 Was ist das Problem mit Threads?

Ein Thread ist ein Ausführungsfaden in einem Programm. Mit mehreren Threads ist es möglich, die Ausführung des Programms zu parallelisieren und damit die gesamte Ausführungszeit zu verkürzen. Das ist nichts Neues und seit langem sind Threads Bestandteile der bekannten Betriebssysteme. Gibt es keine Abhängigkeiten zwischen den einzelnen Ausführungsfäden, dann ist die Programmierung mit Threads auch trivial und wenig herausfordernd.

Leider zeigen nur wenige Probleme in der Realität eine solche **inhärente Parallelität.** Am ehesten sind diese auf dem Server zu finden, wo beispielsweise eine Anwendung für jede Benutzeranfrage eine Berechnung, Suche o. ä. durchführt. Die Anfragen sind unabhängig und können durch unterschiedliche Threads auf mehreren Prozessorkernen parallel oder verteilt auf unterschiedlichen Rechnern ausgeführt werden. Eine Kommunikation zum Austausch von Informationen verschiedener Anfragen ist nicht notwendig.

Auf dem Client (PC oder mobiles Endgerät) und insbesondere bei eingebetteten Systemen sieht es jedoch ganz anders aus. Hier existiert eine Vielzahl von Abhängigkeiten, die für ein korrektes Ergebnis zu berücksichtigen sind. Eine der häufigsten Abhängigkeiten ist es, dass verschiedene Threads auf gemeinsame Daten zugreifen müssen. Um einen konsistenten Zugriff zu gewährleisten, bietet die Informatik ein reichhaltiges Spektrum von Mechanismen an. Hierzu gehören u. a. Semaphor, Mutex und Monitore. Im Grundsatz ist der Zugriff auf gemeinsamen Speicher (shared memory mutual exclusion) gelöst.

Was ist aber nun das Problem? Abb. 7.6 zeigt den parallelen Zugriff von zwei Threads auf ein Konto. Um die Verzinsung für ein Konto zu berechnen, muss der gleichzeitige Zugriff für eine Auszahlung gesperrt werden, um keinen inkonsistenten Zustand des Kontos zu erhalten. Während Thread 0 den Kontostand ausliest, die Zinsen berechnet und den Kontostand anschließend erhöht, ist der Thread 1 blockiert. Hat Thread 0 seine Bearbeitung beendet, kann Thread 1 das Geld auszahlen. Hierzu muss der Thread 1 seinerseits einen gleichzeitigen Zugriff durch andere Threads verhindern. Das Thread-Beispiel zeigt eine ineffiziente Architektur, da der Zugriff auf alle Konten zentral gesperrt wird.

Dieses führt schnell zu einem Flaschenhals, da der parallele Zugriff serialisiert wird. Da allerdings die Konten unabhängig sind, kann die Thread-Programmierung erweitert und effizienter gestaltet werden. Jedes Konto bekommt eine eigene Sperre, die einen gleichzeitigen Zugriff verhindert. Das Arbeiten auf unterschiedlichen Konten kann damit parallel stattfinden. Das Ganze lässt sich noch verbessern, wenn nur der gleichzeitig schreibende Zugriff auf ein Konto gesperrt wird. Um einen parallelen Lesezugriff zu erlauben, werden weitere Semaphore benötigt.

Es gibt inzwischen eine Reihe von effizienten, allerdings auch sehr komplexen Verfahren für parallele Datenstrukturen (siehe auch Abschn. 3.7).

Die Fehlersuche in solchen Programmen mit einer Vielzahl von Threads und Sperren ist fast aussichtslos, da inkorrektes Verhalten kaum reproduzierbar ist.

Um die Zinsberechnung am Ende eines Jahres schnell durchzuführen, können mehrere Threads zur Zinsberechnung parallel eingesetzt werden. Vier Threads berechnen auf einem

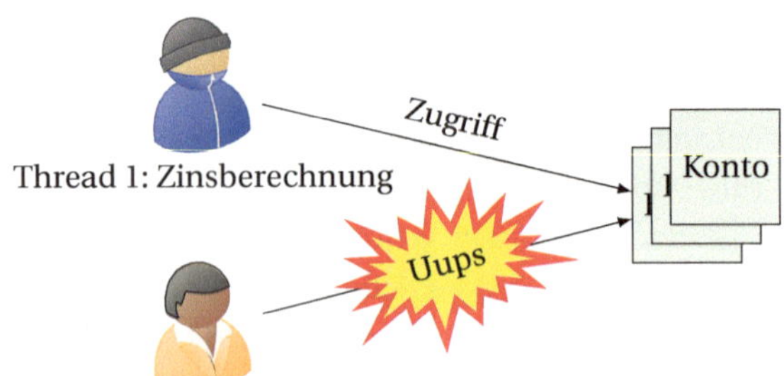

Abb. 7.6 Die traditionelle Thread-Programmierung führt zu Zugriffskonflikten

Vierkernrechner die Zinsen idealerweise in einem Viertel der sequenziellen Zeit. Die Skalierbarkeit in der Thread-Programmierung gibt es nicht umsonst: der Software-Entwickler muss aktiv dafür sorgen, dass es hinreichend viele Threads gibt. Dieses spielt insbesondere dann eine Rolle, wenn die Anzahl der Prozessorkerne und damit die Anzahl der Threads sich über die Zeit erhöhen. Im Gegensatz zur Einzelkernprozessor-Ära führt dann der Kauf einer neuen Rechnergeneration nicht automatisch dazu, dass die Anwendung schneller ausgeführt wird. Alternativ lässt sich von Anfang an eine sehr große Anzahl von Threads verwenden. Allerdings führt dieses dann zu einer unverhältnismäßig hohen Anzahl von Thread-Wechselzeiten im Betriebssystem, da sich die rechnenden Threads gegenseitig verdrängen. Generell sollte die Anzahl der Threads nicht die Anzahl der Kerne wesentlich übersteigen. Skalierbare Software mit Threads zu schreiben, ist somit schon eine große Herausforderung.

Abb. 7.7 zeigt dasselbe Szenario im Aktorenmodell. Im Gegensatz zu Threads und Sperren, die Bestandteile des Betriebssystems sind, kommen leichtgewichtige Akteure zum Einsatz: Jedes Konto wird durch einen einzelnen Aktor repräsentiert. Auch die Zinsberechnung oder die Auszahlung bildet sich auf einzelne, parallel agierende Aktoren ab. Ein Konto-Akteur kapselt vollständig den Zugriff auf die Daten eines Kontos. Der Zinsberechnungs- und der Auszahlungsaktor informieren diesen durch eine entsprechende Nachricht. Die Synchronisierung und Durchführung der Aktionen erfolgt durch den Konto-Aktor. Der asynchrone Charakter des Modells vermeidet die Blockierung anderer Aktoren. Somit können auch sehr einfach viele Zinsberechnungsaktoren parallel arbeiten, ohne dass es hierbei weiterer Schutzmechanismen bedarf. Die Tabelle in Abb. 7.8 fasst die Eigenschaften und Unterschiede der beiden Programmiermodelle zusammen.

Der gleichzeitige Zugriff auf gemeinsame Daten führt schnell zu Leistungseinbußen, da parallele Zugriffe sequenzialisiert werden. Kritiker der Thread-Programmierung bezeichnen Threads als die Maschinensprache der parallelen Programmierung. Wie die Programmierung in Maschinen- oder Assemblersprache inzwischen nur noch in sehr speziellen Einzelfällen eingesetzt wird, so sollten Threads auch durch abstraktere Konzepte ersetzt werden.

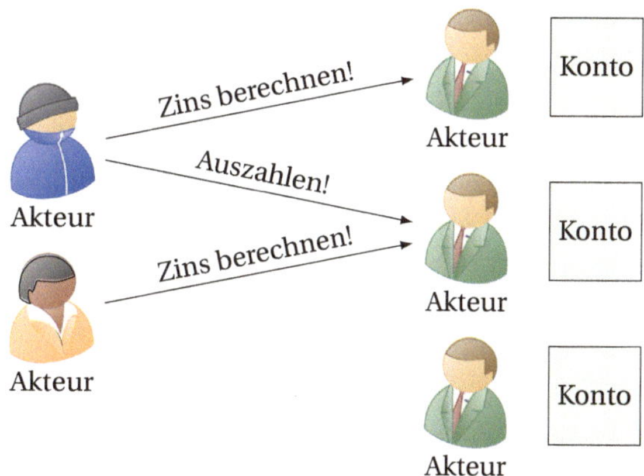

Abb. 7.7 Leichtgewichtige Akteure

Eigenschaft	Thread–Programmierung	Aktorenmodell mit Scala
Kommunikation	Zugriff und Schutz auf gemeinsame Daten	Kommunikation mit Nachrichten
Parallelität	Synchron	Asynchron
Abstraktion	Gering — Verwendung von Betriebssystemmitteln	Hoch — Verwendung von Sprachelementen
Skalierbarkeit	Grobgranulare Architektur	Feingranulare Architektur
Verteiltes System	Kein einheitliches Modell	Einfaches, verteiltes Modell

Abb. 7.8 Gegenüberstellung Thread- und Aktorenmodell

Die Thread-Programmierung ermöglicht es nicht ohne weiteres, über Rechnergrenzen hinweg zu entwickeln. Aufgrund der nachrichtenbasierten Kommunikation kann das Aktorenmodell aber mit geringen Mitteln auf ein verteiltes System übertragen werden. Scala bietet mit Akka ein entsprechendes Framework an.

Im Folgenden wird das Aktorenmodell anhand der Programmiersprache Scala vorgestellt. Eine Vielzahl, leider nicht alle, der genannten Probleme der Thread-Programmierung (weitere Details zur Thread-Problematik finden sich in Lee 2006) verschwinden damit. Akka kann auch alternativ mit der Sprache Java eingesetzt werden.

7.2.3 Bausteine des Aktorenmodells

Das Aktorenmodell besteht aus einer beliebigen Anzahl von einzelnen Aktoren. Es gibt keinen gemeinsamen Speicher oder globale Zustände. Die Kommunikation zwischen einzelnen Aktoren erfolgt ausschließlich über Nachrichten. Hierzu hat jeder Aktor eine eigene Nachrichtenbox oder ein Postfach, in das andere Aktoren Nachrichten ablegen. Die Kommunikation zwischen einzelnen Aktoren ist entkoppelt oder asynchron. Das Verhalten eines Aktors ist abhängig von den eingehenden Nachrichten und kann durch eine lokale Zustandsmaschine beschrieben werden. Zusätzlich ist es möglich, dass ein Aktor weitere neue Aktoren erzeugt. Abb. 7.9 zeigt das Zusammenspiel von drei Aktoren.

Jeder Aktor hat ein separates Postfach, in dem andere Teilnehmer Nachrichten ablegen. Zentrale und wichtigste Eigenschaft ist es, dass die Aktoren ohne Seiteneffekte arbeiten, d. h. es gibt keine gegenseitige Beeinflussung außer dem Zustellen von Nachrichten. Des Weiteren ist es notwendig, dass es eine Liste eindeutiger Adressen der Aktoren gibt, sodass Nachrichten zugestellt werden können. Das Aktorenmodell unterstellt, dass keine Nachrichten verloren gehen und in einem angemessenen Zeitraum zugestellt werden.

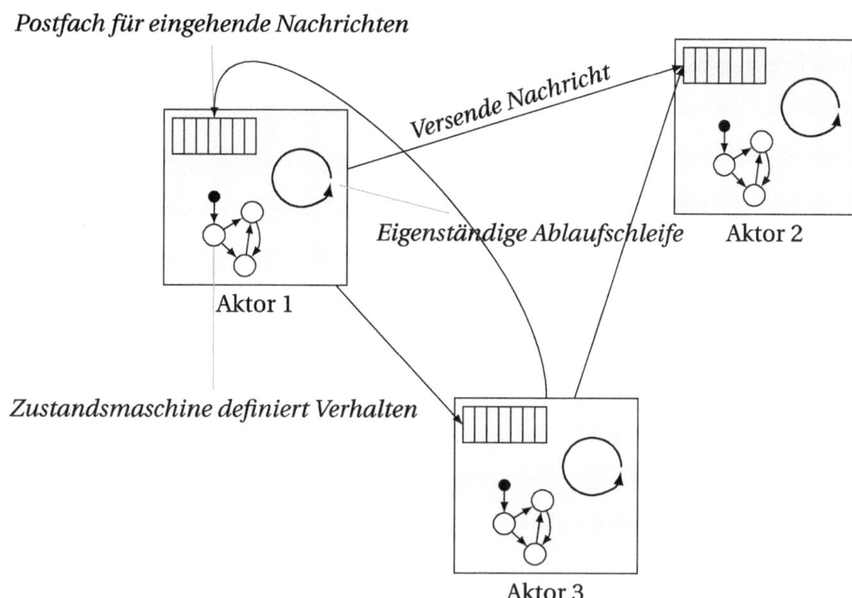

Abb. 7.9 Jeder Aktor hat eine eigene Ablaufsteuerung, eine eigene Nachrichtenbox und kann Nachrichten an andere versenden

7.2.4 Aktorenmodell mit Akka

Ursprünglich war das Aktorenmodell ein Bestandteil des Sprachumfanges von Scala (siehe Haller und Sommers 2012). Inzwischen hat sich mit **Akka** jedoch eine eigene Bibliothek etabliert. Akka erlaubt es neben der parallelen Programmierung, dass Aktoren verteilt in einem Netzwerk miteinander über Nachrichten kommunizieren. An dieser Stelle wird nur ein erster Einblick in das Aktorenmodell mit Akka und Scala geben. Weitere Details sind in Wyatt (2013) zu finden.

Da Scala nicht nur eine funktionale Sprache, sondern auch objektorientiert ist, werden Aktoren als Spezialisierung der abstrakten Oberklasse *Actor* realisiert. Jeder Aktor erbt automatisch eine eigene Nachrichtenbox sowie Methoden zur Verarbeitung von Nachrichten. Die *receive*-Methode entnimmt eine Nachricht und führt analog zur *match*-Anweisung die Mustererkennung und Verarbeitung durch.

Der Nachrichtenaustausch in Akka erfolgt asynchron. Hierbei sind zwei Möglichkeiten zu unterscheiden. Zum Versenden von Nachrichten wird der *!*-Operator nach dem Muster *Empfänger ! Nachricht* benutzt. Diese Möglichkeit wird als *tell* (sagen) bezeichnet: der Sender erwartet keine direkte Antwort des Empfängers im Gegensatz zum *ask* (fragen).

Hierbei wird mit dem *?*-Operator ebenfalls eine Nachricht asynchron versendet, der Sender erwartet jedoch eine Antwort des Empfängers. Damit dieser nicht blockiert, ist das Ergebnis der Anfrage ein *Future*-Wert.

7.2.5 Beispiel: Bank

Der Charme des Aktorenmodells mit Akka ist es, dass sich dieses sehr elegant in die Syntax der Sprache Scala einbindet. Mit wenig Aufwand lässt sich so eine parallele Anwendung programmieren. Das folgende Beispiel realisiert eine einfache Bank mit verschiedenen Konten in einem Aktorenmodell. Sowohl die Bank als auch die einzelnen Konten arbeiten parallel als unabhängige Akteure.

```scala
/** Nachrichten eines Kontos. */
case class Einnahme(b:Double)
case class Ausgabe(b:Double)
case class Verzinsung(zins:Double)
case class InfoErgebnis(b:Double)
case object Info

/** Nachrichten der Bank. */
case class Kunde(name:String)
case class KontoEröffnen(kunde:Kunde)
case class Einzahlen(kunde:Kunde,b:Double)
case class Auszahlen(kunde:Kunde,b:Double)
case class Überweisung(von:Kunde,nach:Kunde,b:Double)
case class Kontostand(kunde:Kunde)
case class Abschluss(zins:Double)
case object Saldo
```

Das Listing definiert die Schnittstellen eines Kontos und einer Bank als Nachrichten. Durch die Verwendung von Scalas *case*-Klassen können diese mit wenig Aufwand auf der Senderseite erstellt, versendet sowie auf der Empfängerseite entgegengenommen und der Inhalt extrahiert werden. Hat die Nachricht keine Attribute, definiert ein *case object* einen einzelnen Wert. Die Nachrichten, die ein Konto-Aktor verarbeitet, erhöhen bzw. erniedrigen das Guthaben um einen festen Betrag oder verzinsen das Guthaben.

Die Nachricht *Info* ist eine Abfrage des Kontostands. Diese wird mit der Nachricht *InfoErgebnis* durch den Aktor beantwortet. Die Nachrichten der Bank eröffnen ein neues Konto, führen Ein- und Auszahlungen oder Überweisungen durch. Der Kontostand eines Kunden kann erfragt und auf dem Bildschirm ausgegeben werden. Die Nachricht *Abschluss* führt zur Verzinsung aller Kundenguthaben. Die parameterlose Nachricht *Saldo* berechnet das geldwerte Vermögen der gesamten Bank.

```scala
class Konto(nr: Int) extends Actor with ActorLogging {
  private var guthaben: Double = 0
```

```scala
  private def status(v: Double) =
    log.info("Kontostand_#" + nr + ":_" +
        guthaben + "_(" + v + ")")

  /** Nachrichtenverarbeitung. */
  def receive = {
    case Einnahme(b) => guthaben += b; status(b)
    case Ausgabe(b)  => guthaben -= b; status(-b)
    case Info => sender ! InfoErgebnis(guthaben)

    case Verzinsung(z) if guthaben > 0 =>
      val zins = (guthaben * z) / 100
      guthaben += zins; status(zins)
  }

  log.info("Neues_Konto_#"+nr+"_angelegt.");
}
```

Das Listing zeigt eine einfache Realisierung eines Kontos im Akka-Aktorenmodell. Ein
Konto ist eine Spezialisierung der *Actor*-Basisklasse und implementiert in der *receive*-
Methode als partielle Funktion das Verhalten. Durch die Anweisung *with ActorLogging*
erhält das Konto die Möglichkeit, Informationen zu Test- und Informationszwecken in einem
einheitlichen Format auszugeben.

Die beiden Nachrichten *Einnahme* und *Ausgabe* verändern das Guthaben entsprechend
des Betrags *b*. Trifft eine Nachricht *Verzinsung* ein, so wird das Guthaben mit dem Satz *z* verzinst. Allerdings ist eine Verzinsung in unserem Beispiel nur bei einem positiven Guthaben
möglich. Dieses wird dadurch erreicht, dass die *case*-Anweisung mit einer *if*-Anweisung
kombiniert wird. Die Behandlung der *Info*-Anfrage sendet eine Nachricht an den Sender
mit dem aktuellen Guthabenstand zurück. Die *sender*-Methode innerhalb von *receive* gibt
den Sender der übergebenen Nachricht zurück.

```scala
object Konto {
  /** --Konstruktoraufruf mit Parameter. */
  def props(nr: Int): Props = Props(new Konto(nr))
}
```

Das *Companion*-Objekt der Konto-Klasse definiert eine Methode *props,* mit der ein neues
Konto-Objekt erzeugt wird. Diese Methode wird benötigt, um in der Bank-Klasse einen
neuen Konto-Aktor zu erzeugen. Hierdurch ist die Möglichkeit zur Parameterübergabe beim
Konstruktoraufruf gegeben.

```scala
class Bank extends Actor with ActorLogging {
  /** Verwaltung der Kundenkonten. */
  private val kunden = mutable.Map.empty[Kunde, ActorRef]
  /** Wartezeit für synchrone Nachrichten. */
  implicit val askTimeout = Timeout(10.second)

  def receive = {
```

```scala
  case KontoEröffnen(k: Kunde) =>
    /** Erzeuge einen neues Konto als Aktor. */
    val konto = context.actorOf(Konto.props(kunden.size),
      name = k.name)
    /** In Kundenstamm aufnehmen. */
    kunden(k) = konto
    log.info("Neues Konto angelegt für " + k.name)

  case Einzahlen(k, b) => kunden(k) ! Einnahme(b)
  case Auszahlen(k, b) => kunden(k) ! Ausgabe(b)

  case Überweisung(v, n, b) =>
    kunden(v) ! Ausgabe(b)
    kunden(n) ! Einnahme(b)
  case Abschluss(z) =>
    kunden.keys map { kunden(_) ! Verzinsung(z) }

  case Kontostand(k) =>
    val info = kunden(k) ? Info
    /** Callback ohne Warten auf Antwort. */
    info onComplete {
      case Success(InfoErgebnis(result)) =>
        log.info("Kontostand von " + k.name + ": " + result)
      case Failure(ex) => println(ex)
      case _           => println("Failure")
    }

  case Saldo =>
    log.info("Saldo wird berechnet...")
    /* --Anfragen an alle Kunden. */
    val results = kunden.keys map { kunden(_) ? Info }
    val saldo = Future.sequence(results)

    /** Callback zur Berechnung des Saldos. */
    val requester = sender
    saldo onComplete {
      case Success(result) =>
        /** Beträge extrahieren. */
        val values = result collect {
          case InfoErgebnis(betrag) => betrag
        }
        requester ! values.sum
      case Failure(ex) => println(ex)
    }
  }
}
```

Die Bank ist ebenfalls ein Aktor und implementiert die *receive*-Methode der *Actor*-Basisklasse. Das private Attribut *kunden* enthält den Kundenstamm der Bank: Kunden, die bereits ein Konto eröffnet haben. Die Map besteht aus einzelnen Tupeln mit Name und Aktorobjekt. Die Nachricht *KontoEröffnen* erzeugt einen neuen Konto-Aktor, startet diesen und legt einen neuen Eintrag im Kundenstamm an.

Die verschiedenen Aktoren einer Anwendung werden durch ein Objekt der Klasse *Actor-System* hierarchisch organisiert. Dieses verwaltet einen internen Thread-Pool, der den Ausführungskontext der Aktoren definiert. Die Organisation von Aktoren erfolgt hierbei hierarchisch: Ein Aktor kann weitere Kinder-Aktoren erzeugen. Die *actorOf*-Methode des *Actor-System* erzeugt einen neuen Aktor. Der Zugriff auf einen Aktor außerhalb erfolgt über eine Aktorenreferenz *ActorRef*. Des Weiteren bietet ein *ActorSystem* Methoden zum Auffinden und zur Identifikation von Aktoren in einem verteilten System.

Innerhalb eines Aktors liefert die *context*-Methode das umgebene AktorSystem zurück. Durch den Aufruf *actorOf* wird ein neuer Aktor erzeugt und gestartet. Es ist hierbei zu beachten, dass die Interaktion mit einem Aktor immer über Nachrichten und nicht durch einen direkten Methodenaufruf erfolgen sollte.

Die beiden Nachrichten *Einzahlen* und *Auszahlen* verändern das Guthaben eines Kunden. Eine Überweisung besteht aus zwei Nachrichten: Das Guthaben des Senderkontos wird verringert und das des Empfängers entsprechend erhöht.

Die Nachricht *Abschluss* dient zur Verzinsung aller positiven Guthaben mit einem definierten Zinssatz *z*. Die *map*-Methode führt für jedes Element des Kundenstammes die übergebene, anonyme Funktion aus, die eine Nachricht zur Verzinsung versendet.

Die *Kontostand*-Nachricht gibt das Guthaben eines Bankkunden auf dem Bildschirm aus. Im Gegensatz zu den bisherigen Nachrichten erwartet der Bank-Aktor eine *InfoErgebnis*-Nachricht als Antwort. Die Verwendung einer synchronen, blockierenden Kommunikation steht im Widerspruch zum Aktorenmodell, wo durch den asynchronen Charakter eine Entkoppelung zwischen Sender und Empfänger erreicht wird. Ein synchroner Ansatz lässt eine Abhängigkeit zwischen Sender und Empfänger entstehen, die schnell zu einem sequenziellen Flaschenhals führen kann. Die Verwendung eines *Future* hat den Vorteil, dass die Zuordnung von Anfrage und Antwort offensichtlich ist. Der Kontext muss nicht anderweitig gespeichert werden. Der Aufruf mit dem *?*-Operator versendet eine Nachricht und gibt ein *Future* zurück. Dieser Wert wird die Rückantwort des Empfängers enthalten. Ein Zugriff auf den Future liefert den Inhalt zurück, wenn dieser vorliegt. Auf Empfängerseite ist keine besondere Handhabe notwendig. Die nachfolgende *onComplete*-Anweisung interpretiert die Rückantwort, wenn diese vorliegt, extrahiert den Kontostand und tätigt eine Bildschirmausgabe.

Die *Saldo*-Nachricht berechnet das Geldvermögen der Bank, indem die Guthaben aller Konten summiert werden. Hierzu wird im ersten Schritt eine *Info*-Nachricht an alle Konto-Aktoren versendet. Die jeweilige Antwort wird in einem *Future* abgelegt. Die Methode *sequence* ist ebenfalls ein *Future,* welches aus einer Liste von *Future*-Werten eine Liste von Werten erzeugt. Im zweiten Schritt werden in der *onComplete*-Callback-Methode nun die Beträge der *InfoErgebnis*-Nachrichten ausgewertet. Hier zeigt sich nochmalig der wesentliche Vorteil eines Future: Parallele Aktivitäten, beispielsweise Berechnungen, werden angestoßen und zu einem späteren Zeitpunkt wird auf die Ergebnisse zurückgegriffen.

```scala
import scala.concurrent.duration._
import scala.concurrent.ExecutionContext.Implicits.global
```

```scala
import scala.util.{ Success, Failure }

import akka.actor.{ Props, Actor, ActorSystem }
import akka.pattern.ask
import akka.util.Timeout
```

Die Anwendung erfordert das Einbinden der Scala-Bibliotheksfunktionen für die Verarbeitung von *Future*-Werten sowie zum anderen die Akka-Bibliotheken u. a. für die Aktoren.

```scala
object Business {
  def main(args: Array[String]): Unit = {

    /** Bank und Kunden anlegen. */
    val system = ActorSystem("business")
    val bank = system.actorOf(Props[Bank], name = "sesambank")
    implicit val timeout = Timeout(5.second)

    val name = List("ernie", "bert", "bibo")
    val sesam = for (n <- name) yield Kunde(n)
    val (ernie, bert, bibo) = (sesam(0), sesam(1), sesam(2))

    /** Bankgeschäfte durchführen. */
    sesam map { bank ! KontoEröffnen(_) }

    bank ! Einzahlen(bert, 100)
    bank ! Einzahlen(ernie, 50)
    bank ! Einzahlen(bibo, 20)

    bank ! Überweisung(bert, ernie, 25)
    bank ! Überweisung(bibo, ernie, 25)

    /** Jahresabschluss */
    bank ! Abschluss(3)
    sesam map { bank ! Kontostand(_) }

    val f = bank ? Saldo

    f onComplete {
      case Success(saldo) => println("Saldo=" + saldo)
      case Failure(ex)    => println(ex.toString)
    }

    Thread.sleep(3000)
    system.terminate
  }
}
```

Das Listing zeigt das Hauptprogramm. Entsprechend der Abb. 7.10 wird zuerst ein *Actor-System* mit dem Namen *business* erzeugt und darin eine neue Bank *sesambank* angelegt. Die drei Kunden *ernie, bert* und *bibo* eröffnen jeweils ein Konto. Die Beträge von 100, 50 und 20 werden eingezahlt und einige Überweisungen getätigt. Anschließend wird das Guthaben

Abb. 7.10 Die Aktoren werden hierarchisch gegliedert. Kinder- sind den Eltern-Aktoren untergeordnet. Benutzerdefinierte Aktoren werden unter dem Knoten */user* gruppiert

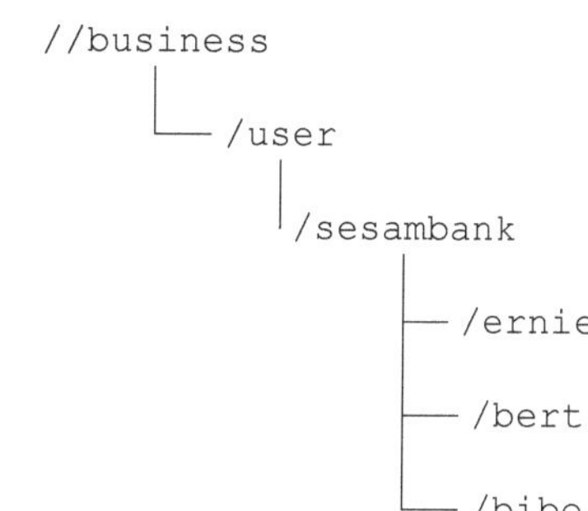

aller Konten mit 3% verzinst und letztendlich das Vermögen der Bank ausgegeben. Die Ausgabe (Ausschnitt) auf dem Bildschirm ist in Abb. 7.11 zu finden.

Das Aktorenmodell in Akka mit Scala bietet eine neue Möglichkeit, Parallelität ohne gemeinsamen Speicher zu programmieren. Die Einstiegshürden sind eher in der teilweise sehr kompakten Sprachsyntax als in dem Aktorenmodell als solches zu suchen. Allerdings sind auch Aktoren kein Allheilmittel. So lassen sich ohne gemeinsamen Speicher kinderleicht Deadlocks programmieren.

Bei massiv datenparallelen Problemstellungen, beispielsweise numerischen Verfahren, die auf Matrizen oder Vektoren arbeiten, kann der klassische Ansatz mit OpenMP (siehe

```
―――――――――――――――――― Konsole ――――――――――――――――――
[akka://business/user/sesambank] Neues Konto angelegt für ernie
[akka://business/user/sesambank] Neues Konto angelegt für bert
[akka://business/user/sesambank/ernie] Neues Konto #0 angelegt.
[akka://business/user/sesambank] Neues Konto angelegt für bibo
[akka://business/user/sesambank/bibo] Neues Konto #2 angelegt.
[akka://business/user/sesambank/bert] Neues Konto #1 angelegt.
[akka://business/user/sesambank/ernie] Kontostand #0: 50.0 (50.0)
[akka://business/user/sesambank/bibo] Kontostand #2: 20.0 (20.0)
[akka://business/user/sesambank/ernie] Kontostand #0: 75.0 (25.0)
[akka://business/user/sesambank/bibo] Kontostand #2: -5.0 (-25.0)
[akka://business/user/sesambank/ernie] Kontostand #0: 100.0 (25.0)
[akka://business/user/sesambank/bert] Kontostand #1: 100.0 (100.0)
[akka://business/user/sesambank/bert] Kontostand #1: 75.0 (-25.0)
[akka://business/user/sesambank/ernie] Kontostand #0: 103.0 (3.0)
[akka://business/user/sesambank/bert] Kontostand #1: 77.25 (2.25)
[akka://business/user/sesambank] Saldo wird berechnet...
[akka://business/user/sesambank] Kontostand von ernie: 103.0
[akka://business/user/sesambank] Kontostand von bert: 77.25
[akka://business/user/sesambank] Kontostand von bibo: -5.0
Saldo=175.25
```

Abb. 7.11 Das Beispiel zeigt die Kontobewegungen der Aktorenbank in Scala

Abschn. 5.4) zielführender sein. Aufgrund der zugrunde liegenden JVM und der problemlosen Integration von (vorhandenem) Java-Code, hat Scala das Potenzial, außerhalb der Hochschul- und Forschungslandschaft eingesetzt zu werden. Hierbei ist zu vermuten, dass Scala dort eingesetzt wird, wo zzt. auch Java eingesetzt wird; also eher auf dem Server als auf dem Desktop.

Literatur

Bird R, Wadler P (1992) Einführung in die funktionale Programmierung. Hanser, München
Böhme G (1990) Algebra. Springer, Heidelberg
Haller P, Sommers F (2012) Actors in Scala. Artima, Mountain View
Hewitt C, Bishop P, Steiger R (1973) A universal modular actor formalism for artificial intelligence. In: Proceedings of the 3rd International Joint Conference on Artificial Intelligence, IJCAI 1973, S 235–245, San Francisco, CA, USA. http://dl.acm.org/citation.cfm?id=1624775.1624804
Lee EA (2006) The problem with threads. Technical report EECS-2006-1, Berkeley
Odersky BM, Spoon L (2016) Programming in Scala, 3. Aufl. Artima, Mountain View
Uelschen M (2013) Eine Renaissance: Parallelität durch Akteure. OBJEKTspektrum, (1)
Wyatt D (2013) Akka Concurrency. Artima, Mountain View

Parallele Projekte

8

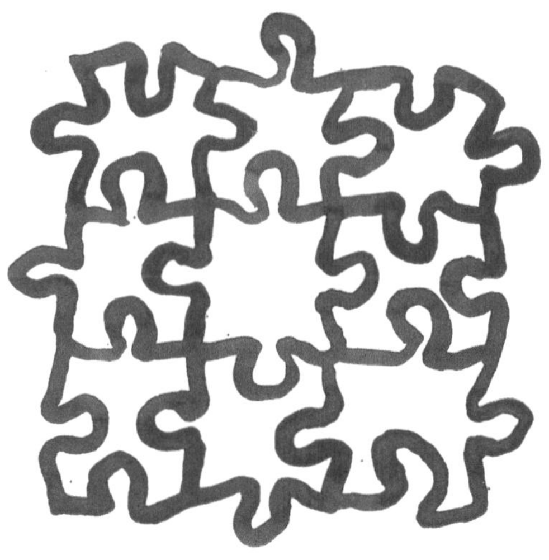

Dieser Abschnitt beschreibt verschiedene Projektideen, um die in den vorherigen Kapiteln vorgestellten parallelen Konzepte, Algorithmen und Sprachen praktisch zu erproben. Die Aufgabenstellungen sind bewusst einfach gehalten, so dass die grundsätzlichen Mechanismen der Parallelisierung im Vordergrund stehen. Hierbei ist es interessant, eine Aufgabe auf unterschiedlichen Plattformen, beispielsweise auf der CPU und auf der GPU, oder mit unterschiedlichen Programmierparadigmen, imperativ oder funktional, zu bearbeiten. Hierbei gilt es dann die algorithmische Komplexität und die programmiertechnische Handhabung zu vergleichen und zu bewerten.

In allen Fällen sind die wichtigen Kennzahlen aus Abschn. 2.5.1 wie Parallelitätsgewinn und Effizienz experimentell zu ermitteln. Zusätzlich sind die möglichen Schritte zur Laufzeit- und Speicheroptimierung zu identifizieren und anschließend auf deren Wirksamkeit zu überprüfen.

© Springer Fachmedien Wiesbaden GmbH, ein Teil von Springer Nature 2019 379
M. Uelschen, *Software Engineering Paralleler Systeme,*
https://doi.org/10.1007/978-3-658-25343-1_8

8.1 Langford-Sequenz

Der Mathematiker Langford (siehe Knuth 2011) hat beim Beobachten des Spieles seines Sohnes mit farbigen Bauklötzen festgestellt, dass es nur eine (und eine dazu spiegelbildliche) Möglichkeit gibt, jeweils zwei Bauklötze in drei unterschiedlichen Farben (beispielsweise rot, gelb, blau) entsprechend Abb. 8.1 so anzuordnen, dass zwischen zwei gleichfarbigen ein, zwei und drei andersfarbige Klötze dazwischenliegen. Dieses kann weiterhin verallgemeinert werden, indem die Anzahl gleichfarbiger Bauklötze respektive gleicher Zahlen variabel wird. $L(s, n)$ beschreibt die Anzahl der Langford-Sequenzen, wobei s die Anzahl gleicher Zahlen/Farben und n die Anzahl unterschiedlicher Zahlen/Farben angibt. Das obige Beispiel ist demnach $L(2, 3)$. Im Folgenden werden nur Langford-Sequenzen mit $s = 2$ betrachtet.

Die Frage ist nun, wie viele Möglichkeiten solcher Langford-Sequenzen existieren. Hierbei werden spiegelverkehrte Sequenzen nicht betrachtet. Es ist nachgewiesen, dass nur für $n = 4m - 1$ oder $n = 4m$ für eine natürliche Zahl $m > 0$ eine Lösung existiert. Aufgrund

Abb. 8.1 Die Problemstellung kann von Farben auf Zahlen übertragen werden

Tab. 8.1 Nur für kleine Werte n sind die Anzahlen der Landford-Sequenzen $L(2, n)$ bisher bekannt

n	$L(2, n)$
3	1
4	1
7	26
8	150
11	17792
12	108144
15	39809640
16	326721800
19	256814891280
20	2636337861200
23	3799455942515488
24	46845158056515936
27	111683611098764903232
28	1607383260609382393152

der vielen potenziellen Möglichkeiten sind bisher nur für wenige Werte n diese bestimmt worden (siehe Tab. 8.1, OEIS Foundation Inc. 2018). Zum Beispiel ist die Sequenz 41312432 die einzige Lösung für $L(2, 4)$.

Aufgrund der Spiegelsymmetrie einer Langford-Sequenz kann der Laufzeitaufwand halbiert werden. Da trotzdem eine sehr große Anzahl von Möglichkeiten existiert, hat die verwendete Datenstruktur zur Repräsentation einer Langford-Sequenz einen großen Einfluss auf die Speicher- und Laufzeitkomplexität.

Für die Bearbeitung der Aufgabenstellung ist nur die Anzahl aller Sequenzen $L(2, n)$ gefordert, jedoch nicht eine Ausgabe oder Speicherung einer gefundenen Zahlenfolge. Abb. 8.2 zeigt ein Bitmuster als mögliche Repräsentation einer Sequenz an. Eine 1 gibt an, dass die entsprechende Position in der Sequenz belegt ist. Die Wurzel im Zustandsbaum ist zu Beginn die leere Sequenz $00 \cdots 0$.

Die Knoten im Zustandsraum bestehen aus zwei Zeilen. Die obere Zeile gibt eine mögliche Positionierung zweier Zahlen j_0 und j_1 mit einem Abstand von j an. Die zweite Zeile enthält die Verknüpfung der bisherigen, übergeordneten Sequenz mit der gewählten Positionierung. Daraus als ungültig resultierende Landford-Sequenzen werden nicht

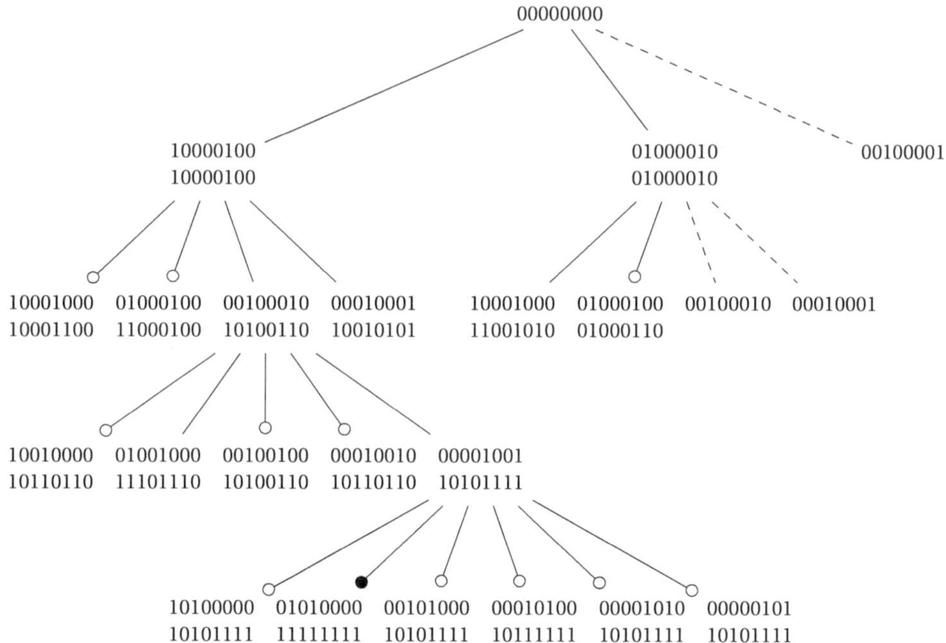

Abb. 8.2 Die gestrichelten Kanten geben die spiegelsymmetrischen Sequenzen im Suchbaum für $L(2, 4)$ an, die algorithmisch nicht weiter betrachtet werden müssen. Die Kanten, die zu einer ungültigen Langford-Sequenz führen, schließen mit einem Kreis ab

weiter expandiert. Aufgrund der Symmetrieeigenschaft können auf den oberen zwei Ebenen Zweige abgeschnitten werden.

Aufgabenstellung

Entwickeln Sie einen parallelen Algorithmus zur Bestimmung der Anzahl aller Langford-Sequenzen. Gehen Sie hierbei schrittweise vor.

1. Problemverständnis
   - Wie wird der Zustandsraum aufgebaut?
   - In welcher Reihenfolge (beginnend mit 1 oder mit n) sollen die Sequenzen aufgebaut werden?
   - Warum ist zu unterscheiden, ob n gerade oder ungerade ist?
   - An welcher Stelle im Zustandsraum wird die Symmetrie sichtbar?
2. Modellierung und Datenrepräsentation
3. Entwicklung eines rekursiven, sequenziellen Algorithmus
4. Parallelisierung mit Taskparallelität
5. Die Anwendung ist beim Start (per Kommandozeile) bezüglich der Anzahl n der Farben resp. der verschiedenen Zahlen zu parametrisieren.

8.2 Tatami-Parkettierung

Eine *Parkettierung* (Kachelung) ist die schnittfreie, vollständige Überdeckung einer ebenen Fläche mit einzelnen regelmäßigen Teilflächen (Kacheln). Beispiele hierzu sind vielfältig: Bienen erstellen ihre Wabenzellen aus gleichmäßigen hexagonalen Grundflächen. Des Weiteren zeigt Abb. 8.3 die Pflasterung eines Gehweges im *Fischgrätmuster.*

Eine *Tatami* ist eine aus Reisstroh gefertigte Matte, die traditionell in den Häusern in Japan als Fußboden verwendet wird. Eine Tatami hat ein Höhe-Breite-Verhältnis von 1:2, wobei die tatsächliche Größe regional unterschiedlich sein kann. Die Räume werden in der

Abb. 8.3 Gehwegpflasterung im Fischgrätmuster

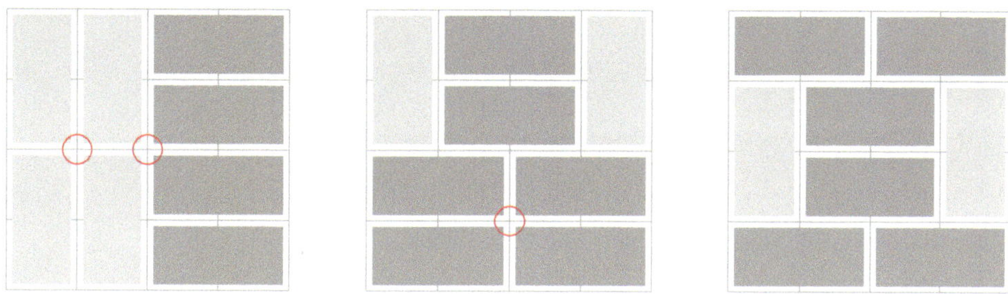

Abb. 8.4 Tatami-Bedingung: an den inneren Ecken der Fläche dürfen maximal drei Matten aneinander treffen. Nur die rechte Parkettierung erfüllt die Tatami-Bedingung

Art mit Tatami-Matten parkettiert, sodass die *Tatami-Bedingung* eingehalten wird: *es stoßen an keiner Ecke mehr als 3 Tatami zusammen.* Von den drei Parkettierungen für eine 4×4-Fläche in Abb. 8.4 erfüllt nur eine die Tatami-Bedingung: In der linken Parkettierung stoßen zweimal, in der mittleren einmal, vier Tatami-Matten aneinander.

Abb. 8.5 zeigt eine Parkettierung einer nicht-quadratischen Grundfläche. Hieraus ergibt sich unmittelbar die Fragestellung, ob es für alle rechtwinkligen Flächen immer eine gültige Tatami-Parkettierung gibt. Offensichtlich lässt sich für einen 3×3-Raum keine finden. Falls es eine Lösung gibt: existieren mehrere? Wie viele? Das Problem der Tatami-Parkettierung ist NP-vollständig (siehe Erickson 2013).

Die Fragestellung lässt sich erweitern, wenn zusätzlich auch 1×1 große Matten bei der Parkettierung benutzt werden. Die Tatami-Bedingung muss jedoch auch hierbei gelten. Es stehen somit die drei Grundelemente zur Verfügung: Monomino (1×1), horizontales und vertikales Domino. Hierdurch ist es dann möglich, einen 3×3-Raum vollständig zu überdecken (siehe Abb. 8.6).

EINE PARKETTIERUNG LÄSST SICH MIT einem einfachen Verfahren in eine Folge von Zeichen überführen. Hierzu werden die Zeichen *m* (Monomino), *v* (vertikaler Domino) und *h* (horizontaler Domino) benutzt. Anschließend wird die Parkettierung von links nach rechts und von oben nach unten durchlaufen und die Abfolge der einzelnen, noch nicht

Abb. 8.5 Tatami-Beispiel mit nicht-quadratischen Grundriss

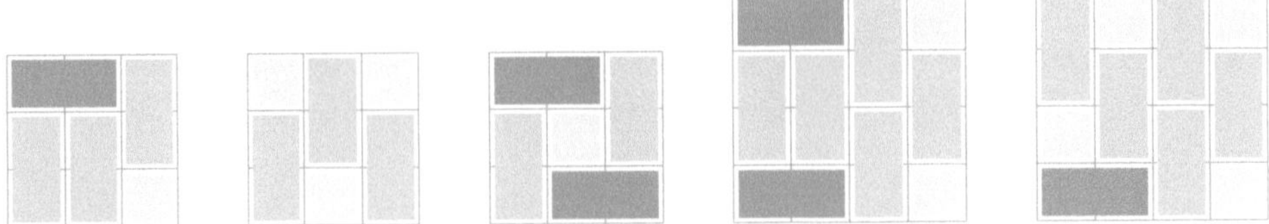

Abb. 8.6 Tatami mit Monomino- und Domino-Elementen

berücksichtigten Elemente vermerkt. Die beiden 4 × 4 großen Überdeckungen in Abb. 8.6 entsprechen somit den Zeichenketten *hvhvvvmvm* sowie *vmhmvvvmvm*.

Aufgabenstellung

1. Entwickeln Sie einen parallelen Algorithmus, der für eine rechtwinkelige Fläche die Anzahl möglicher Tatami-Parkettierungen bestimmt.
2. Implementieren Sie das entwickelte Verfahren. Beim Start der Anwendung (per Kommandozeile) sind die folgenden Parameter zu übergeben:
   - Dimension der rechtwinkligen Fläche
   - Verwendung von 1 × 1-Matten (Monomino) [ja/nein]
   - Anzahl der zu verwendenden Hardware-Threads
   - Name der Ausgabedatei für die gefundenen Lösungen
3. Die Lösungen sind zeichenbasiert entsprechend dem skizzierten Verfahren in einer Datei zu sichern und die Anzahl der Lösungen auf dem Bildschirm auszugeben.

8.3   Die Steppdecke von Mrs. Perkins

Die Problemstellung ist ursprünglich 1907 erstmalig beschrieben worden. Seit 1917 wird diese auch als *Mrs. Perkins's Quilt* (Steppdecke) bezeichnet (siehe Gardner 1985). Eine weitere, nicht ernst gemeinte Bezeichnung ist *Quadratur des Quadrats*. Hierbei geht es darum, ein großes, Quadrat mit ganzzahliger Kantenlänge in mehrere kleine, Quadrate mit einer ganzzahligen Kantenlänge zu unterteilen, sodass das große Quadrat vollständig, ohne Verschnitt oder Überstand an den Rändern überdeckt wird. Da dieses Problem trivialerweise mit Einheitsquadraten (Seitenlänge von 1) gelöst werden kann, sind jene Aufteilungen (optimale Aufteilung) interessant, die die Anzahl (Ordnung) der kleinen Quadrate minimieren (siehe Abb. 8.7). Sind die Seitenlängen der kleinen Quadrate alle unterschiedlich, so wird diese Aufteilung als *perfekt* bezeichnet. Da eine Unterteilung für ein Quadrat der Seitenlänge *n* durch die Verdopplung (oder allgemeiner durch die Multiplikation mit einer ganzzahligen Konstante) der Seitenlängen eine Unterteilung größerer Quadrate ist, wird eine weitere Randbedingung eingeführt: alle Seitenlängen müssen teilerfremd sein, d. h. der größte gemeinsame Teiler ist 1. Die Fragestellung ergibt sich daher zu: Für ein Quadrat mit der

Abb. 8.7 Für ein 13×13-Feld ergibt sich eine mögliche Aufteilung in 11 Quadrate. Die Nummern geben die Reihung entsprechend der Größe an

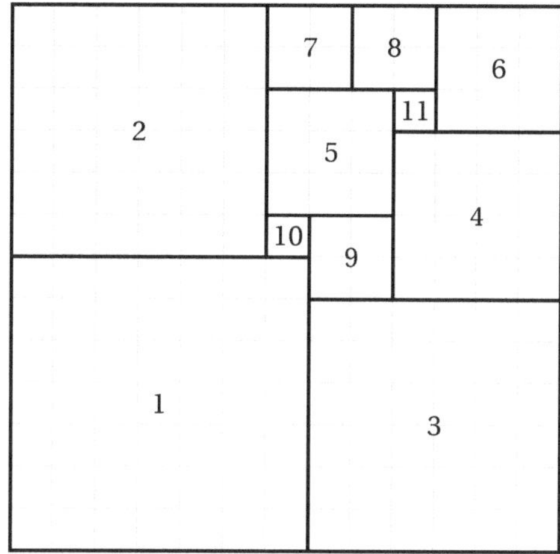

Seitenlänge n ist die optimale (nicht zwingend perfekte) Unterteilung in kleinere Quadrate in der Art zu ermitteln, sodass die Seitenlängen dieser Quadrate teilerfremd sind.

Für die Beschreibung einer Unterteilung ist die *Bouwkamp-Notation* zu verwenden. Die Aufteilung wird in eine Folge von Zahlen überführt. Zuerst werden die Ordnung (Anzahl der Quadrate) und die beiden Seitenlängen des großes Rechtecks (sind für Quadrate identisch) aufgeführt. Anschließend wird die Unterteilung von links nach rechts und von oben nach unten durchlaufen und die Seitenlängen der noch nicht betrachteten Quadrate aufgezählt. Hierbei werden die Seitenlängen der Quadrate, die in einer horizontalen Zeile (obere Kante des Rechtecks) liegen, durch Komma getrennt und geklammert aufgeführt. Für das Beispiel in Abb. 8.7 ergibt sich der Bouwkamp-Code zu:

$$11 \; 13 \; 13 \; (6,2,2,3) \; (3,1) \; (4) \; (1,2) \; (7) \; (6)$$

Bisher ist keine Formel für die Ordnung einer optimalen, teilerfremden Unterteilung bekannt und kann nur durch „Ausprobieren" bestimmt werden. Für einige wenige Seitenlängen ist dieses in der Vergangenheit erfolgt (siehe auch http://squaring.net/).

Aufgabenstellung

1. Entwickeln Sie einen parallelen Algorithmus, der eine quadratische Fläche entsprechend den Randbingungen in kleinere Quadrate vollständig partitioniert.
2. Die Lösung ist auf dem Bildschirm oder in eine Datei auszugeben. Verwenden Sie hierzu die Bouwkamp-Notation.
3. Implementieren Sie das entwickelte Verfahren. Beim Start der Anwendung (per Kommandozeile) sind die folgenden Parameter zu übergeben:

- Dimension der quadratischen Fläche
- Anzahl der zu verwendenden Hardware-Threads
- Name der Ausgabedatei für die gefundenen Lösungen

8.4   Zellulärer Automat

Das Ziel dieser Aufgabe ist es, einen zellulären Automaten auf der Basis des sogenannten *Game of Life* auf der CPU oder GPU zu entwickeln. Die Anwendung zellulärer Automaten geht über den Charakter eines Spiels zum Zeitvertreib hinaus. Erweiterungen des *Game of Life* werden beispielsweise bei der Simulation von Jäger-Beute-Schemata oder auch bei der Untersuchung von Verhaltensweisen in Paniksituationen (z. B. Evakuierung eines Gebäudes) eingesetzt.

Das Spiel des Lebens besteht aus einem zweidimensionalen Spielbrett. Jedes Feld in diesem Spielbrett in Abb. 8.8 wird als Zelle bezeichnet. Diese (blau markiert) hat 8 Nachbarzellen (rot markiert), wobei am Spielbrettrand gesonderte Vereinbarungen gelten. Eine Zelle kann genau einen von zwei Zuständen, tot oder lebendig, annehmen. Der Zustand einer Zelle ändert sich über die Zeit in Abhängigkeit der Zustände der umgebenen Nachbarschaft. Der Algorithmus arbeitet wie nachfolgend beschrieben. Für alle Zellen in einem $n \times m$ großen Spielfeld wird basierend auf dem Zustand $z(t)$ der nachfolgende Zustand $z(t + 1)$ parallel berechnet. Die Berechnung des Nachfolgezustands (Zustandswechsel) erfolgt anhand der Spielregeln:

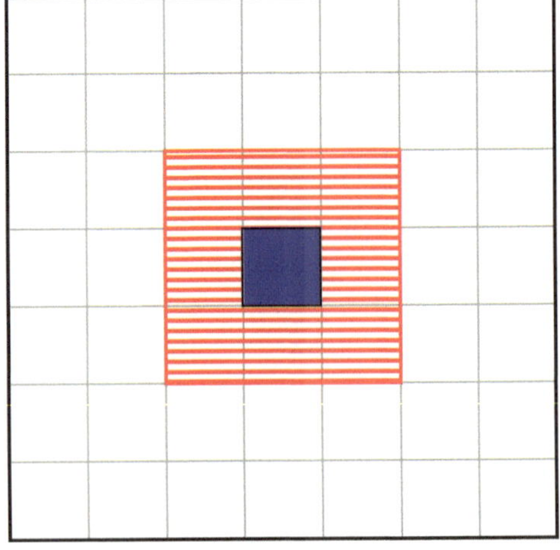

Abb. 8.8 In einem Gitter haben die Zellen bis auf die Ränder acht Nachbarzellen

Abb. 8.9 Das Dateiformat
beschreibt in einfacher Form
die lebenden Zellen

```
#Life 1.06
0 0
0 1
1 0
1 2
2 0
```

- lebendig(t) $\rightarrow$ lebendig (t + 1): wenn genau 2 oder 3 Nachbarzellen zum Zeitpunkt t den Zustand lebendig haben.
- lebendig (t)$\rightarrow$ tot(t + 1): wenn weniger als 2 Nachbarzellen (Vereinsamung) oder mehr als 3 Nachbarzellen (Überbevölkerung) den Zustand lebendig(t) haben.
- tot(t) $\rightarrow$ lebendig(t + 1): wenn genau 3 Nachbarzellen zum Zeitpunkt t den Zustand lebendig(t) haben.

In allen anderen Fällen bleibt die Zelle tot. In einem Iterationsverfahren kann nun die Veränderung der zellulären Population über die Zeit simuliert werden. Es ist nicht zulässig, dass eine Zelle bereits im Zustand $z(t + 1)$ ist, während eine andere sich noch in der Iteration t befindet.

Auf der Basis des Dateiformats *Life 1.06* (siehe auch http://www.conwaylife.com/) können zelluläre Automaten gespeichert werden. Das Format besteht aus einer Liste der lebendigen Zellen in einer *x-y*-Formatierung (siehe Abb. 8.9). Kommentare beginnen mit # als erstem Zeichen einer Zeile.

Aufgabenstellung

1. Implementieren Sie den beschriebenen Originalalgorithmus. Den Spielbrettrand ergänzen Sie um tote Zellen. Beachten Sie, dass eine Synchronisierung über alle Zellen erforderlich ist, da eine Iteration für den Zeitpunkt t erst dann abgeschlossen wird und die nächste Iteration starten kann, wenn alle Zellen den nächsten Zustand ermittelt haben.
2. Das Startspielbrett wird zu Beginn des Iterationsverfahren aus einer Datei gelesen. Implementieren Sie hierzu eine Einleseroutine auf Basis des o. g. Dateiformates.
3. Das zweidimensionale Spielfeld ist nach jeder Iteration auf dem Bildschirm auszugeben. Verwenden Sie hierzu die OpenGL-Schnittstelle. Messen Sie die Anzahl der Frames (Iterationen), die pro Sekunde dargestellt werden können.

8.5 SOGO-Spiel

Die Aufgabe ist es, einen SOGO-Spielecomputer zu entwickeln und zu implementieren, der so spielstark ist, dass es schwer fällt, gegen diesen zu gewinnen. Das Spiel SOGO ist

Abb. 8.10 Beim SOGO-Spiel platzieren zwei Personen abwechselnd eine farbige Kugel, bis einer der Spieler vier gleichfarbige Kugeln in einer Reihe hat

ähnlich dem bekannten Vier-Gewinnt, allerdings können im Gegensatz dazu Spielsteine dreidimensional angeordnet werden.

Spielregeln Das Zweipersonenspiel SOGO (siehe Abb. 8.10) besteht aus jeweils 32 schwarzen und weißen Kugeln sowie einem Spielbrett mit 16 Stäben, die in einem 4×4-Raster quadratisch angeordnet sind. Es lassen sich maximal vier Kugeln pro Stab übereinander stapeln. In jeder Dimension (Breite, Höhe, Tiefe) können damit maximal vier Kugeln platziert werden (insgesamt kann das Spielbrett also 64 Kugeln aufnehmen). Jeder Spieler erhält 32 Kugeln einer Farbe. Das Spielbrett ist zu Beginn leer. Abwechselnd wird von jedem Spieler eine Kugel auf das Spielbrett gesteckt. Das Ziel des Spiels ist es, von der eigenen Farbe eine Reihe von vier gleichen Kugeln zu platzieren (übereinander, nebeneinander oder diagonal, auch in räumlicher Anordnung). Einmal gesetzte Kugeln können im Spielverlauf nicht mehr umgesetzt werden. Der Spieler, der zuerst vier Kugeln in einer Reihe hat, ist der Gewinner.

Aufgabenstellung

1. Realisieren Sie einen SOGO-Spielecomputer. Die folgenden Hinweise und Randbedingungen sind im Entwurf und in der anschließenden Umsetzung zu berücksichtigen:
   - Zu Spielbeginn ist auszuwählen, ob der Spielecomputer oder der menschliche Spieler beginnt und somit den ersten weißen Spielstein setzt.
   - Die Spielstärke und damit auch die Denk- bzw. Rechenzeit des Spielecomputers ist konfigurierbar zu gestalten. Hierzu gehört, dass die Suchtiefe im Spielbaum auf eine bestimmte Anzahl von Spielzügen beschränkt wird und/oder nach Ablauf einer bestimmten Zeit (beispielsweise 30 s) die Suche abgebrochen wird.
   - Zur Beschleunigung der Suche im Spielbaum ist der Alpha-Beta-Algorithmus (siehe Monien et al. 2008) zu implementieren. Des Weiteren ist eine Beschleunigung der Suche zu erreichen, wenn Bewertungen von Spielstellungen in einer Hashtabelle abgelegt werden. Der Hintergrund dieses Ansatzes ist es, dass Spiel-

stellungen durch unterschiedliche Sequenzen von Spielzügen zu erreichen sind. Eine neuerliche Bewertung kann dadurch vermieden werden.

2. Für die Bewertung einer Spielsituation müssen Sie eine geeignete Funktion/Heuristik finden. Starten Sie mit einem einfachen Ansatz, den sie ggfs. im Laufe des Projektfortschritts verfeinern, wenn Sie feststellen, dass der Spielecomputer zu spielschwach ist.

3. Betrachten Sie die Leistungskennzahlen für den Beschleunigungsgewinn und die Effizienz in Abhängigkeit zu der Suchtiefe des Spielbaums.

8.6   Quadratischer Baum

In der Bildverarbeitung werden verschiedene Schritte durchlaufen, um die interessanten Gebiete innerhalb eines Bildes (ROI, region-of-interest) zu extrahieren. Im Abschn. 6.7.1 sind bereits die Möglichkeiten zur Binarisierung und zur Kantenfindung mit dem Sobel-Operator vorgestellt worden. Das Ziel dieser Aufgabe ist es, ein Bild in einen quadratischen Baum (Quadtree) zu zerlegen und damit das Bild in Objekt (Vordergrund) und Hintergrund aufzuteilen (siehe Abb. 8.11).

Ein quadratischer Baum ist einem binären Baum sehr ähnlich. Im Gegensatz zu diesem hat ein Knoten im Baum entweder genau vier oder keine Kinderknoten (Blattknoten). Ein Knoten im Baum entspricht einem quadratischen Ausschnitt im Bild. Kinderknoten referenzieren einzelne Quadranten. Sukzessive wird das Bild unterteilt. Zur Orientierung werden die Quadranten entsprechend den Himmelsrichtungen in Abb. 8.12 bezeichnet. Ein Ausschnitt des quadratischen Baumes aus dem Ausgangsbild ist in Abb. 8.14 skizziert.

Um festzustellen, ob die Farbverteilung in einem rechtwinkeligen Ausschnitt (annähernd) homogen ist, kann zuerst das Gradientenbild und anschließend das zugehörige Integralbild berechnet werden. Das Integralbild entspricht der zweidimensionalen Präfixsumme der Bildpunkte.

Abb. 8.13 verdeutlicht diesen Zusammenhang. Der Wert I_A an der Stelle A ist die Summe der Bildwerte, die durch ein Rechteck mit den beiden Eckpunkten O und A aufgespannt wird. Die Summe der Bildwerte S_{ABCD} im markierten Bereich mit den Eckpunkten A, B, C und D ergibt sich aus dem Zusammenhang:

$$S_{ABCD} = I_A - I_B - I_D + I_C \ . \tag{8.1}$$

Um nur Farbwertänderungen bei der Zerlegung des ursprünglichen Bildes zu berücksichtigen, sollte die zweidimensionale Präfixsumme aus dem Gradientenbild ermittelt werden.

Abb. 8.11 Die dargestellte Qualle hebt sich deutlich vom Aquariumhintergrund ab. Quadratische Bereiche werden nicht weiter unterteilt, wenn die Farbwerte (annähernd) identisch sind. Ein Quadrant ist markiert

Abb. 8.12 Die vier Quadranten orientieren sich an den Himmelsrichtungen

Nordwest (NW)	Nordost (NO)
Südwest (SW)	Südost (SO)

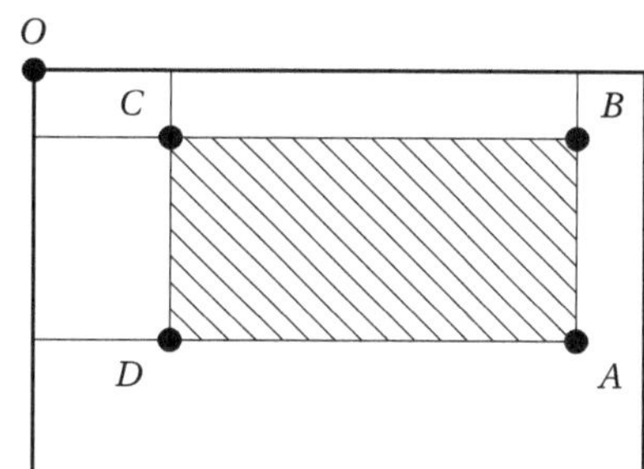

Abb. 8.13 Aus dem Integralbild kann die Summe der Bildwerte in einem rechtwinkeligen Bereich bestimmt werden

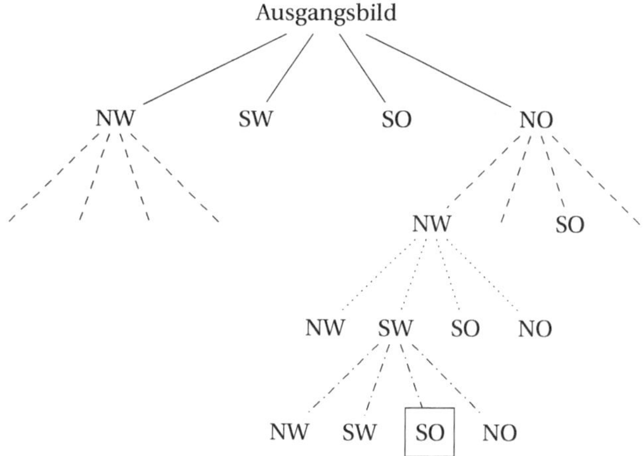

Abb. 8.14 Der Ausschnitt des quadratischen Baumes korrespondiert mit der Zerlegung des obigen Bildes. Jeder Kinderknoten entspricht einem der vier Quadranten. Das ausgezeichnete Blatt im Baum markiert einen Quadranten im Ausgangsbild

---

Aufgabenstellung

Das zu implementierende Verfahren soll ein Bild in Abhängigkeit des Inhalts in einen quadratischen Baum zerlegen. Ist der betrachtete quadratische Ausschnitt einfarbig (Hintergrund) oder hat wenige, farbige Bildpunkte (Vordergrund), dann ist dieser nicht weiter zu unterteilen. Zeigt aber der Bildausschnitt viele unterschiedlich farbige Bildpunkte, so ist dieser weiter zu unterteilen. Folgende Vereinfachungen sind möglich:

- Einlesen und Speichern von Bitmap-Dateien.
- Betrachten Sie im ersten Schritt nur Bildausschnitte der Kantenlänge 2^n.
- Der quadratische Baum muss nicht vollständig gespeichert/ausgegeben, sondern nur die Quadraten in der Bitmap müssen eingezeichnet werden.
- Optimieren Sie Ihren Ansatz, in dem Sie die zweidimensionale Präfixsumme für das Integralbild parallelisieren.

8.7   Zeitreihenanalyse

Eine Zeitreihe ist eine Folge von Werten, die bezüglich der Zeit geordnet sind (Beispiele: Verlauf eines Aktienkurses im Sekunden- oder Minutenraster, monatliche Zulassungszahlen von Fahrzeugen, Anzahl täglich verkaufter Essen in der Mensa, Langzeit-EKG eines Patienten). Die Analyse von Zeitreihen beschäftigt sich u. a. mit dem Auffinden von (Un-) Regelmäßigkeiten sowie bestimmten Mustern oder mit der Vorhersage zukünftiger Ereignisse (Prognose). Insbesondere bei sehr großen Datenmengen (beispielsweise beim Vorliegen historischer Daten) ist ein entsprechend großer Rechenaufwand notwendig, um in einer akzeptablen Zeit (u. U. in Echtzeit) Ergebnisse zu berechnen.

Die Idee in dem Projekt ist es, das Auffinden von zuvor definierten Mustern in Zeitreihen mit sehr vielen Werten (beispielsweise ein Aktien- oder Wechselkurs) mit einem geeigneten Ansatz zu parallelisieren. Häufig zeigen die Zeitreihen ein sehr wechselhaftes Verhalten (Rauschen). Ein Verfahren für das Auffinden von Mustern muss daher fehlertolerant arbeiten, d. h. gewisse Abweichungen zum Suchmuster sind möglich. Um große Datenmengen handhabbar zu gestalten, bietet es sich an, die Datensammlung zu vereinfachen bzw. zu abstrahieren. Ein bekanntes Verfahren ist der *SAX-Algorithmus* (Symbolic Aggregate approximation), der eine (beliebige) Zeitreihe in eine symbolische Zeichenfolge überführt (siehe Lin et al. 2007).

Ein Vorteil dieses Ansatzes ist es, dass etablierte Suchverfahren aus anderen Domänen (beispielsweise aus der Genom-Sequenzialisierung) auf das Ergebnis einer nach dem SAX-Algorithmus transformierten Zeitreihe übertragen werden können.

Aufgabenstellung

Das SAX-Verfahren gliedert sich in die folgenden Schritte:

1. Normalisierung/Standardisierung der Zeitreihe
2. Stückweise Aggregation und Approximation (PPA: Piecewise Aggregate Approximation)
3. Abbildung des Ergebnisses aus 2. Schritt in Symbole (Alphabet)

Ein Suchverfahren zum Auffinden eines Suchmusters ist nicht Bestandteil des SAX-Algorithmus und muss zusätzlich entwickelt werden.

- Entwickeln Sie eine parallele Variante des SAX-Algorithmus.
- Entwickeln Sie ein einfaches Suchverfahren, um zuvor definierte Muster in der transformierten Zeitreihe aufzufinden.
- Testen und bewerten Sie Ihr implementiertes Verfahren anhand historischer Aktien- oder Wechselkurse.

8.8   Rätsel Nr. 244

Die Aufgabenstellung geht ursprünglich auf eine Rätselsammlung (Nr. 244) des Jahres 1917 von Henry Ernest Dudeney zurück (siehe Gardner 1985). Hierbei wird ein quadratisches Gitternetz mit einer Seitenlänge von n Knoten (die Kantenlänge ist $n - 1$) betrachtet. Die Aufgabe ist es, einen maximal langen Pfad durch das Netz zu finden, der eine zuvor bestimmte Anzahl von Richtungsänderungen m nicht überschreitet. Jede Kante im Netz darf nur einmal durchlaufen werden. Jeder Knoten kann somit maximal zweimal besucht werden (beispielsweise in Nord-Süd-Richtung und anschließend in Ost-West-Richtung). Der Startpunkt des Pfades befindet sich an der Außenseite des Netzes. Da dieses rotationssymmetrisch ist, wird vereinfacht angenommen, dass sich der Startpunkt des Pfads an der linke Seite an Position i befindet (mit $i = 0$ beginnt der Pfad links oben).

Abb. 8.15 zeigt ein Gitternetz mit der Seitenlänge $n = 8$. Der Ausgangspunkt des Weges (schwarzer Knoten) befindet sich an der Position $i = 4$. In dem ursprünglichen Rätsel wird ein maximaler Pfad gesucht, der $m = 15$ Richtungsänderungen aufweist. Ein Pfad kann sich in zwei Richtungen um 90° ändern.

Abb. 8.16 zeigt eine mögliche Lösung durch das Gitternetz mit einer Pfadlänge von 70. Diese Pfadlänge ist jedoch nicht maximal; der vermutlich (Nachweis steht noch aus) längste Weg hat eine Länge von 76.

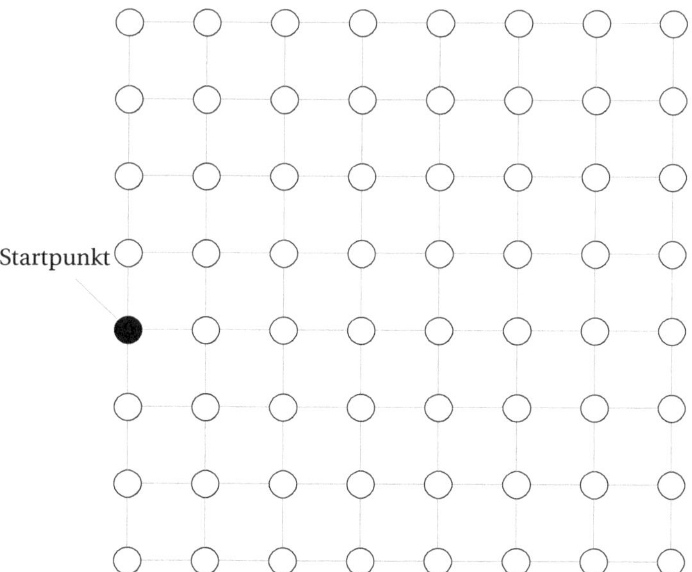

Abb. 8.15 Das Rätsel Nr. 244 besteht aus einem quadratischen Gitter und einem ausgezeichneten Knoten, der den Startpunkt des Pfades angibt

Abb. 8.16 Eine mögliche
Lösung mit 15
Richtungsänderungen und
einer (nicht maximalen) Länge
von 70. Die Zahlen geben die
Anzahl der
Richtungsänderungen
respektive die Länge des
Teilpfades an

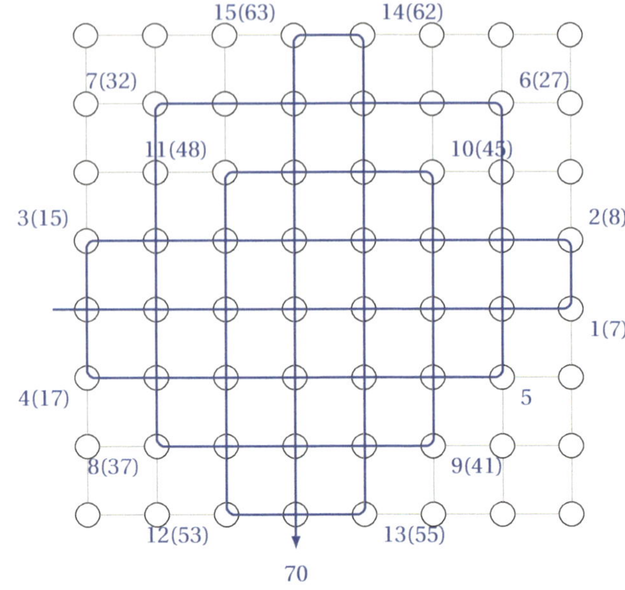

Aufgabenstellung

Entwickeln und implementieren Sie einen parallelen Algorithmus, der für gegebene Parameter von n, m und i den längsten Pfad bestimmt. Diese Parameter sollen beim Aufruf des Programms übergeben werden (auf der Kommandozeile). Geben Sie den längsten Pfad in einer Datei aus. Minimieren Sie den Berechnungsaufwand, indem Sie rotations- und spiegelsymmetrische Pfade vermeiden.

Literatur

Erickson A (2013) Monomino-Domino Tatami Coverings. PhD thesis, University of Victoria

Gardner M (1985) Mathematischer Karneval. Ullstein, Frankfurt a. M

Knuth DE (2011) The art of computer programming, Bd. 4A: combinatorial algorithms, part 1. Addison-Wesley Longman, Upper Saddle River

Lin J, Keogh E, Wei L, Lonardi S (2007) Experiencing sax: a novel symbolic representation of time series. Data Min Knowl Discov 15(2):107–144. Oct. 2007. http://dx.doi.org/10.1007/s10618-007-0064-z. ISSN 1384-5810

Monien B, Lorenz U, Warner D (2008) Der Alphabeta-Algorithmus für Spielbäume: Wie bringe ich meinen Computer zum Schachspielen? In Vöcking B et al. (Hrsg) Taschenbuch der Algorithmen. eXamen.press. Springer, Berlin, Heidelberg

OEIS Foundation Inc. (2018) The on-line encyclopedia of integer sequences. http://oeis.org/A014552

- Zeichnungen Kapitelüberschriften: Anette Wegener
- Abb. 1.1: © 2011 IEEE. Reprinted, with permission, from IEEE Computer Magazine (siehe Fuller und Millett 2011)
- Abb. 1.4: Volkswagen Aktiengesellschaft
- Abb. 1.6: International Business Machines Corporation
- Abb. 3.8: Cray Inc.
- Abb. 3.28: Pixabay (Dagmara Owsiejczyk, user: sandid, user:Pexels)
- Abb. 3.53: Pixabay (user: ShenXin)
- Abb. 6.7: Hochschule Osnabrück
- Abb. 8.3: Michael Uelschen
- Abb. 8.10: Michael Uelschen
- Abb. 8.11: Michael Uelschen

Literatur

Fuller SH, Millett LI (2011) Computing performance: Game over or next level? Computer 44(1):31–38. https://doi.org/10.1109/MC.2011.15. ISSN 0018-9162

© Springer Fachmedien Wiesbaden GmbH, ein Teil von Springer Nature 2019   395
M. Uelschen, *Software Engineering Paralleler Systeme,*
https://doi.org/10.1007/978-3-658-25343-1

Stichwortverzeichnis

Symbols

A
ABA-Problem, 112, 116
Abhängigkeit, 47, 65, 146, 368
Ablauffaden, *siehe* Thread
Abschluss, 295, 299, 350
Ackermannfunktion, 251
Adapteva Epiphany, 122
Addierwerk, 56, 173
Adjazenzmatrix, 226
affine Abbildung, 142, 146
Affinität, 88, 266
Agglomeration, 132
Akka, 370
    Kommunikation, 371
    Nachrichtenaustausch, 371
    Thread-Pool, 375
Aktorenmodell, 135, 195, 342, 367
Algorithmus
    Analyse, 17, 28
    Entwurf, 130
    Euklidischer, 50
    Maximumsuche, 39
    optimaler, 34
    paralleler, 8
    Parallelisierung, 62
    Qualität, 34
    sequenzieller, 22
    SUMMA, 212

verteilter, 18
Alignment, *siehe* Speicherausrichtung
Allokation, 146, 152
Amazon, 222
AMD, 70, 339
    Opteron, 7, 82
Amdahl, 41, 92, 136
anti dependency, *siehe* Gegenabhängigkeit
Apfelmännchen, 258
ARM, 90, 122, 124
    big.LITTLE, 125
    Cortex A7, 126
    Cortex A53, 125
    Cortex A57, 125
    Cortex M4, 126
Assoziativität, 59, 157, 173, 179, 208, 278, 351
asynchrone Berechnung von
    Ausdrücken, 363
asynchrone Kommunikation, 132, 370
asynchrone Parallelität, 32
atomare Operation, 110, 272, 307, 308
atomare Variable, 104, 291, 303
Aufwand, 34, 36, 43
Ausführungszeit, 34
    sequenzielle, 28
Ausgabeabhängigkeit, 49
Auslastung, 35
Automobilindustrie, 5, 8

© Springer Fachmedien Wiesbaden GmbH, ein Teil von Springer Nature 2019
M. Uelschen, *Software Engineering Paralleler Systeme,*
https://doi.org/10.1007/978-3-658-25343-1

397